일반 기호학 이론

일반 기호학 이론

UMBERTO ECO
MANIA
COLLECTION

움베르토 에코 지음
김운찬 옮김

A THEORY OF SEMIOTICS
by UMBERTO ECO

Copyright (C) Indiana University Press, 1976
Korean Translation Copyright (C) The Open Books Co., 2009

일러두기

- 움베르토 에코 마니아 컬렉션 중 기호학 관련 저술의 경우, 옮긴이에 따라서 기호학 용어를 다르게 번역했을 수 있음을 밝혀 둔다. 현재 기호학 관련 용어의 한국어 번역어는 통일된 상태가 아니라는 점에서, 작위적인 통일보다는 서로 경합되는 상이한 번역어를 그대로 노출하기로 결정하였다. 아울러 책의 뒷부분에 옮긴이들의 번역어를 원어와 병기해서 표로 만들어 놓았다. 참고로 관련 기호학 용어집은 다음 문헌을 참조하기 바란다.
  1. 한국 기호학회 기호학 용어 표준화팀, 「기호학 용어 표준화」, 『기호학 연구』 제24집 (2008), 533~574면.
  2. 쿠르테스 그레마스, 『기호학 용어 사전』, 천기석·김두한 옮김(민성사, 1988).
  3. 이정민·배영남, 『언어학 사전』(박영사, 1988).

이 책은 실로 꿰매는 정통적인 사철 방식으로 만들어졌습니다.
사철 방식으로 만든 책은 오랫동안 보관해도 손상되지 않습니다.

차례

	서문	9
	표시 기준들에 대한 주	15

0 서론: 문화의 논리를 향하여

17	0·1 기호학 이론의 목적과 한계	
23	0·2 영역인가 아니면 〈학문〉인가?	
24	0·3 커뮤니케이션 또는 의미화	
26	0·4 정치적 경계선: 영역	
32	0·5 자연적 경계선: 기호학에 대한 두 정의	
36	0·6 자연적 경계선: 추론과 의미화	
41	0·7 자연적 경계선: 하위 문턱	
44	0·8 자연적 경계선: 상위 문턱	
54	0·9 인식론적 경계선	

1 의미화와 커뮤니케이션

	1·1 초보적인 커뮤니케이션 모델	57
	1·2 체계와 코드	63

	1·3 구조로서의 s-코드	67
	1·4 정보, 커뮤니케이션, 의미화	71

2 코드 이론

81	2·1	기호 기능
84	2·2	표현과 내용
91	2·3	외시와 함축
94	2·4	메시지와 텍스트
96	2·5	내용과 지시물
109	2·6	문화적 단위로서의 의미
112	2·7	해석소
120	2·8	의미 체계
137	2·9	의미 표지들과 의미소
160	2·10	KF 모델
176	2·11	수정된 의미 모델
203	2·12	Q 모델
209	2·13	의미 공간의 구조
215	2·14	과잉 코드화와 미달 코드화
233	2·15	코드들의 상호 작용과 열린 형식으로서의 메시지

3 기호 생산 이론

3·1	일반적 개요	241
3·2	기호학적 판단들과 사실적 판단들	251
3·3	지시 또는 언급	259
3·4	기호들의 유형 문제	278
3·5	도상성에 대한 비판	310
3·6	기호 생산 방법들의 유형	347

3·7 창안의 예로서 미학적 텍스트	404
3·8 수사학적 작업	424
3·9 이데올로기와 코드의 전환	445

4 기호학의 주체

참고 문헌	469
찾아보기	511
기호학 관련 용어표	517
옮긴이의 말	521
움베르토 에코 연보	525

서문

⟨내가 새로운 것을 전혀 말하지 않았다고 말하지 마시라. 소재들의 배치가 새롭다.⟩
— 파스칼, 『팡세 *Pensées*』, 제22판

이 책은 지난 8년 동안의 작업을 요약하고 있으며 이전에 출간된 다른 책 네 권의 유산에서 탄생하였다.

가) 『시각적 커뮤니케이션의 기호학을 위한 메모들 *Appunti per una semiologia delle comunicazioni visive*』(Milano: Bompiani, 1967, 시판되지 않음). 이 저술에서 다루었던 도상성에 대한 정의의 문제가 여기에서 다시 나오지만, 도상적 커뮤니케이션을 완전한 관습으로 환원하려는 불가능한 주장을 다시 조정하였기 때문에 많이 수정되었다.

나) 『구조의 부재 *La struttura assente*』(Milano: Bompiani, 1968) 근본적인 인식론적 가설을 제외하면 이 저술에서 여기 남아 있는 것은 거의 없다. 『구조의 부재』A·1에서 설명된 정보 모델을 여기에서 다시 다루고 있지만, 이는 좀 더 신중한 결론으로 이끌기 위해서이다. 시각적 기호들에 대한

B분과는 그 전체적인 구도를 바꾸어 좀 더 방대한 논의 안에 포함되었다. 미학적 메시지에 대한 A·3은 부분적으로 다시 활용되지만, 기호 생산 이론의 맥락에서 다른 의미를 띠며, 핵심적인 이론적 논의의 주변적인 검증으로 제시된다.

다) 『내용의 형식들 *Le forme del contenuto*』(Milano: Bompiani, 1971). 이 책은 위의 책을 외국어로 번역하기 위해 다시 쓴 부분들을 담고 있었다. 그 글들 중 상당수에 대해 여기에서 지적할 것이며, 〈서론〉의 일반적인 도식도 거기에서 나온 것이다. 상당히 긴 평론 「의미의 경로들 I percorsi del senso」의 많은 요소들을 여기에서 다시 활용하고 있지만 근본적으로 많이 바뀌었다. 예를 하나 들자면 위 책에서는 우리가 세상의 상태들, 즉 사물들과 사건들을 명명하기 위해서도 기호를 사용한다는 반박할 수 없는 사실을 무시하고 순수하게 내포적인 기호학을 세우려고 시도했는데, 여기에서는 코드 이론과 기호 생산 이론 사이의 구별을 통해 지시물의 문제를 기호학의 논의 안에 통합시키고 있다.

라) 『기호: 개념과 역사 *Il segno*』(Milano: Isedi, 1973). 이 간략한 책의 경험은 본 논고의 여러 가지 점들을 보강해 주었다. 하지만 당시에는 주제의 요구로 인해(그 책은 고전적인 철학 용어들에 관한 전집의 일부였다) 〈기호〉에 대한 순진한 개념에서 출발하여 점진적으로 기호 기능의 관계 개념으로 옮겨 갔지만, 여기서는 단호하게 바로 그런 입장에서 출발한다. 그리고 고립적인 기호들보다 오히려 메시지들과 텍스트들을 생산하는 기호 작업들에 대해서도 다룬다.

그러므로 이 책은 이전의 모든 기호학적 연구들을 통일적인 범주들로, 가능하다면 좀 더 엄격한 범주들로 환원하려고 시도할 것이며, 또한 오로지 기호들의 실천 목표들에 대한 이론적 인식으로 설정되는 학문의 가능성과 한계들을 살펴볼 것이다. 만약 누군가가 비슷한 생각을 하지 않았다면, 〈순수 기호학 및 실천 기호학 비판〉이라는 제목을 붙였으면 좋았을 것이다. 그런 제목은 나의 의도를 충분히 반영했을 테지만, 존경심에 대한 염려, 절제에 대한 느낌, 유머 감각이 동시에 작용하여 그런 경솔함을 저지르지 않도록 나에게 충고해 주었다.

어쨌든 이 지침서는 내가 진지함과 익살 사이에서 감히 모방하려고 했던 모델에 비해 하나의 장점을 갖고 있다. 즉 분명하게 더 지루하다는 것이다. 그런 이유로는 언어적인 것도 있고 심리적인 것도 있다. 이 책의 최초 집필은 직접 영어로 쓰였고(최소한 **하나의** 영어로 쓰였는데, 오스몬드스미스Osmond-Smith의 인내심 있는 작업 덕택에 나중에야 어느 정도 신뢰할 만한 것이 되었다), 인디애나 대학교 출판부에서 『기호학 이론*A Theory of Semiotics*』으로 출판되었다. 두려움 탓에 대담한 문체들은 감히 시도할 엄두조차 내지 못한 데다 어휘와 통사에 대한 부족함 때문에, 나는 단지 소수의 전문 용어만 활용하면서 동의어들을 없앴을 뿐 은유적인 대체들을 시도하지 못하였다. 그로 인하여 나는 단지 내가 말하고자 했던 것(또는 주제가 요구하는 것)만 말할 수밖에 없었고, 때로는 언어가 글을 쓰는 사람의 손을 이용하여 스스로 말하는 것을 말할 수는 없었다. 여기에서 내가 논의의 〈낮은〉 수준이라고 추정하는 것과 그에 따른 무미건조함이 나타나게 되었다.

나의 다른 저술들과 비교하여 이 〈논고〉의 의미를 요약한다면, 이 책은 다섯 가지 측면에서 나의 이전 연구들에 대한 부분적인 비판으로 제시된다. (1) 의미화의 체계들과 커뮤니케이션 과정들을 좀 더 잘 구별한다. (2) 전에는 이론적 순수함을 이유로 추방해야 한다고 생각하였던 지시물의 이론을 기호학의 범위 안에 도입하려고 노력한다. (3) 의미론과 화용론의 전통적인 문제들을, 단 하나의 관점에서 두 가지 모두를 해결하려는 단일한 모델로 융합한다. (4) 기호의 개념과 기호들의 유형에 대한 개념을 비판한다. (5) 도상론의 개념을 다루면서 〈도상들은 자연적이고, 아날로그이며, 관습적이지 않다〉는 순진한 주장에 대한 비판을 유지하지만, 그렇다고 마찬가지로 순진한 다른 개념, 즉 〈도상들은 자의적이고, 관습적이며, 적절한 특성들로 완벽하게 분석될 수 있다〉는 개념으로 대체하지 않는다. 기호들의 유형을 기호 생산 방법들의 유형으로 대체한 것은(이것은 이 작업의 강점들 중 하나라고 생각한다) 바라건대, 도상론의 〈만능〉 개념을, 더 복잡하고 다양하게 뒤엉킨 작업들의 총체로 용해시키는 데 도움이 될 것이다.

그런 결과에 도달하기 위해 나는 기호학의 두 영역(변증법적으로 상호 관계되는 영역들)을 인정하고 설명하기로 결정하였다. 그것은 바로 **코드 이론**과 **기호 생산 이론**이다. 하지만 그럼으로써 이 논고는 방법론적 관점에서 볼 때 교차적 구조를 갖게 된다.

실제로 코드 이론은 모든 기호 기능에 적용될 수 있는 제한된 숫자의 범주들을 제안하는데, 그 기호 기능이 언어의 우주와 관련되든, 비언어적 장치들과 관련되든, 아니면 소위 관습적으로 〈기호〉라 일컫는 최소 단위에 대하여 서술되든, 가령 〈텍스트들〉이나 〈텍스트적 성운(星雲)들〉 같은 좀 더 거시적인 단위들에 대하여 서술되든 상관없다. 그러므로 전체 작업은 **실체들은 필요 없이 늘어나지 않아야 한다**$non\ sunt\ multiplicanda\ entia\ praeter\ necessitatem$는 오컴Ockham의 원리가 바라는 대로 제시되었다.

하지만 기호 생산 이론으로 넘어가면 작업은 방향을 바꾼다. 기존의 혼란들 중 상당수는 다양한 유형의 기호들에 대한 단순화된 유형론을 세우는데, 특히 내가 보기에는 더 이상 유지될 수 없어 보이는 퍼스Peirce의 도상, 지표, 상징의 삼분법으로 기호들을 환원시키려는 시도에서 나온 것처럼 보인다. 따라서 오컴의 원리를 뒤집어서 범주들을 증가시키는 수밖에 없었다. 때로는 **실체들은 필요에 따라 늘어나야 한다** *sunt multiplicanda entia propter necessitatem*.

이전의 저술들과 비교하여 이 논고를 어떻게 배치할 것인가?

만약 내가 2세기 전에 살았다면 이런 문제는 발생하지 않았을 것이다. 이 책은 바로 그대로였을 것이며, 다른 글들은 동료들, 아카데미들, 학회들에 보낸 편지의 형태로, 우편 마차를 통해 친구들과 적들에게 보낸 유일한 필사본으로 유통되었을 것이다. 하지만 다른 자리에서 나는 이렇게 주장한 적이 있다. 오늘날에는 편집 기술의 발전이 〈잠정적인〉 책들을 통해 자신의 독서 카드들까지 출판하는 것을 허용한다고 말이다. 그것은 낭비가 아니라 최상의 통제적 실천이다. 사실 만약 내가 수많은 서평들, 논쟁들, 의욕 넘치는 독자의 지적들을 활용할 수 없었다면 이 책에서 설명하는 결론에 도달하지 못하였을 것이다. 그러므로 우리 시대에는 한 권의 책이 절대로 결정적인 산물이 아니라고 말 수 있다. 하지만 나의 책들 중에서 이 책은 다른 책들보다 조금 더 결정적이라고 덧붙이고 싶다.

사실 나는 모든 것에 대해 결정적이지 않기를 원한다. 기호학은 젊은 학문이며〔2천 살이나 되었지만 얼마 전에야 적자(嫡子)로 인정되었다〕나날이 발전하고 있다. 논고는 헌장(憲章)이 아니다. 단지 **한 지점을 이룰** 뿐이다.

불안정한 많은 표현들에 대해서는 독자에게 양해를 구하는 수밖에 없다. 거기에 대해 나는 더욱 괴롭지만 독자에게 어떤 보상의 충고를 구한다.

그러므로 처음으로 기호학의 문제들을 접하는 사람에게는 두 가지 선택이 있다. 만약 그런 문제들에 대한 전반적인 이해를 원한다면, 아마 『구조의 부재』를 다시 유용하게 읽어 볼 수 있겠지만, 그렇다고 내가 여기에서 공개적으로 고백하는 그런 엄격함이 없다는 것을 발견하더라도 불평하지 말아야 할 것이다. 하지만 만약 직접 엄격한 연구로 나아가고자 한다면, 곧바로 이 책을 읽는 것이 더 나을 것이다.

결과적으로 이전의 책들을 이미 읽은 독자들은 바로 이 책(이미 알려진 주제들을 다시 다루지만, 좀 더 정확한 건축학적 윤곽에 따라 그 주제들을 수정하려고 노력하는)의 진정한 수신자들이다. 그들에게 이 책도 구입하라고 권유하는 것은 상업적 **선전**promotion의 의혹처럼 보이기 때문에, 어느 도서관에서 한번 훑어보라고 충고하는 수밖에 없다. 왜냐하면 지금부터 나는 단지 이 책을 토대로 기호학의 가능성과 한계들에 대한 논의를 받아들일 것이기 때문이다.

밀라노, 1974년 7월

후기: 이전의 책들에서 나는 빚을 진 많은 사람들에 대한 목록을 제시하였다. 지금은 그 목록이 너무 많이 늘어나서 어쩔 수 없이 참고 문헌 목록과 똑같아질 수밖에 없다. 다만 특히 우고 볼리와 파올로 파브리 두 사람만 남았는데, 그들에게 감사를 표현하고 싶다. 그들과 함께 나는 이 책의 많은 부분에 대해 토론하였고, 그들에게서 냉혹한 비판과 관념들을 선물로 받았다.

표시 기준들에 대한 주

　이 책의 전반에 걸쳐 사선 /xxxx/는 어느 주어진 내용의 운반 수단, 기표, 표현으로 이해되는 무엇인가에 대해 말하고 있다는 것을 가리킨다. 음운론적인 문제들이 문제시되지 않기 때문에, 사선 안의 언어적 용어들은 일반적인 알파벳 옮겨 쓰기에 따라 제시되었다. 하지만 명시적으로 밝힌 경우를 제외하면, 구어로서 언어 표현들로 이해되어야 한다. 마지막으로 이 책(언어학이 아니라 기호학에 관한)은 비언어적인 기표들의 다양한 경우들을 다루지만, 그것들을 언어의 형태로 명명해야 하기 때문에, 비언어적인 대상이 대상**으로서**(그 대상을 명명하는 단어로서가 아니라) 명명될 때마다, 그것은 이중 사선 안에서(//xxxx//) 나타날 것이다. 그러므로 /자동차/는 상응하는 대상을 명명하는 단어를 대신하고, //자동차//는 의미들을 갖는 것으로서 대상-자동차에 대해 말하고 있다는 것을 가리킨다. 부호 〈xxxx〉는 용어를 강조하거나 다른 사람들의 문장이나 용어들을 인용하는 것을 가리키며, 〔xxxx〕는 한 표현의 내용, 한 기표의 의미에 대해 언급하고 있음을 가리킨다. 그러므로 기표 /xxxx/는 의미 〔xxxx〕를 운반한다고 이해해야 한다. 단지 간략함의 이유 때문에 의미는 기표를 나타내는 똑같은 〈단어〉를 사용하여 지적될 것이다. 의미의 구성에 대한 논의에서 보겠지만, 〔 〕 안의 단어는 실제로 의미 성분들 또는 단위들의 계층화된 그물에 상응한다.

 이 책의 어느 부분들은 작은 활자체로 되어 있는데, 예들이나 구체적인 설명들, 다른 저자들의 논의들과 관련된다. 그러나 논의의 흐름에서 일부가 되며, 따라서 논증의 이해를 방해받지 않고 완전히 건너뛸 수 없는 것들이다.

0   문화의 논리를 향하여

0·1 기호학 이론의 목적과 한계

0·1·1 연구의 목적

이 책의 목적은 의미화 및/또는 커뮤니케이션의 모든 현상에 대한 통일적 연구의 이론적 가능성과 사회적 기능을 탐구하려는 것이다.

이러한 연구는 하나 또는 그 이상의 **코드**에 의해 상호 관계되는 하위 체계들과 관련하여 기호 기능의 모든 경우를 설명할 수 있는 일반 기호학 이론이라는 형식을 띤다.

일반 기호학[1]의 계획은 **코드 이론**과 **기호 생산 이론**을 포함

---

1 〈기호론 *semiology*〉(소쉬르 Saussure의 언어학적 계열)과 〈기호학 *semiotics*〉(퍼스와 모리스 Morris의 철학적 계열)이라는 두 용어의 상이한 역사적 기원에도 불구하고, 이 책에서는 1969년 〈국제 기호 학회 International Association for Semiotic Studies, Association Internationale de Sémiotique〉의 설립 헌장에 따라, *semiology*와 동등한 것으로서 〈*semiotics*〉라는 용어를 사용하고자 한다. 이 두 용어에다 상이한 의미적 기능을 부여하려는 권위 있는 시도들이 있다(옐름슬레우 Hjelmslev, 1943; 메츠 Metz, 1966; 그레마스 Greimas, 1970; 로시란디 Rossi-Landi, 1973). 이 저자들이 두 용어의 구별을 통해 지적하려고 했던 이론적 대상들이나 이데올로기적 전

한다. 기호 생산 이론은 다양한 〈언어(파롤)들〉의 자연스러운 활용, 코드들의 진화와 변형, 미학적 커뮤니케이션, 커뮤니케이션 상호 작용의 다양한 유형들, 사물이나 세상의 상태를 언급하기 위한 기호들의 사용 등처럼 매우 방대한 현상들을 고찰한다. 이 책은 그런 가능성들에 대한 예비적 탐구가 되기 때문에, 처음 몇 장들은 문제들의 현재 상태에 의해 조건 지으며, 이후의 전개 과정에서는 제외될 수도 있는 일부 문제들을 무시할 수 없다. 특히 〈기호〉라는 불확실한 개념과 기호들의 유형 문제를 조사할 필요가 있다. 기호 기능에 대한 좀 더 엄격한 정의와 기호 생산 방식들의 유형에 도달하기 위해서이다.

그러므로 앞의 한 장은 〈기호〉의 개념 분석에 할애되어, 기호들과 〈기호가 아닌 것들〉을 구별하고, 기호의 개념을 기호 기능(이것은 코드 이론의 범위 안에서 고유의 토대를 가질 것이다)의 개념으로 바꾸고자 한다. 이러한 논의는 〈의미화〉와 〈커뮤니케이션〉을 구별하도록 해줄 것이다. 원칙상 **의미화의 기호학**은 코드 이론에 의해 전개되고, **커뮤니케이션의 기호학**은 기호 생산 이론과 관련된다고 말할 수 있다.

분명히 코드 이론과 기호 생산 이론 사이의 구별은 〈랑그〉와 〈파롤〉의 구별이나, 〈언어 능력 competence〉과 〈언어 수행 performance〉의 구별에 정확하게 상응하지 않는다(마찬가지로 한편으로는 〈통사론〉과 〈의미론〉, 다른 한편으로 〈화용론〉 사이의 구별에도 상응하지 않는다).

제들은 인정되고 또 연구되어야 한다고 생각한다. 하지만 그것을 사용하는 여러 저자들에게 통일적인 의미를 갖지 않는 용어상의 구별에 의존하는 것은 위험하다고 생각한다. 따라서 해당 용어의 모든 말뜻에 대해 적절한 어휘로 이름 붙이기를 하지 않으면서, 그런 차이들을 고려하기 위해 다른 언어적 고안물들을 찾으려고 시도할 것이다.

이 책의 의도 중 하나는 바로 그러한 대립을 넘어서는 것으로서 **담론적 능력, 텍스트 형성, 맥락과 상황의 명료화** 규칙 자체들을 고찰하고, 그럼으로써 일반적으로 화용론에 속하는 문제들을 고유의 범위 안에서 해결할 수 있는 코드 이론을 제시하려는 것이다.

〈의미화〉와 〈커뮤니케이션〉을 구별 범주로 하는 것은 우연이 아니다. 제1장과 제2장에서도 살펴보겠지만, 기호 기능들을 생성시키는 사회적으로 관습화된 가능성이 존재할 때 의미화의 체계(말하자면 코드)가 있다. 기호 기능의 기능소 *functive*들이 소위 〈기호〉라 일컫는 개별 단위들이든 또는 담론의 커다란 부분들이든 상관없이, 그 상호 관계가 사회적 관습에 의해 이전에 기본적으로 부여된다는 조건하에서 그렇다.

반대로 의미화의 체계에 의해 제공되는 가능성들이, 여러 실용적인 목적을 위해 표현들을 **물리적으로** 생산하기 위해 활용될 때 커뮤니케이션 과정이 일어난다. 따라서 제2장과 제3장에서 전개되는 두 관점 사이의 차이는 〈규칙 대 과정〉의 대립에 관한 것이다. 그러나 한 과정의 실행을 위한 요건들이 사회적으로 인정되고 그 과정 자체보다 선행할 때, 그렇다면 그 요건들은 규칙으로 등록되어야 한다(그리고 그것은 실제로 과정적 역량의 규칙들이다). 따라서 그 규칙들은 단지 미리 코드화되었기 때문에 기호들의 물리적 생산 이론에 의해 고려될 수 있다.

어떠한 경우든, 비록 코드 이론과 기호 생산 이론이 〈기호〉의 순수한 개념을 없애게 될지라도, 그 개념은 일상적 언어에서나 대화적 토론에서는 아주 편리해 보인다. 편리한데도 사용하지 않는다면 잘못이리라. 원자 물리학자는, 우리가 〈사물〉이라 부르는 것들이 아주 복잡한 미세 물리학적 상호 관계들의 결과라는 것을 잘 알고 있지만, 〈사물〉이라는 말을 사용하지 않아 불편할 경우에는 여전히 〈사물〉이라고 말한다. 따라서 다음의 글에서는 기호 기능의 상호 관계 성격(제2장 참조)이 평온하게 전제될 때마다 /기호/라는 말을 계속 사용할 것이다.

어쨌든 이 책의 제3장은 〈기호들의 유형〉 개념에 대한 논의에 할애될 것이다. 퍼스의 삼분법(**상징***symbol*, **지표***index*, **도상***icon*)에서 출발하여, 그런 범주들이 어느 정도까지 기호 생산 작업들의 좀 더 분절화된 총체 및 다른 식으로 세분될 수 있는 일련의 기호 기능들을 포괄하여, 기호 생산의 다양한 방식들의 n-분법을 발생시키는지 살펴볼 것이다. 일반 기호학 이론은, 이미 코드화된 것이든 또는 코드화하는 것이든, 기호 기능의 모든 유형에 대해 적절한 형식적 정의를 제공할 수 있을 만큼 〈강력한〉 것으로 고려되어야 한다. 그러므로 기호 생산 방식들의 유형은, 아직 코드화되지 않아서 최초로 생산되는 바로 그 순간에 공준(公準)되는 그런 기호 기능들까지 기술할 수 있는 범주들을 제시하고자 한다.

0·1·2 연구의 경계선

그런 연구의 전망에서 일반 기호학 이론은 경계선들 또는 〈문턱〉들에 직면할 수밖에 없다. 그 경계선들 중 몇 가지는 일종의 잠정적인 합의를 통해 부여될 것이며, 다른 몇 가지는 학문의 대상 자체에 의해 결정될 것이다. 전자는 〈정치적 경계선들〉로, 후자는 〈자연적 경계선들〉로 부르고자 한다(반면 0·9에서는 세 번째 유형의 경계선, 즉 인식론적 성격의 경계선도 존재한다는 것을 보여 줄 것이다).

일반 기호학에 대한 서론은 그러한 경계선들을 인정하고, **제시하고,** 존중하거나 넘어서야 할 것이다.

정치적 경계선들은 다음과 같은 세 가지 유형이다.

(1) 〈학문적〉 경계선들이 있다. 기호학자가 자기 고유의 것으로 인정하지 않을 수 없는 주제들에 대해 이미 다른 학문들이 연구했다는 의미에서 그렇다. 예를 들어 형식 논리학, 자연 언어들에 대한 논리학, 철학적 의미론은 발화체들의 진리 가치와 소위 언어 행위 또는 〈화행(話行)들speech acts〉의 다양한 유형에 대하여 연구하며, 반면 문화 인류학의 여러 흐름들(가령 민족 방법론ethnomethodology)은 다른 각도에서 똑같은 문제를 다룬다. 기호학자는 언젠가 그런 연구들이 일반 기호학의 구체적인 한 분과로 인정되기를 기대할 수밖에 없다. 하지만 현재로서는 그들의 결과를 자체의 전망 속에 포괄하려고 시도해야 한다.

(2) 〈협력적〉 경계선들이 있다. 다양한 학문들이 각자 전형적으로 기호학적이라고 인정하는 기술(記述)들 또는 이론들을 세웠다는 의미에서 그렇다〔예를 들어 언어학과 정보 이론은 코드의 개념을 발전시켰으며, 몸짓학kinesics과 근접학(近接學, proxemics)은 다양한 비언어적 커뮤니케이션 방식들을 탐구하여 풍요로운 결과들을 얻고 있다〕. 이 경우 일반 기호학은 그런 협력을 더욱더 효과적으로 만들기 위해 범주들의 통일된 총체를 제시하는 수밖에 없다. 그러면서 동시에 은유적인 대체를 통해 언어학의 범주들을 다양한 준거의 틀로 전환시키려는 나쁜 버릇을 없애도록 노력해야 한다.

(3) 〈경험적〉 경계선들이 있다. 그 너머에는 아직 분석되지 않은 현상들, 그러니까 기호학적 중요성은 명백하지만 아직은 충분하게 이론화되지 않은 현상들이 있다. 사용하는 물건들과 건축 형식들의 우주를 생각해 보라. 이에 대해서는 다른 곳에서 이미 방대하게 다루었지만(에코, 1968 참조), 아직은 예비적인 기호학이라 말해야 할 것이다.

반면 〈자연적 경계선〉이란 기호학 연구가 그 이상 넘어갈 수 없는 경계선들을 의미한다. 왜냐하면 그럴 경우 기호 기능으로 이해될 수 없는 현상들이 나타나는 비기호학적 영역으로 들어가기 때문이다. 하지만 이 용어는, 충분한 근거 없이 성급하게 그 기호학적 성격이 배제되었던 현상들까지 뒤덮어 버릴 수도 있다. 기저 코드들의 존재, 또는 그런 코드들의 기호학적 성격, 또는 그 코드들의 기호 기능 생성 능력을 인정하지 않으려고 했던 영역들이 있다. 따라서 이 책은 기호 기능이라는 아주 방대한 개념을 설명하려고 하기 때문에, 그런 영역들까지 본 연구의 대상이 되어야 할 것이다. 이에 대해서는 여기 〈서론〉 부분에서 곧바로 말하고자 한다. 비록 겉보기에 그런 결정이 지나치게 과장되게 보일지라도, 여기 서론에서는 기호학적인 현상들을 문화 전체의 현상과 동연적(同延的)인 것으로 간주하고자 한다.

0.1.3 〈거짓말〉 이론

  사실 엄청나게 방대한 대상과 사건들을 기호로 간주하면서 문화 전체를 연구하려는 학문의 계획은 오만한 기호학적 〈제국주의〉라는 인상을 줄 수도 있다. 하나의 학문이 〈모든 것〉을 고유의 대상으로 정의하고, 따라서 고유의 범주적 장치들을 통해 전체 우주를 정의할 권리가 있다고 생각한다면, 그 위험은 분명히 심각하다. 〈제국주의적〉 기호학자에게 가해지는 가장 일반적인 반박은 이렇다. 〈만약 당신에게 하나의 사과도 기호라면, 기호학은 분명 사과 잼에 대해서도 다루어야 할 것이다. 하지만 그렇다면 게임은 더 이상 정당하지 않다.〉 이 책이 아주 탁월하고 믿을 만한 철학적 전통에 의존하여 증명하고자 하는 것은, 바로 기호학적 관점에서 볼 때, 한편으로는 사과와 사과 잼, 다른 한편으로는 /사과/와 /사과 잼/이라는 언어적 표현 사이에 아무런 차이도 없다는 사실이다. 기호학은 기호로 **채택될** 수 있는 모든 것과 관련된다. 다른 무엇의 의미적 대체물로 채택될 수 있는 모든 것이 기호이다. 그 다른 무엇은 필수적으로 존재하지 않아도 되며, 기호가 그것을 대신하는 순간에 실제로 현존하지 않아도 된다. 그런 의미에서 기호학은 원칙상 〈거짓말을 하기 위해 사용될 수 있는 모든 것을 연구하는 학문〉이다.

만약 무엇인가가 거짓말을 하기 위해 사용될 수 없다면, 진실을 말하기 위해 사용될 수도 없다. 사실 그것은 어떤 것을 말하는 데에도 사용될 수 없다.

〈거짓말 이론〉이라는 정의는 일반 기호학을 위한 만족스러운 프로그램이 될 수 있을 것이다.

0·2 영역인가 아니면 〈학문〉인가?

기호학은 고유의 대상과 고유의 방법을 가진 구체적인 학문인가, 아니면 아직 통일되지 않았고 아마도 전혀 통일될 수 없는 관심들의 목록, 말하자면 하나의 연구 분야인가 하고 종종 질문하기도 한다.

만약 기호학이 관심들의 영역이라면 다양한 기호학적 연구들이 존재한다는 사실 자체만으로 정당화될 것이다. 그리고 통일될 수 있는 일련의 경향들로부터 통일된 연구 모델을 이끌어 냄으로써, 기호학에 대한 정의를 도출할 수 있을 것이다. 그러나 만약 기호학이 하나의 학문이라면, 그 모델은 연역적으로 제시되어야 할 것이며, 기호학의 영역에서 여러 연구들을 배제할지 또는 포함할지 인준할 수 있는 매개 변수로 이용되어야 할 것이다.

이론을 제시하고 그 결과 이후의 논의를 이끌어 갈 기본적인 모델을 제시할 용기를 갖지 않고는 분명 이론적 연구를 할 수 없다. 어쨌든 모든 이론적 연구는 자체의 모순들을 구체적으로 제시하고, 그 모순이 첫눈에 드러나지 않는 곳에서도 명백히 밝힐 용기를 가져야 한다. 따라서 우리는 무엇보다도 오늘날 다양하고 무질서한 형식들로 나타나는 그대로의 〈기호학적 영역〉을 고려해야 할 것이다. 그리고 나서야 명백하게 최소한으로 단순화된 〈연구 모델〉을 제시할 수 있을 것이다.

그런 다음 거기에 적합하지 않은 모든 현상들을 밝힘으로써 그 모델을 끊임없이 반박하고, 그리하여 재구성되고 확장되도록 만들어야 한다. 그렇게 함으로써, 비록 잠정적이지만, 미래의 기호학 연구의 한계들을 추적하고, 또한 상호 환원될 수 없는 명백하게 상이한 현상들의 연구를 위한 통일적인 방법을 제안할 수 있을 것이다.

0·3 커뮤니케이션 또는 의미화

겉으로 보기에 기호학의 영역에 대한 설명은 커뮤니케이션 행위들의 목록처럼 보일 수도 있다. 그리하여 본 연구를 뒷받침하는 가설들 중의 하나, 즉 기호학은 문화의 모든 과정들을 **커뮤니케이션의 과정**으로 연구한다는 가설만을 암시할 수도 있다. 그러나 그러한 모든 과정은 오로지 그 아래에 **의미화의 체계**가 설정되기 때문에 존재하는 것처럼 보인다.

따라서 위험한 모호함을 피하고 또한 몇몇 학자들이 돌이킬 수 없는 것으로 제기하는 선택을 피하기 위해서는, 이러한 구별을 단번에 명백하게 밝히는 것이 절대적으로 필요하다. 커뮤니케이션의 기호학과 의미화의 기호학 사이에 차이가 있다는 것은 분명한 사실이지만, 그렇다고 그러한 구별이 중재될 수 없는 대립으로 해결되어서는 안 된다.

그렇다면 커뮤니케이션 과정이란, 어떤 **신호**signal(필연적으로 〈기호〉를 의미하지 않는다)가 한 **원천**source에서, **전달체**transmitter를 통해, **통로**channel를 따라, 어느 **수신자**addressee(또는 목적지)에게 이동하는 것이라고 정의하자.

기계와 기계 사이의 과정에서 신호는 어떤 〈의미화〉 능력도 갖지 않는다. 그것은 단지 **자극의 형태로**sub specie stimuli 수신자를 결정할 수 있다. 그럴 경우 비록 정보의 이동이 이루어진다고 말할 수는 있어도 의미화가 이루어지는 것은 아니다.

반대로 만약 수신자가 인간일 경우(그 원천도 반드시 인간이어야 할 필요는 없다. 인간 수신자에게 알려진 규칙에 따라 신호를 발신하기만 하면 된다), 우리는 의미화 과정과 마주하게 된다. 그 신호가 단순한 자극의 기능에만 머무르지 않고, 수신자에게 어떤 **해석적** 반응을 유발한다면 그렇다.

의미화 과정은 단지 코드가 존재할 경우에만 확인된다. 코드는 현존하는 실체들을 부재하는 실체들에 결합시키는 **의미화의 체계**이다. 의미화가 이루어지는 것은, 기저 규칙들을 토대로, 수신자의 지각(知覺)상에서 **물질적으로** 현존하는 무엇인가가 다른 무엇을 **대신**하는 경우이다. 그러나 분명한 것은 수신자의 지각 행위와 해석적 행동이 의미화 관계의 필수적 조건은 아니라는 점이다. **대신하는** 것과 상호 관계되는 것 사이의 상응, 비록 어떤 수신자도 실제로 존재하지 않거나 절대 존재할 수 없을지라도, 모든 가능한 수신자에게 유효한 상응 관계를 코드가 설정하는 것으로 충분하다.

그러므로 의미화 체계는 그것을 실현하는 모든 가능한 커뮤니케이션 행위와는 상관없고, 또한 완전히 추상적인 존재 방식을 가진 **자율적인 기호학적 구성물**이다.

반대로 (단순한 자극 과정들에 대해서는 예외이지만) **사람들 사이의** 또는 기계적이든 생물학적이든, 다른 모든 유형의 〈지적 능력이 있는〉 설비 사이의 **모든 커뮤니케이션 과정은 고유의 필수 조건으로 의미화 체계를 전제로 한다.**

따라서 (비록 완전히 바람직하지는 않지만) 커뮤니케이션의 기호학으로부터 독립적인 의미화의 기호학을 설정하는 것이 가능하다. 그러나 의미화의 기호학으로부터 독립적인 커뮤니케이션의 기호학을 설정하는 것은 불가능하다.

이 두 접근 방법이 상이한 계열의 방법론을 따르고 또 상이한 범주적 장치들을 요구한다는 것을 일단 인정하면, 문화적 과정에서 그 두 현상이 밀접하게 뒤엉켜 있다는 것도 인정해야 한다. 바로 그렇기 때문에 기호학적 영역의 지도(地圖) 또는 목록을 추적하려는 사람은, 때로는 그 두 상이한 관점 중의 하나에 의존하는 것처럼 보이는 연구들도 함께 고찰해야 할 것이다.

0·4 정치적 경계선: 영역

위에서 말한 것을 일단 인정하면, 수많은 연구 분야들이 아주 명백하게 〈자연적인〉 과정에 관한 것이든 또는 일반적으로 복잡한 〈문화적〉 현상들의 분야로 간주되는 과정을 고찰하든, 지금으로서는 동등하게 기호학의 영역으로 간주될 수 있다.

그러므로 연구 분야는 **동물 기호학**(인간이 아닌, 따라서 비

문화적인 공동체들의 커뮤니케이션 행동을 고려하기 때문에 기호학의 하위 한계를 구성한다)에서 **이데올로기**에 대한 사회적 연구에까지 걸쳐 있다. 어쨌든 동물의 수준에서는 의미화의 체계가 존재하지 않고 단순한 신호들의 교환만 이루어진다고 주장한다는 것은 무모한 일이다. 왜냐하면 최근 연구들은 지나치게 인간 중심적인 그런 믿음을 의문시하는 경향이 있기 때문이다. 그리하여 때로는 문화와 사회라는 개념 자체(그와 함께 지성적이고 상징적인 존재와 인간을 동일시하는 것 자체)가 어느 정도 의문시되는 것처럼 보인다.[2]

동물 세계와 인간 세계 사이의 기호학적 영역으로 **후각 체계들**에 대한 연구가 있다. 그것은 특히 낭만적 시인들의 관심을 끌었는데(보들레르가 그 증인이다), 그들은 냄새들이 근접학적 지적체 또는 지표들로 기능한다는 것을 명백히 보여주고 있다.

그와 동일한 문턱에는 **접촉의 커뮤니케이션**에 대한 연구가 있다.[3] 그것은 입맞춤, 포옹, 어깨 두드리기 같은 사회적 행동들을 고찰한다. 또는 요리의 풍습들에서 분명히 나타나는 **입맛의 코드들**도 있다.[4]

부차(副次) 언어학_paralinguistics_의 방대한 영역은 한때 〈초분절적(超分節的)〉이라 일컫던 특성들(또는 자유로운 변수들)을 연구하는데, 그것들은 엄격한 의미의 언어적 특성들을 이해하도록 도와준다. 이 초분절적 특성들도 점차 〈분절된〉 또는 최소한 〈분절 가능한〉 것처럼 보이고, 그 결과 이미 제도화되었거나 제도화될 수 있는 것처럼 보인다. 그리하여 오늘날 부차 언어학은, 예전에 음소들 사이의 차이를 연구하

---

2 세보크Sebeok, 1967, 1968, 1969, 1973 ; 힌데Hinde, 1972 참조.
3 홀Hall, 1966 ; 프랭크Frank, 1957 ; 에프론Efron, 1971 참조.
4 레비스트로스Lévi-Strauss, 1964 참조.

던 것과 똑같은 정확함으로 억양의 여러 형태들, 발성 리듬의 단절, 흐느낌, 한숨, 간투사(間投詞), 속삭임, 대화 중간의 웅얼거림 등을 연구하며, 심지어 휘파람 언어처럼 순수하게 억양상의 즉흥적인 반응들이나 북소리 언어처럼 의미 두께가 없는 리듬의 통사들을 토대로 하는 것처럼 보이는 커뮤니케이션 체계들의 분절된 언어들을 연구하기도 한다.[5]

그렇다면 소위 **의학적 증후학**(症候學)도 손쉽게 기호학 영역에 귀속될 수 있다. 그것은 최소한 두 가지 측면에서 기호들에 대한 연구와 관련된다. 즉 한편으로는 특정한 외적 변화와 내적 변화 사이의 동기적 관계들을 연구하고(그리하여 나중에 보겠지만, 퍼스가 기호로 분류한 증상들에 대한 연구와 관련되면서), 다른 한편으로는 의사와 환자 사이의 상호 관계에서 사용되는 코드와 커뮤니케이션 관계를 연구한다. 극단적인 경우에는 심리 분석 자체가 의학적 기호학의 한 분과, 그러니까 일반 기호학의 한 분과가 된다. 왜냐하면 심리 분석은 환자가 자신의 꿈 이야기(언어적으로 매개되는)를 통해, 또는 자신의 언어적 이야기의 통사 구조나 의미적 특징(말실수*lapsus* 등)을 통해 제공하는 특정한 상징들이나 기호들에 대한 텍스트 해석 또는 체계적 코드화를 지향하기 때문이다.[6]

최근에 정착된 학문들 중에서 **몸짓학**과 **근접학**을 들 수 있는데, 그것들은 문화 인류학의 환경에서 탄생하였지만 이내 상징적 행동의 학문으로 부상하였다. 몸짓, 몸의 자세, 공간 속

---

5 포나기Fonagy 1964 ; 스탄키비츠Stankiewicz, 1964 ; 말Mahl과 슐츠Schulze, 1964 ; 트래거Trager, 1964 ; 라 바레La Barre, 1964 ; 레이코프Lakoff, 1971b 참조.

6 오스트발트Ostwald, 1964 ; 모리스Morris, 1946 ; 라캉Lacan, 1966 ; 피로Piro, 1967 ; 마카냐니Maccagnani, 1967 ; 스자스Szas, 1961 ; 배리슨Barison, 1961 ; 샌즈Shands, 1970 ; 바츨라비크Watzlawick 외, 1967 참조.

에서 몸들의 상호 위치(마치 건축학적 공간이 인간 육체의 특정한 상호 위치를 부과하거나 전제로 하듯이) 등은 종종 사회가 최대한 제도화하는 의미화 체계의 요소들이 된다.[7]

여기에서 좀 더 공개적으로 문화화한 체계들, 예를 들어 **형식 언어들**[논리학에서 대수학(代數學), 화학에 이르기까지],[8] 다양한 알파벳이나 글쓰기 체계들, 또는 **문법 체계들**, 암호들과 소위 비밀 코드들[9] 등에 대한 연구도 기호학 영역에 포함될 수 있을 것이다. **음악 체계들**에 대한 연구도 마찬가지로 고려되어야 하는데, 단지 음계 체계의 아주 명백한 의미에서만 그런 것이 아니다. 사실 음악은 한편으로는 많은 사람에게 통사적으로 조직된 체계이면서 의미 두께가 없는 것처럼 보이지만, 다른 한편으로는 다음과 같은 것들도 사실이다. (1) 일부 학자들은 음악의 그러한 〈단면성〉을 의문시하고, (2) 또 어떤 학자들은 여러 경우에 명백한 의미 기능을 가진 음악적 조합들이 존재한다는 사실(군대의 신호들을 생각해 보라)을 지적하고, (3) 또 어떤 학자들은 기호학이 오로지 미리 의미와 상호 관계되어 있는 요소들의 체계뿐만 아니라, 나중에 의미들의 표현에 부합될 수 있는 요소들의 분절화를

---

7 데 요리오De Jorio, 1832; 맬러리Mallery, 1881; 클라인폴Kleinpaul, 1888; 에프론, 1941; 마우스Mauss, 1950; 버드휘스텔Birdwhistell, 1952, 1960, 1963, 1965, 1966, 1970; 기오Guihot, 1962; 라 바레, 1964; 홀, 1959, 1966; 그레마스, 1968; 에크만Ekman과 프리젠Frisen, 1969; 아르질Argyle, 1972; 힌데, 1972; 시비앙Civ'jan, 1962, 1965 참조.

8 바일라티Vailati, 1909; 바르뷔Barbut, 1966; 프리에토Prieto, 1966; 그로스Gross와 렌틴Lentin, 1967; 버틴Bertin, 1967; 멜Mäll, 1968; 로시Rossi, 1960; 『사회와 기술 속의 언어들*I linguaggi nella società e nella tecnica*』, 1970 참조.

9 트래거, 1972; 매클루언McLuhan, 1962; 데리다Derrida, 1967; 겔브Gelb, 1952 참조.

허용하는 모든 체계도 고찰해야 한다고 지적한다.[10]

아주 명백해 보이겠지만 자연 언어들에 대한 연구도 기호학의 영역에 속한다. 자연 언어는 한편으로는 언어학의 대상이지만, 다른 한편으로는 자연 언어에 대한 다양한 논리학이나 일상 언어에 대한 분석 철학의 대상이 되기도 한다.[11]

그리고 **시각적 커뮤니케이션**이라는 아주 방대한 우주가 있는데, 그것은 치밀하게 제도화된 체계들(도표들, 교통 표지판 등), 의미화 체계의 존재는 강하게 의문시되지만 어쨌든 커뮤니케이션 과정이 이루어지는 것처럼 보이는 분야들(사진, 그림 등), 그리고 명백하게 〈문화적인〉 체계들(도상 코드들), 또한 건축학적 커뮤니케이션과 소위 사물들의 언어를 뒷받침하는 것처럼 보이는 다양한 문법들, 통사들, 어휘들에까지 걸쳐 있다.[12]

서사 문법[13]과 이야기의 구조에 대한 다양한 연구들도 기호

---

10 『놀이 속의 음악 Musique en jeu』 제5권, 1971; 『베르수스 VS』 제5호, 1973; 야콥슨 Jakobson, 1964, 1967; 루웨 Ruwet, 1959, 1973; 레비스트로스, 1965; 나티에 Nattiez, 1971, 1972, 1973; 오스몬드스미스, 1972, 1973; 스테파니 Stefani, 1973; 푸쇠르 Pousseur, 1972 참조.

11 이 점에 대한 참고 문헌은 인용된 학문들의 문헌과 동일하며, 최소한 70퍼센트 정도는 이 책의 문헌과 동일하다.

12 시각적 커뮤니케이션에 대해서는 프리에토, 1966; 버틴, 1967; 이텐 Itten, 1961; 퍼스, 1931; 모리스, 1946; 에코, 1968, 1971, 1973; 메츠, 1970, 1971; 베론 Verón, 1971, 1973; 크람펜 Krampen, 1973; 볼리 Volli, 1973; 베테티니 Bettetini, 1968, 1971 참조. 사물들과 건축학에 대해서는 에코, 1968, 1972, 1973; 쾨니히 Koenig, 1964, 1970; 가로니 Garroni, 1973; 데 푸스코 De Fusco, 1973 참조.

13 브르몽 Bremond, 1964, 1966, 1973; 그레마스, 1966, 1970; 메츠, 1968; 바르트 Barthes, 1966; 토도로프 Todorov, 1966, 1967, 1968, 1970; 주네트 Genette, 1966; 모랭 Morin, 1966; 그리티 Gritti, 1966, 1968; 슈체글로프 Ščeglov, 1962; 졸콥스키 Žolkovskij, 1962, 1967; 카르핀스카야레빈 Karpinskaja-Revin, 1966; 레비스트로스, 1958a, 1958c, 1964; 마란다

학의 영역에 속한다. 그것은 고도로 제도화된 목록들의 체계화에서(민족학적 연구들에서 그러하듯이), 담론의 방대한 부분들의 층위에서 기능하는 규칙들의 체계를 확인하려는 최근의 **텍스트 문법들**[14]에 이르기까지 걸쳐 있다. 그것은 한편으로는 **전제의 논리학**[15]과 연결되어 있고, 다른 한편으로는 현대 기호학에서 첨단 학문, 즉 **선구적인**_ante litteram_ 담론의 기호학으로 재발견되고 있는 **수사학**의 다양한 갈래들[16]과 연결되어 있다.

또한 아주 복잡한 층위의 **문화 유형론**[17]이 있는데, 여기에서 기호학은 문화 인류학으로 흘러 들어가며, 또한 사회적 행동들 자체와 신화, 의식(儀式), 믿음, 우주의 구분들이 사회적 커뮤니케이션과 이데올로기들의 정립, 집단들 사이의 상호 인정과 대립 등을 가능케 하는 방대한 의미화 체계의 요소들로 간주된다.

마지막으로 기호학의 영역은 **미학** 또는 **대중 커뮤니케이션**의 연구처럼 전통적으로 다른 학문들이 점령하고 있는 영역들을 침범한다.

만약 기호학의 영역이 위와 같다면, 기호학은 견딜 수 없을 만큼 제국주의적 야망을 가진 학문처럼 보일 것이며, 다

Maranda, 1966; 던데스Dundes, 1966 등 참조.

14 바르트, 1971; 크리스테바Kristeva, 1969; 판 데이크van Dijk, 1970; 페퇴피Petöfi, 1972 참조.

15 필모어Fillmore와 랑겐도엔Langendoen, 1971; 뒤크로Ducrot, 1972 참조.

16 라우스베르크Lausberg, 1960; 그룹 뮤Groupe μ, 1970; 채트먼Chatman, 1974 참조.

17 이바노프Ivanov와 토포로프Toporov, 1962; 토도로프, 1966; 로트만Lotman, 1964, 1967a; 몰레스Moles, 1967 참조.

른 시대에는 자연 과학이나 소위 인문 과학이 다른 방법으로 점유하던 모든 것에 대해 다루려는 것처럼 보일 것이다.

그러나 기호학의 관심이나 주의를 끄는 주제들의 영역을 추적하는 것은 단지 기호학만이 해결할 수 있는 문제들의 총괄적인 목록을 추적하는 것을 의미하지 않는다.

따라서 그런 관심 영역(여러 가지 면에서 다른 학문들과 공통적인 영역) 안에서 어떻게 기호학적 관점이 고유 방식에 따라 적용될 수 있는지 살펴보는 것이 문제이다. 바로 여기에서 영역의 문제는, 이 장에 열거된 모든 문제들을 〈기호학적으로〉 다룰 수 있는 관점을 갖춘 통일적인 범주 체계 또는 이론의 문제로 되돌아간다.

0·5 자연적 경계선: 기호학에 대한 두 정의

0·5·1 소쉬르의 정의

다양하고 무질서해 보이는 기호학의 영역을 살펴보았는데, 이처럼 상이한 문제들과 연구들을 하나로 통일시킬 수 있을까 하는 질문이 제기된다. 그러므로 비록 가설적이지만 기호학에 대한 이론적인 정의를 제시해야 한다.

현대 기호학의 선구자들인 퍼스와 소쉬르가 제공한 두 개의 고전적 정의에서 출발할 수 있다.

소쉬르(1916)에 의하면 〈언어는 관념들을 표현하는 기호들의 체계이며, 따라서 글쓰기, 수화(手話), 상징적 의례들, 예절 형식들, 군대 신호들 등과 비교될 수 있다. 단지 언어는 그런 체계들 중에서 가장 중요한 것일 뿐이다. 그러므로 **사회생활 속에서 기호들의 삶을 연구하는 과학**을 상상해 볼 수 있다. 그것은 사회 심리학의 일부분을 이룰 것이며, 일반 심리학의 일부분이 될 수도 있을 것이다. 우리는 그것을 기호학(그리스어 ⟨σημεῖον⟩, 즉 ⟨기호⟩에서 유래한)이라 부르고자 한다. 그것은 기호가 무엇으로 이루어져 있으며, 어떤 법칙에 지배되는가를 말해 줄 수 있을 것이다. 기호학은 아직 존재하지 않기 때문에, 어떤 것이 될지 말할 수는 없다. 하지만 그것은 존재할 권리가 있고, 그 위치는 이미 결정되어 있다⟩. 소쉬르의 정의는 매우 중요하며, 기호학적 의식을 발전시키는 데 기여하였다. 두 개의 얼굴[기표(記標, *signifiant*)와 기의(記意, *signifié*)]을 지닌 실체로서 기호에 대한 그의 정의는 기호 기능에 대한 이후의 모든 정의들을 앞당기고 결정하였다. 그리고 기표와 기의 사이의 관계가 규칙들의 체계(랑그)를 토대로 설정되는 한, 소쉬르의 기호학은 엄격한 의미화의 기호학처럼 보일 것이다. 하지만 커뮤니케이션의 기호학을 주장하는 사람들이 소쉬르의 기호학에 의존하는 것은 우연이 아니다. 소쉬르는 의미를 명백하게 정의하지 않고, 정신적 이미지와 개념, 달리 확정되지 않은 심리적 현실 사이의 어중간한 자리에 남겨 두었다. 그 대신 의미란 사회 속에서 개개인들의 정신적 활동과 관련된 것이라는 사실을 힘주어 강조하였다. 그러나 소쉬르에 의하면 기호는 관념들을 ⟨표현⟩하며, 비록 그가 ⟨관념*idea*⟩이라는 용어의 플라톤적 말뜻을 생각하지 않았다는 것을 인정하더라도, 그의 관념이 인간의 정신과 관련된 정신적 사건들이라는 사실은 분명하다.

그러므로 기호는 암시적으로 서로 무엇인가를 표현하고 소통하려고 의도하는 두 인간과 관련되는 **커뮤니케이션 장치**로 간주되었다. **소쉬르가 제공하는 기호학적 체계들의 모든 예는 의심할 바 없이 군대 신호들이나 예의 규칙들, 또는 알파벳처럼 엄격하게 관습화된 인위적 기호들의 체계이다.** 실제로 소쉬르 기호학의 지지자들은 의도적이고 인공적인 기호(고유한 의미에서 〈기호〉로 간주되는)와, 엄격하게 말해 〈기호〉라는 이름을 붙이지 않는 비의도적이거나 자연적인 모든 발현들 사이를 아주 분명하게 구별한다.

0·5·2 퍼스의 정의

여기에서는 퍼스의 정의가 분명히 좀 더 포괄적으로 보인다. 〈내가 아는 한 나는 **기호학**이라 부르는 것, 즉 모든 가능한 세미오시스semiosis의 본질적 성격과 근본적인 다양성에 대한 학문을 명백히 밝히고 시작하는 작업에서 선구자, 아니 차라리 개척자이다……〉(CP, 5·488). 〈세미오시스라는 말로 내가 의미하는 것은, **세 개의** 주체, 가령 기호, 그것의 대상, 그것의 해석소interpretant의 협력을 이루거나 포함하는 행위, 영향이다. 그런 삼각관계의 영향은 어떤 경우에도 둘 사이의 작용으로 해결될 수 없다〉(CP, 5·484).

〈해석소〉 개념은 제2장에서 좀 더 분명히 정의될 것이지만, 퍼스의 세미오시스의 〈주체들〉은 필히 인간 주체가 아니라 **세 개의 추상적인 기호학적 실체들**이라는 것이 분명하며, 그것들의 내적 변증법은 구체적인 커뮤니케이션 행위의 사례에 구애받지 않는다. 퍼스에 의하면, 기호는 **어떤 측면 또는 능력하에서 누군가에게 다른 무엇을 대신하는**(CP, 2·228) 무엇이다. 앞으로 보겠지만 기호는, 오직 그 대신하는 관계가 해석소에 의해 중재되기 때문에, 누군가에게 다른 무엇을 대신할 수 있다. 그런데 때때로 퍼스는 해석소(이것은 앞의 기호를 해석하고 설명하는 또 다른 기호가 되고, 그런 식으로 무한하게 반복된다)를, 어느 가능한 해석자의 정신 속에서 〈일어나는〉 심리적인 사건으로 생각했다는 사실을 부정할 수 없다. 하지만 퍼스의 정의를 인간 중심적이지 않은 방식으로 이해하는 것도 마찬가지로 가능하다(그리고 제1장과 제2장에서 그렇게 제안할 것이다).

사실 소쉬르의 정의에 대해서도 똑같이 말할 수 있다. 하지만 퍼스의 정의는 그 이상의 무엇을 제공해 준다. 그것은 기호에 대한 정의의 필요조건으로 기호가 **의도적으로** 표현되고 또 **인위적으로** 생산될 것을 요구하지 않는다.

퍼스의 삼각형은 인간 발신자가 없는 현상들에도 적용될 수 있다. 예를 들어 기상학적 징조들이나 다른 모든 유형의 지표에서 그렇듯이 인간 수신자가 있기만 하면 된다.

기호학을 커뮤니케이션 행위들의 이론으로 축소하는 사람들은 증상들을 기호로 간주할 수 없으며, 인간의 다른 행동들, 즉 자신이 누군가에게 메시지를 보내고 있다는 것을 의식하지 못하는 발신자의 상황에 대해 수신자가 무엇인가를 추론해 내는 행동들을 기호로 인정할 수도 없다(예를 들어 뷔상스Buyssens, 1943 ; 세그레Segre, 1969 등 참조). 물론 이들은 오로지 커뮤니케이션에만 관심을 기울인다고 주장하기 때문에, 그와는 다른 현상들을 기호들의 범주에서 제외시킬 권리를 갖고 있다. 여기에서는 그들의 권리를 부정하기보다 정반대의 권리를 정당화하려고 노력할 것이다. 그것은 바로 보다 폭넓은 기호 현상들을 고찰할 수 있는 기호학 이론을 정립시킬 권리이다. 그러므로 미리 형성된 사회적 관습을 토대로 **다른 무엇을 대신하는 무엇**으로 간주될 수 있는 모든 것을 기호로 정의하자고 제안한다. 바꾸어 말하자면 모리스(1938)의 정의를 받아들이는 것인데, 그에 의하면 〈무엇인가가 기호가 되는 것은 단지 그것이 해석자에 의해 무엇인가의 기호로 해석되기 때문이다……. 그러므로 기호학은 특별한 유형의 대상들에 대한 연구가 아니라 일반적인 대상들과 관련되는데, 그것들이 세미오시스에 참여하는 범위 안에서(오로지 그런 범위 안에서만) 그렇다.〉 아마 바로 이런 의미에서 기호는 〈어떤 측면 또는 능력하에서〉 다른 무엇을 대신한다는 퍼스의 주장을 이해할 수 있을 것이다. 모리스의 정의에서 유일하게 수정해야 하는 것은, 기호를 특징짓는 것처럼 보이는 해석자에 의한 해석이 **가능한** 해석자에 의한 **가능한 해석**으로 이해되어야 한다는 점이다. 이는 제2장에서 명백히 밝혀질 것이다. 여기에서는 **인간 수신자는 의미화, 즉 코드에 의해 설정되는 기호 기능(제2장 참조)의 존재에 대한 방법론적인 (경험적인 것이 아닌) 보장이다**라고 말하는 것으로 충분할 것이다. 하지만 마찬가지로 **인간 발신자의 추정상의 현존은 추정되는 기호의 기호적 성격에 대한 보장이 절대로 아니다.**

오로지 이러한 해명에 비추어 볼 때에만, 퍼스가 그랬듯이, 증상과 지표들도 기호로 간주될 수 있을 것이다.

0·6 자연적 경계선: 추론과 의미화

0·6·1 〈자연적〉 기호

지표들과 증상들의 기호학적 성격은 제3장에서 다시 검토될 것이다(표준적인 구별을 완전히 수정하면서). 여기에서는 커뮤니케이션과 관련된 정의에서 벗어나는 것처럼 보이는 두 가지 유형의 기호를 고찰하는 것으로 충분할 것이다. 그것은 자연적 원천에서 나오는 물리적 사건들과 발신자가 무의식적으로 드러내는 인간의 행동들이다. 이 두 경우를 좀 더 자세히 고려해 보자.

우리는 연기에서 불의 현존을 추론할 수 있고, 젖은 흔적에서 비가 왔다는 것, 모래 위의 흔적에서 어느 동물이 지나갔다는 것 등을 추론할 수 있다. 이것은 모두 추론의 경우들이며, 우리의 일상생활은 그런 추론 행위들로 가득하다. 그러나 모든 추론이 〈세미오시스〉 행위라고 가정하는 것은 위험하며(비록 퍼스는 그렇게 했을지라도), 또한 모든 세미오시스 과정은 추론을 함축한다고 주장하는 것도 성급하다. 그렇지만 **세미오시스 행위로 인정되어야 하는 추론들이 존재한다**고 주장할 수는 있다.

고전 철학에서 자주 의미화와 추론을 결합시킨 것은 우연이 아니다. 기호는, 비슷한 결과들이 이전에 관찰되었을 경우에 어떤 선행(先行)의 후행(後行) 또는 후행의 명백한 선행으로 정의되었으며(홉스Hobbes, 『리바이어던*The Leviathan*』, 1·3), 또한 〈다른 실체의 과거나 미래의 실존 또는 현존을 추론할 수 있는 실체〉(볼프Wolff, 『존재론*Ontologia*』, 952)로, 또 〈결과를 드러내 주는 타당한 연결 관계에 의하여 구성되는 명제〉(섹스투스 엠피리쿠스Sextus Empiricus, 『수학에 반대하여*Adversus Mathematicos*』 VIII, 245)로 정의되었다. 너무나도 경직된 이러한 추론과 의미화 사이의 동일시는 아마 많은 미묘한 차이들을 설명하지 못할 수도 있지만, 〈이러한 연관이 문화적으로 인정되고 사회적으로 코드화되어 있을 때〉라는 구체적인 설명을 덧붙여 수정함으로써 충분할 것이다. 얼굴의 붉은 반점들과 홍역 사이의 일정한 관계를 최초로 발견한 의사는 하나의 추론을 하였다. 하지만 이런 관계가 관습화되고 의학 논문들에 기록되는 순간 **기호학적 관습**[18]이 성립

---

18 **관습**이란 무엇인가? 어떻게 탄생하는가? 만약 내가 붉은 반점과 홍역 사이의 관계를 설정해야 한다면 문제는 간단하다. 즉 나는 말 언어*verbal language*를 메타언어로 사용하여 새로운 관습을 부여한다. 하지만 이전의 메타언어의 도움 없이 언어를 정립하는 관습들에 대해서는 어떻게 할 것인가? 코드의 설립과 소위 〈창안〉이라는 기호 생산 방법에 대한 모든 논의(3·6·7과 3·6·8 참조)는 이 문제를 다루며, 따라서 그 해결책은 긴 논의의 결론에 이르러서야 찾게 될 것이다. 현재로서는 관습이라는 용어의 협소하지 않은 말뜻으로 루이스Lewis(1969)의 논의에 따르고자 한다.

되었던 것이다. 따라서 인간 집단이 다른 무엇의 전달 수단으로 무엇인가를 사용하기로 결정할 때 기호가 존재하게 된다.

그러므로 **자연적 원천**에서 나오는 사건들도 기호로 간주될 수 있다. 실제로 표현(즉 지각된 사건)과 내용(그것의 원인 또는 가능한 결과) 사이에 코드화된 상관관계를 부여하는 관습이 있다. 어느 사건이 고유의 원인 또는 결과에 대한 기표가 될 수 있는 것은, 그 원인이나 결과를 실제로 지각할 수 없는 경우에 한해서이다. 만약 불이 연기와 함께 지각되는 경우 연기는 불에 대한 기호로 기능하지 않는다. 하지만 사회화된 규칙이 필연적으로 또 일반적으로 연기를 불과 연관시킨다는 조건하에서 연기는 지각할 수 없는 불에 대한 기표가 될 수 있다.

0·6·2 비의도적인 기호들

두 번째 경우는 어떤 사람이 다른 누군가에 의해 어떤 신호 장치로 지각되는 행동을 하는 경우이다. 비록 발신자가 자기 행동의 그런 계시적 속성을 의식하지 않을지라도 그렇다.

분명히 몸짓을 보이는 사람의 문화적 기원을 확인할 수 있는 경우들이 있다. 사람의 몸짓들은 함축적인 능력을 갖고 있기 때문이다. 우리는 비록 다양한 몸짓들의 사회화된 의미를 모르더라도 몸짓을 하는 사람이 이탈리아인인지, 유대인인지, 영국인인지 등을 알아볼 수 있다(에프론, 1941 참조). 독일어나 중국어를 모르면서도 말하는 사람이 독일어로 말하는지 아니면 중국어로 말하는지 알 수 있는 것과 거의 똑같은 방식이다. **그러한 행동들은 발신자가 그것을 통해 무엇인가 의미한다는 것을 의식하지 않을지라도 의미화할 수 있는 것처럼 보인다.**

이 경우는 의학적 증상들의 경우와 유사하다고 말할 수 있을 것이다. 행동하는 자의 의지와는 상관없이 일정한 몸짓 양식들에 특정한 인종적 기원을 부여하는 암묵적인 규칙이 존재하는 한 그렇다. 그러나 행동하는 자는 인간이기 때문에 거기에는 감추어진 **의미화의 의지**가 있을 것이라는 의혹을 벗어나기 어렵다. 복잡한 것은 우리가 지금 지속적인 커뮤니케이션 과정들과 밀접하게 연결되어 있는 사건들을 의미화 체계로 연구하려고 노력하고 있다는 사실에서 빚어진다. 의학적 증상들의 경우 커뮤니케이션의 모든 의지가 배제된 곳에서 의미화의 관계들을 확인하기 쉽다. 그런데 몸짓들의 경우 언제나 발신자가 무의식적으로 행동하는 〈척한다〉고 의심할 수 있다. 또한 다른 경우에는 발신자가 정말로 무엇인가를 소통하고 싶어 하는데, 수신자는 그의 행동을 비의도적인 것으로 이해하는 경우도 있다. 또 발신자는 무의식적으로 행동하는 반면, 수신자는 그에게 무의식적으로 행동하는 척한다는 의도, 그러니까 아닌 척하면서 무엇인가 소통하려는 의도가 있는 것으로 간주할 수도 있다. 이런 사례들을 열거하면서, 속마음*arrière-pensées*, 침묵하기, 이중적인 생각 등으로 짜인 모호함의 코미디에서 나타나는 의식적인 행동들과 무의식적인 행동들의 끊임없는(또 일상적인) 유희를 기술할 수도 있다(에코, 1973 : 2·4·2 참조).

도표 1의 모태는 이러한 모든 가능한 이해와 오해들을 생성할 수 있을 것이다. 여기에서 E는 발신자, D는 수신자, IE는 수신자가 발신자의 것으로 돌리는 의도를 가리키고, +와 -는 의도적 발신과 비의도적 발신을 의미한다.

1번의 경우 예를 들면 거짓말쟁이가 수신자를 속이기 위하여 의도적으로 어떤 특정 질병의 증상을 보여 주는데, 수신자는 발신자가 거짓말하고 있다는 사실을 알고 있다(배우

	E	D	IE
1	+	+	+
2	+	+	−
3	+	−	(+)
4	+	−	(−)
5	−	+	+
6	−	+	−
7	−	−	(+)
8	−	−	(−)

도표 1

의 공연에서도 똑같은 일이 일어날 것이다). 이와는 달리 2번의 경우는 위장이 성공한 예이다. 3번과 4번의 경우 발신자는 의도적으로 의미 있는 행동을 발신하는데, 수신자는 그것을 의도가 없는 단순한 자극으로 받아들인다. 가령 내가 귀찮은 방문객을 보내기 위해 손가락으로 책상을 두들기며 신경질적인 긴장의 행동을 표현하는 경우가 그렇다. 수신자는 나의 행동을 자신에게 불안감을 주는 단순한 잠재의식적 자극으로 지각할 수도 있다. 그럴 경우 그는 구체적인 의도 또는 의도의 부재를 나에게 돌리지 않는다. 바로 그렇기 때문에 도표에서 (+)와 (−)는 괄호 안에 들어 있다. 비록 나중에 그런 발신에 의도성을 부여하거나 혹은 부여하지 않으면서 자극을 받아들였음을 깨달을 수 있을지라도 그렇다.

이러한 모든 경우들은 가령 고프먼Goffman(1963, 1967, 1969)의 연구처럼 사람들 사이의 수많은 관계들을 **조합 기술** *ars combinatoria*로 만족스럽게 체계화하는 것이 될 수 있다. 그런 행동들이 기호가 되는 것은, 수신자(문화적 관습들에 의해 교육된)의 결정, 또는 수신자에게 그런 행동을 기호로 받아들이도록 자극하려는 발신자의 결정 덕택이다.

0·7 자연적 경계선: 하위 문턱

0·7·1 자극

만약 인간에 의해 발생하지 않은 사건들이나 인간에 의해 발생하지만 비의도적인 사건들도 모두 기호로 간주될 수 있다면, 분명 기호학은 종종 물신화되는 문턱, 즉 기호와 〈사물들〉을 구분하고 자연적 기호와 인공적 기호를 구분하는 문턱을 넘어서는 영역까지 확장된 셈이다. 하지만 기호학은 그런 영역을 점령하였지만, 동시에 부당하게 이론화하려고 시도하였던 다른 현상들에 대한 입장을 포기하였다.

실제로 만약 무엇인가가 다른 무엇을 대신하도록 허용하는 관습이 존재한다는 조건하에서만 모든 것이 기호로 간주될 수 있다면, 또한 만약 행동적 반응들이 관습에 의해 유발되지 않는다면, **자극들은 기호로 간주될 수 없다.**

파블로프의 유명한 실험에 의하면, 개는 종소리에 의해 자극될 때 순수한 조건 반사로 침을 흘린다. 종소리는 다른 어떤 중재도 없이 침 흘림을 유발한다. 그렇지만 특정한 종소리가 어느 특정한 반응(침 흘림)을 유발한다는 것을 아는 과학자의 관점에서 볼 때, 비록 개가 현존하지 않거나 종이 아직 울리지 않더라도, 종소리는 침 흘림을 **대신한다.** 과학자에게는 두 사건 사이에 이미 코드화된 상응 관계가 존재하며, 따라서 어느 하나가 다른 것을 대신하기 때문이다.

널리 알려진 이야기가 하나 있다. 개 두 마리가 모스크바에서 만났는데, 한 마리는 잘 먹어서 살이 쪄 있고 다른 한 마리는 굶주리고 말랐다. 굶주린 개가 물었다. 「너는 어떻게 먹을 것을 잘 찾지?」 다른 개가 동물 기호학적으로 대답하였다. 「간단해. 매일 낮 12시에 나는 파블로프 연구소에 가서 침을 흘리기 시작하는 거야. 그러면 순간적으로 조건 반사를 일으킨 과학자가 와서 종을 울리고 나에게 음식 한 접시를 갖다 주지.」 이 경우 단순한 자극에 반응하는 것은 바로 과학자이며, 반면에 개는 침 흘림과 음식 사이에 일종의 뒤집힌 관계를 설정한다. 즉 개는 특정한 자극이 분명히 특정한 반응을 유발한다는 것을 알고 있으며, 따라서 하나의 코드를 갖고 있다. 개에게 침 흘림은 과학자의 가능한 반응에 대한 기호이다.

불행히도 개들에게는 파블로프의 방식으로 일이 전개되지 않는다. 파블로프의 방식에서는 종소리가 개에게 자극이 되고, 개는 모든 사회화된 코드와 상관없이 침을 흘리며, 반면 심리학자는 개의 침 흘림을, 자극이 받아들여져 적절한 반응을 유발한 하나의 기호로(또는 증상으로) 간주한다.

개의 태도와 과학자의 태도 사이의 차이는 중요하다. 자극은 기호가 아니라고 해서, 기호학의 연구가 자극을 다루지 않아야 한다는 것을 의미하지는 않는다. 기호학은 기호 기능을 다루지만, 앞으로 보듯이, 기호 기능은 두 기능소 사이의 상관관계를 나타내는데, 그 두 기능소는 그런 상관관계를 벗어나서는 그 자체로서 기호학적인 현상이 아니다. 그러나 일단 상호 상관관계가 이루어지면 기호가 되고, 따라서 기호학자의 관심을 끌 만한 가치가 있다. 그러므로 순수한 자극들 중에서 일부 현상들을 목록으로 분류할 수 있으며, 〈어떤 측면 또는 능력하에서〉 그것들은 〈누군가에게〉 기호로 작용할 수도 있다.

0·7·2 신호

예를 들어 정보 이론의 특정한 대상은 기호가 아니라, 고유의 가능한 의미와 상관없이 양적으로 계산될 수 있는 전달 단위가 되기도 한다. 그런 단위들은 〈기호〉가 아니라 〈**신호**〉로 정의된다.

그런데 신호들이 기호학에 중요한 가치가 없다고 주장하는 것은 성급한 일일 것이다. 만약 그렇다면, 다른 모든 기호들의 우주와 마찬가지로 언어학에서 기표를 구성하는 다양한 특성들을 고려할 수 없을 것이다. 그 자체로서의 기표는 지각할 수 있고, 구조적으로 조직되어 있으며, 양적으로 계산할 수 있지만, 고유의 기의에 의존하지 않을 수 있고, 단지 대립적인 가치만을 갖는다.

여기에서 우리는 기호학의 **하위 문턱**을 고찰하게 된다. 어느 지점까지 이 문턱을 넘어설 수 있을까? 말하자면 어느 지점까지 기호학은 기호 기능(또는 상관관계)에 의해 아직은 〈기표〉가 되지 않은 단순한 신호들도 고찰할 것인가?

0·7·3 물리적 정보

유전학적 및 신경 생리학적 현상들이나 피의 순환, 폐의 활동도 분명히 기호학의 역량에서 배제되어야 한다. 하지만 그렇다면 신호들이 말초 신경에서 대뇌 피질까지 이동하는 것이나, 또는 유전적 유산 같은 감각적 현상들을 코드화된 정보의 전달로 간주하는 정보 이론에 대해서는 뭐라고 말할 것인가? 첫 번째 합리적인 해결책은, 유전적이고 신경 생리학적인 현상들은 기호학자의 관심사가 아니지만 유전학과 신경 생리학의 정보 이론들은 관심의 대상이 된다고 말하는 것이리라.

때문에 이 하위 문턱은, 제1장에서 보겠지만, 아주 조심스럽게 다루어야 한다.

기호학은 이 하위 문턱 너머로(그 아래로) 분류될 수 있는 학문들에서 대부분의 도구들(예를 들면 정보의 개념이나 이진법적 선택의 개념)을 이끌어 내고 있기 때문에, 이 하위 문턱을 기호학의 논의에서 배제할 경우, 전체 이론에서 당혹스러운 공백들이 생길 수도 있다. 차라리 그런 현상들을 확인하고, 아직은 기호가 아닌 것에서 기호학적 현상들이 나타나는 임계(臨界) 지점을 확정하고, 그럼으로써 신호들의 우주와 기호들의 우주 사이에서 일종의 〈빠진 고리〉를 밝힐 필요가 있을 것이다.

0·8 자연적 경계선: 상위 문턱

0·8·1 문화에 대한 두 가지 가설

만약 〈문화〉라는 용어를 올바른 인류학적 의미로 받아들인다면, 우리는 곧바로 겉보기에 어떤 커뮤니케이션 기능도 없는(혹은 어떤 의미화 성격도 없는) 세 가지 기본적인 문화 현상들을 발견할 것이다. (1) 인간과 자연의 관계를 변화시키는 대상들의 생산과 사용, (2) 제도화된 사회적 관계들의 일차적 핵심으로서의 친족 관계, (3) 경제적 재화들의 교환이 그것이다.

이런 현상들은 우연히 선택한 것이 아니다. 그것들은 (분절 언어의 탄생과 함께) 모든 문화의 구성 요소들일 뿐만 아니라, 문화 전체가 의미화와 커뮤니케이션의 현상이며, 인류와 사회는 오로지 의미화 관계들과 커뮤니케이션 과정들이 설정될 때만 존재한다는 것을 증명하려는 기호-인류학적 연구의 대상으로 선택된 것이다.

이 세 가지 현상들에 대해 우리는 두 개의 가설을 세울 수 있는데, 하나는 보다 〈급진적인〉 가설이고, 다른 하나는 분명히 보다 〈온건한〉 가설이다.

그 두 가설은 이런 것이다. (1) 문화 전체는 기호 현상으로 연구**되어야** 한다. (2) 문화의 모든 측면은 기호 활동의 내용으로 연구**될 수** 있다. 급진적 가설은 대개 좀 더 극단적인 두 가지 형태로 유포되는데, 〈문화는 **단지** 커뮤니케이션이다〉라는 것과 〈문화는 구조화된 의미화들의 체계에 **불과하다**〉는 것이다.

이 두 가지 공식은 관념론에 빠질 위험이 있으므로 이렇게 수정되어야 할 것이다. 〈문화 전체는 의미화 체계에 토대를 둔 커뮤니케이션 현상으로 연구되어야 한다.〉 문화는 이런 방식으로 연구될 **수 있을** 뿐만 아니라, 앞으로 보겠지만 단지 그런 방식으로 연구해야만 그 근본 메커니즘들 속에서 명백히 밝혀질 수 있다는 의미에서 그렇다.

0·8·2 사용 도구들의 생산

몇 가지 예를 들어 보자. 가령 어느 생명체가 호두를 깨기 위해 돌멩이를 사용한다고 해도 아직은 문화라고 말할 수 없다. 다음과 같은 경우에 우리는 문화 현상이 나타난다고 말할 수 있다. (1) 어느 생각하는 존재가 돌멩이의 새로운 기능을 설정하였을 때(돌멩이를 있는 그대로 사용하였든 또는 복숭아 모양으로 깨뜨려서 사용하였든 상관없이), (2) 그 존재가 그 돌멩이를 〈무엇인가에 소용 있는 돌멩이〉로 **명명**(命名)하였을 때(다른 생각하는 존재들 앞에서 분절된 소리로, 큰 목소리로 말했든 아니든 상관없이), (3) 그 생각하는 존재가 그 돌멩이나 어떤 〈동일한〉 돌멩이를 〈기능 F에 상응하고 Y라는 이름을 가진 돌멩이〉로 알아볼 수 있을 때(비록 그는 그 돌멩이를 두 번 다시 사용하지 않을지라도, 사례로서 알아볼 수 있는 것으로 충분하다).[19] 그럴 경우 이 세 조건은 다음과 같은 기호학적 관계로 실현된다(도표 2).

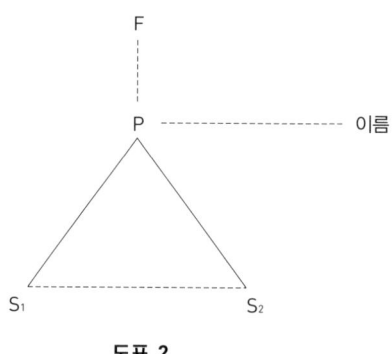

도표 2

S_1은 도구로 맨 처음 사용된 최초의 돌이고, S_2는 크기나 색깔, 무게가 다른 돌이다. 그렇다면 우리의 그 존재가 우연히 최초의 돌을 사용하면서 그 가능한 기능을 발견한 뒤 며칠 지나서 두 번째 돌(S_2)을 보고, 그것을 좀 더 일반적인 모델(P), 즉 S_1도 포함되어야 하는 추상적인 **유형**type의 한 **사**

---

19 여기에서는 위에 기술된 행동이 실제로 우리 조상의 행동이었는지에 대해서는 논의하지 않고자 한다. 그것이 어떤 기호학적 행동을 한 최초의 존재와 관련된 기술이라고 가정하는 것으로 충분하다. 또한 만약 그 존재가 다른 인간적 특징을 갖고 있지 않거나, 그런 행동이 동물들에 의해서도 이루어질 수 있다면(일부 동물 기호학자들이 원하듯이), 그것은 〈문화적〉 행동이란 단지 호모 사피엔스Homo sapiens의 특수한 행동이 아니라는 것을 의미할 뿐이다. 그리고 이 모든 예는, 피아제Piaget(1968: 79)가 암시하듯이, 지성이 언어보다 선행한다는 것을 함의한다. 하지만 만약 〈세미오시스 = 말 언어〉의 등식을 없앤다면, 의미화와 지성은 구별되지 않는 과정으로 간주될 것이다.

례*token*로 알아본다고 가정하자. S₂를 알아보고 또한 그것을 (S₁과 함께) 유형 P에 포함시킴으로써, 우리의 존재는 그것을 가능한 기능 F의 기표로 간주하게 된다.

S₁과 S₂는 유형 P의 사례들로서 **F를 대신하는** 또는 **지시하는** 기표 형식들이다. 이외에도 모든 기호의 특징이 되어야 하는 것으로, S₁과 S₂는 어느 가능한 기의(기능 F)의 기표로 간주되어야 할 뿐만 아니라, F를 대신하는 범위 안에서 둘 모두, **총체적 가역성**의 법칙에 따라, 동시에 (다른 관점에서 보면) F의 기표이자 기의가 된다.

유형-돌멩이에(그리고 그 사례들 각자에) 이름을 부여할 가능성은 우리의 도형에 새로운 기호학적 차원을 덧붙인다.

외시(外示, *denotation*)와 함축(含蓄, *connotation*)의 관계를 다루는 곳에서 보겠지만(1·7 참조), 이름은 유형-돌멩이를 고유의 의미로 외시하지만 곧바로 사례-돌멩이와 유형-돌멩이가 기표를 이루는 기능을 함축한다. 원칙상 이 모든 것은 단지 **의미화의 체계**를 설정할 뿐이며, 아직 실질적인 **커뮤니케이션 과정**을 함의하지 않는다. 다만 커뮤니케이션 의도에 의해 동기화되지 않은 의미화 관계를 상정하는 것은 비경제적이다.

그렇지만 이런 조건은 두 인간이 존재한다는 것을 함의하지도 않는다. 이러한 상황은 외로운 조난자 로빈슨 크루소의 경우에도 똑같이 가능하다. 따라서 처음으로 돌멩이를 사용하는 사람이 누구든지, 그 돌멩이와 관련하여 축적된 정보를 그다음 날의 자기 자신에게 〈전달해 줄〉 가능성을 고려하고, 또한 그러기 위해 어떤 기억 장치, 말하자면 대상과 기능 사이의 의미화 관계를 설정하는 것이 필요하다. 최초의 돌멩이 사용은 문화를 구성하지도 않고 제도화하지도 않는다. 하지만 그 기능이 어떻게 반복될 수 있는지 설정하고, 그 정보를 오늘의 외로운 조난자에게서 내일의 동일한 조난자에게 전달하는 것이 문화이다. 그럼으로써 외로운 조난자는 매우 초보적인 코드를 토대로 커뮤니케이션의 발신자인 동시에 수신자가 된다. 이런 정의는 분명히 생각과 언어의 동일화를 함의한다. 이것은 바로 퍼스가 그랬듯이(CP, 5·470~480) **생각들도 기호이다**라고 말할 수 있는가의 문제일 뿐이다. 하지만 그 문제는 자기 자신과 말하는 조난자를 고려할 경우에만 가장 극단적인 형태로 나타난다. 상호 관계의 두 개인이 나타나는 순간 곧바로 그 문제는 생각이 아니라, **물리적으로 관찰 가능한** 기표의 문제로 전환될 수 있다.

두 사람 사이의 커뮤니케이션이 나타나는 순간 관찰될 수 있는 것은 발신자가 수신자에게 소통하는 말이나 그림 기호들이고, 그것들은 이름(예를 들면 /호두까기/ 또는 /무기/)을 통해 대상, 즉 돌멩이와 그것의 가능한 기능들을 표현한다. 하지만 이렇게 함으로써 우리는 온건한 가설, 즉 문화적 대상이 말이나 그림을 통해 가능한 커뮤니케이션의 내용이 되었다는 가설에 이르렀을 뿐이다. 그런데 첫 번째 가설(〈급진적〉 가설)은 발신자가 수신자에게 이름(말이나 그림을 통해 표현되는)의 개입 없이도, 예를 들면 문제의 대상을 단순히 제시함으로써 그 대상의 기능을 소통할 수 있다고 가정한다. 따라서 돌멩이의 가능한 사용이 일단 개념화되면 **그 돌멩이 자체가 자신의 잠재적 사용의 구체적인 기호가 된다**는 것을 전제로 한다. 이것은 사회가 존재하는 순간 모든 기능이 자동적으로 **그 기능의 기호**로 변형된다고 말하는 것과 동일하다(바르트, 1964a 참조). 그것이 가능한 것은 문화가 존재하기 때문이다. 하지만 문화는 바로 그것이 가능하기 때문에 존재한다.

0·8·3 재화들의 교환

이제 경제적 교환 현상들을 고려해 보자. 무엇보다도 /교환/과 /커뮤니케이션/ 사이에 존재하는 동의어의 의혹부터 없애자. 사실 모든 커뮤니케이션 과정은 신호들의 교환을 함의하지만, 고유한 의미에서의 신호들이 교환되지 않고 경제적 재화들이 교환되는 경우들도 있다(재화들이나 여자들의 교환처럼). 물론 재화들의 교환을 기호학적 과정으로 간주할 수도 있지만(로시란디, 1968), 그것은 교환이 물리적 교환을 함의하기 때문이 아니라, 오히려 교환 속에서 재화들의 **사용 가치**가 **교환 가치**로 전환되고, 따라서 상징화 과정, 바로 〈배타적으로 다른 무엇을 대신하는〉 화폐가 나타날 때 결정적으로 완성되는 상징화 과정이 나타나기 때문이다.

재화들의 교환을 조절하는 경제 관계는 (마르크스의 『자본론』 제1권에 기술되어 있듯이) 도구-돌멩이에 의해 전개되는 기호 기능(도표 2)과 동일한 방식으로 재현될 수 있다.

도표 3에서 C_1과 C_2는 사용 가치(이것은 도표 2에서 기호학적으로 재현되었다)를 고려하지 않는 두 개의 상품이다. 『자본론』 제1권에서 마르크스는 일반화된 교환 체계에서 어떻게 모든 상품들이 다른 상품을 대신하는 기호가 될 수 있는가를 보여 준다. 또한 이러한 상호 의미 관계는 다양한 상품들이 대립들의 체계(언어학에서 음성 가치들을 기술하기 위해 만들어 낸 것과 비슷한 체계)로 조직되어 있다는 사실 때문에 가능해진다는 것을 암시한다.

이 체계의 내부에서 //상품 1//은 **그 안에서** [상품 2]의 교환 가치가 표현되는 상품이 된다([상품 2]는 **그것의** 교환 가치가

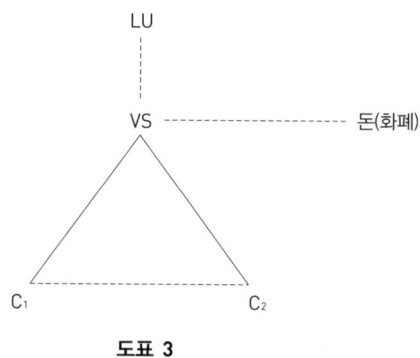

도표 3

//상품 1//에 의해 표현되는 단위이기 때문이다). 이러한 의미화 관계는 우리가 VS(교환 가치)라 부르는 교환의 매개 변수(또는 유형)의 문화적 존재에 의해 가능해진다. 만약 사용 가치들의 체계에서 모든 단위들이 기능 F(바로 사용 가치에 상응하는)와 관련된다면, 교환 가치들의 체계에서 VS는 C_1과 C_2의 생산에 필요한 인간 노동의 양과 관련되며, 그 노동의 양은 여기에서 LU로 표시되었다. 이 모든 요소들은 문화적으로 매우 세련된 체계 안에서 보편적인 등가물인 화폐(이것은 어떤 면에서 두 상품 모두와 그것들의 등가 〈유형〉, VS, 그리고 — 매개적으로 — LU를 동시에 외시하는 〈이름〉에 상응한다)와 상관될 수 있다. 기표로 이해되는 돈과 단어 사이의 유일한 차이점은, 단어가 경제적인 노력 없이 무한하게 재생산될 수 있는 반면에 돈은 노력 없이는 재생산될 수 없는 대상 — 그것이 대변하는 상품들과 공통적인 자질 — 이라는 점이다. 물론 이것은 다양한 유형의 기호들이 있으며, 그것들을 구별하는 방법들 중 하나는 그 표현 질료의 경제적 가치가 될 수도 있음을 의미한다(3·4 참조).

또한 마르크스의 분석은 자본주의 경제를 지배하는 기호

학적 도형에서 상호 등가를 이루는 LU와 VS가 모두 세 번째 요소, 즉 LU를 수행하는 노동자가 받는 **임금**과 구별된다는 것도 보여 준다. LU와 VS, **임금** 사이의 차이는 바로 〈잉여가치〉를 이룬다. 하지만 경제학 연구의 관점에서 매우 중요한 이런 사실은 우리의 기호학적 모델과 모순되지 않는다. 오히려 반대로 바로 기호학이 어떻게 문화적 삶의 일부 문제들을 분명하게 밝히고, 또한 그럼으로써 감추어진 모순들을 명백히 드러낼 수 있는가를 보여 준다. 실제로 경제에 대한 과학적 접근은 바로 일부 피상적인 기호학적 코드들의 편파성, 즉 그 **이데올로기적** 성격을 발견하는 데 있다(3·9 참조).

도표 2로 돌아가면 그것 역시 고도로 복잡한 관계들의 체계에 대한 부분적인 재현임을 알 수 있다. 실제로 돌멩이는 F로 등록된 기능(호두를 깨는 것) 이외에 다른 많은 기능들을 가질 수 있다. 가능한 총체적 기호학 체계(말하자면 문화의 총체적인 재현)는 돌멩이에 알려진 모든 사용 가치와 그것의 우발적인 이름에 의한 의미를 고려해야 할 것이다. 그렇게 함으로써 대상들의 우주에서도 나타나는 **동의**(同義)와 **이의**(異義) 현상들을 고려하게 될 것이다.

0·8·4 친족의 교환

마지막으로 여자들의 교환을 고려해 보자. 그것은 어떤 의미에서 상징적 과정으로 간주될 수 있을까? 원시적 교환의 맥락에서 여자들은 음식물이나 다른 재화들처럼 생리적 작용들을 통해 사용되고 〈소비〉되는 물리적 대상으로 보인다.

그러나 만약 여자들이 단지 남편이 자손을 생산하기 위해 성 관계를 맺는 단순한 육체라면, 무엇 때문에 **모든** 남자가 **모든** 여자와 짝짓기를 할 수 없는가를 설명하지 못할 것이다. 무엇 때문에 엄격한 선택 규칙에 따라 남자가 한 여자(또는 그 이상의 여자)를 선택하도록 강요하는 관습들이 존재하는가? 그것은 바로 여자의 **상징적 가치**가 체계의 내부에서 그 여자를 다른 여자들과 **대립**하도록 만들기 때문이다. 아내가 되거나 아내로 선택되려는 순간 여자는 더 이상 단지 물리적 육체(소비할 수 있는 재화)가 아니라 사회적 강요들의 체계를 함축하는 기호가 된다(예를 들어 레비스트로스, 1947 참조).

0·8·5 기호학적 현상으로서의 문화

이제 무엇 때문에 0·8·1에서 언급된 급진적 가설이 기호학을 **문화의 일반 이론**, 결과적으로 문화 인류학의 대체물로 만드는가가 분명해졌다. 하지만 문화 전체를 기호학적 문제로 환원시킨다는 것이, 물질적 삶 전체를 순수한 정신적 사건들로 축소시킨다는 것을 의미하지는 않는다. 또한 문화를 총체적으로 **기호학적 관점에서** 고찰한다는 것은 모든 문화가 **단지** 커뮤니케이션과 의미화에 불과하다는 의미가 아니라, 기호학적 관점에서 관찰할 경우 문화 전체를 더 잘 이해할 수 있다는 의미이다. 간단히 말해 대상들과 행동들, 가치들은 기호학적 법칙에 따르기 때문에 그렇게 작용한다는 것을 의미한다.

이제 온건한 가설을 살펴보면 언뜻 보기에 그것은 문화의 모든 측면이 (커뮤니케이션의 가능한 내용으로서) 의미적 실체가 될 수 있음을 의미할 뿐이라는 것을 알 수 있다.

물론 대상들의 한 부류, 예를 들어 〔자동차〕는 기표 /자동차/에 의해 의미될 때 의미적 실체가 된다고 말하는 것은 별 의미가 없다. 이런 층위에서는 염화나트륨이라는 자연적 실질이 기표 /소금/의 의미로도 간주되는 순간 기호학은 염화나트륨에 대해 다룬다고 말할 수도 있다.

하지만 다시 잘 읽어 보면 온건한 가설은 그 이상의 무엇인가를 암시한다. 의미들(가능한 커뮤니케이션의 내용이 되는 문화적 단위로서의 의미들)의 체계는 기표들의 체계에서 확인되는 것과 동일한 기호학적 규칙들을 따르는 구조(의미적 축들과 영역들)로 조직된다. 바꾸어 말해 〔자동차〕는 단지 기표 /자동차/와 상관되는 순간 의미적 실체뿐만 아니라, 그것이 가령 〔마차〕, 〔자전거〕, 〔다리〕 같은 다른 의미 단위들과 대립적인 의미의 축으로 체계화되는 순간(최소한 〈자동차로〉 대 〈걸어서〉의 대립에서) 의미적 실체가 되기도 한다.

그러므로 최소한 기호학적 관점에서 모든 문화 현상들을 고려하는 방법이 있다. 기호학이 다른 방법으로 연구할 수 없는 것은 모두 최소한 **구조 의미론**의 층위에서 기호학의 지배하에 들어가게 된다. 하지만 그렇다고 해도 문제가 완전히 해결된 것은 아니다.

자동차(구체적인 물리적 대상으로 이해되는)는 일정한 사회적 신분을 가리키며, 따라서 분명한 사회적 가치를 띤다. 그것은 〔자동차〕가 말이나 그림 기표에 의해 내용으로 의미되는 추상적 부류로 나타날 때(가령 동일한 추상적인 의미 실체가 동시에 /car/, /voiture/, /bagnole/ 같은 상이한 기표들에 의해 외시될 때처럼)뿐만 아니라, 자동차가 **대상으로** 제시될 때에도 그렇다. 바꾸어 말하자면 대상 //자동차//는 단지 〔자동차〕일 뿐만 아니라, 가령 〔속도〕, 〔편리함〕, 〔부자〕 등 의미적 단위의 기표가 될 수도 있다. 마찬가지로 0·8·2에서 보았듯이 대상 //자동차//는 가능한 기능(또는 사용)의 기표가 된다.

따라서 사회적 층위에서나 기능적 층위에서 대상은 바로 **그 자체로서** 이미 의미하는 기능을 띤다. 그렇기 때문에 두 번째 가설은 첫 번째 가설로 되돌아가며, 모든 문화 현상은 의미하는 장치로 작용하는 것으로서 연구될 수 있다.

그러므로 문화는 기호학적 측면에서 총체적으로 연구될 수 있다.

0·9 인식론적 경계선

그런데 일종의 세 번째 문턱이 있다. 그것은 인식론적 성격의 문턱으로서 기호학적 대상의 정의에 의존하지 않고, 이론적 〈순수함〉과 관련되는 학문 자체의 정의에 달려 있다.

간단히 말해 기호학은 이상적인 기호 생산자의 역량(고도로 형식화되고 공리적인 방식으로 설정될 수 있는 역량)에 대한 추상적 이론인가, 아니면 변화와 재구조화를 겪을 수밖에 없는 사회적 현상들에 대한 연구인가를 결정하는 문제이다. 즉 기호학의 대상은 수정(水晶)을 닮았는가, 아니면 잠정적이고 부분적인 역량들로 짜인 유동적인 그물을 닮았는가 하는 문제이다. 바꾸어 말하자면 기호학의 대상은 바다의 수면, 즉 물 분자들의 끊임없는 움직임과 해저 조류들의 흐름에도 불구하고 우리가 〈바다〉라고 부르는 일종의 평균적 행동이 설정되는 바다의 수면을 닮았는가, 아니면 세심하게 정돈된 풍경이지만 인간의 개입으로 설비, 건축, 경작지, 운하 등의 형태가 끊임없이 변화하는 풍경을 닮았는가를 질문해 볼 필요가 있다.

만약 (이 책에서 그러하듯이) 두 번째 가설을 받아들인다면, 연구의 또 다른 조건도 받아들일 필요가 있다. 즉 기호학 연구는 배가 지나가자마자 배의 흔적이 사라지는 항해와 비슷한 것이 아니라, 오히려 숲을 가로지르는 오솔길의 흔적들, 마차와 발자국 흔적들이 풍경 자체를 수정하면서 동시에 바로 그 순간부터 생태학적 변화로서 그 일부분을 이루는 육지 탐험에 더 가깝다는 사실이다.

그렇다면 기호학 연구는 일종의 **불확정성의 원리**에 의해 지배될 것이 분명하다. 의미하고 커뮤니케이션한다는 것은 문화적 조직과 전개를 결정하는 사회적 기능들이기 때문에 〈화행〉에 대해 〈말하기〉, 의미화를 의미하기, 또는 커뮤니케이션에 대해 커뮤니케이션하기는, 말하기와 의미하기, 커뮤니케이션하기의 우주에 영향을 주지 않을 수 없다.

그런데 세미오시스 현상에 대한 기호학적 접근은 이러한 고유의 한계에 대한 의식을 특징으로 해야 한다. 때로는 **진정으로** 〈과학적〉이기 위해 상황이 허락하는 것 이상으로 〈과학적〉이고자 할 필요는 없다. 인문 과학에서는 종종 이데올로기적 오류에 빠지기도 하는데, 바로 자신의 논의가 이데올로기에서 벗어나 〈객관적〉이고 〈중립적〉이라고 간주하는 것이다. 불행하게도 모든 연구는 어떤 방식으로든 〈동기화〉되어 있다. 이론적 연구는 단지 사회적 실천 형식들 중 하나일 뿐이다. 무엇인가를 알려고 하는 사람은 누구든 바로 무엇인가를 하기 위해 알려고 한다. 만약 순수하게 알고 싶은 취향 때문에(무엇인가 하기 위해서가 아니라) 알고 싶다고 주장한다면, 그것은 아무것도 하지 않기 위하여 알고 싶다는 의미이며, 그것은 바로 무엇인가를 하려는 것, 말하자면 세상을 있는 그대로 내버려 두거나 또는 그대로 있기를 바라는 은밀한 방식이다.

이런 조건에서는 자기 논의의 동기를 감추지 않는 것이 훨씬 낫다(또한 훨씬 더 과학적이다). 만약 기호학이 하나의 이론이라면, 분명히 이러한 전망에서 세미오시스 현상들에 대한 끊임없는 비판적 해석을 허용하는 이론으로 제시되어야 한다. 사람들은 커뮤니케이션을 하기 때문에, 지금 **어떻게** 또한 **무엇 때문에** 커뮤니케이션을 하는가를 설명하는 것은 숙명적으로 미래에 커뮤니케이션을 하게 될 방식과 이유들을 결정한다는 것을 의미한다.

다음 장들에서 보게 될 아주 추상적이고 〈형식화된〉 글들도 이러한 인식론적 입장에 비추어 읽어야 할 것이다.

1 ___ 의미화와 커뮤니케이션

1·1 초보적인 커뮤니케이션 모델

 만약 모든 커뮤니케이션 과정이 의미화 체계에 기반을 두고 있다면, **커뮤니케이션의 초보적인 구조**를 확인하여 그런 수준에서도 커뮤니케이션이 일어나는지를 살펴볼 필요가 있을 것이다.

 모든 의미화 관계는 문화적인 관습을 나타내지만, 어쨌든 모든 의미화 관습이 결여되어 있고, 또한 0·7에서 제안하였듯이 자극이나 신호들의 순수한 이동만 확인되는 것처럼 보이는 커뮤니케이션 과정이 존재할 수 있을 것이다. 이것은 예를 들어 두 기계 장치 사이에 물리적 〈정보〉가 전달될 때 일어난다.

 부표(浮標)가 자동차 계기판에 휘발유의 높이를 표시해 줄 때 이 과정은 단지 **원인**과 **결과**의 연쇄를 통해 일어난다. 하지만 정보 이론에 의하면 여기에서 정보 전달 과정이 일어나며, 이것을 많은 사람들은 〈커뮤니케이션〉 과정으로 간주하기도 한다. 물론 이 예는 신호가 부표에서 계기판에 도달하고 거기에서 인간의 눈으로 볼 수 있는 현상(계기판 바늘의 움직임 같은)으로 전환되는 순간 무슨 일이 일어나는가에 대해서는 고려하지 않는다. 여기에서는 분명히 계기판 바늘의 위치가 **코드** 덕택에 휘발유의 높이를 **대신하는** 기호 과정을 보게 된다. 하지만 기호의 이론에 문제가 제기되는 것은, 바로 인간의 눈이 계기판을 보기 이전에 일어나는 일이다. 만약 그 순간부터 계기판 바늘이 의미화 과정의 출발점이 된다면, 그 순간 **이전**에 바늘은 단지 커뮤니케이션 과정의 최종 결과일 뿐이다. 이 예비 과정 동안에는 누구도 바늘의 움직임이 부표의 위치를 대신한다는 것을 〈모른다〉. 오히려 부표가 바늘의 움직임을 **자극하고, 도발하고, 유발한다**고 누구든지 인정할 것이다.

따라서 이 현상을 좀 더 자세히 검토할 필요가 있다. 그것은 바로 기호학의 하위 문턱이 된다.

그러니까 지극히 단순한 커뮤니케이션 상황을 그려 보자.[1] 위쪽에 있는 저수지, 가령 두 개의 산으로 가로막혀 있고 댐으로 조절되는 저수지가 언제 일정한 포화 수준, 말하자면 〈위험 수준〉에 이르는가를 아래쪽에서 알아야 한다고 가정해 보자.

물이 있는지 없는지, 위험한 수위의 위에 있는지 아래에 있는지, 또 얼마만큼 있는지, 어떤 속도로 수위가 올라가는지 등의 이 모든 것은 저수지에서 전달될 수 있는 일련의 정보들이며, 따라서 저수지는 정보의 **원천**이 된다. 그렇다면 기술자가 저수지에 부표를 설치하여, 위험 수위에 도달하면 부표가 전기 **신호**를 보낼 수 있는 **전달** 장치를 작동시

---

1 다음의 모델은(『구조의 부재』에서 그랬듯이) 데 마우로De Mauro (1966)〔(현재는 데 마우로(1971)에 실려 있다〕에서 인용한 것이다. 보다시피 이 모델에 대한 연구는 『구조의 부재』에서 했던 연구와는 다른데, 최소한 그 주요 방법론적 결과들을 좀 더 명백히 밝히고 있다는 의미에서 그렇다.

키고, 그 신호는 **통로**(전선)를 거쳐 아래쪽의 **수신기**에 의해 포착되도록 만든다고 가정해 보자. 수신기는 전기 신호를 일련의 다른 기계적 사건으로 전환시킬 것이고, 그것은 수신 장치에 도달한 **메시지**가 된다. 이 시점에서 수신 장치는 원천의 상황을 수정할 기계적 반응을 작동시킬 수 있다(가령 닫혀 있는 수문을 열어 버림으로써 넘치는 물을 다른 방향으로 빠지게 할 수 있다).

이런 상황은 대개 다음과 같이 표현될 수 있다.

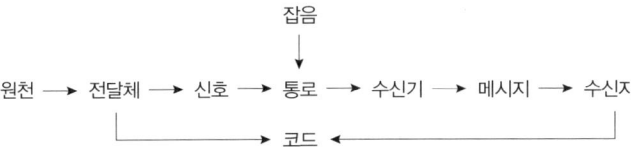

이 모델에서 **코드**는 어느 주어진 전기 신호가 주어진 반응을 유발할 수 있는 어느 주어진 기계적 메시지를 생산하도록 보장해 주는 장치이다. 예를 들어 기술자는 이런 코드를 설정할 수도 있다. 신호의 나타남은 +A, 이와 반대로 신호의 없음은 −A이고, +A 신호는 부표가 전달 장치를 감응시킬 때 발신된다.

그런데 이 수문 모델은 통로 상에 나타날 수 있는 잠재적인 잡음까지 예상한다. 말하자면 그것은 신호의 성격을 변화시킬 수 있는 각종 전기적 장해로 신호를 없애거나, 신호 포착을 불가능하게 만들거나, 또는 원래 −A를 전달하였는데 오류로 출구에서 +A가 나오게 할 수도 있다. 따라서 기술자는 잡음의 가능성에 대처하기 위하여 자신의 코드를 복잡하게 만들어야 할 것이다. 그래서 두 개의 상이한 신호 수준, 가령 +A와 +B를 설정하여 세 개의 신호를 활용할 수 있으

1___ 의미화와 커뮤니케이션

며,[2] 수신 장치가 세 개의 상이한 방식으로 반응하도록 명령을 내릴 수도 있다.

　+A는 〈안정 상태〉를 표시한다.
　+B는 〈교정 반응〉을 표시한다.
　−AB는 비상 신호를 표시하여, 무엇인가 제대로 작동하지 않는다는 것을 가리킨다(물론 +AB가 나타날 경우에도 똑같은 일이 일어날 수 있다).

이 모든 것은 코드를 복잡하게 만들며 설비 비용을 증가시키지만 정보 전달을 더욱 안전하게 만든다.

그럼에도 불구하고 어떤 특별한 잡음이 +B 대신 +A를 표시하게 만들 수 있다. 그런 위험을 피하기 위해 코드를 더욱 **복잡하게 만들** 필요가 있다. 그렇다면 기술자는 네 개의 플러스 신호를 마련하여 각각의 메시지가 두 개의 신호로 구성되도록 설정한다고 가정해 보자. 네 개의 플러스 신호는 네 개의 층위로 표현될 수도 있지만, 이 과정을 좀 더 잘 조절할 수 있도록 기술자는 신호들이 일렬로 늘어선 네 개의 전등으로 확인되도록 설정하는데, A는 B보다 앞에 있고 B는 C보다 앞에 있고 하는 식으로 확인될 수 있다고 가정해 보자. 물론 서로 다른 네 개의 색깔로 된 네 개의 전등으로 작동될 수도 있다. 어쨌든 분명히 수신 장치는 **감각 기관들을 갖고 있지 않기** 때문에 전등들을 〈볼〉 필요가 없다. 전등은 기술자(그리고 우리)가 무슨 일이 일어나고 있는가를 이해하는 데 필요

---

2 한 신호의 부재는 더 이상 신호를 이루지 않는다(〈+A 대 −A〉의 경우에는 신호가 되었지만). 그런데 한 신호의 부재는 다른 신호의 나타남을 관찰하기 위한 대립적 조건이다. 다른 한편으로 신호들의 부재나 부가적인 나타남은 통로 상의 혼란을 가리키는 동의어와 같은 장치로 이해되어야 한다.

하다.

물론 전기 신호와 전등 사이의 상응은 새로운 코드의 재료가 되어야 하며, 따라서 부가적인 전달 장치를 필요로 할 것이다(가령 수신기는 신호를 전등의 점등으로 전환시켜야 할 것이다). 하지만 편의상 전기 신호나 전등을 모두 동일한 현상의 두 측면으로 간주하기로 하자.

여기에서 기술자는 최소한 이론적 관점에서는 16개의 가능한 메시지를 활용할 수 있다.

AA	BA	CA	DA
AB	BB	CB	DB
AC	BC	CC	DC
AD	BD	CD	DD

AA, BB, CC, DD는 똑같은 신호의 단순한 반복이고 또한 동시에 일어날 수 없기 때문에, 그리고 열거된 신호들 중에서 여섯 개는 단순히 앞에 나온 신호의 순서를 뒤바꾼 것이기 때문에(이 경우 두 신호의 시간적 이어짐은 고려되지 않는다), 기술자는 단지 여섯 개의 신호 AB, AC, AD, BC, BD, CD만을 활용할 수 있다.

그렇다면 기술자가 AB 신호에 〔위험 수위〕를 전달하는 임무를 부여한다고 가정해 보자. 여기에서 그는 다섯 개의 〈빈〉 신호를 활용할 수 있다.

이런 방식으로 그는 두 가지 흥미로운 결과를 얻게 된다. (1) 두 개의 잘못된 전등을 작동시킬 정도로 〈교활한〉 잡음이 존재할 가능성은 매우 희박하고, 그럴 경우 잘못된 작동은 의미 없는 다섯 개 메시지들 중 하나(가령 BC), 또는 메시지로 간주될 수 없는 신호들의 연쇄(가령 ABC)를 발생시킬 가능성이 높다. 그러므로 가능한 오작동을 좀 더 쉽게 확인할 수 있다. (2) 그렇지만 코드가 더 복잡해졌고 전체 설비의 비용이 증가되었기 때문에, 기술자는 활용 가능한 잉여 메시지들을 이용하여 **좀 더 풍부한 코드를 공식화함으로써** 최초의 비용을 상쇄할 수도 있다.

실제로 활용 가능한 그 모든 메시지들을 이용하여 원천에서 일어나는 일에 대해 훨씬 많은 것들을 신호할 수 있으며, 따라서 수신지에서 좀 더 포괄적인 일련의 반응들을 미리 준비할 수도 있다. 그러니까 물의 상태를 좀 더 자세히 신호할 수 있는 새로운 코드를 설정하고 좀 더 세분화된 반응들을 허용하는 것이다.

이 새로운 코드는 도표 4처럼 표현될 수 있다.

(가) 전등	(나) 물의 상태 또는 물의 상태에 관한 개념	(다) 수신자의 반응
AB	= 위험 수위	= 물을 빼내기
BC	= 경계 수위	= 경계상태
CD	= 안전 수위	= 휴식 상태
AD	= 부족 수위	= 물을 채우기

도표 4

코드를 복잡하게 만든 것은 **잉여성**을 창출하였다. 두 개의 신호가 단 하나의 메시지를 구성하기 때문이다. 하지만 잉여성은 가능한 메시지들의 **풍부함**도 마련해 주었으며 원천의 상황들과 도착지의 반응들을 좀 더 세분화시킬 수 있게 해주었다. 잘 살펴보면 잉여성은 또한 두 개의 추가 메시지(AC와 BD)를 창출하였는데 그것은 도표 4에서 볼 수 있듯이 코드에 의해 고려되지 않는다. 그것들은 더 나아가 다른 중간 단계들과 그에 따른 적절한 다른 반응들을 신호하는 데 사용되거나, 또는 동의어를 도입하는 데 사용될 수도 있다(가령 두 개의 메시지가 모두 위험 수위를 신호한다). 어떠한 경우든 그렇게 함으로써 코드는 제대로 작동되는 것처럼 보이며, 더 이상 복잡하게 만들 필요는 없다.[3]

1·2 체계와 코드

기술자가 이렇게 자신의 코드를 설정하였을 경우 기호학자는 다음과 같이 질문할 수 있을 것이다. (1) 엄밀하게 말해 무엇을 코드라 부르는가? 저수지의 어떤 정해진 물의 상태는 불 켜진 전등들의 어떤 정해진 연쇄에 상응한다고 설정해 주는 구성물인가? (2) 만약 그렇다면 그 기계 장치는 코드를 〈갖고〉 있거나 〈알고〉 있는가? 말하자면 받은 메시지의 〈의미〉를 알아보는가 아니면 단순하게 반응하도록 자극받는가? (3) 만약 수신 장치가 일련의 적절한 반응으로 단순한 기계적 자극들에 반응한다면, 그것은 코드를 토대로 일어나는 것인가? (4) 코드는 누구를 위해 작동하는가? 기술자를 위해서인가 아니면 기계 장치를 위해서인가? (5) 어쨌든 전구들의 형식적 분절이 암시할 수 있는 개념들의 유형과는 상관없이, 실제로는 많은 학자들이 그 체계의 내적 조직을 /코드/라 부르고 있지 않은가? (6) 마지막으로 원천에서 가능한 수위

---

3 그리고 지금부터 이 코드는 기계가(오류 때문이든 또는 사악한 천재 *malin génie*의 영향 때문이든) **거짓말**을 하더라도 타당하다. 신호들은 현실적인 물의 상태를 지시하는 것으로 가정되지만, 그것은 〈상태〉를 전달하는 것이 아니라, 그런 상태에 관한 **개념**을 전달한다.

들(비록 무한하지는 않지만 최소한 무수하게 많은)이 확인 가능한 네 가지 위치를 발생시키며 나뉘었다는 사실 자체도 코드화 현상이 아닐까?

더 계속할 수 있겠지만, 코드라는 이름으로 기술자가 최소한 **네 가지** 상이한 현상을 이해하였다는 것은 분명하다. 말하자면,

(가) **내적인 조합 법칙들에 의해 조절되는 일련의 신호들.** 그 신호들은 저수지 물의 상태나 수위들, 또는 수신자의 반응과 필연적으로 연결되지 않거나 연결될 수도 없다. 원한다면 그것들은 다른 사실들을 전달하여 다른 유형의 반응들을 자극할 수도 있다. 예를 들어 기술자가 댐 관리자의 딸을 미친 듯이 사랑한다는 사실을 전달하거나, 또는 그 아가씨에게 기술자의 사랑을 받아 주라고 설득하는 데 사용될 수도 있다. 아니면 그 신호들은 단순히 장치의 기계적 효율성을 검증하기 위해 발신되어 어떤 분명한 기능 없이 통로를 따라 여행할 수도 있다. 심지어 단지 우연히 전기 신호의 형식을 띠는 순수한 조합적 구조, 또는 1·3에서 보듯이 텅 빈 위치와 대립들의 단순히 추상적인 게임으로 이해될 수도 있다. 그러므로 그 신호들은 **통사적 체계**라고 정의할 수 있는 것을 형성한다.

(나) **일련의 물의 상태들**로서, 그것은 물의 상태들에 대한 일련의 **개념들**로 간주되며, 제시된 예에서 그런 것처럼 어떤 가능한 커뮤니케이션의 내용들이 될 수 있다. 내용으로서 그것들은 전기 신호들(전구들)에 의해 전달될 수 있지만 그 신호들과는 별개의 것이다. 실제로 다른 유형의 신호들, 가령 깃발, 호각 소리, 연기, 언어, 북소리 등으로 전달될 수도 있다. 이 일련의 내용들을 **의미 체계**라 부르기로 하자.

(다) **수신자에 의한 일련의 가능한 행동적 반응들**. 그 반응들은 체계 (나)로부터 독립적인데, 가령 세탁기를 작동시키기 위해, 또는 (만약 우리의 기술자가 미쳤을 경우) 위험한 순간에 저수지에 더 많은 물을 유입시켜 홍수를 유발하는 데 사용될 수도 있기 때문이다. 그 반응들은 다른 체계 (가)에 의해 자극될 수도 있다. 예를 들어 수신자는 프레드 아스테어 Fred Astaire가 진저 로저스Ginger Rogers에게 키스하는 영상을 감지할 때에만 광전지(光電池)의 작동으로 물을 빼도록 지시받았다고 가정해 보자. 커뮤니케이션의 관점에서 볼 때 그런 반응은 메시지를 정확하게 받았다는 증거가 된다〔많은 철학자들이 의미가 어느 주어진 자극에 〈반응하려는 성향〉에 불과하다고 생각한다. 모리스(1946) 참조〕. 하지만 그런 측면은 현재로서는 무시해도 좋을 것이다. 우리는 반응들이 무엇인가를 운반하는 다른 모든 요소로부터 독립적인 것으로 간주되어야 한다고 인정했기 때문이다.

(라) **체계 (가)의 일부 요소들을 체계 (나) 또는 체계 (다)의 요소들과 결합시키는 규칙**. 이 규칙은 주어진 일련의 통사적 신호들이 물의 어느 상태 또는 의미 체계의 주어진 어느 〈적절한pertinent〉 분절과 관련된다는 것을 결정한다. 말하자면 의미 체계의 단위들이나 통사 체계의 단위들은 일단 결합되면 어느 주어진 반응에 상응한다는 것을 결정한다. 또는 비록 의미 체계의 일부 단위가 표시되지 않는다고 하더라도, 일련의 주어진 신호들이 주어진 반응에 상응한다는 것을 결정한다. 오로지 이렇게 복잡한 유형의 규칙만을 타당하게 〈**코드**〉라 부를 수 있다.

그럼에도 불구하고 여러 맥락에서 /코드/라는 용어는 유형 (라)의 현상들만 가리키는 것이 아니라 — 모스 체계처럼 — (가), (나), (다)처럼 순수하게 분절적인 체계들도 가리키는 것을 볼 수 있다. 예를 들어 소위 〈음운(音韻) 코드〉는 유형 (가)의 체계이며, 〈유전적 코드〉는 유형 (다)의 체계가 될 수 있으며, 〈친족의 코드〉는 유형 (가)의 조합 체계나 유형 (나)와 아주 비슷한 친족 단위들의 체계를 보여 준다.

이러한 동음이의어(同音異義語)들은 경험에서 비롯된 것이며 때로는 아주 유용하기 때문에 여기에서는 논의하지 않고자 한다. 하지만 거기에 수반되는 모든 이론적 모호함을 피하기 위해서는 언제나 어떤 유형의 코드에 대해 말하는가를 구별할 필요가 있다. 그러므로 우리는 유형 (가), (나), (다)의 모든 체계를 **s-코드**(〈체계로서의 코드〉라는 뜻에서)라는 이름으로 부르고자 한다. 그리고 유형 (라)처럼 한 s-코드의 요소들을 다른 하나 또는 그 이상의 s-코드의 요소들과 결합시키는 규칙을 고유한 의미에서의 **코드**라 부를 것이다.

s-코드들은 사실상 그것들을 상호 결합시키는 의미화 또는 커뮤니케이션 의도와 상관없이 충분히 존속할 수 있는 **체계들** 또는 **구조들**이며, 또한 그런 것으로서 정보 이론이나 다양한 유형의 생성 이론에 의해 연구될 수 있다. s-코드들은 대립적으로 구조화되어 있으며, 유한하거나 무한한 스트링 *string*들을 생성할 수 있게 해주는 조합 규칙들에 의해 지배되는 요소들의 유한한 총체로 구성된다.

물론 인문 과학들에서 (일부 수학적 학문들과 마찬가지로) 그런 체계들은, 바로 한 체계의 요소들이 어떻게 다른 체계의 요소들과 상호 관계됨으로써 그것들을 운반할 수 있는가를 증명하기 위해 공준되거나 인정된다. 바꾸어 말해 그 체계들은 대부분 바로 각자가 소위 〈코드〉라는 상호 관계의 단면들 중의 하나를 구성하기 때문에 고찰된다.

그렇게 s-코드는 단지 의미화의 구도(코드) 안에 개입될 때에만 주목받기 때문에, 이론적 관심은 그 내적 구조 이외에도 그것의 커뮤니케이션 의도에 집중되게 된다. 또한 그러므로 그 체계(그 자체로는 의미화 기능이 없는)를 코드라 부르는 경향이 있는데, 바로 그 기호학적 총체(코드)의 일부 속성을 갖는 부분으로 간주되기 때문에 일종의 **환유(換喩)적 대체**로 그렇게 부른다.

바로 여기에 s-코드가 일반적으로 /코드/(음운 코드, 유전적 코드, 친족 코드 등)라 일컫는 〈역사적 이유〉가 있다. 그것은 일종의 수사학적 용법이므로 사용하지 않는 것이 나을 것이다. 반면에 /s-코드/는 수사학적 방만함의 위험 없이 (가), (나), (다) 같은 기호학적 현상들에 적용될 수 있다. 그런 현상들은 서로 상이한 요소들로 구성된 경우에도(전기 신호들, 세상의 상태에 대한 개념들, 행동적 반응들처럼) 동일한 형식적 규칙에 따르는 〈체계들〉이 되기 때문이다.

1·3 구조로서의 s-코드

s-코드들은 상호 관계될 수 있는 다른 체계들로부터 독립적인 것으로 고려될 때 구조로 간주될 수 있다. 말하자면 (1) 개개의 가치들이 위치와 차이들에 의해 설정되고, (2) 단지 상이한 현상들이 동일한 관계들의 체계를 기준으로 상호 비교될 때에만 분명하게 드러나는 체계들이다.

1·1에서 살펴본 수문 체계에서 (가), (나), (다)는 상동(相同)적 방식으로 구조화되어 있다. 예를 들어 체계 (가)를 살펴보자. 그것은 네 개의 요소(A, B, C, D)로 구성되어 있

는데, 그것들의 현존(점등) 또는 부재를 고려하면 다음과 같다.

$$A = 1000$$
$$B = 0100$$
$$C = 0010$$
$$D = 0001$$

이것들이 생성할 수 있는 메시지들도 똑같은 방식으로 확인될 수 있다.

$$AB = 1100$$
$$CD = 0011$$
$$BC = 0110$$
$$AD = 1001$$

그러니까 AB는 **현존과 부재의 순서가 BC 또는 CD의 순서와 대립적으로 다르기** 때문에 확인될 수 있다. 체계의 각 요소는 대체와 교환의 실험을 따를 수 있으며, 다른 요소들 중 하나의 변환에 의해 생성될 수도 있다. 또한 이 체계는 네 개의 전등 대신 과일 네 개, 동물 네 마리, 또는 총사(銃士) 네 명[4]으

---

[4] 그럴 경우 어느 주어진 코드에서 불 켜진 전등 하나, 꺼진 전등 두 개, 불 켜진 전등 하나가 아라미스를 나타낼 수 있다고 생각하는 것은 분명히 아니다. 오히려 순수하게 통사적인 요소로 사용되는 다르타냥, 아토스, 포르토스, 아라미스가 나란히 늘어선 네 개의 의자에 앉아 있으면서 교대로 두 명씩 일어섬으로써 순수한 대립의 게임을 실현하는, 의미화 이전의 조직을 생각하는 것이다. 하지만 이런 예는 여전히 모호할 것이다. 왜냐하면 우리는 아라미스가 자신의 내재적인 성격으로 인해 아토스와 구별된다고 생각하는 경향이 있기 때문이다(아라미스는 레이스 달린 옷깃에 잘 가꾼 콧수염이 있

로 조직하더라도 똑같이 작동될 수 있을 것이다.

체계 (나)도 똑같은 구조적 메커니즘에 의거한다. 만약 1이 유입된 물의 적절한 최소 단위라고 한다면, 부족 상태에서 위험 상태까지 수위의 상승은 일종의 〈도상적〉 진행을 따를 수 있으며, 이에 대해 (일종의 도상적 교차로서) 0이 비워낸 물의 최소 적절 단위를 표현하는 체계 (다)로 표현되는 역행이 대립될 수 있을 것이다.

(나)		(다)	
(위험)	1111	0000	(배수)
(경계)	1110	0001	(경계)
(안전)	1100	0011	(휴식)
(부족)	1000	0111	(유입)

(나)와 (다) 사이에 역의 대칭 관계가 나타나는 것은, 그 두 체계가 서로 상대방을 교정하도록 착상되었다는 사실에 의존한다. 그런데 (가)의 구조적 속성들의 표현은 다른 두 가지와 어떤 상동 관계도 보이지 않는다. (가)의 신호 스트링들과 (나)와 (다)의 단위들 사이의 상응은 **자의적으로** 주어졌기 때문이다. 〔위험〕을 신호하고 〔배수〕를 자극할 수 있는 코드를 설정하기 위해 메시지 ABCD(1111)를 선택할 수도 있을 것이다. 다만 이런 해결책은 더 많은 잡음에 노출되기 때문

는데, 아토스는 얼굴에 고상한 창백함이 서려 있으며 키가 더 크고 언제나 검은색 옷을 입는다). 그렇지만 s-코드에서는 요소들이 서로 구별되는 내재적 성격을 가질 필요가 없다. 단지 위치에 의해 구별된다. 그러므로 이 실험은 완전히 똑같은 다르타냥 네 명을 앉히더라도 성공할 것이며, 구별 가능한 단위들은 서 있는 다르타냥들과 앉아 있는 다르타냥들의 상호 위치에 의해 주어질 것이다.

에 정보 전달에서는 반경제적이다.

어떠한 경우든 실제로 상호 독립적인 실체로서 세 가지 체계들에 대해 논의하고 있기 때문에(또한 코드의 작용에 의한 그것들의 가능한 상호 관계는 고려하지 않기 때문에), 여기에서 중요한 것은 각 체계가 다른 체계들과는 상관없이 **동일한 구조적 모태**(母胎) 위에 세워질 수 있다는 점을 주목해야 한다. 그것은 앞에서 보았듯이 서로 다른 조합 규칙들에 따라 서로 다른 조합들을 생성할 수 있는 모태이다. 그리고 세 가지 체계들을 서로 비교하여 상호 **전환**의 잠재적 가능성과 함께 상호 차이, 동일성, 대칭성이나 비대칭성이 나타날 경우, 그것은 바로 그 체계들이 동일한 기저 구조를 갖기 때문에 일어나는 것이다.

한 체계의 구조적 조직은 중요한 실천적 기능들을 갖고 있으며 일정한 속성을 드러낸다.[5]

체계로의 배치는 사실들의 어떤 상태를 이해할 수 있게 해주고 사실들의 다른 상태들과 **비교할 수 있게** 해주며, 따라서 가능한 기호적 **상호 관계** 또는 코드를 위한 조건들을 제공한다. 그것은 하나의 총체로 구조화된 단위들의 목록을 제공하여 각 단위가 **이진법적 배제**를 통해 다른 단위와 구별되게 해준다. 정보의 수학은 단지 s-코드의 통계적 속성만을 연구하

---

5 이렇게 정의된 구조가 하나의 객관적 현실로 간주되어야 하는지, 아니면 작업적 가설로 간주되어야 하는지에 대한 문제는 『구조의 부재』에서 이미 방대하게 논의되었다. 여기에서는 그 논의의 결론을 그대로 유지하기 때문에, 이 책에서 /구조/라는 용어가 사용될 때마다, 그것은 통일적인 관점에서 다양한 현상들을 표준화할 목적으로 **주어지고** 구성된 모델로 이해되어야 한다. 그런 모델은 제대로 작용한다면 어떤 방식으로든 사실들의 객관적 질서 또는 인간 정신의 보편적 작용을 재생산한다고 가정하는 것이 타당하다. 피해야 할 것은, 그러한 아주 유용한 가정을 마치 어떤 형이상학적 원리처럼 미리 받아들이는 것이다.

기 때문에 원칙상 정보 전달 공학과 아무런 관계가 없다. 그런 통계적 속성은 어느 주어진 정보 전달 상황에서 보다 나은 정보 전달에 대해 경제적으로 정확한 계산을 허용하지만, 그 두 측면은 상호 독립적으로 고찰될 수 있다.

중요한 것은 정보 문법의 요소들이 단지 통사적 체계뿐만 아니라, 가령 〈의미〉 체계 (나)와 〈행동적〉 체계 (다)처럼 모든 구조화된 체계의 작용에 대해서도 설명한다는 점이다. 하지만 정보의 수학 이론이 설명할 수 없고 또 설명해서도 안 되는 것은 바로 상관관계의 규칙 (라)와 같은 코드의 작용이다. 그런 의미에서 분명히 정보 이론은 의미화의 이론도 아니고 커뮤니케이션의 이론도 아니며, 단지 s-코드의 추상적 조합 가능성들에 대한 이론일 뿐이다.

1·4 정보, 커뮤니케이션, 의미화

1·4·1 일부 방법론적 구별들

지금까지 논의한 방법론적 문제들을 요약해 보자. /정보/라는 용어는 두 가지 근본적인 의미를 갖고 있다. (가) 원천의 통계적 속성을 의미한다. 말하자면 **전달될 수 있는** 정보의 양을 가리킨다. (나) **실제로 전달되고 수신된** 선택된 정보의 정확한 양을 의미한다.

(가)의 의미에서 정보는, (가, 1) 어느 주어진 자연적 원천에서 얻을 수 있는 정보, (가, 2) 어떤 s-코드가 원천의 동일확률*equiprobability*을 축소하면 얻을 수 있는 정보로 간주될 수 있다.

(나)의 의미에서 정보는, (나, 1) 어떤 커뮤니케이션 기능도 없이 자연적이거나 기계적인 순수한 자극들인 신호들의

통로를 통한 이동, (나, 2) 커뮤니케이션 기능을 갖고 있는, 말하자면 어떤 내용 단위들이 운반 수단으로서 코드화된 신호들의 통로를 통한 이동으로 간주될 수 있다.

그러므로 네 개의 상이한 형식적 대상들에 대한 네 가지 상이한 연구를 구별해야 한다. 말하자면,

(가, 1) **원천의 통계적 속성들에 대한 구조적 이론**으로서 수학적 정보 이론의 결과들(1·4·2 참조). 이 이론은 (가, 2) 유형의 연구를 도입하지 않는 한, 기호학 연구와 관련되지 않는다.

(가, 2) **s-코드의 생성적 속성들에 대한 구조적 이론**으로서 수학적 정보 이론의 결과들(1·4·3 참조). 이 연구는 기능소들의 문법을 이해하기 위한 요소들을 제공하기 때문에(2·1 참조) 기호학적 임무를 갖는다.

(나, 1) **의미화가 없는 정보 단위들이 전달되는 과정**에 관한 정보 전달 공학 연구의 결과들(1·4·4 참조). 이 연구는 (나, 2) 유형의 연구를 도입하지 않는 한, 기호학과 직접적인 관계가 없다.

(나, 2) **의미화가 있는 정보 단위들이 커뮤니케이션 목적으로 전달되는 과정**에 관한 정보 전달 공학 연구의 결과들(1·4·5 참조). 이 연구는 기호 생산 이론(제3장 참조)에 요소들을 제공하기 때문에 기호학의 관점에서 유용하다.

따라서 기호학은 주로 (가, 2)와 (나, 2)에 관심을 기울이며, 기호학의 하위 한계로 정의할 수 있는 (가, 1)과 (나, 1)에도 관심을 기울인다. 정보 이론이나 정보 공학이 모두 기호학 분야에서 활용 가능한 범주들을 제공하기 때문이다.

제2장에서 보겠지만, (가, 2) 유형의 체계들이 어떻게 똑같은 유형의 다른 체계의 내용 단면이 되는가를 연구하는 코드 이론은 〈의미〉와 〈내용〉 같은 범주를 활용할 것이다. 그것

은 〈정보〉의 범주와는 아무 관련도 없다. 정보 이론은 해당 단위들의 내용을 고려하지 않으며, 기껏해야 그 내용도 s-코드로서 전달된 단위들 체계 내부의 조합적 속성들을 고려하기 때문이다.[6]

1·4·2 원천에서의 정보

(가, 1)에 의하면 정보는 단지 확률이 동일한 체계 내부에서의 어떤 사건에 대한 **확률의 척도**일 뿐이다. 확률은 실현되는 경우들의 숫자와 실현될 수 있는 경우들의 숫자 사이의 관계이다. 일련의 경우들과 그것들의 확률 사이의 관계는 대수(代數)적 진행 및 기하학적 진행 사이의 관계와 동일하며, 후자는 전자의 이진법 대수 *binary logarithm*를 표현한다. 그러므로 n개의 서로 다른 경우들 사이에서 실현될 수 있는 어느 사건이 주어지면, 그 주어진(일단 선택된) 사건의 사례로 집적된 정보의 양은 $\log n = x$에 의해 주어진다.

그 사건을 확인하기 위해서는 이진법적 선택 x가 필요하고, 따라서 사건의 실현은 x〈비트〉의 정보를 제공한다. 그렇기 때문에 정보라는 가치는 커뮤니케이션 장치로 사용된 사

---

[6] 앞에서 설명한 수문 모델에서 수신 장치는 코드와 아무런 상관이 없다. 어떤 커뮤니케이션도 받지 못하고 어떤 기호도 〈이해하지〉 못한다. 사실 수신 장치는 (나, 1) 유형 이론의 대상이다. 반대로 전체 체계를 발명한 기술자는 (나, 2) 유형 이론, 즉 신호들이 내용을 운반하고 따라서 기호가 되는 이론과 관련된다. 유전 코드에서도 똑같은 일이 일어난다. (가, 1)과 (나, 1) 유형 이론의 대상은, 유전적 정보의 전달 체계를 계획할 수 있는 하느님이나 다른 어떤 존재의 눈으로 볼 때에만, 동시에 (나, 2) 유형 이론의 대상이 될 것이다. 이 s-코드가 일단 설정되면, 유전학자는 특정한 유전적 결과들이 특정한 현상들에 상응한다는 것을 알기 때문에, 교육적 목적으로 (나, 2) 유형에 대한 은유적 설명을 허용함으로써 (가, 2) 유형 이론의 대상이 될 수 있다. 0·7에서 설명한 것 이외에도 앞의 각주 5와 그라시 Grassi(1972)를 참조할 것.

1 의미화와 커뮤니케이션

건의 의미 또는 내용과 동일시될 수 없다. 중요한 것은 모호함 없이 사건을 정의하는 데 필요한 대안들의 숫자이다. 그러나 사건은 일단 확인되면 전달될 준비가 된 정보의 단위를 나타내며, 따라서 특히 (나, 1)과 관계된다.

반대로 (가, 1)의 의미에서 정보는 〈말한 것〉이라기보다 〈말할 수 있는〉 것이다. 그것은 어느 사건의 가능한 선택을 위해 활용 가능한 선택의 자유를 나타내며, 따라서 원천의 통계적 속성이다. 정보는 많은 조합 가능성들 사이에서 실현되는 확률의 가치, 즉 가능한 선택들의 수가 늘어나면 함께 늘어나는 가치이다. 가령 둘 또는 열여섯이 아니라, 수백만의 동일 확률 사건들이 포함된 체계는 정보성이 높다. 그런 원천에서 어떤 사건을 확인한 사람은 많은 비트의 정보를 받을 것이다. 수신된 정보는 분명히 사건을 확인하기 전에 원천에 있는 무한하게 풍부한 가능한 선택들의 축소를 나타낸다.

이론가들에 의하면, 원천에서 균일한 통계적 분포의 확률에 대한 척도로서 정보는 체계의 **엔트로피**와 직접적으로 비례한다(섀넌Shannon과 위버Weaver, 1949). 엔트로피는 체계의 요소들이 지향하는 동일 확률의 상태이기 때문이다.

만약 정보가 엔트로피나 반엔트로피 negentrophy(그러니까 엔트로피에 역으로 비례하는)로 정의된다면, 전자의 경우 정보는 (가, 1)의 의미로 이해되고, 후자의 경우 (나, 1)의 의미로, 말하자면 이미 선택되고 전달되고 수신된 정보로 이해되기 때문이다.

1·4·3 s-코드의 정보

하지만 앞에서 s-코드의 내적인 조직에 의해 제공되는 선택의 자유의 크기도 정보라고 말했다. 예를 들어 1·1의 수문 체계에서 s-코드는 원천에서 확인될 수 있는, 확정되지 않은 일련의 사건들에 부가되는 선택적 그물로, 단지 적절한 것으로서 일부 사건들만을 선택하는 일련의 제약으로 작용하였다(예를 들어 저수지 안에서 가능한 네 가지 상태만을 고려하였다). 이제 그러한 축소가 어떻게 해서 대개 〔(나, 1)의 의미에서〕 정보 전달 계획에 기인하며, 또한 어떻게 그 계획이 특별한 정보적 속성들을 갖춘 새로운 유형의 원천, 즉 (가, 2)의 의미에서 s - 코드 이론의 대상으로 간주되어야 하는 s - 코드를 발생시키는가를 증명해야 한다.

그런 이론의 예들은 구조적 음운론과 여러 유형의 분포주의 언어학에서 나타나며, 마찬가지로 의미 공간의 구조주의적 이론(그레마스, 1966, 1970 참조), 변형 생성 문법 이론(촘스키Chomsky와 밀러Miller, 1968 등), 여러 서사 구조 이론들(브르몽, 1973) 또는 텍스트 문법 이론들(판 데이크, 1970; 페퇴피, 1972 참조)에서도 나타난다.

만약 타자기 자판으로 만들 수 있는 알파벳의 모든 문자들이 엔트로피가 아주 높은 체계를 이룬다면, 우리는 최대 정보의 상황을 갖게 될 것이다. 길보Guilbaud(1954)의 예를 따르자면, 타자로 친 한 페이지 안에 각 줄이 60칸으로 된 25줄이 있을 것으로 예상할 수 있고, 또한 타자기 자판에는 42개의 키*key* — 각각의 키는 두 글자를 만들 수 있다 — 가 있으며, 거기에 글자 사이 띄어쓰기(기호로서의 가치를 갖는)를 덧붙이면 자판은 85개의 상이한 기호들을 생산할 수 있는데, 바로 여기에서 문제가 생긴다. 25줄 곱하기 60칸은 1천5백 칸이 가능하기 때문에, 자판에서 활용 가능한 85개 기호들 각각을 선택하면 그 1천5백 칸에서 얼마나 많은 연쇄들을 생산할 수 있을까?

C개 기호들의 자판에 의해 제공될 수 있는 길이 L의 메시

지들에서, C를 L의 역량까지 높임으로써 메시지들의 전체 수를 얻을 수 있다. 우리의 경우 $85^{1,500}$개의 가능한 메시지들을 생산할 수 있다는 것을 알 수 있다. 원천에 있는 동일 확률의 상황이 바로 그렇다. 즉 가능한 메시지들은 2,895개 디지트 *digit* 수로 표현된다.

하지만 가능한 메시지들 중 하나를 확인하는 데 필요한 이진법 선택들은 얼마나 많을까? 아주 엄청난 수일 것이며, 그것들의 전달에는 상당한 에너지와 시간이 필요할 것이다. 모든 가능한 메시지는 1천5백 칸으로 구성되고, 그 기호들 각각은 자판에서 예상되는 85개 기호들 사이에서 이어지는 이진법 선택들을 통해 확인되어야 하기 때문이다. 선택의 자유로서 원천에서의 정보는 상당히 많지만, 거기에서 완결된 메시지를 확인하면서 그 가능한 정보를 전달할 가능성은 아주 힘들어지게 된다.

여기에서 s-코드의 명령 기능이 개입한다. 그것은 해당 요소들 사이의 조합 가능성이나, 목록을 이루는 요소들의 수를 제한한다. 원천의 동일 확률 상황에 확률의 체계가 도입된다. 즉 어떤 조합들은 가능하고 다른 조합들은 그렇지 않다. 원천의 정보는 줄어들고, 메시지의 전달 가능성은 높아진다.

새넌(1949)은 h개 부호들 사이에서 N개 선택을 함축하는 메시지의 정보를 다음과 같이 정의한다.

$$I = N \log_2 h$$

(이것은 엔트로피의 공식을 상기시키는 공식이다.)

그런데 천문학적 수의 조합들이 가능한, 아주 많은 수의 부호들 사이에서 선택되어야 하는 메시지는 결과적으로 정보성이 높을 것이다. 하지만 너무 많은 이진법 선택들을 요구할 것이기 때문에 전달될 수 없을 것이다(또한 이진법 선택들은 전기적 자극들, 기계적 움직임들, 또는 단순히 정신적인 작업들이 될 수도 있기 때문에 비용이 많이 들며, 각 전달 통로는 일정한 수의 그런 선택들만 통과시킬 수 있다). 그러므로 전달이 가능하고 또한 메시지를 이루기 위해서는 N과 h의 값들을 축소해야 한다. 미리 정해진 가능성들의 체계에 의해 조합되는 요소들의 체계에서 정보를 제공하는 메시지의 전달이 더 쉽다.

s-코드는 고유의 명령 기준들과 함께 그런 커뮤니케이션 가능성을 도입한다. **코드는 최초의 체계를 커뮤니케이션적으로 통제하기 위해 그 체계의 동일 확률에 부가되는 불연속적 상태들의 체계를 나타낸다.** 하지만 그런 명령의 요소를 요구하는 것은 정보의 통계적 가치가 아니라, 그 전달 가능성이다.

타자기 자판처럼 엔트로피가 높은 원천에 s-코드를 부가함으로써 글을 쓰는 사람에 의한 선택의 가능성들은 줄어든다. 예를 들어 내가 이탈리아어 문법이라는 s-코드를 갖고 글을 쓰기 시작하는 순간, 자판에서 한 페이지에 $85^{1,500}$개의 가능한 메시지들이 나올 수는 없으며 훨씬 적은 수의 메시지들만 가능한데, 그것은 확률의 규칙들에 의해 유지되고 기대들의 체계에 상응하며, 따라서 훨씬 더 예측 가능한 것이다. 물론 타자로 친 종이 한 장에서 가능한 메시지들의 수는 여전히 매우 많을지라도, 어쨌든 s-코드에 의해 도입된 확률의 체계는 나의 메시지가 가령 wxwxxsdewvxvxc 같은 글자들의 연쇄를 고려할 가능성을 배제한다(그것은 지금처럼 메타언어적 용법의 경우가 아니라면 이탈리아어가 허용하지 않는다). 또한 부호들의 연쇄 〈ass〉 다음에 문자 〈q〉가 올 수 있는 경우를 배제하며, 대신 다섯 개의 모음들 중 하나가 올 수 있음을 예상하게 한다〔그리고 모음이 나타나는 것에 의존하여, 사전을 토대로 계산 가능한 확률과 함께, 단어 〈*asse*〔축(軸)〕〉〈*assimiliare*(동화하다)〉〈*assumere*(가정하다)〉 등이 될 수 있을 것이다〕.

1·4·4 정보의 물리적 전달

1·1에서 기술한 수문 체계를 조직한 기술자는 적절한 단위들(A, B, C, D)을 활용할 수 있는데, 그것들은 좀 더 복잡한 계열의 단위들(가령 AB 또는 BC 같은)을 생산하도록 조합될 수 있다.[7] 네 개 중 한 주어진 요소의 사례 가능성은 4분의 1이고 두 가지 요소의 사례 가능성은 16분의 1이므로, 기술자는 16개의 가능한 메시지를 활용할 수 있으며, 그것들 각각은 4비트의 가치가 있다. 이 모든 것은 원천에서 활용 가능한 정보의 편리한 축소가 되며(기술자는 더 이상 무한한 수의 수위들을 예상할 수 없으며 확인할 수도 없다), 동시에 비교적 풍부한 동일한 확률의 원천을 제공한다.

하지만 앞에서 보았듯이 16개의 메시지 모두가 여러 가지 불편함 없이 사용될 수는 없다. 그러므로 기술자는 확률의 영역을 더욱 축소하여 단지 네 가지 수위와 네 가지 가능한 반응, 그러니까 네 가지 메시지만을 선택하였다. 고유의 통사 체계 내부에서 확률의 수를 축소함으로써 기술자는 원천에서의 〈관심을 끄는〉 사건들의 수도 축소하였다. 신호들의 s-코드는 구조적으로 동일한 다른 s-코드들(의미론적 s-코드와 행동적 s-코드)을 함축함으로써, (가, 1) 의미에서의 정보 이론이 불확정적인 원천의 속성으로 고려하였을 훨씬 더 방대한 체계에다 가능한 층위들의 체계를 부가하였다. 그

---

7 언어학에서 A, B, C, D 같은 요소들은 의미가 없는 **이중 분절**의 요소가 되는데, 그것들이 조합하여 **일차 분절**(AB 같은)을 형성한다. 옐름슬레우의 제안대로 우리는 A, B, C, D 같은 요소들(적절하지만 의미가 없는)을 **형상** *figure*이라 부르고자 한다.

렇다면 통사 체계의 규칙들에 따라 확인되고 전달되고 수신되는 각 메시지는, 비록 이론적으로는 언제나 4비트의 가치가 있지만, 단지 두 가지 이진법 선택 덕분에 선택될 수 있으며, 따라서 단지 2비트의 가치만 있다.

1·4·5 커뮤니케이션

단지 구조적인 단순화를 통해 기술자는 세 가지 상이한 체계들을 기호학적으로 통제하게 되었다. 바로 다양한 체계들의 단위들을 상호 관계시킴으로써 코드를 설정했기 때문이다. (나, 1) 유형의 일부 기술적 원리들에 토대를 둔 (나, 2)의 일부 **커뮤니케이션** 의도와 함께, (가, 1)의 원리들에 의존하여 (가, 2) 유형의 체계를 설정함으로써 소위 코드라는 기호 기능들의 체계를 생산할 수 있었던 것이다.[8]

이 장에서는, 혹시 기술자가 먼저 세 가지 s-코드들을 조직하고 나중에 그것들을 코드로 상호 관계시켰는지, 또는 순서대로 먼저 조직되지 않은 단위들을 상호 관계시키고 나중에야 그것들을 세 가지 상동적인 체계들로 구조화하였는지에 대한 문제는 일종의 사이비 문제로 간주하여 다루지 않을 것이다. 이 두 가지 대안들 중 하나의 선택은 기술자의 심리적 메커니즘에 대한 연구, 또는 서서히 실현된 그대로의 그의 경험 과정들에 대한 현상학적 기술을 요구할 것이다. 좀

---

8 원천, s-코드, 코드 사이의 모호한 관계가 나타나는 것은, s-코드가 자신의 통사적 단위들에, 원천에서 실제로 일어나는 것과 일치한다고 가정되는 의미 단위들을 운반하도록 허용하기 위해 제시되기 때문이다. 그런 의미에서 통사 코드는 고유의 최종 목표에 의해 강하게 제약되어 있으므로(또한 의미 체계는 세상에서 일어나는 것을 성찰할 수 있는 추정상의 능력에 의해 무겁게 제한되어 있으므로), 무엇 때문에 세 가지 상이한 이론의 세 가지 상이한 대상들 모두가 순진하게 〈코드〉라 일컫는지 이해할 수 있다(비록 정당화되지는 못할지라도).

더 복잡한 경우 가령 언어의 기원 문제와 같은 것들이 있다. 결과적으로 지성에 대한 이론이 요구되는데, 그것은 우리의 논의 대상에서 벗어난다. 비록 기호학 연구는 그런 주제와의 가능한 고유 상호 관계들 전체를 지속적으로 고려해야 할지라도 그렇다.

의심할 바 없이 우연하게 코드가 끊임없이 s-코드와 혼동된 것은 아니다. 코드가 s-코드의 구조를 결정하든 또는 그 반대이든, 어쨌든 코드가 존재하는 것은 s-코드가 존재하기 때문이고, s-코드가 존재하는 것은 코드가 존재하거나, 또는 과거에 존재했거나 앞으로 존재할 것이기 때문이다. 그러므로 의미화는 기호학의 하위 문턱 아래에서도 문화적 삶 전체를 포괄한다.

2 코드 이론

2·1 기호 기능

코드가 운반하는 체계의 요소들과 운반되는 체계의 요소들을 결합시킬 때, 전자는 후자의 **표현**이 되고 후자는 전자의 **내용**이 된다.

표현이 내용과 상호 관계될 때 기호 기능이 나타나며, 상호 관계되는 두 요소는 모두 상관관계의 **기능소**들이 된다.

이제 우리는 신호와 기호를 구별할 수 있다. 신호는 내용과 결합된 표현 체계가 될 수도 있는 체계의 적절 단위이다. 하지만 기호 기능이 없는 물리적 요소들의 체계로 남아 있을 수도 있다(좁은 의미의 정보 이론에서는 그렇게 연구된다). 신호는 아무것도 의미하지 않지만, 무엇인가를 유발하거나 부추기는 자극이 될 수 있다. 하지만 예상되는 **후행**(後行)의 **선행**(先行)으로 사용되고 인식될 때 바로 기호로 채택된다. 그것은 (발신자나 수신자에게) 고유의 후행을 대신하기 때문이다.

기호는 언제나 관습적으로 **내용 단면**의 한(또는 여러) 요소들과 상호 관계되는 **표현 단면**의 한(또는 여러) 요소들로 구성된다.

인간 사회에서 인정되는 이런 유형의 상관관계가 이루어질 때마다 기호가 나타난다. 단지 이런 의미에서만 기호는 기표와 기의 사이의 상응이라는 소쉬르의 정의를 받아들일 수 있다.

이런 가정은 몇 가지 결과를 함축한다. (1) **기호는 물리적 실체가 아니다.** 물리적 실체는 기껏해야 표현의 적절한 요소의 구체적인 사례이기 때문이다. (2) **기호는 고정된 기호학적 실체가 아니다.** 오히려 상호 독립적이며, 서로 다른 두 체계에서 나오고, 코드의 상관관계에 의해 결합되는 요소들이 만나는 장소이다. 엄밀하게 말하자면 기호들이 있는 것이 아니라 기호 기능들이 있을 뿐이다(옐름슬레우, 1943).

기호 기능이 실현되는 것은 두 기능소(표현과 내용)가 상관관계를 맺을 때이다. 하지만 기능소 자체는 다른 요소들과 상관관계를 맺을 수도 있으며, 그럼으로써 다른 기호 기능을 발생시키는 다른 기능소가 될 수도 있다.

그러므로 기호는 코드화 규칙들의 잠정적인 결과이다. 코드화 규칙들이 설정하는 잠정적인 상관관계 속에서 각각의 요소는 단지 코드가 예상하는 주어진 상황에서만 다른 요소와 결합하고 기호를 형성하도록 허용된다.

가령 /piano/ 같은 표현을 생각해 보면 여기에다 우리는 일련의 내용들을 기록할 수 있다([층], [계획], [천천히], [악기] 등). 그리하여 최소한 네 개의 기호 기능을 확인할 수 있다. /piano/ = X, /piano/ = Y, /piano/ = K, /piano/ = Z.

이러한 정의는 상당히 널리 확산된 기호학 개념(뷔상스, 1943; 프리에토, 1964; 데 마우로, 1970), 말하자면 표현 기능은 기본적인 형태소 단위들에 의해 이루어지는 것이 아니라 좀 더 복잡한 계열[뷔상스는 그것을 〈의소(意素, seme)〉라 부른다]에 의해 이루어진다는 개념을 받아들일 때에도 유효하다. 그래서 가령 /이리 와!/라는 표현이 주어질 경우 — 이것은 맥락과 외부적 상황, 거기에 포함되는 전제들에 따라 다른 내용을 얻게 된다 — 우리는 무한하게 많은 수의 서로 다른 기호 기능들과 마주하게 된다(물론 일부 이론가들이 보기에 그럴 경우 우리는 엄격하게 코드화된 상관관계가 아니라 맥락의 해석적 읽기의 결과와 마주하게 된다).

심지어 코드가 기호들을 조직한다고 주장하는 것은 옳지 않다고 말할 수도 있다. 코드는 커뮤니케이션의 상호 작용 과정에서 구체적인 사례들로 기호들을 **생성**하기 위한 규칙들을 제공한다고 말하는 것이 더 정확할 것이다. 하지만 그런 입장도 기호 기능의 정의에는 아무런 영향을 주지 않는다.

어쨌든 위기에 처하는 것은 복합적이고 변화무쌍한 관계들의 그물로 용해되어 버리는 순진한 기호 개념이다. 그러므로 기호학은 일종의 분자 같은 풍경을 보여 주는데, 바로 우리의 일상적 지각에서 완결된 형식으로 보이는 것들이 실제로는 화학적 결합들의 잠정적인 결과가 되고, 소위 〈사물들〉은 좀 더 미시적인 단위들로 이루어진 기저 그물의 표면적 모습이 되는 풍경이다. 또 원한다면 기호학은 세미오시스에 대한 일종의 광학(光學)적 설명을 제공함으로써 우리가 이미지를 보는 곳에는 단지 흰 점과 검은 점들의 전략적인 배치들, 채워진 곳들과 빈 곳들의 상호 교대들, 형태와 위치, 색조상의 강도로 구별되는 망판(網版)의 의미 없는 특성들이 있을 뿐이라는 사실을 보여 준다. 기호학은 음악 이론과 마찬가지로 인식할 수 있는 멜로디 아래에는 음계와 음정들의 복잡한 게임이 있고, 음계 아래에는 포먼트 *formant*들의 영역이 있다는 것을 말해 준다.

2·2 표현과 내용

잠시 제1장에서 설명한 수문 모델로 돌아가서 가정해 보자. 즉 수신자는 기계적 장치가 아니라 기술자 자신이며, 저수지의 상황에 대한 정보를 수신하고, 어떤 주어진 정보에 대해 일정한 방식으로 기계를 조작하여 반응해야 한다는 것을 알고 있다고 가정해 보자.

코드에 의해 설정된 기호들의 내적인 분절들을 검토해 본다면, 그것들은 다음과 같이 분석될 수 있다.

(1) 기술자가 표현 장치로 사용할 적절하고 불연속적인 요소들을 이끌어 내는 무형의 재료로 사용되는 물리적 가능성들의 **연속체**continuum.

(2) 무형의 원래 재료에서 선택된 요소들을 나타내는 A, B, C, D(그리고 이것들의 조합)처럼 **표현 장치들의 구체적인 사례들**.

(3) (2)에 열거된 **표현** 사례들이 고유의 위치 및 대립 성격을 띠도록 해주는 구조, **텅 빈 위치들의 체계**.

(4) (5)와 (6)으로 나타나는 내용 단면에 대한 **표현의 단면**으로 선택된 (2)와 (3).

(5) **내용** 단위의 일부 구체적인 사례들이 고유의 위치 및 대립 성격을 띠도록 해주는 구조, **텅 빈 위치들의 체계**.

(6) 사실들 또는 개념들의 불확실한 무형의 연속체에서 선택되었거나 〈잘라 낸〉 요소들을 나타내는 [위험 수준], [안전 수준] 등과 같은 **내용 단위들의 구체적인 사례들**.

(7) 체계 (5)가 의미 단위들의 구조화된 총체를 선택함으로써 질서를 부여하는 물리적 가능성들, 심리적 사건들, 행동들, 생각들의 연속체(도표 5 참조).

	표현의 단면		내용의 단면		
연속체	단위	체계	체계	단위	연속체
빛, 전기적 현상들	AB BC CD AD	1100 0110 0011 1001	1111 1110 1100 1000	위험 경계 안전 부족	물의 위치에 대한 무형의 총체와 이와 관련하여 생각할 수 있는 모든 것
기호학적이지 않은 질료	기호 기능들 구체적인 사례들				기호학적이지 않은 질료

도표 5

그러므로 (가) 코드는 표현의 단면(그것의 순수하게 형식적이고 체계적인 측면에서)과 내용의 단면(그것의 순수하게 형식적이고 체계적인 측면에서)의 상호 관계를 설정한다. (나) 기호 기능은 표현 체계의 추상적 요소와 내용 체계의 추상적 요소 사이의 상호 관계를 설정한다. (다) 그런 방식으로 코드는 일반적인 **유형들**을 설정하고, 그럼으로써 구체적인 **토큰**token 또는 **사례들**, 즉 커뮤니케이션 과정에서 실현되고, 일반적으로 기호라 부르는 실체들을 생성하는 규칙을 만든다. (라) 두 가지 연속체는 모두 기호학적 상호 관계에 선행하며, 따라서 기호학과 아무런 관계도 없는(왜냐하면 각각 기호학의 하위 문턱 아래와 상위 문턱 위에서 존속하기 때문에) 요소들을 나타낸다. 따라서 제1장의 수문 모델에서 기호학은 전기적 신호들을 〈형성하도록〉 허용하는 전자적 〈질료〉 또는 전기적 법칙과는 아무런 관계도 없다. 단지 어떤 주어진 내용에 상응하게 될 전기적 신호들의 선택에 관심이 있을 뿐이다. 똑같은 방식으로 기호학은 수리학(水理學)이나 물의 물리적 상태들에는 관심이 없고, 단지 한 의미 체계가 물의 가능한 상태들에 대한 개념(내용)들을 조직하였다는 사실에만 관심을 기울인다.

물의 상태들에 관심을 기울이는 물리학 같은 과학은 분명히 고유의 대상에 대한 기호학적 논의를 나름대로 요구할 것이다. 실제로 물리학은 〈원자〉, 〈분자〉, 〈H_2O〉 같은 실체들을 정의하면서 고유의 연속체를 구체적인 의미 분야로 나누는데, 그것은 나중에 물리학의 통사 체계를 구성할 표현 단위들에 의해 운반될 것이다. 이것은 옐름슬레우가 말했듯이, 만약 기호 기능을 다음과 같이 고찰할 경우 〈질료〉는 언제나 **새로운 형식을 위한 실질**로 남아 있다는 것을 의미한다.

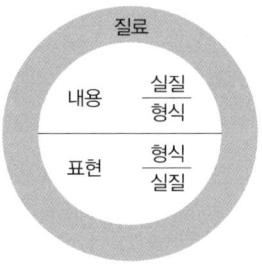

이것은 예를 들어 이런 경우에 일어난다. 가령 어느 물리학자가 각 전구의 파장을 파장들 체계의 실질적 단위와 관련하여 고려하는 경우인데, 제1장에서 기호학은 단지 색깔 또는 위치와 관련하여 지각할 수 있는 차이들에만 관심이 있기 때문에 그런 파장들의 체계를 고려하지 않았다.

앞의 모든 논의는 분명히 옐름슬레우의 기호학에서 실마리를 이끌어 내고 있지만 어느 정도 자유롭게 재구성한 것이다.

사실 무엇보다도 옐름슬레우 저술(1943)의 이탈리아어 번역본만이 그 책에서 /연속체/라 말하는 것을 가리키기 위해 /질료/라는 용어를 사용하고 있다. 영어 번역본은 /purport/라는 상당히 모호한 용어를 사용한다(그에 대한 좀 더 분명한 번역들 중에는 〔의미〕가 있기 때문에, 내용의 단면과 관련될 경우 바람직해 보이지만, 표현과 관련될 경우에는 매우 모호해 보인다. 특히 옐름슬레우는 그것의 동의어로 여러 구절에서 /질료/나 /연속체/를 모두 사용한다는 점을 고려하면 그렇다). 한편 영어 번역본은 /mening/이라는 단어를 사용하는 덴마크어 원본에 문자 그대로 충실하고 있는데, 거기에 바로 〔의미〕가 상응해야 할 것이다. 실질의 개념 역시 옐름슬레우에게는 모호하다. 표현의 경우 옐름슬레우는 의심할 바 없이 형식에 의해 제공되는 유형들의 질료적 사례들(소리들, 빛들, 페이지 위에 인쇄된 행들 등)을 가리키지만, 내용의 경우 그는 실질들이 언어적 형식 덕택에 확인되는 〈사물〉들이라는 관념을 반복해서 암시하고 있다. 이 책에서는 내용의 실질을, 의미 체계의 형식에 의해 생성되는 의미 단위들(2·6 참조)의 사례로 이해한다는 점을 분명히 밝히고자 한다. 그리고 질료 또는 질료적 연속체라는 의미에서 〈mening〉을 이해함으로써, 그 개념에다 가능한 한 방대한 범위를 부여하며, 따라서 세상의 물리적 상태들뿐만 아니라 가령 기호 기능을 사용하는 사람들의 정신 속에서 〈일어난다〉고 가정되는 관념들처럼 심리적인 사건들도 기호 외적인 질료적 사건들로 간주할 것이다〔그것들은 실제로 신경 순환계와 피질(皮質)적 사건들의 수준에서 나타나는 화학적, 전기적 현상들로서 질료적 사건들이다〕.

질료적 연속체라는 의미에서 /mening/을 사용한다면, 옐름슬레우의 다음과 같은 지적에 동의할 수 있다. 〈본질적으로 질료에 대한 기술(언어적 표현이나 내용과 관련하여)은 부분적으로는 **물리학**에, 또 부분적으로는 (사회) **인류학**에 속하는 것으로 간주될 수 있으나, 그렇다고 현대 철학에서 논의되는 일부 문제들에 대해 입장을 취하려는 것은 아니다……. 그러므로 두 단면 모두에 대하여 물리학적 기술과 현상학적 기술이 요구되어야 한다〉(옐름슬레우, 1943, 이탈리아어 번역본: 84).

앞에서 고찰한 수문 모델에서 AB, BC 등의 신호 또는 메시지들은 표현의 형식에 의해 조직되는 표현의 실질들이며, 내용의 형식에 의해 조직되는 내용의 실질들이 되는 [위험]과 같은 개념들을 운반한다. 신호들을 형성하는 전기적 〈질료〉는 물리학에서 연구되는 표현의 연속체이며, 반면 내용 체계의 단위들이 관련되는 물의 상태들은 수리학 또는 다른 학문에서 연구되는 내용의 연속체이다. 내용의 단면상에서 의미 체계로 조직되는 가능한 반응들은 행동 심리학 또는 다른 인류학적 학문의 대상이다.

그렇지만 옐름슬레우의 모델은 비록 겉보기에는 까다로운 복잡함에도 불구하고 특히 코드 이론(제2장)의 설명에 적합하며, 반면 일반적으로 〈커뮤니케이션 이론〉으로 정의되는 기호 생산 이론(제3장)으로 넘어갈 때에는 단순화되어야 한다. 여기에서 기호 기능은 기표와 기의 사이의 상응에 불과하며, 메시지는 전달 과정에서 공준되고 실현되는 그런 유형의 상응에 불과하다.

하지만 만약 기호 생산 이론이 가령 특히 미학적 텍스트의 생산처럼 복잡한 작업들에 대해 기호 기능의 정교화 양상을 고려하고자 한다면, 옐름슬레우의 여섯 가지 구분은 특히 적합한 것으로 드러날 것이다(3·7 참조).

마지막으로 기호 생산 이론의 다른 측면이 있는데, 바로

형식적 모델	코드 이론	커뮤니케이션 이론	언급 이론	커뮤니케이션 행위 이론
연속체	정점	원천	세상	수신자
체시된 단위들	해석된 단위들 (사례들)			
빈 위치들의 체계	의미 체계 (유형들)	기의	명제	메시지
		메시지	언급 표는 지시	
빈 위치들의 체계	통사 체계 (유형들)	기표	발화체	
체시된 단위들	생성된 단위들 (사례들)			
연속체	질료	통로	발화 행위	발신자
기호소들 사이의 상호 관계	내용 / 표현			화용론적 과정들

도표 6

2 코드 이론

세상의 상태에 대한 진실 또는 거짓을 주장하려는 발화체의 생산과 관련된 것이다. 기호 생산(그리고 해석)의 그런 측면은 언급 *mention* 또는 지시 행위의 이론(3·3 참조)에 의해 연구될 것이다. 그런 전망에서는 내용의 연속체가 전면에 부각되는데, 그 이론의 임무는 운반되는 내용(또는 발화체에 상응하는 명제)과 세상의 실제 상태 사이의 상응을 보장하는 것이기 때문이다.

그러므로 도표 6에서 적용해야 할 다양한 이론적 맥락에 따라 옐름슬레우의 모델을 활용하는 다양한 방식들(다양한 수준의 분명한 목적에서)을 제안하고자 한다.

이 복합적이고 대비적인 모델은 엄격하게 기호학적 관점에서 정보의 범주들을 재구성하도록 허용해 준다. 원천은 내용 단면의 연속체에 불과하며, 통로는 표현 단면의 연속체에 불과하다. 또한 신호는 표현 기능소의 구체적인 사례가 되고, 메시지는 두 얼굴의 실체, 말하자면 기호 기능의 사례(토큰) 또는 소쉬르가 〈기호〉라 불렀던 것이다. 통로나 원천은 모두 코드 이론을 넘어서지만, 제3장에서 살펴보듯이 기호 생산 이론으로 넘어갈 때에는 고찰되어야 한다. 예를 들어 미학적 텍스트는 통로(말하자면 기표들이 실현되는 질료)의 특별한 처리가 매우 적절한 것이 되는 메시지들의 총체이다.

따라서 무엇인가를 언급하려는, 말하자면 세상의 어떤 상태에 대해 지시하려는 발화체에서는 원천에서 일어나는 것이 다른 맥락에서 〈지시물〉이라 일컫는 것에 지나지 않다(2·5 참조).

발신자와 수신자를 살펴보면 그들은 코드 이론과 상관없고, 반면 기호 생산 이론의 범위에서, 특히 커뮤니케이션 행위의 이론이라 부르고자 하는 장에서는 다시 관심의 대상이 된다(이에 대해서는 3·1에서 다룰 것이다).

2·3 외시와 함축

제1장의 수문 모델에서 수신 장치에 대하여 말할 때 개별 신호는 물의 상태 및 행동으로 옮겨야 할 반응과 관련된 지침을 동시에 운반할 수 있다고 말했다.

기계적 장치 대신 인간으로 대체함으로써 이제 이 문제를 다른 측면에서 고찰해야 한다. 즉 기술자는 물의 상태에 대한 정보를 받고, **따라서** 주어진 관습에 비추어 볼 때 정해진 방식으로 반응해야 한다는 것을 안다(또는 결정한다).

그런 의미에서 행동적 반응은 신호에 의해 자극되는 것이 아니다. 그것은 주어진 물의 상태가 사전에 의미되었다는 사실에 의해 **의미된다**(또는 명령적으로 전달된다). 말하자면 **이전의 의미화에 의해 운반되는 의미화**를 갖는데, 그럼으로써 도표 7과 같이 일종의 코드들의 〈추가 상승〉을 얻게 된다.

그러한 코드들의 추가 상승은 옐름슬레우가 **함축의 기호학**으로 정의한 것을 나타내는데, 그 형식은 다음과 같다.

표현			내용
표현		내용	
AB	=	위험	=	배수
BC	=	경계	=	경계
CD	=	안전	=	휴식
AD	=	부족	=	유입

도표 7

표현		내용
표현	내용	

    표현의 단면이 다른 기호학에 의해 구성되는 기호학은 함축적이다. 바꾸어 말하자면 함축적 코드가 나타나는 것은 표현의 단면이 또 다른 코드가 될 때이다. 위에서 제시한 예에서 첫 번째 의미화의 내용은 (그것을 운반하는 표현 단위들과 함께) 상위 내용의 표현이 된다. 표현 AB는 〔위험〕을 외시하고 〔배수〕를 함축한다.

    그러므로 여기에서 외시와 함축 사이의 차이는, 다른 학자들이 말하는 것처럼, 〈단일한〉 의미화와 〈모호한〉 의미화 사이의 차이, 또는 〈지시적〉 커뮤니케이션과 〈정서적〉 커뮤니케이션의 차이 등으로 정의되는 것이 아니다. 함축 그 자체를 형성하는 것은, 그것이 이전 코드의 토대 위에서 기생적으로 설정되며 또한 이전의 내용이 외시되기 전에는 전달될 수 없다는 사실이다(기술자는 단지 물이 위험 수위에 도달했을 때에만 물을 빼야 한다는 것을 안다). 물론 저수지 물의 상태에 대해 미리 알 필요도 없이 곧바로 메시지 AB가 〔배수〕라는 내용을 전달하도록 수신자에게 지침을 내릴 수도 있다. 그런 경우 단지 외시적 유형의 코드만 나타날 것이며, AB = 〔배수〕의 관계는 외시적 관계가 될 것이다.

    따라서 외시와 함축 사이의 차이는 분명히 코드의 관습적인 메커니즘에서 기인하며, 대개 함축이 외시보다 덜 안정적인 것이 될 수 있다는 사실과는 무관하다. 안정성은 코드화 관습의 힘과 관련되지만, 일단 관습이 형성되면 함축은 그 기저의 기능소가 또 다른 기호 기능이 되는 기호 기능의 안정적인 기능소가 된다. 함축적 코드는 토대 코드 위에 세워진다는 의미에서 **하위 코드**.subcode로 정의될 수 있다.

또한 사회적 관습, 학교 교육, 기술자가 공유하는 견해들의 유산 속에 깊이 뿌리박은 기대들의 체계는, 그로 하여금 첫 번째 코드(외시적 코드)를 세 번째 내용들의 체계와 상호 관계시키도록 유도한다고 가정할 수도 있다. 예를 들어 기술자는 위험 수위가 〔분명한 홍수〕를 의미하고, 경계수위는 〔홍수의 위험〕을, 부족의 수위는 〔가뭄〕을 의미한다는 것을 안다. 그렇다면 바로 세 번째 코드가 첫 번째 코드 위에 덧붙여지며, 따라서 첫 번째 코드는 이중의 함축적 관계를 맺도록 설정되는 기호 기능을 허용한다. 따라서 AB는 〔위험〕을 외시하고, 〔배수〕와 〔홍수〕를 동시에 함축할 수 있다. 두 가지 함축은 상호 배제적일 수도 있다. 이 경우는 그렇지 않지만, 서로 의존적인 것이 아닐 수도 있다(위험한 수준이 홍수를 의미한다고 생각하면서도 물을 빼야 한다고 생각하지 않을 수 있다). 그렇다면 이러한 이중적인 함축 코드의 형식은 다음과 같은 것이 될 수 있다.

내용	표현		표현	내용
	내용	표현	내용	
		표현	내용	

그리고 만약 3중의 코드를 갖고 있는 기술자가 이런 또는 저런 함축을 더 선호하기로 결정한다면, 만약 홍수의 위협에 겁이 나서 배수 장치의 작동을 잊어버리고 수신된 내용에 부수적인 정서적 함축 의미들을 덧붙인다면, 그런 모든 것은 코

드 이론과 상관없고 오히려 일반적으로 **화용론**이라 일컫는 것과 관련되며,[1] 기호 생산(그리고 해석) 이론의 관심을 끌 것이다. 여기에서 우리의 관심을 끄는 것은 코드가 기호 기능들의 복잡한 게임을 위한 조건들을 마련해 줄 수 있다는 사실이다.

오히려 코드 이론이 결정해야 할 것은, 그런 코드들의 중첩이 어느 단계의 함축적 추가 상승까지 도달할 수 있는가, 그리고 기호 기능들의 중복은 어떻게 또 얼마만큼 일종의 서로 뒤엉킨 의미화들의 미로를 만들 수 있는가, 그런 종류의 미로 같은 상황은 구조적 기호학의 관점에서 여전히 기술의 대상이 될 수 있는가, 아니면 오히려 코드 이론이 원칙상으로는 정의할 수 있지만 실제로는 제한된 모델을 통해 절대로 재생시킬 수 없는 위상(位相)적 속성들을 가진 일종의 〈실타래〉를 만들어 내지 않는가 하는 것이다. 이 모든 것은 2·12와 2·13에서 논의될 대상이다.

2·4 메시지와 텍스트

어떠한 경우든 무엇보다도 기호 생산 이론과 관련된 구별이 하나 있는데, 그것은 /코드/가 뜻하는 것을 보다 잘 이해하도록 도와주기 때문에 여기에서 미리 살펴볼 필요가 있다.

---

1 현대의 논리적 논의에서 /화용론/이라는 용어는 여러 의미를 갖고 있기 때문에 그것들을 구별할 필요가 있을 것이다. (1) 수신자가 메시지를 받은 후 보이는 특이한 반응들의 총체(가령 수문 모델에서 기술자가 위험 신호를 받고 휴가를 떠나기로 결정한다). (2) 메시지에 의해 제공된 모든 의미적 선택들에 대한 해석. (3) 메시지에 의해 수반되는 전제들의 총체. (4) 발신자와 수신자 사이의 상호 작용 관계 안에 수반되는 전제들의 총체. (1)의 의미는 우리의 논의와 관련되고, (2)의 의미는 코드 이론과 관련되며, (3)과 (4)의 의미는 코드 이론이나 기호 생산 이론 모두와 관련된다.

기술자가 (3중의 관습을 토대로) AB를 수신할 때, 그것을 하나의 메시지라 해야 할까, 아니면 세 개의 메시지라 해야 할까?

실제로 세 가지 기호 기능을 이루는 세 가지 코드가 있기 때문에 똑같은 기표에 의해 운반되는 세 가지 메시지라고 말할 수 있다. 말하자면 (1) 〔물이 위험 수위에 도달하였다〕, (2) 〔배수 레버를 작동시켜야 한다〕, (3) 〔홍수의 위험이 있다〕 등이다. 실질적으로 하나의 기표는 상당히 복잡한 담론을 압축하고 있는데, 그것은 대략 이렇게 옮길 수 있을 것이다. 〔물이 위험 수위에 도달하였기 때문에 곧바로 배수 레버를 작동시켜야 하고, 그렇지 않으면 홍수의 위험이 있다.〕

여기에서는 단순히 하나의 코드가 연속적인 여러 메시지들을 생산할 수 있다고 말하는 것이 아니다. 그것은 아주 명백하기 때문이다. 또한 상이한 내용들이 똑같은 기표에 의해 전달될 수 있다고 말하려는 것도 아니다. 그것 역시 명백하기 때문이다. 여기에서 말하고자 하는 것은, **일반적으로 하나의 기표는 상이하고 상호 연결된 내용들을 운반하고** 따라서 〈메시지〉라 일컫는 것은 대부분의 경우 그 내용이 여러 층위의 **담론**이 되는 **텍스트**라는 사실이다.

메츠(1970)는 모든 커뮤니케이션의 경우에서 (초보적인 단일 의미의 희귀한 경우들을 제외하면) 〈텍스트〉와 관련된다는 가설을 제시하였다. 그렇다면 텍스트는 다양한 코드들 또는 최소한 다양한 하위 코드들이 공존하는 결과가 될 것이다. 메츠는 /*voulez-vous tenir ceci, s'il vous plaît?*/(미안하지만 이것 좀 잡아 주겠어요?)/라는 표현을 예로 제시한 뒤, 이 문장에서 최소한 두 가지 코드가 작용하고 있다고 지적한다. 즉 하나는 프랑스어 코드이고, 다른 하나는 예절의 코드이다. 예절의 코드가 없다면 /*s'il vous plaît*/가 정확하게 무엇을 의미하는지 아무도 이해하지 못할 것이며 순진한 해석만 하게 될 것이다. 하지만 메츠에게서 다수의 코드들은 〈수평적〉 방식으로 고찰되고 있다. 수신자는 먼저 하나의 코드와 관련하여 전체 문장을 해독하고, 그런 다음 다른 코드와 관련하여 뒷부분을 해독한다. 하지만 우리의 예에서 신호 AB는 다수의 코드들을 〈수직적〉으로 작동시킨다.

2·5 내용과 지시물

2·5·1 지시적 오류

마지막으로 또 다른 문제를 살펴보자. 그것은 기호 생산 이론, 특히 언급 이론과 관련되지만, 그것의 존재로 인해 코드 이론의 올바른 전개가 혼동될 수 있기 때문에 곧바로 해결되어야 한다(최소한 부분적으로는).

그것은 바로 **지시물**의 문제, 즉 기호 기능의 내용에 상응하는 것으로 가정되는 세상의 상태들에 대한 문제이다.

지시물의 문제는 고유의 이론적 범위 안에서는 매우 중요할지라도, 코드 이론에 치명적인 영향을 줄 수 있고 **지시적 오류**를 낳을 수도 있다.

제1장의 수문 모델에서 전달된 〈기호들〉은 상응하는 〈대상들〉, 말하자면 원천에서 물의 상태들을 갖는다고 평온하게 인정할 수 있다. 만약 저수지에 물이 없다면, 지금까지 우리가 다룬 전체 구성은 존재 이유를 잃을 것이다. 따라서 〈현실적인〉 물이 제안된 기호학적 모델 전체의 필수 조건이라고 주장하는 것은 합당해 보인다.

그렇지만 물이 모델의 **계획**에 필수 조건이 되었다고 하더라도, 그 모델의 기호학적 **작용**에 필수 조건이 되는 것은 아니다. 일단 모델이 세워지고 고유의 코드들을 토대로 작용하면, AB 같은 메시지(또는 텍스트)는 실제로 저수지의 물이 다른 수위에 있더라도, 또한 산 위에 물이 없더라도, 심지어는 저수지를 형성하는 산들과 함께 저수지 자체까지 **사악한 천재**가 고안해 낸 것이라 할지라도 작용할 것이다. 다른 한편으로 데카르트를 상기시키는 사악한 천재를 귀찮게 할 필요도 없다. 누군가가 원천에서 발신 장치를 조작하여 **거짓말**을 발신하기로 결정하는 것으로 충분하다. 그래도 연쇄 전체의 기호학적 작용과 수신자의 행동적 반응들은 전혀 바뀌지 않을 것이다.

0·1·3에서 이미 보았듯이 만약 거짓말쟁이가 특정한 행동을 함으로써 아픈 척한다면 그런 행동의 기호학적 작용은 그 거짓말쟁이가 거짓말하고 있다는 사실과 상관없이 충분히 분석될 수 있다.

따라서 거짓말의 가능성이 나타날 때마다 기호 기능이 등장하게 된다. 기호 기능은 사실들의 어떤 현실적인 상태에도 상응하지 않는 무엇인가를 의미할 수 있는(그러니까 커뮤니케이션을 할 수 있는) 가능성을 의미한다. 코드 이론은 거짓말하기 위해 사용될 수 있는 모든 것을 연구해야 한다. 거짓말할 수 있는 가능성은 세미오시스의 특성 *proprium*이다. 스콜라 학자들이 보기에, 웃을 수 있는 가능성은 이성적 동물로서 인간의 특성이었던 것과 마찬가지이다.

거짓말이 있을 때마다 의미화가 나타난다. 의미화가 있을 때마다 거짓말을 하기 위해 그것을 사용할 수 있는 가능성이 나타난다.

이것이 사실이라면 분명히 여기에서 기호학은 새로운 문턱을 확인하게 되는데, 바로 **의미화의 조건**과 **진리의 조건** 사이, 말하자면 **내포적 의미론**과 **외연적 의미론** 사이에 있는 문턱이다.

코드 이론은 단지 내포적 의미론에만 관심을 기울이는 반면 표현의 외연에 관한 문제는 진리 가치들의 이론 또는 지시(또는 언급) 이론과 관련된다.

그러므로 그 문턱은 다른 문턱들과는 달리 〈내적〉 계열에 속하며, 현재의 학제적(學際的) 논의 상태에서는 단순히 〈경험적〉 한계로 간주되어야 한다.

2·5·2 진 Sinn과 베도이퉁 Bedeutung

내용에 대한 기호학적 연구는 종종 지나치게 단순화된 도형에 의해 복잡해졌다. 오그던 Ogden과 리처즈 Richards (1923)에 의해 아주 일반적인 형태로 확산된 유명한 삼각형은 다음과 같다.

(1)
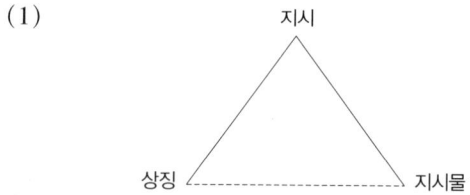

이것은 분명히 다음과 같은 퍼스의 삼각형을 옮기고 있으며,

(2)

종종 프레게Frege(1892)의 삼각형과 동일한 것으로 간주된다.

(3)

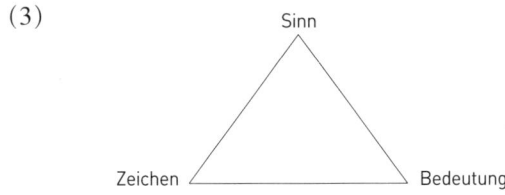

이 세 가지 삼각형은 지시 이론의 관점에서 보면 유용하지만(3·3 참조), 코드 이론의 관점에서 보면 당혹스럽다. 기호 기능의 모델이나 소쉬르의 모델(기표-기의)은 모두 삼각형 (1)과 (2)의 왼쪽 측면과 관련되며, 단지 베도이퉁 개념이 엄격하게 외연적인 의미로 이해되지 않는 경우에만 삼각형 (3)과 관련될 수 있다.

소쉬르와 퍼스의 기호학은 상징과 지시(또는 의미) 사이, 그리고 기호와 그 해석소들 사이의 세미오시스적 관계에 대한 이론이다(2·7 참조). 대상들은 소쉬르에 의해 고려되지 않았으며, 퍼스의 이론적 범위 안에 포함되는 것은 단지 지표나 도상 같은 특별한 유형의 기호들이 논의될 때이다(그런 경우에도 코드 이론의 내부에서 대상은 방법론적으로 제거된다. 2·6과 3·5 참조). 대상들이 프레게에 대한 엄밀한 해석에 비추어 고려될 수 있는 것은, 단지 베도이퉁이 기호와 관련될 수 있는 현실적인 대상으로 이해될 때뿐이다. 만약 베도이퉁이 기호와 관련되는 모든 가능한 대상들의 부류로, 사례-대상이 아니라 유형-대상으로 이해된다면, 그렇다면 우리가 2·6에서 설명할 의미에서 내용과 매우 유사한 것이 된다. 이러한 내포적 관점에서 볼 때 베도이퉁은 해석소 이론과 관련된다(2·7 참조).

지금 말하는 것은 분명히 진리 가치 이론의 고유 문제, 그러니까 외연적 의미론과는 관련되지 않는다. 고유의 방법론적 범위 안에서, 비록 지금은 한 표현의 의미가 기호와 관련되는 대상들(또는 세상의 상태들)의 실제적 현존과 무관하다고 가정하더라도, 그것들의 현존에 대한 추정상의 검증이 필요한 것은, 주어진 표현의 진리 가치를 충족시키고 따라서 **진실** 또는 **거짓**의 상표를 붙여 명제 계산에 포함시키기 위해서이다.

하지만 코드 작용의 관점에서 볼 때 지시물은 이론 자체의 이론적 순수함을 위태롭게 만드는 당혹스러운 존재로서 배제되어야 한다.

그러므로 언어가 세상의 상태들을 언급하기 위해 사용될 때, 지시물이 표현에 의해 지적되거나 명명될 **수** 있을지라도, 원칙상 표현은 대상을 가리키는 것이 아니라 **문화적 내용**을 운반한다고 가정해야 한다.

/월터 스콧Walter Scott/과 /『웨이벌리Waverley』의 저자/는 하나의 베도이퉁과 두 개의 진을 가진 두 가지 표현이라고 말하는 것은 단지 다음과 같은 조건에서만 기호 기능과 관련된다. 즉 (1) 베도이퉁은 문화가 단일한 인물로 인정하고 따라서 함축된 내용을 이루는 한 역사적 실체에 대한 정의로 인정되고, (2) 진은 다른 문화적 관습들에 따라 주어진 내용을 고려하는 특별한 방식이 되어, 최초의 외시된 내용에 다른 함축적 내용들이 덧붙는 경우이다.

베도이퉁이 그것의 검증으로 기호의 타당성을 증명하는 세상의 상태라고 가정하면, 그런 세상의 상태에 대한 지각과 검증은 어떻게 이루어지는지, 또한 기호 기능이 해독될 때 그것의 존재는 어떻게 정의되고 증명되는지를 질문해야 할 것이다. 그렇다면 베도이퉁에 대해 무엇인가 알기 위해서는 른 표현을 통해 그것을 다지적해야 한다. 그런 식으로 퍼스가 말했듯이 한 기호는 또 다른 기호를 통해서만 설명될 수 있다. 따라서 베도이퉁은 고유의 여러 진들을 통해서만 포착되며, 여기에서 다양한 진들이 똑같은 베도이퉁으로 환원 가능한 것으로 인정될 수 있다고 추정하는 것은 상당히 경솔하다. 베도이퉁은 고유의 진들에 의해 정의되고, 그 반대는 가능하지 않기 때문이다.

간단히 말해 이 장에서 핵심적인 문제는, 의미가 매우 복잡한 것이라는 사실에서 나오는 것이지, 앞에서 살펴본 의미 삼각형들에 의해 암시되는 방식에서 나오는 것이 아니라는 사실이다.[2]

의미가 현실적인 대상에 상응한다고 말하는 것은, 아마 진리 가치의 이론도 수용하지 않을 순진한 태도이다. 실제로 널리 알려져 있듯이 가령 〔유니콘〕이나 〔인어〕처럼 존재하지 않는 실체들을 지시하는 기표들도 있으며, 따라서 그런 경우 외연적 이론은 〈무(無) 외연〉(굿맨Goodman, 1949) 또는 〈가능 세계〉(루이스, 1969)라는 말을 즐겨 사용한다.

코드 이론의 범위 안에서는 외연의 개념이나 가능 세계의 개념에 의존할 필요가 없다. 사회에 의해 수용되는 것으로서 코드는 현실적인 것도 아니고 가능한 것도 아닌(최소한 전통

---

2 『기호: 개념과 역사』(에코, 1973)에서 〈지시-지시물〉의 쌍에 어느 정도 상응하는 다양한 대립의 쌍들을 열거하려고 시도한 적이 있다. 예를 들면 〈외시되는 것denotatum 대(對) 지시되는 것designatum(또는 의미되는 것 significatum)〉(모리스, 1938, 1946), 〈외연 대 내포〉(카르납Carnap, 하지만 그는 〈지명되는 것nominatum 대 의미sense〉에 대해서도 말한다), 〈외시 대 함축〉(스튜어트 밀Stuart Mill), 〈외시denotation 대 의미meaning〉(러셀) 등이 있다. 우리의 논의 목적에서는 다음과 같은 등식을 부여하고자 한다. 의미 = 내포 = 뜻 = meaning = significatum.

적 존재론과 관련해서는) 문화적 세계를 형성한다. 그 존재는 문화적 계열에 속하며, 바로 사회가 생각하고, 말하고, 또 말하는 동안 다른 생각들을 통해 고유 생각들의 의미를 해결하고, 또한 다른 말들을 통해 그 생각들을 해결하는 방식이 된다. 사회는 생각하고 말함으로써 발전하고, 팽창하거나 또는 위기에 처하기 때문에, 〈불가능한〉 세계와 관련될 경우에도(가령 미학적 텍스트들이나 이데올로기적 주장들처럼), 코드 이론은 그런 세계들의 〈문화적〉 성격에 많은 관심을 기울이고, 내용들을 어떻게 〈건드려야〉 할지 질문하기도 한다.

그리스도교 신학의 역사를 이해하기 위해 /성체 변화(聖體變化, *Transubstantiation*)/라는 표현이 사실적으로 검증되거나 검증 가능한 어떤 구체적인 현상에 상응하는가를 알 필요는 없다. 비록 많은 사람들에게는 믿음이나 신비적 직관에 요구되는 그런 검증이 매우 중요하게 보일지라도 그렇다. 하지만 그 표현의 내용이 어떤 문화적 단위에(내포적으로 분석 가능한 어떤 속성들에) 상응하는가는 알아야 한다. 의미론의 기호학적 대상은 무엇보다도 **내용**이지 지시물이 아니며, 내용은 **문화적 단위로**[또는 상호 연결된 문화적 단위들의 총체로 또는 심지어 성운(星雲)으로] 정의되어야 한다. 많은 사람들에게 /성체 변화/가 하나의 사건 또는 현실적 사물에 상응한다는 사실은, 그런 사건이나 사물이 문화적 단위들과 관련하여 설명될 수 있다고 가정할 경우 기호학적으로 이해된다. 만약 그렇지 않다면 신자들은 **현실적인 존재**를 믿지 않는 사람들에 대해 신경 쓰지 않고 계속하여 영성체를 받았을 것이다. 그런데 /성체 변화/에 상응하는 문화적 단위가 문화적 환경의 총체적인 내용을 적절히 나눈 부분으로서 정확한 자리를 찾을 수 있는 우주의 정의를 사회화하기 위해 논의하고 투쟁할 필요가 있었던 것이다.

2·5·3 외연적 오류

지시적 오류는 기표의 의미가 상응하는 대상과 관련된다고 가정하는 데 있다.

진리 조건의 이론가들은 그렇게 순진한 관념을 공유하지 않기 때문에, 그들도 /개/나 /유니콘/ 같은 표현의 의미에 대해 논의할 때나 /포도주 한 잔/이나 /프랑스의 왕/ 같은 **기술**(記述)의 가능한 지시물에 대해 논의할 때, 세상의 상태들과 기호 사이의 상응 문제에 관심을 기울인다고 말할 수 있을 것이다. 하지만 그들은 반대로 **발화체들의 외연**이나 상응하는 **명제**에 관심을 기울인다. 그러므로 /모든 개는 동물이다/ 또는 /모든 개는 네 개의 다리를 갖고 있다/ 같은 발화체들에 상응하는 명제들은 개가 정말로 동물이며 현실적으로 네 개의 다리를 갖고 있을 경우에만 **진실**로 고려될 수 있다.

그런데 코드 이론은 단지 기호 기능과 그 가능한 조합에만 관심을 기울이기 때문에, 그런 발화체들은 기호 생산 이론을 위한 주제로 간주될 수 있을 것이다.

하지만 지시물에 대해서와 마찬가지로 외연적 접근은 코드 이론을 혼란시킬 수 있다.

나중에 제3장에서 좀 더 자세히 고려하겠지만 발화체의 다양한 유형에 대한 분류를 앞당겨 살펴보자.

만약 발화체들이 명제들을 운반하는 형식들이라면, 다음과 같이 다양한 유형의 명제를 운반할 수 있다.

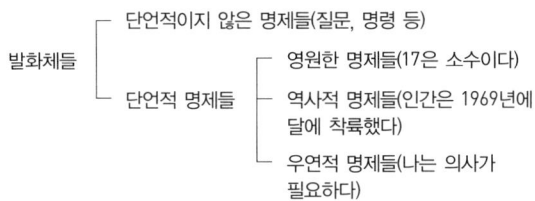

2 ___ 코드 이론

우연적 명제들과 마찬가지로 역사적 명제들은 비록 지시적 요소들에 기초하고 있을지라도, 영원한 명제들과 함께 〈단언들〉로 간주될 수 있다. 역사적 명제와 우연적 명제에 대해서도 그것들의 외연을 검증할 수 있고, 따라서 그것들은 진리 가치를 갖고 있다.

단언들이 코드 이론에 중요한 것은, 많은 단언들이 기호학적 단언으로, 말하자면 어떤 주어진 표현에 하나 또는 그 이상의 코드들이 일반적으로 또 관습적으로 부여하는 내용 또는 내용들을 다루는 판단들로 정의될 수 있다는 사실에서 나온다. 따라서 단언들의 상당수는 기호 생산의 결과가 아니라, 코드 이론 고유의 대상으로 인정되어야 한다.

코드 이론은 외연을 고유의 범주로 인정하지 않기 때문에 영원한 명제들을 고려하면서도 그것들의 외연적 가치를 고려하지 않을 수 있다. 그런 요인을 고려하는 것을 거부하지 않는다면, 코드 이론은 외연적 오류에 빠질 수 있다.

코드 이론은 기호 기능의 기능소로서 또한 의미 체계의 단위로서의 내용에 대한 정의와 관련된다. 그러므로(진리 가치의 이론이 올바르게 하는 것처럼) p → q는 단지 다음의 경우에만 **진실**이다. 말하자면 (1) p와 q가 모두 **진실**일 경우, (2) p는 **거짓**이고 q는 **진실**일 경우, (3) p와 q 모두 **거짓**일 경우이다 — 이 모든 것은 내용으로서의 의미 개념을 이해하는 데 아무런 도움도 되지 않는다.

그렇다면 누군가 다음과 같은 함의(含意) 관계*implication*를 제시한다고 가정해 보자. /만약 나폴레옹이 코끼리라면, 그렇다면 파리는 프랑스의 수도이다./ 명제 계산의 규칙에 의하면, 파리가 정말로 프랑스의 수도인 한, 혹시 나폴레옹이 코끼리가 아니더라도 이 함의는 **진실**이며, 나폴레옹이 코끼리일 경우에도 **진실**이다. 명제 계산의 전문가는 이 함의에서 전혀 웃을 만한 것을 찾지 못하겠지만, 코드 이론가는 최소한 미소 지을 만한 충분한 이유를 발견할 것이다. 혹시 (특별한 속성들을 가진 고유 명사들을 포함하지 않는 명제들로 넘어가서) /만약 눈[雪]이 초콜릿으로 되어 있다면, 그렇다면 개는 젖먹이 동물이다/라고 말하더라도 마찬가지일 것이다.

두 경우 모두에서 코드 이론가는 웃을 것이다. 나폴레옹이나 눈에 대한 문화적 개념과 부합되지 않은 것을 상상하기 어렵기 때문이다. 일반적인 화자는 자신과 비슷한 사람들과 함께 눈에다 다양한 속성들을 부여하는 역량을 공유하는데, 그중에서 눈이 초콜릿으로 만들어졌다는 속성은 없다. 그렇다면 웃음은 코드의 부적절한 사용 또는 코드 내부에서 모순의 발견에 따른 부수적인 효과이다. 하지만 부적절한 사용이나 우발적인 모순은 모두 코드의 존재 자체에 의해 정당화되는 것처럼 보인다. 일반적으로 거짓이라 간주되는 명제를 이해하는 것을 코드가 방해하지는 않는다. 오히려 그 명제를 이해하고, 또한 문화적으로 말하면 거짓이라는 것을 이해하도록 허용해 준다. 가능 세계 또는 우리의 현실 세계에서, 대기 오염 현상들로 인해 위에서 말한 대로 눈이 생태학적 비극에 노출될 가능성은 있다. 하지만 정말로 그런 일이 일어난다 할지라도, 그 사실은 여전히 우스꽝스러울 것이다. 비록 어느 순간 웃음이 공포로 바뀔지라도, 여전히 그것은 〈거부감〉의 반응일 것이며, 우스꽝스러움이나 공포감은 모두 코드 안에서 발견되는 특이한 모순의 결과로 간주되어야 할 것이다.[3]

3 웃음과 공포는, 가령 간지럼 때문에 웃을 때 그런 것처럼, 사실들에 의해 자극될 수도 있다. 바로 생리적 웃음(또는 두려움)의 경우들인데, 여기에서는 관심의 대상이 되지 않는다. 하지만 심리학의 관심을 끄는 웃음이나 공포는 기호학적 뿌리를 갖고 있다고 추정된다.

그런 상황이 정말 같지 않다는 것을 이해하면서도 그 발화체의 내용을 이해하기 때문에 웃는 것이다. 그리고 상황이 정말 같다는 것을 이해하지만 우리의 공통적인 의미적 경험의 그렇게 급진적인 재조직을 받아들일 수 없기 때문에 놀라는 것이다.

그렇다면 그 발화체가 우스꽝스럽게 또는 비극적으로 의미 있는 것처럼 보이는 것은, 그 의미가 우리가 공유하는 의미 규칙들과 대립되기 때문이다. 그 의미를 받아들일 수 없는 것은, 이해할 수 없기 때문이 아니라 만약 받아들인다면 이해 가능성에 대한 우리 규칙들의 재조직을 함의할 것이기 때문이다. 스콜라 학자들은 웃는 것이 인간의 특성이라고 말했다. 2·5·1의 지적들을 확장하면, 기호학은 단지 거짓말을 하기 위해 사용될 수 있는 모든 것에 대한 이론일 뿐만 아니라, 웃게 만들거나 안심시키기 위해 사용될 수 있는 모든 것에 대한 이론이라고 말할 수 있다. 그리고 이러한 정의는 자연 언어들 전체에 해당한다.

그렇게 외연적 의미론은 거짓말과 웃음의 문제를 해결하지 못하기 때문에 코드 이론에 도움을 줄 수 없다. 논리적으로 말하자면 거짓말은 거짓 명제에 상응하며, 따라서 그 구체적인 내용은 명제 계산에 중요하지 않다. 거짓 명제는 우스꽝스러울 수 있지만, 그렇다고 해서 함의의 올바름을 무효화하지는 않는다.

따라서 우스꽝스러운 효과를 설명하기 위해서는 내용에 대한 구조적 이론의 형식을 띠는 내포적 의미론이 요구된다.

거짓말의 기호학적 중요성을 설명한다는 것은, 무엇 때문에 또 어떻게 거짓말(거짓 단언)이 그 단언의 **진실** 또는 **거짓**과는 상관없이 기호학적으로 중요한가를 이해한다는 것을 의미한다.

분명히 여기에서는 경험이 이루어지는 〈현실적〉 사건들과 대비하여 검증될 수 있는 진리 가치를 부여할 발화체들이 존재하지 **않는다**고 말하고 있는 것이 아니며, 또한 그렇게 말할 수도 없다. 그리고 메시지의 수신자는 수신한 메시지를, 그에게 말하고 있으며 또한 말하고 있는 사물들과(만약 그 〈사물들〉에 대해 그에게 말하고 있다면) 관련시키지 **않는다**고 말할 수도 없다.

가령 /네 고양이가 수프 냄비 안에 빠지려고 한다/는 메시지를 받는 사람이면 누구나, 심지어 모든 외연적 관련에 대하여 회의적일 정도로 코드에 관심을 기울이는 기호학자라 할지라도, 고양이를 구하기 위해서나 자기 수프를 먹을 수 있도록 하기 위하여, 그 발화체가 진실에 상응하는지 확인하려고 할 것이다. 하지만 사실 그런 사건은 코드 이론과 관련되지 않는다. 코드 이론은, 고양이를 갖고 있지 않거나 수프를 요리하고 있지 않은 사람도 고양이에 대한 메시지를 이해할 수 있도록 해주는 문화적 조건들만을 연구한다.

만약 실제로 수신자가 고양이와 수프 냄비를 갖고 있다면, 발화체에 대한 그의 화용론적인 반응(황급히 부엌으로 달려가는 것, 날카로운 비명, /야옹아, 야옹아!/ 하는 말)은 발화체의 진실이나 거짓과는 상관없다. 그 발화체에 대한 모든 가능한 번역도 마찬가지이며, 수신한 메시지를 다른 기호들을 통해 귀머거리에게 전달하려고 노력하는 사람의 경우도 마찬가지일 것이다.

가령 /율리우스 카이사르는 기원전 44년에 죽었다/와 /아킬레우스는 파리스에게 죽음을 당하였다/ 같은 두 발화체가 주어질 경우, **역사적으로 말하면** 전자는 **진실**이고 후자는 **거짓**

임을 아는 것은 코드 이론에 중요하지 않다.[4] 이것은 카르납이 지적하듯이 내포들에 대한 분석이 외연의 검증보다 선행해야 한다는 의미가 아니다. 코드 이론의 관점에서 볼 때 중요한 것은 이런 것이다. (가) 우리의 문화에는 첫째 발화체가 〔역사적 진실〕을 함축하는 것으로 이해하게 해주는 코드들이 존재한다. (나) 그리스 사회에는 둘째 발화체가 〔역사적 진실〕을 함축하는 것으로 이해하게 해주는 코드들이 존재하였다. 지금 우리에게 둘째 발화체가 〔신화〕를 함축한다는 사실은, 기호학적으로 볼 때, 만약 새로운 자료들을 토대로 카이사르는 2년 후에 브루투스의 죽음을 추념하기 위해 필리피로 가는 동안 이질(痢疾)로 죽었다는 것이 드러날 경우 검증될 사실과 비슷하다. 로렌초 발라Lorenzo Valla가 콘스탄티누스 황제의 기증서가 역사적으로 사실무근임을 증명하였을 때 그와 똑같은 현상이 일어났다.

하지만 콘스탄티누스 황제의 기증을 믿거나 또는 믿지 않는 것은 그런 기증서가 거짓이었다는 사실과는 상관없이 매우 중요하기 때문에, 바로 코드 이론은 **사회적 힘**으로서의 기호들에 주로 관심을 기울인다.[5]

---

4 하지만 파리스에 관한 발화체가 관습적으로 〔신화〕를 함축한다는 것을 아는 것은 기호학적으로 중요하다. 그것이 신화이기 때문이 아니라 문화적으로 신화로 인정되기 때문이다. 그러므로 과거에 대한 발화체들을 진실과 거짓으로 구별하려고 노력하는 역사학자의 활동은 (신문 기자가 현재에 대한 진실과 거짓을 구별하려고 노력하는 것과 마찬가지로) 경험의 문제이며 다양한 유형의 추론을 토대로 한다. 코드 이론은 현실과 사실들의 기대 가능성을 조명하려는 그런 필수적 경험의 중요성을 부정하지 않는다. 하지만 그런 사실에 관심을 기울이는 것은, 단지 그것의 진실 또는 거짓이 일반적 견해의 일부가 되었을 때이다(2·10·2의 백과사전으로서 의미소에 대한 논의 참조).

5 /저녁 별/이라는 표현은 지구에서 수천만 킬로미터 떨어진 공간을 여

2·6 문화적 단위로서의 의미

이제 기호 기능에 의해 설정된 규칙을 토대로 한 표현에 상응하는 이론적 대상의 성격을 이해해 보자.

/의자/라는 용어를 예로 들어 보자. 그 지시물은 지금 내가 글을 쓰는 동안 앉아 있는 의자가 아닐 것이다. 지시적 의미론의 옹호자들에게도 그 지시물은 존재하는(또는 과거에 존재했거나 미래에 존재할) 모든 의자들이 될 것이다. 하지만 〔존재하는 모든 의자들〕은 감각으로 지각될 수 있는 대상이 아니다. 그것은 하나의 부류, 하나의 추상적 실체이다.

기호의 지시물을 설정하려는 모든 시도는 문화적 관습이 되는 추상적 실체로서 지시물을 정의하도록 유도한다.

하지만 지시물이 구체적이고 개별적인 실체임을 인정한다 하더라도, 현실적인 대상에 상응할 수 없는 표현들의 의미

행하는 크고 둥근 형태의 어떤 물리적 〈대상〉을 외시한다고 말할 경우 실제로는 이렇게 말해야 할 것이다(콰인Quine, 1953). 문제의 표현은 화자가 지시하는 어떤 상응하는 **문화적 단위**를 외시하며, 그는 현실적인 지시물에 대한 경험이 전혀 없으면서도 자신이 살고 있는 문화에 의해 그렇게 기술되는 것으로 수신하였다고 말이다. 실제로 단지 논리학자만이 그것이 /새벽 별/이라는 표현과 똑같은 베도이통을 갖고 있다는 것을 안다. 그런 기표를 발신하거나 수신한 사람은 상이한 **두 개의 사물**이 있다고 생각했던 것이다. 그가 참조하는 문화적 코드들은 상이한 두 개의 문화적 실체를 고려한다는 의미에서 보면 그가 옳다. 그의 사회적 삶은 사물들이 아니라 문화적 단위들을 토대로 이루어졌던 것이다. 또는 좀 더 정확히 말해 우리와 마찬가지로 그에게 사물들은 단지 커뮤니케이션의 우주가 **사물들 대신에** 유통시키는 문화적 단위들을 통해서만 인식되었던 것이다. 우리는 일반적으로 /켄타우로스 알파/라 일컫는 것에 대해 말하지만 그것을 직접 경험하지 못했다. 한 천문학자가 어떤 이상한 장치로 그것에 대해 경험했을 뿐이다. 하지만 우리는 그 천문학자를 모른다. 우리는 단지 단어들, 그림들, 또는 다른 수단들을 통해 우리에게 전달된 문화적 단위만 알고 있다.

문제를 해결해야 한다. 예를 들면 /a(~에게)/, /con(~과 함께)/, /nondimeno(그럼에도 불구하고)/처럼 고전 언어학에서 **공범주어**(共範疇語)라 부르는(**범주어**와 대립되는 것으로서) 모든 용어들이 그렇다. 하지만 그것들은 의미화 과정에 기본적인 요소들이기 때문에(실제로 /피에트로에게 줄 선물/이라고 말하는 것은 /피에트로부터의 선물/에 의해 지시되는 것과는 상당히 다른 상태를 함의한다), 공범주어들의 의미(지시적이지 않은)의 문제를 제기할 필요가 있다.

우선 /외시/라는 용어를 모든 지시적 가설로부터 해방시키자(2·9 참조). 그리고 한 용어의 의미(말하자면 그 용어가 〈외시하는〉 대상)는 **문화적 단위**라고 칭하기로 하자. 모든 문화에서 문화적 단위는 단지 그 문화가 여느 단위들과는 다르게 구별하는 단위로 정의한 것이며, 따라서 어떤 사람, 어떤 지리적 장소, 사물, 감정, 희망, 관념, 환상이 될 수도 있다(슈나이더Schneider, 1968 : 2).[6]

어떻게 한 의미 단위가 기호학적으로 체계 안에 포함되는 의미 단위로 정의될 수 있는가에 대해서는 나중에 살펴볼 것이다. 그런 단위는 그것을 운반하는 기표들의 대체를 통해서도 변화되지 않는 〈문화 상호적인〉 단위로 정의될 수 있다. 그러므로 /cane(개)/는 /dog/, /chien/, /Hund/라는 용어로

---

[6] 대개 기존에 만들어진 표현들, 언어가 이미 완성된 형태로(또한 대부분 순수한 접촉의 가치를 갖고 있는 형태로) 우리에게 제공하고 제도적으로 단일한 의미를 갖고 있는 〈관용어들〉에 의해 운반되는 내용의 부분들은 의미적 실체로 간주될 수 있다. 그런 표현들은 /how do you do?/에서 /allons donc/에 이르기까지 다양하다[라이언스Lyons(1968)는 그것을 언어의 학습과 사용 과정에서 〈상기recall〉의 요인 탓으로 돌린다]. 그레마스(1966)는, 가령 /fico d'India(부채선인장)/처럼 여러 어휘소들에 의해 형성된 통합체를 구성하면서도 관습적으로 단일한 것으로 지각되는 의미를 전달하는 표현들을 〈준(準)어휘소〉라 부른다.

표현되더라도 변함없이 남아 있는 문화 상호적인 단위를 외시한다. 다른 문화적 단위들의 경우 그것들을 조직하는 문화에 따라 그 〈경계선〉이 어떻게 변화하는가를 찾아볼 수 있다. 이제는 이미 고전이 된 예가 바로 〔눈〔雪〕〕의 경우인데, 에스키모 문화에서 그것은 무려 네 가지 상이한 물리적 상태들에 상응하는 네 가지 단위로 표현된다.

마찬가지로 일부 문화에서 어느 주어진 의미 영역은 다른 문화에 비해 더욱 섬세하게 분석되는 것처럼 보인다. 예를 들면 중세 문화에서 /ars/라는 용어는 일련의 내용들을 포괄하였는데, 현대 문화에서는 그것을 좀 더 분석적으로 나누어 가령 〔예술〕, 〔기법〕, 〔숙련 기술〕 사이를 뚜렷이 구별하고 있다. 한편 오늘날에도 앵글로·색슨 사람은 논리학이나 신학의 현재 상황을 정의하기 위해 /*the state of art*/라고 말하는 반면, 이탈리아 사람은 /*stato di disciplina*(학문의 상태)/ 또는 /*situazione disciplinare*(학문적 상황)/라고 말할 것이다. 하지만 논리학을 하나의 기술로 고찰하였던 스콜라 학자들은 절대로 신학을 기술로 간주하지 않았을 것이다.

그런데 만약 누군가가 이탈리아 문화에서 /예술/과 /기술/ 사이의 내용의 차이를 이해하고자 한다면 다양한 수단들을 활용할 수 있을 것이다. 우선 그는 사전에 의존하여 거기에서 해당 용어들 각각에 대해 그 의미를 밝혀 주는 다른 용어들을 찾을 것이다. 아니면 정보 제공자에게 먼저 예술 작품 하나를 보여 주고, 그런 다음 기술 제품을 하나 보여 달라고 요구할 수도 있다. 또는 다른 누군가에게 예술 작품에 대한 개략적 설명과 기술 제품에 대한 개략적 설명을 청하거나, 또는 널리 알려진 예술 작품 작가들의 이름과 널리 알려진 기술 제품 제작자들의 이름을 인용해 달라고 요구할 수도 있다. 모든 정의, 동의어, 인용된 예, 예로 직접 제시되는 대상

등은 동일한 메시지들(언어적, 시각적, 대상적)이 되며, 그것들은 또 나름대로 다른 기호들, 즉 이전의 표현들에 의해 운반되는 문화적 단위들을 설명하는 다른 기호들(언어 기호이든 아니든)을 통해 분명히 밝혀지고 설명되기를 요구할 것이다. 이러한 〈설명들〉의 연쇄는 이어지는 접근들을 통해 해당 문화 단위를 한정할 것이다. 이전 기표들의 의미를 설명하는 이러한 기표들의 사슬은 바로 퍼스가 해석소라 불렀던 것의 연쇄이다(CP, 5·470 이하 참조).

2·7 해석소

2·7·1 퍼스의 이론

해석소는 기호의 해석자가 아니다(비록 우연하게 퍼스는 그런 통탄할 만한 혼란을 정당화하는 것처럼 보일지라도). 해석소는 해석자가 부재하더라도 기호의 타당성을 보장해 주는 것이다.

퍼스에 의하면 해석소는, 기호가 해석자라는 〈준(準)정신 *quasi-mind*〉 속에서 생산하는 것이다. 하지만 그것은 **재현체** *representamen*에 대한 **정의**, 말하자면 그것의 내포로 이해될 수도 있다. 어쨌든 좀 더 유익한 문헌학적 가설에 의하면, **해석소는 똑같은 〈대상〉과 관련되는 또 다른 재현이다**. 바꾸어 말해 한 기표(하지만 퍼스는 〈기호〉라고 말한다)의 의미를 설정하기 위해서는 최초의 기표를, 다른 기표를 통해 지명할 필요가 있으며, 그 다른 기표는 또 다른 기표를 갖고, 그것은 또다시 다른 기표에 의해 해석될 수 있다. 그렇게 해서 우리는 **무한한 세미오시스***unlimited semiosis*를 갖게 된다. 이런 해결책이 아무리 역설적으로 보일지라도, 무한한 세미오시스는 고유의 범위 안에서 자기 자신을 설명할 수 있는 기호 체계를 유일하게 보장해 준다. 다양한 언어들의 총합은 자기 설명적인 체계, 말하자면 서로가 서로를 밝혀 주면서 이어지는 관습들의 체계로 설명되는 체계가 될 것이다.

그러므로 기호는 〈그것 자신이 관련되는 대상과 관련되도록 다른 무엇(그것의 해석소)을 결정하는 모든 것이며……똑같은 방식으로 해석소는 자기 나름대로 하나의 기호가 되며, 그런 식으로 무한하게 이어진다〉(CP, 2·300). 그리하여 기호에 대한 정의 자체가 무한한 세미오시스의 과정을 함축한다.

〈기호는 그것이 생산하거나 변화시키는 관념**에 대해** 다른 무엇을 **대신**한다. 그것이 대신하는 것은 그것의 **대상**이라 일컬으며, 그것이 운반하는 것은 그것의 **의미**, 그것이 발생시키는 관념은 그것의 **해석소이다**〉(CP, 1·339). 이러한 정의는 여전히 대상에게 결정적인 위치를 남기는 것처럼 보인다. 하지만 곧바로 뒤에서 퍼스는 이렇게 덧붙인다. 〈재현의 대상은 첫 번째 재현이 그 해석소가 되는 것의 재현 이외의 것이 될 수 없다. 하지만 각자 앞의 재현을 재현하는, 재현들의 무한한 연쇄는 고유의 한계로 하나의 절대적 대상을 갖는 것으로 이해될 수 있다.〉 더 나아가 퍼스는 그 절대적 대상을, 〈대상〉이 아니라 **습관**(행동적)으로 정의하며, 그것을 **최종 해석소**로 이해한다(CP, 4·536; 5·473~492). 하지만 문제의 텍스트에서 그는 그런 요구를 고집하지 않고 계속해서 다음과 같이 무한한 세미오시스의 이론을 전개한다. 〈한 재현의 의미는 덜 중요한 자신의 옷을 벗은 것으로 이해되는 그 자체의 재현에 불과하다. 하지만 그런 옷은 완전히 제거될 수 없다. 단지 좀 더 투명한 것으로 대체될 뿐이다. 그리하여 무한한 역행이 나타난다. 마지막으로 해석소는 거기에다 진리의 햇

불을 맡긴 또 다른 재현일 뿐이다. 그리고 재현으로서 나름
대로 고유의 해석소를 갖는다. 그렇게 해서 또 다른 무한한
연쇄가 나타난다.〉

무한한 역행에 대한 퍼스의 이러한 매료는 다른 많은 구절
에서 나타난다. 〈이제 기호와 설명은 또 다른 기호를 형성하
는데, 그 설명은 하나의 기호이기 때문에 아마 추가적인 설
명을 요구할 것이며, 그 설명은 이미 확장된 기호와 함께 좀
더 방대한 다른 기호를 발생시킬 것이다. 똑같은 방식으로
진행하면 우리는 마침내 고유의 설명과 의미하는 부분들에
대한 설명을 포함하는 자기 자체에 대한 기호에 도달하게 될
것이다. 그리고 그 설명에 따라 그런 부분들 각각은 다른 부
분을 고유의 대상으로 갖는다〉(CP, 2·230). 그 페이지에서
다른 기호들을 생산하는 기호에 대한 매력적인 이미지는 아
마 지나치게 앞으로 나아가는 것 같다. 퍼스가 말하는 최종
기호는 실제로 기호가 아니라 기호들을 서로 연결시키는 구
조로서의 전체적인 의미 영역이라는 사실을 퍼스가 이해하
지 못하는 게 아닐까 의심이 들 정도이다. 그런 총체적인 의
미 영역이 실제로 존재하는지, 또는 무한한 세미오시스의 구
조〔이것은 **수식(修飾)의 모순**contradictio in adjecto처럼 보
이는 표현이다〕는 다른 방식으로 이해되어야 하는지에 대해
서는 2·12와 2·13에서 논의될 것이다.

2·7·2 해석소들의 다양성

해석소 개념에 대해 많은 학자들이 놀라고 그것을 해석자
개념과 동일시하여 몰아내게 된 데에는 이유가 있다. 해석소
관념은 의미화의 이론을 문화적 현상들에 대한 엄격한 과학
으로 만들고, 또한 그것을 지시물의 형이상학과 분리시킨다.

해석소는 여러 가지 형식을 띨 수 있다. 그중 일부를 열거해 보면 다음과 같다.

(가) **다른 기호 체계 안에서 등가의(또는 명백하게 등가의) 기표**가 될 수도 있다. 예를 들어 /의자/라는 단어에 어떤 의자의 그림을 상응시킬 수 있다.

(나) **개별 대상을 가리키는 손가락**이 될 수도 있다. 그것은 보편적인 수량화의 요소를 함축한다(〔이것과 같은 모든 대상들〕).

(다) 동일한 기호 체계의 용어들로 이루어진 **과학적 또는 순진한 정의**가 될 수도 있다(예를 들어 /염화나트륨/에 대한 /소금/).

(라) 고정된 함축의 가치를 얻는 **정서적 연상**이 될 수도 있다(〔충실함〕을 가리키는 /개/ 또는 그 반대처럼).

(마) **한 언어에서 다른 언어로 용어를 번역한 것** 또는 동의어를 통해 대체하기가 될 수도 있다.

본 논의의 범위 안에서 해석소는 적절하게 코드화된 내용의 내포적 속성, 그러니까 한 표현의 내포들과 외연들의 총체(또는 체계)와 동일시될 수 있을 것이다(2·9 참조). 퍼스의 범주를 이렇게 이해하는 것은 모호함을 줄여 주겠지만, 다른 한편으로 모든 암시적 가능성을 빈약하게 만들 것이다. 퍼스에게 해석소는 **그 이상의 무엇**이다. 그것은 심지어 기호에 의해 함축되는 모든 논리적 가능성을 옮길 뿐만 아니라 내포적으로 발전시키는 복잡한 담론이 될 수도 있다. 또한 해석소는 통상적인 전제에 의해 연역되는 삼단 논법이 될 수도 있다. 기호에 의해 결정되는 습관, 행동적 반응, 성향, 그리고 다른 많은 것들이 해석소가 될 수 있다.

따라서 해석소는 한 기호의 외시들의 총체이고, 함축들은 기저 외시들에 대한 해석소이며, 새로운 함축은 첫 번째 함축의 해석소라고 가정하더라도, 퍼스의 개념은 아직 완전히 끝나지 않은 것처럼 보인다. 그러므로 2·9·1에서 외시와 함축은 〈의미소(意味素, sememe)〉라 일컫는 의미 단위의 재현을 구성하는 의미 표지들이라고 가정할 수 있기 때문에, 한 의미소의 해석소들 총체는 코드화된 의미 표지들의 총체보다 훨씬 더 방대하다.

그러므로 코드 이론은 하나 또는 그 이상의 코드에 의해 개별 의미소에 부여되는 모든 의미 표지들에 대한 기술을 제공해야 하기 때문에, **해석소는 해당 이론의 요구들을 모두 충족시키는 범주로 보이며, 반면에 코드 이론은 해석소 범주의 모든 설명적 가능성들을 충족시키지 못한다.** 해석소 범주는 기호 생산 이론의 범위에서도 유용하다. 실제로 그것은 코드 이론이 제공할 수 있는 재현을 넘어서서 어느 주어진 기호를 전개시키고, 설명하고, 해석하는 명제나 논의의 유형들까지 정의한다. 그런 의미에서 예를 들어 주어진 의미 단위와 관련하여 코드가 형성하도록 허용하는 모든 가능한 판단들, 심지어 3·2에서 살펴볼 사실적 판단들까지 모두 해석소로 간주되어야 할 것이다.

2·7·3 무한한 세미오시스

여기에서 해석소 범주는 너무나도 방대하여 모든 것에 사용될 수 있고 따라서 아무 쓸모도 없는 것처럼 보일 수도 있다. 하지만 그것의 모호함은 이론적 순수함의 조건이자 동시에 힘이 된다.

해석소 범주의 풍요로움은, 어떻게 해서 의미화(그리고 커뮤니케이션)가 하나의 기호를 다른 기호들 또는 다른 기호 연쇄들과 연관시키는 계속적인 이동을 통해, 점근적(漸近的)

방식으로 문화적 단위들을 한정하면서도 절대로 그것들을 〈만지지〉 않고, 다른 문화적 단위들을 통해 거기에 실제로 접근할 수 있도록 해주는가를 보여 준다는 사실에서 나타난다. 그리하여 문화적 단위는 절대로 기호적 실체가 아닌 다른 것에 의해 대체되기를 요구하지 않으며, 따라서 플라톤적 실체나 물리적 현실로 설명되기를 요구하지 않는다. **세미오시스는 혼자서 스스로를 설명한다.**

이렇게 끊임없는 순환성은 의미화의 정상적 조건이며, 사물들을 지시하기 위한 커뮤니케이션 목적으로 기호들을 사용하도록 허용해 준다. 이런 상황이 이론적으로 불충분하다고 거부하는 것은, 인간이 의미하는 방식, 역사와 문화가 이루어지는 메커니즘, 세상을 정의함으로써 세상에서 활동하고 세상을 바꾸는 방식 자체가 무엇인가를 이해하지 못한다는 것을 의미할 뿐이다.

실제로는 해석소들을 〈만질〉 수 있다(말하자면 물리적 수단들로 문화적 단위의 존재를 검증할 수 있다). 문화적 단위들은 방법론적 추상화(抽象化)이지만, 〈물질화한〉 추상화이다. 문화는 끊임없이 기호를 다른 기호들로, 정의를 다른 정의들로, 단어를 도상들로, 도상을 실물 제시*ostension* 기호들로, 실물 제시 기호를 새로운 정의들로, 새로운 정의를 명제적 기능들로, 명제적 기능을 예시적인 발화체들로 옮기고 있다. 문화는 다른 문화적 단위들을 구성하는 문화적 단위들의 끊임없는 연쇄를 우리에게 제시한다.[7]

---

7 다른 한편으로 자연 언어의 작용을 논리학과 언어 철학에서 고려할 때마다, 해석소 관념은 어떤 형식으로든 언제나 나타난다. 카르납(1947)은 〈내포〉라는 말로 무엇을 뜻하는가를 설명할 때 〈속성〉과 관련하여 말한다. 속성들은 언어적 표현들도 아니고 감각적 자료들도 아니며, 어떤 사물의 객관적 속성으로 지각된다. 그렇지만 카르납은 속성이 단지 좁은 의미에서 질

그런 의미에서 문화적 단위들은 **물리적으로 우리의 손이 닿는 곳에** 있다고 말할 수 있다. 기호는 사회적 삶이 우리에게 활용할 수 있도록 제공하는 것으로서, 책들을 해석하는 이미지들, 정의들을 옮기는 단어들, 또는 그 반대의 것들 등이다. 일렬로 늘어선 군인들이 트럼펫 소리를 /차렷!/ 신호로 해석

적인 속성(파란, 따뜻한, 단단한 같은)뿐만 아니라, 양적인 속성(가령 5파운드의 무게처럼), 관계적 속성(누구의 아저씨), 시공적 속성(시카고의 북쪽)까지 뜻한다고 구체적으로 밝힌다. 그런 속성들은 우리가 〈문화적 단위들〉이라 부르는 것들과 매우 유사하며, 해석소들을 통하지 않으면 표현될 수 없는 것처럼 보인다. 실제로 카르납(1955)이 한 표현의 내포들을 결정할 수 있는 과학적 가능성을 설정하려고 노력할 때, 그리고 로봇으로 하여금 일련의 표현들을 이해하고, 어떤 술어 C를 대상 A에 적용하도록 (똑같은 대상에 대한, 사전에 수신된 내포적 기술 B를 토대로) 어떻게 가르칠 것인가의 문제를 제기할 때, 객관적 속성들에 대해 로봇이 받는 지침들의 유형은 (가) 시각적 이미지, (나) 언어적 기술, (다) 대상 자체에 대한 술어들로 구성된다. 그러므로 로봇은 단순한 동의어들이 아닌 해석소들을 통해 부양된다. 카르납의 작업에서 그런 문제가 그다지 분명하게 드러나지 않은 것은, 외연으로부터 완전히 분리된 것으로서의 내포라는 관념을 받아들일 수 없었기 때문이다. 그의 내포적 주장은 언제나 외연적 접근과 연결되어 있으며, 내포의 유일한 목표는 단어들이 세상의 어떤 대상들에 적용될 수 있는가를 설정하는 것이다(윈터Winter, 1973 참조). 그렇지만 카르납은 의미(그리고 표현)의 문제가 그 표현의 경험적 진리 조건, 그러니까 지시물의 존재나 부재와는 상관없다는 사실을 강조한다. 그의 로봇은 /유니콘/ 같은 실체에 대한 기술들도 받아들일 수 있다. 복합적인 술어들과 관련하여 보면 가령 HT(인간이고 6미터 높이의) 같은 술어는 속성을 표현하기 때문에 의미가 있다. 비록 그런 속성이 구체적인 적용 가능성을 갖지 않는 것처럼 보일지라도 말이다. 그렇게 가령 〈내포에 대한 테스트는 존재의 문제와는 상관없다〉는 주장에서, 〈한 술어의 내포는 그 술어가 가치 있게 해주는 대상들의 모든 가능한 유형들을 포괄하는 고유의 계열로 정의될 수 있다〉(1953: 3)와 같은 다른 주장으로 계속 넘어감으로써, 카르납은 지시적 의미론의 범위 안에서 해석소 이론을 받아들이기가 얼마나 어려운가를 보여 준다. 동시에 그런 사실은 퍼스의 해결책을 근본적으로 바꾸고, 해석소 이론을 통해 의미 체계와 코드들에 대한 구조적 이론과 지시적이지 않은 틀을 공준할 필요가 있음을 암시한다.

하는 의례적인 행동은 음악 기표에 의해 운반되는 문화적 단위(이 경우에는 명령)에 대한 정보를 제공한다. 군인들, 소리들, 책의 페이지들, 벽면의 색깔들, 이런 모든 〈에틱*etic*〉 실체들은 그것들이 끊임없이 되돌아가는 **물질적** 기표의 종류로서 물리적으로 확인될 수 있는 것들이다.

문화적 단위들은 그것들을 상호 등가의 것으로 만들어 주는 사회적 활동을 배경으로 재단되며, 바로 사회가 끊임없이 전개시키는 코드들의 그러한 등식, 문화의 실질을 이루는 형식들과 내용들 사이의 그러한 상호 관계의 **기호학적 공준들**이다.

문화적 단위들은 전혀 〈보이지〉 않지만 언제나 기호들의 공동 생산자에 의해 〈사용되며〉, 기호 이론에 의해서는 사용되지 않지만 눈에 **보인다.** 기호 이론은 그것을 의식하지 않는 사람에 의해서도 끊임없이 움직이는 그런 역량에 대한 학문일 뿐이다.

2·7·4 해석소와 코드 이론

해석소 개념을 코드 이론 안에서 제한하기 위해서는 해석소를 다음과 같은 세 가지 기호학적 범주와 동일시해야 한다.

(1) 한 기표의 의미. 그 의미는 다른 기표들을 통해서도 운반되는 문화적 단위로 이해되며, 따라서 의미론적으로 최초의 기표와는 상관없다 ─ 이 정의는 **동의어**로서 의미의 정의와 동일시된다.

(2) 문화적 단위가 더 작은 단위나 의미 표지들로 나뉘고, 따라서 고유 의미들의 혼합을 통해 다양한 맥락적 조합 안에 들어갈 수 있는 의미소로 제시되는 내포적 또는 성분 분석 ─ 이 정의는 **의미소의 성분적 재현**, 말하자면 카츠Katz와 포더Fodor(1963)에 의해 제안된 것과 같은 나무형 재현의 정의와

해석소를 동일시한다.

(3) 의미소의 성분 나무를 구성하는 각각의 의미 표지, 나름대로 다른 기표에 의해 재현되고 고유의 성분적 재현을 향해 열려 있는 의미 표지 또는 모든 단위 — 이러한 정의는 그레마스(1966a)에 의해 제시되었듯이 **〈의소〉 또는 의미 성분**과 해석소를 동일시한다.

2·8 의미 체계

2·8·1 내용의 대립들

그러나 문화적 단위는 단지 일련의 고유 해석소들을 통해서만은 확인될 수 없다. 그것은 그것과 대립하거나 둘러싸고 있는 다른 문화적 단위들의 체계 안에 **위치한** 것으로 정의되어야 한다. 문화적 단위는 단지 그것과 대립되는 다른 단위가 정의되는 경우에만 〈존재한다.〉 단지 문화적 단위들 체계의 다양한 요소들 사이의 관계만이 각 용어에서 다른 용어들에 의해 운반된 것을 이끌어 낸다.

이렇게 의미를 순수한 위치적 가치로 해결하는 것은 옐름

	Baum	arbre
trae		
	Holz	bois
skov		
	Wald	forêt

도표 8

슬레우(1943)의 고전적 예에서 아주 잘 정의된다.

여기에서 알 수 있듯이 프랑스어 단어 /arbre/는 독일어 단어 /Baum/과 똑같은 의미 영역을 포괄하지만, 프랑스어 단어 /bois/는 독일어 /Holz/에 의해 운반되는 것과 함께, 독일 사람들이 /Wald/라 부르는 것의 일부를 의미하기 위해 사용된다. 마찬가지로 프랑스인들은 나무들의 소규모 집단(/bois/)과 좀 더 큰 집단(/forêt/) 사이를 구별하고, 독일인들은 현재로는 하나 또는 그 이상의 의미를 구성하는지 알 수 없는 것에 대해 단 하나의 기표만을 갖는다.

도표 8은 〈관념〉이나 심리적 실체들과는 아무런 상관이 없으며, 대상이나 지시물과도 아무런 상관이 없다. 단지 **체계에 의해 나타나는 순수한 가치들**이 개입할 뿐이다. 그 가치들은 우리가 문화적 단위라 부르는 것으로 확인될 수 있지만, 순수한 차이들과 관련하여 정의될 수도 있다. 그것들은 내포적 관계로 정의될 수 없고, 체계의 다른 단위들과의 대립 및 체계 안에서 차지하는 위치의 관계로 정의될 수 있다. 음운 체계에서 음소들의 경우처럼 우리는 이진법으로 기술 가능한 일련의 선택들을 갖게 된다. 따라서 옐름슬레우의 예에서 가령 다음과 같이 텅 빈 도식은 **내용의 형식**을 나타내며, 〔Baum〕, 〔Holz〕, 〔bois〕 같은 단위들은 **내용의 실질**을 나타낸다.[8]

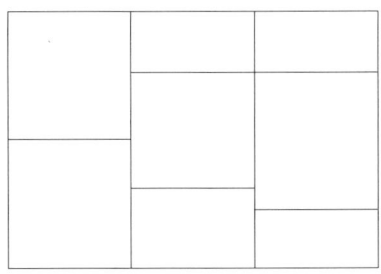

표현의 형식과 관련하여 우리는 가령 〔b〕, 〔p〕, 〔d〕, 〔t〕 같은 네 가지 발음을 갖고 있다고 가정해 보자. 그것들은 〈에틱 *etic*적으로〉 도표 9처럼 생성될 수 있을 것이다.

하지만 도표 9의 모태는 상이한 구체적 사례들에 대해 네 가지 유형을 제공한다.

이 두 가지 예(의미적 예와 통사적 예)의 차이는 이런 것이다. 표현 형식에 대한 연구에서 음소들 사이의 구조적 한계들은 고도로 발전된 표현 형식 이론에 의해 정확하게 정의되지만, 내용 형식에 대한 연구에서 의미적 한계들은 여전히 매우 모호하다.

순음(脣音)	b	p
치음(齒音)	d	t
	유성음	무성음

도표 9

영어 /*wood*/는 프랑스어 /*bois*/와 똑같은 의미 공간을 포괄하는 것처럼 보인다(둘 다 나무들의 소규모 집단이나 나무로 만들어진 물건을 가리키기 때문이다). 하지만 영어에서는 /*timber*/처럼 가공할 수 있는 재료로서의 나무를 구별하는데, 프랑스어에서는 그런 구별을 하지 않는다. 또한 영어는 가령 /*a walk in the woods*/(여기에서 복수는 숲 속으로의 산책이

---

8 〔*Baum*〕, 〔*Holz*〕 등을 사선이 아닌 〔 〕 안에 쓴 것은, 이 경우 단어들이 아니라 체계에 의해 제공되는 의미적 실체들(이것들은 형식을 실현하는 실질들이다)이 공간을 채우기 때문이다.

라는 것을 명백히 밝혀 준다) 같은 문장에서 [숲]과 [목재] 사이의 차이에 상응하는 구별을 하지 않는 반면 독일어는 [작은 숲]으로서의 /*Wald*/와 [큰 숲]으로서의 /*Wald*/, 말하자면 /*kleiner Wald*/와 /*grosser Wald*/ 또는 /*Wälchen*/을 구별하지 않는 것처럼 보인다. 결과적으로 똑같은 현상으로 유럽인은 [부드러운 눈[雪]]과 [녹은 눈]이라 말하면서 동일한 문화적 실체의 두 가지 상이한 〈상태들〉을 가리키는 반면, 널리 알려져 있듯이 에스키모 사람들은 그런 차이에서 두 가지 상이한 실체 사이의 대립을 본다 — 더구나 유럽인은 [눈], [얼음], [물] 사이를 구별하는데, 그 세 가지 모두 세 가지 상이한 상태의 H_2O일지라도 그렇다.

그러므로 표현 체계의 학문들에 의해 증명된 능력과, 내용 체계의 학문들에 의해 지금까지 드러난 능력 사이에는 상당한 단절이 있다. 예를 들어 모든 언어에서 활용되는 음소들의 제한된 수는 엄격하고 한정된 모델들을 만들 수 있도록 허용한다. 심지어 요즘에는 가령 부차 언어적 체계처럼 좀 더 부정확한 체계들의 수준에서도 전에는 분석할 수 없는 현상들로 간주되었던 공간을 더욱 축소함으로써 형식적인 체계를 정의할 수 있게 되었다(트래거, 1964; 세보크, 베이트슨Bateson, 하예스Hayes, 1964 등 참조). 또한 통사의 표면적 구조들에만 국한되는 연구들도 표현의 우주를 최대한 형식화하고 있다.

이와는 반대로 내용 형식의 문제는 활발하게 연구되지 않은 상태로 남아 있고, 그래서 많은 학자들이 언어학(그리고 당연히 다른 기호학적 학문들)은 의미에 대해 전혀 할 말이 없다고 생각할 정도이다. 차라리 표현과 구체적인 지시물 사이의 관계, 또는 표현과 그 사용 조건 사이의 관계를 직접 다루기를 선호하기도 하였다.

2·8·2 하위 체계, 영역, 축

구조 의미론은 최초로 내용 형식의 체계를 세워 보려는 야심적인 임무를 제안하였다. 거기에서 내용은 문화가 하위 체계들, 영역들, 축들을 구별하는 우주로 간주되었다(기로 Guiraud, 1955; 그레마스, 1966; 토도로프, 1966c; 울만 Ullmann, 1962; 라이언스, 1963 참조).[9]

그리고 사전 편집자들의 작업은 인류학자들의 작업과 결합되었는데, 인류학자들은 색깔들의 영역이나 친족 관계들처럼 고도로 조직된 문화적 단위들의 일부 체계를 확인해 냈다(콩클린Conklin, 1955; 구드노프Goodenough, 1956).

마지막으로 좀 더 최근의 연구들은 대상들의 이름에 상응하지 않는 단위들, 말하자면 공범주적 용어들의 내용들에 대해 의미 영역과 축들을 세울 수 있음을 증명하였다. 아프레지앙Apresjian(1962)은 지적 성질, 색깔, 또는 친족 관계 사이의 구조적 관계들을 확인하였을 뿐만 아니라, 똑같은 〈분야〉 내부에서의 상이한 작용들을 가리키는 단어들(예를 들어

---

9 언어의 모든 용어가 일련의 연상을 유발할 수 있다는 것은 이미 오래 전부터 증명되었다. 소쉬르는 /*enseignement*/ 같은 용어를 예로 들었는데, 그것은 한편으로는 /*einsegner, einsegnons*/ 등의 연쇄를 연상시키고, 다른 한편으로는 /*apprentissage, éducation*/ 등의 연쇄, 또 다른 한편으로는 /*changement, armément*/ 등의 연쇄, 그리고 마지막으로 /*clément, justement*/ 등의 연쇄를 연상시킨다. 하지만 그것은 아직 구조화된 영역들이 아니라, 오히려 순수한 음성적 유사성, 문화적 분류의 상동성, 어근(語根)의 어휘에 다양한 형태소들을 결합시킬 수 있는 가능성에 의한 연상들이다. 좀 더 일관적인 노력은 트리어Trier(1923)에 의해 구조화된 의미 영역들의 구축으로 이루어졌는데, 거기에서 한 개념의 가치는, 인접된 개념들이 그 개념에 부여하는 한계들에 의존한다 — 가령 13세기에 *Wisheit*(현명함), *Kunst*(예술), *List*(기교) 같은 용어들에서 그런 일이 일어났다.

충고하다, 보장하다, 설득하다, 알리다 등은 모두 정보의 전달과 관련된다) 또는 대명사들의 내용을 대립적으로 위치시키는 영역들을 확인하였다.

예를 들면 공범주적 용어들의 내용에 대하여 중요한 분석들을 제시하는 리치Leech(1968)의 연구들을 보기 바란다.[10]

물론 구조 의미론은 일종의 **총체적 의미 공간**(또는 옐름슬레우의 의미에서 **내용의 형식**)을 세우려고 계획한다.

하지만 하나의 연구 가설을 이루는 그런 계획은 두 가지 장애물과 충돌한다. 첫째 장애물은 순수하게 경험적인 것이고, 둘째 장애물은 기호 과정들의 성격 자체에 있는 듯하다.

첫째, 지금까지 이루어진 연구들은 제한된 하위 체계들(가령 색깔들, 식물 분류들, 기상학적 용어들)을 한정하는 데 성공하였다. 그런데 일반적인 조사를 통해 어느 주어진 문화의 일반적 조직에 상응하는 전체 의미 공간을 기술할 수 있을지는 알 수 없다.

둘째로 의미 영역들의 삶은 음운 체계들의 삶보다 훨씬 더 짧아 보인다. 음운 체계들의 조직은 종종 한 언어의 전체 역사 과정에서 아주 오랫동안 변화하지 않는다. 그런데 의미

---

10 카츠(1972)는 단지 논리적 소사(小辭, particle)들뿐만 아니라 논리적 어휘에도 관심을 기울인다고 말한다. 의미 이론의 기능은 어떻게 또 무엇 때문에 〔소크라테스는 인간이다, 그러므로 소크라테스는 남자다〕가 타당한 추론을 생산하는가를 증명하는 것이다. 하지만 반대로 의미 이론의 임무는 바로 논리적 소사들도 어휘 항목들로 간주되어야 한다는 것을 증명하는 것이라고 덧붙여야 하리라. 카츠는 말한다. 〈이런 개념의 밑바닥에 있는 관념은 발화체의 논리적 형식이 그 의미, 즉 그 통사적 성분들 사이의 문법적 관계들 및 그 논리적 요소들의 의미들에 의해 구성적으로 결정되는 것으로서의 의미와 동일하다는 것이다〉(1972, xxiv). 이 주장을 다음과 같이 바꾸어 말해야 할 것이다. 발화체의 논리적 형식은, 그 통사적 성분들 사이의 관계들이 포함된 논리적 요소들의 의미에 의해 구성적으로 결정되는 것으로서의 의미와 동일하다고 말이다.

영역들은 어느 주어진 문화의 단위들에 형식을 부여하고 결국에는 세계에 대한 어느 정해진 조직(또는 견해)을 형성한다. 그러므로 문화화, 인식에 대한 비판적 수정, 가치들의 위기 등의 현상들에 종속된다.

만약 의미 체계들에 대해서도 소쉬르의 장기판 은유를 받아들인다면, 장기말 하나의 움직임은 게임의 전체 모습을 바꾼다. 따라서 문화의 발전 과정에서 /기술/이라는 용어가 통상적인 것과 다른 내용의 분야를 운반하는 것만으로도 /예술/이라는 용어에서 고유의 의미적 특권들 중 많은 것을 빼앗기에 충분하다.

2·8·3 의미 영역들을 나누기

의미 영역이 어떻게 한 문화의 세계관을 드러내는가를 이해하기 위해 유럽 문화에서 색깔들의 스펙트럼을 분석하여 밀리미크론으로 표현되는 파장들을 서로 다른 문화적 단위들로 형성하는 방식을 검토해 보자.

a.	빨강	800~650$m\mu$
b.	주황	640~590$m\mu$
c.	노랑	580~550$m\mu$
d.	초록	540~490$m\mu$
e.	파랑	480~460$m\mu$
f.	남색	450~440$m\mu$
g.	보라	430~390$m\mu$

순진한 최초 해석으로 파장들은 지시물, 말하자면 색깔 이름들이 지시하는 경험의 대상을 구성한다고 주장할 수 있을 것이다. 하지만 우리가 알고 있듯이 색깔은 시각적 경험을

토대로 명명된 것이며, 그것을 과학적 경험이 나중에 파장으로 옮긴 것이다. 그런데 구별되지 않은 파장들의 연속체가 〈현실〉을 구성한다고 가정해 보자. 어쨌든 과학은 그 현실을 **적절화한** 다음에야 인식한다. 연속체 안에서 일부 부분들이 재단되고(나중에 보겠지만 자의적으로), 따라서 파장 d(540에서 490밀리미크론까지의)는 하나의 문화적 단위를 형성하고, 거기에 하나의 이름이 부여된다. 또한 그런 식으로 과학은 순진한 경험이 이미 나름대로의 방식으로 재단하여 /초록/이라는 이름을 부여한 단위를 파장과 관련하여 정당화하기 위해 그 연속체를 재단한 것이다.

경험을 토대로 이루어진 나누기는 아마도 생존의 요구들에 의해 강요되었다는 의미에서 자의적인 것이 아니었다. 황갈색 털의 동물들이 살고, 또 다양한 진홍색 꽃들만 자라는 불그스레한 모래사막에 사는 주민들은 아마 우리가 /빨강/이라 부르는 연속체의 부분을 아주 섬세하게 나눌 수밖에 없었을 것이다. 하지만 이런 논의 자체는 나누기가 〈일정한 방식으로〉 자의적이라는 것을 증명한다. 서로 다른 민족들은 똑같은 지각적 연속체를 서로 다른 방식으로 나누기 때문이다.

우리가 /파랑/이라 부르는 연속체의 부분에 대하여 러시아 문화는 /*goluboj*/와 /*sinij*/로 명명된 두 가지 실체를 알고 있다. 반면에 그리스 로마 문명에서는 아마 우리가 구별하듯이 〔파랑〕과 〔녹색〕 사이를 구별하지 않았고, 따라서 연속체의 부분 d~e 전체를 /*glaucus*/나 /*caerulus*/로 지명한 듯하다.

그러므로 경험은 연속체를 재단하고, 일부 단위들을 적절한 것으로 만들고, 다른 것들은 순수한 변수들로 간주하는데, 그것은 바로 언어에서 두 가지 음운 유형 사이의 한계를 설정하고 특이한 변화들을 선택적인 것으로 간주하는 것과 마찬가지이다. 따라서 일상적인 지각 행동에서 밝은 파랑과 어두운 파랑의 색조를 구별하는 것은 선택적인 변수이다. 하지만 고도의 색깔 감수성을 가진 어느 화가는 640에서 590밀리미크론까지의 연속체 부분을 단 하나의 문화적 단위로 뭉뚱그리는 일반적인 나누기를 조잡한 것으로 생각하고, 610에서 6백 밀리미크론까지의 한 단위(문화적이거나 지각적 경험의 단위)를 구별하여 거기에다 하나의 정확한 이름을 부여함으로써 2·14에서 과잉 코드화라고 정의할 과정들을 토대로 전 문화된 하위 코드에 의존할 수도 있다.

여기에서 자연스럽게 대두하는 질문은, 그 화가에게는 그가 알아보는 문화적 단위들 각각에 대하여 구별된 〈현실들〉이 존재하는가 하는 것이다. 색깔들의 경우 대답은 간단하다. 이렇게 말하는 것으로 충분하기 때문이다. 실제적인 요구들이 화가로 하여금 최대한 섬세하게 지각하도록 이끌고, 그의 나누기 작업은 그런 자신의 요구들을 〈체계화하고〉, 또한 그 순간부터 적절히 나뉜 문화적 단위들은 그로 하여금 그런 색조의 차이들을 〈현실적으로〉 구성된 것으로 지각하게 만든다고 말이다. 그리고 색조의 차이들은 〈질료적으로〉 연속체의 객관적 존재를 토대로 하며, 다만 질료적 연속체에 가해진 문화적 작업에 의해 단위로서 설정된다.

마찬가지로 프랑스어와 이탈리아어의 비교에서 다음과 같은 영역 나누기의 차이가 관찰되기 때문에, 이탈리아 사람은 두 가지로 보고 프랑스 사람은 단 하나로 보는 두 가지 〈사물〉이 존재한다고 말해야 하는가, 또는 단순히 프랑스 사람들이 두 가지 상이한 〈사물〉에 단 하나의 이름을 부여한다고 말해야 하는가의 질문에 대한 대답도 간단하다.

$$[bois] \begin{cases} [legno(나무)] \\ [bosco(숲)] \end{cases}$$

대답은 이렇다. 분명히 프랑스 사람은 땔감 나무에 대해 말하는지 또는 **풀밭 위에서의 식사**를 준비할 숲에 대해 말하는지 아주 잘 알고 있으며, 따라서 동음이의어의 순수하게 어휘적인 문제에 너무 놀랄 필요가 없다고 말이다.

하지만 다음과 같은 경우들에는 말하기가 좀 더 어려워진다. 혹시 일상적인 언어 사용의 수준에서 이탈리아 사람은 영국 사람들이 /monkey/와 /ape/ 사이에 부여하는 차이들을 깨닫는지〔이탈리아 사람들은 거의 본능적으로 /scimmie(원숭이)/라 말하고, 기껏해야 /ape/가 아주 클 경우 /scimmione(커다란 원숭이)/라고 지적한다〕, 혹시 교양 없는 이탈리아 사람은 다른 사람의 결점에 대한 검토로서의 /critica(비판)/와 문학 텍스트에 대해 찬양하는 해석으로서의 /critica(비평)/ 사이의 차이를 깨닫는지, 혹시 이탈리아 사람(또는 고전 라틴 사람)은 영국 사람들이 /mouse/와 /rat/로 구별하는 두 가지 상이한 동물을 정말로 알아보는지〔이탈리아 사람들은 대개 /topo(생쥐)/라고 말하며, 단지 〈생쥐〉가 정말로 크고 화자가 상당히 교양 있을 경우에만 /ratto(집쥐)/라고, 아니 차라리 /topo di chiavica(시궁쥐)/라고 말한다〕, 또는 일상적인 언어뿐만 아니라 심지어 상속권을 규정하는 법률 조항도〔누이의 남편〕으로서의 /cognato/와〔아내의 형제〕로서의 /cognato/ 사이를 구별하는지〔많은 민족에서 친족 연속체의 그 부분이 더욱 복잡한 관계들을 기록할 정도로 자세하게 나뉘는 반면, 이탈리아 사람들은 /cugino(조카)/ 또는 /nipote(조카, 손자)/ 같은 용어들을 매우 방만하게 사용한다〕 등에 대한 질문이 그렇다.

여기에서 우리는 여러 시대의 **인식소**(認識素, *episteme*) (푸코, 1966)에 상응하는 우주 나누기의 문제에 직면하며, 결과적으로 소위 사피어Sapir-워프Whorf 가설에 의해 제기되는 문제와 직면하게 되는데, 거기에 의하면 한 언어의 어휘 목록뿐만 아니라 통사 구조 자체도 주어진 문화의 고유 세계관을 결정한다.

그것은 기호 외적인 문제이며 지각의 심리학적 역량의 문제라고 말할 수는 없다. 차라리 이렇게 말해야 할 것이다. 주어진 문화 안에는 분석적 섬세함의 상이한 수준들에서 조직되는 의미 영역들이 공존하며, 그렇기 때문에 이탈리아에서도 교양 없는 사람은 〔생쥐〕라 부르고 또 사실 일반적으로 그렇게 지각하는 반면, 동물학자는 좀 더 세분화된 내용의 체계, 말하자면 언어 코드를 갖고 있기 때문에 각자 특별한 속성과 기능들을 갖춘 다양하고 구체적인 〈대상들〉을 알아본다고 말이다.

일반적인 화자가 단 하나의 용어와 단 하나의 문화적 단위를 활용하고, 그럼에도 불구하고 일정한 질료적 필요들을 토대로 똑같은 단위에서 보다 덜 선택적으로 보이는 변수들을 구별해 내기 시작할 경우(가령 시궁쥐들이 위험한 전염병을 옮긴다는 사실을 깨달은 누군가가, 별로 걱정할 필요 없는 집 안의 작은 생쥐들과 잡아서 죽여야 할 시궁쥐 사이를 구별하기 시작하는 경우처럼), 우리는 **코드의 변화** 과정(이것은 기호 생산 이론에 속한다)을 목격하게 되는데, 그에 따라 일반적인 의미 영역은 더 이상의 나누기 과정을 거치게 된다 (3·7 참조).

그러므로 삶의 구체적인 물질적 조건들, 지각에서 실현되는 경험 단위들, 상응하는 문화적 단위들, 그것들을 외시하는 의미적 형식들이 주어질 경우, 우리는 물질적 조건들이 경험 단위들의 구성을 결정하고, 이를 토대로 문화적 단위들을 형성하고 나중에 거기에다 이름을 부여한다고 생각해야 하는지, 아니면 물질적 조건들이 나중에 우리의 지각 방식 등을 결정하는 문화적 단위들로 경험을 나누기 위해 이름을 만들도록 부추기는지 질문하지 말자. 차라리 이렇게 주장하는 것이 신중할 것이다. 어떠한 경우든 **세계관, 한 문화가 고유의 의미 단위들을 적절화하는 방식, 그리고 그 의미 단위들을 명명하고 〈해석〉하는 기표들의 체계 사이에는 상당히 밀접하고 또한 여러 방향으로의 상호 작용이 존재한다**고 말이다. 코드 변화의 과정이 일어나는 것은, 그런 상호 작용이 자연스러운 것으로 받아들여지고 비판적 수정 과정을 거칠 때이다.

이것은 어느 주어진 문화에서 일정한 방식으로 조직된 의미 영역이 해체되기 시작하여 다르게 조직된 영역에 자리를 내주는 경우이다. 그런데 여기에서 그런 〈수비 교대〉는 후유증 없이 일어나기가 어려우며, 더욱이 보완적이거나 심지어 모순적인 의미 영역들이 오랜 기간 동안 공존하기 쉽다. 그런 현상은 때로는 혼란들의 원천이 되고,[11] 때로는 논쟁의 원

---

11 전형적인 예는 기원후 2세기에 아울루스 겔리우스Aulus Gellius가 『아티케 야화Noctes Atticae』(II, 26)에서 색깔들에 대해 일련의 정의를 내리는 데에서 찾아볼 수 있다. 예를 들어 그는 /rufus/(이것은 〔빨강〕으로 번역할 수 있을 것이다)라는 용어를 불, 피, 황금, 사프란 꽃과 연관시킨다. 그는 용어 /xanthós/ = 〔황금 색깔〕은 빨간색의 변화라고 주장한다. /kirrós/도 마찬가지이다(이것은 라틴 문헌학이 재구성하는 해석소들의 연쇄 속에서 우리의 〈노랑-오렌지색〉에 해당하는 것으로 이해되어야 할 것이다). 게다가 그는 /flavus/(우리는 이것이 황금, 곡물, 테베레 강물의 색깔과도 연관된 것으로 보는 데 익숙해졌다)나 /fulvus/(습관적으로 이것은 사자 갈기의 색깔이다)도 빨간색의 또 다른 이름으로 이해한다. 하지만 아울루스 겔리우스는 독수리, 토파즈, 모래, 황금도 /fulvus/라 말하면서도 /fulvus/를 〈빨강, 녹색, 흰색의 혼합〉이라 정의하고 그것을 바다와 올리브 나뭇잎의 색깔과 연관시킨다. 마지막으로 그가 주장하는 바에 의하면 베르길리우스Vergilius는 말

천이 되고, 때로는 심지어 창조적 자극들의 원천이 되기도 한다. 문화적 구분들이자 동시에 부류의 구분들은 거의 언제나 그런 현상을 특징으로 한다. 실제로 값이 싼 〈연어의 캐비아〉를 /캐비아/라 부르는 것(또 그렇게 맛보는 것), 또는 샤랑트Charente 지방이 아닌 곳에서 생산된 브랜디를 /코냑/이라 부르며 제공하는 것, /스푸만테Spumante(거품 나는 포도주)/를 단순히 /샴페인/에 대한 다른 이름이라고 생각하는 것 등은 모두 하위 계층에 속하는 사람들을 특징짓는 생각과 행동, 지각 방식이다.

따라서 결론적으로 이렇게 주장할 수 있다. (가) 어느 주어진 문화 안에는 보완적이거나 모순적인 의미 영역들이 공존할 수 있다. (나) 동일한 문화 안에 하나의 동일한 문화적 단위는 상이한 의미 영역들의 일부를 이룰 수 있다(〔고래〕 같은 문화적 단위는 역사적으로 상이한 의미 영역들 안에서 상이한 위치를 차지하였으며 — 한때는 물고기로 분류되었고 또 다른 때는 젖먹이 동물로 분류되었다 — 때로는 동시에 두 가지 영역 모두에 속하면서도 두 가지 의미화가 완전히 배치되지 않을 수도 있다). (다) 문화 내부에서 하나의 의미

〔馬〕의 〈녹색을 띤〉 색깔을 정의하기 위하여 일반적으로 하늘의 색깔과 연관되는 용어인 /caerulus/를 사용하였다고 한다. 이 라틴어 텍스트에서 충격적으로 보이는 극도의 혼란은, 아마 아울루스 겔리우스의 색깔 영역이 우리의 영역과는 다르다는 사실뿐만 아니라, 기원후 2세기의 라틴 문화에는 다른 문화들의 영향으로 인해 대안적인 색깔 영역들이 공존하고 있었다는 사실에서 기인하는 듯하다. 바로 여기에서 여러 시대 작가들의 인용에서 이끌어 낸 질료를 엄격한 영역으로 구성할 수 없었던 아울루스 겔리우스의 당혹스러움이 나타난다. 보다시피 그가 하늘, 바다, 또는 말 앞에서 느낄 수 있었던 〈현실적인〉 경험은 여기에서 주어진 문화적 단위들에 의존함으로써 중재되었고, 그의 세계관은 그가 활용할 수 있었던 문화적 단위들(그리고 해당 이름들)에 의해 결정되었던 것이다(상당히 일관적이지 않은 방식으로).

영역은 〈해체되고〉 새로운 영역으로 재구성될 수 있다.

(가)와 (나)는 코드 이론의 주제이기 때문에 2·8·4에서 다룰 것이다. 하지만 그것들은 기호 생산 이론, 특히 담론의 수사학적 및 이데올로기적 처리 문제에 직접적인 영향을 줄 수도 있다. 그런 사례는 3·9에서 다시 다룰 것이다.

하지만 (다)는 단지 기호 생산 이론의 일부가 되는 코드의 변화 이론과 관련되므로 3·8·5에서 다룰 것이다.

2·8·4 모순적인 의미 영역들

모순적인 의미 영역들의 예로 하나의 의미 축을 형성하는 대립적 쌍인 **반대말** 문제를 고려해 보자.

라이언스(1968)는 반대말을 세 가지 유형으로 분류한다. (1) 보완적 반대말(〈남자 대 여자〉처럼), (2) 고유한 의미에서의 반대말(〈작다 대 크다〉처럼), (3) 역방향의 *converse* 반대말(〈사다 대 팔다〉처럼). 그런데 카츠(1972)는 반대말들을 이렇게 나눈다. (가) 모순적 반대말(〈죽음 대 불멸〉처럼), (나) 대립적 반대말(〈더 높은 대 더 낮은〉처럼), (다) 역방향 반대말(〈남편 대 아내〉, 〈사다 대 팔다〉처럼. 이것은 라이언스의 역방향 반대말과 마찬가지로 능동에서 수동으로의 통사적 전환을 함의하며 논리적 함의를 허용한다).

그렇지만 이런 다양한 유형의 반대말들은 아주 피상적으로 살펴보아도 다음과 같은 사실이 드러난다.

1) 똑같은 용어가 하나 이상의 의미 축 안에 들어갈 경우 상이한 관계들을 맺을 수 있다([독신남]은 [독신녀]의 대립적 반대말이지만, [결혼한 남자]의 대립적 반대말도 되며, 또한 [결혼한 남자/여자]는 [독신녀]의 반대말이 될 수 있기 때문에, 두 대립적 반대말 사이에 일종의 중재가 형성된다. 만약 논리적으로 말해 그런 중재가 불가능해 보인다면, 독신

남과 독신녀는 결혼할 권리가 있기 때문에 두 가지 의미 단위가 대립 관계를 맺게 되는 수사학적 상황을 상상하는 것이 어렵지 않다.

2) 똑같은 용어가 관점에 따라 무차별적으로 대립, 모순, 역방향의 관계를 맺을 수 있다. 말하자면 가령 [풍요로운 사회에서 모든 가난한 자는 부자가 될 가능성을 갖고 있다]는 전제가 주어질 경우, 가난한 자와 부자 사이의 관계는 대립 관계로 제시되지만, 만약 전제가 [자본주의 사회에서 부(富)는 프롤레타리아트에게서 착취한 잉여 가치에서 탄생하므로, 한 사람의 부는 다른 사람의 가난함의 결과이다]라고 한다면, 부자와 가난한 자 사이의 관계는 남편과 아내의 관계처럼 역방향이 된다. 마지막으로 세 번째 전제, 아마도 가장 혁명적인 전제로서 [가난함과 부는 섭리에 의해 정해진 조건이다]라고 말한다면, 부자와 가난한 자 사이의 관계는 모순적 성격을 띠게 된다.

만약 〈사다 대 팔다〉를 [갖고 있는 것을 팔고 필요한 것을 산다]는 수사학적 전제에 비추어 고려해 본다면, [사다], [팔다], [소유하다], [필요하다] 사이의 관계는 비록 논리적으로 부적절한 방식이지만 다음과 같은 전통적인 논리 사각형의 형식을 띨 수 있을 것이다.

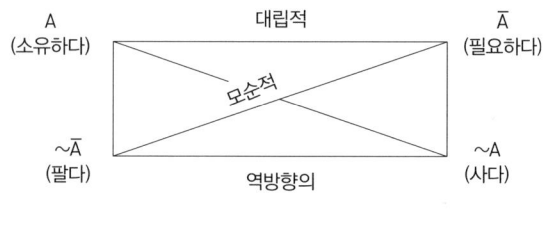

도표 12

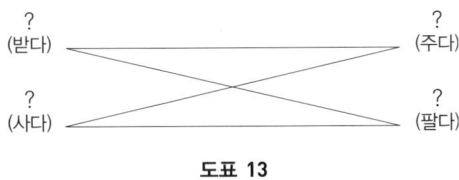

도표 13

하지만 [사는 사람은 무엇인가를 받고 파는 사람은 무엇인가를 준다]는 수사학적 전제를 받아들인다면, 이 사각형은 도표 13에서 암시되는 형식을 띠게 된다.

여기에서 [받다]와 [주다]는 더 이상 대립적이지 않고 [사다]와 [팔다]처럼 역방향이 된다. 만약 사고 받은(또는 팔고 준) 〈무엇〉이 상품과 관련된다면, [주다] 대 [사다]와 [받다] 대 [팔다]는 모순적인 것이 된다. 하지만 첫 번째 경우에서 그 무엇은 상품과 관련되고, 두 번째 경우에는 일정액의 돈이 되며, 따라서 무엇-상품을 팔면서 동시에 무엇-돈을 받는 것이 가능하다.

실제로 자연 언어에서 문화적 단위들은 형식적으로 단일한 의미의 실체가 되는 경우가 드물고, 오히려 종종 오늘날 자연 언어의 논리학에서 〈퍼지 개념 *fuzzy concepts*〉(레이코프, 1972)이라 부르는 것이 된다.

내용 체계에 대한 연구가 퍼지 개념과 관련된다는 사실은 많은 주의를 요한다. 무엇보다 먼저 의미 체계의 단위들은 다의(多義)적 성격으로, 말하자면 여러 가지 〈해석들〉을 향해 열려 있는 의미소들로 분석되어야 한다.[12] 그러므로 의미

---

12 2·11·1에서 보겠지만 이와 비슷한 문제들은 성분 분석에 의해 밝혀지는데, 그 덕분에 가령 동사 /사다/는 n-자리의 술어로 특징지을 수 있다 [C(A, O, P, C, S……)]. 말하자면 한 **행위자(A)**는, 어떤 필요를 해결할 의도

체계의 조직은 많은 낙관적 이론들이 부여했던 투명하고 기하학적인 구조를 상실한다. **총체적 의미 체계**의 내적인 모순성(그 위에 기호 생산과 코드 변화의 변증법이 세워진다)에 대해서는 2·13에서 논의될 것이다.

2·8·5 의미 체계의 방법론적 모습

의미 영역들의 이런 모순적 성격은 혹시 은밀하게 은폐된 채 남아 있을 위험이 있는 인식론적 문제를 해결하는 데 도움을 주어야 한다.

문제는 **의미 영역들이 〈현실적으로〉 존재하는가** 하는 것이다. 이것은 어떤 표현의 내용을 〈이해하는〉 언어 사용자의 정신 속에, 의미 영역에 해당하는 무엇이 있는가를 질문하는 것과 같다. 그런데 코드 이론은 사람들의 정신 속에서 일어나는 것과는 아무런 상관이 없기 때문에, **의미 영역들은 단지 추정상의 문화적 구조들이자 기호학자에 의해 제시되는 그런 구조의 모델들에 불과한 것으로 간주되어야 한다.** 하지만 다음과 같은 점들을 추가로 밝히는 것이 좋을 것이다. (가) 의미는 문화적 단위이다. (나) 그 단위는 어느 특정 문화 안에서 주어진 것으로 그 해석소들의 연쇄를 통해 확인된다. (다) 특정 문화에서 기호들에 대한 연구는 의미 체계들 내부에서의 위치 및 대립과 관련하여 해석소들의 가치를 정의하도록 허용한다. (라) 그런 체계들을 공준함으로써 의미들의 존재 조건을 설명할 수 있다. (마) 그런 방법을 따르면 일정량의 의미 영역들 및 그것들을 기표들의 체계와 상호 관계시킬 규칙들을 갖춘 로봇을 만드는 것이 가능하다. (바) **총체적 의미 체계**에 대

(P)로, 어떤 대상(O)을 받는데, 반대 행위자(C)에게서 그것을 받고, 그 대신 돈이라는 도구(S)를 제공한다 등의 사실이 밝혀질 것이다.

한 기술(세계관을 형성하는 체계, 그러므로 주변적인 현상들까지 상호 연결된 총체적인 세계관은 끊임없이 바뀌기 때문에 불가능한 작업이다)이 없는 상태에서 의미 영역들은 정해진 메시지들을 연구할 목적으로 정해진 대립들을 설명하는 데 유용한 도구로서 **공준**되어야 한다.

이런 관찰들은 분명히 의미의 보편적이고 불변의 구조들을 조금도 의혹의 여지 없이 밝히려는 많은 구조 의미론의 주장을 문제 삼는다.

이와 관련하여 좀 더 신중한 결론은 그레마스(1970)가 바로 〈구조 의미론〉이라는 제목의 논문에서 내린 결론처럼 보인다. 〈의미 구조란 사회적 또는 개인적 성격(문화 또는 개성)의 다양한 의미 우주들 — 주어진 것이나 단순히 가능한 — 의 일반적인 조직 형식으로 이해되어야 한다. 의미 구조가 의미 우주에 함축되는지, 또는 메타언어적 구성이 주어진 의미 우주를 고려하는지 알고 싶어 하는 문제는 적절하지 않은 것으로 간주될 수 있다.〉

2·9 의미 표지들과 의미소

2·9·1 외시적 표지와 함축적 표지

이제 우리는 이런 질문에 대답할 수 있다. 기표의 의미는 무엇인가? 또는 기호 기능의 〈내용〉이라는 기능소는 어떻게 정의되는가?

의미는 의미 체계 안에서 구체적인 〈장소〉에 〈위치하는〉 의미적 단위이다. 하지만 기표 /개/의 의미는 주어진 하위 의미 체계 안에서 다른 의미소들과 대립되는 것으로서의 의미소 〔개〕로 이해할 위험이 있다. 하지만 무슨 하위 체계란 말인가? 동물들을 조직하는 체계인가? 아니면 생물들을 조직하는 체계인가? 아니면 육식 동물들? 아니면 젖먹이 동물들? 만약 이런 질문에 대답한다면 부가적인 문제가 발생한다. 무엇 때문에 〔개〕는 〔캥거루〕가 아니라, 가령 〔고양이〕와 대립되어야 하는가? 곧바로 알 수 있듯이 이것은 야콥슨(야콥슨과 할레Halle, 1956)이 무엇 때문에 음소는 다른 음소와 대립되는 것으로 간주되어야 하는가를 질문하면서 제기한 것과 똑같은 문제이다. 그 당시 최소의 대립적 실체로서 음소에 대한 정의는 결정적으로 위기를 맞이하였고, 변별적 특성들의 꾸러미로서의 음소에 대한 정의로 바뀌게 되었다. 그렇다면 위치들과 대립들의 체계는 그런 변별적 특성들과 관련되는 것이지, 그것들의 현존 또는 부재의 결과로 나타나는 음소와 관련되는 것은 아니다.

그러므로 기본적인 특성들의 내적인 그물 자체는 의미소들 사이의 차이를 통제해야 한다. 따라서 기표는 주어진 의미 영역 안에서 주어진 위치를 운반한다고 말하는 것이 편리한 정의가 된다. 왜냐하면 기표는 오히려 (1) 동일한 의미 영역의 내부에서 위치들의 그물, (2) 서로 다른 의미 영역들의 내부에서 위치들의 그물과 연관되어야 하기 때문이다.

그런 위치들은 의미소의 **의미 표지**marker들을 형성하며, 그 표지들은 외시적이거나 함축적인 것이 될 수 있다.

우리가 **외시적** 표지들이라 부를 표지들의 총합(또는 계층)은, 기표가 일차적으로 상응하고 또한 이어지는 함축들의 토대가 되는 문화적 단위를 형성하고 확인한다.

역으로 이전에 형성된 기호 기능에 의해 표현되는 하나 또는 그 이상의 문화적 단위들의 형성에 기여하는 표지들을 **함축적** 표지라고 부르자. 2·3에서 외시 및 함축과 관련하여 지적하였듯이, 외시적 표지들이 함축적 표지들과 구별되는 것은, 단지 함축이 이전의 외시를 토대로 해야 하기 때문이다. 외시적 표지들이 보다 더 안정적이기 때문에 함축적 표지들과 구별되는 것은 아니다. 외시적 표지도 그것을 설정하는 코드처럼 순간적일 수 있다(매일 암호문을 바꾸는 비밀 요원들은 그것을 잘 안다). 반면에 함축적 표지가 안정적으로 사회적 관습 속에 뿌리내리고, 그 토대가 되는 외시만큼 오래 지속될 수도 있다.

그러므로 외시적 표지들과 함축적 표지들을 구별하는 데에는 다음과 같은 형식적인 정의로 충분할 것이다. (1) 외시적 표지는, 코드가 **이전의 중재 없이** 기표와 상응하는 의미 영역 안에서 차지하는 위치들 중 하나이다. (2) 내포적 표지는, 코드가 기호 기능과 새로운 의미적 실체 사이의 상호 관계를 설정하면서 **이전의 외시적 표지의 중재를 통해** 기표와 상응하는 의미 영역 안에서 차지하는 위치들 중 하나이다.

그렇지만 이러한 정의는(코드 이론의 관점이나 기호 생산 이론의 관점에서 볼 때) 불충분한 것으로 보일 수도 있다. 종종 외시적 표지와 함축적 표지를 구별하기 어렵기 때문이다. 기표 /개/는 물리적 속성들이나 동물학적 특성들의 총합 덕분에 주어진 동물을 외시하고, 또한 다른 무엇보다도 〔충실함〕 같은 의미적 실체들을 함축한다고 쉽게 가정할 수 있다. 하지만 〔가축〕이라는 표지에 대해서는 어떻게 말해야 하는가? 2·10·2에서 백과사전으로서의 의미소 문제를 논의할 때 그런 어려움을 부분적으로 밝힐 것이다. 현재로서는 코드 이론의 범위 안에서 외시적 표지와 함축적 표지 사이에 뚜렷한 구별을 해야 한다고 말하는 것으로 충분하다.

하나의 잠정적인 해결책은 기호 생산 이론(여기서는 지시물의 개념에 의존하는 것이 허용된다)으로 넘어가면 다음과 같이 경험적 형태로 주어질 수 있다.

(가) 외시는 주어진 의미소의 문화적 단위 또는 의미적 속성인데, 그것은 동시에 그것의 가능한 지시물에 대해 문화적으로 인정된 속성이기도 하다. (나) 함축은 주어진 의미소의 문화적 단위 또는 의미적 속성인데, 그것은 이전의 외시에 의해 운반되며, 또한 그것의 가능한 지시물에 대해 문화적으로 인정된 속성에 필연적으로 상응할 필요도 없다.

이러한 두 가지 정의에 의하면 무엇 때문에 제1장의 수문 모델에서 AB는 〔위험 수위〕를 외시하고, 〔배수〕 또는 〔홍수〕를 함축하는지 이해할 수 있다. 〔위험 수위〕는 현실적인 것으로 추정되는 물의 상태에 상응하는 문화적 단위이다. 반대로 〔배수〕는 추정되는 지시물의 속성이 아니라, 추정되는 지시물에 상응하는 내용의 중재를 통해 나타나는 의미이다.

여기에서 가령 명령어(/이리 와!/)나 공범주어들(/-에서/ 또는 /그렇지만/)처럼 객관적인 지시물을 예상하지 않는 기표들의 외시를 어떻게 정의할 것인가에 대한 문제가 발생한다. 바로 여기에서 우리가 제안한 구별, 즉 어떠한 경우든 구체적인 지시 작업이 확인되는 기호 생산 이론의 범위 안에서만 타당한 구별을 상당히 **특별하게**ad hoc 고찰해야 하는지 그 이유를 알 수 있다. 그러니까 현재로서는 기표와 연관되기 위해 어떠한 이전의 중재도 요구하지 않는 표지로서의 외시에 대한 정의를 따라야 할 것이다. 이에 대해서는 이렇게 반박할 수 있다. /개/의 경우 〔육식 동물〕은 의심할 바 없이 외시적 표지이지만, 그것은 이전의 표지, 말하자면 〔젖먹이 동물〕에 의존한다고 말이다. 하지만 실제로 〔젖먹이 동물〕은 표현되지 않은 채로 남아 있을 수 있는데, 그것은 잉여성의 원칙에 따라 〔육식 동물〕에 의해 의미적으로 함의되기 때문이다. 반면 〔충실함〕은 〔개〕를 함의하지 않으며, 따라서 후자는 전자를 **중재**한다.

그러므로 이전 표지의 중재 없이 기표가 관련되는 표지는 외시적이다. 다만 그 표지 자체가 잉여성의 원칙에 따라, 해당 문화 안에서 강하게 구조화된 계층화를 토대로 **전체에 대한 부분**pars pro toto, **종**(種)**에 대한 유**(類)species pro genus와 같이 본질적인 관계를 통해 의미적으로 함의하는 표지들은 제외된다.

어쨌든 앞의 논의에서 분명해져야 하는 것은, 여기 사용되는 용어들에서 외시는 외연과 똑같지 않다는 것이다. 마찬가지로 함축은 내포와 똑같은 것이 아니다. 외연과 내포는 진리 가치 이론의 범주(기호 생산 이론의 일부)인 데 비해 외시와 함축은 코드 이론의 범주이다. 비록 다른 철학적 맥락에서 그렇게 동일시되더라도(여기에서는 부정하지만) 그렇다. 그러므로 여기에서 외시는 대상이 아니라 의미적 속성으로 이해되어야 한다. 대상과 관련되는 기호에 대해 말할 때에는 외시가 아니라 **지시** 또는 **언급**이라 말할 것이다. 외시는 표현의 내용이고, 함축은 기호 기능의 내용이다.

2·9·2 고유 이름들과 순수하게 통사적인 실체들의 외시

의미소의 성분 이론으로 넘어가기 전에 고유 이름들 및 명백하게 어떤 내용과도 상호 관계되지 않은 통사 체계의 기표들은 외시(그리고 함축)를 갖지 않는다는 반박을 해결할 필요가 있다. 이 문제가 밝혀져야 하는 이유는, 논리학 문헌에서 종종 고유 이름들은 외시되는 것denotatum, 말하자면 외연을 갖지 않는다고 말하는 반면, 코드 이론에서는 외시를 갖기 위해 표현이 좀 더 기본적인 의미 단위들로 분석 가능한 내용과 상호 관계되는 것으로 충분하기 때문이다.

사람들의 고유 이름과 관련될 경우 그 해결책은 백과사전으로서의 의미소 개념(2·10·2 참조)에 비추어 볼 때 좀 더 분명해 보인다. 만약 의미소의 재현이 어느 문화적 단위에다 주어진 문화 안에서 일관적으로 부여되는 모든 속성들을 부여한다면, 어느 고유 이름에 상응하는 단위보다 그 모든 세부 사항에서 제도적으로 더 잘 기술되는 것은 없을 것이다. 이는 무엇보다도 역사적 인물들의 이름과 관련될 때 나타난다. 모든 백과사전은 문화적 단위 /로베스피에르Robespierre/를 확인하기 위해 알아야 할 모든 본질적인 것을 우리에게 말해 준다. 그 문화적 단위는 아주 구체적이고 상이한 문화들에 의해 공유되는 의미 영역 안에 위치한다(최소한 외시와 관련되는 한 그렇다. 가령 헝가리에서만 긍정적인 함축들을 부여받는 /아틸라Attila/의 경우처럼 함축들은 변할 수 있다). 의미소〔나폴레옹 보나파르트〕는 아주 구체적인 표지들에 의해 기술되기 때문에, 우리는 2·5·3에서 제시한 /나폴레옹은 코끼리이다/라는 발화체가 우스꽝스럽다는 것을 알 수 있다.

하지만 가령 /마리오 필리베르토 로시/처럼 그가 살고 있는 곳의 시청 호적 사무소에서만 만족스러운 기술을 찾을 수 있는, 유명하지 않은 인물들의 이름에 대해서도 똑같이 말할 수 있다. 호적부는 먼저 문화적 단위(호적부상의 실체)를 관계들 및 대립의 영역 안에 위치시키고(**~의 아들, ~의 형제, ~의 아버지**), 그런 다음 좀 더 분석적인 표지들을 부여한다(**~에서 태어나고, 직업은~**). 가령 /루치아가 누구야?/라는 질문에 대답할 때에도, 우리는 호적부를 통속적으로 표현할 뿐이다(**파올로의 딸이야, 자코모의 누이야** 등). 그리고 한 아가씨를 손가락으로 가리키며 /저기 저 여자야/ 하고 대답한다면, 우리는 더 이상 의미 분석의 작업을 설명하는 것이 아니라,

다른 유형의 분석을 요구하는 지시 행위(3·3 참조)를 하는 것이 된다. 혹시 누가 루치아인지를 알고 싶을 때, 그 개념을 이미 알고 있는 의미 단위에 상응하는 이름을 구체적인 대상과 연관시키고자 하더라도 그렇다(말하자면 앞에 있는 사람들 중에서 누가 파올로의 딸인지 알고 싶은 경우가 그렇다).

마지막으로 /루치아/나 /나폴레옹/이 많은 개인들을 외시할 수 있다는 반박은(그중에는 심지어 코끼리도 있다) 여기에서 제안된 해결책을 깨뜨리지 못한다. 그 경우 단순히 대상의 이름들에서도 확인되는 동음이의어이기 때문이다. 사람 이름들의 우주는 단지 동음이의어의 경우들이 넘치는 우주일 뿐이다. 바로 그런 이유 때문에 각 문화는 잉여성의 규칙들을 만들면서, 가령 파올로의 루치아, 나폴레옹 1세, 존 애서배니펄 스미스 등의 사람 이름을 짓거나, 또는 아민토레 판파니 또는 펠레그리노 로시처럼 동음이의어의 위험을 줄여 주는 이름을 선택하기도 한다.

다른 한편으로 **공범주어들**에도 동음이의어들이 넘친다. /to be/의 /to/는 /to you/의 /to/와 똑같지 않다. /andare a Roma/(로마에 가다)/의 /a/는 /andare a vapore/(물거품이 되다)/의 /a/와 똑같지 않다. 맥락은 이런 경우들의 모호함을 없애 주는 데 활용된다. 마찬가지로 맥락은 /cane/라는 표현이 동물에 대한 이탈리아어 이름인지, 아니면 라틴어 명령어인지를 밝혀 주는 데 활용된다〔/cane Nero/!(개 네로, 이탈리아어; 노래하라, 네로여, 라틴어)/처럼 흥미로운 경우는 단지 좀 더 방대한 맥락이나 상황에 대한 지적들을 요구한다〕.

호적부 같은 기록도 없거나 호적부 기록을 찾을 수 없는, 모르는 사람들의 고유 이름의 경우가 있다(허구적인 인물들의 이름도 여기에 해당한다). 그런 경우 사람들에게 부여할 수 있는 이름으로 특징짓고(/조반니/는 의심할 바 없이 〔인간〕의 표지와 〔남성〕의 표지를 갖는다), 나머지에 대해서는 논리학자들이 〈열린 발화체에서 수량화되지 않은 x〉라고 부르는 것으로 제시하는 일반적인 통사적 기술을 특정한 표현들에게 부여하는 방대한 **이름 목록**도 코드의 일부를 이루는 것으로 추정된다.

기호 해석 과정에서는 그 기호들 앞에서 마치 전혀 들어 보지 못한 표현(가령 /아스코르브산/ 또는 /디메틸카치오카발피라졸론/ 같은 표현) 앞에서 그런 것처럼 행동하는데, 어떤 화자라도 어쨌든 그것을 〔화학적 성분〕으로 확인할 수 있다. 그러므로 만약 /조반니는 디메틸카치오카발피라졸론을 증류하고 있다/는 말을 들으면, 우리는 최소한 〔어떤 남자가 화학적 합성물을 만들고 있다〕는 것을 이해한다. 비록 그 명제가 **거짓**인지, 또한 /디메틸카치오카발피라졸론/이라는 이름에 〈지시적 지표〉가 없지 않은가 의심하더라도 그렇다.

또한 만약 내포적 의미에 대해 관심이 있다면, 〈미안한데 그 디메틸카치오카발피라졸론을 설명해 주겠니?〉 하고 요구할 것이다. 반대로 만약 외연적 의미에 대해 관심이 있다면, 〈네가 사용한 표현에 상응하는 대상이나 세상의 상태를 보여 주겠니?〉 하고 요구할 것이다(그럼으로써 우리는 기호 생산과 기호의 지시적 사용 이론의 범위로 이동하게 된다).

마지막으로 명백한 의미적 〈두께〉 없이 순수하게 통사적이라고 일컫는 기호 체계들의 문제가 있다. 전형적인 것은 음악의 경우이다. 그것은 다음과 같은 그래픽 기호의 의미가 무엇인가를 정의하는 문제가 아니라는 점을 주의하기 바란다.

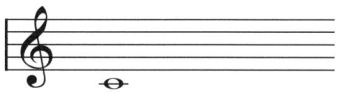

이 기표는 음계들 체계에서의 한 위치를 외시한다. 즉 수학적 가치들과 오실로그래프 또는 스펙트로그래프 측정치들을 해석소로 갖는 소리 사건들의 한 부류를 외시한다.

그런데 문제는 **무엇**을 외시하는가, 그리고 **혹시** 가령 트럼펫에서 나올 수 있는 것으로서의 소리 대상 //도//를 외시하는가 하는 것이다. 이와 관련하여 통사적 체계의 기표들은 그 해석소들을 확인할 수 있는 범위에서 외시를 갖는다고 말해야 한다. 따라서 가운데 옥타브의 〈도〉 음계, 또는 트럼펫에서 나오는 〈도〉 음계는 다양한 조옮김들을 통해서도 유지될 정도로 음악 체계의 한 위치를 외시한다. 물리적 신호 //도//는 다음과 같은 기표에 의해서나,

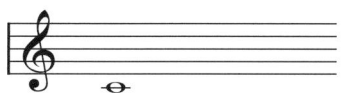

또는 다음과 같은 기표에 의해 해석되더라도 변화하지 않는 음악 체계의 위치를 외시한다고 말할 수 있다.

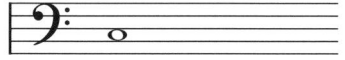

사실 소위 〈절대 음감(音感)〉이라 일컫는 희귀한 경우들을 제외하면 음악가는 //도//를 확인하기 위하여 그것을 다른

2___코드 이론

어떤 음계와의 관계 속에서, 그러니까 체계 속의 위치로 들어 보아야 한다.

옐름슬레우는 **기호학적 체계들**과 **상징적 체계들** 사이를 구별하면서 이런 결론을 앞당겨서 논박하였다고 이의를 제기할 수 있을 것이다. 바꾸어 말해 게임들, 대수, 형식 논리학 같은 상징적 체계들은 표현의 형식이 내용의 형식과 일치하는 체계이다. 따라서 그것들은 일치하기 때문에 **단면적인** 체계들이며, 반면 언어(그리고 기호학적 체계들)는 **양면적이고 일치하지 않는다**. 정확하게 그런 식으로 해석된 것은 아니지만 그렇게 해석될 수도 있다. 옐름슬레우는 기호의 현존 증거는 표현에 내용이 부여될 수 있다는 사실에 있지 않고, 내용이 표현에 일치하지 않는다는 사실에 있다고 생각한다.

여기에서 우리는 이렇게 대답할 수 있다. 우리는 단순히 옐름슬레우의 입장을 뒤집고 있다고, 말하자면 **기호성의 증거는 한 표현에 내용을 부여할 가능성에 있는 것이지, 두 단면이 일치하느냐 또는 그렇지 않느냐에 있지 않다**고 주장한다고 말이다. 하지만 이런 주장의 이유를 밝힐 필요가 있다.

위에 인용된 구절에서 옐름슬레우는 〈상징적〉 체계들이 **동형적**(同形的) **상징들**, 다시 말하자면 수난의 상징인 토르발센 Thorvaldsen의 그리스도, 또는 공산주의의 상징인 낫과 망치 같은 표장(標章)들 또는 형상화들과 비슷하다고 말한다. 바꾸어 말해 여기에서 옐름슬레우는 **소위 〈도상〉 기호들을 특징짓는, 재현하는 것과 재현되는 것 사이의 동형성**에 대해 말하고 있으며, 따라서 기호 체계들에서 상당수의 시각적 체계들을 배제한다. 그런 까닭에 우리는 좀 더 포괄적인 정의를 따르고자 한다. 3·4·9에서, 그리고 3·6 전반에 걸쳐 옐름슬레우가 상징적 체계들이라 부르는 것이 **어려운 관계**ratio difficilis

를 통해 그 단위들을 생산할 수 있는 체계들이라는 것을 살펴볼 것이며, 그 자리에서 **명백하게 단면적인** 체계들의 기호학적 타당성 문제가 해결될 것이다.

마지막으로 단면적 체계들에 대한 정의가 근본적인 수정에 얼마나 열려 있는가 하는 것은, 옐름슬레우가 그런 체계들 사이에 체스 같은 게임들까지 분류하였다는 사실에 의해 증명된다. 그런데 체스에서는 체스 판 위의 말 두 개 사이의 관계는 그것들이 운반하는 내용의 관계에 전혀 **일치**하지 않는다는 것이 분명하다. 실제로 가령 흑색 퀸과 백색 비숍 사이에 두 가지 상호 위치가 부여될 경우(게임의 다른 모든 말들의 위치와 상호 관계될 가능성과 함께), 그 관계에 의해 표현되는 내용은 거기에 수반되는 모든 가능한 움직임들, 말하자면 대안적 해결책들의 연쇄에 의해 주어진다. 한마디로 말하자면 **그 시점 이후** 게임의 전략적 운명 전체에 의해 주어진다. 그러므로 두 말 사이의 관계는 단지 그 자체만 **외시한다고** 인정하더라도, 그것은 분명히 **그것이 대신하는** 예상 가능한 전체 움직임들을 **함축한다**고 말할 수 있을 것이다. 이것은 그 체계를 **양면적인** 것으로 만든다.

또한 어느 주어진 말은 (다른 말들과의 관계 속에서) **게임을 하는 두 사람 각자에게 상이한 가능성들을 함축하고**, 따라서 진정하고 고유한 기호 기능, 또는 좀 더 정확히 말해 두 가지 상이한 기호 기능을 설정하는 단 하나의 표현 요소가 나타난다고 덧붙일 수 있다.

그런데 음악적 연쇄로 돌아가면 어느 주어진 상황은 바로 상이한 기대들을 자극하기 때문에 상이한 결과들을 예고하고 또한 가능하게 만들며, 따라서 음악은 모든 표현 상황이 상이한 해석들을 향해 열려 있고, 그리하여 상이한 해석소들을 갖는 체계로 제시된다는 사실을 주목할 수 있다. 이것은 음악을 **양면적이고 일치하지 않는** 조건 속에 위치시킨다.

2·9·3 코드와 조합 규칙들

기호 기능은 그 자체로서 정의될 수도 있고, 또한 상이한 맥락들 안에서 고유의 조합 가능성들과 관련하여 정의될 수도 있다.

언뜻 보면 코드 이론은 기호 기능을 그 자체로 고려해야 하는 것처럼 보일 것이다. 왜냐하면 적당한 맥락 속에 집어넣는 것은 기호 생산의 주제이기 때문이다. 하지만 기호의 생산은 오로지 코드에 의해 마련되는 규칙들 덕택에 가능하며(특히 맥락들을 생산할 경우에), 코드는 종종 단지 상호 관계의 규칙으로서뿐만 아니라 조합 규칙들의 총체로서 이해된다(바꾸어 말하자면 코드는 역량으로, 그러니까 단지 어휘가 아니라 문법, 즉 어휘와 통사를 동시에 고려하는 문법으로 간주된다).

그러므로 /*Giovanni ha triste*(조반니는 갖고 있다 슬픈)/ 같은 표현을 받아들일 수 없다는 사실은 코드에 의존**해야** 한다.

물론 기호 생산과 해석의 실천 과정은 /*Giovanni ha triste*/를 정당화할 만한 맥락 속에 집어넣음으로써 허용 가능한 것으로 만들 수 있다(시적인 맥락을 생산하여, 가령 〈녹색의 색깔 없는 관념들이 광포하게 잠자고 있다〉는 사실을 의미적으로 받아들일 수 있게 만드는 것처럼). 하지만 어쨌든 코드가 단지 /갖다/와 /슬픈/ 같은 표현들의 내용만을 고정하면서, 그것들의 조합 가능성에 대한 지시들을 제공하지 않는다고 말하는 것은 지나치게 축소하는 것이리라.

그러므로 (앞에서 그랬던 것처럼) 코드를 이중적 실체, 즉 한편으로는 의미적 상호 관계들을 설정하고 다른 한편으로는 통사적 조합 가능성 규칙들을 설정하는 이중적 실체로 이해할 필요가 있다.

어쨌든 **그 자체로서의 기호 기능**과 **조합 가능한 단위로서의 기호 기능** 사이의 구별은 코드 안에서의 이분법을 함의하지 않는다고 생각한다.[13]

실제로 코드는 다음 두 가지를 제공한다. (1) 기호 기능이 모든 맥락과 상관없이 고유의 양면적 성격으로 이해될 수 있도록 기호 기능에 대한 엄격한 기술을 제공하고, (2) 기호 기능이 고유의 기능소들 모두에서 다른 기호 기능들과 함께 혼합될 수 있는 매듭 지점들까지 예상할 수 있는 가장 풍부한 정의를 제공한다. 그런 의미에서 코드는 그 자체로 독립적인 조합 규칙들의 개념을 피할 수 있다. 왜냐하면 조합 규칙들은 이미 기호 기능의 코드화된 재현의 일부이기 때문이다.

그러니까 [사랑하다] 같은 의미소의 재현에서는 그것이

---

13 필모어(1971)에 의하면, 생성 문법(그러니까 의미소들의 구성 요소들을 고정하는 것으로서의 코드)의 일부분으로 간주되는 어휘는 무엇보다도 각 어휘 항목에 대해 다음과 같은 것들을 명백히 밝혀 주어야 한다. (가) 그 항목이 들어갈 수 있는 통사적 맥락의 심층 구조 성격, (나) 문법 규칙들이 민감하게 반응하는 그 항목의 속성들, (다) 만약 그 항목이 〈술어〉로 사용될 수 있다면, 요구할 수 있는 〈논항(論項, argument)들〉의 수, (라) 그 항목이 술어로 사용된다면 지시하기 위해 사용될 수 있는 상황에서 각 논항이 수행하는 역할, (마) 그 항목의 사용을 위한 전제들, 또는 〈행복의 조건들〉, 말하자면 그 항목이 적당히 사용될 수 있도록 충족되어야 하는 조건들 등이다. 보다시피 의미적 재현은 그 자체로써 조합 규칙들 전체를 해결해야 한다. 가령 /주세페는 트럭의 아들이다/ 같은 표현은 (수사학적 사용을 제외하면) 의미상 비정상으로 판단된다. 왜냐하면 /아들/의 의미적 재현에서는 일종의 두 자리 술어[$P(x, y)$]로 공준되어야 하고, 거기에서 x나 y는 가령 [+인간 및 +남성]으로 특징지어야 하기 때문이다.

타동사라는 것을 명시하는 V(x, y) 같은 통사적 표지, 그리고 최소한 〔행위(주체+인간, 대상±인간)〕 같은 복합적인 의미 표지가 나타나야 하며, 반면에 의미소 〔먹다〕는 〔행위(주체+인간, 대상−인간+유기물)〕라는 표지를 가져야 한다고 가정할 수 있다. 단지 이런 조건에서만 /조반니는 할아버지를 먹었다/는 의미상 비정상으로 보일 수 있지만(아니면 인간들까지 음식으로 분류되는 상이한 문화적 맥락을 참조할 수 있다), 통사적으로는 옳은 것으로 보인다.

기호 기능은 함축들의 추가 상승 과정에서 하나 이상의 코드 또는 하위 코드에 의해 조절될 수 있기 때문에 각 코드는 고유의 조합적 매듭들을 포함시킨다. 언어처럼 복잡한 유형의 사회적 역량에 대해 말할 때에는 단 하나의 코드를 생각하지 말고 상호 연결된 코드들의 체계를 생각해야 한다. 다만 그러한 기호 기능들의 체계들의 체계를 〈언어〉라 부르는 것을 허용할 수 있는데, 다만 그 용어를 은유적 방만함의 위험 없이 다른 유형의 코드들에도 적용할 수 있다면 그렇다.

언어는 기표들을 의미와 결합시키는 데에만 머무르지 않고 담론의 규칙들(그것은 통사적 유형의 단순한 조합 규칙들 이상의 것이다)도 제공하기 때문에, 하나의 코드가 아니라고 말하기도 한다(뒤크로, 1972). 실제로 그런 반박은 화용론적 문제들을 자연 언어들의 의미론의 일부로 간주하려는 것을 목적으로 한다. 그러므로 언어의 규칙들이 전제들, 말하자면 명백하게 표현에 의해 운반되지 않는 내용의 모든 부분들을 확인할 방법까지 제공하는 것은 당연하다. 뒤크로의 주장에 따르자면 코드는 직접적인 정보를 제공해야 하는 반면 언어는 전제들, 즉 말하는 것을 이해하는 데 필수적이며 이미 알려진 것을 운반하는 데에도 활용되어야 한다. 그런데 우리가 주장하였듯이, 좀 더 넓은 의미에서의 코드는 대상들에 대하여 말하는 것(범주어들과 연결된 지시 및 정보 전달 기능)을 허용해야 할 뿐만 아니라, 수신자를 움직여서(범주어들의 정해진 함축들이나 범주적이지 않은 표현들의 의미화 능력과 연결된 **명령적** 및 **정서적** 기능들) 질문을 하고 접촉할 수 있도록(공범주어들의 전형적인 기능) 허용해야 한다. 하지만 그럴 경우 코드는 뒤크로가 언어에 부여하는 모든 기능들을 갖게 되며, 언어는 코드 이상의 무엇이 될 것이다(코드를 단지 순수하게 지시적인 목적으로 정보의 매우 제한된 일부분을 전달할 가능성을 제공하는 장치로 이해한다면 그렇다).

다음 항들에서 어떻게 코드(여기에서 이해하는 대로의 코드)가, 의미소들의 재현에서 조합적 매듭들로 포함되는 맥락 및 상황의 선택들을 통해, 운반된 내용에 의해 추론 가능한 부분으로서가 아니라 **내용의 운반에 필요한 조건**으로서 많은 전제들을 제시하는가를 살펴볼 것이다.

2·9·4 성분 분석의 요건들

앞에서 기호 기능에 대해 내린 정의(그 자체로서의 정의와 조합 가능성에서의 정의)를 고려해 보면, 표현의 단면은 하나의 특권적 신분을 갖고 있다는 것을 깨닫게 된다. 즉 모든 표현 단위는 고유의 조합 가능성들과는 상관없이 정의될 뿐만 아니라 기능소의 물질적 성질과 관련해서도 그 자체로서 정의될 수 있다.

단어 /*cane*(개)/ 또는 해변의 빨간 깃발 같은 표현은 그것들의 분절적 형성소로 분석될 수 있다. 즉 /*cane*/에 대해서는 음소(각각 구별적 특성들의 다발로 형성되는) 네 개로, 깃발에 대해서는 기하학적 형식(유클리드적 요소들의 분절에서 나타나는)과 색깔(주어진 스펙트럼 구성에서 나타나는)로 분석될 수 있다. 이러한 물리적 속성들(또는 표현의 표지들)은 표현이 그 자체로 사용되는 경우에도, 말하자면 기능소로서 다른 기능소와 상호 관계되지 않은 경우에도 그대로 남아 있다. 그것들은 **신호의 구조적 속성들**이다.

그리고 만약 그 조합 가능성에서 고찰한다면, 표현은 **남성**, **단수**, **동사** 등과 같은 통사적 지표들을 얻게 된다. 그것들은 그 자체로서 기능소의 **문법적 속성들**이다. 널리 알려져 있듯이 그것들은 똑같은 유형의 의미 표지들에 상응하거나 상응하지 않을 수 있지만, 그럴 경우에는 순수한 **메타언어적 동음이의어**라고 말해야 한다. 문법적으로 말하자면 독일어 /Sonne/(태양)/는 여성이며, 이탈리아어 /Sole/(태양)/는 남성인데, 어쨌든 두 표현 모두 성적 표지가 없는 의미 단위를 운반한다.[14]

그렇다면 기호 기능의 분석에 중요한 것으로 고려되어야 하는 유일한 표지들은 그 자체로 기능소에 속하는 표지들이다. 또는 최소한 다음에 이어지는 논의에서 우리는 단지 그런 표지들만 고려할 것이다. 그런데 신호의 구조적 표지들은 발화체의 생산에 필요한 물리적 〈작업〉까지 고려하는 기호 생산 이론의 목적에서도 중요하다(3·1 참조).

그렇다면 이제 기호 기능에 대한 최초의 분석적 모델을 시

---

14 독일 사람에게 /Sonne/는 일정한 함축들을 유발하는 반면 이탈리아 사람에게 /Sole/는 다른 함축들을 유발한다는 사실은, 종종 일부 통사적 표지들이 잠재적인 의미적 표지들을 〈반영〉할 수 있다는 것을 말해 줄 뿐이다. 이탈리아 사람들은 대상이나 동물들에 대해 성적인 의미 표지들을 반영하는 습관이 있는 반면, 영국 사람들은 /il treno/(기차)/는 남성이 되어야 하고 /la locomotiva/(기관차)/는 여성이 되어야 한다고 생각하지 않는다. 하지만 여기에서는 바로 통사적 표지들을 의미적인 것으로 만드는 의인화(擬人化)의 수사학적 과정과 관련될 뿐이다.

도해 볼 수 있을 것이다.

(1) 기표는, 비록 의미적으로 비정상적이지만 문법적으로는 받아들일 수 있고 잘 형성된 문장을 생산하며(가령 /기차가 아기를 해산하였다/처럼) 또한 의미적 관점에서는 의미가 있을 다른 문장들[가령 /je est un autre(나는 타자이다)/처럼]을 받아들일 수 없는 것으로 결정할 수 있도록,[15] 다른 기표들과의 조합을 허용하는 일부 통사적 표지들(**단수, 남성, 동사** 등)을 **소유한다.**

(2) 의미소로서의 의미는 계층적으로 조직될 수 있는 상이한 유형의 의미 표지들에 **의해 형성된다**. 그 표지들의 일부는 (메타언어적 동음이의어를 통해) 통사적 표지들에 상응할 수도 있고 상응하지 않을 수도 있다(따라서 /기차가 아기를 해산하였다/고 말하는 것은 의미적으로 비정상이다. 왜냐하

---

15 통사적 수용 가능성과 의미적 수용 가능성 사이의 이러한 차이는 변형 문법의 초기 발전 단계에서는 드러나지 않았으나 생성 문법에서 분명하게 드러났다. 예를 들어 매콜리McCawley(1971)는 만약 누군가 /내 칫솔은 살아 있고 나를 죽이려고 한다/는 문장(분명 통사적 관점에서는 올바르고, 의미적 관점에서는 비정상적인 문장)을 말한다면, 그를 언어학 과정 대신 정신과 의사에게 보낸다고 지적한다. 또한 통사적 표지들은 맥락 안에서 표현의 올바른 조합을 허용해야 한다고 말할 때, 코드가 예를 들면 **명사구 한정사 + 명사(+형용사)**를 설정하는 일반적 규칙을 따로 포함한다는 것을 암시하지는 않는다. 가령 /집/이라는 표현의 통사적 재현은 다음과 같은 것을 설정하는 것으로 충분하다.

$$N + F\ (+D-,\ \pm -A-)$$

여기에서 N은 **명사**, F는 **여성**, D는 **한정 관사**, A는 **형용사**를 대신하고, -는 해당 어휘 항목이 정의된 실체의 앞 또는 뒤에 삽입되어야 하는지를 밝혀 준다. 자연히 N+F의 단순한 통사적 표지는 잉여성의 규칙에 따라 조합적 기술의 나머지를 암시할 수 있다. 여기에서 명사구 = D + N (+A)이라는 일반적 규칙은 통계적 추상화일 뿐이다.

면 /기차/는 동음이의어 통사적 표지에 상응하는 것처럼 보이는 [단수]의 의미 표지를 갖고 있지만, [생명 없는]이라는 표지도 갖고 있으며, 통사적 등가도 없고, 또한 동사 /해산하다/와 연결되는 [생명 있는]이라는 표지와 혼합되지 않기 때문이다).

(3) 어떤 의미 표지도 혼자서 기호 기능을 실현하지 못한다. 코드는 의미적 표지들의 총체를 통사적 표지들의 총체와 결합시키며, 그 두 총체는 모두 분리할 수 없는 일체로서 작용한다. 그러므로 코드는 대부분 **표지를 표지에다** 결합시키지 않으며, 따라서 두 기능소의 성분들 사이에는 상동성이 없으므로 〈자의적〉 상호 관계라고 말할 수 있다.[16]

그러므로 어느 주어진 기표의 의미(또는 표현 단위에 의해 운반되는 의미소)에 대한 도식적인 재현은 다음과 같은 것이 되어야 할 것이다.

$$/s/ \longrightarrow ms \longrightarrow [S] \longrightarrow d_1, d_2, d_3 \longrightarrow c_1, c_2, c_3 \cdots\cdots$$

여기에서 /s/는 기표, ms는 통사 표지들, [S]는 /s/에 의

---

16 물론 위에서 말한 것은 소위 〈도상적〉 기호들, 즉 표현의 각 측면이 유사성으로 인해 내용의 측면에 상응하는 것처럼 보이는 기호들의 존재에 의해 위기에 처할 수도 있다. 이런 문제에 대한 해결은 3·5와 3·6에서 시도될 것이다. 자의적이라고 인정되는 기호들에 대해서는 극단적인 주장이 있는데(데 마우로, 1968: 3·4·19 및 3·4·27), 그에 의하면 음운 체계의 성분들은 확인할 수 있는 반면 내용의 체계는 어휘소들과 등가인 〈하위 의소〉로 일컫는 더 작은 단위들로 분해될 수 있는 소위 〈어휘적 본체들noemes〉을 소유하지만, 과학적 체계들처럼 매우 특이한 경우들을 제외하고는 주목할 만한 다른 기호학적 성분들이 확인되지 않는다. 기능소들 사이에서 표지 대 표지의 상응을 부정하는 것이 필연적으로 의미소들의 내적 분절을 부정하는 것으로 인도하지는 않는다고 생각한다.

해 운반되는 의미소, d와 c는 그 의미소를 구성하는 외시들과 함축들이다.

그러나 한 의미소의 재현이 그렇게 단순하다 할지라도(현재로서는 그렇다고 인정하자), 의미 성분들의 성격과 관련하여 다양한 문제들이 발생할 것이다.

의미소는 다소 제한되어 있고 다소 선적(線的)인 성분들의 총체에 의해 구성되기 때문에, 여기에서 발생하는 문제들은 다음과 같다. (가) 그 성분들이 확인될 수 있는가, (나) 〈의미적 보편들〉의 제한된 총체를 구성하는가, (다) 그 이상의 성분 분석을 요구하지 않는 이론적 구성물들인가, 아니면 사전에 의해 경험적으로 주어지는 구성물들, 말하자면 단어들, 정의들, 언어적(또는 다른 기호 체계들에 속하는) 대상물들인가, (라) 마지막으로 그 성분들의 상호 연결은 의미소와 그 의미소가 맥락 속에 삽입될 수 있는 방식(말하자면 의미가 맥락적으로 명료화될 수 있는 방식)을 정의하는 데 충분한가 등이다.

2·9·5 성분 분석의 몇 가지 예들

앞항의 (1)과 관련하여 옐름슬레우(1943)는 이미 제한된 숫자의 **형상들**, 말하자면 보편적인 조합적 특성들을 활용함으로써 무한한 숫자의 내용 실체들을 기술할 수 있는 가능성을 제안하였다. 그러므로 가령 〔양〕, 〔돼지〕, 〔수컷〕, 〔암컷〕의 네 가지 기본적 표지가 주어질 경우, 〔숫양〕, 〔암돼지〕, 〔암양〕, 〔수돼지〕처럼 더 큰 단위들을 조합할 수 있으면서도, 기본적인 형상들은 이후의 조합들을 위해 활용될 수 있는 상태로 남아 있다.

(2)와 관련하여 촘스키(1965)는 통사적 표지들을, 〈하위 범주화의 규칙들〉이 의존하는 성분들의 제한된 총체로 정의

하였다(가령 **타동사**와 **자동사**의 하위 범주화 규칙은 무엇 때문에 /*John found sad*/를 문법적으로 받아들일 수 없는가를 설명한다). 〈선택적 규칙들〉을 발생시키는 의미 성분들과 관련하여, 촘스키는 〈어휘 항목〉의 개념이 다양한 대상들을 특징짓는 용어들로 고정된 일종의 보편적 어휘를 전제로 한다고 지적하였다. 그러므로 선택적 특성들은 〈보편적〉이고 〈제한되어〉 있거나, 아니면 그런 것으로 공준되어야 할 것이다. 불행하게도 우리가 촘스키의 텍스트들에서 활용할 수 있는 그런 특성들의 유일한 예는, 겨우 주교(主敎)와 하마를 구별할 수는 있지만(둘 중에서 하나는 〔**인간**〕이라는 특성을 갖지 않기 때문에), 하마와 코뿔소를 구별하는 데에는 소용이 없을 정도로 〈보편적〉이다. 이러한 어려움은 좀 더 분석적인 특성들을 요구한다.

예를 들어 포티에Pottier(1965)에 의하면, 의미소 〔안락의자〕는 〔앉기 위한〕, 〔다리가 있는〕, 〔1인용〕, 〔등받이가 있는〕, 〔팔걸이가 있는〕 등으로 분석될 수 있으며, 반면 〔벤치〕는 단지 처음의 두 가지 특성만 갖고, 세 번째 특성은 없으며, 마지막 두 가지 특성은 가질 수도 있고 갖지 않을 수도 있다. 포티에는 그러한 특성들의 존재와 부재로 간이 의자, 쿠션, 의자까지 특징짓는 특성들의 조합적 모태를 설정하였지만, 그 모태의 특성들은 적절한 것이 되기에는 별로 〈보편적〉이지 않다. 그러므로 앉기 위해 착상된 가구가 아닌 것 이외에는 특징짓지 못하며, 나름대로 또다시 의미적으로 분석될 것을 요구한다.

그레마스(1966)의 구조 의미론에서는, 더 이상의 분석을 요구하지 않는, 말하자면 하나의 축에 의해 지배되는 대립적 쌍의 일부가 되는 각각의 특성이 또다시 나름대로 기저의 대립적 쌍의 축이 될 수 있다는 의미에서만 더 이상의 분석을 허용하는 이론적 구성물이 되기도 하는 매우 〈보편적인〉 특성들을 밝히려고 노력한다. 공간성의 체계에 관한 예는 널리 알려져 있다(도표 14).

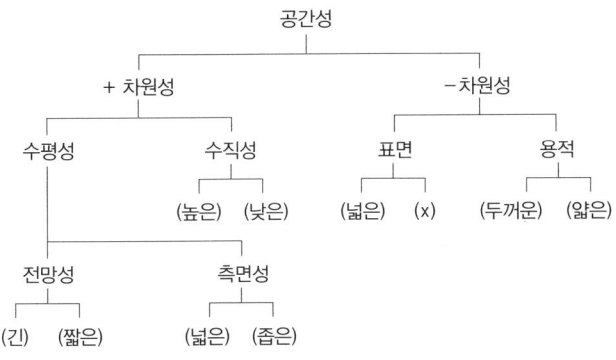

도표 14

괄호 안의 용어들은 사전의 항목들로 해당 의미 특성들의 현존을 특징으로 한다. 그러므로 **긴/짧은** 쌍은 전망성, 수평성, 차원성, 공간성의 〈의소들〉(또는 의미 표지들)을 특징으로 한다.[17]

체계의 제한은 특성들의 잠재적 목록이 전혀 한정되어 있지 않다는 사실에서 비롯되는 것 같다. 공간성의 체계나 가

---

17 그레마스는 /어휘소/라는 말로 다양한 의소들을 특징으로 하는 표현의 발현을 가리킨다. 반면에 그가 /의미소/라고 부르는 것은, 이 책에서 하고 있는 것처럼 그 의소들의 총체성이 아니라, 어느 주어진 〈의미 효과〉, 말하자면 그 어휘소에 대한 읽기의 특별한 경로이다. 바꾸어 말하자면 그레마스는 이 책에서 의미소라 부르는 것을 어휘소라 부르고, 이 책에서 읽기의 경로 또는 의미라 부르는 것을 의미소라 부른다.

치들(**좋은, 나쁜, 받아들일 수 있는, 받아들일 수 없는** 등)의 체계로 넘어갈 경우 어떤 일이 일어나는가를 생각해 보면, 그런 특성들의 연쇄는 구조가 불분명한 은하계처럼 확장되어야 한다는 것을 이해할 수 있다.

그레마스의 방법은 한 의미소가 어떻게 수사학적 대체들을 허용하는가를 설명하는 데 매우 유용해 보인다. 그레마스는 가령 /머리/라는 어휘소가 〔말단〕, 〔구형(球形)〕과 같은 핵심적 단위들을 가진 〈의소적 핵심〉을 갖고 있음을 증명함으로써, 어떻게 해서 이런 또는 저런 핵심 단위를 활용하여 가령 /핀의 머리/ 또는 /교두보(橋頭堡)/ 같은 은유들을 형성할 수 있는가 이해하는 데 분명히 도움을 준다. 그러므로 의미 분석이 그런 유형의 의소적 실체들을 고려해야 하는 것은 분명하지만, 여전히 그런 해결책은 불충분해 보인다.

따라서 비록 보편성이나 제한성이 희생되더라도 의미 표지의 개념을 확장하는 것이 필요해 보인다.

2·9·6 의미소에 대한 첫 번째 정의

한 기표는 다양한 의미 단위들을 외시하고 함축하며, 그중 일부는 서로를 배제한다. 이는 의미소 내부에서 의미적인 양립 불가능성을 드러내는 상호 배제적인 〈경로들〉이 나타난다는 것을 의미한다.

우선적인 〈의미〉 또는 〈읽기〉 또는 〈경로〉의 선택과 관련된 결정은 기호 생산 및 해석 이론과 관련되고, 반면에 그런 선택의 구조적 조건들은 코드 이론과 관련된다. 의미소에 대한 해석이나 명료화 이론은 의미소의 성분적 성격에 대한 이론을 토대로 한다.

라틴어 /*mus*(쥐)/는 〈생물 대 무생물〉의 축에서 〔살아 있는 존재〕를 외시하고, 동물학적 축에서는 〔설치류(齧齒類)〕,

인간의 생활 환경과 양립 가능성을 설정하는 축에서는 [위험한]을 외시할 수 있다.

바꾸어 말해 기표 /s₂/는 그런 외시들로 인해 두 개의 상이한 축에서 α_2와 β_2의 위치를 외시하고, 다른 의미 축에서는 모순적인 위치 γ_1과 γ_3을 함축하고, 혹시 γ_1의 중재를 통해 다른 두 개의 축에서 ε_1이나 ζ_1을 함축할 수도 있다(도표 15).

이것은 그레마스(1966)가 말했듯이 어휘소(우리에게는 의미소)가 상이한 의소들의 체계와 범주들에서 나오고 자신들끼리 계층적인, 즉 종속적인 관계들을 맺는 의소들의 만남 및 발현의 장소라고 말하는 것과 같다.

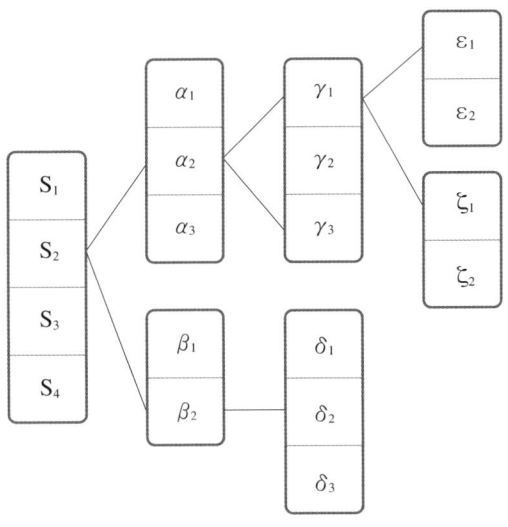

도표 15

그러므로 S_2는 필연적으로 상호 양립할 수 있는 것이 아닌 다양한 위치들, 상이한 의미 축들, 상이한 영역 또는 하위 영역들에서 〈낚시한다〉.

다시 한 번 이것은 코드가 아주 방대한 일련의 의미 영역들을 포함하는 역량을 사용자에게 제공한다는 것을 의미한다. 그 의미 영역들은 여러 방식으로 상호 중첩되거나 모순될 수 있으며, 따라서 서로 다른 상황들을 가능하게 만들어 준다. 예를 들면,

(1) 어떤 사용자 A는 기표 /s_2/에 의해 운반되는 의미소 〔S_2〕의 모든 가능한 외시들과 함축들을 알고 있으며, 따라서 그 기표를 수신할 때 그것의 모든 가능한 모호함을 적당하게 고려한다.

(2) 사용자 B는 코드에 대해 불완전한 지식을 갖고 있으며, 따라서 자기 자신을 표현하거나 다른 사람의 표현을 해석할 때, 〔S_2〕가 단지 〔α_2, γ_1, ε_1〕로만 재현될 수 있다고 믿음으로써, 다른 가능한 해석들을 합당하게 고려하지 않고 또한 여러 가지 모호함에 노출되기도 한다.

의미소의 의미 재현에 대한 이러한 정의는 불만족스럽게 보일 수 있고, 좀 더 엄격하게 형식화된 이론에 의존하여 수정될 수도 있을 것이다. 아니면 어느 주어진 문화적 집단의 일반적 역량을, 코드화되는 모든 가능한 상호 관계들에 대한 지식으로 정의하여, 그 역량이 사전보다는 백과사전과 더 비슷해 보일 것을 요구한다. 이런 두 가지 가능한 선택에 대해서는 2·10·2에서 논의할 것이다.

2·10 KF 모델

2·10·1 *bachelors*

성분 분석의 가장 행운 있는 모델들 중 하나는 카츠와 포

더(1963)의 모델로서 나중에 카츠와 포스탈Postal(1964)에 의해 수정되었는데, 이제부터 편의상 **KF 모델**이라 부를 것이다. 자체의 한계들(저자들 중 한 사람에 의해서도 인정된 한계들, 카츠, 1972 참조)에도 불구하고 이 모델은 수많은 논의와 반박[18]을 유발하였는데, 이후의 **수정된 모델**을 위한 출발점으로서 요약해 보는 것이 유용할 것이다.

널리 알려져 있지만 도표 16의 KF 모델을 다시 살펴보는

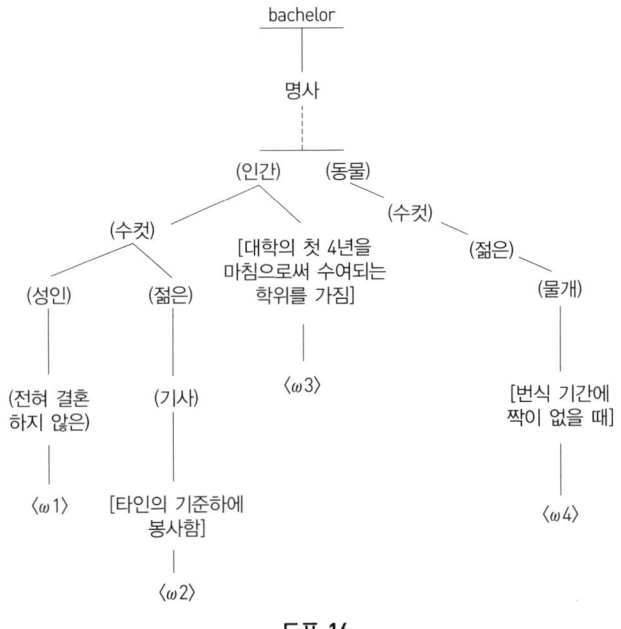

도표 16

---

18 가장 중요한 것들 중에 바인라이히Weinreich(1965) 및 스타인버그 Steinberg와 야코보비츠Jakobovits(1971)에 실린 여러 텍스트들을 들 수 있다. 그 이외에도 카츠(1972)에 실린 참고 문헌 참조.

것은 /bachelor/의 성분 분석, 그러니까 지난 10여 년 동안의 의미론이 독신남 젊은이들과 성적(性的)으로 불행한 물개들에 편집증적으로 집착하도록 만들었던 분석을 살펴보는 데 유용할 것이다.

이제부터 우리가 **KF 나무**라 부를 도형에는 **통사적 표지들**(가령 **생명 있는, 수를 셀 수 있는, 보통 명사** 등과 같은 범주들을 포함할 수 있는)이 괄호 없이 나타나 있다. 둥근 괄호 안에는 의미 표지들이 있는데, 그것들은 다른 학자들이 의소라 부르는 것과 동일시될 수 있으며, 또한 옐름슬레우가 원했듯이 분명히 제한된 숫자가 될 수 있다. 대괄호 안에는 그 저자들이 **구별소**distinguisher라 부르는 것들이 들어 있다.

마지막으로 **선택 제한**selection restriction이 있는데, 여기에서는 〈 〉 안에 그리스 문자로 표기되어 있다. 선택 제한들이란 〈그 읽기가 다른 것과 조합하도록 형식적으로 표현된 필요충분조건〉(카츠와 포스탈, 1964: 15)으로 이해된다. 〈읽기〉는 〈경로path〉의 선택, 즉 **읽기의 의미**의 선택이다. 맥락에 따라 다양한 의미 성분들은 함께 나타나는 다른 어휘소들의 성분들과 조합되는데, 그 결과 가령 /a married man is no more a bachelor/ 또는 /my husband is a Bachelor of Arts/ 같은 문장은 바람직한 문장이 될 수도 있고 그렇지 않을 수도 있다.

어휘소를 맥락 안에 조합할 가능성은 일련의 **투사 규칙들** projection rules에 의해 주어지는데, 그 투사 규칙들로 인해 가령 /the man hits the colorful ball/이라는 문장 앞에서, 일단 각 어휘소에 고유의 의미 성분들이 할당되면, 그 문장에 대한 일련의 상이한 읽기들을 형성할 수 있다. 실제로 /colorful/은 두 가지 의미 표지들(**색깔**과 **평가**)을 갖고 있고, 두 개의 구별소(**밝은 색깔들의 다양함 또는 대조에서 풍부함**

과 **특이한 성격, 활발함, 또는 생생함을 가진**)를 갖고 있으며, 한편으로는 〔물리적 대상〕 대 〔사회적 활동〕 같은 선택적 제한이 있고, 다른 한편으로는 〔미적 대상〕 대 〔사회적 활동〕 같은 선택적 제한이 있다.

이 형용사가 /*ball*/의 어떤 의미 성분들과 함께 접촉해야 하는가를 설정한 다음에야, 어떤 **혼합된 경로들**이 통합체 /*colorful ball*/을 다음과 같이 해석하도록 인도하는가를 알 수 있을 것이다. (가) 〈색깔들이 풍부한, 춤과 관련된 사회적 활동〉, (나) 〈색깔들이 풍부한 구형의 대상〉, (다) 〈색깔들이 풍부한, 전쟁 무기들에 의해 발사되는 견고한 미사일〉, (라) 〈생생하고 화려한 춤과 관련된 사회적 활동〉. 그런 식으로 전체 문장의 복합적이고 다양한 읽기에 도달할 수 있다.

여기에서 **의미**는, 이 문장의 수신자가 어휘소들의 가능한 여러 성분적 가지치기들 사이에서 수행하는 **이진법적 선택**으로 명백해진다. 만약 어휘소의 의미가 그것의 외시와 함축들의 총체라면, 거기에 부여되는 의미는 선택적 경로(〈예〉와 〈아니요〉로 진행되는)이다. 신호의 정보 분석의 층위에다 기호학의 상위 층위들까지 결합시키는 그러한 선택으로서 의미의 측면에 대해서는 2·15에서 다시 다룰 것이다.

카츠와 포더는 의미 성분들을 해석하기 위해서는 그 문장이 말하는 상황이나 환경(그들은 그것을 **세팅***setting*이라 부른다)에 의존하지 않아야 한다고 분명히 밝힌다. 사실 보다시피 그들은 가능한 여러 명료화들을 지적하지만, 그들의 이론은 언제, 어떻게, 무엇 때문에 그 문장이 하나의 의미로 적용되고(사용되고), 또 언제 다른 의미로 적용되는지 설정하려고 하지 않는다. 그 이론은 무엇 때문에 한 문장이 많은 의미들을 갖는지 설명할 수 있지만, 어떤 상황에서 고유의 모호함을 상실해야 하는지, 또 어떤 의미에 따라 그런지 설명하지 못한다.

KF 모델은 외연적 이론에 의존하지 않고 많은 의미론적 문제들을 설명하려고 노력한다〔많은 학자들이 **나름의 이유로** *pour cause* 그것을 외연적 모델로 해석했음에도 불구하고, 카츠(1972)는 그런 내포적 계획을 강력하게 강조하였다〕. 어쨌든 이 모델은 해결하려는 문제들의 해결에 길을 열어 줄 만한 일부 문제들을 고려하기를 거부한다.

그러므로 여기에서 **수정된 모델**의 기본적 요건들을 명백히 살펴볼 수 있도록 일종의 **불평 목록***cahier de doléances*을 작성해 보자. 이 **불평**들은 여섯 가지로 요약될 수 있다.

(1) KF 모델은 사전의 한계들을 갖고 있다(2·10·2 참조).
(2) 의미 표지들이 플라톤적 실체들이다(2·10·3 참조).
(3) 함축들이 고려되지 않는다(2·10·4 참조).
(4) 맥락들이 예상되지 않는다(2·10·4 참조).
(5) **구별소**들이 외연적 불순함을 드러낸다(2·10·5 참조).
(6) 이 모델은 단지 언어적 표현과 범주어들만 기술한다 (2·10·5 참조).

이러한 점들을 하나하나 검토해 보자.

2·10·2 사전과 백과사전

KF 모델은 이상적인 화자의 이상적인 역량을 나타낸다. 실제로 그것은 생생한 모순들 안에서 사회화된 역량을 설명할 수 없다. 이상적인 역량과 〈역사적〉 역량 사이의 차이는 바로 **사전**과 **백과사전** 사이의 차이이다.

윌슨Wilson(1967)은 KF 모델에 대한 비판에서 주장하였다. 의미 이론은 단지 무시간적이고 변화하지 않는 구성물들에만 머물지 말고, 모순적으로 또 역사적으로 뿌리내린 실질적인 믿음들을 고려해야 한다고. 카츠(1972)는 이렇게 대답한다. 윌슨이 의미 사전 대신에 요구하는 것은 한 단어의 지시물들을 중심으로 하여 일반적으로 공유되는 모든 견해들을 보여 주는 일종의 백과사전이라고. 이런 반박은 놀랄 만한 것이 아니라, 오히려 윌슨의 전망을 받아들이는 방향으로 나아가야 할 것이다. 물론 여기에서 말하는 견해들을 단어의 지시물을 중심으로 하는 견해가 아니라, 문화가 그 고유의 모든 내용 단위를 제공하는 문화적 정의들로 이해하면 그렇다. 그 다양한 견해들이 의미소의 다양한 경로들로 재현될 수 있으며, 코드는 그런 다양성을 예상할 수 있다는 사실은 2·11에서 좀 더 자세히 증명될 것이다.

카츠(1972: 75)는 이렇게 반박한다. 그럴 경우 일반적인 지식으로 자리 잡은 세상에 대한 새로운 발견들이 계속해서 어휘 항목의 의미 재현 속에 포함되어야 하기 때문에, 단어들은 지극히 변화무쌍한 것으로 고려되어야 한다고 말이다. 당연히 그것은 쉽지 않은 작업이다. 하지만 불행히도 그런 작업은 바로 문화가 고유의 코드들을 풍부하게 만들고 비판하면서 지속적으로 수행하는 작업이다(이에 대해서는 제3장에서 살펴볼 것이다).

그러므로 카츠가 역사적이고 사회적인 상호 작용의 공격에 대항하여 방어하려고 몰두하는 이상적인 화자의 이상적인 역량의 이론은 우아한 형식적 구성물을 이룰 수는 있지만, 아무 쓸모 없는 것이 될 위험도 있다. 사전 편집자에게도 쓸모없는 것이 될 것이다. 사전 편집자가 하는 일은 자신의 작업을 새롭게 수정하여 바로 언어의 현재 상태에 부합되게 하는 것에 지나지 않기 때문이다. 비록 때로는 언어의 역사가 사전들의 존재에 의존할지라도, 다행히 그 역도 타당하기 때문이다.

카츠가 염려하는 것은, 〈현재의 견해〉라는 개념이 화자의 일상적 경험에 따른 모든 특이한 변화들을 의미 이론 안에 도입하리라는 것이다. 하지만 분명히 윌슨의 요구를 이렇게 수정하는 것으로 충분할 것이다. 말하자면 현재의 견해들은 비록 널리 확산되어 있을지라도 코드화되어야 하거나, 어떤 방식으로든 사회에 의해 인정되고 제도화되어야 한다는 것이다. 카츠는 어떤 토대 위에서 한 단어의 의미에 대한 새로운 견해의 타당성을 인정해야 하는가를 질문한다. 대답은 이렇다. 카츠가 /bachelor/는 결혼하지 않은 남자이지 치약이 아니라고 추정하면서 의존하는 토대 위에서 그렇다. 또한 단지 백과사전뿐만 아니라 평범한 사전도, 어느 주어진 어휘 항목이 사회 집단에 의해 어느 주어진 의미와 결합되고, 또한 특수하고 기록될 수 있는 일정한 문장의 맥락 안에서 그 의미가 바뀌는 것을 기록하도록 허용하는 토대 위에서 그렇다.

물론 사전의 모델보다 백과사전의 모델과 비슷한 의미 이론을 세우는 데에는 가령 기술 과정에서 일부 형식적인 완벽함의 상실 같은 몇 가지 결과들이 뒤따른다(이것은 2·12와 2·13에서 **Q 모델**과 관련하여 증명될 것이다). 뿐만 아니라 형식 논리학의 범주들과 동화될 수 없는 범주들의 전체 목록과 **퍼지 개념들**을 다루어야 할 필요성에 직면하게 된다(레이코프, 1972 참조).[19]

19 〈퍼지 개념〉은 이미 자데Zadeh(『컴퓨터 시스템에서 퍼지 성격을 향해 *Toward Fuzziness in Computer Systems*』, 예비 인쇄물, 전자 공학 및 컴퓨터 학과, 캘리포니아 대학교, 버클리, 1969;『퍼지 시스템 이론을 향해 *Toward a Theory of Fuzzy Systems*』, 전자 연구소, 캘리포니아 대학교, 버클리, 1969)와 G. C. 모아실Moisil(『퍼지 추론의 논리 강의*Leçons sur la logique du raisonnement nuancé*』, 우르비노Urbino, 1972, 원고)에 의해

2·10·3 해석소로서의 의미 표지들

불평 (2)는 KF 모델에게 의미 표지들의 〈플라톤주의〉의 책임을 부과한다. 실제로 2·9·5에서 모든 의미적 뉘앙스를 설명할 수 있는 이론적 구성물의 유한하고 보편적인 총체를 상상하기가 얼마나 어려운지 살펴보았다. KF 모델은 먼저 원칙상 더 이상의 성분 분석이 될 수 없어야 하는 순수한 이론적 구성물들로서의 의미 표지들을 제안한다. 의미 표지는 의미소에 대해 **설명하는 것***explicans*이지, 다른 **설명되는 것** *explicandum*이 아니기 때문이다. 그렇지만 카츠 자신(1972: 44)이 각 성분에 대해 더 이상의 의미 분석을 공준하는 잉여성의 규칙들에 대하여 말하며(예를 들어 [인간]이라는 표지가 주어지면 [생물]이라는 표지가 암시되는 것으로 가정하기 때문에), 따라서 간접적으로 **해석소들의 해석** 문제를 제기한다.

잉여성의 규칙은 /의자/의 의미 재현에서 [가구]라는 표지가 주어지면, 그것은 자기 나름대로 [인공물]이라는 표지를 〈포함〉하고(비록 간략함을 위해 그것을 재현하지는 않을지라도), 그것은 또 나름대로 [대상]+[물리적]+[무생물] 등으로 분석될 수 있을 것이다. 카츠에게 잉여성의 규칙은 재현을 단순화하기 위한 순수한 작업상의 장치이지만, 거기에서 수반되는 이론적 결과를 피할 수는 없다. 잉여성의 규칙은 의미

연구되었으며, 레이코프에 의해 그 한계들이 모호하고 일정한 단계화에 따르는 개념으로 제시되었다. 전형적인 예가 [새]에 대한 개념인데, 그것은 독수리에게는 완전히 적용되고, 오리에게는 약간 덜 적용되며, 닭에게는 거의 전혀 적용되지 않는 것처럼 보인다. 따라서 일종의 〈단계적인〉 서술을 함의한다(자연 언어는 새들을 간단하게 아는 것이 아니라, 10퍼센트의 새들과 5퍼센트의 새들을 알 뿐이다).

소의 분석을 잠재적으로는 무한하게 복잡화함으로써 각 표지가 새로운 재현의 출발점으로 제시되게 하는 이론의 요건이다. 그렇다면 각 표지는 다른 표지들(그것의 해석소들로서 작용하는)에 의해 해석되어야 하기 때문에, 어디에서 멈추어야 하는지, 그러니까 해석소들이 제한된 총체를 이루는지, 아니면 퍼스(CP, 2·7·3 참조)에 의해 암시된 세미오시스 산물들의 무한한 역행과 동일시되어야 하는지의 문제가 발생한다.

2·10·4 함축적 표지들과 〈세팅들〉

불평 (3)은 함축과 관련된다. KF 모델은 **구별소들**에서 멈추는데, 의미소의 가능한 함축들의 정도를 제공하지 않음으로써 엄격하게 외시적인 재현으로서 제시된다. 그런 의미에서 KF 모델은 여행자들이 외국에서 사용하는 것과 같은 지극히 기본적인 사전, 즉 커피나 스테이크를 주문하는 것은 허용하지만 어느 주어진 언어를 정말로 〈말하는 것〉은 허용하지 않는 사전을 위한 규칙들을 제공할 뿐이다.

그럼으로써 많은 가능한 경로들이 희생된다. 상당히 널리 확산된 하위 코드들이 있는데, 거기에 의하면 최소한 서양 문화에서 /독신남/은 〔방탕한〕이나 〔매력 있는 젊은 남자〕 또는 심지어 〔독신자 아파트를 가진 바람둥이〕를 함축할 수 있다. 특정한 의미적 세부 우주들에서는(**가벼운 희극**pochade 극장을 생각해 보시라) 독신남에 대해 아주 널리 알려진 공감이나 반감의 함축들과 고유의 〈가치론적〉 지표들(〔좋은〕 또는 〔나쁜〕)이 집약되어 있다. 또 만족할 만한 의미 재현은 /독신남/이 고유의 반대말, 말하자면 〔−결혼한〕도 함축하기를 원한다.

마지막으로 언어 사용에만 제한된 단순한 사전 편찬이 아니라 일반 기호학에 봉사하고자 하는 의미 이론은, 한 의미소가 그 기표가 표현되는 기호 체계에 이질적인 함축들까지 갖고 있다는 사실을 고려해야 한다. 바꾸어 말하자면 단어 /개/는 종종 어떤 개의 이미지까지 함축하며, 따라서 그런 함축적 참조들의 정상적 상태를 거부하는 것은 내용의 내포적 분석을 받아들일 수 없는 것으로 제한한다는 의미이다.

이와 관련하여 유심론mentalism이라는 반박은 타당하지 않다. 실제로 여기에서는 심리적인 연상이나 이미지에 대해 말하고 있는 것이 아니라(비록 그것은 과소평가되지 않아야 할지라도), 문화와 관련하여 주어진 상호 관계들에 대해 말하고 있기 때문이다. 모든 백과사전에서는, 가령 (언어적 용어로) 개에 대해 말할 때, 언어적 기술을 도상적 기술로 해석한다는 사실을 염두에 두고 있다. 그러므로 단어 /개/와 하나 또는 많은 개의 이미지들 사이의 상호 관계가 주어진다. 이미지들과 단어들은 인간의 심리가 그런 연상을 실현한다는 사실과 상관없이 추상적으로 문화와 관련하여 상호 참조한다.

/bachelor/의 경우 학위를 받는 학생의 이미지 또는 중세 기사의 젊은 시종 이미지가 많은 경우 평온하게 언어적 정의를 대신할 수 있다는 사실을 부정하기는 어렵다.

그러므로 일단 KF 모델을 받아들이면, 한 용어의 해석소들의 방대한 집단 전체가 KF 나무의 가지들 사이에 자리 잡아야 한다. 하지만 그럴 경우 맥락적 혼합들이 이미 이루어졌을 때 도달하는 종착점으로서 **구별소들**을 간주하면서, 의미 관계들과 혼합들의 책임을 (KF 이론에서 그런 것처럼) 단지 의미 표지들에만 부여하기는 어렵다.

마지막으로 함축들과 관련하여 2·9·6에서 말했듯이 한 표현은 상이한 의미 축들에서 〈낚시하여〉, 때로는 고유의 함축들을 서로 대립적인 것으로 만들기도 한다. 그런 경우 이런 함축과 저런 함축 사이의 선택은 맥락이나 상황의 요인들에 의해 동기화되어야 한다. 이것은 불평 (4)로 인도한다. 즉 KF 모델은 〈세팅들〉을 고려하기를 거부하고, 또한 그렇게 함으로써 무엇 때문에 어느 주어진 용어는, 어느 주어진 상황에서 표현되거나 또는 어떤 구체적인 언어적 맥락 속에 들어갈 경우, 고유의 읽기 의미들 중에서 이것 또는 저것을 얻게 되는가를 설명하지 못한다.

저자들은 그런 문제에 관심이 없다고 아주 분명하게 밝히고 있지만, 실제로는 관심이 있어야 한다. 사실 여기에서 코드 이론과 기호 생산 이론 사이에 빠진 고리가 나타나는데, 그 빠진 고리는 실제로 상호 교차의 공간이다. 그렇지 않다면 상호 기능성을 보장해 줄 연결 고리가 없는 두 가지 이론적 총체들이 될 것이다.

이제 여기에서는 KF 모델이 축소하여 불러들였다가 나중에 배제시킨 세팅들의 이론을 더 이상 비판하지 않을 것이다. 그 주제는 2·11에서 다시 다루는 것이 바람직할 것이다. 거기에서 맥락과 상황의 이론을 고유의 이론적 범위 안에 통합함으로써, 코드 이론과 그것의 **수정된 모델**에 어떤 유익함을 줄 것인지 살펴볼 것이며, 그리하여 소위 의미론과 화용론 사이의 틈새를 해결할 것이다.

2·10·5 〈구별소들〉의 불순한 성격

이제 불평 (5)를 살펴보자. KF 모델에서 구별소들은 좀 더 완벽하지만 불행하게도 특별한 정의에 의존함으로써 표지들의 불충분함을 수정해야 하는 불순한 요소들처럼 보인다. 그런 정의는 언제나 그것이 설명하는 전체 의미소 자체 및 표지들보다 언어적으로(아니 오히려 메타언어적으로) 더 복잡한 것이 되기 때문에, 우리는 가장 복잡한 것으로 가장 단순한 것을 설명하는, 논란의 여지가 있는 결과와 마주하게 된다.

그리고 만약 구별소들에 대한 가장 완전한 이론〔카츠(1972)에 의해 만들어진 이론〕을 확인해 본다면, 그것들은 추정상의 한계를 확장하기 위해 내포적 이론 안에 도입된 외연적 해결책처럼 보인다는 것을 알 수 있다. 만약 표지들이 더 이상의 분석을 요구하지 않는 순수한 이론적 구성물이라면(비록 이런 요건은 잉여성의 규칙에 의해 논박되었을지라도), 외연적 개입들로부터 이론을 보존할 수 있는 내포적 범주들을 고려해야 할 것이다. 하지만 구별소들은 표지들과 달리 순수한 이론적 구성물로 정의되지 않으며, 오히려 반대로 매우 복잡한 정의들처럼 보인다. 그렇다면 이 이론에서 구별소들의 기능은 무엇인가? 카츠(1972)는 말한다. 구별소들은 의미소의 내포적 속성들이 아니라, 다양한 읽기가 적용될 수 있는 구체적인 지시물에 대한 기술이라고 말이다! 바꾸어 말해 가령 〔**동물, 수컷, 젊은, 물개**〕 같은 내포적 기술을 제공하는 읽기의 의미가 주어질 경우, 의미 재현은 짝짓기 계절 동안 암컷을 찾지 못한 물개들에게 그런 의미 실체를 적용할 수 있다는 것을 알려 준다.

이런 해결책의 첫 번째 약점은 분명히 외연적 기준과 내포적 기준의 뒤섞음에서 나온다. 하지만 더욱 위험한 결과는, 그런 외연적 기술이 없다면 짝지은 물개와 〈독신남〉을 전혀 구별하지 못한다는 것이다. 후자를 바로 /bachelor/라 부른다는 사실 이외에는 말이다.

따라서 내포적인 것으로 제시된 이론이 **증명되지 않은 전제상의 오류**petitio principii를 통해 스스로 모순된다. 외연적 지적 없이는 어휘소의 의미를 제공하는 것은 절대로 의미 표지들이 아니라, **지시물과 연결된 이름**이기 때문이다!

그럼에도 불구하고 흥미롭게도 /bachelor/에 대한 다른 읽기의 경로는 그것이 〔**결혼하지 않은 어른 남성 인간**〕이 될 수 있다고 설정한다. 무엇 때문에 〔**결혼하지 않은**〕은 표지(그러니까 내포적인 이론적 구성물)이고, 반면에 〔짝짓기 기간 동안 암컷 짝을 찾지 못한〕은 표지가 아닌가(그리고 구별소로 분류되는가)? 〔**결혼하지 않은**〕은 〔고정된 여자 짝을 찾지 못했거나 또는 찾으려고 하지 않는〕으로 해석될 수 있는 표지이다. 반면에 〔암컷 짝을 찾지 못한〕은 구별소인데, 그것은 〔**짝짓기를 하지 않은**〕으로 해석될 수 있다(따라서 표지로 분류될 수 있다). 무엇 때문에 하나는 이론적 구성물로 간주되고 다른 하나는 그렇지 않은가? 분명히 인간 bachelor는 1년 내내 그렇고, 반면 동물 bachelor는 단지 짝짓기 계절에만 그렇기 때문에 그런 것은 아니리라. 두 상황 모두 잠정적이며, 다른 한편으로 그것은 단지 사람과 동물에 대해 사랑의 계절이 지속되는 기간을 서로 다르게 정의하는 문제일 뿐이다…….

카츠는 이렇게 말한다. 구별소들은 〈순수한 외시적 구별들〉이며(여기에서 〈외시적〉은 전통적인 외연적 의미로 사용되었다), 〈개념적으로 동일한 의미의 지시물들 사이에서의 순수하게 지각적인 구별들을 표시한다……. 결과적으로, 언어적 역량과 지각 메커니즘을 통합하고 포괄하는 언어 수행의 일반 이론만이 의미 이론의 어휘에서의 구별소와, 그것들에 상응하는 지각 이론의 어휘에서의 구성물을 연결할 수 있다〉(1972: 84). 카츠가 역량의 이론(그것은 우리가 말하는 코드 이론이다)은 단지 세상의 상태들을 지시하기 위해 단어들을 어떻게 사용할 것인가에 대한 지침들을 제공할 수 있을 뿐이라고 말하는 것은 옳다. 하지만 카츠는 그 이론의 한계를 필요 이상으로 제한한다. 위에 인용된 문장을 다시 읽어 보자. 〈개념적으로 동일한 의미의 지시물들〉은 무엇을 의미하는가? 지시물은 그 자체로서는 〈의미가 없다〉. 세상의 상태일 뿐이다.

기껏해야 기호가 그 지시물과 관련될 때, 만약 그렇지 않다면 텅 빈 기호의 **그** 의미로 정의될 수 있을 것이다. 하지만 우리가 잘 알고 있듯이, 카츠는 한 기호의 의미가 그것의 지시물이 되는 이론을 거부한다. 그러므로 〈개념적으로 동일한 의미의 지시물들〉이라는 표현을 해석하기 위한 유일한 방법은, 한 주어진 지시물이 지시물로 지각되려면 미리 정해진 범주 안에, 그러니까 의미소 자체가 되는 문화적 구성물 안에 포함되어야 한다는 것이다(지각에 대한 기호학적 이론의 발전에 대해서는 3·3 참조). 그럴 경우에만 분명히 그 〈개념적으로 동일한 의미〉는 의미 이론의 범주적 도구들에 비추어 **의미로서** 분석될 수 있을 것이다.

하지만 그 성분 나무는 구별소들 대신 다른 내포적 기술, 그러니까 의미 표지들의 새로운 그물을 제공해야 할 것이다. 그렇다면 구별소들은 각 표지에 대해 그 이상의 의미 분석을 규제하는 잉여성의 규칙들 자체에 복종할 것이다. 간단히 말해 지각 이론의 대상은 구성물이거나, 아니면 구성물이 아니다. 만약 구성물이라면, 카츠의 주장대로 의미 이론에 의해 기술될 수 있어야 한다. 바로 카츠가 언어와 관련하여 옹호하는 일반적인 말할 수 있음 *effability*의 원리를 토대로 말이다. 만약 개념적 구성물이 의미 이론에 의해 기술될 수 없다면, 우리는 어떤 방식으로 단어를 사용하여(그것이 포괄하는 의미들과 함께) 지각의 대상에 대한 이름으로 적용할 것인가? 3·3·5에서 보겠지만, 지시 행위들 역시 코드에 의해 일정한 의미 속성들을 부여받는 기표가 다른 유형의 코드에 의해 물리적 또는 지각적 속성들의 총체를 부여받는 지각물에 적용될 수 있도록 설정하는 것으로 이루어진다. 그리고 후자는 전자에 의해 명명될 수 있는데, 둘 다 바로 그런 요건들 덕택에 공통의 메타언어에 의해 명명될 수 있는 것과 마찬가지이다.[20] 하지만 구별소들의 문제를 카츠 이론의 범위 안에서 해결할 수 없게 만드는 것은 바로 해석소에 대한 명백한 개념이 없기 때문이다.

예를 들어 카츠는 구별소가 빨강의 느낌 같은 지각의 자료가 될 수도 있기 때문에 개념적 구성물이 아니라고 말한다. 〈빨강 같은 색깔의 성질이 개념적 분석을 허용한다고 상상하기는 어렵다〉(1972: 87).

그런데 빨강에 대한 느낌이 지각 이론에 의해 연구된 구성물이라는 사실은 제쳐 두더라도, 어쨌든 그것을 개념적으로 분석할 방법이 있어야 하는데 — 실제로 빨강의 색조가 650에

---

[20] 카츠(1972: 85)는 말한다. 〈만약 해당 요소들이 의미 표지들이라면, 그 요소들에 의해 표시되는 구별은 개념적인 것이다. 반대로 그것들이 구별소들이라면, 그 구별은 지각적 구별(언어적으로 반영된)이다.〉 하지만 만약 지각적 구별이 〈언어적으로 반영〉될 수 있다면 개념적 구별까지 함의해야 하지 않는가! 카츠는 예를 들어 //빨강//처럼 단어를 통해 명명될 수 있지만 개념적으로도 분석 가능한 지각적 요소들이 있다고 반박할 수 있을 것이다. 그것은 매우 위험하다. 왜냐하면 개념들을 반영하고 또 의미 분석을 허용하는 단어들이 있고, 지각들을 반영하고 또 의미적으로 분석될 수 없는 단어들이 있다는 것을 함의하기 때문이다. 그것은 범주어들과 공범주어들 사이에 차이를 부여하는 또 다른 방식이 될 것이다. 하지만 그것은 일관적인 의미 이론을 완전한 파산으로 인도할 것이다. 또한 도대체 무엇 때문에 /젊은 기사/는 지각적 경험과 관련되고, /성인(成人)/은 그렇지 않아야 하는가?

서 8백 밀리미크론까지의 스펙트럼 공간의 일부로 정의될 때 처럼 — 카츠는 앞으로 나아가지 못한다. 왜냐하면 의미 표지들이 단지 〈단어들〉이 아니라(또한 단어들을 통해서만 옮길 수 있는 이론적 구성물들도 아니다) 해석소들이라고 생각하지 않기 때문이다. 그렇다면 단어 /빨강/ 또는 단어 /복숭아/의 의미 재현은 고유의 가지들 사이에 감각 자료에 대한 어떤 기억까지 포함해야 한다. 이런 가정은 코드 이론의 이론적 순수함을 위태롭게 하지 않는다. 왜냐하면 감각 자료로서 빨강도 의미적으로는 문화적 단위로 정의될 수 있기 때문이다. 그것은 단지 스펙트럼의 형성소들로 완전히 분석될 뿐만 아니라, **색깔들의 영역 안에서의 위치**(따라서 문화적으로 다른 색깔들과 구별될 수 있는)로 체계화될 수 있다(또 실제로 체계화되었다). **색깔은 단순히 반대말들의 n번째 항**$n\text{-}tuple$**의 구성원일 뿐이다.** 색조 x는 의미적 대립들의 영역 안에 들어가지 않을 경우 그런 것으로 인식될 수 없다. 〔인간〕이 고유의 문화적 지시의 범위 안에 들어가지 않을 경우 이해될 수 없는 것과 마찬가지이다.

언어적으로 동의어나 풀어쓰기로 옮길 수 없는 것을 표지로 받아들일 수 없기 때문에 불평 (6)에 이르게 되는데, 그것은 비언어적 고안물 또는 언어적이지만 공범주어적 고안물들에는 KF 모델을 적용할 수 없는 것과 관련된다. 분명히 KF 모델은 그런 표현적 고안물들에는 적용될 수 없으며, 따라서 기호학적 코드들의 일반 이론에는 도움이 되지 않는다. 물론 그 저자들이 사전 편찬 문제들에 대한 설명을 넘어서는 의미론을 세운다고 주장하지 않은 것은 사실이다. 하지만 여기에서는 그들의 의도에 대해서가 아니라, 그들의 모델이 우리의 목적에 얼마나 유용한가를 논의하고 있다. 그러므로 그 약점에 대해 논의하거나 솔직하게 의도하지 않은 대상들에 대한 적용 가능성을 증명하는 것보다, 차라리 **수정된 모델**이 어떻게 이 중요한 상황에도 커다란 도움을 줄 수 있는가를 증명하는 것으로 넘어가고자 한다.

2·11 수정된 의미 모델

2·11·1 의미소의 조직

수정된 의미 모델 Modello Semantico Riformulato(MSR)은 **맥락적 선택 및 상황적 선택들**과 함께, 상응하는 외시들에 의존하는 코드화된 모든 함축들까지 의미 재현 안에 포함시키고자 한다.

그런 선택들은 백과사전으로서 의미소의 다양한 읽기 경로들을 구별하며, 많은 외시들과 함축들의 부여를 결정한다. 그것들은 지시물들에 대한 경험적이고 특별한 인식의 소재이지만, 코드화된 정보의 요소들, 말하자면 똑같은 유형의 표지들의 의미 단위들이다. 다만 그것들은 **교환**(철도에서 이 용어를 사용하는 의미로)의 기능을 수행한다.

도표 17은 상이하게 조직된 읽기 경로들의 상이한 종류들

$$/\text{기표}/ - ms - [\text{의미소}] - d_1, d_2 \begin{cases} c_1, c_2 \cdots \\ (cont_a) - d_3, d_4 \begin{cases} [circ_\alpha] - c_3 \\ [circ_\beta] - c_4 \end{cases} \\ (cont_b) - d_5, d_6 - c_5, c_6 \cdots \\ [circ_\gamma] \begin{cases} (cont_c) - d_7, d_8 - c_7, c_8 \cdots \\ (cont_d) - d_9, d_{10} - c_9, c_{10} \cdots \end{cases} \\ [circ_\delta] - d_{11}, d_{12} \longrightarrow c_{11}, c_{12} \cdots \end{cases}$$

도표 17

을 보여 줄 정도로 백과사전적으로 복잡한 유형-기호 기능을 재현한다.

ms는 통사적 표지들(이것들은 여기에서 논의되지 않는다)이고, d와 c는 외시들과 함축들(2·9·1의 의미에서)이다. (*cont*)는 맥락적 선택들로, 가령 〈만약 (*cont*$_a$)를 발견하면, 기표가 맥락적으로 의미소 [a]와 결합될 때 뒤따르는 d와 c들을 사용하라〉는 식의 지침들을 제공한다. [*circ*]는 상황적 선택들로, 가령 〈만약 [*circ*$_a$]를 발견하면, 의미소에 상응하는 기표가 상황적으로 사건 또는 대상 //α//(이것은 다른 기호 체계에 속하는 기표로 이해되어야 한다)에 의해 수반되는 d와 c들을 사용하라〉는 식의 지침들을 제공한다. 이제 이 모델의 이론적 결과들을 살펴보자.

(1) 통사적 표지들은, 그것들이 함의하는 하위 범주화의 규칙들과 함께 표현에 속하지, 내용에 속하지 않는다. 따라서 가령 /*ogni gloppo è un bloppo*/(모든 *gloppo*는 *bloppo*이다)/ 같은 발화체는 비록 무슨 의미인지 모른다고 하더라도, /*gloppo*/와 /*bloppo*/가 동일하게 **명사 + 남성 + 단수**로 표시되는 한, 통사적으로 정확하다(대각선 방향으로 세 개의 노란색 원이 그려져 있는 초록색의 직사각형 깃발은, 비록 그런 상징을 통해 어떤 국가나 사회, 또는 다른 어떤 조직을 확인할 수 없더라도, 통사적으로 정확한 것과 마찬가지이다).

(2) 의미소는 모든 가능한 맥락과 상황 속에서도 불변으로 남아 있는 외시적 표지들을 가질 수 있고(d_1과 d_2가 자신들에 의존하는 함축들 c_1과 c_2를 갖는 것처럼), 또는 맥락이나 상황적 선택에 따라 상이한 d들, 그리고 상이한 c들을 가질 수도 있다. 따라서 /*bachelor*/는 단지 맥락적 선택이 (*cont*$_{기사}$)를

명시할 경우에만 관습적으로 〔젊은이〕이며, 그 〔젊은이〕라는 외시는 가령 〔순결〕 같은 함축들을 열어 준다. 도표 17에서 그런 경우는 맥락적 선택 ($cont_b$)에 의해 재현된다. 반면에 〔$circ_Y$〕의 경우는 일부 상황이 주어지면 상이한 맥락적 선택들이 있을 수 있는 경우이다. 그리고 ($cont_a$)의 경우는 똑같은 맥락이 주어지고, 상이한 발화 상황들이 있을 수 있는 경우이다.

(3) 맥락적 선택들은 재현된 의미소와 **일반적으로** 결합되는 다른 의미소들(또는 의미소들의 집단들)을 등록한다. 상황적 선택들은 재현된 의미소에 상응하는 기표와 함께 **일반적으로** 나타나는, 실물 제시 기호들로 채택되는 사건들이나 대상들 또는 상이한 기호 체계들에 속하는 다른 기표들(또는 기표들의 집단들)을 등록한다. 그리고 두 가지 모두 **혼합의 전환자** switcher **또는 교환**으로 작용한다. 그런 식으로 맥락적 선택과 상황적 선택은 특별한 형태의 지침을 요구하지 않는다. 왜냐하면 그것들 역시 다른 의미 재현들의 주요 매듭이 되는 단위이든, 다른 의미소의 성분 재현의 표지들이든, 문화적 단위들이기 때문이다. 그러므로 똑같은 요소들이 경우에 따라 표지들이나 한정적 선택들로서 기능한다. 즉 똑같은 유형의 문화적 단위가 성분 나무 안에서의 고유한 전략적 위치에 따라 이중적인 기능을 수행하는 것이다. 그렇기 때문에 이론적 관점에서 볼 때 두드러진 경제적 결과를 얻으며, 실체들은 불필요하게 늘어나지 않아야 한다.

(4) 선택 제한들은 **구별소들**과 함께 없어진다. 전자는 맥락 및 상황적 선택들에 의해 앞당겨 이루어지고, 후자는 의미 표지들의 그물 속에 용해된다. /*bachelor*/는 〔남자 + 젊은이 + 완수 + 대학……〕으로 분석되어야 할 것이다. 물론 이것은 구별소들을 제거할 수 있는 가능한 성분 분석에 대한, 아직

은 매우 조잡한 암시이며, 따라서 MSR는 많은 개별 경우들을 토대로 구체적으로 검증되어야 한다. 다른 한편으로 그런 분석을 수행하기 위해서는 좀 더 조직된 의미 영역들을 불가피하게 공준해야 한다. 예를 들어 다음과 같은 성분들을 열거하는 비어비슈Bierwisch(1970)의 분석과 같은 다른 유형의 의미 분석들의 경우도 마찬가지이다.

/아버지/ = Y의 어버이 X + 남성 X + (생물 + 성인 X + 생물 Y)

또는

/죽이다/ = X_s 유발한다 [X_d 변한다 (—살아 있는 X_d)로] + (생물 X_d).

(5) 동사들의 분석에서는 일련의 외시적 표지들이 **역할들** 또는 〈격(格, case)들〉의 목록을 토대로 n-자리 술어의 논항들을 재생산해야 할 필요가 있다. 이 격들은 그레마스가 사용하는 용어의 의미에서 **행위소**actant들이지, 형태론의 격들이 아니다(필모어, 1966, 1971도 참조). 간단히 말해 어떤 행위는 **행위자**(A)에 의하여, **수단**(S)을 통해, 일정한 **의도**(P)로, 어떤 **대상**(O)에게 수행된다. 여기에서 **대상**의 범주는 아직 조잡한데, 가령 여격(與格) 또는 대격(對格)처럼 상이한 형태론적 격들에 의해 함의되는 의미적 역할들을 포괄하기 때문이다. 그러므로 **대상**은 행위의 **수신자, 경험자,** 또는 그 행위에 의해 물리적으로 변화되는 대상이 될 수 있다. 또한 동사는 언표적 유형일 때 라틴어에서 /de/와 탈격(奪格)으로 만드는 보어의 의미에서 **화제**(T)를 갖는다고 가정하자[De te(당신에 대해) (T) fabula(이야기는) (가) narratur(서술된다)(언표적)].

이러한 접근은 예를 들어 필모어가 하는 것처럼 〈초점 focus〉 또는 〈전제〉(PS) 같은 범주들을 재현 속에 도입하지 않으면서도, 의미소에 의해 직접 함의되는 의미적 전제들도 고려하도록 허용한다는 것을 알 수 있다.

그러나 이런 유형의 재현을 만들기 위해서는 무엇보다도 현재의 철학이나 논리학 문헌에서 온갖 현상들을 가리키는 /전제/라는 단어의 다양한 의미들을 서로 구별해야 한다.

지시적 전제들은 지시 이론(3·3 참조)과 관련되고 프레게(1892)에 의해 연구되었는데, 그에 의하면 /나폴레옹은 세인트헬레나에서 죽었다/라는 발화체가 주어질 경우 그 문장이 진리 가치를 가질 수 있도록 /나폴레옹/이라는 표현을 증명하는 현실적 지시물이 존재해야 한다.

맥락적 전제들은 텍스트 이론에 의해 연구되며, 추론이나 과잉 코드화의 규칙들(2·14·3 참조)과 관련된다. 히즈Hiz(1969)는 〈지시체들 *referentials*〉에 대해 말하고, 다른 학자들은 〈공지시〉에 대해 말한다(가라벨리 모르타라Garavelli Mortara, 1974). 예를 들어 /두 개의 길이 조반니의 집으로 인도한다. 길 하나는 숲을 지나간다. 다른 길은 더 짧다. 두 길 모두 포장되어 있고 그는 그것들을 아주 잘 안다/라는 텍스트가 주어지면, 사례들 /그것들/, /길/, /다른 길/ 등은 사례 /두 개의 길/을 지시하고, 반면에 /그/는 /조반니/를 지시한다.

상황적 전제들은 발신자나 수신자가 다소 코드화된 실체들이나 사건들에 대해 알고 있는, 또는 알고 있다고 추정되는 것과 관련된다. 맥락적 전제들이나 상황적 전제들은 비록 그 뉘앙스는 상이하지만, 모두 **화용론적**이라고 말할 수 있다.

마지막으로 **의미적** 전제들은 엄격하게 의미소의 재현에 의존하는데, 가령 /조반니는 독신남이다/라고 말할 경우 조반니는 남성 인간 어른이라는 사실이 암시된다. 하지만 암시적인 것으로서, 말하자면 표현의 의미의 필수적인 부분으로서 분석적으로 〈포함되는〉 것으로서(카츠, 1972: 4·5 참조),

전제보다는 **기호학적 포함**으로 부르는 것이 유용해 보인다 (〈기호학적 판단 대 사실적 판단〉의 대립에 대해서는 3·2 참조).[21]

그러므로 단지 의미적 전제들 또는 기호학적 포함들만이 코드 이론과 직접적으로 관련되고, 암시적으로나 명시적으로 표현의 의미에 포함되는 일부로 등록된다.

일단 이렇게 인정한 다음 필모어(1971)가 연구한 두 개의 동사 /고발하다/와 /비판하다/를 MSR의 용어들로 옮겨 보자. 이 두 동사에 대해 그는 한 동사가 〈진술하는〉 것이 다른 동사에 의해 〈전제된다〉고 정당하게 주장한다. 실제로 누군가를 고발하는 것은, 그가 일반적으로 나쁜 것으로 전제되는 무엇인가를 했음을 증명하기 위해서이며, 반면에 다른 누군가를 비판하는 것은, 그가 했다고 이미 인정되는 것이 나쁘다는 것을 증명하기 위해서이다. 그런 차이는 외시적 표지들과 관련하여 완전하게 해결될 수 있다고 생각한다.

---

21 그런데 화용론적 전제들과 지시적 전제들은 **사실적 함의들**이라 말할 수 있다. 그리고 그것들은 과잉 코드화의 실천이나 기호 생산 및 해석 이론의 대상이다. 언어 이론에서 전제에 대한 최근의 문헌으로는 필모어, 1971; 랑겐도엔(1971); 레이코프(1971b); 필모어와 랑겐도엔(1971)에 실린 가너Garner, 키넌Keenan, 랑겐도엔, 사빈Savin의 글을 참조하기 바란다. 필모어(1971)는 /독신남/이 〔남성, 인간, 성인〕을 전제로 한다고 주장한다. 실제로 /저 남자는 독신남이 아니다/라는 발화체는 그가 결혼하였거나, 또는 결혼한 적이 있다는 것을 말하기 위한 것이지, 그 사람이 여성이나 어린이라는 것을 함의하기 위해 사용되는 것은 아니다. 하지만 2·9·1에서 이미 말했듯이 의미소의 재현에서 외시들은 계층적으로 배치되며, 따라서 전혀 결혼한 적이 없다는 속성을 부정하는 것은, 남성이고 성인이라는 좀 더 방대한 속성들을 부정한다는 것을 의미하지 않는다. 그러므로 기호학적 포함이라는 개념은 담론의 외적 상황들에 대한 의존이나 코드화되지 않은 사실들로부터의 추론이라는 그림자를 암시하지 않으면서도 전제의 개념과 똑같은 유리함을 갖고 있다.

그러므로 /고발하다/는 통사적으로 /v(x, y, z, k, w)/로 표시되고, 의미적으로는 다음과 같이 분석될 수 있다고 가정해 보자.

$d_{행위}$, $d_{주장}$, $d_{A:인간}$, $d_{O:인간}$, $d_{S:언표적}$, $d_{T:O의\ 행위}$, $d_{T:나쁜}$, $d_{P:폭로}$

실제로 고발하는 행위자는 언어적 수단을 통해 어느 인간 대상이 나쁘다고 간주되는 행위를 하였다고 주장한다. 이 동사의 수행적 성격은 [주장]이라는 표지에 의해 주어지며, 그 표지는 기호학적 포함을 통해, 화제가 [사실성]의 표지를 갖고 있다는 것을 부정한다. 그리고 언표적 성격은 도구가 언어라는 사실에 의해 주어진다.

이제 /비판하다/는 다섯 가지 논항의 술어로서 똑같은 통사적 표지를 갖는데, 의미적으로는 다음과 같이 분석될 수 있다.

$d_{행위}$, $d_{A:인간}$, $d_{S:언표적}$, $d_{O:인간}$, $d_{T:O의\ 행위}$, $d_{P:비난}$, $d_{P:증명}$

이 재현은 어떤 사람을 언어적 수단으로 비판할 수 있다는 것을 보여 주는데, 그의 행위가 나쁘다고 등록되어 있지는 않지만, 그것의 부정성을 검열 행위를 통해 증명하고자 하기 때문이다(책을 비판할 수도 있다는 사실은 등록되어 있지 않다. 거기에는 [비난]의 외시가 없는데, 그럴 경우에는 /비판하다/를 사용하기 어렵고 오히려 /비평하다/를 사용하기 때문이다). 비판되는 대상이나 행위가 〈현실적〉이라는 사실을 재현할 필요는 없다. 왜냐하면 그것은 화용론적 유형의 전제이며, 풍부하게 과잉 코드화되어 있는 상호 작용의 규칙들에 의존하기 때문이다(2·14·5 및 각주 29 참조). 그러니까 만약 누군가가 하지 않은 무엇인가에 대하여 그를 비판한다면, 그것은 마치 율리우스 카이사르가 세인트헬레나에서 죽었다고, 또는 잔 다르크의 남편이 사팔뜨기였다고 말하는 것과 같다. 또한 이탈리아어에서 /고발하다/는, 누군가의 잘못을 증명하는 어떤 대상(어떤 단서나 흔적)에 의해 얻는 효과와 관련될 수도 있으며(〈이 단서는 너를 고발한다!〉), 그렇기 때문에 다음과 같이 재현되어야 할 것이다.

$$d_{행위}, d_{O:인간} \left\langle \begin{array}{l} (cont_{A+인간}) - d_{P:비난}, d_{S:언표적}, d_{T:O의\ 행위}, d_{T:나쁜}, d_{P:폭로} \\ (cont_{A-인간}) - d_{S=A}, d_{증거}, d_{(O=O_2의\ A_2)}, d_{O_2:나쁜} \end{array} \right.$$

이 재현은 불만족스럽게 보일 수도 있는데 아주 간단한 이유 때문이다. 행위자가 대상이므로 수행적 언표 행위라고 말할 수 없지만, 대상이 마치 〈말하는〉 것처럼 행동한다. 실제로 /고발하다/의 이런 두 번째 의미는 비록 광범위하게 오용되고 있지만 하나의 수사학적 비유, 말하자면 **의인법**에서 나온 것이다. 하지만 그럴 경우 공시적인 구조적 재현은 통시적인 사실에 의존하고 어원론적 **흔적**을 제공한다. 또한 동시에 코드의 변화 과정(3·1 참조)이 일어났고, 그것이 의미 체계를 부분적으로 불안정하게 만들었다는 것을 보여 준다.

(6) 만약 일부 읽기 경로들을 둘 또는 그 이상의 동의어 의미소들의 단일 의미적 경로들로 간주한다면, 성분 나무는 단순화될 수 있다. 예를 들어 두 개의 상이한 의미소, 가령 모든 맥락에서 즉각적인 외시 〔**인간**〕을 갖는 〔*bachelor*₁〕과, 모든 맥락에서 즉각적인 외시 〔**동물**〕을 갖는 〔*bachelor*₂〕가 있다고 가정할 수 있다. 하지만 그렇게 하면 많은 은유적 대체들의 역사를 재구성하는 것을 포기해야 하는 위험이 따를 것이다. 특정한 유형의 물개, 결혼하지 않은 남자, 젊은 기사의 시종

은 세 개의 상이한 문화적 단위들이지만, 분명히 하나의 공통적인 성분(〔짝짓기를 하지 않은〕)을 갖고 있다. 그러므로 원래 의미소들 중 단 하나에만 상응하던 똑같은 이름(똑같은 어휘소)을 사용하고, 그것을 다른 두 가지에 부여하는 것이 아마 쉬웠을 것이다. 3·8에서 보겠지만 은유란 하나 또는 그 이상의 의미 표지들의 혁신적인 혼합을 통해 한 의미소를 다른 의미소로 대체하는 것일 뿐이다. 은유가 자리 잡을 때 **남용** *catachresis*의 과정이 나타나며, 두 개의 의미소는 상응하는 동일 어휘소를 얻게 된다(말하자면 일부 공통적인 성분을 갖는 두 개의 내용 단위들이 동일한 표현을 받아들인다).

단 하나의 복잡한 나무(은유나 남용에서 나온 동의어들을 고려하는 나무)를 여러 개의 단순화된 나무로 축소하는 것이 이런 유형의 의미적 친족 관계에 대해 고려하는 것을 방해하지 않아야 한다. 하지만 결론적으로 복잡한 여러 가치들을 갖춘 나무들을 착상하는 것이 더 유익해 보인다.

2·11·2 맥락들과 상황들의 코드화

당연히 카츠와 포더(1963)에 의해 이미 제기된 반박들을 고려해야 한다. 즉 상황적 또는 맥락적 선택들(말하자면 **세팅**들)의 이론을 세우는 것은 〈그 이론이 화자들이 세상에 대해 갖고 있는 **모든** 지식을 재현하기를 요구할 것이다〉. 하지만 이런 반박에 대해서는 이렇게 대답할 수 있다. (가) KF 모델이 유토피아적 세팅들의 이론에 부여한 기능들 중 상당수는 성분 분석에 의해 만족스럽게 수행되며, (나) 그 이론은 한 주어진 어휘 항목의 **모든** 가능한 사례들을 열거해야 하는 것이 아니라, 통계적으로 가장 개연적인 것으로서 **문화적으로** 또 **관습적으로** 인정된 사례들만 열거하면 된다.

카츠와 포더는 가령 /our store sells alligator shoe/ 같은 표현(이것은 〔우리는 악어가죽 신발을 팝니다〕나 〔우리는 악어용 신발을 팝니다〕 모두를 의미할 수 있다)의 올바른 명료화에 대해 약간 당혹스러움을 보인다. 그들은 적당한 상황(가령 가게 위의 간판)에서는 그 표현이 〔우리는 악어가죽으로 만든 신발을 팝니다〕라는 아주 명백한 의미를 얻을 것이라고 암시하지만, 혹시 다른 해석도 유효한 경우들이 존재하지 않는가에 대해 확신하지 못한다. 이런 당혹스러움은 이중적인 모호함에서 기인한다. 만약 적합한 의미적 재현을 갖고 있다면, 문화적 단위 〔신발〕은 고유의 명백한 속성으로 인간들이 사용하는 것이라는 속성을 드러내도록 분석되어야 하며, 따라서 〔동물〕의 표지를 갖는 의미소 〔악어〕와 혼합될 수 없어야 한다. 〔악어를 **위한** 신발〕로 읽을 수 없기 때문에, 첫 번째 가능성만 남을 뿐이다. 그러므로 어떤 모호함도 나타날 수 없다. 다만 디즈니랜드에서는 예외이다. 하지만 디즈니랜드는 일반적인 동화들의 세계와 마찬가지로 의미적으로 수정된 우주이며, 거기에서는 비록 우연이 아니라 정확한 규칙들을 토대로 할지라도 의미소들의 통상적인 외시들이 뒤집어져 있다.

그렇다면 문제의 표현을 그것의 발화 상황과 비교할 필요조차 없다. 그것이 혹시 동물원의 문 위에 쓰여 나타날지라도 고유의 유일한 의미를 간직할 것이다(기껏해야 동물원 책임자의 직업적 정당성에 대한 어떤 의혹을 유발할 것이다).

카츠와 포더가 제시하는 다른 예는 좀 더 당혹스럽다. 가령 /우리는 아이를 동물원에 다시 데려가야 한다/와 /우리는 사자를 동물원에 다시 데려가야 한다/라는 두 개의 표현은 올바르게 명료화될 수 있도록 일종의 추가적인 지식을 요구하는 것처럼 보인다. 최소한 그 저자들이 말하듯이, 〈사자들은…… 종종 우리 안에 갇혀 있다〉는 것을 알아야 한다. 그들이 〈종종〉이라고 말하는 것은 우연이 아니다. 혹시 일부 사자들은 어느 특이한 백만장자의 저택 안에서 자유롭게 돌아다닐 수도 있다. 하지만 이런 사실은 아주 특이하고 규칙들과 대립되어, 사회는 그것을 받아들이지 않을 뿐만 아니라 등록하지도 않고, 오히려 경찰에게 확인해 보라고 요구할 것이다. 사회가 등록하는 바에 의하면 통상적으로 사자들이 사는 곳은 (가) 정글, (나) 동물원의 우리 안, (다) 동물 서커스이다. 정글에서 자유롭게 살고 있는 사자는 관습적으로 〔자유〕, 〔오만함〕, 〔품위〕 또는 〔광포함〕을 함축한다. 동물원에 사는 사자는 무엇보다도 〔붙잡힘〕을 함축한다. 서커스의 사자는 〔길들임〕, 〔재주〕를 함축한다(반면 광포함의 함축은 배제되지는 않지만 이차적인 배경으로 넘어가는데, 서커스의 즐거움은 바로 그런 대립적인 함축들의 모호한 게임에서 나오기 때문이다. 이것은 무엇 때문에 서커스가 미학적 수행과 일부 공통점을 갖는지를 설명해 준다).

　만약 /동물원/이 〔붙잡힘〕의 표지를 갖는다는 것을 고려하면, 사자와 관련된 발화체에 대한 유일하게 올바른 읽기가 제시된다. 말하자면 동물원으로 데려가는 사자는 다시 붙잡힌 사자이다 ― 그리고 여기에서 동사 /다시 데려가다/는 맥락상 〔억압〕의 함축을 띠게 된다. 반면 어린아이에 대한 발화체의 경우 정확한 상황적 선택들이 없는 것처럼 보이며, 따라서 아이가 기대하는 경험이 즐거운 것인지 또는 아닌지에 대해 불분명한 상태로 남게 된다(이것은 코드에 의해 제공되는 지침들을 넘어서서 맥락적 해석의 대상이 되며, 자유로운 추정과 추론의 문제로 남는다). 하지만 사자에게는 그 경험이 불쾌하리라는 것은 분명하며, 바로 코드에 의해 제공되는 성분 재현을 토대로 하면 그렇다.

또한 /사자/와 /동물원/과 관련하여 상황적 선택들은 개입되지도 않았으며 맥락적 선택들로 충분하였다는 점을 주목하기 바란다(성분 재현은 〔정글〕 또는 〔동물원〕의 맥락에서 주어진 함축들이 나타난다는 것을 예상한다). 외부적 상황들(이것은 다른 기호 체계들과 연결된 대상들이나 기호들의 출현에 기인한다는 점을 기억하기 바란다)에 대해 말할 수 있을 텐데, 만약 동물원 정문 앞에서 /우리는 사자를 동물원에 다시 데려가야 한다/는 표현을 말했을 경우에만 그렇다. 하지만 그런 경우 상황은 지표적 가치를 가질 것이며(/우리는 사자를 **여기** 다시 데려와야 한다/), 따라서 처음에 검토한 형식으로 다시 옮기는 것을 허용할 것이다.

하지만 코드화된 상황적 선택의 경우를 확인하고자 한다면, 가령 해골의 그림이 어느 약병 위에 그려진 경우와 배전(配電) 상자의 문 위에 그려진 경우에 갖는 의미의 차이를 생각할 필요가 있다.

상황들의 이론을 세우기 위해서는, 상호 연결된 다양한 코드들의 일반적인 기호학적 배경을 받아들이지 않으면 말 언어의 의미론을 설명할 수 없다고 가정해야 한다. 실제로 외부의 객관적 상황들도 기호학적 관습과 처리에 종속되어야 할 필요가 있다. 단지 대상들, 이미지들, 경험들이 기호학 이론의 지배하에 있을 경우에만 외부 상황들이 코드화된 실체로서 의미소의 성분 스펙트럼 안에 들어간다고 생각할 수 있다. 단지 한 의미소의 가능한 내용이, 비언어적인 다른 경험의 가능한 내용과 함께 추상적인 문화적 단위로 옮아갈 경우에만, 여기에서 제안된 MSR를 그려 볼 수 있다.

여기에서 모든 맥락들과 모든 상황들을 고려할 수 있는 성분 나무를 세울 수 있을지를 물을 수 있다. 하지만 그런 질문이 의미를 갖는 것은, 무한한 요소들 사이의 모든 가능한 연결들을 상호 관계시키는 **총체적 의미 체계**가 존재할 경우이다. 만약 그렇지 않다면 질문은 다음과 같이 수정되어야 한다. 즉 그것이 이루어질 수 있는 담론의 분명한 우주들과 문화적 여건들이 있는가? 그런데 일부 상황적 선택들이나 맥락적 선택들이 코드화되어 있는 문화적 우주를 확인하는 것은 언제나 가능하다. 예를 들어 서양 문화의 범위 안에서 악어 신발의 경우가 그렇다. 신발이 거의 알려지지 않은(그리고 악어가죽으로 만들어진 신발에 대한 관념을 생각할 수 없는) 원시 문화에서는 위에서 논의한 문장이 잘못 해석될 수 있을 것이다. 원주민들은 악어를 위한 신발에 대해 말한다고 생각할 수도 있으며, 아마 그런 관념이 그들에게는, 신데렐라에게 우아한 선물을 하려는 취향 때문에 그 광포한 파충류를 죽이는 힘겨운 노고를 감내한다는 관념보다 덜 이상하게 보일 수도 있다.

2·11·3 백과사전으로서의 의미소

그러니까 불완전한 코드들의 경우도 있고, 반대로 과학적 기준들에 따라 계층적으로 조직된 의미 스펙트럼들의 경우도 있고, 일반적 견해에 의해 의미소에 부여되는 의미 속성들이 서로 연결되지 않은 목록들의 경우도 있다.

동물학자에게 〔고래〕는 계층적으로 또 단일한 의미로 조직된 의미소이고, 거기에서 이차적인 속성들은 좀 더 일반적이고 특징적인 속성들에 의존하므로 도표 18과 비슷한 형식의 성분 나무를 만들어 볼 수 있다.

중세 동물지(動物誌)의 저자에게 〔고래〕는 그와 유사하게 조직된 의미 스펙트럼을 가졌을 것이다. 다만 속성들이 달랐을 것이다. 그에게 고래는 물고기이지 젖먹이 동물이 아니었으며, 이차적 속성들 중에는 가령 **리바이어던, 악마**, 또는 죄를

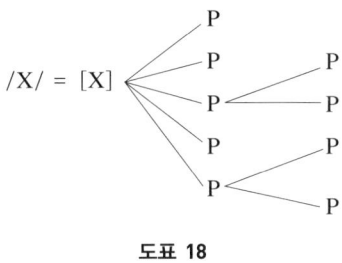

도표 18

재현하는 속성들처럼 일련의 비유적인 함축들도 자리 잡았을 것이다.

현대의 일반 사람에게 [고래]는 아마 상당히 앞뒤가 맞지 않는 의미소로서, 거기에는 물고기라는 속성과 젖먹이동물이라는 속성이 공존하고, 의미 스펙트럼이 마치 모순적이거나 어쨌든 양립할 수 없는 의미들 사이에서 무질서한 중첩들의 그물처럼 보일 수도 있다. 그런 의미적 역량의 예는 멜빌 Melville에게서 찾아볼 수 있다. 그는 의식적인 아이러니와 함께 낸터킷호(號) 선원들의 지식수준을 해석하면서, 고래가 온혈 2심방 심장과 허파, 〈암컷을 찌르는 음경과 젖을 먹이는 유방 *penem intrantem foeminam mammis lactantem*〉(『모비 딕 *Moby Dick*』, 제32장)을 가진 거대한 물고기라고 정의한다. 하지만 멜빌은 바로 고래의 이중적 성격, 즉 퀴비에 Cuvier가 연구한 젖먹이 동물과, 성서에서 묘사되는 악마적이고 환상적인 물고기의 이중적 성격을 활용하였으며, 따라서 경우에 따라 그런 성격은 이스마엘에 의해 비판적으로 고찰되거나 에이하브 선장에 의해 환각적으로 고찰된다.

이제 우리는 백과사전 형식의 의미 재현을 생각할 수 있는데, 그것은 바로 그러한 모든 인식적 차이들을 설명하고, 동시에 성서와 중세의 의미화들과 과학적 의미화들, 불분명한 민중적 의미화들을 포착하도록 허용하며(도표 19), 그리하여 그런 재현을 토대로 예를 들면 멜빌의 걸작에 대한 비평적 읽기가 이루어질 수 있고, 작가가 동원하는 모든 모호함을 의식적으로 활용하도록 해준다.

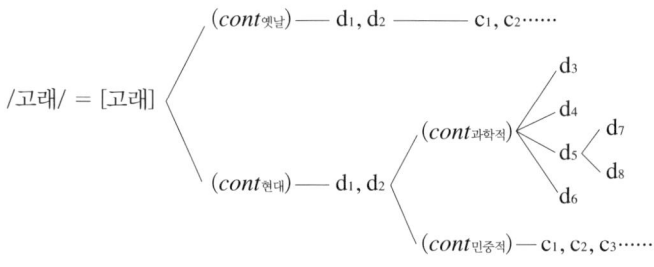

도표 19

이 모델은 2·10·2에서 이미 기술한 의미에서 백과사전 형식의 역량을 재현할 것이다.

고래의 경우 백과사전은 『트레카니 백과사전 *Enciclopedia Treccani*』보다 중세의 『세상의 거울 *Speculum Mundi*』과 더 비슷할 것이라는 사실은, 자연 언어들의 우주가 형식화된 언어들의 우주에서 아주 멀리 떨어져 있고, 오히려 〈원시적〉 우주와 많은 공통점들이 있다는 관념을 암시한다.

의미 [고래]와 관련하여 이것을 물고기로 간주할 것인가 아니면 젖먹이 동물로 간주할 것인가를 결정하는 일은 분명히 다른 모든 외시적 표지의 부여보다 앞서는 이전의 맥락적 선택에 의존한다. 물론 고래를 물고기로 이해하기 위해 어떤 문화는 고래가 [돌고래], [상어]와 대립되거나 연결되는(그런데 『피노키오』의 우주에서는 [고래]와 [상어]가 똑같은 의미 공간을 차지한다) 의미 영역을 이전에 조직해야만 하며,

그런 문화적 단위들은 일부 공통적인 표지들을 갖고, 또 일부는 대립적인 표지들을 가져야 한다. 고래가 젖먹이 동물로 간주될 경우에도 똑같은 일이 일어난다.

그렇다면 만약 현대의 맥락에서 [고래]를 볼 경우 우리는 다른 두 가지 맥락적 선택을 활용할 수 있다. 만약 과학적 맥락이라면 우리는 일차적인 외시들(이것들은 잉여성의 규칙 덕택에 등록되지 않을 수도 있다)에 의존하여 외시되는 속성들의 계층을 갖게 될 것이고, 반면에 민중적이거나 일반적인 담론의 맥락이라면 조직되지 않은 일련의 산발적인 함축들을 갖게 될 것인데, 그중 상당수가 아마 중세의 재현과 똑같을 것이다.

그런 유형의 성분 스펙트럼은 공시적이면서 통시적인 스펙트럼으로, 부여되는 시대에 따라 텍스트들을 명료하게 밝히도록 허용할 뿐만 아니라, 멜빌이 자기 작품 안에 집어넣은 이중적 게임을 받아들이도록 허용하기도 한다. 멜빌은 거기에서 고래에 대한 다양한 개념들을 교묘하게 활용하면서, 자기 게임의 미적인 결과들 중 하나인 총체적 모호함과 읽기 의미들의 중첩에 대해 깊이 성찰하였다.

2·11·4 비언어적 표현들의 성분 분석

MSR은 비언어적 기호들에도 적용될 수 있다. 다음과 같은 두 가지 예를 살펴보자(도표 20과 21 참조).

도표 20

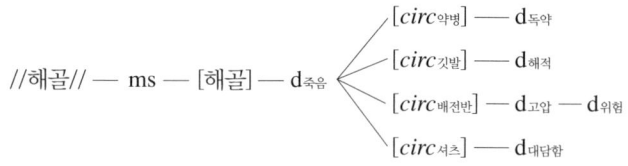

도표 21

물론 이 예들은 엄격하게 코드화된 시각적 기호들과 관련되며, 따라서 똑같은 과정이 소위 〈도상적〉 기호들에 적용될 수 없다고 반박할 수 있을 것이다. 그 특별한 문제는 제3장에서 논의될 것이다. 현재로서는 이 모델을 다른 유형의 기호들에 대해 증명하는 데 머무르고자 한다.[22]

2·11·5 지표들의 성분 분석

우선 소위 공범주적 기호들에 대해 MSR를 증명해 보자. 가령 /함께 with 대 없이 without/ 또는 /먼저 대 나중에/ 같은 용어들은 특정한 축 안에 들어 있는 문화적 단위들로 간주될 수 있다. 그리고 그 단위들이 어떻게 그것들이 나타나는 맥락과 상관없는 의미 표지들을 갖는가를 증명함으로써 분석할 수 있다. /(무엇의) 아래에/ 있다는 의미를 분석하는 것이 /(누군가의) 아버지/라는 것의 의미를 분석하는 일보다 더 힘든 것도 아니다(리치, 1969; 비어비슈, 1970 참조).

하지만 만약 가령 /이것-저것/ 또는 /여기-저기/와 같은 소위 직시(直示, deixis)적 기호들과 대용어(代用語, anaphora)적 기호들의 의미를 검토한다면 문제는 더욱 어려워질 위험

---

22 건축 기호들에 대한 분석은 에코(1971)에서 이루어졌는데, 여기에서는 건축의 대상 //기둥//의 의미들을 성분으로 분석하였다.

이 있다.

그런 기호들은 몸짓 지표들이나 방향 표시 화살표들과 매우 유사해 보인다. 방향 표시 화살표들은 뒤이어 좀 더 자세히 검토할 것인데, 그것들의 특수한 통사적 표지들도 고려해야 하기 때문이다. 하지만 내용의 조직에 대해서는 지금 언어적 지표들에 대해 논의하는 것이 그것들에도 그대로 적용될 수 있다. 퍼스는 자신의 대상과 인과적으로 연결된 기호들을 지표라고 정의하였으며, 증상들, 흔적들 등을 지표로 분류하였다. 하지만 그는 최소한 두 차례에 걸쳐 몸짓 지표들과 언어적 〈변환자들(*shifters* 또는 *embrayeurs*)〉을 지표의 부류에서 제외하려고 시도하였는데, 그것들이 지시하는 대상과의 물리적이고 필연적인 연결 관계를 보이지 않고, 또한 자연적이지 않고 인공적이며, 종종 자의적인 결정으로 고정되기 때문이었다. 퍼스(CP, 2·283)는 그것들을 〈하위 지표〉 또는 〈하위 의소〉라 불렀다.

그런데 그 하위 지표들도, 그것들이 방향을 가리키는 대상 및 거기에서 고유의 의미를 얻는 것처럼 보이는 대상과 연결되어 있으므로, 지시적이지 않은 기호학의 범위 안에 들어갈 수는 없다. 만약 기호가 표현과 내용 사이의 상호 관계로 구성된다면(그 지시물의 존재와는 상관없이), /이것/처럼 그것이 지시하는 사물의 현존에서 의미를 받는 지표를 어떻게 〈기호〉라고 부를 수 있을까? 그것이 지시하는 사물은 언어 외적인 실체가 될 수도 있고(가령 /이 캐러멜들 중에서 어느 것을 원하니?/ 하는 질문에 /이것/ 하고 대답할 때, 또는 어느 특정 대상을 향해 손가락으로 가리킬 때 그런 것처럼), 아니면 가령 /나는 이와 같은 문장에 동의하지 않아/라고 말할 때처럼 언어 표현이 〈대용적으로〉 지시하는 언어학적 실체가 될 수도 있다. 어떠한 경우든 손가락이 〈가리키는〉 것은 언제나 해당 발화체 외부의 무엇이다.

하지만 이제 그 누구도 이전에 다른 어떤 말도 하지 않았는데(또한 나중에 말하지도 않는데), 누군가 /나는 이와 같은 문장에 동의하지 않아/ 하고 말한다고 가정해 보자. 메시지의 수신자는 언어가 〈어울리지 않게〉 사용된 것을 깨닫고, 도대체 발신자가 무엇을 지시하는가를 궁금해하기 시작한다(혹시 믿을 만한 어떤 전제를 찾으려고 그와 나누었던 마지막 대화를 기억하려고 노력하면서). 이것은 발신자가 언어적 지표의 사용을 통해 대략 〔나는 지금 여기에 없고, 또한 이 발화체에 앞서 있었던 무엇인가를 지명하고 있다〕고 전제하였다는 것을 의미한다. 그러므로 /이것/의 의미는, 비록 전제된 언어적 사건 또는 사물이 존재하지 않거나 전혀 일어나지 않았을지라도 〈이해된다〉.

그러므로 다시 한 번 거짓말을 하기 위해, 말하자면 어떤 증명할 만한 지시물도 상응하지 않는 내용을 운반하기 위해서도 표현들을 사용하는 것이 가능하다. **지시물의 현존은 언어적 지표의 이해에 필수적이지 않다.** 언어적 지표 역시 내용을 운반하는 표현이다. /이것/의 경우 외시되는 표지는 〔가까움〕이다(〔화자에게의 가까움〕이라는 의미에서 〔화자〕라는 추가적인 표지와 함께). /나/의 사용은 〔발화체의 논리적 주체는 발화의 발신자 또는 발화 행위의 주체이다〕를 의미한다는 의미에서 그렇다.

하지만 만약 이런 설명을 받아들인다면, 지표들과 하위 지표들의 지시 이론은 위기에 처하게 된다. 지시 이론에 의하면 지표는 **대상과의 물리적 가까움 때문에** 어떤 대상을 가리킨다(비록 그것이 다른 언어적 요소일지라도 그렇다). 그러므로 〈가까움〉은 언제나 표현의 통사적 표지로 간주되었지만, 상당히 흥미로운 통사적 표지이다. 표현이 어떤 대상을 고유의 의미로서 의미할 수 있는 것은 대상의 가까움이 기표의 표지이기 때문이다.

반대로 이 이론은 지시물과의 물리적 연결을 **배제하며** 가까움을 운반된 내용으로 간주한다.

/이것/은 무엇인가가 그에게 가까이 있기 때문에 의미를 얻는 것이 아니다. 오히려 반대로 /이것/은 그에게 가까이 있는 무엇인가가 존재해야 하기 때문에 의미를 갖는다.

그렇기 때문에 만약 누군가가 즉각적으로 가까운 곳에 책들이 없는데도 /너는 어떤 책을 좋아하느냐?/ 질문하고 /이것/이라고 대답한다면, 청자는 아주 가까이 있어야 하는 무엇인가를 가리키고 있다는 것을 아주 잘 이해한다. 그럼에도 불구하고 가까운 곳에 책들이 없다는 것을 깨달으면, 부적절하고, 잘못되고, 쓸모없는 지시 행위를 수행하고 있다는 것을 이해한다.

/이것 대 저것/의 표현적 대립은, 내용의 정확한 나누기를 재현하는 〔가까움 대 멀리 있음〕(또는 〔가까움 대 −가까움〕)의 의미적 대립을 토대로 한다.

만약 /어떤 것?/이라는 질문이 화자로부터 똑같은 거리에 있는 둘 또는 그 이상의 대상들과 관련된다면, /이것/이라는 대답은 만약 비언어적인 지표(가리킨 손가락, 눈이나 머리의 움직임)가 수반되지 않는다면 작용하지 않는다. /이것/의 내용은 이해할 수 있지만 지시 행위는 결과적으로 불완전한 것이 된다. 그렇다면 이렇게 말할 수 있을 것이다. (가) 많은 경우 언어적 지표들은 순수한 잉여적 기능을 갖고 있으며 중요한 것은 몸짓 지표이다. (나) 몸짓 지표는, /이것/의 대상은 손가락이 가리키는 것이라고 규정하는 상황적 선택으로 간주되어야 한다. (다) 실제로 서로 중첩된 두 가지 지시 행위들이 있다. 먼저 /이것/은 가리키는 손가락이 그 대상이 되는 지시 행위를 시작하고, 그런 다음 손가락이 문제의 대상을 지시한다. 하지만 설명 (다)는 단지 설명 (가)를 복잡하게 표현한 것인데, 이 경우에도 언어 지표는 잉여적 기능을 띠기 때문이다.

또 다른 문제는 언어 지표들이 **언어로 옮길 수 있는** 내용을 대신하는가 하는 것이다. /이것/은 실제로 단어 /가까움/에 의해 해석될 수 있는 무엇인가를 의미하는가? 이제 /이것/의 〈직시적〉 기능이 아니라, 〈대용적〉 기능을 이해해 보자.

직시적 목적으로 사용될 때 /이것/은 지시 행위를 시작하지만, 대용적 기능을 가진 맥락이 나타날 때는 어떤 전제를 함의하는 것처럼 보인다. 그런 경우 심지어 /이것/과 /저것/ 사이의 차이까지 사라지고(직시에서는 〔가까운 대 먼〕의 의미적 대립에 의존한다), /이것은 내 마음에 들지 않아/ 또는 /네가 말한 그것은 내 마음에 들지 않아/라고 말하면서 똑같은 전제를 함의할 수 있다. 가장 명백한 외시는 〔이전의 의미 단위〕일 것이다. 하지만 그런 언어화는 많은 문제를 해결하지 못한다. 이전의 의미 단위는 문장 전체, 단어 하나, 기다란 담론이 될 수 있으며, 어떠한 경우든 그것이 그 대용적 용어를 사용하기 〈직전에〉 선행해야 할 필요는 없다. 좀 더 일반적이지만 좀 더 만족스러운 언어화는 〔이전에 운반된 내용에서 **중요한** 마지막 부분〕이 될 것이다. 실제로 /이것/과 /저것/은 대용적으로 사용될 때 일반적으로 〈마음을 뒤로 돌려〉 보라고 권유하는 듯하다. 그러한 관심 돌리기 작업이 일단 시작되면 나머지는 자유로운 맥락적 해석의 문제로 남는다. 그러므로 직시적 기능으로 사용되는 /이것/ 또는 /저것/의 내용을 가령 〈→〉 같은 비언어적 기호와 함께 등록하는 것이 좀 더 만족스러울 것이다. 그렇다면 대용적 기능은 〈←〉로 등록될 수 있을 것이다.[23]

23 대용적 참조의 부정확함 때문에 음성학적 재현의 층위에서 /이것/이

우리는 2·7·2와 2·10·4에서 주장한 것, 말하자면 **기호의 해석소는 똑같은 유형의(똑같은 기호 체계에 속하는) 기호가 되어야 하는 것은 아니다**라는 점을 기억해야 한다. 그러므로 단어의 외시가 필수적으로 다른 단어로 번역될 수 있는 것이 되어야 하는 것은 아니다. 예를 들어 들어오다, 나가다, 올라가다, 눕다, 매달리다 등은 몸의 행동과 관련되는 아주 잘 나뉜 내용의 부분들이다. 그런 〈행동의 나뉜 부분들〉은 문화적으로 목록화되어 있으며 이름도 갖고 있다. 그렇지만 운동학의 최근 경험들에 의하면 몸짓은 표현의 단면과 관련해서는 비언어적 표기를 통해 훨씬 잘 기술될 수 있고, 그 내용과 관련해서는 행동적 반응들이나 영화 기록들을 통해 잘 기술될 수 있다. 모리스(1946)가 기호의 〈의미되는 것 *significatum*〉은 거기에 반응하려는 우리의 성향이라고 말할 때(의미론을 기표의 효과들에 대한 행동주의적 증명으로 축소하면서), 그는 분명히 의미의 이론을 받아들일 수 없는 것으로 축소시키고 있다. 하지만 일부 기표들은 행동적 반응들에 의해 해석되어야 한다는 것을 암시한다.

그렇다면 /이것/의 주요 외시들 중 하나는 행동적 태도라고 가정해 보자. 우리가 직면하고 있는 표현은 지시적이면서

내용의 어떤 부분을 지시할 수 있는가 최대한 정확하게 설정하도록 도와주는 **억양** 현상들이 개입한다. 가령 다음과 같이 서로 다른 부분을 강조하면서 똑같은 문장을 두 가지로 발음하는 경우를 가정해 보자. (1) */sei andata a Mosca con Luigi, e questo non lo sopporto!*(너는 루이지와 함께 모스크바에 갔어. 나는 이것을 견딜 수 없어!)/, (2) */sei andata a Mosca con Luigi, e questo non lo sopporto!*(너는 루이지와 함께 **모스크바**에 갔어. 나는 이것을 견딜 수 없어!)/. 분명히 전자의 경우 질투의 장면을 목격하게 되고, 후자의 경우에는 반(反)소비에트적 히스테리의 발현을 목격하게 된다. 억양 현상들의 의미적 뿌리내림에 대해서는 레이코프(1971b) 참조.

동시에 명령적이며(~에 관심을 기울이라고 나에게 명령한다), 그것은 모리스의 용어들에서 **규정체**prescriptor보다 **지명체**designator로 정의될 수 있을 것이다(그러므로 그것은 모리스처럼 **확인체**identifior와 관련되며, 따라서 러셀이 말하는 의미에서의 고유 명사들과 비슷한 것과 관련된다고 말하는 것이 나을 것이다).

따라서 직시적으로 사용될 때 /이것/은 〔→ (또는 〔~을 보아라〕) + 가까운 + 화자〕를 의미한다. 반면에 대용적으로 사용될 때 /이것/은 〔← + 가까운 + 맥락〕을 의미한다.

그러므로 그 성분 분석은 다음과 같은 형식을 띨 것이다.

$$/\text{이것}/ - ms - [\text{이것}] - d_{\text{가까운}} \begin{cases} [circ_{+\text{지표}}] - d_{\text{발신자}} - d \longrightarrow \\ [circ_{-\text{지표}}] - d_{\text{맥락}} - d \longleftarrow \end{cases}$$

도표 22

그러므로 /이것/은 언제나 가까움의 외시를 갖는다. 하지만 몸짓 지표와 연결될 때에는 화자에게 가까움을 외시하고 수신자의 관심을 직시적 의미에 집중시킨다. 반면 몸짓 지표가 없을 경우에는 관심을 이전의 맥락으로 되돌아가서 집중시켜야 한다는 것을 의미한다.[24]

의미 표지들이 비언어적이고 언어로 번역될 수 없는 인공

---

24 이런 유형의 의미 재현을 심화시키면 아마 〈지시 형용사〉와 〈지시 대명사〉 사이의 구별이 얼마나 인위적인지 알 수 있을 것이다. 가령 사과 하나를 가리키며 /나는 이것을 원해/ 또는 /나는 이 사과를 원해/ 하고 말하거나, 아니면 /너는 내 뺨을 때렸고, 이것은 내 마음에 들지 않아/ 또는 /너는 내 뺨을 때렸고, 이 사실은 내 마음에 들지 않아/ 하고 말할 경우 지시의 성격이나 운반되는 의미는 바뀌지 않는다.

물이 될 수도 있다는 것을 일단 인정하면, 지표에 대한 재현은 /고래/ 같은 범주어의 재현과 다르지 않다는 것을 쉽게 알 수 있다.[25] 또한 가령 /오렌지/ 같은 범주어들에서도 색깔이나 형태, 울퉁불퉁한 껍질, 맛처럼 언어화할 수 없는 표지들을 예상해야 한다는 점을 고려하기 바란다.

똑같은 유형의 재현은 가리킨 손가락이나 다른 운동학적 〈가리킴〉처럼 고유의 지시 대상과 아주 밀접하게 연결되어 있는 것처럼 보이는 비언어적 지표들에 대해서도 증명될 수 있을 것이다.

어쨌든 몸짓 지표들의 분석은 결과적으로 더욱 힘들다. 왜냐하면 언어적 표현의 경우 통사적 표지들의 분석(음성학과 통사론에 의해 이미 방대하게 분석된)은 해결된 것으로 주어지지만, 가리킨 손가락에 대해서는 통사적 표지들이 무에서 확인되어야 하기 때문이다.

당연히 그것은 언어적 표현들의 특징과는 다른 물리적 특성들이다. 상이한 유형의 표현들은 상이한 물리적 매개 변수들의 체계들과 관련되고(3·4·2 참조), 상이한 물리적 매개 변수들은 상이한 특징적 특성들을 생성시키기 때문이다.

가리킨 손가락은 적절한 **네 가지 통사적 표지들**을 갖는데, 두 가지는 차원적이고 다른 두 가지는 운동학적이다. 먼저 //길이//의 표지와, //끝// 또는 //말단//의 표지가 있다. 손

---

[25] 물론 이 모든 것은 또 다른 문제를 일으킨다. 가령 /만약/ 또는 /그렇다면/ 같은 공범주어들도 성분으로 분석될 수 있다면, 맥락 안에서 기호의 통사적 위치에 대해서는 무엇이라고 말해야 할까? /*Paolo ama Maria*(파올로는 마리아를 사랑한다)/에서 파올로를 주체로 만들고, 마리아를 열정의 대상으로 만드는 것은 바로 위치이다. 그런데 모리스(1938)는 단어들의 순서도 기호로 정의하였고, 그런 유형의 기호를 형성체*formator*라 불렀다. 이런 문제에 대한 해결에 대해서는 3·6·5 참조.

가락은 넓다기보다 길고, 손톱 끝에서 〈멈춘다〉. 이런 관찰은 진부해 보일 수도 있지만 그렇지 않다. 가리킨 손가락을 대신하는 다른 인공물들을 생각해 보면, 그것이 똑같은 물리적 특성들을 실현하는 데 얼마나 필수적인 요소인지를 알 수 있을 것이다. 예를 들어 방향 표시 화살표는 길이나 말단을 모두 〈도상적으로〉 재생한다. 물론 화살표는 끝에서 〈멈춘다〉는 인상보다, 거꾸로 갈 수 없고 주어진 방향을 〈향해 여행한다〉는 인상을 준다. 하지만 이렇게 암시되는 움직임은 화살표가 〈탄생하는〉 지점과, 그곳을 향해 〈자라나는〉 지점을 알아보고 구별하도록 도와준다. 바로 화살표는 손가락과 마찬가지로 〈뿌리〉와 〈말단〉을 갖고 있으며, 두 경우 모두에서 말단은 적절한 것이 된다. 물론 도로의 화살표는 무엇인가를 향하여 실제로 움직이지 않지만, 가리킨 손가락은 실제로 움직인다. 하지만 가리킨 손가락을 대체하기 위해 화살표를 선택하는 것은 우연이 아니다. 화살표는 손가락이 실제로 실현하는 그 움직임을 전제하도록 한다.

그러므로 가리킨 손가락의 셋째 특성은 //~을 향한 움직임//이다. 그것은 감지되지 않을 경우에도 언제나 현존하는 표지이다. 특히 다른 운동학적 지표들에서 움직임은 너무나도 중요해서(〈~을 향해 돌리는〉 머리, 또는 어느 주어진 방향으로 돌리는 눈을 생각해 보라), 실제로는 부재하는 길이의 표지보다 더 중요하게 된다.

따라서 머리와 눈의 움직임에서는 움직임과 말단이 필수불가결한 표지들로 우세하지만, 가리킨 손가락에서는 말단과 길이가 우세하다. 길이는 아주 중요해서 만약 무엇인가를 단 하나의 손가락으로 가리키지 않고 검지 두 개를 평행으로 사용한다면, 가리키는 능력은 그 두 손가락 사이의 거리에 의존한다. 만약 그 거리가 가령 몇 센티미터라면 길이 표지는 두 손가락 사이의 거리에 따라 표현되는 //넓이//에 의해 중화되게 된다. 실제로 그런 몸짓은 무엇인가를 가리키기 위한 것이 아니라, 다른 무엇의 크기를 재려는 것으로 볼 수 있을 것이다. 하지만 두 손가락 사이의 거리를 1센티미터 이하로 줄이기만 해도, 길이의 성격은 다시 나타나고 명백해지며, 방향을 표현하려는 의도를 다시 확인해 준다.

넷째 표지도 운동학적인 것으로 //역동적 힘//이다. 이 표지를 정확하게 기술하거나 등록하고 코드화하기는 매우 어렵지만, 바로 이 표지를 토대로 손가락이 화자로부터 〔가까움〕을 표현하는지 아니면 〔멀리 있음〕을 표현하는지를 구별하게 된다. 손가락이 활력 없이 가리킬 때는 〔가까움〕을 의미하고, 반대로 커다란 활력과 함께 가리킬 때는(그럴 경우 몸짓은 더욱 풍부하고 팔과 어깨도 함께 가담한다) 〔멀리 있음〕을 의미한다. 따라서 힘이 불분명할 경우 몸짓 지표에는 언어적 지표가 함께 수반되어야 한다(도표 22에서 보았던 것처럼). 가령 /어떤 것?/이라는 질문에 대답할 때, 언어적 표현에 몸짓 지표를 수반하지 않고 /이것/ 또는 /저것/이라고 말할 수는 없다(비록 이탈리아어는 /이것/, /그것/, /저것/에 차별적인 의미를 부여하도록 허용할지라도 그렇다. 하지만 우리의 일상적인 행동을 생각해 보면 최소한 눈짓이라도 덧붙이지 않고는 절대 그런 지표들을 사용하지 않는다는 것을 알 수 있다). 다만 하나는 현존하고 다른 하나는 부재하는 대상 두 개 사이의 선택처럼 아주 드문 경우는 예외이다. 어쨌든 몸짓 지표에서 언어적 지표의 현존은 상황적 선택이 된다(반면 도표 22에서 몸짓 지표는 언어적 지표에 대하여 상황적 선택이 된다).

통사적 표지들

//가리킨 손가락// $\left\{\begin{array}{l}+ \text{길이} \\ + \text{말단} \\ + \text{움직임} \\ + \text{힘}\end{array}\right\}$ [의미소] $-\text{d}_{\text{방향}} \longrightarrow \text{d}_{\text{면}} \longrightarrow \text{d}_{\text{발신자}}$

//가리킨 손가락// $\left\{\begin{array}{l}+ \text{길이} \\ + \text{말단} \\ + \text{움직임} \\ - \text{힘}\end{array}\right\}$ [의미소] $-\text{d}_{\text{방향}} \longrightarrow \text{d}_{\text{가까운}} \longrightarrow \text{d}_{\text{발신자}}$

//가리킨 손가락// $\left\{\begin{array}{l}+ \text{길이} \\ + \text{말단} \\ + \text{움직임} \\ \pm \text{힘}\end{array}\right\}$ [의미소] $-\text{d}_{\text{발신자}} \left\langle\begin{array}{l}[circ/\text{이것}/] - \text{d}_{\text{가까운}} \\ [circ/\text{저것}/] - \text{d}_{\text{면}}\end{array}\right.$

도표 23

하지만 앞에서 언어적 지표에 대해 말할 때 통사적 표지들은 의미적 표지들에 완전히 의존하였던 반면, 가리킨 손가락에서 주어진 통사적 표지의 현존 또는 부재는 의미적 표지들의 변화를 결정한다는 것을 주목해야 한다. 그러므로 몸짓 지표들에서 **의미소의 조직은 표현 기능소에 의해 채택되는 신호의 구조에 의해 결정된다**고 말해야 한다. 그것은 바로 기표와 의미 사이의 **동기화**motivation라는 널리 알려진 연결로서, 거기에 대해 이미 많은 학자들이 연구한 바 있고, 대개 자의적 기호와 동기화된 기호를 구별하는 역할을 한다. 이 점에 대해서는 3·4·10의 기호 생산 이론의 범위 안에서 다시 다룰 것이다.

그렇다면 코드 이론은 자의적 기호와 동기화된 기호 사이의 차이를 무시할 수 있다. 왜냐하면 코드 이론은 관습이 원래 주어진 방식이나 일반적으로 받아들여지는 방식과는 상관없이, 어느 주어진 표현을 주어진 내용과 상호 관계시키는 관습이 존재한다는 사실에만 관심을 기울이기 때문이다. 그리고 관습이 존재한다는 사실은, 많은 문화에서 가리킨 손가락이 가리킴의 기능을 수행하지 않고(오히려 예를 들어 저주의 기능을 수행한다), 가리킴의 기능이 가령 입술의 움직임 같은 다른 몸짓들에 의해 수행되기도 한다(셔저Sherzer, 1973)는 사실에서도 확인된다.

2·12 Q 모델

2·12·1 의미의 무한한 순환성

MSR는 KF 모델에 가한 반박들 중 최소한 하나를 피하지 못한다는 것을 고려해야 한다.

성분 분석은 의미소에서 의미적 표지들을 재현하는 다양한 매듭들로 구성되는 의미들 또는 읽기의 경로들을 분리한다. KF 모델에서 그런 표지들은 어느 순간 암시적으로 지시적이며 복잡한 정의들(**구별소들**)이 되지만, MSR에서는 모든 것이 문화적 단위들의 그물로 환원된다. 하지만 성분 나무에 등록된 것으로서 문화적 단위들에 대한 질문은 여전히 열려 있다. 예를 들어 /고래/ 또는 /이것/을 해석하면서 〔물고기〕 또는 〔가까운〕이라는 단위들을 표현하기 위해 사용된 /물고기/ 또는 /가까운/이라는 표현들은 도대체 무엇인가? 카츠와 포더는 그것들은 다른 단어들이 아니라 메타 기호학적 구성물들이라고 말할 것이며, 설명적 도구로 제시되었기 때문에 더 이상 설명될 수 없어야 한다고 말할 것이다. 하지만 그런 대답은 한편으로 다른 어휘적 사실들을 설명하는 어휘적 사실들 앞에 직면하고 있다는 인상을 피하지 못하며, 또한 아주 방대한 분량의 표현들을 설명할 수 있는 의미적 보편들의 한정되고 축소된 총체와 관련되어 있다는 인상을 피하지도 못한다.

불행히도 앞에서 보았듯이 그런 보편들을 축소하려고 노력할 때(수직성에 대한 그레마스의 의소 분석에서처럼) 그것들은 많은 의미적 차이들을 설명하는 데 충분하지 않다. 그리고 표지들의 수가 증가함에 따라(포티에의 경우처럼) 특별한 장치들 앞에 직면하게 되며, 마지막으로 KF 모델에서 구별소들이라는 지나친 경험주의에 도달하게 된다. 실제로 앞에서 말했듯이 숙명적으로 **한 의미소를 분석하기 위해 제시되는 모든 의미 단위는 또다시 나름대로 분석되어야 하는 의미소가 된다.** 그러므로 가령 도표 24처럼 아주 단순한 의미소가 주어질 경우 d_1, d_2, d_3, d_4와 c_1, c_2, c_2, c_4는 또다시 나름대로 그만큼의 [S], 말하자면 새로운 성분 나무의 출발점이 되어야 한다.

$$/s/ - ms - [S] - d_1, d_2 \begin{cases} (cont_a) - c_1, c_2 \\ (cont_b) - d_3, d_4 - c_3, c_4 \end{cases}$$

도표 24

간단히 말해 각 표지는 의미소 내부에서 일종의 **사이에 끼워진**embedded 의미소가 되며, 그것은 또다시 고유의 성분 나무를 생성시키고, 그런 식으로 무한하게 이어진다. 그렇게 무한 반복되는 파노라마에 대한 도형적 재현은 상상하기 어렵다. 그런 재현은 해당되는 각 단위에 가치를 부여하는 모든 기저 의미 영역들을 고려해야 한다는 점을 생각하면 그렇다. 그렇다면 바로 인간들이 살고 있는 의미 우주가 되어야 하는 그러한 의미 우주를 어떻게 재현할 것인가?

다른 방법론적이고 학문적인 맥락에서 만들어졌지만, 특

이하게도 우리의 논의 목적에 부합하는 제안을 검토해 보자. 바로 로스 퀼리언M. Ross Quillian(1968)에 의해 만들어진 의미 기억의 모델이다.

2·12·2 n – 차원의 모델: Q 모델

퀼리언의 모델(**Q 모델**)은 상이한 유형들의 연상적 연결들에 의해 상호 연결되는 매듭들의 무리를 토대로 한다. 의미소의 각 의미에 대해 기억 속에 하나의 매듭, 즉 정의해야 하는 용어, 여기에서 **유형**type으로 일컫는 용어를 고유의 〈우두머리patriarch〉로 예상하는 매듭이 있어야 한다. 한 **유형** A의 정의는 **사례**token들로 채택되는(또한 모델에서는 다른 어휘소들이 되는) 일련의 다른 기표들의 사용을 자신의 해석소들로서 예상한다.

어휘소의 의미에 대한 형상화는 다양한 사례들과의 복잡한 연결들에 의해 주어지는데, 하지만 그 사례들 각각은 자기 나름대로 유형 B, 즉 새로운 형상화의 우두머리가 된다. 그것은 다른 많은 어휘소들을 포함하고, 그 어휘소들의 일부는 유형 A의 사례들이었던 것이기도 하며 또한 유형 A 자체를 사례로 포함할 수도 있다. 여기에서 /plant/에 대한 정의를 예로 들어 보자. 그 정의는 도표 25의 도식에서 그림의 형식으로 되어 있다.

이 도식에서 보다시피 /grow/ 같은 사례는 새로운 가지치기(또는 단면plane)의 유형이 될 수 있으며, 그것은 /plant/의 사례들 중에서 여러 개(예를 들면 /air/ 또는 /water/ 같은)와 심지어 /plant/ 자체까지 고유의 사례들도 포함한다.

이러한 의미 기억의 총체적 구조는 그 각각의 단면이 원래의 매듭을 제외한 사례들의 매듭들로 구성되는 그런 단면들의 엄청난 집합을 형성할 것이다.

보다시피 이 모델은 해석소들로 기능하는 다른 모든 기호들의 우주와의 상호 연결 덕택에 각 기호의 정의를 예상하는데, 그 해석소들 각각은 또다시 다른 모든 기호들에 의해 해석될 준비가 되어 있다. 이 복잡한 모델은 **무한한 세미오시스**의 과정을 토대로 한다. 유형으로 채택된 하나의 기호에서 출발하여, 중심에서 가장 극단적인 주변에 이르기까지, 문화적 단위들의 우주 전체를 거쳐 가는 것이 가능하며, 각 문화적 단위는 또다시 나름대로 중심이 되고, 또다시 무한한 주변들을 생성할 수 있다.

이런 모델은 그 일부만 검토할 경우 2차원적 그래픽의 형상화로 이루어질 수 있다(그리고 그 기계적인 시뮬레이션에서는 채택된 사례들의 제한된 숫자 덕택에 거기에다 기술 가능한 구조를 부여할 수 있다는 것을 이해할 수 있다). 하지만 실제로는 **어떤 도형도 그 복잡함을 재현할 수 없다.** 그것은 위상(位相)적 속성들을 가진 일종의 다차원적 그물처럼 보여야 하는데, 거기에서 경로들은 짧아지거나 길어지며, 각 용어는 지름길들과 즉각적인 접촉들을 통해 다른 용어들과 가까워질 수 있고, 그러면서 동시에 언제나 변화무쌍한 관계들에 따라 다른 모든 용어들과 연결되게 된다.

개별 문화적 단위들을 상자 안에 들어 있는 무수히 많은 수의 작은 공들로 상상해 볼 수 있을 것이다. 상자를 흔들면 공들 사이에 상이한 연결들과 가까움, 형상화가 나타날 것이다. 이 상자는 고도의 엔트로피를 가진 정보의 원천을 이룰 것이며, 자유로운 상태에서 의미적 연상들의 추상적인 모델이 될 것이다. 각자의 기질이나 이전의 지식, 고유의 특이함에 따라 각자 가령 어휘소 /켄타우로스/에서 출발하여 〔원자탄〕 또는 〔미키마우스〕라는 단위에 도달할 수도 있다.

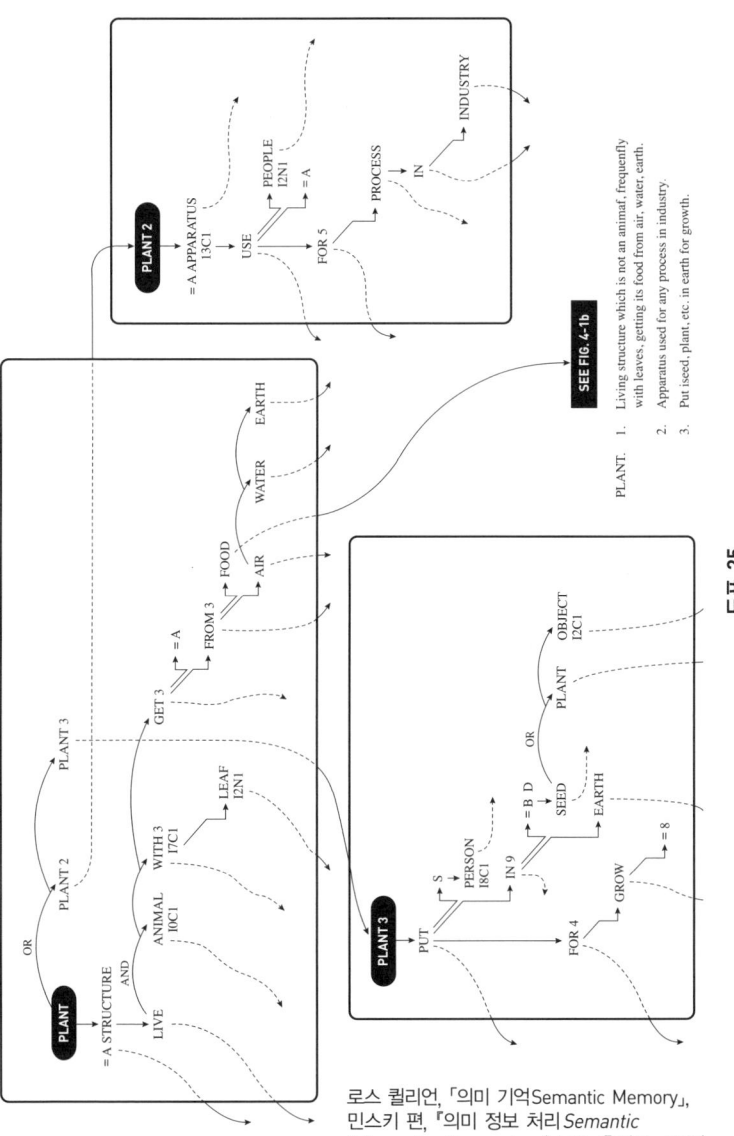

로스 퀼리언, 「의미 기억Semantic Memory」, 민스키 편, 『의미 정보 처리Semantic Information Processing』(M.I.T. 출판부, 1968)

도표 25

하지만 지금 우리는 한 어휘소에 관습적으로 부여된 함축들을 설명할 수 있는 기호학적 모델을 찾는 중이다. 그러므로 자성(磁性)을 띤 공들, 그러니까 일부는 가까워지고 일부는 그렇지 않도록 **당김*attraction*들과 밀침*repulsion*들의 체계**를 형성하는 공들을 생각해 보아야 할 것이다. 그런 자성화는 상호 관계의 가능성들을 축소시킬 것이다. **그것은 하나의 s-코드를 형성할 것이다.**

이 **총체적 의미 우주** 안에 있는 각 문화적 단위는 제한된 수의(비록 아주 방대할지라도) 다른 단위들과 조화를 이루게 하는 어떤 주어진 파장을 발신한다고 생각하는 것이 더 나을 것이다. 여기에서도 s-코드의 모델이 나타날 것이다. 다만 파장들은 발신된 새로운 메시지들에 따라 바뀔 수 있고, 따라서 당김과 밀침의 가능성은 시간 속에서 변화한다는 것을 인정해야 할 것이다.

실제로 Q 모델은 코드가 새로운 정보들에 의해 부양될 수 있고 불완전한 자료들에서 다른 자료들을 추론할 수 있도록 허용한다. **Q 모델은 언어적 창조성의 모델이다.** 또한 의미에 대한 비트겐슈타인의 논의들에 대해서도 포괄적인 이미지를 부여한다. 비트겐슈타인(1953 : I, 67)은 〈가족 유사성*Familienähnlichkeiten*〉의 존재를 인용할 때 /게임/을 예로 든다. 게임의 관념은 체스에서 공놀이에 이르기까지 매우 동떨어진 활동들의 가족을 가리키는데, 그것들은 공통의 성분들을 가질 수도 있고(두 사람이 하는 공놀이와 체스 사이에는 승리와 패배의 관념이 있다), 근본적인 상이함에 의해 분리될 수도 있다(체스 게임과 어린이가 혼자 벽을 향해 공을 던지는 외로운 놀이, 또는 체스 게임과 강강술래). 비트겐슈타인은 〈무엇인가가 그 실 전체를 관통한다. 말하자면 그 섬유소들의 끊임없는 중첩이다〉라고 결론을 내린다. 이렇게 상호 관계들이 끊임없이 중첩되는 이미지는 Q 모델의 이미지를 상기시킨다. Q 모델은 퀼리언이 그것을 제시하던 단계에 이미 코드가 당김과 밀침을 세우려고 개입한 **의미 우주**의 한 부분이었다.

2·13 의미 공간의 구조

의미 체계에 대해 지금까지 말한 것은 모두 코드의 관념을 다시 한 번 살펴볼 것을 강요한다.

코드는 용어 대 용어이든, 단위 스트링 대 단위 스트링이든, 두 체계의 요소들을 등가로 만드는 것으로 추정된다. 하지만 의미 체계들에 대한 연구는(예를 들어 코드로서의 언어에 대해 말할 때), 표현 단위들의 총체와 다양하게 상호 관계되는 일련의 방대한 내용의 부분적인 체계들(또는 영역들)을 고려해야 할 필요가 있음을 보여 준다.

이런 사실은 단 하나의 기표에 대해 많은 성분 나무들이 존재할 수 있는 상황을 창출하는데, 그 많은 성분 나무들은 기표를 상이한 의미 영역들 안에서의 상이한 위치들을 동시에 연결시킨다. 그러므로 바로 이러한 다양한 이동들의 게임 속에 연루된 의미 영역들의 체계는 결과적으로 각 의미소에 대한 다양한 읽기 경로들이 교차하는(어떤 도형도 이전의 차원들과 상동화할 수 없을 차원을 따라) 장소이다. 이러한 교차들의 총합은 우리가 Q 모델이라 부른 것을 창조한다.

그러므로 〈랑그〉로서의 코드는 화자의 전체 역량을 형성하는 개념들(그중 일부는 통사적 요소들의 조합 규칙들과 관련되고, 또 일부는 의미적 요소들의 조합 규칙들과 관련된다)

의 총합으로 이해되어야 한다. 하지만 그렇게 일반화된 역량은 집단적 관습으로서 코드를 발생시키는 개별적 역량들의 총합이다.

따라서 〈코드〉라 일컫는 것은, 아무리 포괄적인 것으로 제시되더라도 〈문법〉 같은 범주들이 표현할 수 있는 것을 훨씬 넘어서는 **하위 코드들의 복잡한 그물**이다. 아마도 그것을 **하이퍼코드**hypercode(하이퍼큐브hypercube라고 말하는 것처럼)로 불러야 하는데, 그것은 일부는 강하고 안정적이며 또 일부는 약하고 잠정적인 다양한 하위 코드들을 연결한다.

똑같은 방법으로 코드들은 다양한 체계들, 즉 일부는 강하고 안정적이며(오랜 세월 동안 변화하지 않는 음운론 체계처럼) 또 일부는 약하고 잠정적인(많은 의미 영역들과 축들처럼) 체계들을 연결한다.

코드 이론은 자성화(磁性化)의 개입 이후에 나타나는 대로 그런 게임의 결과들에만 관심을 기울인다. 기호 생산 및 코드의 변화 이론은 원천의 불확정성에 규칙이 부여되는 과정에 관심을 기울인다(제3장 참조).

하지만 코드를 형성하는 모든 규칙들을 그 특징과 수에서 정의하기가 그렇게 어려운 것은, 단지 그 연구가 아직 초보적 단계에 머물러 있다는 사실 때문만은 아니다. 추정컨대 코드는 **총체적 의미 우주**의 자연스러운 조건도 아니고, 모든 기호의 연상 작용을 이루는 연결과 가지치기들의 복합체 아래에 안정적으로 놓여 있는 구조도 아니라는 사실 때문이다.

작은 공들이 담긴 상자의 은유로 돌아가 보자. 앞에서 말했듯이 자유로운 상태의 공들이 엔트로피가 높은 정보 원천의 모델을 재현한다면, 코드는 당김과 밀침의 체계에 따라 공들에 자성을 띠게 하는 규칙이다. 그런데 **인간 정신**의 구조가 존재하고, 또한 그것은 모든 커뮤니케이션의 구조 자체라고 주장하는 것은, 자성화가 공들의 특성으로 공들에 **개입한다**는 것을 의미한다. 반대로 만약 코드가 시간과 공간 속에서 변화할 수 있는 사회적 관습이라면, 자성화는 체계의 **잠정적인** 조건이다. 소위 〈존재론적〉 구조주의를 거부하는 것은[26] 바로 자성화를 문화적 현상으로 이해하고, 또한 기껏해야 자성화가 개입하기 이전에는 기호학의 관심을 끌지 않는 고도로 불확정적인 게임의 장소이며 **조합의 장소**로서 상자-원천을 간주한다는 것을 의미한다.

만약 그것이 사실이라면, 우리가 하위 코드라 부르는 것은 (예를 들어 다른 무엇보다도 보완적인 특정 유형의, 두 의미 영역의 요소들 사이의 함축적 연상) 매우 잠정적인 현상이며, 따라서 강력하고 지속적인 자성화의 경우들(가령 과학적 정의들)을 제외하면, 그런 현상들을 안정적인 구조로 세우고 기술하는 것은 불가능하다. 또한 게임의 모든 요소는 수많은 다른 요소들과 동시에 관계를 맺을 수 있다는 사실로 인해, 가령 고립된 두 의미 영역 사이에서 요소 대 요소의 짝짓기, 또는 KF 모델처럼 단순하지만 설명적인 도형의 구성처럼 단순한 대체의 경우들을 단순화하기는 무척 어렵다.

성분 나무는, MSR에 의해 제안된 나무까지 포함하여, 특정한 메시지들을 설명할 목적으로 제시되는 가설적이고 잠정적인 장치로서, 어느 주어진 내용 단위의 즉각적인 의미적 환경을 통제하기 위해 만들어진 작업가설로서 이해되어야 한다.

예를 들어 신호등에서 발신되는 아주 간단한 메시지의 경

---

26 에코, 1968에 실린 방법론적 구조주의와 존재론적 구조주의의 대립 참조. 특히 D분과의 「구조와 부재」를 참조할 것.

우를 살펴보자. 국제적인 코드에 따라 //빨강//은 〔정지〕를 의미하고, //녹색//은 〔통과〕를 의미한다. 하지만 〔정지〕는 〔의무〕를 함축할 수 있고, //녹색//은 (최소한 보행자들에게는) 〔선택〕을 함축할 수도 있다(가령 나는 녹색 불에 통과하지 않기로 결정할 수도 있지만, 빨강 불에는 의무적으로 멈추어야 하기 때문이다). 이차적인 함축의 층위에서 〔정지〕는 〔벌금〕을 함축할 수 있고, //녹색//은 특히 자동차 운전자가 그 신호를 받았을 경우 〔서두름〕을 함축할 수도 있다.

그러므로 녹색과 빨강의 성분 재현은 도표 26과 같이 제시될 것이다.

//녹색// = [녹색] ─ d$_{통과}$ $\begin{cases} [circ_{자동차}] ─ c_{서두름} \\ [circ_{보행자}] ─ c_{선택} \end{cases}$

//빨강// = [빨강] ─ d$_{정지}$ ─ d$_{기다림}$ ─ c$_{의무}$ ─ [circ$_{통과}$] ─ c$_{벌금}$

도표 26

이 두 개의 성분 나무는 모두 신호등의 신호가 어떤 방식으로 무언가를 의미하는지를 설명한다. 하지만 어떤 기저의 의미 축들을 토대로 그런 기호 기능들을 세울 수 있는가? 만약 옐름슬레우의 고전적인 재현을 사용한다면, 일종의 대칭으로 다음과 같은 함축들의 추가 상승을 토대로 공준된 의미 영역들을 재현할 수 있다.

[벌금]	의 표현		의 표현			[서두름]
	[의무]	의 표현	의 표현	[선택]		
		[정지]	//빨강//	//녹색//	[통과]	

도표 27

하지만 이것은 일종의 속임수 해결책일 것이다. 비록 여기에는 즉각적인 함축들 사이의 대립을 설정하는 〈통과 대 정지〉의 축이 있을지라도, 또 〈의무 대 선택〉의 대립을 확인할 수 있을지라도, 〔벌금〕과 〔서두름〕 사이에는 어떤 의미 있는 대립도 없다.

따라서 다시 한 번 다음과 같은 것들이 증명된다. (가) 한 주어진 의미소는 상이한 의미 축들 사이에서 〈낚시하며〉 고유의 해석소들을 찾지만, 일차적 함축의 층위에서 거기에 즉각적으로 대립하는 의미소는 이어지는 함축들과 관련되는 한 다른 축들의 다른 위치들에서 해석소들을 낚는다. (나) 두 개의 의미소는 일차적 외시에서 대립적 관계를 유지하지만 동시에 일부 공통적인 함축들을 가질 수 있다. (다) 하나의 동일한 의미소는 똑같은 의미 축의 두 대립적인 위치에서 두 개의 고유 함축을 이끌어 낼 수 있다. 예를 들어 〔빨강〕은 자기 성분의 극단적인 주변에서 〔벌금〕의 위치를 〔〈벌금 대 상(賞)〉의 축에서〕 낚는 반면에, 〔녹색〕은 그 축과 아무런 관련이 없다. 하지만 의미 공간 안의 위치에서는 〔빨강〕이나 〔녹색〕과 아주 멀리 떨어진 다른 의미소가 있을 수 있으며, 그것은 〔상〕의 위치에서 낚으면서도 〔벌금〕의 위치에서 낚는 다른 대립적 의미소가 없을 수도 있다. 그것은 바로 〔*bachelor*〕의 경우로〔미국 대학의 학위인 학사(學士)의 의미에서〕, 〔상〕과 〔통과〕를 함축한다. 과정이 끝난 뒤의 수상식은 바로 〈통과 의례〉이기 때문이다.

그러므로 상동성들, 대립들, 불일치들로 짜인 이 당혹스러운 구조적 상황에 대한 특별한 재현은 도표 28의 형식을 띠는데, 이것은 정당하게 Q 모델과 비슷한 것을 상기시킨다.

그러므로 기호학 연구의 방법론적 원칙이 하나 있어야 할 것인데, 그 원칙에 의하면 의미적 축들과 영역들에 대한 설명 및 실질적으로 기능하는 것으로서의 코드들에 대한 기술은 거의 언제나 **어느 주어진 메시지의 커뮤니케이션 조건들에 대한 연구일 경우에만** 완성될 수 있다.

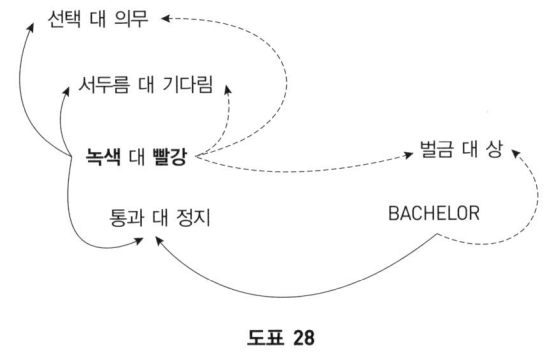

도표 28

그것은 바로 **코드의 기호학은 기호 생산의 기호학에 봉사하는 작업적 도구이다**라고 말하는 것과 같다. 코드의 기호학을 하는 것이 가능하다고 주장하는 순간, 그것의 끊임없는 부분성과 수정 가능성을 인정하는 것이 된다. 그리고 그것은 단지 커뮤니케이션 실천이 그것을 설명 조건으로 공준할 때에만 구성될 수 있다고 인정해야 한다.

따라서 완벽한 코드의 구성은 단지 **규제적 가설**로 남아 있어야 한다. 그런 코드가 완전하게 기술되는 순간 그 코드는 이미 변화했을 것인데, 단지 다양한 역사적 요인들의 영향 때문만이 아니라, 그것과 관련하여 주어지는 분석이 겪게 될 비판적 침식 때문에도 그렇다. 의미화의 구조들이 기술될 때마다, 커뮤니케이션의 우주 안에서는 무엇인가가 나타나서 더 이상 그것들이 완전히 신뢰할 만한 것이 아니도록 만든다. 하지만 이러한 불균형의 조건은 기호학의 모순이 아니다. 그것은 기호학의 방법론적 조건으로서, 가령 불확정성의 원리 또는 보완성의 원리 같은 방법의 기준들에 의해 유지되는 물리학 같은 학문들과 기호학이 공통으로 갖는 것이다. **절대적인 지식이 되려 하지 않고 이러한 고유의 한계들을 의식할 경우에만 기호학은 과학적 학문이 되기를 열망할 수 있을 것이다.**

2·14 과잉 코드화와 미달 코드화

2·14·1 코드화되지 않은 해석의 결정소들

의미 공간의 유동성으로 인해 코드들은 점진적으로 변화한다. 동시에 기호 생산 및 텍스트 해석 활동에 지속적인 **부가 코드화**plus-coding의 필요성이 부과된다.

텍스트 해석자는 기존의 코드들에 도전하면서 동시에 새로운 코드화를 시도하는 형식으로 기능하는 해석적 가설들을 세워야 한다. 코드가 예상하지 않은 상황 앞에서, 복잡한 텍스트와 복잡한 맥락 앞에서, 해석자는 메시지 대부분이 기존의 코드들과 관련되지 않으며, 그럼에도 불구하고 그 메시지는 해석되어야 한다는 것을 인정하지 않을 수 없다. 만약 그렇다면 아직은 명시되지 않은 관습들이 존재해야만 한다. 그리고 그런 관습이 존재하지 않는다면, 최소한 특별하게 공준되어야 한다.

이러한 경계선 상황, 즉 기호의 생산 및 해석 활동이 코드들의 우주를 부양하고 풍부하게 만드는 상황을 밝혀 보기로 하자.

코드 이론은 메시지들과 텍스트들을 만들고 해석하며, 명료하게 밝히거나 또는 모호하게 만들도록 허용하는 역량의 규칙들이 어떻게 형성되는가를 설명한다.

2·13에서 살펴본 신호등의 예는 맥락적 및 상황적 선택들과 함께 하위 코드들의 총체가 존재한다는 것을 보여 주는데, 그 선택들은 코드가 특정한 기호 기능들의 재현 속에 제도적으로 포함된 것으로 예상하는 것들이다. 신호등의 경우 예상된 선택들은 어떠한 상황에서도 그 기호들을 명료하게 밝히는 데 충분하다.

하지만 코드가 예상하지 못하는 다른 경우들이 있는데, 예상할 수 없는 맥락들 이외에도, 기호 주위에 일종의 기호 외적 요인들의 성운(星雲)을 형성할 정도로 복잡하거나 또는 완전히 새로운 상황들이 작용하는 경우이다. 그런 경우 **코드화되지 않은 해석의 결정소들**에 대해 말할 수 있다.

코드화되지 않은 맥락의 전형적인 예로 카츠와 포더가 맥락의 이론에 반대하는 논쟁 과정에서 제안한 것이 있다. /그는 마르크스를 따른다/는 표현은 다음과 같이 읽을 수 있다.

(1) 〔그는 카를Karl을 따른다〕 { 〔그는 카를의 제자이다〕
〔그는 카를의 뒤에 간다〕

(2) 〔그는 그루초Groucho를 따른다〕 { 〔그는 그루초의 제자이다〕
〔그는 그루초의 뒤에 간다〕

여기에는 이 표현의 두 가지 외시적 의미가 되는 두 가지의 의미 경로 (1)과 (2)가 있는데, 그 각각은 이중적인 함축적 읽기의 가능성을 운반한다. 함축들은 /따르다/의 성분 나무에 의해 예상되는 가능한 맥락적 선택들에 의존함으로써 밝혀질 수 있다. 이 동사는 고유 명사가 뒤따라 나올 때에는 물리적인 의미의 해석을 허용하고, 추상 명사가 뒤따라 나올 때에는 은유적인 해석을 허용한다고 말할 수 있다. 하지만 여기에서는 분명히 지명된 사람들에 의해 확산된 관념들로 인해 환유(換喩)로 채택될 수 있는 고유 명사들이 모호한 경우이다. 또한 동사 /따르다/가 사상이나 습관들의 스타일과 관련되는 맥락에서 사용될 때에는 〔모방하다〕 또는 〔~와 일치하다〕로 읽도록 규정하는 선택 (*cont*_{스타일})이 존재한다고 가정할 수 있다.

카를 또는 그루초를 확인할 가능성과 관련해서는 아무런 문제가 없다. 2·9·2에서 말했듯이 만약 사람들의 고유 이름에 상응하는 의미소들이 분석될 수 있다면, 〔마르크스 (카를)〕는 〔정치〕의 표지를 가질 것이고, 반면 〔마르크스 (그루초)〕는 〔영화〕의 표지를 가질 것이며, 그런 표지들을 맥락의 다른 단위의 표지들과 혼합하는 것은 어렵지 않을 것이다.

하지만 어쨌든 모호한 것은 이 문장의 이데올로기적 함축이다. 바꾸어 말해 마르크스를 따르는 것은 좋은 것인가, 아니면 나쁜 것인가? 만약 침묵하는 다수의 어느 구성원이 어떤 사람이 마르크스를 따른다고 말한다면, 분명히 그 발화체는 이데올로기적 속성을 부여하는 것 이상의 무엇이 되며, 그것은 명백한 비난의 선언이다. 그 비난은 발화체의 총체적 내용의 일부가 된다. 그 발화체는 바로 가치 판단을 함의하기 위해 발화되기 때문이다. 그러니까 다시 한 번 우리는 발화체의 해석을 결정하는 맥락적 및 상황적 선택들 앞에 직면하게 되지만, 이번에는 코드에 의해 예상되는 가능성에 대해 말할 수 없다. 그렇다면 그런 유형의 해석을 어떻게 정의할 것인가?

2·14·2 **추정법**

여기에서는 /해석/을 〔해독(解讀, *decoding*)〕과는 다른 의미로 이해해야 한다. 바로 부분적인 해독들을 토대로 담론의 방대한 부분들에 의미를 부여하는 것이 해석이다. 그렇다면 /해석/이라는 용어는 해석학*hermeneutics*적 논의들에서, 또는 문학 및 예술 비평에서 갖는 의미를 띠게 된다.

논리적으로 말하자면 이런 유형의 해석은 하나의 **추론**이다. 아니, 퍼스가 〈추정법*abduction*〉이라고(또 일부 다른 경우들에서 〈가설〉이라고) 불렀던 논리적 추론의 유형과 비슷하다. 〈가령 내가 어느 방으로 들어가서 다양한 유형의 콩들이 담긴 일정한 수의 자루들을 발견한다고 가정해 보자. 탁자 위에는 한 움큼의 하얀 콩들이 있고, 나는 잠시 찾아본 다음 하얀 콩들만 들어 있는 자루 하나가 있는 것을 발견한다. 곧바로 나는 확률이나 합리적인 추측으로, 그 한 움큼의 콩이 그 자루에서 나온 것이라고 추론한다. 이런 유형의 추론은 **가설 세우기**로 일컫는다〉(CP, 2·623).

논리적 **연역법** *deduction*의 경우 하나의 규칙이 있고, 하나의 경우가 주어지면, 거기에서 결과를 추론한다.

〔이 자루의 콩들은 모두 하얗다 — 이 콩들은 이 자루에서 나왔다 — 이 콩들은 하얗다(확실하게)〕.

귀납법 *induction*의 경우에는, 하나의 경우와 하나의 결과가 주어지면, 거기에서 규칙을 추론한다.

〔이 콩들은 이 자루에서 나왔다 — 이 콩들은 하얗다 — 이 자루의 콩들은 모두 하얗다(아마도)〕.

가설 또는 **추정법**의 경우에는, 하나의 규칙과 하나의 결과로부터 하나의 경우를 추론한다.

〔이 자루의 콩들은 모두 하얗다 ─ 이 콩들은 하얗다 ─ 이 콩들은 이 자루에서 나왔다(아마도)〕.

추정법은 종합적 추론의 경우이며 〈여기에서 우리는 어떤 매우 흥미로운 상황을 발견하는데, 그것은 어떤 일반적 규칙의 특수한 경우라는 가정에 의해 설명될 수 있으며, 따라서 우리는 그런 가정을 채택한다〉(CP, 2·624). 〈언젠가 나는 어느 터키의 지방 항구에 내린 적이 있는데, 내가 방문하려던 집을 향해 걸어가는 동안, 말을 탄 남자를 만났다. 그는 머리 위로 차양(遮陽)을 들고 있는 네 명의 말을 탄 사람들에게 둘러싸여 있었다. 그 지방의 총독만이 그렇게 커다란 명예를 누릴 수 있는 유일한 인물이라고 생각할 수 있었기 때문에, 나는 그가 총독이라고 추론하였다. 그것은 하나의 가설이었다〉(CP, 2·265). 퍼스는 차양이 총독을 구별하는 의례적 기호라는 것을(또는 실제로 그러한지) 몰랐다(만약 그것을 알았다면 단순한 해독 행위만 했을 것이다). 퍼스는 **일반적인 기호학적 규칙을 가정** 또는 창안하였던 것이다.[27]

27 추정법은 코드화되지 않은 상황 또는 맥락과 관련되는 메시지를 해석하는 경우에만 개입하는 것이 아니다. 그것은 불분명한 메시지에 대한 정확한 코드(또는 하위 코드)를 확인하는 데에도 유용하다. 가령 (1) /cane/, (2) /e gatto/, (3) /sugar/라고 쓰인 세 장의 카드를 갖고 있다고 가정해 보자. 우리는 두 장씩을 함께 조합해야 하는데, /cane/이(가) 영어 〔kein〕을 글자로 옮겨 쓴 것인지 이탈리아어 〔kane〕를 옮겨 쓴 것인지 모른다. 그 카드는 /e gatto/와 결합될 수도 있고〔〈cane e gatto(개와 고양이)〉〕 /sugar/와 결합될 수도 있기 때문에〔〈sugar cane(지팡이 사탕)〉〕, 두 조합 사이의 선택은 맥락이나 상황에 의해서만 암시될 수 있다(영어 통합체를 구성해야 하는지, 또는 이탈리아어 통합체를 구성해야 하는지 아는 것이 문제이다). 그럴 경우 추정법의 활동이 개입한다. 잘 살펴보면 그런 활동은 원칙상 우리가 단어 하나를 들을 때마다 요구되며, 우리는 어떤 언어에 적용할지 결정해야 한다(비록 대부분의 경우 습관이 지배적이며, 그렇다고 해서 배제되지

이 경우는 맥락적 선택들이 부재하는 상황에서 해석하는 경우와 달라 보이지 않는다. 실제로 혹시 표현되지는 않았지만 다음과 같이 일반적으로 공유되는 하나의 규칙,

$$//차양// - d_x - (cont_{사람에 대한}) - c_{명예}$$

이 존재할 것이라고 가정함으로써 퍼스는 단순히 다음과 같이 특별한 상황적 선택을 감행하였던 것이다.

$$[circ_{이\ 지방에서}] - d_{총독}$$

언뜻 보면 추정법은 정상적인 해독 과정보다 감정들의 영향을 받는 상상력(모호한 〈직관〉과 비슷한)의 자유로운 움직임처럼 보인다. 그리고 실제로 퍼스는 다른 구절들에서 그러한 감정적 성격을 강조하였다. 〈가설은 하나의 주어에 부여되는 술어들의 복잡한 뒤엉킴에 대해 단 하나의 개념을 대신한다. 그런데 그 술어들 각각이 주어에 내재한다고 생각하는 행위에 속하는 특별한 느낌이 있다. 가설적 추론에서 그렇게 발생하는 그 복잡한 느낌은 더 큰 강도의 단 하나의 느낌으로 대체된다······. 마찬가지로 오케스트라의 악기들이 내는 다양한 소리들이 귀를 때리고, 그 결과는 그 소리들 자체와는 완전히 구별되는 특별한 음악적 감정이다〉(CP, 2·643). 이 인용에서 고려해야 할 것은 특별한 감정적 상태에 대한 기술이 아니라, 듣는 사람이 음악을 들으면서 소리들의 개별 의미들의 총합보다 더 복잡한 무엇인가를 포착한다는 관념

않은 선택을 자동적으로 함의할지라도 그렇다). 그러므로 추정법은 모든 유형의 해독 작업에, 말하자면 〈에틱〉 발화의 〈에믹〉 성격을 확인해야 할 때마다 개입한다.

이다. 만약 그런 해석적 움직임이 그 불분명한 느낌의 즐거움에만 멈춘다면 추정법은 없을 것이며, 우리의 논의 목적에 중요한 것도 전혀 없을 것이다. 하지만 추정법적 움직임이 이루어지는 것은, 새로운 의미가(새로운 조합적 성질이) 음악 작품 전체의 맥락적인 의미를 구성하는 것으로서 각각의 소리에 부여될 때이다.

후자의 예는 오히려 미학적 해석의 경우처럼 보이지만, 터키 지방 총독의 예는 좀 더 투명하다. 추정법적 노력의 결과 퍼스는 //차양//에다 그 당시까지는 아직 코드화되지 않았던 총독의 함축을 부여할 수 있었다. 퍼스는 추론들도 기호학적 현상이라고 여러 차례 반복해서 말할뿐더러, 규칙은 추론 가능한 그 결과를 대신하는 기호로 간주될 수 있으며, 어느 특수한 경우는 거기에서 추론되는 규칙을 대신하는 기호가 될 수 있다고 강조한다. 그렇지만 추정법이 특수한 경우를 해석하도록 해주는 규칙을 기호로 인정하기는 어려울 것이다. **다만 일단 실현된 추정법이 관습적인 사회적 반영이 되는 경우는 예외이다.**

그렇다면 추정법은 코드화되지 않은 맥락들과 상황들에 대한 다른 모든 해석과 마찬가지로 사회에 의해 받아들여지면 관습을 발생시키고, 따라서 코드화하는 상호 관계를 발생시킨다고 말할 수 있다. 그렇다면 맥락은 은유에서 그러하듯이 서서히 일종의 수행된 통합체가 되며, 그것은 처음에는 추정법적으로 해석되어야 하지만 나중에는 서서히 남용이 된다. 기호학 이론은 의미 ― 특히 코드가 예상하지 못했던 의미 ― 를 생산하는 구체적인 해석 활동들이 존재한다는 것을 부정할 수 없다. 그렇지 않다면 언어의 유연성과 창조성의 증거는 이론적 토대를 찾지 못할 것이다. 하지만 그런 해석은 때로 **과잉 코드화** 또는 **미달 코드화**의 맹아(萌芽)적 과정을 이루는 코드의 새로운 부분들을 생산한다.

2·14·3 과잉 코드화

터키 지방 총독과 음악 작품에 대한 퍼스의 두 가지 예를 다시 살펴보면, 사실 퍼스는 추정법이라는 항목으로 두 가지 상이한 가설적 움직임을 다시 다루고 있음을 알 수 있다.

총독의 경우 추정법은 이전의 관습 체계들을 토대로 한다. 차양이 [명예]를 의미한다는 것은 이미 관습의 자료이고, 따라서 기존의 기호 기능을 그 지방과 관련된 특별한 상황적 선택과 연루시키는 데 불과하였다.

그렇게 함으로써 퍼스는 과잉 코드화를 생산하였다. 즉 이전의 규칙을 토대로 일반적 규칙의 아주 특수한 적용을 위한 추가적인 규칙을 제안한 것이다.

모든 언어에서 작용하는 문체나 수사학적 규칙들은 과잉 코드화의 예가 된다. 토대가 되는 코드는 어떤 일정한 문법적 조합이 이해되고 수용될 수 있다는 것을 규정하고, 이어지는 수사학적 규칙(그것은 이전의 규칙을 부정하지 않고 오히려 출발점으로 채택한다)은 그 통합체적 조합이 어느 주어진 문체적 함축과 함께 특수한 상황에서 사용되어야 한다는 것을 규정한다. 과잉 코드화는 문법 규칙들의 층위에서도 작용하는데, 예를 들면 앞으로 일어나야 할 사건을 확실한 것으로 말하고, 또한 레이코프(1971b)에 의하면 통사에서 의미적 전제들의 역할을 강조하는 발화체들에서 미래의 삭제(《*will-deletion*》)가 그렇다. 실제로 우리는 /*il Milan **gioca** domani contro la Juventus*(밀란은 내일 유벤투스와 **경기한다**)/라고 말할 수 있는데, 그 사건은 비록 아직 확인되지 않았을지라도 확실한 것으로 전제되기 때문이다. 반면에 우리는 /*il Milan **vincerà** domani contro la Juventus*(밀란은 내일 유벤투스를 **이길 것이다**)/라고 말하는데, 그 바람직한 결과는 주장되지만 전제되는 것이 아니기 때문이다. 어쨌든 우리는 전제가 미래의 삭제를 명령하는 것이라고 주장하지 않아야 한다고 생각한다. 오히려 정반대로 미래의 삭제가 〔사실성〕의 표지를 도입함으로써 수신자에게 전제를 부과한다. 그러므로 미래의 사건들에 대해 말하면서 현재형을 사용하는 사실은 과잉 코드화 현상으로, 그것은 과잉 코드화된 통시적 공식을 통해 주어진 〔확실함〕의 내용을 표현한다. 말 언어 이외에도 과잉 코드화의 산물로서 도상론적 대상을 생각해 볼 수 있다. 만약 접시 위에 한 쌍의 눈〔目〕을 들고 가는 어느 여인의 이미지를 알아보도록 허용하는 도상 코드가 존재한다면, 도상론적 과잉 코드화는 그 여인이 성녀 루치아를 표현한다고 규정한다.

과잉 코드화는 두 방향으로 작용한다. 한편으로 코드는 소규모 표현들에 의미를 부여하는 반면, 과잉 코드화는 좀 더 거시적인 스트링들에 추가적인 의미를 부여한다. 수사학과 도상론의 규칙들이 그런 유형에 속한다. 다른 한편으로 일부 코드화된 단위들이 주어지면 그것들은 좀 더 작은 단위들로 분석되고, 거기에 새로운 기호 기능들이 부여된다. 가령 한 단어가 주어지면 부차 언어학은 그것을 발음하는 상이한 방식들을 과잉 코드화하고 거기에다 상이한 뉘앙스의 의미를 부여한다.

모든 예절 공식들과 〈교감적(交感的, *pathic*)〉 표현들은 과잉 코드화된 일상적 언어이다. 가령 /*per piacere*(제발, 부탁하건대)/라는 표현은 과잉 코드화 덕택에 예절의 의미로 이해된다. 물론 과잉 코드화는 성공할 경우 2·3에서 하위 코드라고 불렀던 것을 생산한다. 그런 의미에서 과잉 코드화는 혁신적인 활동으로, 그것은 서서히 고유의 도발적인 힘을 상실하고 사회적 수용을 유발한다.

하지만 종종 과잉 코드화된 실체들은 관습과 혁신 사이의 문턱에서 코드들 사이를 방황한다. 사회는 느리고 신중한 과정을 통해 서서히 그것들을 인정된 규칙들의 대열 속에 받아들인다. 때로는 과잉 코드화 규칙들이 작용하고, 기호들의 교환을 허용하지만, 사회는 아직 그것들을 인정하지 않고 제도화하지 않는 경우도 있다. 전형적인 경우가 바로 프로프 Propp에 의해 확인된 서사 *narration* 규칙들이다. 수백 년, 아니 수천 년 동안 원시 사회는 서사적 기능들에 토대를 둔 이야기들을 만들고 이해하도록 허용하였지만, 프로프에 의해 도입된 그 기능들의 목록은 표현되지 않은 법칙들을 밝히려고 노력하는 추정법적인 시도의 가치를 가졌을 뿐이다. 오늘날 그 법칙들은 수용된 서사의 하위 코드들로 받아들여지지만, 텍스트 문법은 결과적으로 담론들의 보다 방대한 부분들을 과잉 코드화하려고 노력하고 있다.

마찬가지로 침묵하는 대다수의 구성원이 /그는 마르크스를 따른다/에 대해 부정적인 함축을 부여하도록 허용하는 기대들의 〈이데올로기적〉 체계(2·14·1 참조)는 일정한 정치 집단에 의해 인정되는 과잉 코드화의 한 예이다.

그리고 과잉 코드화의 모델들을 토대로 어떤 비평가는 가령 〈이미 본 것 *déjà vu*〉, 〈순수한 키치 *Kitsch*〉, 〈중고품 아방가르드〉, 또는 〈소비 소설〉 같은 판단으로 어떤 작품을 간단히 처리할 수도 있다. 또한 실제로 저질 예술가, 매너리스트 *mannerist*, 성공의 추종자는 과잉 코드화되고 이미 예술성

의 함축들이 무겁게 실린 단위들을 서로 꿰매는 일만 하기도 한다.[28]

2·14·4 미달 코드화

이제 음악에 대한 퍼스의 두 번째 예로 넘어가 보자. 음악 작품의 소리들 사이에서 〈어떤 특별한 감정〉으로 정의할 수밖에 없는 그런 통일적 형식을 귀가 잡아낼 때 어떤 일이 일어나는가? 그리고 서로 다른 작곡가들의 다양한 작품들을 들

---

28 그런 작업에 대해서는 「나쁜 취향의 구조Struttura del cattivo gusto」 (에코, 1964)에서 이루어진 키치에 대한 분석 참조. 하지만 텍스트 해석의 모든 과정이 똑같은 원리들에 의해 유지된다. 베롱(1973a)은 크리스테바 (1969)와 메츠(1968)에 의해 주장된 〈상호 텍스트성〉의 원리를 상기시키는데, 그것은 다시 과잉 코드화의 원리와 연결된다. 단지 과잉 코드화에 의해서만 해석해야 할 텍스트를 일련의 이전 텍스트들과 관련시킬 수 있기 때문이다. 〈보도 주간지들의 담론 속성들은 대부분, 만약 일간지들의 담론들과의 체계적인 관계를 고려하지 않는다면, 이해할 수 없다. 이러한 관점에서 볼 때, 주간지들은 진정한 고유의 〈메타언어〉를 형성하며, 그 전제들은 상호 텍스트적 작업으로 기술될 수밖에 없다……. 이전의 두 관계만큼 관심을 기울이지 않은 다른 상호 텍스트적 관계가 있다. 그것은 바로 어느 일정한 담론의 생산 과정에서 상대적으로 자율적인 다른 담론들에 의해 수행되는 기능인데, 그것들은 담론 생산의 계기나 단계로 기능하면서도 〈생산된〉 또는 〈완결된〉 담론의 표면에는 나타나지 않는다……. 주어진 담론의 표면에 나타나지는 않지만, 어쨌든 그 담론의 생산 과정에서 일부가 되는 그런 텍스트들과 그런 코드들에 대한 분석은 본질적으로 여겨진다. 그것들에 대한 연구는 수신의 층위에서 그 담론에 대한 읽기 및 생산 과정 자체에 대한 기본적인 설명들을 제공할 수 있을 것이다……. 이러한 〈감추어진〉 담론들(밑그림, 스케치들, 건축 설계도들을 생각할 수도 있다)은 일부 담론 대상들의 생산에 기본적인 역할을 하고, 그런 의미에서 생산에 기능하는 일부 이데올로기적 메커니즘들이 드러나는 특권적 장소가 되기도 한다. 그것들은 〈심층의 상호 텍스트성〉과 관련된다고 말할 수 있다. 왜냐하면 다른 텍스트들의 생산 과정에 참여하면서도 절대로(제한된 통로를 통해 나타나는 드문 경우가 아니라면) 담론의 사회적 소비에 도달하지 않는 텍스트들이기 때문이다.

으면서 비록 각각의 스타일이 타당하게 분석되거나 작업적 공식으로 환원되지 않았을지라도, 〈가족 분위기〉로 정의할 수 있는 무엇인가를 포착할 때 어떤 일이 일어나는가?

이것은 불분명한 코드화의 전형적인 경우처럼 보이며, 텍스트의 하나 또는 그 이상의 상당히 방대한 부분들을 어떤 일반적인 이름으로 포괄하는 일종의 추정법적 〈몸짓〉처럼 보인다.

가령 내가 외국을 방문하는데 그 나라의 언어를 모른다고 가정해 보자. 나는 조금씩 무엇인가 이해하기 시작하는데, 소리들, 몸짓들, 얼굴의 표정들로 짜인 행동들의 문법은 아니지만, 어떤 일반적인 경향을 이해하기 시작한다. 잠시 후 나는 그런 행동들 중 일부는 어떤 일반적인 의미에 상응한다는 것을 깨닫기 시작한다. 예를 들어 그 외국이 미국이라고 한다면, 가령 미소가 수반되는 /*I love you — I like you — I am fond of you — I adore you — Hi, man! — Hello, my friend! — How are you?*/ 같은 표현들은 모두 **대략** 〔우정〕을 의미한다는 것을 깨닫는다. 영어를 약간만 알고 있어도 이 다양한 표현들이 사무실 동료들 사이의 만남, 또는 열정적인 사랑의 밤을 구별할 수 있다는 것을 안다. 하지만 결국 지나치게 모험적이지 않은 사회적 관계를 설정하기 위해서는 이런 유형의 〈대략적인〉 코드화가 최소한 친구들과 적들을 구별하는 데 사용될 수도 있다고 말할 수 있다. 이런 유형의 〈대략적인〉 작업을 〈**미달 코드화**〉라 부르기로 하자.

그러므로 **미달 코드화**는, 아주 정확한 규칙들이 없는 상태에서 일부 텍스트의 거시적 부분들이(비록 그런 표현 부분들에 대한 분석적인 분절을 허용하는 조합 규칙들이 알려지지 않았더라도), 모호하지만 실제적인 내용의 부분들을 운반할 수 있는, 형성 중인 코드의 적절한 단위들로서 잠정적으로 채택되는 작업이라고 정의될 수 있다.

3·6·7에서 보겠지만, 예를 들어 멀리 떨어진 문명에서 생산된 이미지들처럼 다양한 유형의 텍스트들이 미달 코드화를 통해 이해된다.

그러므로 과잉 코드화가 기존의 코드들에서 좀 더 분석적인 하위 코드들로 나아간다면, 미달 코드화는 존재하지 않는 (또는 미지의) 코드들에서 잠재적이고 일반적인 코드들로 나아갈 것이다. 이러한 이중적 움직임은 많은 경우들에서 쉽게 확인할 수 있으며(부차 언어학은 과잉 코드화의 예이고, 대부분 〈아름다운 대 추한〉의 대립 위에서 모호하게 주장되는 미학적 판단들은 미달 코드화를 통해 이루어진다), 기호 생산 활동을 실현하는데, 때로는 과잉 코드화 현상인지 또는 미달 코드화 현상인지 결정하기 어려울 정도로 깊이 실현한다. 그런 모호한 경우에도 좀 더 일반적으로 **추가 코드화** *extra-coding*(두 가지 현상 모두를 포괄하는 범주로서)라고 말할 수 있을 것이다.

추가 코드화의 움직임들은 코드 이론이나 기호 생산 이론 모두의 연구 대상이다.

2·14·5 담론적 역량

자신의 기호학적 경험들을 기억하는 개인적이고 특이한 활동에도 추가 코드화 활동이 있다. 우리가 비슷한 맥락이나 상황에서 이미 경험했기 때문에 더 이상 해석할 필요가 없는 문장이나 담론들이 있다. 또 발신자가 무슨 말을 할 것인지 수신자가 미리 아는 상황들도 있다. 상호 작용적 행동은 그런 유형의 잉여성 규칙에 토대를 두고 있다. 만약 우리가 우리에게 소통되는 모든 표현들을 듣고, 읽고, 바라보면서 그 각각의 요소를 분석해야 한다면, 커뮤니케이션은 꽤 힘든 활동이 될 것이다. 실제로 우리는 끊임없이 다른 사람의 표현들을 앞당기고, 텍스트의 빈 공간들을 채우고, 상대방이 할 말을 미리 예상하고, 상대방이 말하지 않았거나 또는 비록 절대 말하지 않았지만 이전에 말했어야 할 말들을 짐작한다.

전제의 논리는 근본적으로 추가 코드화 활동에 의존하며, 마찬가지로 소위 대화의 규칙들, 해석적 과정들, 언표 행위들을 지배하는 그 모든 상호 작용의 규칙들도 거기에 의존한다. 그리고 그것들은 모두 언어 철학, 사회 기호학, 민족 방법론에 의해 연구되고 있다(오스틴Austin, 1966; 뒤크로, 1972; 고프먼, 1971; 베론, 1973; 시쿠렐Cicourel, 1969; 굼페르츠Gumperz, 1971; 하임스Hymes, 1971 등).

일상적 담론에서 사용되는 모든 생략과 대용적 장치들의 사용도〔/*dammelo*(그것을 나에게 줘)/, /*ricordati per domani!*(내일을 위해 기억해!)/, /*è uno di quelli*~(그는 ~한 사람들 중의 하나야)/ 등〕 분명히 〈신선한〉 추정법적 작업들을 토대로 하지만, 대부분 이전의 추가 코드들에 의존한다. 그리고 이것은 단지 언어적 상호 작용이나 몸짓의 상호 작용에서만 일어나는 것이 아니다. 가령 소수의 기호들을 통해 부분이 전체를 암시하는 그림에서 대부분의 양식적 처리, 화폭에 묘사된 삶이 그 너머에서도 〈계속〉되어야 한다고 가정하게 만드는 관습 자체, 그리고 다른 현상들도 그런 메커니즘에 의존한다.

물론 한 집단이 미리 형성된 메시지의 관습화된 성격을 공개적으로 설정하면서 실행하는 강한 추가 코드화(예절의 공식들처럼)와, 개인적 기억, 설명되지 않고 불분명한 규칙, 이제 겨우 형성되는 관습, 집단의 일부 구성원들 사이의 암묵적 동의 등에 의존하는 아주 약하고 불안정한 추가 코드화 사이에는 차이가 있다.

간단히 말해 추가 코드화들의 단계가 있는데, 그것은 강제적인 과정들(비극에서 영웅은 죽어야 **한다**)에서, 전제들이 모험적이고, 거의 추측되고, 어쨌든 특별하게 가정되는 일종의 **담론적 역량**에까지 걸쳐 있다. 바꾸어 말해 **관습적으로** 함의되는 것과 **대화적으로** 함의되는 것 사이에는 차이가 있다(카츠, 1972: 144; 그라이스Grice, 1968 참조).

그러한 이유 때문에 과잉 코드화와 미달 코드화는 코드 이론과 기호의 생산 및 해석 이론 사이의 중간쯤에 있으면서, (1) 코드 안에 새로운 기호 기능들을 도입하는 메타 기호학적 발화체들, (2) 특별한 대화의 단순한 추정법들, (3) 혹시 개인어idiolect의 구체화를 형성하고 때로는 온갖 종류의 모호함으로 인도하는 〈실험적〉 전제들의 개인적인 축적을 생산한다.[29]

---

29 추가 코드화의 개념은 앞의 주 21에서 설명한 전제의 다양한 유형들 사이의 차이를 밝혀 줄 수도 있다. 거기에서 우리는 다음과 같이 구별하였다. (가) 지시 이론의 소재가 되는 지시적 전제, (나) 화용론적이고 맥락적인 전제, (다) 화용론적이고 상황적인 전제, (라) 코드 이론의 유일한 주제인 의미적 전제. (나)와 (다)의 전제들은 대부분 자유로운 해석과 추론 작업의 소재이지만, 다양한 경우에서 추가 코드화의 소재도 되는 것 같다. 민족 방법론자들이 커뮤니케이션의 상호 작용을 설명하기 위해 〈**해석적 과정들**〉을 공준할 때, 아마 추가 코드화된 규칙들을 생각했을 것이다. 예를 들어 시쿠렐(1971: 52)이 〈전망들의 상호성〉과 〈기타의 가정들〉로 열거한 과정들이 그렇다(커뮤니케이션에서 〈명백한〉 것으로 주어지는 것은 모두 제도화된 인식에 의존한다). 필모어와 다른 저자들에 의하면, /문을 닫아/라는 표현은 최소한 다섯 개의 전제들을 함의한다. 말하자면 (1) 발신자와 수신자 사이의 특별한 관계, (2) 수신자가 발신자의 요구를 수행할 가능성, (3) 발신자가 문에 대해 갖는 분명한 관념, (4) 그 표현이 발화될 때 문이 열려 있다는 사

2·14·6 문법과 텍스트

추가 코드화의 개념(과잉 코드화 및 미달 코드화의 개념과 함께)을 통해 이런 맥락에서 로트만이 제안했던 **문법 지향** 문화와 **텍스트 지향적** 문화 사이의 차이를 다시 살펴볼 수 있다. 그 차이는 코드들의 상이한 조직 방식들과 관련되며, 나중에는 기호 생산의 상이한 유형들을 구별하는 데에도 도움이 될 것이다(3·6 참조).

로트만(1969, 1971)은 규칙들의 체계에 의해 유지되는 문화들이 있고, 행동 모델 또는 예들의 목록에 의해 유지되는 문화들이 있다고 주장한다. 전자의 경우 텍스트는 연속적 단위들의 조합에 의해 생성되며, 조합의 규칙들과 일치할 경우

실, (5) 문이 닫히기를 바라는 욕망 등이다. 이 모든 요건들 중에서 (1)과 (5)는 과잉 코드화의 문제이다. 즉 담론의 규칙들이 설정하는 바에 의하면, 무엇인가를 하도록 명령하는 사람은 명령하는 위치에 있고(규칙을 위반하지 않는다면) 또한 요구되는 것이 이루어지기를 원하거나 바란다. (2)는 화용론적이고 상황적인 문제이지만, 다른 담론의 규칙에 의하면 명령받은 자가 할 수 있는 것을 명령해야 한다(가령 사디즘의 경우처럼 담론의 규칙들을 위반하는 경우는 예외이다). (3)은 정관사가 지표로 기능하면서〔특수성〕의 내용을 운반하기 때문에 코드의 문제가 되고, 나머지는 상황적 추론 및 언급과 관련된다. 마지막으로 (4)는 의미적 전제의 문제이다. 왜냐하면 /닫다/의 재현에는 문, 창문, 상자, 또는 열려 있는 일반적인 것들이 닫힌다는 사실이 등록되어 있어야 하기 때문이다. 만약 누군가가 닫혀 있는 문을 닫으라고 명령한다면, 언어의 부당한 사용과 마주하게 된다. 그것은 고양이를 손가락으로 가리키면서 /저것은 옷장이다/라고 말하는 사람과 같다(그 내용은 이해될 수도 있으나, 지시는 잘못된 것이다. 3·3 참조). 마지막으로 뒤크로(1970)는 /피에트로가 왔다/는 표현에 의해 함의되고, 어떤 코드에 의해서도 예상될 수 없는 일련의 전제들을 열거한다(가령 다른 사람들이 올 수도 있다는 것, 피에트로는 수신자에게 알려져 있다는 것, 수신자는 피에트로가 오는 것에 관심을 갖고 있을 것 등이다). 하지만 강하게 의례적인 사회에서는 〈부적절하게〉 발화되는 표현들이 실질적으로 무의미하거나 부정적인 의미를 갖게 만드는 매우 엄격한 대화의 규칙들을 토대로, 이러한 전제들도 추가 코드화의 문제가 될 수 있다.

올바른 것으로 판단된다. 후자의 경우 사회는, 무엇보다도 모방해야 할 모델들을 제시하는 거대 단위들(경우에 따라 여기에서 규칙들이 추론될 수 있다)로 나타나는 텍스트들을 직접 생성한다. 문법 지향적 문화의 좋은 예는 로마법이 될 수 있는데, 로마법에서는 모든 유형의 이탈을 배제하면서 모든 경우에 대한 규칙들이 자세히 규정되어 있다. 반면 텍스트 지향적 문화의 예로는 영국의 관습법이 있는데, 그것은 비슷한 경우들을 비슷한 방식으로 해결하기 위해 따라야 할 텍스트로서 이전의 판결들을 제시한다.

로트만이 암시하는 바에 의하면, 문법 지향적 문화들은 최대한 내용을 지향하며, 텍스트 지향적 문화는 표현을 우선으로 생각한다. 단지 고도로 분절된 내용 체계를 형성하였을 경우에만 고도로 분절된 〈문법적〉 체계를 그 내용 체계에 상응시킬 수 있으며, 반면에 고유의 내용들을 충분히 구별하지 않는 문화는 표현의 축적들을 통해 내용의 성운들을 표현한다는 사실을 토대로 로트만은 위에서 말한 바처럼 설명한다.

로트만에게 문법 지향적 문화는 **안내서**에 의존하고, 텍스트 지향적 문화는 **책(신성한 책)**에 의존한다. 실제로 안내서는 무한한 수의 대상들을 세울 수 있는 규칙들을 제공하는 반면 책은 단지 모방해야 할 모델들을 생산하는 텍스트이며, 단지 그것을 생산한 규칙이 널리 알려질 때에만 안내서로 다시 옮길 수 있을 것이다.

로트만은 언어 습득의 일반적인 경험을 상기하면서 두 가지 길을 구별한다. 어른들은 대개 문법화한 형식으로, 말하자면 그 규칙들을 습득하면서 언어를 배운다(조합적 지침들과 함께 단위들의 총체를 부여받고 그것들을 서로 조합한다). 그런데 아이들은 끊임없이 텍스트들을 실습하면서 모국어나 외국어를 배우고, 그 언어가 함의하는 모든 규칙들을 전혀 의식하지 않으면서도 서서히 그 역량을 〈흡수한다〉. 분명히 아이들에게 언어 습득은 미달 코드화의 활동들에서 출발하고, 그 뒤에 문법적인 코드화의 단계들을 거쳐, 마침내 과잉 코드화의 현상들에 숙달하게 된다(그것은 어른의 삶 전반에 걸쳐 계속되며, 사회의 문화적 성숙함과 동일시된다).

만약 언어적 개체 발생과 관련하여 문화적 계통 발생을 생각할 수 있다면, 사회에서도 똑같은 일이 일어난다고 말할 수 있다. 원시 사회는 원칙상 텍스트 지향적이며(대부분 미달 코드화 과정들을 토대로 한다), 반면에 〈과학적〉 사회는 문법 지향적이다. 하지만 이런 구별은 그렇게 단순하지 않을 수도 있다. 왜냐하면 과학적 사회는 단지 개념적 층위에서만(과학적 체계들, 분류들, 철학적 범주화들 등에서만) 강하게 문법화되어 있을 뿐, 행동의 층위에서는 다수의 미달 코드화된 텍스트들, 수동성의 모델들, 매우 개방적인 규칙들에 의존하는(파브리, 1973 참조) 것처럼 보이기 때문이다. 이것이 고도로 발전된 사회의 특징처럼 보인다(매스 미디어들의 영향을 생각해 보라). 반대로 우리보다 훨씬 더 문법화된 예절과 의례적 행동들을 갖는 것이 원시 사회들 전형적인 특징이다.

어쨌든 한편으로는 〈과잉 코드화와 미달 코드화〉의 쌍과, 다른 한편으로는 〈텍스트와 문법〉의 쌍이 상동적이고 동연적(同延的)인 두 가지 대립을 이룬다고 주장해서는 안 된다. 추가 코드화 활동은 기호 생산에서 코드들로 나아가 코드 이론의 범주를 형성하는 움직임과 연결되어 있으며, 〈문법 대 텍스트〉의 대립은 기호 생산 이론과 관련된다. 이에 대해서는 제3장에서 다시 다룰 것이다.

2·15 코드들의 상호 작용과 열린 형식으로서의 메시지

추가 코드화 활동은 (코드화되지 않은 상황들에 대한 해석과 함께) 가장 적합한 코드를 추정법적으로 선택하거나 또는 정확한 함축들로 안내할 하위 코드를 찾아내도록 자극하는 데에만 머무르지 않는다. 그것은 기호들의 정보 전달 충격을 바꾸기도 한다. 가령 약병 위의 해골은 독약을 의미하지만, 만약 그 약병을 세제(洗劑) 찬장에서 발견하지 않고 술병들의 찬장에서 발견한다면, 그 정보의 가치가 바뀔 것이다.

따라서 상황들과 전제들의 상호 교차는 코드들과 하위 코드들의 교차와 함께 연결되고, 그리하여 모든 메시지나 텍스트를, 여러 가능한 의미들이 부여될 수 있는 **텅 빈 형식**으로 만들기도 한다. 코드들의 다수성 및 맥락들과 상황들의 무한한 다양성으로 인하여, 똑같은 메시지가 다양한 관점들에서 또 다양한 관습 체계들과 관련하여 해석될 수 있다. 기본적인 외시는 발신자가 이해되기 원하는 대로 이해될 수 있지만 함축들은 바뀔 수 있다. 수신자가 발신자의 예상과는 다른 읽기의 경로들을 따른다는 단순한 이유 때문이다(두 가지 경로 모두 두 사람이 의존하는 성분 나무에 의해 정당화되기 때문이다).

앞에서 보았듯이, 어느 공산주의자에 의해 발신되는 /그는 마르크스를 따른다/ 같은 메시지를 받으면, 반공산주의적 수신자는 발신자가 원했던 외시들 모두와 함축들의 일부(이데올로기를 전제로 하는)를 정확하게 포착할 수 있다. 그럼에도 불구하고 그는 자신의 가치론적 하위 코드를 토대로 그 의미소에 부정적인 함축적 표지들을 부여하고, 그리하여 결국에는 실질적으로 다른 메시지를 받게 된다.

극단적인 상황에서는 일차적인 외시들까지 달라지며, 따라서 비록 드물기는 하지만, 한 표현이 만약 어느 주어진 언어에 속하는 것으로 확인되면 이런 것을 말하고, 만약 다른 언어에서 생성된 것으로 이해되면 다른 것을 말하는 언어적 상황들은 매우 상징적이다〔가령 /cane Nero(개 네로, 이탈리아어; (노래하라, 네로여, 라틴어)/, /i vitelli dei romani sono belli(로마 사람들의 송아지들은 아름답다, 이탈리아어; 가라, 비텔리우스여, 로마 신(神)의 전쟁의 소리에, 라틴어)/ 등이 그렇다〕.

심지어 어느 주어진 언어의 내부에서도 그런 교환들이 가능하며, 그것은 수수께끼 놀이들을 만드는 사람들의 기쁨이 된다(/campo incolto/는 〔경작되지 않은 땅〕과 〔나는 교양 없이 살아간다〕를 모두 의미하며, /la fiera africana/는 몸바사Mombasa에 대한 보편적인 설명 또는 사자가 될 수 있다).

그렇다면 제1장에서 제안했던 메시지에 대한 〈정보 전달적〉 정의를 수정할 필요도 있다.

제1장에서 메시지는 정보의 축소처럼 보였다. 그 기능소를 이루는 신호가 원천에 존재하는 동일 확률의 상징들 사이에서 한 가지 선택을 나타냈기 때문이다. 하지만 지금은 메시지가 수신자에게 도달하면서 그 이상의 정보의 원천처럼 보인다. 역설적으로 메시지는 비록 그 정도는 다르지만 원천의 동일 확률과 똑같은 특징들을 갖는다 — 최소한 이론상으로는 그렇다. 메시지는 서로 다른 가능한 내용들의 원천이 된다. 그러므로 메시지의 정보에 대해 (1·4·4에서처럼 코드의 정보 및 원천의 정보 이외에도) 말하는 것이 정확하다(단지 은유적으로만 그런 것이 아니다).

메시지에 부여되는 의미 표지들은 이진법적 선택들을 통

해 확인할 수 있는, 체계화된 목록의(s-코드의) 계산 가능한 요소들이다. 만약 정보가 가능한 선택들의 풍부함에 의존한다면, 한 의미소에 의해 제시되는 다양한 읽기 경로들은 맥락적 선택과 상황적 선택들에 의해 더욱 복잡해지고, 가능한 이진법 선택들의 그물을 이룬다.

메시지의 이러한 정보는 확정적인 해석을 선택하는 수신자에 의해서만 최종적으로 축소된다. 여러 의미들의 공존을 공개적으로 요구하는 미학적 메시지들의 경우 정보는 축소될 수 없는 상태로 남아 있다.

총체적 의미 영역에 대한 완벽한 기술의 계획을 받아들인다 하더라도, 메시지의 정보가 양적으로 계산될 수 있을지는 의심스럽다. 하지만 그럼에도 불구하고 그것은 일련의 가능성을 이룬다. 그것은 통계적인 동일 확률의 원천을 나타내지 않지만, 결과적으로 불확정적이지는 않을지라도 어쨌든 여전히 광범위한 확률들의 모태이다.

원천의 정보나 메시지의 정보는 모두 이후의 질서와 관계되는 무질서의 상태로, 궁극적인 명료화와 관련되는 모호함의 상황으로, 최종적으로 실현되는 선택들의 체계와 관련되는 대안적 선택의 가능성으로 정의될 수 있을 것이다.

앞에서 말했듯이 일반적으로 〈메시지〉라 부르는 것은 대개 하나의 〈텍스트〉라는 사실을 덧붙여야 할 것이다. 말하자면 상이한 코드들과 하위 코드들에 의존하는 상이한 메시지들의 그물로서, 그것은 때로는 상이한 표현 단위들을 똑같은 내용과 상호 관계시키고(예를 들어 언어 메시지에는 언제나 부차 언어적, 운동학적, 근접학적 메시지들이 수반되는데, 그것들은 똑같은 내용을 강화하면서 운반한다), 또 때로는 상이한 내용들을 똑같은 표현 실질과 상호 관계시키기도 한다.

그러므로 정보학적 설비의 커뮤니케이션 이론들에 의해 일반적으로 암시되는 커뮤니케이션 모델은 도표 29와 같이 수정되어야 할 것이다.

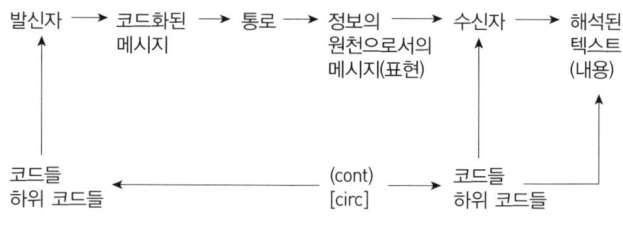

도표 29

원천으로서의 메시지는 선택적 결과들을 허용하는 강요들의 모태이다. 선택적 결과들의 일부는 원래의 메시지를 풍부하게 해주는 풍요로운 추론들로 간주될 수 있고, 일부는 〈일탈들〉이다. 하지만 일탈이란 단지 발신자의 의도들에 대한 배반으로만 이해되어야 한다. 메시지들의 매듭은 일단 해석되면 고유의 텍스트적 자율성을 얻기 때문에, 텍스트 그 자체의 관점에서 볼 때(**의미 공간**의 모순적 성격과 관련하여) 그런 〈배반〉은 완전히 부정적인 것으로 간주되어야 한다.

때로는 수신자의 문화적 단위들의 체계는(그리고 그가 살아가는 구체적인 상황들은) 발신자가 전혀 예상하지 못했을 (또는 원하지 않았을) 해석을 정당화한다. 이런 현상은 〈부메랑 효과〉, 〈두 단계 흐름 *two step flow*〉, 여론의 지도자들에 의한 여과 등의 존재를 인정하는 대중 커뮤니케이션의 사회학에 널리 알려져 있다.

그러한 예측할 수 없는 해독들 덕택에 메시지는 그 의미 층위들의 단 한 가지 층위에서만 〈소비〉되고, 반면에 똑같이

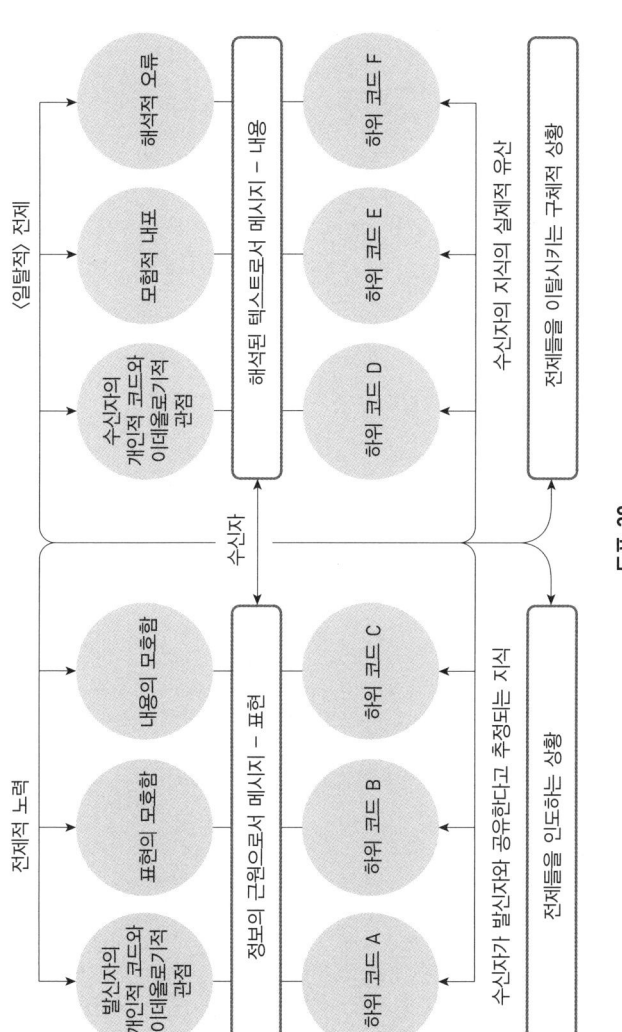

도표 30

타당한 나머지 층위들은 그늘 속에 남아 있을 수도 있다. 그레마스(1966)는 의미의 그런 층위들을 **동위성**isotopy이라 불렀다. 아무리 〈일탈적인〉 해석이 있을 수 있더라도 종종 다양한 동위성들은 도표 30에 암시되는 과정에서 서로 상이하게 상호 작용한다.

수신자가 발신자의 코드를 확인하지 못하고 또 다른 어떤 코드로 대체하지도 못할 경우, 메시지는 단순한 〈잡음〉으로 수신된다. 지구적 층위의 대중 커뮤니케이션의 순환 과정에서 메시지들이 커뮤니케이션 권력의 중심부에서 출발하여 세계의 극단적인 하부 프롤레타리아 주변부에 도착할 때에도 그런 현상이 일어난다.

기호학적 방향의 새로운 사회학적 연구들은(파브리, 1973 참조) 오늘날 바로 이러한 잡음 현상들이 일종의 〈의미적 제3세계〉의 조직 같은 새로운 문화들을 생산하지 않는가를 질문하기도 한다.[30]

---

30 도표 30에서 일탈적인 상황들이나 정향적인 상황들은 모든 커뮤니케이션 관계의 불가피한 구도로서 나타나는 외부의 간섭들, 경제적 사건들, 생물학적 요인들의 코드화되지 않은 복합체를 구성한다. 그것들은 모든 커뮤니케이션 과정을 구부리고 조절하는 〈물질적 현실〉의 존재가 된다. 여기에서〔에코(1968)에서 이미 그랬던 것처럼〕혹시 커뮤니케이션 과정은 그것이 일어나는 상황들을 활용할 수 있는가 질문하지 않을 수 없다. 말하자면 상황이 커뮤니케이션 과정의 의도적인 요소가 될 수 있는지를 질문하는 것이다. 만약 상황이, 메시지에 대한 가능한 해석들의 선택을 비춰 줄 하위 코드들을 확인하도록 만든다면 메시지를 바꾸거나 또는 메시지의 생산을 통제하는 대신 그 메시지들이 수신될 상황들에 작용함으로써 그 내용을 바꿀 수 있는지를 질문해야 한다. 이것은 기호학 임무의 혁명적인 측면이다. 그리고 대중 커뮤니케이션들이 메시지에 대한 사회적 통제를 마련하는 〈지배〉의 발현으로 나타나는 시대에, 혹시 수신자의 해석을 바꾸기 위해 수신의 상황을 바꾸는 것이 가능할 수도 있다. 그것은 바로 다른 글들에서 기호학적 게릴라라고 불렸던 것이다. 코드화의 전략(메시지를 잉여적으로 만듦으로써 논란의 여

하지만 이런 문제들을 검토하면서 우리의 논의는 코드 이론의 경계선을 넘어섰다. 누군가가 수신된 메시지를 갖고 하는 일은 기호 생산 및 해석 이론의 문제이다. 따라서 그것은 비록 의미론의 전통적 역량에 속하는 많은 문제들을 포괄할지라도, 아주 분명한 화용론의 형식으로 제시된다. 반면에 코드 이론은 맥락들과 상황들의 이론을 고유의 범위 안에 집어넣음으로써, 전에는 화용론에 속하던 임무들을 의미론의 범위에서 떠맡게 되었다.

이 장의 임무는 기호 생산 및 해석의 예측 불가능성 자체가 어떻게 코드 이론에 의해 제시되고 기술된 것처럼, 의미 우주의 조직에서 발생하는가를 보여 주려는 것이었다.

지가 없는 코드에 따라 단일한 의미의 해석을 보장하는 것)에 대한 대립으로서 해독의 전술이 있을 수 있는데, 거기에서 표현으로서의 메시지는 변화하지 않지만 수신자는 반응의 자유를 재발견한다.

3 ___ 기호 생산 이론

3·1 일반적 개요

3·1·1 생산 작업

하나의 기호 또는 기호들의 연쇄를 생산할 때 어떤 일이 일어나는가? 무엇보다도 먼저 〈발화〉해야 하기 때문에 **물리적 노력**과 관련되는 임무를 수행해야 한다. 여기에서 /발화하다/는 단지 소리들을 낸다는 의미로만 이해하면 안 된다. 모든 유형의 물리적 신호들의 생산과 관련되기 때문이다.

그러므로 물리적 기능들을 넘어서서 무엇인가를 **커뮤니케이션**하려는 목적으로 하나의 이미지, 하나의 몸짓, 하나의 대상을 〈발화〉한다고 말해야 한다.

그 모든 경우에서 발화는 하나의 **작업**을 전제로 한다. 무엇보다 신호의 생산 작업이 있고, 그다음에 내가 활용할 수 있는 신호들 중에서 표현을 만들기 위해 그것들을 서로 조합해야 하는 **선택**에 의해 요구되는 작업이 있으며, 마지막으로 표현적 연쇄들, 메시지들, 텍스트들로 조합해야 할 표현 단위들의 확인에 의해 요구되는 작업이 있다. 말의 유창함이나 어려움은 언어 코드들에 대한 완벽하거나 그렇지 않은 지식에 의존하기 때문에, 비록 우리가 여기에서 다루지 않을지라도, 기호학적 연구의 문제이다. 로시란디(1968)는 특히 이런 현상들에 관심을 기울였다.

하지만 누군가가 말을 발화하는 대신 어떤 이미지를 발화한다고 가정해 보자. 예를 들어 자기 집 정원의 대문에 붙여 놓을 경고 표지판에 개를 그린다고 가정해 보자.

그런 유형의 생산은 단어 /개/를 발화할 때 요구되는 것과는 상당히 달라 보인다. **그것은 추가적인 작업을 부과한다.** 또한 /개/를 말하기 위해서는 어떤 정확한 유형의 한 사례를 생산하도록 미리 정해 놓은 언어 유형들의 목록 사이에서 선택하기만 하면 되지만, 반면 개의 그림을 그리기 위해서는 새로운 유형을 **창안**해야 한다. 때문에 종류가 서로 다른 기호들이 있으며, 어떤 것들은 다른 것들보다 더 많은 작업을 요구한다.

마지막으로 단어들, 이미지들 또는 다른 것을 발화할 때, 그것들을 **받아들일 수 있고** 이해될 수 있는 기호 기능들의 연쇄로 분절하기 위해 작업해야 할 필요도 있다.

물론 세상의 상태들이나 사물들을 **지시**하기 위해, 어느 주어진 **코드**의 조직에 대해 진술하기 위해, **질문**하거나 또는 **명령**하기 위해 그런 연쇄들을 만들 수 있다. 메시지들을 보내거나 받는 과정에서 발신자나 수신자는 **전제들** 및 가능한 논리적 **결과들**의 그물을 확인해야 한다. 그리고 메시지들, 판단들, 지시들을 교환하는 과정에서 코드들의 수정에 기여한다. 그것은 공개적으로나 은밀하게 수행될 수 있는 사회적 작업이며, 그렇기 때문에 코드의 **변화** 현상은 다양한 수사학적 및 이데올로기적 담론들에서 나타나는 코드의 **교환**commutation 현상과 뒤섞인다.

그런 활동들의 상당수는 기존의 학문들에 의해 이미 연구되고 있으며, 다른 것들은 기호학적 연구의 대상이 되어야 한다. 하지만 다른 학문들이 이미 연구하는 것들도 일반 기호학의 분과들 사이에 포함되어야 한다. 물론 잠정적으로는 지금까지 그것들을 탁월하게 이론화한 사람이 다루도록 내버려 둘 수 있을 것이다.

3·1·2 기호 작업의 유형들

코드 이론은 기호 기능의 구조 및 코드화와 해독의 일반적 가능성들과 관련되는 반면, 기호 생산 이론은 도표 31에 열거된 모든 문제들과 관련된다. 이 도표는 기호들, 메시지들, 텍스트들을 생산하고 해석하는 과정에서 이루어지는 작업, 말하자면 신호를 조작하기 위해, 기존의 코드들을 고려하기 위해, 또는 그것들을 부정하기 위해 요구되는 물리적이고 심리적인 노력, 요구되는 시간, 사회적 수용 가능성의 정도, 기호들을 그것들이 지시하는 사건들과 비교하는 데 소비되는 에너지, 발신자가 수신자들에게 가하는 압력 등에 관한 것이다. 열거된 다양한 유형의 작업들을 상호 연결시키는 화살표들은 2차원적 재현에서 기인하는 지나친 단순화를 수정하려고 노력한다. 말하자면 각 작업 유형은 다른 유형들과 상호 작용하며, 기호 생산 과정은 코드들의 삶 자체와의 상호 관계 속에서 상호 작용하는 힘들의 그물에서 나오는 결과를 재현한다.

도표 오른쪽에는 상이한 학문적 접근들이 열거되어 있는데, 그것들은 다양한 관심 분야들에서 수행되고 또한 여기에서 제안하는 일반 기호학의 접근과는 상관없는 고유의 역사와 참고 문헌을 갖고 있다. 그런 〈경쟁적인〉 학문들의 존재는 0·4에서 이미 말했듯이 분명한 〈경험적〉 한계들 중 하나로 간주되어야 한다.

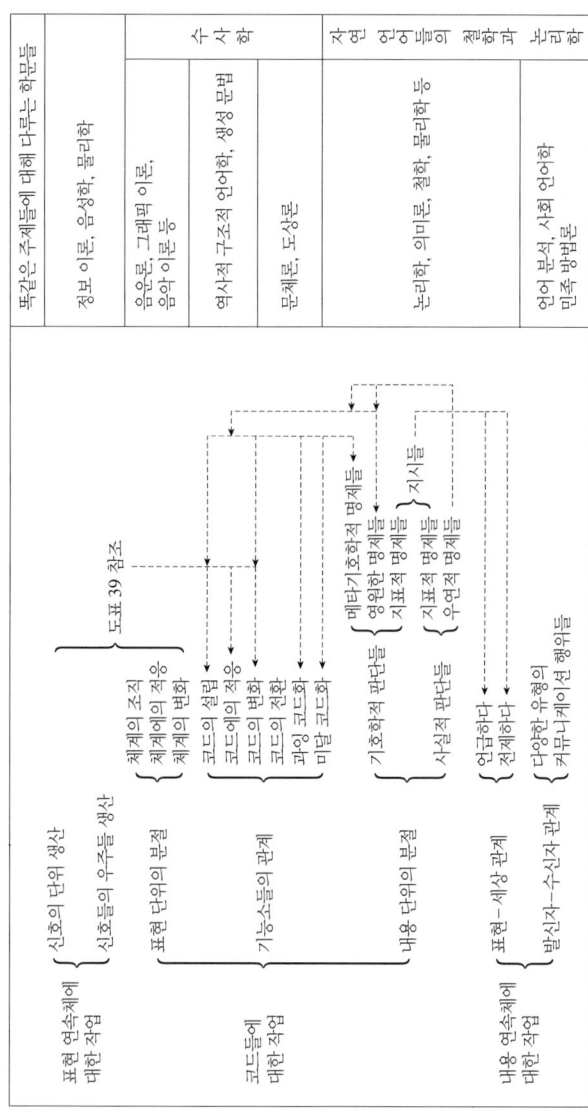

도표 31

도표 31의 항목들을 하나하나 검토해 보자.

(1) 신호들을 **물리적으로 생산**하기 위해 표현의 연속체에서 이루어지는 작업이 있다. 그 신호들은 기호학적 기능이 없는 물리적 실체들로 생산될 수도 있다. 하지만 기호 기능의 표현 단면으로서, 기존의 실체들 사이에서 생산되거나 또는 선택되기 때문에, 그것들의 물리적 생산 방식은 기호학의 관심을 끈다. 그것들은 이미 분절된 연속적 **단위들** 또는 ⟨어떤 방식으로든⟩ 한 내용과 상호 관계된 질료적 **우주들**로 구성될 수 있다. 두 경우 모두에서 그것들의 생산은 도표 39에서 언급할 **다양한 작업 기술들**을 개입시킨다.

(2) 표현의 단위들을 **분절**하는 데에서 이루어지는 작업이 있다(그 단위들이 표현 체계에 의해 제시된 것으로서 미리 존재하든, 아니면 어떤 방식으로든 분절된, 새로운 코드화 상호 관계의 기능소로서 제시되는 것이든 상관없다). 이런 유형의 작업은 **기표들의 선택 및 배치**와 관련된다. 새로운 체계를 조직하는 활동에서 표현의 분절이 있을 수 있는데, 코드에 **적용**하려고 (또는 코드를 존중하려고) 노력하는 표현 작업의 과정에서, 또한 발신자가 새로운 표현 단위들을 창안함으로써 체계를 풍부하게 만들고 따라서 변화시키는 텍스트의 범위 안에서도 표현의 분절이 있을 수 있다[예를 들어 라포르그 Laforgue가 /*volupté*/라는 단어를 창안하고 조이스 Joyce가 /*meandertale*/을 창안할 때. 에코(1971) 참조]. 물론 표현의 단면에 대한 수정들이 순수한 문법적 난센스로 남지 않으려면 내용의 단면에 대한 수정들과 상호 관계되어야 한다. 그러므로 체계의 조직과 적응, 변화의 작업들은 언제나 기능소들 사이의 상호 관계의 층위에서 이루어지는 작업의 중재를 통해, 내용의 단면에 대한 유사한 작업과 관련하여 고려되어야 한다[(3) 참조].

(3) 처음으로 한 집단의 기능소들을 다른 집단과 상호 관

계시키고, 그럼으로써 코드를 설립하기 위해 이루어지는 작업이 있다. 코드 설립의 한 예는 1·1에서 수문 체계와 관련하여 이루어진 작업이다.

(4) 발신자나 수신자가 일상적인 기호적 활동의 경우에서 그렇듯이(예를 들어 /토리노행(行) 기차는 17시 15분에 3번 플랫폼에서 떠난다/), 주어진 코드의 법칙들을 준수하면서 (**적응하면서**) 메시지를 생산하거나 해석하는 과정에서 수행하는 작업이 있다. 이런 유형의 작업은 제2장에서 광범위하게 고찰되었다.

(5) **코드를 바꾸기** 위해 수행되는 작업이 있다. 이것은 **기호학적 판단들**과 **사실적 판단들**(3·2 참조), 텍스트 조작의 다른 형식들을 연루시키는 복잡한 과정이다. 그런 의미에서 이것은 코드들의 **미학적** 조작과도 관련된다(3·7 참조).

(6) 다양한 유형의 수사학적 담론들, 특히 자신의 모순성을 모르는 척하면서 의미 영역에 접근하는 〈이데올로기적〉 담론들(3·9 참조)에 의해 수행되는 작업이 있다. 그런 경우 **총체적 의미 공간**(2·13 참조)의 모순적 성격을 감추기 위해 이데올로기적 담론은 코드에서 코드로 **전환**하면서 그런 과정을 분명하게 밝히지 않는다. 코드의 전환은 미학적 텍스트들에서도 이루어질 수 있지만, 그런 경우에는 은밀한 장치가 아니라, 여러 층위에서의 해석과 계획된 모호함을 생산하는 명백한 과정이다(3·7·1 참조).

(7) 추론 과정들을 통해 텍스트들을 해석하는 과정에서 수행되는 작업이 있다. **과잉 코드화**와 **미달 코드화**의 형식들을 생산하는 추정법들에 기초하는 이러한 텍스트 해석의 매우 중요한 측면은 2·14 전체의 대상이 되었다.

(8) 그 내용이 검증되어야 하는 발화체들을 분절하고 해석하기 위해 발신자와 수신자에 의해 수행되는 작업이 있다.

3·2는 바로 **단언들**이라 일컫는 명제들(메타기호학적 명제들, 영원한 명제들, 경험적 명제들)과 관련되고, 반면에 3·3은 지시 또는 언급 과정에서 사용되는 **지표적 발화체들**과 관련된다[(9) 참조].

기호학적 판단들은 한 기호학적 실체에 대해, 코드가 이미 거기에 부여하는 것을 서술하며(3·2 참조), 다음과 같은 형식을 띨 수 있다. (가) 가령 [나는 이제부터 〈배〉라는 표현을 우주선들에도 사용될 수 있다고 정한다] 같은 수행적 형식을 함의하는 **메타기호학적** 명제들, (나) [독신남은 남성이다] 같은 **영원한 명제들**, (다) 일정한 일련의 속성들을 대표하는 것으로 채택되는 어떤 사물들을 단어들과 결합시키는([이 물건은 연필이다]) **지표적** 명제들. 이 마지막 유형의 기호학적 판단은 현실적인 대상들에 대해 발화되기 때문에, **언급** 또는 **지시 행위**로 일컫기도 하며, 사실적이고 지표적인 명제들과 관련하여 연구될 수 있다(3·3·1 참조).

사실적 판단들은 어느 주어진 기호학적 실체에 대해, 코드가 거기에 전혀 부여하지 않은 것을 서술한다. 이런 판단은 두 가지 유형이 될 수 있다. (가) 한 기호학적 유형의 구체적인 사례에다, 정의상 똑같은 유형의 다른 사례들에 속하지 않는 사실적 속성을 부여하는 **지표적** 명제들([이 연필은 검다]). 바꾸어 말하면 **우연적** 명제들이라 일컫는(2·5·3 참조) 이런 유형의 판단은 해당 단위의 의미 재현을 바꾸지 않으며, **외연적 검증, 또는 명제들과 세상의 상태들 사이의 상응 이론**과 관련됨으로써 기호학 연구에서 무시될 수 있다. 하지만 여전히 기호학적 중요성을 갖고 있는데, 의미 단위를 대상의 속성으로 서술하기 위해서는 그 대상에 대해 정의된 속성들을 고찰할 필요가 있기 때문이며, 그런 작업은 기호학적 양상을 띤다(3·3·3~3·3·6 참조). (나) [달에 사람들이 착륙

했다]처럼 지표적이지 않은 **우연적** 명제들. 3·2·2에서 보겠지만 이런 유형의 판단이 처음으로 발화될 때에는 **지표적이고 우연적 명제**이다(코드가 거기에다 그런 속성을 부여하지 않았던 실체에 대해 무엇인가가 서술되는데, 그러한 내재성은 〔이 순간부터〕 또는 〔겨우 어제〕 같은 지표적 장치들을 통해 최초로 단언된다). 하지만 그런 판단이 사회적 집단에 의해 **진실로** 받아들여질 때에는 곧바로 메타기호학적 기능을 띠며 서서히 **기호학적 판단들이 된다**(이제 모두가 달을 인간이 도달할 수 있는 하나의 천체로 생각한다는 의미에서).

(9) 한 표현이 말하고 있는 사물의 현실적인 속성들을 **지시하는지** 확인하기 위해 수행되는 작업이 있다. 지표적, 사실적 또는 기호학적 발화체의 내용을 포착하고 검증하기 위해 수행되는 작업과 밀접하게 연결되는 작업이다(3·3 참조).

(10) 다소 코드화된 상황들을 토대로 표현들을 해석하는 과정에서 이루어지는 작업이 있다. 이 추론 작업은 무엇인가를 이해하기 위하여 수행하는 작업(그러므로 지각 및 지성의 이론과 관련된다), 과잉 코드화 또는 미달 코드화 작업으로 정의된(2·14 참조) 텍스트의 내부에서 수행되는 작업〔(7) 참조〕과 연결되어 있다.

(11) 발신자가 행동적 반응들을 자극할 목적으로 수신자의 관심을 자신의 태도와 의도에 집중시키기 위해 수행하는 작업이 있다. 다음의 여러 항목들에서 고려될 이런 유형의 작업은 대부분 〈화행〉 이론과 관련된다. 〈화행〉에 대한 이런 개념은 언어적으로 표현되지 않은 행위들과도 관련된다는 전제 하에 우리는, 비록 이제는 충분하지 않지만, 표준적인 세 가지 행위의 구별에 의존할 수 있다. **언표적**_locutionary_ 행위는 사실적 판단들과 기호학적 판단들에 상응하며, **언표 내적** _illocutionary_ 행위는 명령하고, 약속하고, 세례를 주는 등의

행위를 수행하며, **언향적**_perlocutionary_ 행위는 접촉하고, 감정들을 자극하는 것 등을 목적으로 한다. 이 모든 것을 **커뮤니케이션 행위들**이라 부르기로 하자.[1]

3·1·3 다음의 항들을 어떻게 읽을 것인가

이 제3장은 기호 생산 이론과 관련되는 모든 문제들을 다루지 않고, 다만 일반 기호학 이론의 관점에서 가장 급박하게 관심을 기울여야 할 일부 문제들만을 개관할 것이다.

그렇다면 다음의 글들을 지배하는 우선순위의 체계를 밝혀 보자.

주어진 기표들의 구체적인 사례들을 생산할 목적으로 표현 연속체를 조작하기 위해 수행되는 작업은 곧바로 **다양한 유형의 기호들이 있다**는 사실을 증명해 준다. 코드 이론이 기호 기능에 대한 통일적인 정의를 제공하려고 노력하는 과정에서 **의도적으로** 그런 차이들을 지워 버렸다면, 기호 생산 이론은

---

[1] (8)에 열거된 판단들 각각은 비언표적인 행위로 옮길 수 있다. 예를 들어 기호학적 판단들은 가령 /모든 독신남들은 남자라는 것이 사실이야?/, /오로지 독신남들만 남자라면!/, /이 물건이 연필이라고?/, /보아라! 연필/, /정말 끔찍한 연필!/ 등과 같은 〈화행들〉을 생산할 수 있다. 사실적 판단들도 그런 옮기기를 허용한다. /달에 사람들이 착륙했다는 것이 사실이야?/, /그런데 이 연필은 정말로 검은가?/, /나는 이 연필을 검은 것으로 정의한다/, /오 세상에! 사람들이 달에!/, /전 세계의 환경론자들이여, 단결하라! 사람이 달에까지 갔다/ 등이 그렇다. 논리적으로 말하자면 비록 이 모든 행위들이 단언으로 환원될 수 있을지라도, 또한 변형 문법론적으로 말하자면 그것들의 문장 지시체는 선언적 발화체의 지시체로 변형될 수 있을지라도(질문이나 감탄의 특수한 지표들이 개입하는 경우는 예외이다), 그것들은 쉽게 해결할 수 없는 일련의 문제들을 제기한다. 이 책에서는 그런 문제들에 대해 다루지 않을 것이며, 현재 이루어지고 있는 다양한 연구들, 특히 영국 분석학파들의 연구와 민족 방법론자들의 연구들을 참조하기 바란다(오스틴, 1962; 설Searle, 1969; 굼페르츠와 하임스, 1972; 시쿠렐, 1973).

기표들을 생산하기 위해 필요한 실질적이고 물질적인 작업을 고려함으로써, 상이한 생산 방식들이 있으며 또한 그것들은 다음과 같은 세 가지 과정에서 기인한다는 것을 인정하지 않을 수 없다. 즉 (1) 표현 연속체의 **조작** 과정, (2) 형성된 표현을 한 내용과 **상호 관계**시키는 과정, (3) 그 기호와 현실적인 사건, 사물 또는 세상의 상태 사이의 **연결** 과정이다. 이 세 과정은 밀접하게 상호 연결되어 있다. 표현 연속체의 형성 문제가 일단 제기되면, 그것과 내용 및 세상과의 관계 문제가 탄생한다. 하지만 동시에 **일반적으로 〈기호의 유형들〉이라 일컫던 것들은 그런 작업들의 명백하고 확실한 결과가 아니라,** 그것들의 복잡한 상호 관계의 결과라는 것을 깨닫게 된다.

그렇다면 추상적인 상호 관계들을 표현하는 데 더 적합해 보이는 기호들이 있고(**상징들**처럼), 또한 **지표들**과 **도상들**처럼 세상의 상태들과 좀 더 직접적인 관계를 갖고 있으며, 대상에 대한 언급 행위와 직접 연루된 것처럼 보이는 기호들도 있다는 것을 이해할 수 있다. 소위 〈기호의 유형들〉은 정의상 그것들의 지시적인 사용과 다소 연결되는 것처럼 보이기 때문에, 기호들의 유형 검토는 지시 과정들에 대한 검토에서 시작하는 것이 합당해 보인다.

그러므로 다음 항들은 도표 31에서 설명된 주제들의 순서를 따르지 않고, 좀 더 〈현상학적〉이라고 정의할 수 있는 우선순위에 따라 진행될 것이다.

언급들에 대해 말하는 것은 활용되는 기호들(가리킨 손가락에서, 한 부류를 대표하는 것으로서 직접 제시되는 대상들에 이르기까지)의 다양한 유형들을 확인하는 데 도움을 준다. 그리고 그런 기호들을 생산하는 다양한 방식들에서의 차이들과 유사성들을 일단 확인하면, 그런 차이들은 소위 〈기호들〉을 그 자체로 특징짓는 것이 아니라, **오히려 그것들이 생**

산되는 방식, 좀 더 정확히 말해 기호의 유형들과 직접 관련되지 않은 일련의 생산 양식들을 특징지으며, 따라서 **기호의 유형들은 오히려 다양한 작업 방식들의 결과처럼 보인다**는 것을 발견할 수 있다.

그러므로 기호들의 유형은 기호 생산 방식들의 유형에 자리를 양보해야 할 것이다. 다시 한 번 〈기호〉에 대한 고전적 개념의 공허함, 즉 그 이론적 자리는 바로 **생산 작업의 상이한 유형들의 결과로서 기호 기능**의 개념이 차지해야 하는 일상적 언어의 허구를 증명하면서 말이다.

3·2 기호학적 판단들과 사실적 판단들

3·2·1 분석적 대 종합적, 기호학적 대 사실적

커뮤니케이션을 한다는 것은 기호 외적인 상황들과 함께 한다는 것을 의미한다. 그런 상황들이 기호학적인 관계들로 옮아갈 수 있다고 해서 그것들이 모든 기호 생산 현상의 배경에 계속 현존한다는 사실이 사라지는 것은 아니다. 바꾸어 말해 의미화는 물질적, 경제적, 생물적, 물리적 조건들의 총체적 구도**와** 대비된다(또한 커뮤니케이션은 그 구도 **안에서** 일어난다).

세미오시스는 사건들의 세계에서 사건으로 살아간다는 사실은 코드들의 우주의 절대적인 순수함을 제한한다. 세미오시스는 사건들 사이에서 일어나며, 어떤 코드도 미리 예상하지 못한 사건들이 일어난다. 그럴 경우 코드들에 의해 허용되는 기호학적 창조성은 그런 사건들이 **명명**되고 **기술**될 것을 요구한다. 코드들의 조직은 때로는 내용 체계의 조직이 예상하지 못한 사건들과 관련되는 혁신적인 단언들에 의해 위기에 처하기도 한다. 그렇다면 한 메시지가, 내용 체계가 아직 나누지 않고 조직하지 않은 무엇인가와 관련될 때 어떤 일이 일어나는가? 그렇게 해서 사회적 역량 속에 도입되는 문화적 단위들의 새로운 총체는 미리 정해진 의미 영역들을 수정하는가? 또, 어떻게?

하나의 열쇠는 전통적인 철학의 구별, 즉 **분석적** 판단들과 **종합적** 판단들 사이의 구별에서 제공된다.

하지만 지시적 의미론의 관점에서 고찰되는 그런 구별은 정당한 비판들에 직면하였다. 예를 들어(화이트, 1950) 도대체 무엇 때문에 〔모든 인간은 이성적 동물이다〕 같은 명제는 전통적으로 분석적인 것으로 판단되는 반면에, 〔모든 인간은 두 발 동물이다〕는 종합적인 것으로 판단되었는가에 대해 질문한 것이다. 실제로 여기에서 서술되는 속성들이 〈객관적〉이라면 그런 차이의 이유를 알 수 없다.

그러나 카시러Cassirer(1906)가 근대 철학에서 인식 이론의 역사를 서술하면서 한 가지 만족스러운 대답을 제공하였다. 즉 분석적 판단은 주어의 개념 안에 **암시적으로** 포함되어 있는 것을 서술하기 때문에 분석적이고, 종합적 판단은 주어에게 **경험 자료들의 종합**에서 기인하는 새로운 속성을 부여하기 때문에 종합적이라는 것이다.

그러므로 칸트가 〔모든 육체는 외연적이다〕는 분석적이고 〔모든 육체는 무겁다〕는 종합적이라고 주장하였을 때, 그는 자기 동시대 사람들이 공유하는 〈생각의 유산〉을 지적하였던 것이다. 말하자면 칸트에게도 〔육체〕는 지시물이 아니라 문화적 단위였으며, 데카르트의 시대부터 뉴턴과 백과전서파에 이르기까지 〔외연〕은 그 문화적 단위에 그런 정의의 일부가 되었던 본질적인 성질로서 부여되었고, 반면 〔무게〕는

〔육체〕의 정의에서 일부분이 되지 않은, 부수적이고 우발적인 성질로 간주되었던 것이다. 그러므로 판단들은 근대 철학의 전통에서도 유효한 문화적 코드들에 따라 분석적이거나 종합적인 것으로 제시되었던 것이지, 대상들이나 세상 사건들의 추정되는 자연적 속성들에 따라 제시된 것은 아니었다. 다른 한편으로 칸트는 『순수 이성 비판』에서 명백하게 주장하였다. 〈우리 이성의 활동은 대부분…… 우리 자신이 이미 대상들에 대해 갖고 있는 개념들의 분석으로 구성된다.〉

그러므로 〈분석적 대 종합적〉의 대립은 수많은 철학적 문제들을 연루시키기 때문에, 그것을 좀 더 다루기 쉬운 방식으로 수정하여 **우리의 기호학적 논의와 관련하여 다시 옮겨 보도록 하자.**

그렇다면 하나의 주어진 내용(하나 또는 그 이상의 문화적 단위)에 대해 미리 정해진 코드가 부여한 의미적 표지들을 서술하는 판단을 **기호학적** 판단이라 부르고, 하나의 주어진 내용에 대해 이전에 코드에 의해 부여되지 않은 의미적 표지들을 서술하는 판단을 **사실적** 판단이라 부르기로 하자.

그러므로 /모든 결혼하지 않은 남자는 독신남이다/는 독신남에게 결혼하지 않았다는 표지를 부여하는 코드가 존재하기 때문에 기호학적 판단이다. 반대로 /루이지는 독신남이다/는 사실적 판단이다. /1922년 10월 28일 무솔리니는 이탈리아에서 권력을 장악하였다/는 사실적 판단이었다. 하지만 그 순간부터 똑같은 발화체는 기호학적 판단이 되기 시작하였는데, 그 이유는 사회가 그 지식 자료를 제도화하였고, 〔베니토 무솔리니〕에 대한 백과사전적 재현에서는 그가 1922년 10월 28일 정권을 장악하였다는 특징이 분명히 자리 잡아야 하기 때문이다. 그런데 만약 /1922년 10월 28일 무솔리니는 커피 한 잔을 마셨다/라는 발화체가 발화되었다고 한다면, 그것은 기호학적 판단으로 바뀔 가능성이 거의 없는 사실적 판단이 되었을 것이다.

그러므로 화이트(1950)가 분석적-종합적의 대립을 비판하면서 올바르게 주장하였듯이, **판단은 관습을 토대로 분석적이며**, 관습이 바뀔 때 분석적 판단은 종합적 판단이 되고 또한 그 역도 가능하다. 하지만 그가 전통적인 구별의 논리적 한계로 이해한 것은, 오히려 기호학적 판단 대 사실적 판단 사이의 구별을 위한 타당성 조건이 된다.

3·2·2 단언들

이제 특별한 유형의 판단들을 고찰해 보자. 즉 기호학적, 메타기호학적, 사실적 판단들이 그것인데, 이것들은 지표적 판단 또는 지시와 혼동되지 않아야 한다.

다음 사실들을 기억할 필요가 있다.

(가) /이것은 1달러 지폐이다/는 단언이 아니다. 그것은 지시이다(3·3 참조).

(나) /1달러에 625리라이다/는 1972년에 기호학적 단언이었고, 따라서 코드화된 의미화 관계를 표현하였다.

(다) /1달러에 580리라이다/는 1972년에 발화된, 염려스러운 사실적 단언이었다.

(라) /1달러에 580리라이다/는 1972년에, 그리고 1973년의 상당 기간 동안 유형 (나)의 기호학적 단언이 되었다.

(마) 1974년에 /1달러에 580리라이다/는 /고래는 물고기이다/라는 주장과 마찬가지로 〈역사적〉 유형의 기호학적 단

언으로 남았다(둘 다 〈옛날〉 사회의 의미 우주를 이해하는 데 유용하다). 1974년 이후로 달러-리라의 환율에 대한 모든 단언은 매우 짧은 기간 동안 기호학적 단언으로 전환되고 또한 코드는 즉각적으로 재구성되는데, 지극히 불안정한 코드들을 다루어야 하는 경제 활동가들에게는 매우 당혹스러운 일이다.

(바) 어쨌든 어떤 사실적 단언이 기호학적 단언으로 되기 위해서는, 그것이 가령 /미국의 대통령(또는 **이탈리아 은행**의 총재, 유럽 경제 공동체 등)은 오늘부터 모든 사람이 1달러의 가치가 x리라에 해당한다는 금융 관습을 받아들일 것을 **정한다**/ 같은 수행적 공식을 공개적으로 밝히는(또는 전제하는) 메타기호학적 단언의 형식을 띨 필요가 있다. 아무리 코드가 불안정하다 할지라도 메타기호학적 단언은, 다른 메타기호학적 단언에 의해 〈쫓겨날〉 때까지 이후의 기호학적 단언들의 타당성을 고정한다.

특히 화폐 환율의 예가 적합한데, 금융 시장은 바로 상이한 체계들에 속하는 단위들(각 단위는 그것이 다른 단위들과 맺는 대립에 의해 의미적으로 정의되는 것으로 남아 있으면서) 사이의 결합 또는 상호 관계를 잘 예시하는 경우이기 때문이다.

그렇다면 이 예에 대한 결론으로서 사실적 단언들은 때로 코드들을 위기에 처하게 만들고 재구성하는 속성을 갖는다고 말할 수 있다.[2]

---

[2] 어떤 사실적 판단이 발화될 때 가장 바람직한 태도는 그것을 검증하는 것이다. 그런 검증은 과학자, 역사학자, 신문 기자, 그리고 결론적으로 모든 신중한 사람의 첫째 의무가 된다. 그러므로 기호학이 그런 검증 활동에 관심을 기울이지 않는다고 말하는 것은 잘못이리라〔그것은 에코(1971)에서 부

3·2·3 비언어적 단언들

내용의 분절 작업을 설명하기 위하여 논리학(주로 언어적 표현들에 관심을 기울이는)에서 차용한 용어들을 사용하였을지라도, 분명히 여기에서 예시된 모든 단언 유형들은 비언어적 표현들에도 똑같이 적용될 수 있다. 이탈리아 백과사전 『엔치클로페디아 트레카니』는 많은 메타기호학적 단언들을 조직하는 텍스트인데, 다양한 의미 단위들에 대한 언어적 정의들을 모아 놓고 있으며, 동시에 똑같은 단위들의 의미 성분들을 분석하기 위해 그림이나 사진들을 사용하기 때문이다(예를 들어 사람 몸의 여러 부분들이나 4행정 엔진의 단계들을 시각적으로 재현할 때 그렇다). 일간 신문 「코리에레 델라 세라Corriere della sera」는 언어를 통해서나 사진 또는 도표들을 통해 많은 사실적 단언들을 구성한다.

피타고라스의 정리를 시각적으로 증명하는 것은 기호학적

분적으로 암시된 관념이다]. 다만 지시들을 검증하는 경우, 사실적 판단들은 즉각적으로 지각물로 돌아가지 않고 중재적 작업들을 요구하는데, 그 중재 작업 각각은 다른 층위들의 기호학적 관습들을 함의한다(예를 들어 역사학자는 글로 쓰였거나 구술된 증언들, 고고학적 유물들 등을 토대로 사실적 판단을 검토해야 한다). 도표 31에서 〈표현-세계 관계〉라는 항목에 등록된 그런 유형의 작업은 일반 기호학 이론에 의해 깊이 연구되어야 한다. 지금까지 그런 작업은 다양한 과학의 방법론과 특히 철학적 의미론에서 연구의 대상이었다. 오늘날까지 기호학과 논리학이(퍼스의 암시에도 불구하고) 상당히 독립적으로 진행된 것처럼 보인다는 사실은, 모리스의 경우를 제외하면, 기호학이 철학이나 논리학보다 오히려 언어학과 문화 인류학과 더 연결되어 있었다는 사실에서 기인한다. 하지만 논리학과 기호학 사이의 이러한 문턱이 점점 더 희미해지고 있다. **생성 의미론**의 최근 연구들은 결정적으로 그 문턱을 넘어섰으며, 이제는 일상 언어의 분석자들과 논리학자들이 (자연 언어들의 논리에 대한 문제의식을 통해) 함께 기호학의 문제들에 접근하고 있다. 최초의 〈국제 기호학 학회〉(밀라노, 1974년 6월)에서는 그런 만남이 방대하게 실현되었다(펠크J. Pelc, 코엔J. Cohen, 그리고 다른 사람들의 발표 참조).

단언이다. 위험한 교차로를 예고하는 도로 표지판은 지시 행위인 동시에 사실적 단언이다. 하지만 [정지] 또는 [주의!]를 명령하는 다른 도로 표지판들은 3·1·2의 (11)에서 지적한 유형의 커뮤니케이션 행위들이다.

/말[馬]/이라는 설명이 붙어 있는 말의 그림은 지표적이고 기호학적인 판단을 나타낸다. /노벨상 수상자(이다)/라는 설명이 붙은 지난번 노벨상 수상자의 사진은 지표적이고 사실적인 판단이다. 굶주렸음을 보여 주기 위해 나폴리 사람들이 사용하는 몸짓은 지표적이고 사실적인 판단이다.

3·2·4 다른 문제들

코드들과 메시지들 사이의 변증법, 즉 코드들이 메시지들의 발화를 통제하지만 새로운 메시지들이 코드들을 재구성할 수 있는 변증법은 〈규칙들의 지배를 받는 창조성〉과 〈규칙들을 바꾸는 창조성〉이라는 이중적 양상을 가진 언어의 창조성에 대한 논의의 토대가 된다.

사실적 단언들은 코드의 규칙들에 의해 허용되는 창조성의 예이다. 새로운 물리적 입자들을 언어적으로 정의하면서, 표현 형식의 미리 정해진 요소들을 사용하고 조합함으로써 내용의 형식에 무언가 새로운 것을 도입할 수도 있다. 새로운 화학 합성물을 정의할 때, 기존의 요소들을 조합하면서 의미적 대립들의 미리 정해진 체계 안에서 **아직 비어 있는** 공간을 채울 수도 있다. 표현 체계 구조나 내용 체계 구조의 역동적 가능성들, 그 조합적 능력들에 적응하면서 그것들을 변화시킬 수도 있다. 마치 코드가 그 너머의 층위들에서 지속적으로 재구성되기를 〈요구〉하는 것처럼 말이다. 가령 체스 게임에서 체스 말 하나의 모든 움직임이 그 게임 전개의 상위 층위에서 전체의 체계적 단위를 재구성하는 것과 마찬가지이다.

그러므로 한 어휘소의 성분 스펙트럼을 변화시키고 한 의미소의 의미들을 재조직하는 메타기호학적 단언들의 가능성은, 미리 정해진 요소들 및 코드의 조합 가능성들을 토대로 하기도 한다.

사실적 판단들과 기호학적 판단들이 코드를 변화시킬 수 있는 방식은 심각한 현상학적 문제, 말하자면 **구조적 논리학과 변증법적 논리학 사이의 관계들**의 문제를 해결하는 데에도 도움이 되어야 한다(에코, 1971 참조). 만약 기호 체계들이 그 요소들의 상호 결속에 의해 주어지는 구조들이라면(따라서 구조화된 전체의 〈균형을 유지하는 homeostatic〉 영속성을 함의하면서), 어떻게 해서 구조들은 **변형되는가?** 그것은 이렇게 질문하는 것과 같다. 코드들은 어떻게 변화하는가?

대답은 다양하다. 세브 Sève(1967)가 암시하는 바에 의하면 구조는 단지 물질적 과정들의 잠정적인 형상화일 뿐이며 구조적 논리학은 단지 **변증법적 모순의 매듭들 사이의 분절들에 대한 학문**일 뿐이다. 따라서 구조적 논리학은 변증법적 과정을 그 복잡하고 총체적인 모습에서 포착하지 못하는 〈분석적 이성〉일 뿐이다. 고들리에 Godelier(1966)의 주장에 의하면 두 가지 유형의 모순이 있는데, 하나는 구조들의 **내부에서**, 다른 하나는 구조들 **사이에서** 나타나는 것이다. 전자는 실질적으로 2·12~13에서 논의했던 코드들의 자체 모순에 상응하며, 후자는 새로운 물질적 현상들의 출현에 의존하고 따라서 사실적 판단들의 필요성과 동일시될 수 있다. 로트만(1970)은 문화들의 유형을 구별하면서 코드의 변화를 고찰하는데, **밖으로부터의** 변화와 **안으로부터의** 변화에 대해 말한다.

이런 문제의 수학적 및 인공 지능적 측면들은 아포스텔 Apostel(1960)과 피아제(1968)에 의해 연구되었다. 또한 기계적 및 생물적 **체계들의 이론**이 발전하면서 이 문제에 새로운 빛을 던져 줄 수 있을 것으로 생각할 수 있다. 우리의 접근 범위 안에서 보면 이 문제는 이론적 관점에 의해 인정되고(코드들은 **실제로** 변한다) 정의될 수밖에 없으며, 단지 일부 특수한 경우들, 예를 들어 수사학과 이데올로기에 대한 논의(3·8과 3·9 참조)의 경우에만 〈내적인 메커니즘〉과 관련하여 설명을 감행해 볼 수 있다.[3]

3·3 지시 또는 언급

3·3·1 지표적 판단들

기호는 대상들과 세상의 상태들을 **명명**하기 위해, 실제로 존재하는 사물들을 **가리키기** 위해, 무엇인가가 있다고 또 그 무엇인가는 어떤 식으로 만들어졌는지를 말하기 위해서도 사용된다.

기호들은 그런 목적으로 너무나도 자주 사용되기 때문에, 많은 철학자들이 순진하게도 기호는 단지 그런 식으로 사용될 때만 기호라고 믿기도 하였다. 따라서 그런 철학자들은 기호 자체의 검증 가능하고 현실적인 〈외시되는 것〉, 말하자면 그 기호가 지시하는 **대상** 또는 **세상의 상태**와 밀접하게 연

---

3 체계들에 대한 논의에 처음 접근하기 위해서는 에드가 모랭Edgar Morin, 『잃어버린 패러다임 *Il paradigma perduto*』(밀라노: 봄피아니, 1974), 루트비히 폰 베르탈란피Ludwig von Bertalanffy, 『체계들의 일반 이론 *Teoria generale dei sistemi*』(밀라노: 이세디, 1971), 폴 가빈Paul Garvin(편), 『인지 — 다양한 관점 *Cognition — A Multiple View*』(뉴욕: 스파르탄 북스Sparthan Books, 1970. 특히 훔베르토 마투라나Humberto Maturana, 하인츠 폰 푀르스터Heinz von Foerster, 고든 파스크Gordon Pask의 글들)을 참조하기 바란다.

결되지 않는 기호의 개념에 대해 그 모든 유용성을 없애려고 노력하였다. 그리고 의미와 지시물(또는 〈외시되는 것〉) 사이의 구별을 받아들일 때에도, 그들의 관심은 오로지 기호와 지시물 사이의 상응 관계에만 집중되어 있었다. 의미는 어떤 일정한 방식으로 지시물을 〈반영하는〉 것으로만 고려되었다.

제2장의 코드 이론은 의미에 고유의 독자적 신분을 되돌려 주려고 노력하였으며, /외시/라는 용어에서 모든 지시적 또는 외연적 중요성을 없앴다.

이 제3장은 **사실적이고 지표적인 판단이나 단언들의 존재**를 인정하면서도 **그런 판단들과, 그것들이 발화되는 사실들과의 대비**가 무엇을 수반하는지 아직 분명히 밝히지 않았다. 사실 지금까지 다룬 사실적 판단들은 **존재하지 않는** 사실들에 대해 무엇인가 단언하기 위해, 말하자면 **거짓말**을 하기 위해서도 충분히 발화될 수 있다.

만약 안경을 발명한 사람은 알레산드로 델라 스피나 Alessandro della Spina 수사가 아니라 그의 방 동료였다고 주장한다면, 특별히 제도화된 어떤 기호학적 판단도 위기에 처하게 만들지 않는다. 왜냐하면 백과사전들에 의하면, 안경의 발명자는 거의 불확실한 역사적 실체이기 때문이다. 하지만 어쨌든 그것은 사실적 단언 또는 우연적 명제를 발화하는 것이 된다. 그 명제가 **진실**인지 또는 **거짓**인지 결정하기는 매우 어려울 것이며, 좀 더 깊이 있게 검증해야 할 것이다. 하지만 **진실**이든 **거짓**이든 그것은 사실적 단언이 될 것이다. 코드가 아직 결정적으로 확정하지 않은 것을 단언하기 때문이다. 그러므로 세상의 어떤 상태에 의해서도 검증되지 않은 사실적인 판단이나 단언들이 존재할 수 있다. **그런 단언들은 그것들의 검증과 상관없는 의미를 갖는다.** 하지만 그 의미가 일단 이해되면 그것들은 검증을 요구한다.

이제 다른 유형의 사실적 판단들, 가령 /이 연필은 파랗다/ 또는 /이것은 연필이다/처럼 현존하는 무엇인가를 언급하는 행위 같은 지표적 판단들을 고찰해 보자. 3·1에서 암시하였듯이 이 두 가지 예 사이에는 차이가 있는데, 후자는 기호학적이고 (사실적이지 않은) 지표적인 판단의 경우가 된다. 어쨌든 두 판단은 모두 무엇인가를 언급(또는 지시)하는 것처럼 보인다. 그것들의 의미는 그것들이 언급하는 현실적 대상에 의존한다고 주장할 수 있지만, 그럴 경우 2·5에서 그토록 강하게 주장한 것처럼 지시물로부터 의미의 독립성을 위태롭게 만들 것이다.

3·3·2 의미와 지시

스트로슨Strawson(1950)은 〈언급하기 또는 지시하기는 표현이 하는 무엇이 아니라, 누군가가 표현을 사용하여 할 수 있는 무엇이다〉라고 말한다. 그런 관점에서 보면 〈의미하다〉는 발화체의 기능이 아니라, 발화체의 사용 기능이다. 〈한 표현의 의미를 부여하는 것은…… 구체적인 대상들이나 사람들을 지시(또는 언급)하는 과정에서 그 표현을 사용하기 위한 **일반적 지침들**을 제공하는 것이며, 발화체의 의미를 부여하는 것은 진실하거나 거짓된 단언의 과정에서 그 발화체를 사용하기 위한 **일반적 지침들**을 제공하는 것이다.〉[4]

4 스트로슨은 러셀이 제시한 의미와 외시 사이의 이분법을 비판한 다음 (그리고 그 이분법을 의미하기와 언급하기 사이의 좀 더 바람직한 보완으로 환원한 다음) 자신의 철학적 원리와 어울리는 결론을 내리는데, 그것은 기호학 이론의 전개에는 도움이 되지 않는다. 그는 말한다. 〈아리스토텔레스-러셀의 규칙들도 일상적 언어의 모든 표현에 대해 정확한 논리를 제공하지 않는데, 일상적 언어는 정확한 논리가 없기 때문이다.〉 코드 이론의 목적은 언어들이 비록 정확한 논리를 갖고 있지는 않지만, 최소한 어떤 논리를 갖고 있음을 증명하는 것이다. 그리고 아마 문제는 하나의 논리를 발견하는 것이

이제 스트로슨의 암시들을 코드 이론과 관련하여 다시 옮겨 보자. 표현을 사용하기 위한 지침들을 제공한다는 것은, **의미소의 의미 분석이 대상의 기호 외적인 추정상의 속성들에 상응해야 하는 의미적 속성들의 목록을 설정한다**는 것을 뜻한다. 만약 이런 설명이 과장적으로 교묘해 보인다면 다음과 같이 수정할 수 있다. 즉 표현을 지시 행위로 사용하기 위한 일반적 지침들을 제공한다는 것은 특정한 **이름, 기술** 또는 **발화체가 어떤 현실적 경험들에 적용될** 수 있는가를 설정한다는 것을 뜻한다고 말이다.

분명히 두 번째 정의는 비록 좀 더 이해하기 쉽지만 별로 말하는 것이 없다. 무엇보다도 **어떻게** 그런 적용의 규칙들을 설정할 수 있는가에 대한 질문에 대답해야 한다.

그러므로 이 문제에 대한 첫 번째 설명으로 돌아가 보자. 하지만 여기에서 또 다른 문제가 나타난다. 즉 어떻게 의미소의 의미적 속성들(분명히 기호학적 문제인)과, 사물의 의미적이지 않은 추정상의 속성들 사이에 상응 관계를 설정할 수 있는가? **말하자면 어떻게 사물은 기호학적으로 포착할 수 있는 실체의 양상을 띨 수 있는가?**

실제로 지시 행위에서 언급되는 사물은 기호학적으로 다룰 수 있는 실체의 신분을 띠거나, 아니면 지시를 기호학적 관계로 정의할 수 없다. 그렇다면 여기에서 전체 과정을 다시 고찰해야 한다.

아닐지도 모른다. 만약 논리를 엄밀하게 공식화된 이론으로만 이해한다면 그렇다. 오히려 기호학 이론을 발견하는 것이 문제이다. 그것은 분명 형식 논리학과는 다르다. 하지만 스트로슨의 인용, 즉 자연 언어들은 논리가 없기 때문에 하나의 이론을 갖지 못한다고 추론하기 쉬운 위의 인용에서 암시되는 회의론의 그림자를 해소할 수 있어야 할 것이다.

3·3·3 지시 과정

지시 행위는 **지표적** 장치를 통해 **발화체**(또는 상응하는 명제)를 **구체적인 상황**과 접촉시킨다. 그러한 지표적 장치들을 **지적체**pointer라 부르기로 하자. 가리킨 손가락, 특정한 방향을 바라보는 시선, /이것/ 같은 언어적 지표는 지적체들이다. 그것들은 그 의미가 물리적으로 함께 연결된 대상에 의해 주어진다는 사실을 특징으로 한다. 하지만 2·11·5에서 그런 입장의 오류는 이미 증명되었다. 무엇보다도 모든 지적체는 하나의 내용, 대상의 현실적인 가까움과는 상관없는 〔가까움〕이라는 표지를 갖는다. 하지만 우리의 논의 목적을 위해, 실질적으로 다른 **무엇**을 지적하는 것으로서 지표에 대한 전통적 개념을 훌륭한 것으로 받아들이는 척하자.

가령 내가 고양이 한 마리를 손가락으로 가리키면서 /이것은 고양이다/라고 말한다고 가정해 보자. 누구든지 명제 〔내가 손가락으로 가리킨 대상은 고양이이다〕가 **진실**이라고, 좀 더 정확히 말하자면 〔내가 순간 x에 손가락으로 가리킨 지각물은 고양이였다〕는 명제는 **진실**이라고 인정하는 데 동의할 것이다(간단히 말해 누구든지 내가 고양이라고 부른 것은 고양이였다고 말하는 데 동의할 것이다).

하지만 위의 명제들이 **진실**로 검증되기 위해서는 나는 다음과 같이 다시 옮기지 않을 수 없다. 〔순간 x에 나의 가리킨 손가락과 연결된 지각물은, 지각적 모델이 소유하는 속성들이 의미소 고양이의 의미적 속성들에 상응하고, 또한 두 가지 속성들의 총체가 모두 일반적으로 똑같은 기표에 의해 재현되도록, 개념적으로 정의된 지각적 유형의 구체적인 사례를 나타낸다〕고 말이다.

여기에서 지시물-고양이는 더 이상 순수한 물리적 대상이 아니다. 그것은 이미 기호학적 실체로 전환되었다. 하지만 이러한 방법론적 전환은 **지각물들에 대한 기호학적 정의**(3·3·4 참조)의 문제를 개입시킨다. 만약 발화체 /이것은 고양이이다/가 기호학적 행위였고, 또한 고양이가 경험적 지각물이었다면, 표현 /이다/가 무엇인지 말하기 매우 어려울 것이다. 그것은 기호가 아닐 것이다. 왜냐하면 /이것은 ~이다/라는 발화체를 지각물과 연결시키는 결합적 장치를 나타내기 때문이다. 또한 그것은 지적체도 아닐 것이다. 왜냐하면 지적체들은 연결해야 할 지각물을 지적하는데, /이다/는 오히려 그 연결을 인정하는 것처럼 보이기 때문이다. 그렇다면 유일한 해결책은 /이것은 고양이이다/가 〔일반적으로 언어적 코드에 의해 어휘소 /고양이/와 상호 관계되는 의미적 속성들은, 동물학적 코드가 표현 장치로 채택된 그 주어진 지각물에 상호 관계시키는 의미적 속성들과 일치한다〕는 것을 의미한다고 주장하는 것이리라. 바꾸어 말해 단어 /고양이/나 지각물, 또는 대상 //고양이//는 **문화적으로 똑같은 의미소를 대신한다.** 이것은 상당히 교묘해 보이는 해결책이지만, 단지 〈진정한〉 지각이 사물을 반영하는 **단순한 이해** *simplex apprehensio*, **사물과 지성의 일치** *adaequatio rei et intellectus*를 나타낸다고 생각하는 데 익숙할 경우에만 그렇다. 하지만 /이것은 고양이이다/가 어느 고양이 **그림**이 있는 곳에서 발화된다고 생각해 보자······. 그렇다면 위의 제안은 충분히 받아들일 수 있다. 우리는 주어진 내용에 상응하는 언어적 표현이 되는 기표 x를 갖게 되고, 또한 여전히 주어진 내용에 상응하는 시각적 표현이 되는 기표 y를 갖게 된다. 그럴 경우 우리는 의미적 속성들의 두 총체를 비교하게 되며, 따라서 계사(繫辭) /이다/는 /만족스럽게 일치한다/는 것으로 해석되어야 한다(말하자면 한 코드의 내용 단면의 요소들은 다른 코드의 내용 단면의 요소들과 만족스럽게 일치한다. 따라서 그것은 단순한 옮겨 쓰기의

과정이 된다).[5]

 그렇다면 무엇 때문에 진짜 고양이가 있는 곳에서 이루어진 지시 행위는 그처럼 달라 보이는가? 바로 우리는 로크, 퍼스 그리고 다른 사상가들이 그랬던 것처럼 지각물을 이전의 기호학적 과정의 결과로 감히 고려하지 못하기 때문이다.

3·3·4 기호로서의 관념들

 퍼스는 어느 간략한 구절(CP, 5·480)에서 현실적 대상들을 고려하는 새로운 방법을 암시한다. 경험 앞에서 우리는 그것을 알기 위해 관념들을 세운다고 그는 말한다. 〈그 관념들은 현상들에 대한 최초의 논리적 해석소들인데, 그 현상들은 해석소들을 암시하고, 또한 그것들을 암시함으로써 기호들이며, 그 기호들의…… 해석소들이다.〉

 이 구절은 이전의 경험을 토대로 하는 인식적 가설들을 통한 복잡한 처리 과정에 의해 조직되는, **서로 연결되지 않은 감각 자료들의 해석으로서의 지각** 문제를 제기한다(피아제, 1961 참조). 가령 어두운 길을 지나가고 있는데 보도 위에서 어떤 불분명한 형태를 흘낏 본다고 가정해 보자. 만약 그것을 알

---

5 일단 그렇게 말하지만, 우리는 사진이나 그림에 의해 수행되는 기호학적 기능과, 상응하는 대상에 의해 수행되는 기능 사이에는 상당한 차이가 있다는 것에 동의한다. 하지만 우리 논의의 맥락에서는 그 동일성이 차이보다 더 중요하였다. 또 다른 반박으로 우리의 지시 이론은 개별들에 대한 지시를 고려하지 않는다고 반박할 수 있다. /이 사람은 조반니다/는 무엇을 의미하는가? 2·9·2에서 (고유 이름들의 외시와 관련하여) 말했던 것과 다시 연결하자면, 그 표현은, 일정한 사회적 집단이 어휘소 /조반니/에 부여하는 의미적 속성들이 그 주어진 지각물에 부여될 수 있는 의미적 속성들과 일치한다는 것을 의미한다. 또한 어휘소 /조반니/와 추정상 연결되는 것과 똑같은 개념들을 그 지각적 사례에 연결해야 한다는 것을 의미한다. 말하자면 가령 〔마리아의 형제이자 지역 백화점의 지배인이고, 화자가 자신의 최고 친구라고 종종 기술했던 남자〕로 말이다.

아보지 못한다면 나는 〈무엇일까?〉 하고 스스로에게 질문하는데, 그 질문은 종종 〈무엇을 의미하는가?〉로 설명된다. 그런 다음 좀 더 어둠 속을 응시하고, 내가 활용할 수 있는 감각 자료들을 신중하게 평가한 뒤 마침내 그 신비로운 대상이 고양이라는 것을 알아본다. 나는 감각적 자극들의 불분명한 영역에다 〔고양이〕라는 문화적 단위를 적용했을 뿐이다. 여기에서 나는 심지어 지각적 경험을 언어적 경험으로 옮길 수도 있으며, 내 지각의 언어적 해석소를 만들어 /나는 고양이를 보았다/고 말할 수 있다. 여기에서 그 자극의 영역은 문제의 지각적 사건 이전에 이미 내 역량의 일부였던 가능한 의미의 한 기표로 나에게 제시되었던 것이다.[6]

퍼스는 이렇게 주장한다. 〈기호의 재현 기능은 그것의 물질적 성질에 있는 것도 아니고, 순수하게 증명하는 그것의 적용에 있는 것도 아니다. 그것은 기호가 그 자체나 고유 대상과의 현실적인 관계 안에 있지 않은 무엇이기 때문이다. 그 무엇은 기호가 **하나의 생각에 대한** 것이며, 반면에 방금 정의된 두 가지 성격은 모두, 그 기호가 어떤 생각을 지향한다는 사실과는 상관없이, 기호에 속한다. 그렇지만 만약 내가 일정한 성질을 갖는 모든 사물들을 갖고 그것들을 다른 일련의 사물들과 사물 대 사물로서 물리적으로 연결시킨다면, 그

---

6 〈집은 문화적 형식의 지표이거나, 혹은 그 표현이 질료를 이루는 형식들이 나타내는 복잡한 조합의 지표이다. 나무는 식물학자의 관심을 끄는 자연의 대상일 뿐만 아니라 하나의 문화적 형식, 즉 우리가 나무라는 단어로 의미하는 것과 똑같은 형식을 의미하는 하나의 지표이다. 모든 대상, 사건, 또는 행위는 한 사회의 구성원들에게 단지 그들의 문화에서 상응하는 형식을 의미하는 도상적 기호이기 때문에 자극의 가치를 갖는다〉(구드노프, 1957). 문화 인류학자의 관점에서 주장되는 이러한 입장은 분명히 우리가 〈서론〉에서 설명하였고 3·6·3에서 다시 다룰 입장과 유사하다. 그리고 퍼스의 입장과도 비슷한 점들이 많다.

사물들은 곧바로 기호들이 된다〉(CP, 5·287).

대상들(지각된 것들로서)이 기호로 간주될 수 있다고 주장하기 위해서는, **대상들에 대한 개념들** 자체도(지각적 도식의 결과로서) 기호학적으로 고려되어야 한다고 주장해야 한다. 이것은 결정적으로 **관념들도 기호이다**라고 주장하게 만든다. 퍼스는 직접적으로 그렇게 주장한다. 〈우리는 어떤 방식으로 생각하든, 어떤 느낌이나 이미지, 개념 또는 기호로서 사용되는 다른 재현을 의식에 떠올리게 된다〉(CP, 5·283). 하지만 생각한다는 것 역시 기호들을 연결하는 것이다. 〈모든 이전의 생각은 뒤따르는 생각에 무엇인가를 암시한다. 말하자면 뒤의 생각에 대한 무엇인가의 기호이다〉(CP, 5·284).

퍼스의 이런 주장은 철학의 옛 전통과 연결된다. 오컴(『견해 제1권 *I Sent*』, 2·8, 『정리 *Ordinatio*』 2·8, 『논리 대전 *Summa totius logicae*』 1·1)은 만약 언어 기호가 그것의 내용으로 하나의 개념을 가리킨다면, 그 내용은 자기 나름대로 일종의 기표이고, 그 기표는 고유의 내용으로 개별 사물을 가리킨다는 사실을 강조한다. 똑같은 해결책은 홉스(『리바이어던』, i, 4)와 로크에서도 발견된다. 로크는 『인간 오성론 *An Essay Con-cerning Human Understanding*』(IV, 20)에서 **논리학과 기호학의 동일성** 및 관념들의 세미오시스적 성격을 주장한다. 관념들은 (스콜라 학자들이 원했던 것처럼) 사물들에 대한 거울 같은 이미지가 아니라 추상화 과정(여기에서는 단지 일부 적절한 요소들만 고려된다는 점을 주목해야 한다)의 산물이며, 그 추상화 과정은 사물들에 대한 개별적 본질이 아닌 **명목적 본질**을 제공하고, 그 명목적 본질은 그 자체로서 의미되는 사물에 대한 재구성, 하나의 요약이다. 무차별적인 경험에서 이름으로 인도하는 이 과정은, 사물들에 대한 경험에서 관념이라는 사물들에 대한 **기호**로 인도하는 과정과 동일하다. 로크에게 관념들은 기호학적 산물이다.

물론 로크에게 관념의 개념은 유심론적 입장과 연결되어 있다. 하지만 〈관념〉(인간의 정신 속에서 일어난다고 추정되는 것으로서)이라는 용어 대신, 〈문화적 단위〉(문화적 맥락의 내부에서 고유의 해석소들로 되돌아감을 통해 검증될 수 있는 것으로서)라는 용어를 대체하는 것만으로도 로크의 제안은 충분히 기호학적 논의를 위한 고유의 현재성을 드러내게 된다. 다른 한편으로 그런 태도는 17세기 영국의 모든 사상가들에게 퍼져 있었으며, 버클리Berkeley(『인간 지식의 원리들에 관한 논고 *A Treatise Concerning the Principles of Human Knowledge*』서문, 12)도 관념은 똑같은 종류의 모든 특별한 관념들을 재현하거나 〈대신〉할 때 **일반적**이라고 말한다.

당연히 기호학의 역사에서 이 시기는 좀 더 주의 깊게 고찰해 볼 가치가 있다(포르미가리Formigari, 1970 참조). 여기에서는 단지 지각과 지성의 근대 심리학과 관련하여 다시 다루어야 할 논의의 주요 계열들만 추적하는 데 머물렀을 뿐이다. 하지만 이러한 간략한 지적만으로도 이미 무엇 때문에 철학의 역사 전 과정을 통해 **언어적 의미**의 개념이, 두 경우 모두에서 똑같은 용어를 사용하면서 **지각적 의미**의 개념, 즉 많은 사람들에게 혼란스러운 동음이의어로 보였던 개념과 연결되었는지 알 수 있다.[7]

---

[7] 이러한 동음이의어로 인한 순진한 〈놀라움〉(또는 정확히 말해 거기에서 의미론적 동기들을 부정하려는 의식적인 시도)의 예는 구이도 모르푸르고 탈리아부에Guido Morpurgo Tagliabue의 「건축의 기호학적 열쇠 *La chiave semiologica dell'architettura*」(『미학 잡지 *Rivista di Estetica*』, XIV, 1, 1969)에서 발견된다. 〈의미라는 용어는 이중적으로 사용된다. 한 권

예를 들어 후설(『논리학 연구 *Logische Untersuchungen*』, I 및 IV)은 인식의 역동적 행위는 지각의 대상에 의미를 부여하는 〈채우기〉 작업을 함의한다는 점을 상기시킨다. 〈그런데 현상학적 관점에서 볼 때, 우리는 순수한 총합의 자리에서 바로 **의도적** 단위가 되는 매우 제한된 단위를 발견하기 때문에 두 행위, 즉 하나는 우리에게 완벽한 단어를 형성하고 다른 하나는 사물을 형성하는 두 행위 모두가 의도적으로 하

의 책은 한 권의 책을 의미한다. 《책》은 책을 의미한다. 사물은 의미하고, 또한 단어를 의미한다. 하지만 그것은 혼동될 수 없는 두 가지 작업이다. 사물은 자기 자신을 재현한다. 단어는(또는 어쨌든 기호는) 사물을, 자신과는 다른 것을 재현한다. 전자의 경우 기표는 의미와 일치하고, 후자의 경우는 그렇지 않다. 이것은 지나치게 명백한 고찰이다〉(9면). 그런 고찰은 의심받을 정도로 명백하다. 그렇다면 사물이 자기 자신을 〈재현한다〉는 것은 무엇을 의미하는가? 또는 한 권의 책이 한 권의 책을 〈의미한다〉는 것은? 또한 무엇 때문에 사물과 관련하여 기표가 의미와 일치할 것이라는 은유를 사용하는가? 뒤에서 보겠지만 후설은 그러한 동음이의어 아래에 무엇이 감추어져 있는지 아주 잘 이해하였다. 그것을 이해하지 못하면 여전히 모르푸르고 탈리아부에의 글에서 발견할 수 있는 흥미로운 주장에 도달하게 된다. 〈내가 경험하거나, 내가 하는 모든 것은 정의상 의미를 갖고 있다. 모든 이해에서 우리는 의미를 의도한다. 그것은 의미적 행위이다. 그렇다고 해서 모든 **의미적** 행위가 **세미오시스**적 작업이 되는 것은 아니다. 역으로 세미오시스적인 모든 것이 의미적이지는 않다〉(10면). 마지막 주장은 받아들일 만하지만, 첫 번째 주장은 그렇지 않다. 세미오시스의 범위를 단어들의 발화에만 제한하지 않는다면 말이다. 하지만 언어학의 자율성을 존중하기 위하여 인식론의 권위를 존중하지 않게 된다. 실제로 한 권의 책이 나에게 한 권의 책을 〈재현한다〉는 것(말하자면 그 책이 나에게 책을 재현한다는 것)은 중요한 문제이며, 모르푸르고 탈리아부에가 주장하는 것과는 달리 거기에서 기표로 기능하는 것은 내가 의미로 이해하는 것과 전혀 일치하지 않는다. 모르푸르고 탈리아부에가 그 주제를 깊이 다루지 않은 것은 아마 대상들의 의미성에 대한 그런 견해를 어느 〈젊은 기호학자〉(그 당시 나는 37세에 불과하였다)의 〈교묘한 작업〉으로 돌렸기 때문일 것이다. 그는 그 뒤에 최소한 그들의 관점만큼이나 나이를 많이 먹은 철학자들의 그림자가 어른거린다는 사실을 깨닫지 못했다.

나의 **행위 단위**로 합류한다고 말할 수 있다. 물론 〈**빨강**〉이라는 **이름은 빨간 대상을 빨강으로 명명한다**고 말하거나, **빨간 대상은 빨강으로 인정되고, 그런 인정을 통해 빨강으로 명명된다**고 말함으로써 이러한 상황을 적절하게 기술할 수 있을 것이다. 결국 **빨강으로 명명하기** — 명명되는 것에 대한 기저의 직관을 전제하는 **현실적인** 명명이라는 의미에서 — 와 **빨강으로 인정하기**는 동일한 의미의 표현들이다〉(VI, 7). 의미에 대한 현상학적 개념이 어느 정도까지 〈문화적 단위〉의 개념과 일치하는지를 검증하는 것은 흥미롭다. 이런 관점에서 후설을 다시 읽는 것은 아마, 기호학적 의미는 바로 현상학적 **판단 중지** *epoché*가 오히려 원래의 신선한 상태로 재발견하려고 노력하는 그런 지각적 경험의 사회화된 코드화라는 것을 발견하도록 인도할 것이다. 그리고 판단 중지가 제거하려고 노력하는 일상적 지각의 의미는 바로 어둠 속에서 흘깃 본 고양이의 예를 들면서 말했던, 아직은 구별되지 않은 지각적 자극들의 영역에다 문화적 단위를 부여하는 것에 지나지 않는다. 그렇기 때문에 기호학과 현상학 사이에 일종의 교차적 관계가 나타날 것인데, 현상학은 문화적 단위들의 형성 조건을 처음부터 다시 세우려 의도하고, 반대로 기호학은 그 문화적 단위들이 의미화 체계와 커뮤니케이션 조건들의 뼈대를 구성하기 때문에 무엇보다도 〈주어진〉 것으로 받아들여야 한다. 그렇다면 현상학적 판단 중지는, 지시물들을 대부분 미학적 텍스트들과 비슷하게 고도로 모호한 메시지들로 이해함으로써, 지각을 지시물들 자체의 재코드화 단계로 다시 인도할 것이다.

여기서는 그런 문제를 깊이 다룰 자리가 아니지만 이렇게 간략한 고찰은 최소한 기호학의 다른 경계선 또는 문턱, **기호학이 해석학***hermeneutics***에 의해 대체되기를 요구하는** 매듭(또는 해석학도 창조적으로나 인식론적으로 계획된 모호함에 대한 기호학의 형태로 나타나게 될 매듭)을 살펴보는 데 도움이 되었다. 또한 그 문턱에서 오늘날 〈텍스트성〉에 대한 기호학들이, 자신을 〈기호들의 과학〉으로 정의해야 할지 아직 확신하지 못하고 또 있는 그대로의 모습을 밝히는 데 소심한 상태에서 싸우고 있는데, 그것은 다른 측면에서 문학 텍스트에 의해 반영되거나 또는 대체되는 것으로서의 경험에 대한 현상학의 새로운 형식이다(제4장 참조).

3·3·5 메타언어적 장치로서의 /이다/

이제 3·3·3의 /이것은 고양이이다/의 예로 돌아가 보자. 이제 우리는 지시 행위가 이전의 세미오시스 과정, 지극히 복잡하고 그 안에서 지각된 대상은 이미 기호학적 실체로 대체되는 과정에 의해 가능해진다는 관념을 받아들일 준비가 되어 있다. (1) 나는 고양이는 고양이라고 **인정**한다. 말하자면 고양이에다 문화적 도식(관념, 또는 개념)을 적용한다. (2) 여기에서 나는 **사례**-고양이를 **유형**-고양이(여기선 상응하는 문화적 단위이다)의 기표로 해석하는데, 유형에 의해 제시되는 의미적 속성들에 고정하고, 사례에 의해 제시되는 개별적인 물리적 속성들을 배제함으로써 그렇게 한다(물론 내가 /이 고양이는 하얗고 까맣다/고 주장한다 하더라도 똑같은 일이 일어난다). (3) 문화적 단위〔고양이〕의 의미적 속성들 중에서 나는 단어 /고양이/에 의해 표현되는 의미적 속성들과 일치하는 것들만을 선택한다.

그러므로 나는 두 기호학적 대상을 비교한다. 말하자면 언어적 표현의 내용과 지각 행위의 내용을 비교한다.

여기에서 나는 계사에 의해 재현되는 등식을 받아들인다. 그 등식은 메타언어적 행위(말하자면 상이한 코드에 속하는 기표들을 대비하고 동등하게 만듦으로써, 언어적 구성물과 기호화한 지각적 구성물을 연결시키는 행위)를 나타내기 때문에, 받아들여지거나 거부될 수 있다. 실제로 그것은 주어진 단위에 대해 특정한 속성들을 서술할 것을 부과하는 의미 규칙들을 충족시키거나 충족시키지 않을 것이며, 계사 /이다/는 〔~의 의미적 속성들의 일부를 소유한다〕를 의미하는 메타언어적 표현일 뿐이다.[8] 일정한 상황에서 가령 계사는 /이것/과 /이다/를 동시에 의미하는 몸짓 지적체에 의해 대체될 때처럼 비언어적인 메타언어를 사용할 수도 있다. 비록 가령 /(가리킨 손가락) 고양이!/ 같은 커뮤니케이션은 어린아이들의 언어나, 또는 언어가 서로 다른 사람들 사이의 관계에만 국한되며, 미국 사람들이 〈*me Tarzan, you Jane!*〉으로 정의하는 유형의 언어일지라도 그렇다.

3.3.6 새로운 속성들을 서술하기

3·3·3에서 3·3·5까지의 모든 논의는 **기호학적이고 지표적인 판단들**의 신분을 밝히는 것이었다. 이제 **사실적이고 지표적인 판단들**의 성격을 밝혀야 한다.

예를 들어 /이 고양이는 단 하나의 눈을 갖고 있다/의 경우, 유형-고양이의 한 사례에 그 특이함으로 인해 코드가 인정하지 않으려는 속성을 부여한다. 그리하여 우리는 또다시

---

[8] 하지만 계사 /이다/와 지적체들의 사용을 이해하는 방식은 두 가지이다. 만약 내가 펭귄을 가리키며 /이것은 고양이이다/라고 말하면서, 〔이 대상은 고양이라는 속성을 갖고 있다〕고 의도한다면, 바로 코드의 부적절한 사용을 나타내는 기호학적이고 지표적인 판단을 발화하는 것이 된다. 지시의 관점에서 보면 그것은 거짓 단언이다. 반대로 만약 내가 〔이 동물의 이름은 /고양이/이다〕라고 의도한다면, 나는 자의적인 메타기호학적 판단을 발화하는 것이 되며, 그것은 단지 내가 말하는 언어를 모르는 사람만이 받아들일 수 있다.

기호적 구성물(언어적 문장)과 순수한 지각물 사이의 관계에 직면하게 된다. 하지만 단 하나의 눈을 갖고 있다는 속성은 순수한 지각물이 아니라 〈떠도는〉이라는 일종의 의미적 속성인데, 그것은 어떤 조직된 하위 체계(〈외눈 대 양쪽 눈〉)에서 유래하고 그렇게 인정되며, 따라서 그 고양이에게 부여되는 것이다. 그리하여 특이한 속성도 일반적 유형의 사례로 인정된다. 문제는 사례-고양이가 유형의 의미 재현과 모순되는 속성을 갖지 않는 한, 유형이 예상치 못하는 많은 속성들을 가질 수 있다는 것이다. 실제로 /나는 외눈 고양이를 보았다/고 말하는 것과, /나는 단지 한쪽 눈만 있는(말하자면 한쪽 눈이 없는) 고양이를 보았다/고 말하는 것은 전혀 다르다. 전자의 경우 가령 외눈족 키클로페스의 모습이 의미적으로 비정상인 것처럼 의미적으로 어떤 비정상적인 것을 단언하며, 후자의 경우 코드가 가능한 것으로 인정하는 것, 말하자면 일정한 해부학적 특징들을 찾을 수 있는 것을 단언한다.

그런 의미에서 한 대상의 새로운 속성들을 서술하는 것은, 의미적으로 받아들일 수 있거나 또는 받아들일 수 없는 문장을 생산하는 것과 크게 다르지 않다. 가령 나는 /이 연필은 파랗다/ 또는 /저 남자는 노래한다/처럼 **잘 만들어진** 문장을 받아들일 수 있으며, 수사학적 사용의 경우들을 제외하면 /저 연필은 노래한다/ 또는 /저 남자는 파랗다/ 같은 문장을 거부할 수 있다. 그것은 의미 혼합의 정상적인 문제이다. 마찬가지로 나는 대상-연필이 파랗고 대상-남자가 노래한다는 관념을 받아들인다. 하지만 /이 연필은 길이가 10킬로미터이다/ 또는 /이 남자는 폭발 엔진에 의해 움직인다/는 사실은 의미적으로 받아들일 수 없고 경험적으로 기괴한 것으로 생각한다.

한 대상에 대해 그 의미소나 상응하는 개념에 속하지 않는, 말하자면 연결된 지각적 도식에 속하지 않는 무엇인가를 서술하는 사실적이고 지표적인 판단들의 경우가 남아 있다. 가령 /이 고양이는 길이가 2미터이다/라고 말하는 경우이다. 여기에는 두 가지 가능성이 있다. 즉 내가 지시하는 살아 있는 대상은 그런 속성을 나타내는 지각적 구성물을 발생시키지 않기 때문에, 나는 그 표현을 부적절하게 사용하고 있거나 아니면 진실을 말하고 있다. 하지만 그럴 경우 나는 나의 지각적 경험이나 나의 의미적 역량을 문제 삼지 않을 수 없다. 혹시 고양이를 본 것이 아니라 표범을 보았을 수도 있다. 하지만 좀 더 자세히 조사해 본 결과, 문제의 대상은 고양이의 모든 속성들을 드러낼 뿐 표범의 특징적인 속성을 전혀 보이지 않는다면, 나는 지각의 결과와 그 지각을 보강해 주는 개념적 구성물 사이의 당혹스러운 차이 앞에 직면하게 될 것이다. 그리고 고양이들이 2미터나 될 가능성을 나의 의미 우주 안에 허용함으로써 그 개념적 구성물(또는 상응하는 의미소)을 수정하지 않을 수 없을 것이다. 그러니까 그러한 코드의 변화를 인정하는, 적합한 메타기호학적 판단을 발화해야 한다.

또한 내가 아주 긴 장발의 팝 가수를 가리키면서 /이 남자는 대머리이다/라고 말한다고 가정해 보자. 그것은 언어를 부적절하게 사용하는 또 다른 경우이다. 발화체를 /이 남자는 대머리 남자이다/로 바꾸기만 해도, 또다시 나는 [대머리 남자]의 일반적 유형의 사례로 채택될 수 없는 지각물에 의미적 속성들을 부여하고 있다는 것이 드러난다.

3·3·7 현재의 프랑스 왕은 독신남이다?

2미터 크기의 고양이는 꽤 흥미로운 속성이 서술되는 명제의 상당히 기괴한 경우를 나타낸다. 또한 술어는 문제들을 제기하지 않지만, 주어(또는 주제)가 문제들을 제기하는 경우들도 있다. 고전적인 예는 /현재의 프랑스 왕은 대머리이다/라는 발화체인데, 그것은 철학적 의미론의 진정하고 고유한 올림픽 게임을 유발하였으며, 아직까지 그 누구도 섬세한 해결의 결정적인 신기록을 갱신하는 데 성공하지 못하였다.

모두들 인정하겠지만 이 발화체가 오늘날 발화될 경우 당혹스럽게 보인다. 유형 /프랑스 왕/에 대한 **한정적 기술**은 단지 **지시적 지표**를 갖고 있을 경우에만, 말하자면 그것이 대신하는 대상이 존재할 경우에만 기표가 되기 때문에, 그것은 의미가 없다고 말할 수 있다. 앞에서 충분히 증명하였듯이, 그런 표현들도 의미를 갖고 있으며, 문제의 기술이 어떤 전제에 의해 검증되어야 할 필요는 없다. 왜냐하면 그것은 명제에 진리 가치를 부여하려고 의도할 때에만 필요하기 때문이다. 단지 그럴 경우에만 가령 /잔 다르크의 남편은 브리타니아 출신이다/ 같은 발화체가 심각한 외연적 문제들을 제기한다. /잔 다르크의 남편/이라는 기술은 지시적 지표가 없기 때문이다.

하지만 /프랑스 왕/은 어떤 한 사람을 대신하는 것이 아니라 하나의 문화적 단위, 하나의 부류를 대신하고 있으며, 잔 다르크의 남편과 함께 무엇인가를 의미한다는 특징을 공유할 뿐만 아니라, 예전에 존재했거나 또는 완전히 불가능하지 않은 세계에서 여전히 존재할 수 있는 무엇인가에 상응할 수도 있다.

그렇다면 스트로슨이 제안하였듯이 /프랑스 왕은 현명하다/고 말한다고 가정해 보자. 이 표현은 의미들로 가득하며, 기껏해야 어떤 역사적 상황에서 발화되었는지 아는 것이 문제이다. 루이 14세에 대해 말했다면 받아들일 수 있어 보이고, 루이 16세에 대해 말했다면 그렇지 않아 보일 것이다.

이제 내가 프랑스 공화국의 대통령을 가리키면서 /이 사람은 프랑스 왕이다/라고 말한다고 가정해 보자. 그것은 내가 개를 가리키면서 /이것은 고양이이다/라고 말하는 것과 다르지 않다. 여기에선 문화적 구성물의 사례로 채택되는, 지적된 사람에 의해 재현되는 문화적 단위의 속성들과 의미소의 속성들 사이에 의미적 양립 불가능성이 나타날 것이다.

마지막으로 /프랑스 왕은 대머리이다/라고 말한다고 가정해 보자. 표현 그 자체는 고도로 의미적이며, **대머리** 샤를(875년에 황제로 선출된)을 언급하기 위해 사용되는지, 또는 루이 16세(앞에서 보았듯이 현명하지도 않고 대머리도 아닌)를 언급하기 위해 사용되는지에 따라 **진실** 또는 **거짓**이 될 수 있다.

어떠한 경우든 두 가지 언급은 모두 지표적 장치, 어떤 유형의 **지적체**를 전제로 한다. 가령 내가 /현재의(또는 현행의) 프랑스 왕은 대머리이다/라고 말하는 경우에도 마찬가지이다. /현재의/라는 표현은 **실제로 하나의 지적체이며**, 2·11·5에서 검토했던 지적체의 모든 속성들을 갖고 있다.

만약 이 발화체의 심층 의미 구조를 그리고자 한다면 다음과 같이 옮길 수 있다. 〔프랑스 왕이 있다 — 프랑스 왕은 대머리이다〕. 하지만 /있다/는 두 가지를 의미한다. 바로 〔존재하다〕와 〔여기〕이다. 후자의 의미는 이 맥락에서 〔발신자가 자신의 메시지를 발신하는 정확한 역사적 순간에(정확한 시간 및 공간적 좌표 안에)〕라는 의미를 띤다.

그것이 바로 /현재의/의 의미이며, 그것의 성분 나무는 다음과 같이 재현될 수 있다.

/현재의/ — ms — [현재의] — $d_{시간}$ — $d_{가까운}$ — $d_{즉각적인}$ $\left\langle \begin{array}{l} [circ_{+지표}] \rightarrow \\ [circ_{-지표}] \end{array} \right.$

여기에서 몸짓 지표의 부재는 **불분명하고 여러 방향을 가리키는 가까움**을 암시한다. 의미와 관련하여 수신자는 가령 〔즉각적인 시간과 공간적 맥락을 향해 너의 주의를 기울여라〕라는 명령 같은 내용을 수신한다. 지시와 관련하여 수신자는 그런 시간 및 공간적 맥락에서 의미소에 의해 공준되는 속성들을 충족시켜 줄 대상을 발견할 수 없다. 그러므로 커뮤니케이션은 〈유산한다〉. 그 명제는 **진실**도 아니고 **거짓**도 아니며, 단순히 적용할 수 없고 따라서 **부적절하게 사용되었다.** 가령 내가 손가락으로 허공을 가리키면서 /이것은 프랑스 왕이고 대머리이다/라고 말하는 것과 같다.

그러므로 /현재의 프랑스 왕은 대머리이다/라는 문장은 언어의 나쁜 사용(또는 지시를 목적으로 잘못된 기호 생산)의 예가 된다는 의미를 갖는 발화체이다. 반면에 /프랑스 왕은 대머리이다/는 불분명한 지시를 위하여 사용될 때 **잘못** 사용되기보다 **사용할 수 없는** 것처럼 보인다는 의미를 갖는 발화체이다. 사실 좀 더 정상적인 반응은 /어떤 프랑스 왕?/ 하고 질문하는 것이며, 그럼으로써 두 번째 발화체를 첫 번째 발화체와 비슷한 것으로 전환시키는 지표적 장치와 상황적 표지를 요구하게 된다.[9]

---

9 이 분석은 2·11에서 제안된 MSR에서 영향을 받았으며, 위에서 설명한 것은 일반 기호학의 관점에서 철학적 의미론의 전통적인 문제를 해결해 보려는 시도이기 때문에, /현재의 프랑스 왕은 독신남이다/라는 표현에 대해 우리 가설의 힘을 검증해 보는 것은 재치 있는 것 못지않게 흥미로운 일일 것이다. 따라서 논리학적 접근과 언어학 및 기호학적 접근 사이에 좀 더 유용한 상호 협력을 기원하는 희망의 표시로 그 문장을 이 항의 제목으로 삼았다.

3·4 기호들의 유형 문제

3·4·1 언어적 기호와 비언어적 기호

2·1에서 모든 유형의 기호들에 타당한 기호 기능에 대해 정의하였고, 또한 기호 생산 과정은 많은 비언어적 기호들의 관점에서 검토되었을지라도, 어쨌든 기호의 다양한 유형들 사이에 차이가 없다고 주장하는 것은 무모한 일일 것이다.

분명히 /태양이 떠오른다/는 표현을 통해서나, 수평의 선 하나와 반원 하나, 그 반원의 중심에서 퍼져 나가는 일련의 사선들로 구성된 시각적 장치를 통하여 똑같은 내용을 표현하는 것은 가능하다. 하지만 시각적 장치들을 통해 /태양이 **아직도** 떠오른다/와 똑같은 것을 단언하기는 훨씬 더 어려울 것이다. 마찬가지로 월터 스콧은『웨이벌리』의 작가라는 사실을 시각적으로 표현하기는 불가능할 것이다. 말이나 몸짓으로 나는 지금 배고프다고 말할 수 있지만,『순수 이성 비판』은 인과성의 범주가 선험적 형식이라는 것을 증명한다는 사실을 표현하는 데 몸짓은 부적절한 것으로 드러날 것이다 (비록 하포 막스Harpo Marx가 그런 결과에 상당히 가까이 다가갈 수 있을지라도 말이다).

이 문제는 이렇게 말함으로써 해결될 수 있을 것이다. 의미화의 이론과 커뮤니케이션의 이론은 말 언어*verbal language*를 일차적 대상으로 하며, 소위 다른 모든 언어는 불완전한 접근에 불과하고, 지각적 현상들과 뒤섞인 주변적이고 기생적이며 불순한 장치들, 자극-반응의 과정들에 불과하다고 말이다.

그러므로 말 언어는 **일차적 모델화 체계**이고, 다른 언어들은 거기에서 파생된 것이다(로트만, 1967). 아니면 좀 더 정확히 말해 말 언어는 인간이 자신의 생각들을 거울처럼 옮기는 데 가장 고유한 방식이라고 정의될 수 있을 것이다. 그리하여 말하고 생각하는 것은 기호학 연구의 특권적 영역이 될 것이며, 언어학은 단지 기호학의 한 부류(가장 중요한 부류)일 뿐만 아니라 다른 모든 기호 활동의 모델이 될 것이다. 그럴 경우 기호학은 언어학의 파생물, 적용, 또는 확장으로 보일 것이다(바르트, 1964 참조). 형이상학적으로는 좀 더 온건하지만 실제적인 결과는 동일한 또 다른 가정에 의하면, 말 언어만이 유일하게 완전한 〈표현 능력*effability*〉의 임무를 수행할 수 있다는 것이다. 그러므로 인간의 모든 경험뿐만 아니라, 다른 기호 장치들을 수단으로 표현할 수 있는 모든 내용이 말 언어로 번역될 수 있어야 하고, 그 역은 가능하지 않아야 할 것이다. 그러나 말 언어에서 인정되는 표현 능력은 분절과 조합의 커다란 유연성에서 기인하는데, 그것은 고도로 표준화되어 있고, 쉽게 습득할 수 있으며, 또한 제한된 숫자의 자유로운 변이에만 민감한 불연속 단위들을 활용함으로써 얻는 것이다.

하지만 이런 입장에 대한 반박은 이렇다. 언어적 단위에 의해 표현되는 모든 내용이 다른 언어적 단위들로 번역될 수 있다는 것은 사실이다. 마찬가지로 비언어적 단위에 의해 표현되는 내용들의 **대부분**이 언어적 단위들로 번역될 수 있다는 것도 사실이다. 하지만 비언어적인 복잡한 단위들에 의해 표현되는 내용들 중에는, 모호한 접근을 통하지 않고 하나 또는 그 이상의 언어적 단위들로 번역될 수 없는 것들이 있다는 것도 역시 사실이다. 비트겐슈타인은(소위 『철학자들의 열전 *Acta philosophorum*』이 전하는 바에 의하면) 기차 여행을 하는 동안 나폴리 사람들의 어느 몸짓[10]의 〈의미〉를 번역

---

10 그 유명한 몸짓은 대개 악의적인 독자가 생각하는 그런 것이 아니다.

해 보라는 스라파Sraffa 교수의 도전을 받았을 때 그런 계시에 충격을 받았다고 한다.

가로니(1973)가 암시하는 바에 의하면, 언어적 장치들의 집합 L에 의해 운반될 수 있는 내용들의 집합과, 비언어적 장치들 NL에 의해 일반적으로 운반될 수 있는 내용들의 집합이 주어질 경우, 두 집합 모두 상호 교차를 통해 L에서 NL로, 또는 그 반대로 번역될 수 있는 내용들의 하위 집합을 만들어 내고, 반면에 두 방대한 부분의 내용들은 서로 환원할 수 없는 상태로 남는데, 그중 하나는 말할 수는 없지만 그렇다고 표현할 수 없는 것은 아닌 내용들과 관련된다.

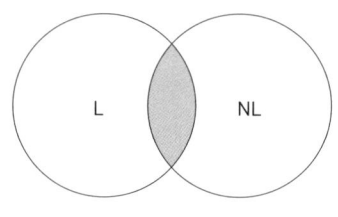

도표 33

이 이론을 뒷받침하는 많은 증거들이 있다. 말 언어의 힘은 프루스트Proust가 엘스티르Elstir의 그림들에서 〈제시되는〉 느낌들, 감정들, 가치들의 거의 모두를 말로 번역한다는 인상을 창출하는 데 성공하였다는 사실에 의해서도 분명히 증명된다. 하지만 신중하게도 프루스트는 어느 가공적인 화

그것은 손등을 턱 아래로 재빨리 통과시키는 것으로, 당황함에서 무관심에 이르기까지 여러 가지 의미들을 표현한다. 실제로 그런 의미를 언어로 번역할 수 없을 뿐만 아니라, 그 기표를 만족스럽게 언어로 기술하는 것도 불가능하다(혹시 에프론 또는 버드휘스텔식의 어떤 몸짓 표기 기술을 이용하면 성공할 수 있을지 모르겠다).

가의 작품을 분석하기로 결정하였다. 왜냐하면 자극이 되는 작품에 대한 피상적인 확인만으로도 언어적인 기술이 해결할 수 없는 내용의 부분들이 있다는 것을 증명할 수 있기 때문이다. 다른 한편으로 역시 의심할 바 없이 어떤 그림도(비록 최고로 숙달된 기교로 일종의 연속적인 〈만화〉로 조직한다 하더라도) 『잃어버린 시간을 찾아서』의 내용을 전달하는 데에는 성공하지 못할 것이다.[11] 기호 체계들 NL이 있는지, 그것들이 운반하는 것이 제2장에서 말했던 의미에서의 소위 〈내용〉이 될 수 있는지, 또한 결과적으로 의미적 표지들과 그 해석소들이 단지 언어적 장치들이 되어야 하는지, 아니면 그 자체로나 행동, 습관, 감정 들로서 체계적으로 기술될 수 있고 구조화된 지각으로 조직될 수 있는지, 이 모든 질문들은 기호학의 현재 단계에서 가장 자극적인 경계선들 중 하나가 되며 좀 더 방대한 연구들을 요구한다.

하지만 그런 방향으로 나아가기 위해서는 무엇보다도 다음과 같은 사실을 증명해야 한다. (1) 기호들의 다양한 유형들 또는 기호 생산의 다양한 방식들이 존재한다. (2) 그 기호들의 상당수는 언어 기호들에 의한 내용과는 다르게 보이는 고유한 내용과의 관계 유형을 제시한다. (3) 기호 생산 이론은 통일적인 범주적 장치에 의존하여 그 모든 다양한 유형의 기호들을 정의할 수 있다.

이것이 바로 다음 항들의 임무이다. 기존 문제들의 모든 영역을 포괄하려고 노력하지는 않겠지만, 다양한 유형의 기호들의 구성적 차이들을 밝히고, 또한 제2장에서 제시한 기

---

11 어쨌든 비록 프루스트의 펜을 통해 엘스티르를 번역할 수 있다 해도, 스피노자의 『윤리학』을 몬드리안의 붓을 통해 번역하기는 분명히 불가능할 것이다(〈기하학적 관례 mos geometricus〉의 유사성에도 불구하고).

호 기능 이론의 범위 안에서 기술하면서, 그 기호들을 분석하려고 노력할 것이다.

그 결론을 미리 앞당겨 볼 수 있는데, 분명히 말 언어는 인간이 알고 있는 가장 강력한 기호 장치이지만, 그럼에도 불구하고 말 언어가 다룰 수 없는 일반적 의미 공간의 부분들을 포괄할 수 있는 다른 장치들도 언제나 존재한다는 사실이다.

그러므로 비록 말 언어가 가장 강력한 기호 장치일지라도, 그것이 일반적인 표현 능력의 원리를 완벽하게 충족시키지 못한다는 것을 보게 될 것이다. 또한 지금보다 더 강력한 것이 되기 위해서는 실제로 그러하듯이 다른 기호 체계들의 도움을 활용해야 한다. 사람들이 말 언어 없이 단지 몸짓들을 하고, 대상들을 보여 주고, 무형의 소리들을 내고, 춤추는 것 등에만 한정하여 커뮤니케이션을 하는 세상을 상상하기는 어렵다. 하지만 사람들이 **오로지** 말만 발화하는 세상을 상상하기도 마찬가지로 어렵다. 3·3에서 〈세상의 상태들을 언급하는 작업〉(말하자면 기호들을 사물들과 연관시키는 작업, 말이 몸짓 지표들 및 기호 기능으로서의 사물 제시와 밀접하게 연결되는 작업)을 고찰하면서, 우리는 오로지 말들만 사용되는 세상에선 사물들을 언급하기가 매우 어렵다는 것을 깨달았다. 그러므로 말 언어만큼 똑같이 합당한 다른 기호 유형들을 다루는 기호학적 분석은, 말 언어가 생각의 특권적인 운반 수단으로 간주되었기 때문에 너무나도 자주 단지 말 언어에 대한 유일한 분석의 한 장(章)으로만 고려되었던 지시 이론 자체를 명백히 밝혀 줄 것이다.

3·4·2 표현의 통로들과 매개 변수들

언어 철학, 언어학, 사변(思辨) 문법 *speculative grammar*,

기호학 등은 고유의 역사적 발전 과정에서 다양한 기호 유형들을 구별하였다.

그런 분류들은 각자 고유의 목적에 맞게 훌륭한 것들이다. 여기에서는 단지 우리의 논의 목적에 더 중요한 분류들만 상기해 보자.

먼저 기호들을 운반하는 **통로**, 말하자면 그 **표현의 연속체**에 따라 기호들을 구별할 수 있다. 그런 분류(세보크, 1972 참조)는 예를 들어 많은 동물 기호 장치들을 구분하는 데 유용하며, 인간에 의해 생산되는 기호들을 다양한 커뮤니케이션 기법들과 관련하여 검토한다.

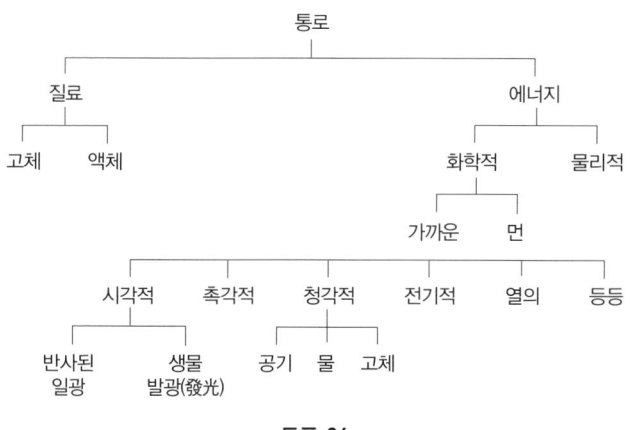

도표 34

이런 분류는 우리의 목적에는 별 관심을 끌지 못하는 것처럼 보인다. 왜냐하면 베토벤의 「교향곡 5번」이나 단테의 『신곡』은 모두 청각적 통로를 따라 전달되는 기호들 사이에 배치하도록 강요하는 것인 반면에, 주차 금지 표지판과 마네의 「올랭피아」는 일광의 반사된 시각적 기호들로 분류될 것이기 때문이다.

어쨌든 이 도표를 잘 고려해 보면 몇 가지 흥미로운 문제들이 발생한다. 베토벤의 작품과 단테의 작품이 하나의 똑같은 관점에서 고찰되는 방법이 있다. 음계들이나 언어의 소리들은 **청각적 매개 변수들**에 의해 정의된다. 트럼펫이 내는 //도//와 플루트가 내는 //레// 사이의 차이는 음높이와 음색의 매개 변수들에 의존하여 추적될 수 있다. 또한 [g] 같은 폐색(閉塞) 연구개(軟口蓋) 자음과 [n] 같은 치조(齒槽) 비음(鼻音) 자음을 구별하고자 할 때에도 똑같은 일이 일어난다. 예를 들어 두 경우 모두에서 음색이 바로 결정적인 매개 변수이다. 하지만 의문문과 긍정문 또는 명령문을 구별할 때 본질적인 매개 변수는 음높이, 역동성, 리듬이며, 그것은 두 가지 상이한 멜로디를 구별하려고 할 때에도 마찬가지이다.

다른 한편으로 도로 표지판이나 마네의 그림은 형식과 색깔의 두 가지 매개 변수와 관련된다. 전자의 경우 적절한 요소는 정상적인 공간적 차원들(위/아래, 오른쪽/왼쪽, 높은/낮은 등)이며, 후자의 경우 적절한 요소는 파장, 주파수, 바꾸어 말하자면 색조의 차이들이다. 주차 금지 표지판은 마네의 그림에 비해 기호적으로(또한 지각적으로) 훨씬 더 단순하다는 사실은 원칙상 중요하지 않다. 마찬가지로 두 가지 접촉적 신호들을 지각하는 경우에는 열의 매개 변수와 압력의 차이들에 의존하며, 반면 단단한 질료에 의해 운반되는 두 가지 기호를 구별하기 위해서는(몸짓들에 대해 그러하듯이) 몸짓의 매개 변수들(위치, 방향, 몸짓의 역동성 등)에 의존하게 된다.

3·4·3 불연속적 실체들과 점진적인 〈연속체들〉

언어학적 모델은 최근의 기호학 연구들을 적지 않게 방해하였다. 왜냐하면 (이중 분절의 모델 이외에도) 청각적 매개 변수들을 통제하는 법칙들을 다른 기호 유형들에도 적용하도록 유도하였기 때문이다. 실제로 우리는 다른 유형의 매개 변수들, 예를 들어 두 가지 후각 기호들 사이의 화학적 차이를 지배하는 매개 변수들에 대해 거의 알지 못한다. 기호학은 그런 문제들을 밝히기 위해 적지 않게 작업해야 할 것이다. 하지만 최소한 연구의 일반적인 개요를 그려 볼 수는 있다.

예를 들어 이진법적 대립성 binarism의 개념은 유일하게 활용 가능한 모델이 바로 음운론 모델이었기 때문에 당혹스러운 독단이 되어 버렸다. 결과적으로 이진법적 대립성의 개념은 불연속적 단위들의 개념과 연결되었다. 음운론에서 이진법 선택은 불연속적 실체들에 적용되었기 때문이다. 그리고 두 개념 모두 구조적 조직의 개념과 결합되었고, 그리하여 불연속적인 것이 아니라 연속적인 것으로 보이는 현상들에 대해서는 구조라고 말하는 것이 불가능해 보였다.

하지만 구조적 대립을 말할 때 반드시 한 쌍의 불연속적 요소들 사이의 양극성으로 이해할 필요는 없다. 예를 들어 색깔들의 체계에서 그러하듯이 단계화가 주어진 어느 연속체의 세부 구분이 되는(적절한 단위와 관련하여) 점진적인 실체들의 n번째 항 내부에서의 상호 대립을 생각할 수도 있다. 어느 자음은 유성음이거나 유성음이 아니다(또는 최소한 본능적으로 또 형식적으로 그러한 양자택일로 환원된다). 하지만 빨강의 색조는 바로 고유의 부재와 대립하지 않는다. 오히려 반대로 그것은 파장들 연속체의 나누기에서 나오는 적절한 단위들의 점진적인 연쇄 안에 포함될 수 있다. 그러니까 빛 주파수의 현상들은, 음색처럼 청각적 현상들이 허용하는 것처럼 보이는, 〈전체냐 아니면 아무것도 아니냐〉의 관계로의 적절화와 똑같은 유형을 허용하지 않는다. 코드 이론과 관련하여 앞에서 이미 말했듯이(2·8·3 참조), 연속체가 적절한 단위들로 단계화하고 그 단위들이 분명한 한계들을 가질 때 구조가 있는 것이다.

거의 모든 비언어적 기호들이 대부분 여러 개의 매개 변수들과 관련된다는 사실을 덧붙일 필요가 있다. 가리킨 손가락은 공간적인 차원, 방향을 가리키는 움직임 등과 관련하여 기술되어야 한다. 그러므로 기호적 행동의 모든 가능한 매개 변수들을 설정하려는 시도는 인간 활동의 모든 조건들에 대해 재인식한다는 것을 의미한다. 인간 활동은 나름대로 자연적이고 인공적인 환경 속에 들어 있는 육체의 물리적 구조에 의해 조건 짓기 때문이다.

3·6에서 보겠지만 그런 매개 변수들의 존재를 인정할 경우에만 많은 현상들을 코드화된 기호들이라고 말할 수 있다. 그렇지 않다면 〈기호〉가 되는 기호들(왜냐하면 그것들의 매개 변수들은 언어 기호의 매개 변수들에 상응하거나 또는 은유적으로 그것들로 환원될 수 있기 때문에)과, 전혀 〈기호〉가 아닌 기호들을 구별할 필요가 있을 것이다. 그것은 꽤 역설적으로 보인다. 비록 실제로 신뢰받는 많은 기호학 이론들이 그런 방향으로 나아가고 있을지라도 말이다.

3·4·4 기호들의 기원과 목적

기호들은 자연적 원천에서 기원하는지, 인간 발신자에 의해 기원하는지에 따라 구별될 수도 있다. 인간 행위자가 발신하지 않은 기호들, 즉 기호적 사실들로 해석되는 자연적 사건들로 확인되는 기호들도 많기 때문에, 세보크(1972)가 제안하는 분류는 여러 가지 효과들에서 유용할 수 있다(도표 35).

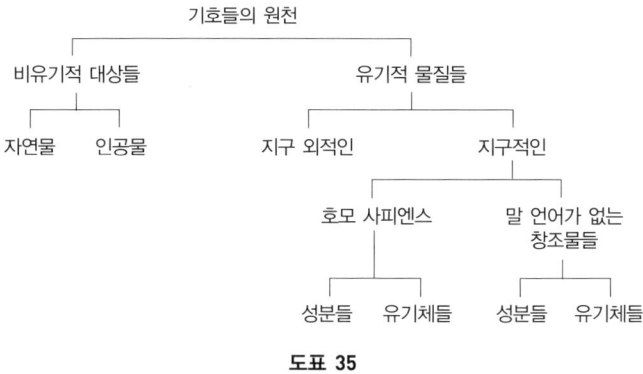

도표 35

기호들은 **기호적 특수성**의 정도에 따라 구별될 수도 있다. 실제로 어떤 것들은 명백하게 의미하기 위하여 생산된 대상들이고, 또 어떤 것들은 일차적으로 주어진 실천적 기능들을 수행하기 위해 생산된 것들이다. 후자는 단지 두 가지 방식에서만 기호로 이해된다. (가) 그것들이 대상들의 한 부류를 대표하는 것으로 선택되거나(3·6·3 참조), 아니면 (나) 그것들의 형식이 그런 가능한 기능을 암시하기(그러니까 〈의미하기〉) 때문에 고유의 주어진 기능을 자극하거나 허용하는 형식으로 인정되는 경우이다. 후자의 경우 그것들은 오로지 기호로 해독될 때, 또한 오로지 그런 것으로서, 기능적인 대상들로 사용된다.

/앉아!/라는 명령(언어적으로 표현되는)과, 일정한 기능을 허용할 뿐만 아니라 〈유도〉하기도 하는 의자의 형식(그중에는 바로 앉는 기능도 있다) 사이에는 기호적 특수성만큼 차이가 있다. 하지만 마찬가지로 분명히 두 경우 모두 똑같은 기호적 측면에서 간주될 수도 있다.[12]

3 ___ 기호 생산 이론

3·4·5 상징, 지표, 도상: 견딜 수 없는 삼분법

여기에서 퍼스의 가장 대중적인 삼분법이자 기호 유형들의 분류에서 가장 널리 알려진 분류를 검토해 보는 것이 유용할 것이다. 바로 상징(고유의 대상과 자의적으로 연결된), 도상(고유의 대상과 비슷한), 지표(고유의 대상과 물리적으로 연결된) 사이를 구별하는 분류이다.

이러한 구별은 이제 너무나도 보편적으로 사용되고 있어 이 책에서도 이제는 친숙한 일부 기호 과정들을 지적하기 위해 지금까지 사용되었다. 하지만 다음의 글들에서 〈도상〉이나 〈지표〉 같은 범주는, 〈만능열쇠〉 또는 〈우산 개념〉의 범주, 즉 가령 〈기호〉라는 범주나 심지어 〈사물〉이라는 범주에서 그렇듯이, 바로 고유의 모호함 때문에 기능하는 범주라는 것이 증명될 것이다. 따라서 이제는 그것의 일반적인 사용을 비판하고 좀 더 엄격한 수정을 시도해 볼 순간이 되었다.

우리가 그런 범주들을 받아들일 수 없는 이유는 그것들이 지시물의 존재를 구별의 매개 변수로 공준하기 때문인데, 그것은 제2장에서 설명한 코드 이론이 허용하지 않는다. 물론 이 삼분법은 지시의 다양한 유형들을 구별하기 위해 사용될 수 있지만(앞에서 했던 것처럼), 표현 연속체의 조작 및 그 조작된 연속체와 주어진 내용의 상호 관계의 양식들을 통해 (그러므로 두 경우 모두에서 가능한 지시 작업들과는 상관없이) 기호들이 생산되는 방법을 연구하기 위해 이 삼분법을 계속 유지하려고 할 경우에는 모호해지게 된다.

그러므로 이 삼분법을 비판하고, 또한 3·6에서 다른 분류를 제시하고자 한다.

---

12 대상들이 자신의 기능을 표현하는 방식에 대해서는 『구조의 부재』(에코, 1968)의 C분과 및 『내용의 형식들』(에코, 1971)에 실린 논문 「건축 기호들에 대한 의미 분석을 위하여」를 참조할 것.

3·4·6 모사 가능성

이 마지막 구분은 여전히 표현들의 **모사(模寫) 가능성** *replicability*과 관련된다. 똑같은 단어는 무수히 모사될 수 있지만, 각 모사는 〈경제적〉 가치가 없는 것처럼 보인다. 반면 동전은 비록 모사될 수 있지만 그 자체에 물질적 가치를 갖고 있다. 지폐는 최소한의 물질적 가치를 갖고 있지만 일련의 합법적인 관습 덕택에 더 많은 가치를 부여받는다. 또한 지폐의 모사 과정은 특수한 기술들을 요구할 만큼 기술적으로 어렵다(이유는 미켈란젤로의「피에타Pietà」를 모사하기 어려운 이유와 동일하다. 그래서 아주 흥미롭게도 그 조각상은 관습적인, 아니 〈합법적인〉 일종의 자격 부여를 받았고, 따라서 그것의 모사물은 비록 절대적으로 완벽하다 할지라도 〈가치가 없고〉 거짓으로 거부된다). 마지막으로 라파엘로의 그림은 일반적으로 모든 모사 가능성을 넘어서는 것으로 간주된다. 믿을 수 없을 정도로 숙련된 경우들은 예외이지만, 그럴 경우에도 잘 훈련된 눈은 여러 가지 불분명하고 어긋나는 것들을 포착할 수 있다고 주장한다(비록 페르메이르 Vermeer의 그림들에 대한 〈역사적인〉 위조의 경우에는 감정 전문가들까지 설득하기 위해 위조자의 고백을 기다려야 했을지라도 말이다).[13]

그러므로 한 표현의 구체적인 사례와 그 모델 사이에는 세 가지 유형의 관계가 있는 듯하다. (가) 그 사례들이 고유 유

---

13 굿맨(1968:99 이하)의 예술 작품 위조품들 및 〈자필 서명*autographic*〉 예술과 〈대필 서명*allographic*〉 예술에 대한 논의를 참조할 것. 전자는 표기법에 민감하지 않고 실행을 허용하지 않으며, 후자는 관습적 표기법으로 옮길 수 있고, 그 결과 나타나는(음악의 경우처럼) 〈악보〉는 자유로운 변주들과 함께 연주될 수 있다. 자필 서명과 대필 서명 사이의 차이는 3·4·7에서 다룰 〈밀집한*dense* 신호 대 불연속적인 신호〉 사이의 대립과 연결될 것이다.

형의 모델을 따를 경우 무한하게 모사될 수 있는 기호들, (나) 그 사례들이 비록 유형에 따라 생산되더라도 일부 〈물질적 단일성〉의 속성을 갖는 기호들, (다) 사례와 유형이 일치하거나 또는 어쨌든 절대적으로 동일한 기호들 등이다.

이런 삼분법은 퍼스의 **법칙 기호**legisign, **개별 기호**sinsign, **성질 기호**qualisign 사이의 삼분법(CP, 2·243 이하)과 다시 연결될 수 있다. 그러니까 유형 (가)의 기호들은 개별 기호이고, 유형 (나)의 기호들은 성질 기호가 되기도 하는 개별 기호, 유형 (다)의 기호들은 동시에 법칙 기호가 되는 개별 기호이다.

이런 구별이 모사의 상업적 가치의 관점에서 고려된다면, 그것은 기호학자들보다 오히려 재무부(財務省), 세무서, 예술품 상인들, 예술품 도둑들과 관련될 것이다. 기호학적 관점에서 그런 대상들은 단지 그것들의 기능소들의 측면에서만 관심을 끌어야 할 것이다. 기호학적 관점에서 볼 때, 5만 리라짜리 지폐가 가짜라는 사실은 최소한 그것이 진짜로 이해되는 한 염려할 것이 아니다. 5만 리라 지폐처럼 보이는 모든 대상이 똑같은 가치 분량의 금이나 다른 경제적 재화들을 대신하며, 또한 성공한 거짓말의 경우를 나타낸다. 혹시 가짜로 확인되면, 5만 리라 지폐로 보이는 대상이 아니며, 기호학적으로는 추정상의 커뮤니케이션 행위에 대해 모호함으로 인도한 〈잡음〉의 경우로 분류되어야 한다.

미켈란젤로의 「피에타」에 대한 완벽한 모사가 대리석의 모든 미세한 차이까지 옮길 수 있다면, 그것은 원본과 똑같은 기호학적 속성들을 가질 것이다. 그리고 만약 사회가 원본에 대한 물신적 가치에 동의한다면, 그것은 상품들의 이론과 관련되며, 혹시 미학적 고려들을 거부하게 된다면, 그것은 풍습 비평가들이나 사회적 일탈들을 혹평하는 사람들의 문제이다. 어떻게 해서든 진품을 찾는 취향은 상업적 사회의 이데올로기적 산물이며, 어떤 조각품의 재생산이 절대적으로 완벽할 때 원본을 높게 평가하는 것은 마치 일련번호가 찍힌 책의 초판을 재판보다 높게 평가하는 것과 같다. 그것은 골동품상들의 문제이지 문학 비평가들의 문제가 아니다.

어쨌든 기호 생산의 관점에서 똑같은 문제를 고려할 때에는 다른 요인들도 검토해야 한다. 표현의 다양한 생산 방식들은 (그것들이 함의하는 유형-사례 관계와 함께) 다양한 기호 유형들의 물리적 성격에서 근본적인 차이를 결정한다.

이 점을 좀 더 분명히 설명하기 위해서는 다음의 구분, 말하자면 절대적으로 똑같이 복제하는 모사들(**복제**double들을 생산하는)과, 부분적인 모사들(단순하게 **모사들**이라 부를) 사이의 구분을 살펴보아야 한다.

3·4·7 복제들

절대적으로 복제하는 모사란 다른 사례의 **모든** 물리적 속성들을 갖는 사례를 가리킨다. 형태, 색깔, 무게 등이 정해진 어느 나무 정육면체가 주어질 경우, 만약 똑같은 속성들을 가진 다른 정육면체를 생산한다면(그러니까 동일한 방법으로 똑같은 연속체를 형성함으로써), 첫 번째 정육면체에 대한 기호를 생산하는 것이 아니라 단순히 다른 정육면체를 생산하는 것이며, 그것은 기껏해야 많은 대상들이 예 또는 표본으로 선택됨으로써 그것들이 속하는 부류를 대신하는 것처럼 첫 번째 정육면체를 재현할 뿐이다(3·6·3 참조). 말테세Maltese(1970: 115)는 〈절대적〉 모사가 유토피아적 개념이라고 암시한다. 왜냐하면 전혀 확인할 수 없는 특징들에 이르기까지 대상의 모든 속성들을 재생산하기는 어렵기 때문이다. 하지만 분명히 상식과 우리의 확인 능력에 의해 정해진 한계가 있다. 일정한 수의 특성들이 간직될 경우 그 모사는 **정확한 복제**로 간주된다. 색깔이 똑같은 두 대의 **피아트 124**는 〈도상적인〉 상호 재현이 아니라 두 개의 복제로 간주되어야 한다.

물론 복제물을 얻기 위해서는 모델의 모든 속성들을 똑같은 순서로 유지하면서 재생산해야 하고, 그러기 위해서는 모델 대상의 생산을 이끌었던 규칙을 알아야 한다. 복제한다는 것은 재현하거나 모방하는(〈그 이미지를 만든다〉는 의미에서) 것이 아니라, 동일한 과정을 통해 동일한 조건들을 재생산하는 것이다.

가령 앞에서 말했던 나무 정육면체처럼 기계적 기능이 없는 대상을 복제해야 한다고 가정해 보자. 먼저 (가) 물질적 연속체의 생산(또는 확인) 방법, (나) 그것의 형성 방법(말하자면 그것의 기하학적 속성들을 설정하는 규칙들)을 알아야 한다. 반대로 칼처럼 기능적인 대상을 복제해야 한다면, 그것의 기능적 속성들도 알아야 한다. 무엇보다도 칼은 다른 칼의 복제이다. 만약 **다른 조건이 같고** ceteris paribus 똑같은 방법으로 자르는 칼날을 갖고 있다면 그렇다. 만약 그렇게 된다면 가령 손잡이의 미시적인 구조 면에서 접촉할 때에는 나타나지 않고 정밀한 도구들을 통해 검증해야만 확인할 수 있는 조그마한 차이들은 무시될 수 있다. 그리고 누구든 두 번째 칼은 첫 번째 칼의 복제라고 말할 것이다.

만약 대상이 아주 복잡하더라도 복제 과정은 바뀌지 않는다. 혹시라도 알아야 할 규칙들의 양과 복제에 요구되는 기술적 어려움은 바뀔 수 있다. **피아트 124**의 복제물을 만드는 것은 평범한 아마추어 기술자로선 할 수 없는 일이다.

인간의 육체처럼 기능적으로나 역학적으로 복잡한 대상은

복제할 수 없는데, 바로 육체의 기능적이고 유기적인 법칙의 대다수가 알려져 있지 않기 때문이다. 그중에는 바로 생물의 형성을 지배하는 법칙들도 들어 있다. 골렘Golem을 만든 라비 로예브Rabbi Loew나 프랑켄슈타인 박사가 직면했던 실망과 재난도 거기에서 기인한다. 모델 대상의 기능적이고 유기적인 속성들에서 일정한 비율만을 실현하는 모든 복제는 최상의 경우 부분적 모사가 된다(3·4·8 참조).

그런 의미에서 〈말한〉 단어는 똑같은 어휘적 유형에 속하는 다른 단어의 복제가 아니다. 기껏해야 그것의 **부분적 모사**이다. 하지만 만약 똑같은 단어가 여러 번 인쇄된다면(예를 들어 /개 개 개 개 개/처럼), 각 사례가 다른 사례의 복제라고 말할 수 있다(활자의 압력이나 잉크의 미시적 변화들은 합당하게 무시할 수 있기 때문이다. 그와 관련된 모든 꼼꼼함은 〈절대적 동일성〉의 개념에 대한 형이상학적 질문들을 유발할 뿐이다).

〈복제〉의 이런 개념에 비추어 보면 무엇 때문에 그림이 그토록 복제하기 어려워 보이는지 알 수 있다. 실제로 매우 복잡한 그림들도 복제될 수 있다. 가령 전자 분석기가 「모나리자」를 분석하고 컴퓨터 도형기를 통해 재생산할 때처럼 말이다. 하지만 복제의 완벽함은 가령 색깔의 결이 어떻게 다른 수단들로 실현되었는지 드러내는 자세한 검토(예를 들어 〈연속적인〉 붓질 대신 아주 조그마한 점들, 또는 다빈치의 붓질보다 더 규칙적인 붓질들 등)에 의해 위기에 처할 수 있다. 실제로 그림을 복제하기 어렵게 만드는 것은, 우리가 복제에 대해 공준했던 것처럼 그 대상을 탄생시킨 작업 과정들과 규칙들에 대한 완벽한 지식이 필요한데, 어느 화가의 작품에 대해 그 모든 복잡한 과정들을 전혀 모르기 때문이며, 최소한 작품이 실현되는 순서와 각 단계별 생산 과정을 재구성할 수 없기 때문이다. 그런데 우리가 공예 작품이라 부르는 것들에 대해서는 그런 규칙들이 알려져 있고(도공이 어떻게 도자기를 만드는지 잘 알려져 있다), 따라서 공예 작품들에 대해서는 거의 완벽한 복제품들이 있으며, 누구도 어느 목수가 만든 의자를 이전 의자에 대한 도상적 재현으로 간주하지 않을 것이다. 오히려 두 개의 〈동일한〉 의자라고, 또는 상품학적 관점에서 똑같은 의자라고 말할 것이고, 완전히 상호 교환할 수 있는 것으로 간주된다. 가게에서 일반적인 대상들은 〈결함〉이 있을 때, 말하자면 우연히 성공하지 못한 복제품일 때 교환된다.

재현 규칙들이 고도로 표준화된 문명에서는 그림에 대해서도 똑같은 일이 일어난다. 고대 이집트 화가는 아마도 이전의 자기 그림에 대한 복제를 실현할 수 있었을 것이다. 그런데 라파엘로의 그림이 모든 복제 가능성을 넘어서는 것처럼 보이는 것은, 그가 생산하는 동안 생산 규칙을 창안하고, 그리하여 아직 코드화되지 않은 일종의 불분명한 기호 기능을 제안하고, 따라서 **코드의 설립** 행위(3·6·7 참조)를 실행하였기 때문이다.

생산 규칙들을 확인하기가 어려운 것은, 말 언어에서는 인식 가능한 신호 단위들을 통해 이루어지고 따라서 그런 단위들의 분절 순서를 존중함으로써 아주 복잡한 텍스트도 재생산될 수 있는 반면, 그림에서는 신호가 〈지속적인〉 또는 〈밀집한〉 것으로 보인다는 사실 때문이다. 굿맨(1968)은 재현적 기호들과 관습적 기호들 사이의 차이는 바로 〈밀집한 대 분절된〉의 대립에 있다면서, 그 차이 때문에 그림의 복제가 어렵다고 지적한다. 3·5에서 보듯이, 그런 대립은 소위 〈도상적〉 기호와 〈재현적〉 기호를 구별하는 데 충분하지 않지만, 현재로서는 그런 지적에만 머물기로 하자.

따라서 그림은 퍼스가 〈성질 기호〉의 요소들이라 불렀던 요소들을 갖고 있다. 즉 표현이 이루어지는 연속체의 똑같은 조직이 매우 **중요하다.** 밀집한 신호는 적절한 특성들과 중요하지 않은 변이들 사이의 차이로 환원될 수 없으며, 따라서 모든 특성이 적절하고 최소한의 변이들까지 고려되어야 한다. 그런 의미에서 그림은 3·6·7에서 살펴볼 모든 미학적 텍스트의 특징적인 성질들을 갖고 있다.

그림이 절대적인 복제를 허용하지 않는 이유들 중 하나를 살펴보았다. 하지만 또 다른 이유도 있는데 그것은 그림에 의해 실현되는 유형-사례 관계의 특별한 유형에서 찾아볼 수 있다. 하지만 그런 문제를 다루기 전에 먼저 부분적 모사들 또는 개략적인 **모사들**을 고려해 보아야 한다.

3·4·8 모사들

모사들에서는 유형이 사례와 다르다. 유형은 단지 사례가 자신의 다른 특징들과는 상관없이 만족스러운 모사로 판단되기 위해 실현되어야 하는 본질적 속성들만을 규정한다. 그러므로 한 유형의 사례들은 개별적 특징들을 갖고 있는데, 그것들은 그 유형에 의해 고정된 적절한 속성들이 존중되는 한, 모사를 판단하는 데 중요하지 않다.

그러한 관계는 예를 들어 음소들, 단어들, 미리 정해진 통합체들 등의 발화를 지배한다. 음운론에서 유형-음소(〈**에믹** *emic*〉)는 사례-음소(〈에틱*etic*〉)가 바로 **그** 음소로 확인되기 위해 가져야 하는 음성적 특성들을 규정한다. 나머지는 자유로운 변수들이다. 적절한 속성들의 확인 가능성을 위태롭게 하지 않는 한, 발음에서 지역적이거나 특이한 차이들은 중요하지 않다. 유형-사례 관계는 기호 체계들에 따라 상이한 매개 변수들과 규칙들을 함의한다. 말테세(1970)는 열 가지 유형의 관계들을 열거하는데, 절대적 복제물(예를 들어 여섯 개의 속성들 중 여섯 개)에서 단 하나 속성의 재생산(가령 평평한 표면 위에서 실현되는 일부 상징적 도형들에서 그런 것처럼)에까지 이른다. 그 목록은 일부 측면에서 몰레(1972)가 제안한 〈도상성의 단계들〉과 일치하는데, 도상성의 단계들과 관련된 문제들은 3·6·7에서 다시 다룰 것이다. 지금은 단지 말테세의 목록에서 처음 세 단계만 고려해 보자. 첫째 단계(6/6), 둘째 단계(5/6), 셋째 단계(4/6) 사이에 다양한 종류의 유형-사례 관계를 쉽게 분류할 수 있을 것이다. 예를 들어 정지를 명령하는 도로 표지판은 고유 유형을 6/6으로 재생산한다. 그것은 똑같은 부류에 속하는 다른 표지판들의 절대적 복제이다. 그 복제는 교통에 관한 내용의 표현으로 채택되기 때문에, 유형에 대한 사례의 충실함이 절대적인 기호이다. 즉 유형은 형식, 크기, 색깔, 이미지, 재료의 종류, 무게 등을 규정하며, 만약 그 모든 규정들이 준수되지 않을 경우 주의 깊은 관찰자(가령 경찰)는 위조를 의심할 수 있다.

반면 음소는 고유의 유형에 그렇게 충실하지 않아도 된다. 앞에서 보았듯이 많은 변이들이 허용된다.

한 장의 게임 카드(가령 하트의 킹)는 훨씬 더 많은 자유로운 변이들을 허용하며, 따라서 그런 유형의 양식화는 모사들과 창안들 사이의 중간에 있는 것으로 고려될 것이다(3·6·5 참조).[14]

3·4·9 〈쉬운 비율〉과 〈어려운 비율〉

모든 모사는 고유의 유형에 일치하는 사례이다. 따라서 그것은 유형과 사례 사이의 관계, 또는 영국식 공식에 따르자면 **타입/토큰 비율** type/token-ratio에 의해 지배된다. 이런 관계(ratio, 이 영어 표현은 라틴어 표현과 일치한다)는 두 가지 종류가 있을 수 있다. 그것을 **쉬운 비율** ratio facilis과 **어려운 비율** ratio difficilis이라 부르기로 하자. 이 두 가지 새로운 기호학적 범주는 가령 동기화된 기호들, 연속적 기호들, 〈도상적〉 기호들 같은 문제들을 해결하는 데 도움을 줄 것이다.

쉬운 비율이 나타나는 것은, 한 표현 사례가 고유의 표현 유형, 즉 표현 체계에 의해 제도화되고 따라서 코드에 의해 예상되는 것으로서의 유형과 일치할 때이다.

어려운 비율이 나타나는 것은, 미리 만들어진 표현 유형이 존재하지 않기 때문에, 또는 표현 유형이 이미 내용의 유형과 동일하기 때문에, 표현 사례가 고유의 표현 유형과 일치할 때이다. 바꾸어 말하자면 표현 유형이 표현 사례에 의해 운반되는 의미소와 일치할 때 **어려운 비율**이 나타난다. 나중에 부분적으로 비판되겠지만 개념을 이해하는 데 도움을 주는 표현을 사용하자면, 표현의 성격이 내용의 성격에 의해 **동기화**될 때 **어려운 비율**이 나타난다. 하지만 분명히 표현이 기호의 대상에 의해 동기화될 때 동기화가 있다고 주장하는 일

---

14 모사 가능성의 단계들이 주어지면 위(n/n의 충실함)에서 아래로 내려감에 따라 하나의 문턱을 넘어선다는 인상을 받게 된다. 즉 모사들의 세계에서 비슷한 것들의 세계(3·5·3 참조)로 이행하게 된다. 실제로 그것은 상동적 수준들의 단계가 아니다. 왜냐하면 〈속성〉의 개념 자체가 문턱 너머에서 바뀌기 때문이다. 모사들의 경우 똑같은 속성들과 관련되고, 반대로 비슷한 것들의 경우에는 변형되고 투영된 속성들과 관련된다.

반적인 견해를 따르는 것은 아니다.

그렇다면 쉬운 비율의 경우들을 이해하고 확인하는 것은 어렵지 않다. 그것은 바로 3·4·8에서 설명된 경우들이다. 거기에서 기호는 하나의 명백하고 분절된 내용 단위에 상응하는 단순한 표현 단위로 구성된다. 가령 도로 표지판, 강하게 양식화된 도형들 등과 같은 많은 시각적 실체들과 단어들의 경우가 그렇다. [x]를 의미하는 기표를 생산하기 위해서는 방법 /y/ — 표현 체계에 의해 마련된 유형에 따라 규정된 방법 — 로 만들어진 대상을 생산해야 한다.

예를 들어 쉬운 비율은 앞에서 보았듯이 유형이 재생산해야 할 적절한 특성들이 무엇인가를 설정하는 모사들을 지배한다.[15]

그렇지만 단지 최소의 단위들만 쉬운 비율에 상응하는 것은 아니다. 많은 텍스트들이 그런 방법으로 재생산될 수 있다. 가령 원시 문명에서는 방대하고 불분명한 내용 부분들을 운반하는 복잡한 의례적 의식들이 있지만, 의례의 움직임들은 엄격하게 규정되어 있다(비록 때로는 바로 미달 코드화된 기본적 움직임들이 나중에는 실행의 아주 방대한 자유를 허용하더라도 그렇다). 쉬운 비율은, 유형이 상당히 조잡하고 불분명할 때에도 그 유형이 부과하는 요건들이 사회적으로 등록되어 있다면 나타날 수 있다.

15 쉬운 비율의 경우 단지 정상적인 모사들의 가능성뿐만 아니라 복제의 가능성도 있다고 가정하자. 실제로 인쇄된 단어, 게임 카드, 도로 표지판의 복제품을 만들 수 있다. 쉬운 비율에 의해 유지되는 기호들은 다른 표기법으로 옮길 수도 있다(말하자면 자필 서명적이다. 각주 13 참조). 음소들을 모스 부호로 옮길 수 있고, 음계로 된 음악적 소리들을 오선지에 옮길 수 있다.

하지만 어려운 비율의 경우들을 확인하는 것은 다르다. 그것들은 기호 생산의 두 가지 상이한 상황에 의존하기 때문이다.

첫 번째 상황: 몸짓 지표들에서 그러한 것처럼 표현이 여전히 정확한 내용과 상호 관계되는 정확한 단위이다. 그러나 표현의 물리적 생산은 상응하는 의미소의 조직에 의존한다. 그런 기호들은 아직 쉽게 모사될 수 있으며, 오랜 시간이 흐르면서 쉬운 비율이나 어려운 비율에 의해 동시에 지배되는 특징을 얻는다(3·4·10 참조).

두 번째 상황: 표현이 내용의 불분명한 부분들, 말하자면 **내용의 성운**을 운반해야 하는 일종의 **텍스트적 은하계**이다(아발레Avalle, 1972: 6·2 참조). 〈텍스트화된〉 많은 문화들의 경우가 그렇다.

이런 문화적 상황에서는 고도로 분절된 표현 체계의 단위들에 상응할 수 있는 고도로 구별된 내용의 체계가 아직 형성되지 않았다. 하지만 이것은 문법화된 문화에서 미달 코드화된 많은 기호 기능들의 경우이기도 하다. 이런 상황에서 표현은 어려운 비율에 따라 생산되어야 하며 종종 모사될 수 없다. 왜냐하면 어떤 방식으로 표현되더라도 그 해석자들에 의해 분석되고 등록될 수 없기 때문이다. 그럴 경우 어려운 비율은 코드 설립 작업들을 규제한다(3·1·2 참조). 다음 두 항에서 우리는 표현들을 생산하기 위해 어려운 비율에 의존해야 하는 전형적인 경우들을 검토할 것이다.

3·4·10 장소 민감성

몸짓 지표들과 관련하여 보았듯이(2·11·5) 가리킨 손가락이 〔가까움〕의 의미를 표현하기 위해 반드시 무엇인가에 가까이 있어야 하는 것은 아니다. 〔가까움〕은 손가락이 허공을 가리키더라도 포착될 수 있는 의미 표지이다. 대상의 현존은 기호가 의미하기 위해 필수적인 것이 아니다. 비록 지시 행위에서 기호의 사용을 검증하기 위해서는 요구될지라도 말이다.

하지만 허공을 가리킬 때에도 가리킨 손가락은, 그 신호의 성격이 /이것/ 같은 언어적 지표의 성격과는 다른 물리적 현상을 나타낸다. 신호의 그런 물리적 성격은 바로 어떻게 신호가 생산되는가를 이해하기 위해 우리가 분석해야 하는 것이다.

가리킨 손가락에서 표현 연속체는 사람 몸의 한 부분에 의해 주어진다. 그 연속체에서 표현 형식의 체계에 맞게 적절한 일부 특성들이 선택된다. 그런 의미에서 가리킨 손가락은 쉬운 비율에 속하며, 무한하게 모사되고 생산될 수 있다(바꾸어 말해 이런 식으로 말하는 것과 같다. 만약 네가 손가락을 가리키면서 지적하고자 하면, 손과 팔을 이러이러한 식으로 분절해야 한다. 가령 어느 주어진 음소를 발음하기 위해서는 음성 기관들을 일정한 규칙에 따라 분절해야 한다고 규정하는 것과 마찬가지이다).

그러나 앞서 말했듯이 가리킨 손가락은 네 가지 통사적 표지들(길이, 말단, 방향 표시 움직임, 역동적 힘)을 갖고 있으며, 또한 이 통사적 표지들은 주어진 의미적 표지들(가까움, 방향, 거리)을 운반한다. 그리고 의미적 표지 [방향]은 통사적 표지 /~을 향한 움직임/과 무관하지 않으며, 마찬가지로 움직임의 힘은 가까움 또는 멀리 있음의 의미화와 직접 연결되어 있다. 이런 현상은 /이것/ 같은 언어적 지표에서는 전혀 검증되지 않는다(그것은 /ceci/ 또는 /this/로 대체될 수 있으며, 통사적 변화가 내용의 의미적 구성을 바꾸지 않는다).

따라서 [가까움]의 의소가 지적되는 사물의 현존과 무관하다면, 손가락의 움직임은 가까운 것으로 추정되는 사물이 있어야 하는 지점을 향해 수행되어야 한다는 것을 알 수 있다. 사실 〔그 지점에 있는 사물〕의 개념은 그 지점에 있는 사물이 아니라 바로 내용의 자료이다. 어쨌든 그 내용의 특성들 중 하나는 공간적 특성이다. 그러므로 가리킨 손가락은 비록 외연적으로는 전혀 분석될 수 없을지라도 내포적으론 분석될 수 있다(지리적이거나 지형적 좌표와 관련하여). 내포적 관계에서 그것은 정해진 의미적 속성들을 가지며, 그중 하나가 바로 공간적 좌표를 갖는다는 것이다.

그런데 그 공간적 좌표(그것은 운반되는 내용이다)는 어떤 방식으로든 표현의 공간적 속성, 말하자면 신호 또는 표현 사례의 물리적 속성을 결정하는데, 그 표현 사례는 비록 생산이 쉬운 비율에 의존하는 것처럼 보이더라도 실제로는 어려운 비율에 종속되게 된다.

그러므로 몸짓 지표는 언어적 지표의 기호 기능과 똑같은 구조, 의미적 지표들과 통사적 지표들로 분석될 수 있는 똑같은 능력을 갖지만, 그 통사적 지표들 중에서 일부는 의미 표지들에 의해 **동기화**되는 것처럼 보인다고 말할 수 있다.

따라서 제2장에서 그랬듯이 모든 유형의 기호를 똑같은 기호학적 범주들 안에 포괄하려는 시도는 기호 기능들의 이론에 대해서는 작용하지만, 모든 기호 유형이 아니라 단지 일부 유형들에만 적용될 수 있는 범주가 나타나는 기호 생산 이론에 대해서는 작용하지 않는다.

그러므로 약간 성급한 결론이지만, 비록 지시물과의 가까움에 의존하지 않을지라도 몸짓 지표는 최소한 자신의 가능한 지시물과 〈비슷하며〉, 따라서 일부 〈도상적〉 속성들을 갖고 있다고 결론을 내릴 수 있다.

하지만 다음 항들의 목적은 〈동기화〉와 〈유사성〉을 동화시킬 수 없음을 증명하는 것이다. 그런데 만약 그런 동화가 있었다면, 그것은 좀 더 깊이 탐구해야 할 몇몇 이유들에 의존한다.

몸짓 지표가 언어적 지표와 다른 몇 가지 이유들이 있다. 뷔상스(1943)는 방향 표시 화살표가 그 자체로는 아무것도 의미하지 않는다고 주장하였다. 하지만 그것은 도시의 특별한 맥락(외부적 상황) 속에 위치할 경우 〔좌회전〕의 의미를 가질 수 있다. 그러나 또한 완전하게 사실이 아니다. 만약 시청 교통 담당관의 창고에서 회전 표지판과 정지 표지판을 발견하고, 그것들의 가능한 교통 맥락과는 상관없이 그것들을 《읽어야》 한다고 가정해 보자. 우리는 분명 정지 표지판과 회전 표지판을 구별할 수 있다. 그것은 일부 그래픽 표현들이 의미를 갖고 있으며, 따라서 내용 부분을 운반하도록 허용하는 정확한 관습들이 있음을 의미한다. 그런데 정지 표지판은 상상 가능한 모든 상황에서 똑같은 의미를 가지지만, 반면 회전 표지판은 교통 맥락에서 그것의 위치가 〔좌회전〕 또는 〔우회전〕을 의미하는가를 결정한 다음에야 완벽한 자신의 의미를 갖게 된다.

표지판의 위치가 상황적 선택을 구성한다고 말할 수 있을 것이다(도로 상의 위치는 다른 기호 체계의 요소이다). 아니면 교통 상황 안에 위치되는 것이 신호에는 지시 작업으로 사용된다는 것을 의미한다(〔**이것**은 돌아야 할 지점이다〕). 하지만 그 위치는 언어 기호들과 관련되는 또 다른 위치를 환기시키는데, 그 언어 기호들은 문장의 맥락에서 다른 기호들의 앞이나 뒤에 위치한다. /조반니는 주세페를 때린다/는 표현에서 오로지 상호 위치 덕택에 주세페가 불쌍한 희생자로 보이고 조반니는 폭력적으로 보인다. 그 두 고유 이름의 상호 위치만 바꾸어도, 주세페에게 상황은 더 나아질 것이다. 그러므로 맥락적 위치(또는 통합체적 지적체에서 단어들의 순서)는 표현의 의미를 바꾼다. 모리스(1946)는 통사적 위치를 〈형성적 기호들〉이라 부르자고 제안했을 정도이다. 그렇다면 통사적 위치는 특별한 유형의 공범주적 기호일 것이다(최소한 많은 언어들에서 그렇다. 라틴어 같은 다른 언어들에서는 어미변화가 위치를 대신한다). 만약 그것이 사실이라면, 어떤 방식으로든 **장소에 예민한**topo-sensitive 것으로 보이는 일부 〈형성체들〉이 확인된다 — 마치 말한 문장이나 글로 쓰인 문장에서 요소들의 연속이나 또는 손가락 움직임의 방향이 그러한 것처럼, 그것들의 의미는 공간적 또는 시간적 좌표에 기인하기 때문이다. 게다가 몸짓 지표들 같은 기호들에서 표현 좌표의 성격은 내용 좌표의 성격에 의해 동기화된다. 위에 인용된 문장에서도 주세페가 조반니 뒤에 위치하는 것은, 먼저 조반니가 때리고 다음에 주세페가 맞기 때문이다(물론 수동태 변형은 장소의 민감성을 없애지 않고 고착화의 규칙을 부과할 것이다).

위에서 검토한 모든 예들은 **벡터화**vectorization의 특성을 공통으로 갖는다. 그것이 방향을 〈실현하는〉 실질적이고 물리적인 움직임(손가락)으로 구성되든, 공간적 또는 시간적 연속의 특성(문장)에 의해 암시되는 가상적 움직임으로 구성되든 마찬가지이다. 도시의 어느 주어진 지점에 위치한 방향 표시 화살표에서도 똑같은 일이 일어난다. 즉 [좌회전]의 전체 기호는, 그 표현 특성들 중 하나가 그 신호가 수신자의 왼쪽을 물리적으로 가리킨다는 사실로 구성되기 때문에, 장소 민감적이다.[16] 이때 벡터화의 특성들은 한 기호가

---

16 그렇다면 모리스의 입장을 수정하여 이렇게 말해야 할 것이다. 그런 형성체들은, 음소들이 기호가 아니라 조합 단위들인 것처럼, 기호가 아니라 특성들이라고 말이다. 하지만 이런 가정이 문제를 크게 바꾸지는 않는다. 고유

고유의 지시물들과 〈유사하게〉 만든다고 말할 수 있다. 따라서 어려운 비율처럼 복잡한 범주를 만들 필요가 없으며, 일부 기호들은 하나의 표현 유형을 갖지 않고, 자신들이 대신하는 대상들의 속성을 직접적으로 모방한다고 말하는 것으로 충분할 것이다.

하지만 어려운 비율의 범주는 바로 그처럼 순진한 해결(이에 대한 비판은 3·5에서 이루어질 것이다)을 피하기 위해 제시된 것이다. 벡터화의 좀 더 심오한 이론화에 대해서는 3·6·5를 참조하기 바란다.

3·4·11 표현의 은하계와 내용의 성운

이제 내용이 표현에 대해 가하는 **동기화**가 너무 강렬하여, 모사의 가능성과 함께 **코드화된 상호 관계**로서의 기호 기능 개념 자체에 도전하는 것처럼 보이는 일부 상황들을 검토해 보자.

먼저 내용의 집합이 미리 코드화되지 않은 그런 내용의 많은 단위들이 표현되고 또한 **담론**을 형성하는 경우들을 살펴보자. 표현이 내용과 관련되듯 텍스트가 담론과 관련된다면, **미리 어떤 텍스트를 설립하지 않는** 두 가지 유형의 담론이 존재할 것이다.

첫째 유형은 전혀 들어 보지 못한 사건들과 관련되는 사실적 단언들의 담론이다. 그러한 사건들은 내용 체계가 미리 인정하고 분류한 문화적 단위들의 새로운 조합을 구성한다. 황금의 산을 언어적으로 또는 시각적으로 기술하는 것은, 그 실체가 이전에 코드화된 의미 단위들의 **조합**의 결과

내용의 장소 민감적 표지들에 의해 동기화되는 것처럼 보이는 표현적 특성들도 있다(그러므로 그 내용과 의미성이 직접적인 관계를 맺는데, 그것은 단순한 특성들에게는 일어나지 않는다). 이 주제는 3·6에서 다시 다룰 것이다.

이기 때문에, 또한 코드가 이미 상응하는 표현 단위들을 예상하였기 때문에, 어려운 문제가 되지 않는다. 그 표현의 조직은 내용의 형식에 따라서가 아니라, 내용의 요구에 따라 정해질 것이다. 따라서 그것은 어려운 비율의 문제가 아니라, 어떻게 표현이 내용을 운반하는가에 대한 하나의 예이다. 실제로 /황금/과 /산/의 조합에서 상상되는 산의 현상과 비슷한 것은 전혀 없다. 바꾸어 말해 만약 어느 천문학자가, 조그마한 녹색 코끼리들이 달 위에서 염소자리가 토성의 궤도에 들어갈 때마다 탭 댄스를 추는 것을 발견한다면, 그의 내용 체계는 분명히 바뀔 것이다(그리고 그의 세계관도 재조직되어야 할 것이다). 하지만 그렇다고 그의 표현 체계가 혼란스러워지지는 않을 것이다. 왜냐하면 코드의 법칙은 그 새로운 세상의 상태를 운반하도록 허용하고, 또한 표현 체계의 잉여성(제1장 참조)이 새로운 어휘소들을 분절하도록 허용할 것이므로, 원한다면 정의해야 할 그 새로운 문화적 단위들에 대해 새로운 단어들을 생산하도록 허용할 것이기 때문이다. 하지만 **정의할 수 없는** 새로운 내용 단위들, 말하자면 정의 가능한 단위들로 분석될 수 없는 **내용의 성운들**이 고려될 때는 쉽지 않은 문제가 발생한다. 바로 만족스러운 해석소들이 없는 담론들의 경우이다. 가령 다음과 같은 상황을 표현해야 한다고 가정해 보자. 〈솔로몬이 시바 여왕을 만나는데, 두 사람은 각자 르네상스 스타일로 옷을 입은 귀부인들과 귀족들의 무리를 앞에서 인도하고, 그들은 모두 매혹적인 아침의 고요한 햇살 속에 잠겨, 그 육체들이 시간을 초월한 조각상들의 모습을 띤다…… 등.〉

누구든 이 언어적 표현들에서 아레초Arezzo의 교회 안에 있는 피에로 델라 프란체스카Piero della Francesca의 그림 텍스트와 희미하게 비슷한 것을 알아보았을 것이다. 하지만 언어 텍스트가 그 그림 텍스트를 〈해석〉한다고 말하는 것은 경솔하다. 기껏해야 그림 텍스트를 〈환기〉시키고 암시할 뿐이다. 그 그림 텍스트는 우리가 살아가는 문화에 의해 여러 번 언어로 표현되었기 때문이다. 그리고 이 경우에도 언어적 표현의 단지 일부만 확인할 수 있는 내용 단위들과 관련되고 (솔로몬, 시바 여왕, 만나다 등), 다른 것들은 그 프레스코를 직접 바라보면서 실현할 수 있는 내용들과 전혀 다른 내용들을 운반한다. 또한 /솔로몬/ 같은 언어 표현들도 프란체스카가 그린 이미지의 상당히 일반적인 해석소를 나타낸다는 점을 고려해야 한다.

화가가 작업을 시작하였을 때 그가 표현하고자 했던 내용은 (그 성운의 성격 안에서) 아직 충분히 분절되지 않았던 것이다. 그러므로 그는 **창안**해야 했다.

뿐만 아니라 표현 역시 창안되어야 했다. 2·14·6에서 말했듯이 단지 내용의 체계가 정확한 정도로 구별되는 경우에만 적합한 표현을 활용할 수 있다. 그러므로 표현이 어떤 방식으로든 표현될 때까지는 아직 존재하지 않는 내용의 모델을 토대로 설정되어야 한다는 역설적인 상황에 직면하게 된다. 기호 생산자는 **무엇**을 말하고자 하는지에 대해 분명한 관념을 갖고 있지만, 그것을 **어떻게** 말해야 할지 모른다. 그리고 정확하게 그 **무엇**을 발견할 때까지는 아직 **어떻게** 해야 할지 알 수 없다. 확정된 내용 유형의 부재는 표현의 유형을 만들기 어렵게 만들며, 표현 유형의 부재는 내용을 모호하고 분절되지 않은 것으로 만든다.

때문에 새롭지만 예상 가능한 내용을 운반하는 것과 내용의 성운을 운반하는 것 사이에는, 바로 **규칙들에 의해 지배되는 창조성과 규칙들을 바꾸는 창조성** 사이에서 나타나는 것과 똑같은 차이가 있다.

그러므로 위에 논의된 경우에서 화가는 새로운 기호 기능을 창안해야 하며, 또한 모든 기호 기능은 코드를 토대로 하기 때문에, **새로운 코드화 방법**을 제안해야 한다.

코드를 제안한다는 것은 상호 관계를 제안한다는 것을 의미한다. 일반적으로 상호 관계는 관습으로 정해진다. 하지만 이 경우 관습은 존재하지 않기 때문에 상호 관계는 다른 무엇 위에 세워져야 한다.

상호 관계를 받아들일 만한 것으로 만들기 위해 기호 생산자는 예를 들어 **자극**처럼 어떤 명백한 동기화를 토대로 해야 할 것이다. 만약 표현이 자극으로서 암시해야 할 내용의 특정 요소들을 향해 관심을 돌리는 데 성공한다면, 상호 관계가 설정된다(그리고 그것은 나중에 새로운 관습으로 인정될 수도 있다).

그러므로 어떤 방식으로든 확인 가능한 내용의 유형이 주어지면, 그것의 적절한 특성들은 일부 **변형들**을 통해 특정한 표현 연속체 안에 〈투영〉되어야 할 것이다. 표현이 대상의 형식을 모방한다는 의미가 아니다. 그런 순진한 접근에 대한 비판은 3·5에서 이루어질 것이다.

만약 내용의 유형이 복잡하다면 변형의 규칙들도 똑같이 복잡해야 할 것이며, 때로는 그 신호의 미시적인 짜임새 안에 뿌리내린 것들로 동일시될 정도로 복잡할 것이다. 그런 경우 **밀집한**dense 신호라 말할 수 있다.

내용의 유형이 익숙하지 않은 지시 행위의 결과로서 모든 이전의 코드화를 벗어나고 새로운 것일수록, 기호 생산자는 수신자에게 대상 또는 구체적 사건과 직접 마주할 경우 얻게 될 지각적 반응들과 어느 정도 동등한 반응들을 자극해야 한다. 바로 그러한 자극 방법으로 인해 형성될 수 있었던 개념에 의하면, 〈도상적〉 기호는 **자연적이고 동기화되고 아날로그적**

인 기호이며, 대상 자체가 표현의 물질적 연속체에 가하는 일종의 〈각인〉의 결과라는 것이다.

3·4·12 세 가지 대립들

몸짓 지표들을 검토하면서 우리는 모사 가능하고 동시에 동기화될 수 있는 기호들을 발견했다.

실제로 모사 가능성 또는 동기화 같은 현상들은 한 기호가 다른 기호와 구별될 수 있게 해주는 특성들이 아니다. 그것들은 기호 기능 유형들의 형성에서 상이한 역할들을 하는 기호 생산 방법들이다. 이것은 〈자의적 대 동기화된〉 같은 다른 대립에서도 나타난다. 어쨌든 오랜 세월 동안 그 대립은 경험에 의해 너무나도 명백하게 정당화된 것처럼 보인 까닭에 플라톤의 『크라틸로스 Cratylus』에서 〈노모스 Nomos〉(관습과 자의성)와 〈피시스 Physis〉(기호와 사물 사이의 도상적 관계, 자연, 동기화)가 대립된 이후, 언어 철학의 역사 전체가 거기에 토대를 두었을 정도이다.

물론 그것은 과소평가할 입장이 아니지만, 사실은 모든 문제가 다른 관점에서 다시 고찰되어야 한다. 특히 〈자의적 대 동기화된〉의 대립 — 여기에다 〈관습적인 대 자연적인〉의 대립이 연결되었다 — 이 〈디지털 대 아날로그〉의 대립과 동일시되었기 때문이다.

〈아날로그〉라는 용어는 이중적인 의미로 — 말하자면 비례의 규칙들과 연결된 것으로, 또는 〈표현할 수 없는〉 어떤 현실과 연결된 것으로 — 이해될 수 있기 때문에(3·5·4 참조), 또한 최소한 첫 번째 의미에서 〈아날로그〉는 〈디지털〉과 대립되기 때문에, 자의적 기호들은 디지털로 분석될 수 있는 기호들과 동일시되었다. 세 번째 대립과 관련해서도 똑같은 일이 일어나고, 따라서 다음과 같은 등가들의 연쇄(겉으로 보기에는 신빙성 있는)가 널리 유포되고 있다.

　디지털 대 아날로그
　자의적 대 동기화된
　관습적인 대 자연적인

여기에서 수직의 행렬은 **동의어들**의 목록으로 제시된다. 기호 현상들에 대한 피상적인 고찰만으로도 이런 등가들은 옳지 않다고 말할 수 있다. 사진은 동기화된 것이다(종이 위의 흔적들은 촬영된 대상에서 나오는 광선들에 의해 생산된다). 하지만 〈래스터*raster*〉를 통한 사진 인쇄들이 증명하듯이 디지털로 분석될 수 있다. 불의 존재를 드러내는 연기는 불에 의해 동기화되지만, 불과 유사하지 않다. 성모 마리아를 재현하는 그림은 아마 어느 여인과 유사하지만, 관습 덕택에 성모 마리아로 인정된다. 일정한 유형의 열은 분명히 결핵에 의해 동기화되지만, 결핵의 증상으로 인정되는 것은 습득을 통해서이다. 어떤 대상을 향한 손가락의 움직임은 대상의 공간적 좌표에 의해 동기화되지만, 손가락을 지적체로 선택하는 것은 자의적이며, 산블라스San Blas 제도의 쿠나Cuna 인디언들은 손가락 대신 입술의 움직임을 사용한다. 고양이의 발자국은 고양이 발의 형태에 의해 동기화되지만, 바로 습득된 규칙을 통해 사냥꾼은 그 발자국에 〔고양이〕라는 내용을 부여한다.

그렇다면 여기에서 도대체 어떻게 위에서 검토한 많은 기호 현상들이 성급하게 그런 범주에 의해 뒤덮이게 되었는지를 이해하기 위해, 소위 〈도상적〉 기호들의 문제를 다룰 필요가 있다. 그리고 단어 /개/와 개의 그림 사이에는 명백한 차이가 있을지라도, 그 차이는 자의적(그리고 관습적) 기호들과 도상적 기호들의 구별이 원하는 것처럼 그렇게 명백한 차이가 아니라는 것을 보게 될 것이다. 오히려 그것은 기호 생산 방법들의 복잡하고 지속적인 과정과 관련되며, 따라서 모든 기호 기능은 그런 방법들이 하나 이상 뒤엉켜 나온 결과이다.

3·5 도상성에 대한 비판[17]

3·5·1 여섯 가지 순진한 개념들

만약 어떤 방식으로든 고유의 대상에 의해 〈동기화되고〉, 〈비슷하고〉, 〈유사하고〉, 〈자연스럽게 연결된〉 기호들이 존재한다면, 2·1에서 내린 정의, 즉 두 기능소들 사이에 관습적으로 부여되는 상호 관계로서의 기호 기능에 대한 정의는 더 이상 받아들일 수 없는 것이 되어야 할 것이다. 처음의 정의를 타당한 것으로 유지할 유일한 방법은 동기화된 기호들의 경우에도 상호 관계가 관습에 의해 주어진다는 점을 증명하는 것이다.

여기에서 문제의 핵심은 분명히 〈관습〉에 대한 정의에 있는데, 관습은 〈자의적 연결〉의 개념과 동연적(同延的)이지 않지만, 어쨌든 **문화적** 연결의 개념과는 동연적이다.

---

17 도상론에 대한 비판은 에코(1968 및 1973)에서 이미 시도되었다. 여기에서는 그 두 비판의 계열을 다시 따르지만 좀 더 신중한 방법을 취할 것이다. 그러므로 이전의 두 텍스트와 일부 공통점들이 있지만 이 장은 그것들과 근본적으로 거리감을 둔다. 이번 비판이 문제에 대해 상이한 최종적 해결을 지향한다는 사실 때문이다. 이전 텍스트들에서 제안되었던 일부 효율적인 예들이 각주에서 다시 활용되는데, 환기를 위한 것이기도 하고, 또한 좀 더 설득력 있는 예들을 찾을 수 없기 때문이다.

기호 기능의 다양한 방법들을 검토할 경우 물리적 신호의 생산 방식들뿐만 아니라, 두 기능소들 사이의 상호 관계 방식들도 생산의 일부가 되기 때문에 마찬가지로 고려해야 한다.

나중에 내용과 상호 관계되어야 하는 신호를 생산한다는 것은 바로 기호 기능을 생산하는 것이다. 단어 또는 이미지가 고유의 내용과 상호 관계되는 방식은 똑같지 않다. 전자는 문화적 상호 관계를 나타내고 후자는 그렇지 않다는 것을, 또는 둘 다 비록 작업상으로 상호 관계가 서로 다를지라도(**쉬운 비율** 대 **어려운 비율**) 일종의 문화적 상호 관계를 함의하는지를 밝히는 것이 문제이다.

어느 대상에 대한 이미지도 문화적 상호 관계를 토대로 그 대상을 의미한다는 것을 증명하기 위해서는 무엇보다도 일부 순진한 개념들을 제거해야 한다. 말하자면 소위 도상적 기호들은 다음과 같다는 개념이다.

(1) **대상과 똑같은 속성들**을 갖고 있다.
(2) 대상과 **비슷하다.**
(3) 대상과 **아날로그이다.**
(4) 대상에 의해 **동기화되어** 있다.

하지만 이 네 가지 개념에 대한 비판은 정반대의 독단에 빠질 위험이 있으므로 다음과 같은 가정도 비판해야 한다.

(5) 소위 도상적 기호들은 **자의적으로 코드화되어** 있다.

뒤에서 보겠지만 일부 유형의 기호들은 문화적으로 코드화되었다고 말하면서도, 그렇다고 완전히 자의적이라고 가정하지 않음으로써 관습이라는 범주에 최대한의 유연성을 부여할 수 있다. 다만 이런 문제들이 해결되면 마지막 가정, 똑같이 독단적이고 똑같이 비판받을 만한 가정 앞에 직면할 수 있다.

(6) 소위 도상적 기호들은, 자의적이든 동기화되었든, 언어 기호들과 마찬가지로 코드화된 **적절한 단위들로 분석될 수** 있고, 복합적 **분절**의 대상이 될 수 있다.

만약 유보 조건 없이 (5)를 받아들이면 (6)을 받아들이게 되고, 그것은 상황을 복잡한 문제들로 이끌 것이다. 하지만 (5)를 신중하게 고려한다면, 거기에서 엄격하게 (6)이 함의되지 않는다. 바꾸어 말해 소위 도상적 기호들은 **문화적으로 코드화되어** 있다고 가정하면서도, 그것들이 고유의 내용과 **자의적으로 상호 관계되어** 있으며 그 표현이 **불연속**적으로 분석될 수 있다고 필연적으로 가정하지 않을 수 있다.

3·5·2 〈대상의 속성들을 갖는다〉

모리스(1946)에 의하면, 기호는 그 자체가 외시되는 것의 속성들을 갖는 만큼 도상적이다. 그런 주장의 신빙성에도 불구하고 도상성에 대한 우리의 경험을 간략하게 살펴보기만 해도, 그런 정의는 다소 동어 반복적이며 순진하다는 것을 알 수 있다. 초현실주의 화가가 그린 사람의 초상화는 그 사람의 속성들을 갖고 있지 않은 것처럼 보이는데, 그것은 모리스도 잘 알고 있었다(1946, 1·7). 그는 사람의 초상화가 완벽하게 도상적인 것이 아니라 어느 정도만 도상적이라고 말한다. 화폭은 인간 피부의 짜임새나 그려진 사람의 동작을 갖지 않기 때문이다. 영화는 그림보다 〈더 도상적〉이겠지만 완벽하게 그렇지는 않다. 그래서 모리스의 결론에 의하면 완벽하게 도상적인 기호는 그것 역시 외시물(우리의 용어로 말하자면, 해당 대상의 복제)이 되어야 할 것이다. 인용된 글에서 모리스는(1946, 7·2) 그것이 도상성의 단계화(도상성의 단계들)가 지닌 문제라고 인정하며, 순수한 도상성의 경우들로 언어의 의성어들을 인용하는데, 그것들은 종종 지역적 또는 민족적 관습들과 많이 연결되어 있는 것처럼 보인다.

하지만 모리스는 바로 기호들이 〈어떤 측면에서 *in some respects*〉 도상적이라고 말하며, 그것으로 신중함과 그럴듯함의 의무에서 벗어나지만, 사실에 대한 과학적 설명을 제공하지 않는다. 원자는 〈어떤 관점에서 보면〉 나눌 수 없다고, 또는 기본 입자들은 〈어떤 의미에서〉 물리적 실체들이라고 말한다 해서 아직 핵물리학을 하는 것은 아니다.

다른 한편으로 기호가 고유의 대상과 〈비슷하다〉는 것은 무엇을 의미하는가? 페라라Ferrara 화파(畵派) 그림들의 배경에 보이는 개울들과 폭포들은 일부 아기 예수 탄생 조형물에서 그런 것처럼 물로 만들어진 것이 아니다. 다만 어떤 시각적 자극들, 색깔들, 공간적 관계들, 안료 위에 비치는 빛의 투사 등이 모방되는 물리적 현상 앞에서 느끼는 것과 매우 〈비슷한〉 지각을 창출할 뿐이다. 다만 그 자극들은 성격이 다르다.

그럴 경우 도상적 기호들은 대상과 〈똑같은〉 물리적 속성들을 갖는 것이 아니라 모방되는 대상에 의해 자극되는 것과 〈비슷한〉 지각적인 구조를 자극한다고 주장해야 할 것이다. 그렇다면 물질적 자극들의 변화가 주어질 경우 지각된 게슈탈트Gestalt를 구성하는 관계들의 체계에서 변화하지 않고 남는 것은 무엇인가를 설정하는 것이 문제이다. 이전의 습득을 토대로 실제로는 다른 결과인 것을 〈비슷한〉 지각적 결과로 보도록 유도되는 것이라고 가정할 수 없을까?

그렇다면 손의 도식적인 소묘를 고려해 보자. 소묘가 갖는 유일한 속성, 즉 2차원적 표면 위에 그려진 연속적인 검은 선은 바로 손이 갖고 있지 않은 유일한 것이다. 소묘의 선은 손의 〈내부〉 공간과 〈외부〉 공간을 나누는데, 실제로 손은 주위 공간의 배경 위에 나타나는 분명한 용적을 형성한다. 사실 손이 밝은 표면을 배경으로 나타날 때, 더 많은 빛을 흡수하는 육체의 경계선들과 빛을 반사하거나 분산시키는 경계선 사이의 대조는 어떤 상황에서 연속적인 선처럼 보일 수 있다. 하지만 그 과정은 좀 더 복잡하다. 경계선들은 그렇듯 정확하게 한정되지 않으며, 따라서 소묘의 선은 훨씬 더 복잡한 과정에 대한 선택적인 단순화가 된다. 그러므로 **도형의 관습**은 기호를 동기화한 지각적 또는 개념적 관습의 도식적인 요소들을 종이 위에 **변형**시키도록 허용한다.

말테세(1970, VIII)는 어느 육체에 의해 유연한 물질 위에 찍힌 연속적인 선은 촉각 경험을 암시할 것이라는 아주 그럴 듯한 가설을 제시한다. 그 자체로는 매우 빈약한 시각적 자극이 **공감각**synesthesia을 통해 촉각적 자극을 암시할 것이다.

그런데 그런 유형의 자극은 기호를 전혀 형성하지 못할 것이다. 그것은 단순히 그 표현과 주어진 내용(〔인간의 손〕, 또는 〔이 표면 위를 누른 인간의 손〕) 사이의 상응을 설정하는 데 기여하는 표현 장치의 특성들 중 하나일 것이다. 그러므로 찍힌 손의 전체 윤곽은 손의 일부 속성들을 갖는 도상적 기호가 아니라 하나의 **대용품 자극**으로, 그것은 관습적인 재현의 그림에서 의미화에 기여한다. 마지막으로 그것은 도상적 기호의 성분들이나 지각 조건들을 **위장하는** 물질적 형상화이다〔에코(1968)에 대해 논평하는 칼코펜Kalkofen(1973) 참조〕.

예를 하나 들어 보자. 일반적인 경험에 의하면 사카린은 설탕과 〈비슷하다〉. 그런데 화학적 분석이 증명하는 바에 의하면 두 물질엔 공통적 속성이 없다. 왜냐하면 설탕은 이당류(二糖類)로 그 분자식은 $C_{12}H_{22}O_{11}$이고, 반면에 사카린은 o-설포벤조산마이드산(酸)의 파생물이기 때문이다. 시각적 유사성에 대해서도 말할 수 없다. 그럴 경우 설탕은 소금에 더 가깝기 때문이다. 따라서 우리가 공통적 속성이라 부르는 것은 화학적 성분과 관련되는 것이 아니라, 오히려 두 화합물의 미각 돌기들에 대한 **효과**와 관련된다고 볼 수 있다. 그것들은 똑같은 유형의 경험을 창출하고, 둘 다 〈달다〉. 달콤함은 두 화합물의 속성이 아니라, 우리의 미각 돌기들과 그것들의 상호 작용의 결과이다. 하지만 그 결과는 달콤한 모든 것과 짜거나, 시거나, 또는 쓴 모든 것을 대립시키는 요리 문화에서 〈에믹적으로〉 적절해진 것이다. 물론 미식가에게 사카린의 〈달콤함〉은 설탕의 달콤함과 똑같은 것이 아니다. 하지만 훌륭한 화가가 보기에는 우리가 언제나 [빨강]으로 보는 경향이 있는 곳에도 색깔의 상이한 단계들이 있다.

어쨌든 두 화합물 사이의 〈유사성〉에 대해 말하면서 우리는 다음과 같은 것을 확인하였다. (가) 화합물들의 화학적 구조. (나) 지각 과정(화합물들과 미각 돌기들 사이의 상호 작용)의 구조. 여기에서는 소위 〈비슷하다〉는 것이 일정한 대립의 축(예를 들어 〈달다 대 쓰다〉)을 요구하고, 만약 다른 축[예를 들어 〈과립(顆粒)형 대 부드러운〉]과 관계될 경우 다르게 보일 수도 있다. (다) 요리적 의미 영역의 구조. 이것은 적절성들의 확인, 그러니까 똑같음과 똑같지 않음에 대한 서술을 결정한다. 이 세 가지 계열의 현상들의 작용 속에서 추정상의 〈유사성〉은 순진한 경험을 이루는 문화적 약정들의 그물로 용해되어 버린다.

그러므로 〈유사성〉의 판단은 문화적 관습들에 의해 고정된 적절성의 기준들을 토대로 이루어져야 한다.

3·5·3 도상성과 닮음: 변형들

하지만 도상성에 대한 또 다른 정의로 퍼스의 정의가 있다. 기호는 〈주로 자신의 유사성을 통해 대상을 재현할〉 때 도상적이다(CP, 2·276).

기호가 고유의 대상과 비슷하다고 말하는 것은 똑같은 속성들을 갖고 있다고 말하는 것과 동일하지 않다. 어쨌든 닮음의 개념이 존재하고, 그것은 〈똑같은 속성들을 가짐〉 또는 〈~과 비슷하다〉의 개념보다 더 정확한 과학적 신분을 갖고 있다. 기하학에서는 단지 크기만 제외하고 모든 것에서 동일한 두 형상의 속성을 닮은꼴로 정의한다. 크기의 차이는 전혀 무시할 수 없는 것이어서(악어와 도마뱀 사이의 차이는 일상생활에 적지 않게 중요하다), 크기를 무시하기로 결정하는 것은 전혀 자연스럽지 않아 보이며, 완전히 문화적 관습에 의존하는 것처럼 보인다. 문화적 관습을 토대로 하는 형상의 일부 요소들은 적절한 것으로 판단되고 나머지는 완전히 삭제된다. 그런 결정은 일정한 **훈련**을 요구한다. 만약 내가 세 살짜리 어린아이에게 학습용 피라미드 모형과 쿠푸 왕의 피라미드를 비교하라고 하면서 비슷하냐고 질문한다면, 가장 개연적인 대답은 〈아니요〉이다. 단지 일련의 교육을 받은 다음에야 순진한 어린아이는 내가 기하학적 닮은꼴을 결정하려고 노력한다는 것을 이해할 수 있을 것이다. 논의의 여지가 없는 비슷함의 유일한 현상은, 동일한 크기의 두 형상이 그 각각의 모든 점에서 일치하는 **합동**congruence 현상에 의해 주어진다. 하지만 그것은 두 개의 평면적 형상들과 관련된 것이어야 한다. 가령 데스마스크는 형태에서는 합동이지만, 질료, 색깔, 그리고 일련의 다른 세부를 살펴볼 때에는 형상을 추상화한 것이다. 따라서 순진한 어린아이가 데스마스크를 죽은 자의 얼굴과 비슷하다고 말할 수 있을지는 의심스럽다.

닮은꼴에 대한 기하학적 정의에서 더 앞으로 나아가게 되면, 닮은꼴은 **똑같은 각도들과 비례적으로 등가의 변들**을 가진 두 개의 도형이 공유하는 속성이라는 것을 발견하게 된다.

또다시 닮은꼴의 기준은, 일부 측면들을 적절히 만들고 다른 측면들을 중요하지 않은 것으로 간주하는 정확한 **규칙들**을 토대로 한다. 일단 그 규칙이 받아들여지면 분명히 두 등가의 변들을 서로 연결하는 동기화가 나타난다. 그것들의 유사성은 순수하게 자의적인 관계를 토대로 하지 않기 때문이다. 하지만 그 동기화를 받아들일 만한 것으로 만들기 위해서는 규칙이 필요하다. 착시에 대한 실험들에 의하면 때로는 두 형상을 등가로, 또는 서로 다른 것으로 판단하는 데에는 지각상의 충분한 이유들이 있다는 것을 알 수 있다. 하지만 단지 기하학적 규칙이 인정되고, 그 매개 변수들이 적용되고, 비례들이 확인될 때에만 비슷함 또는 비슷하지 않음의 판단을 내릴 수 있다.

기하학적 닮은꼴은 적절한 요소들로 선택되는 공간적 매개 변수들을 토대로 한다. 하지만 도형들의 이론에서는 공간적 매개 변수들을 토대로 하지 않는 다른 비슷함의 형식들이 발견된다. 즉 일부 위상(位相)적 관계들, 또는 순서의 관계들이 선택되고 문화적 결정을 통해 공간적 관계들로 변형된다. 도형의 이론에 의하면 도표 36의 세 가지 도형은 비록 기하학적으로는 전혀 〈비슷하지〉 않을지라도 똑같은 관계들을 표현한다.

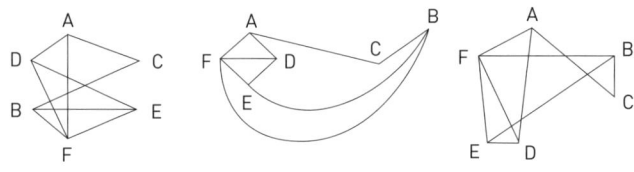

도표 36

이 세 가지 도형은 똑같은 정보를 운반한다. 예를 들어 대학의 여섯 개 학과들 사이의 가능한 학제적(學際的) 상호 연결에 관한 정보이다. 하지만 똑같은 기하학적 속성들을 실현하지는 않는다. 가령 어느 주어진 관습은 여섯 개 학과들에 상응하는 약자를 부여하기로 결정하는데, 그것들의 위상론적 배치에 따라서가 아니라 서로 간에 실현될 수 있는 학문적 협력의 유형에 따라 부여하기로 결정했기 때문이다. 그러므로 가령 F는 물리학과이고, A는 철학과, D는 수학과, C는 로마법 역사학과라고 가정한다면, 수학과 물리학이 어떻게 자기들끼리, 그리고 철학과 공통의 문제들을 갖는지 알 수 있다. 하지만 로마법의 역사는 철학과 공통의 문제들을 가질 수 있지만, 물리학이나 수학과는 공통의 문제가 전혀 없다. 학문적 공동체의 관점을 매개 변수로 선택했기 때문에 이 세 가지 도형은 **동형적***isomorph*이다.

이런 유형의 **동형성**은 〈유사성〉이라 말할 수 있지만, 도상적 또는 시각적 유사성으로 정의하기는 어려우며, 분명히 닮은꼴의 기하학적 개념의 요건들을 충족시키지 못한다. 그러므로 도형들과 관련하여 도상성에 대해 말하는 것은 순수하게 은유적이다.

불행하게도 그러한 유형의 은유를 퍼스가 다른 점들에서

는 탁월한 논문 「실존적 도형들Existential Graphs」(CP, 4·347~573)에서 사용하였는데, 여기에서 그는 논리적 도형들의 속성들에 대해 연구하였다. 퍼스에게 실존적 도형은 가령 〔모든 사람은 열정의 지배를 받는다 — 모든 성인(聖人)은 사람이다 — 그러므로 모든 성인들은 열정의 지배를 받는다〕 같은 삼단 논법에 의해 표현되는 관계가 다음과 같은 기하학적 형식으로 표현될 수 있는 장치이다.

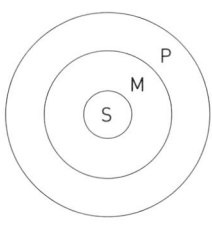

도표 37

반면 〔어떤 사람도 완벽하지 않다 — 모든 성인(聖人)은 사람이다 — 그러므로 어떤 성인도 완벽하지 않다〕 같은 삼단 논법은 다음과 같은 기하학적 형식으로 표현된다.

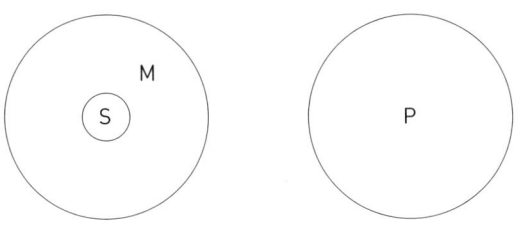

도표 38

이런 종류의 도형들과 관련하여 퍼스는 〈그것들의 아름다움은 그것들이 관습의 창조물이 아니라, 재현되는 사물과 자연스럽게 유사하고, 진실하게 도상적이라는 것에서 나타난다〉고 말한다(CP, 4·367). 이것은, 만약 도상성의 개념을 공간적 속성들 사이의 시각적 관계와 결합시키는 데 익숙하다면, 무척 기괴하게 들리는 주장이다. 위의 도형들이 공간적 관계들을 드러내는 것은 사실이지만, 그 공간적 관계들은 다른 공간적 관계들을 대신하지 않는다. 열정의 지배를 받거나 또는 받지 않는 것은 공간적 배치의 문제가 아니다. 고전 논리학의 관점에서 그것은 주어진 속성을 소유하느냐 소유하지 않느냐의 문제라고 말할 수 있다. 그런데 어느 주체에게 한 속성의 내재성은(주어-술어의 관계는) 순수하게 현실주의적인 개념이다. 왜냐하면 열정들을 갖는다는 것은 아리스토텔레스적 형이상학에서가 아니라면 주체에게 속하거나 또는 내재하는 우연이 아니기 때문이다. 만약 그렇다고 할지라도 첫 번째 도형은 뒤집혀야 할 것이다. 그런데 그렇지 않은 것은, 바로 그 도형이 주체에게 술어의 내재성에 대한 고전적 개념이 아니라, 한 부류에 속하는 것에 대한 현대적 개념을 옮기고 있기 때문이다. 그러나 한 부류에 속한다는 것은 공간적 속성이 아니라(만약 오늘 어느 주어진 지점에서 만나게 될 모든 사람들의 부류에 속하지 않는다면 말이다), 순수하게 추상적인 관계이다. 그렇다면 어떻게 해서 도형상의 재현에서 한 부류에 속하는 것이 한 공간에 속하는 것으로 되었을까? 바로 일정한 추상적 관계들은 일정한 공간적 관계들에 의해 **표현될 수** 있다고 **설정**하는 **관습**에 의해 그렇게 된다(비록 그 관습이 공간적 거리감이나 시간적 연속과 관련하여 추상적인 관계들을 상상하는 것을 친숙하게 해주는 정신적 메커니즘들에 토대를 두고 있을지라도 말이다). 물론 관습은

⟨실체 a_1은 b_1에 해당하는 것처럼 공간 a는 공간 b에 해당한다⟩는 식의 비례 기준을 따른다. 가령 기하학적 닮은꼴에서 변들 사이의 비례 기준이 설정되는 것과 마찬가지이다. 하지만 어쨌거나 우리는 어떻게 비례(비자의적인 동기화의 유형을 나타내는 비례)가 주어지고 해석되어야 하는지 설정하는 관습과 직면하게 된다. 이처럼 복잡하게 뒤엉킨 동형성의 규칙들을 ⟨도상성⟩이라 부르는 것은 상당히 자유분방한 은유적 방만함을 나타낸다.

퍼스는 그런 방만함을 많이 사용하는데 어떤 면에서는 옳다. 결과적으로 그는 우리가 어려운 비율이라 불렀던, 표현과 내용 사이의 그런 관계 유형을 찾고 있었던 것이다. 하지만 퍼스는 대상과의 관련을 버릴 수 없어 그의 ⟨도상성⟩은 가령 정신적 이미지들, 도형들, 그림들 등 서로 이질적인 현상들을 뒤덮어 버리는 우산 용어로 남게 되었다. 분명히 도형은 표현과 내용 사이의 어떤 비례를 나타내지만, 그 내용은 대상이 아니라 하나의 논리적 관계이다. 그것은 대상에 대한 검증 과정을 거치지 않고 표현 유형으로 채택된 내용 도식들과 표현 요소들 사이의 상호 관계에 대한 좋은 예가 된다. 그것은 3·4·9에서 이미 표현하였던 견해를 보강해 주는데, 바로 어려운 비율의 경우 중요한 것은 이미지와 대상 사이의 상응이 아니라, 이미지와 내용 사이의 상응이라는 견해이다. 이 경우 내용은 관습의 결과인데 가령 비례의 상호 관계가 관습의 결과인 것과 같다. 동기화의 요소들은 존재하지만, 오로지 이전에 **관습적으로 받아들여지고** 또한 그런 것으로 **코드화**되었을 경우에만 그렇다.

기하학적 닮은꼴과 위상적 동형성은, 표현의 **실제적 공간** 속의 어느 한 지점이 내용 유형의 **가상적 공간** 속의 어느 한 지점과 상응하도록 해주는 **변형들**이다. 변형의 상이한 종류들 사이의 차이는 관습화 과정에 의해 적절해진 요소들(그래서 단지 그것들만이 상수로 간주되어야 하고 나머지는 바뀐다)의 부류나 상응의 방법에 의해 나타난다. 그러므로 일부 과정들은 위상적 속성들을 간직하려는 것을 목적으로 하고, 다른 과정들은 거리의 속성들을 간직하려는 것을 목적으로 한다. 하지만 그 경우들 각각에서 기술적인 의미에서의 변형이 일어난다. 공간에서 점들의 일대일 상응이 변형이다(그리고 한 부류에 속하는 것의 관계에서 공간적 배치들로 옮기는 경우에 그런 것처럼 내용 모델의 가상적 공간도 공간으로 간주하자). 변형은 자연적 상응 관계의 관념을 암시하지 않는다. 오히려 그것은 규칙과 장치의 결과이다. 그러므로 종이 위에 손의 윤곽을 그리는 연속적인 선도(3·5·2 참조), 사람 손의 추상적인 시각적 모델과 그려진 이미지 사이에 **일대일로 변형된** 상응을 통한 닮은꼴 관계의 설립을 나타낸다. 그 이미지는 손의 추상적 재현에 의해 동기화되지만, 동시에 문화적 결정의 효과이며, 따라서 그 대상에 대한 이미지로 지각되기 위해서는 훈련된 지각을 요구한다.

유사성은 **생산**되고 또한 습득되어야 한다(깁슨Gibson, 1966).

3·5·4 도상성과 아날로지

여기에서 아직도 도상적 기호들을 아날로그라고 말할 수 있을까? 만약 아날로지가 사물들과 이미지들 사이의(또는 심지어 사물들과 사물들 사이의) 일종의 신비로운 인척 관계라면, 그것은 이 이론의 범위 안에 자리 잡을 수 없는 범주이다. 하지만 만약 아날로지가 검증을 허용하는 의미로 이해된다면, 그것은 검토되어야 한다. 최소한 그런 경우 그것이 〈비슷함〉과 동의어라는 것을 확인하기 위해서라도 말이다.

소위 〈아날로그〉 컴퓨터의 행동을 관찰함으로써 아날로지가 무엇인지 이해하도록 해보자. 그 컴퓨터는 예를 들어 전류의 강도 //x//는 물리적 크기 〔y〕를 외시하고, 또한 그 외시 관계는 비례적 관계를 토대로 한다는 것을 설정한다. 그런 비례는 아날로지의 한 유형으로 정의될 수 있지만, 모든 유형의 아날로지들이 비례로 환원되진 않는다. 어쨌든 비례가 있기 위해서는 최소한 세 가지 항목이 존재해야 한다. 〈강도 x는 크기 y에 해당한다〉고 말하면서, 최소한 〈크기 y는 ~에 해당한다〉고 덧붙이지 않을 수 없다. 그렇다면 컴퓨터가 아날로그라고 말하는 것은, 두 실체들 사이의 지속적인 관계를 설정하기 때문이 아니라, 두 가지 연쇄의 실체들(그중 하나는 다른 연쇄의 기표로 채택된다) 사이의 지속적인 비례를 설정하기 때문이다. 비례는 만약 크기 10이 강도 1에 상응한다면, 크기 20은 강도 2에 상응한다는 사실에 의존한다. 그 관계는 〈아날로그〉로 정의되지만, 전류의 주어진 강도와 주어진 물리적 크기 사이의 상호 관계는 처음부터 이미 자의적으로 정해진 것이며, 만약 강도 3에는 크기 9가 상응하고, 6에는 18에 상응한다는 식으로 결정된다 하더라도 컴퓨터는 똑같이 정확하게 계산할 수 있을 것이다. 그러므로 아날로지가 비례의 관계를 결정하는 것이 아니라, 비례 관계가 아날로지를 결정하는 것이다.

하지만 무엇 때문에 강도 //x//는 크기 〔y〕에 상응해야 한다고 결정되었는가? 만약 〈자의적으로〉 또는 〈경제적인 이유로〉 그랬다고 대답한다면, 문제는 존재하지 않는다. 하지만 〈x와 y 사이에 아날로지가 있기 때문〉이라고 대답한다고 가정해 보자. 그 아날로지는 셋째 항목이 결여되어 있기 때문에 비례가 아닐 것이며, 그렇다면 〈유사성〉으로 정의하는 것 이외에 더 나은 방법이 없을 것이다. 하지만 두 실체가 〈유사하다〉고 말하는 것은 그것들이 도상적 관계에 의해 연결되어 있다고 말하는 것을 의미한다. 따라서 비례로 환원될 수 없는 아날로지를 정의하고자 한다면 도상성의 개념으로 돌아가게 된다. 그렇다면 기호학적으로 불합리한 결과로서 도상성을 설명하기 위해 아날로지에 의존하고, 그런 다음 아날로지를 설명하기 위해 도상성에 의존해야 한다. 그런 결과는 **증명되지 않은 전제상의 오류**이다. 그러므로 비례 관계가 아닌 모든 소위 아날로지를 평온하게 무시하고, 그것을 앞의 항에서 논의된 유사성과 관련된 설명으로 되돌려 보낼 수 있다. 아날로지(순진한 의미에서의) 역시 규칙의 지배를 받는 작업으로 환원될 수 있다. 그리고 만약 〈아날로그〉가 〈말할 수 없는〉의 동의어로 사용된다면, 앞에서 말했듯이 거기에 대해서는 말할 가치도 없다. 무엇인가에 대해 논문을 쓰면서 그 무엇이 〈무언가 모르는 것〉이라고 말할 수는 없다. 만약 일부 철학자들이 그렇게 한다면 아주 잘못하고 있는 것이다.[18] 따라서 만약 /아날로지/가 그것의 유일하게 가능한 번역들(닮은꼴, 동형성 또는 비례성의 관계)로 환원된다면, 그것은 **변형을 위한 필수 조건들의 설립 과정**으로 제시될 것이다.

3·5·5 반사된 영상들, 모사들, 공감적 자극들

변형은 도상성의 인상에 대한 최상의 작업적인 설명으로 제시되기 때문에, 이론에 혼란들을 초래할 위험과 함께 〈유사성〉의 항목으로 환원될 수 있는 일부 현상들을 제거하도록 노력해 보자. 그것들은 (1) 거울의 반사된 영상들, (2) 쉬운 비율에 토대를 둔 복제와 모사들, (3) 소위 〈표현적〉(물론 여기서의 /표현적/은 이 책에서 사용된 의미가 아니라 일반적

---

18 아날로지를 그 모든 의미에서 정의하기 위한 가장 중요한 시도로는 엔초 멜란드리Enzo Melandri의 『선과 원 *La linea e il circolo*』(1968)이 있다.

인 담론에서 사용되는 의미를 갖는다) 기호들이다.

거울의 영상들은 합동의 한 유형으로 정의될 수 있다. 합동은 등가의 유형들이며, 반사성, 대칭성, 타동성의 속성들에 기초하는 일대일 대응 관계를 설정하기 때문이다. 그런 의미에서 거울 영상은 유사성이 아니라 동일함의 형식이 될 것이다.

하지만 거울 영상은 기호로 채택될 수 **없다**는 것을 밝힐 필요가 있다(기호 기능에 대한 우리의 정의에 따를 경우에 말이다). 거울의 이미지는 〈이미지〉라고 말할 수 없을 뿐만 아니라(그것은 가상적 이미지에 불과하고 물질적 표현으로 구성되지 않기 때문이다).[19] 혹시 그 이미지의 물질적 존재를 인정한다 하더라도, 그것은 다른 무엇을 **대신하지 않고** 바로 다른 무엇의 **앞**에 있다는 것을 인정해야 할 것이다. 그것은 무엇을 **대신하여** 존재하지 않고 그 무엇의 현존으로 **인해** 존재한다. 그 무엇이 사라지면 거울 속의 사이비 이미지도 사라진다.[20]

카메라 오브스쿠라 *camera obscura* 안에서 일어나는 일은 거울 영상의 현상과 비슷하다는 것을 인정하더라도, 바뀌는 사실로서 사진에서는 이미지가 어느 곳이든 **흔적으로** 남아 있

---

[19] 깁슨(1966: 227)에 의하면, 〈광학(光學)〉은 《현실적인》 이미지와 《가상적인》 이미지를 구별한다. 광학에서 내가 스크린 *screen* 이미지라 불렀던 것(표면 위에 그림자들을 투영함으로써 만들어지는 그림, 조명의 인공적 변화를 통한 배열의 구조화)은 《현실적》 이미지라 일컫고, 실제로 그렇다. 내가 광학적 배열이라고 부르는 것은…… 거울이나 렌즈에서 나올 때, 《가상적》 이미지를 생산한다고 말한다. 거울 안에 나타나는 얼굴, 또는 망원경의 영역 안에서 분명히 가까이 있는 사물은 사실이 아니라 효과의 대상들이다〉.

[20] 거울의 이미지들은 최소한 한 가지 경우에 기호로 사용된다고 반박할 수 있다. 말하자면 가령 내가 거울 속에서 내 등 뒤로 오는 사람을 볼 때, 또는 목뒤의 머리카락 모양을 확인하기 위해 거울을 사용할 때이다. 하지만 그것은 단순히 시야의 **인위적 확장**의 경우들로 현미경이나 망원경의 사용과 다르지 않다. 그것들은 의미화가 아니라, 〈연장(延長)〉의 경우들이다.

고, 그것의 도상적 속성들에 대한 이후의 모든 논의는 **각인된 물질적 이미지**와 관련되는 것이지, **각인의 과정**과는 아무런 관련이 없다. 그런데 거울 영상의 특이함은, 만약 그것을 기호로 이해하고 거기에다 정상적인 커뮤니케이션 도식을 적용하려고 노력할 경우 흥미로운 결과들이 나타난다는 사실에서 증명된다. 즉 원천이 수신자와 일치하고(최소한 사람들이 자신의 모습을 거울에 비춰 보는 경우에), 수신기와 전달체도 마찬가지로 일치하고, 또한 표현과 내용도 일치한다. 왜냐하면 반사된 이미지의 내용은 바로 반사된 이미지이지, 육체 자체가 아니기 때문이다(거울 이미지의 지시물은 순수하게 시각적 물질이며, 사실 거울에 비춰 보는 육체와 정반대의 대칭에서 차이가 난다).

거울 이미지는 거짓말을 하기 위해 사용될 수 없기 때문에 기호가 아니다(만약 반사 영상에 제공한 거짓 대상을 생산하지 않는다면 말이다. 하지만 그럴 경우 거짓말은 반사된 영상이 아니라 대상의 제작과 관련된다).

도상성의 경우로 간주되지 않아야 하는 두 번째 현상은 복제들의 제작 또는 존재이다(3·4·7 참조). 복제는 대상이 3·6·3에서 다룰 **실물 제시** 기호로 사용되는 특수한 경우에만 모델-대상의 도상이 될 수 있다.[21]

세 번째 배제는 쉬운 비율에 의해 유지되는 **모사들**과 관련

---

21 잘못 만들어진 복제들, 즉 모사의 시도, 복제, 도상적 재현 사이에서 어중간한 복제들의 문제가 남아 있다. 주사위의 서투른 모방은 무엇인가? 어느 그림의 복사는? 어느 그림에 대한 사진 공학적 재생이 모든 색조상의 세부에서 완벽한데, 다만 화폭의 짜임새에 대한 모방에서만 인화지로 대체되었다면? 그것들은 3·6·2에서 **각인들**imprints로 분류할 현상들이다. 다른 경우에 그것들이 어떤 맥락, 명백한 약정, 설명에 의해 그렇게 제시될 때 기호들이 될 수 있다.

된다. 겉으로 보기에는 그것들의 표현 유형에 의해 미리 정해진 일부 특성들을 재생하기 때문에, 유형적 특성들과 실현된 특성들 사이의 상응이 〈유사성〉의 관계 위에서 유지되어야 한다고 말할 수 있을 것이다. 그렇다면 무엇 때문에 한 사례의 확인은 도상성의 현상을 나타낸다고 말하지 않는가?

무엇보다 먼저, 표현 유형은 사례를 이룰 물질적 연속체까지 미리 규정하기 때문인데, 그것은 소위 도상적 기호들의 경우에는 일어나지 않는다(바로 이 때문에 변형의 규칙들이 요구되는 것이다). 따라서 두 개의 삼각형은, 비록 하나는 종이 위에 그려지고 다른 하나는 동판에 새겨져 있을지라도 비슷하다. 두 번째로 유형-사례 관계를 지배해야 할 추정상의 도상성은 기호학이 증명해야 하는 **공리**가 아니라, 오히려 **공준들** 중의 하나이기 때문이다. 모사 가능한 실체로서 기호의 개념 자체는 모사들의 확인 가능성에 대한 공준에 의존한다. 그런 확인 가능성의 규칙들은 지각의 계열에 속하며, 기호학 연구의 범위 안에서 주어지는 것으로 채택되어야 한다. 그러므로 사례는 고유 유형의 기호가 아니다(비록 다시 한 번 실물 제시 기호들의 경우에는 기호로 채택될 수 있을지라도 그렇다. 3·6·3 참조).

모사는 부분적이든 절대적이든 기능소로서의 표현과 관련되지 않는다. 그것은 신호로서의 표현과 관련되며, 좋은 모사를 위한 조건들은 오히려 정보 공학(또는 음성학이나 어떤 다른 학문)과 관련된다.

그런데 모사 가능성의 조건들이 기능소로서의 신호와 관련될 때, 말하자면 신호의 생산 과정이 신호의 성격뿐만 아니라 표현되는 내용의 확인 가능성까지 결정할 경우 문제가 달라진다. 실제로 우리는 모사의 모델이 내용의 유형이 되는 그런 어려운 비율의 경우들과 마주하게 된다.

마지막으로 소위 〈**표현적**〉 기호들을 도상적인 것으로 간주하지 말자고 제안한다. 말하자면 신호 자체가 신호와 주어진 감정 사이의 유사성이라는 정해진 느낌을 〈유도〉할 수 있는 것처럼 보이는 기호들이다. 예를 들어 칸딘스키 같은 예술가들은 어떤 일정한 선이 강함 또는 약함, 안정성 또는 불안정성 등의 느낌을 〈표현〉할 수 있다는 사실을 방대하게 이론화하였다. **공감**Einfülung의 심리학은 그런 현상들을 연구하였는데, 그것들은 분명히 우리의 지각적 삶에서 고유의 자리를 잡고 있으며, 자연적 형식들의 다른 지각 현상들과 함께 많은 기호 현상들에 영향을 준다.

우리는 그런 공감의 현상들을 부정하기보다는 신경계 생리학이 연구해야 할 **자극**의 경우들로 간주하고자 한다. 하지만 그것들이 인간 정신의 보편적 구조들을 토대로 하는지 또는 아닌지, 아니면 오히려 생물학적이고 동시에 문화적인 변수들에 종속되지 않는가를 결정하는 것은 기호학의 구도 안에서 매우 유용해 보이지는 않는다.

어쨌든 기호학은 그런 현상들을 최소한 두 가지 경우에서 고려할 수 있다.

(1) 일반적으로 어느 주어진 형식에 의해 자극되는 분명한 **효과가 문화적으로 등록되어** 있고, 따라서 자극하는 형식이 그 생산자에게 **고유의 가능한 효과에 대한 관습적 기호**로 작용하며, 또한 그 형식과 주어진 감성적 결과 사이의 연결을 인정하는 데 이미 익숙한 수신자에게도(3·6·6 참조) 기호로 작용하지 않을 때.

(2) 어느 주어진 효과가 명백하게 **문화화된 연상**에 기인하고, 어느 주어진 신호가 가령 〈우아함〉의 감정을 암시하는데, 정신의 보편적 구조 때문이 아니라, 그 신호와 그 감정 사이

의 방대하게 코드화된 관계 때문일 때(오랜 세월의 비평이 일정한 양식들에는 〔우아함〕을 연결시키고, 다른 양식들에는 〔힘〕 등을 연결시켰다는 사실을 생각해 보기 바란다). 후자의 경우에는 모든 효과에서 기호 기능이 나타나지만 분명히 도상적 기호는 아니다. 어쨌든 두 경우 모두가 **계획된 자극**(3·6·7 참조)이라고 말해야 한다. 나중에 보겠지만 수신자의 반응은 언제나 예상될 수 없고 따라서 자극은 어느 정도까지만 코드화되어 있기 때문에, 계획된 자극은 창안의 한 경우라고 말해야 한다.[22]

3·5·6 도상성과 관습

도상적 기호들의 자연스러움을 주장하는 이론들에 반대하여 그것들의 관습성을 알려주는/밝히는 만족스러운 증명들이 있다. 예술가들의 다양한 예는 오늘날 우리에게 완벽해 보이는 〈모방들〉을 실현하였지만, 맨 처음 나타났을 때에는 〈별로 현실적이지 않은〉 것으로 거부되었다.[23] 이것은 예술가

---

22 계획된 자극의 경우들에 대한 문헌으로는, 비록 그런 것으로 제시되지 않고 기호와 감정 사이의 〈자연적〉, 〈상징적〉, 〈공감적〉, 〈심오한〉 인척 관계의 경우로 제시되었지만, 예를 들어 루돌프 아른하임Rudolf Arnheim, 『미술과 시지각 Arte e percezione visiva』(밀라노: 펠트리넬리Feltrinelli, 1962); 존 듀이John Dewey, 『경험으로서의 예술 L'arte come esperienza』(피렌체: 라 누오바 이탈리아La Nuova Italia, 1951); 쿠르트 레빈Kurt Lewin, 『위상심리학의 원리 Principi di psicologia topologica』(피렌체: 1961); 수전 랭어 Suzanne Langer(1953); 에른스트 카시러(1923) 참조.

23 〈모방 코드들의 이러한 관습성은 에른스트 곰브리치Ernst Gombrich가 『예술과 환상 Arte e illusione』에서 아주 잘 강조하였다. 예를 들어 그는 컨스터블Constable이 풍경에서 빛의 존재를 표현하기 위해 새로운 기법을 만들었을 때 일어난 현상을 설명한다. 컨스터블의 그림 「위벤호 공원 Wivenhoe Park」은 현실의 과학적 효율이라는 시학에서 영감을 받았는데, 햇살이 비치는 풀밭 구역의 밝음, 물, 나무들, 동물들에 대한 세심한 재현과

가 아직 공동체가 습득하지 못한 규칙들에 따라 변형의 유형을 창안했음을 의미한다. 다른 한편으로 일부 원시 그림들에 대해 우리 현대인들은 그 재현적 효율성을 확인하지 못하고 있는데, 바로 다른 변형 규칙들을 고려하지 않기 때문이다.

시각 예술의 역사에서 일부 〈도상적〉 재현들은 처음에는 그런 것으로 받아들여지지 않았지만, 나중에 수신자들이 거기에 익숙해짐에 따라 대상 자체보다 더 〈자연스러운〉 것으로 보일 정도로 관습화되었고, 그 결과 자연에 대한 지각이 지배적인 도상적 모델에 의해 〈여과〉되기도 하였다.[24] 곰브리

함께 우리에게는 순수하게 《사진》처럼 보인다. 하지만 우리가 알고 있듯이 그의 작품들이 처음 나타났을 때 그의 색조 대비 기법은 빛의 《현실적인》 관계들의 모방 형식으로 전혀 느껴지지 않았고 괴상하게 자의적인 것으로 느껴졌다. 그러니까 컨스터블은 빛에 대한 우리의 지각을 코드로 옮기는 새로운 방법을 창안하고 그것을 화폭에 옮겼던 것이다〉(에코, 1968 : 117면).

24 〈곰브리치의 책에는 그런 습관에 대한 기억할 만한 예들이 있다. 13세기 건축가이며 도안가 빌라르Villard de Honnecourt는 사자를 진실하게 그린다고 주장하면서도 당시의 아주 명백한 문장(紋章)적 관습들에 따라 재생하였다(사자에 대한 그의 지각은 당시 통용되던 도상적 코드들에 의해 제약되었거나, 아니면 그의 도상적 옮겨 쓰기 코드들이 그 지각을 달리 옮기는 것을 허용하지 않았다. 아마 그는 너무나도 자신의 코드에 익숙해 있어서 자신의 지각들을 가장 적절한 방법으로 옮긴다고 믿었을 수도 있다. 뒤러Dürer는 코뿔소를 비늘들과 겹쳐진 판들로 뒤덮인 모습으로 묘사하였는데, 코뿔소의 그런 이미지는 최소한 2세기 동안 변함없이 남아서 탐험가들과 동물학자들의 책들에서 다시 나타났다(그들은 진짜 코뿔소들을 보았으며, 겹쳐진 비늘들이 없다는 것을 알았지만, 그 피부의 거칠거칠함을 겹쳐진 비늘의 형식이 아니면 표현할 수 없었다. 왜냐하면 오로지 그런 관습화된 도형 기호들만이 도상적 기호의 수신자에게 《코뿔소》를 외시할 수 있다는 것을 알았기 때문이다). 하지만 뒤러와 그의 모방자들은 코뿔소의 사진 같은 재현이 무시하는 일정한 지각의 조건들을 일정한 방식으로 재생하려고 노력했다는 것도 사실이다. 곰브리치의 책에서 분명히 뒤러의 그림은, 거의 매끄럽고 균일한 피부를 보이는 진짜 코뿔소의 사진 앞에서 우스꽝스럽게 보인다.

치가 인용하듯이, 16세기에서 18세기까지 일련의 도안가들이 〈자연 그대로의*sur nature*〉 코뿔소를 재현하면서 계속하여 뒤러에 의해 제안된 코뿔소의 모델〔그것은 오히려 중세 동물지(動物誌)들에 의해 대중화된 코뿔소의 문화적 기술에 상응하였다〕에 무의식적으로 의존하였던 경우, 마찬가지로 곰브리치가 인용하듯이, 19세기 화가가 샤르트르 성당의 전면을 사실대로 묘사하지만, 정면 입구들이 완전히 둥근 아치로 되어 있는 것을 〈보면서도〉, 그 당시 지배적인 〔고딕 성당〕에 대한 문화적 개념에 충실하기 위해 뾰족한 아치의 입구들을 그리는 경우, 그리고 다른 에피소드들에 의하면, 어려운 비율에 지배되는 기호들의 경우, 표현의 조직을 동기화하는 것은 대상이 아니라 바로 어느 주어진 대상에 상응하는 문화적 내용이라는 것을 알 수 있다.

3·5·7 표현과 내용 사이의 유사성

그렇다면 대상을 도상적으로 재현한다는 것은 도형(또는 다른 종류의) 장치들을 통해 그 대상에 부여되는 문화적 속성들을 옮긴다는 것을 의미한다. 문화는 고유의 대상들을 정의하는 과정에서, 내용의 특징적이고 적절한 특성들을 확인하는 일부 **확인의 코드들**에 의존한다.[25] 그러므로 **도상적 재현**

하지만 우리가 알고 있듯이, 코뿔소의 피부를 가까이 살펴본다면, 어떤 측면에서는 (가령 인간의 피부와 코뿔소의 피부를 비교할 경우) 뒤러의 도형적 강조를 훨씬 더 현실적으로 보이게 하는 그런 거칠음을 확인할 수 있을 것이다. 뒤러의 강조는 그 거칠음을 사진의 이미지보다 과도하고 양식화된 증거로 제시하는데, 사진은 관습을 통해 단지 색깔의 커다란 덩어리만을 강조하고, 기껏해야 색조의 차이들을 통하여 불투명한 표면들을 균일하게 만든다〉(에코, 1968 : 119~120면).

25 〈우리는 확인의 코드들을 토대로 지각물의 기본적 측면들을 선택한다. 우리가 멀리서 동물원의 얼룩말을 볼 때, 우리가 즉각 확인하는(우리가 기

의 코드는 어떤 도형 장치들이 내용의 특성들, 말하자면 확인의 코드들에 의해 정해진 적절한 요소들에 상응하는가를 설정한다.[26] 도식적인 도상적 재현들의 대부분은 문자 그대로

억 속에 갖고 있는) 요소들은 줄무늬이지, 모호하게 노새나 나귀와 닮은 윤곽이 아니다. 마찬가지로 얼룩말을 그릴 때에도 줄무늬를 확인할 수 있게 만드는 데 몰두한다. 비록 동물의 형태가 개략적이고, 줄무늬가 없다면 말의 형태로 혼동될 수 있을지라도 말이다. 하지만 만약 어느 아프리카 공동체가 있는데, 거기에 알려진 네발짐승은 단지 얼룩말과 하이에나뿐이고, 말이나 노새, 나귀는 알려지지 않았다고 가정해 보자. 그렇다면 얼룩말임을 확인하기 위해서는 줄무늬를 지각하는 것이 더 이상 필요하지 않을 것이며(밤에도 얼룩무늬를 확인하지 않고 음영을 통해 얼룩말을 확인할 수 있을 것이다), 얼룩말을 그릴 경우에도 그려진 네발짐승을 하이에나와 구별하기 위해서는, 오히려 주둥이의 형태나 다리의 길이를 강조하는 것이 더 중요할 것이다(하이에나도 나름대로의 줄무늬를 갖고 있으므로, 줄무늬는 변별 요인이 되지 않는다)〉(에코, 1968 : 114면).

26 〈네 살 어린아이를 관찰해 보자. 아이는 탁자 위에서 배를 바닥에 대고 길게 엎드리고는, 두 팔과 다리를 펼친 채 골반을 축으로 삼아 마치 나침반의 바늘처럼 돌기 시작하면서 말한다.「나는 헬리콥터다.」헬리콥터의 모든 복잡한 형태에서 아이는 확인의 코드들을 토대로 이렇게 생각하였다. 1) 헬리콥터가 다른 기계들과 구별되는 근본적인 측면은 돌아가는 날개이다. 2) 돌아가는 세 개의 날개 중에서 서로 마주 보는 두 날개의 이미지만을, 다양한 날개들에 대한 변형을 위하여 기본적인 구조로 간주하였다. 3) 두 날개에서 기본적인 기하학적 관계, 즉 중심을 축으로 삼고 360도 회전하는 직선을 고려하였다. 그런 기본적 관계를 포착한 다음 그것을 자기 몸으로 또 자기 몸 안에서 재생산하였다. 여기에서 나는 아이에게 헬리콥터를 그려 보라고 요구하였다. 그 기본 구조를 파악하였기 때문에 그림으로 재생산할 수 있을 것으로 생각했기 때문이다. 그런데 아이는 가운데에 서투른 물체를 그리고, 그 주위에 가시들처럼 뾰족하고 나란한 선들을 무질서하고 무수하게 꽂고 (계속하여 덧붙여 그리면서), 그 대상을 고슴도치처럼 만들면서 말했다.「그리고 여기 날개들이 많이, 많이 있어요.」 아이는 자기 몸을 이용할 때는 자신의 경험을 지극히 단순한 구조로 환원한 반면에 그림에서는 모방할 수 없었고, 그래서 날개들을 빽빽하게 만듦으로써 보여 주어야만 했다. 하지만 어른이 하는 것처럼, 예를 들어 별 모양으로 배치된, 중심에서 상호 교차하는 수많은 직선들을 통해 표현할 수도 있었을 것이다. 사실 아이는 몸으로 그렇게

그런 가설을 검증한다(광선들이 퍼져 나가는 원으로서의 태양, 사각형 위에 삼각형이 얹힌 집 등). 하지만 좀 더 〈현실적인〉 재현의 경우들에서도, 대상에서 **보이는** 것보다 대상에 대하여 **아는** 것, 또는 보도록 배운 것에 의존하는 표현 단위들의 덩어리들을 확인할 수 있다.[27]

그러므로 수많은 문화적 실체들이 갖는 내용의 특성은 **시각적** 계열, **존재론적** 계열, 순수하게 **관습적인** 계열에 속하는 것으로 고려할 수 있다. 시각적 속성들은 종종 이전의 지각 경험의 코드화에 의존하고, 존재론적 속성들은 실제로 지각될 수 있지만 문화가 동일하게 대상에게 부여하는 속성들과 관련되며, 따라서 도형 장치들은 그것들을 외시하면서 대상 자체에 대한 충실한 효율성을 암시한다. 마지막으로 엄격하

잘 재현할 수 있었던 구조 유형을(그 구조를 《모델화》하여 이미 확인했기 때문이다) 아직은 도형 코드로 옮길 수 없었던 것이다. 아이는 헬리콥터를 지각하고 그 확인 모델을 만들었지만, 관습화된 도형 기호와 확인 코드의 적절한 특성 사이의 등가를 설정할 줄 몰랐다〉(에코, 1968 : 115면).

27 〈도상 기호를 재현되는 대상의 일부 속성들을 소유하는 기호로 정의하는 것은 여기에서 더 많은 문제가 된다. 공통으로 갖는 속성들은 그 대상에서 보이는 속성들인가, 아니면 그 대상에 대해 아는 속성들인가? 어린아이는 자동차의 옆모습을 네 개 바퀴 모두 보이게 그린다. 즉 자신이 알고 있는 속성들을 확인하고 재생산한다. 그러다가 나중에 자신의 기호들을 코드화하는 방법을 배운 후 바퀴 두 개만 있는 자동차를 그린다(그리고 다른 두 개는 보이지 않는다고 설명한다). 이제 자신이 보는 속성들만을 재생산한다. 르네상스 시대의 예술가는 자신이 보는 속성들을 재생산하고, 입체파 화가는 자기가 아는 속성들을 재생산한다(하지만 일반적인 관객은 그림에서 오로지 자기가 보는 속성들만을 알아보는 데 익숙하고, 자기가 아는 속성들은 알아보지 못한다). 그러므로 도상적 기호는 대상의 속성들 중에서 시각적인(눈에 보이는) 속성들, 존재론적(추정상의) 특성들, 관습화된 속성들(가령 막대기 모양으로 그려진 태양 광선들처럼, 존재하지 않지만 효과적으로 외시하는 것으로 알려지고 또한 모델화된 속성들)을 가질 수 있다. 도형적 도식은 정신적 도식의 관계적 속성들을 재생산한다〉(에코, 1968 : 116~117면).

게 관습적인 속성들은 시각적 속성들을 재생산하려는 이전의 시도들을 〈남용〉하는 도상학적 관습들에 의존한다.[28]

그렇다면 도상적 코드는 도형적 운반체의 체계에다 문화적으로 코드화되고 지각적인 단위들, 말하자면 지각 경험의 이전 코드화에 의존하는 의미 체계의 적절한 단위들을 상응시키는 체계라고 말할 수 있다.

3·5·8 사이비 도상적 현상들

도상성이라는 우산 용어는 다양한 현상들을 뒤덮는다. 그 중 일부는 의미화와 아무런 상관이 없으며(거울의 반사된 영상, 모사들, 자극들), 또 일부는 최소한의 관습성(합동들)에서 최대한의 양식화에 이르기까지 단계들의 연속체를 따라 배치되어 있다. 3·6·7에서 그런 가능성의 단계적 연속체에 대해 다시 다룰 것이다. 하지만 대개 〈도상적〉이라 일컫고 다양하게 분류될 수 있으며, 기호 생산의 다양한 유형들을 포함하고 겉으로는 유사성을 보이는 몇몇 현상들을 고찰해 보자.

대부분 도상적 기호들은 대상의 일부 측면들을 모방한다고 말하며, 또한 일정한 속성들이 적당하게 재생산되는 한,

---

[28] 〈관습적으로 그렇게 재현되는 관계들과 존재론적 관계들을 혼동하지 않아야 한다. 태양의 도식적인 재현이 원에서 빛의 대칭에 따라 일부 직선들이 퍼져 나가는 것으로 구성된다는 것은, 그 그림이 태양과 태양에서 출발하는 광선들 사이에서 형성되는 관계의 체계, 구조를 **정말로 재생산한다고** 생각하도록 유도할 수 있다. 하지만 어떤 물리적 이론도 태양에서 발산되는 빛살들의 총체를 불연속적인 방사형으로 재현하는 것을 허용하지 않는다는 사실을 곧바로 깨닫게 된다. 우리의 그림이 직선으로 퍼져 나가는 분리된 빛살에 대한 **관습적인** 이미지(과학적 추상화)를 지배하는 것이다. 도형의 관습은 빛의 파동 가설이나 질량 가설의 전형적인 관계 체계를 **어떤 방법으로도 재생산하지 못하는** 관계들의 체계로 표현된다. 그러므로 기껏해야 **도상적 재현은 다른 도식적 재현의 속성들 중 일부를 재생산한다.** 그런 관습적 이미지 때문에 태양은 광선들이 방사형으로 퍼져 나가는 불의 공이다〉(에코, 1968: 116면).

유사성의 인상이 실현된다고 가정한다. 때로는 **모방하는 것** *imitans*의 형식이 **모방되는 것** *imitatum*의 형식과 다름에도 불구하고, 소위 〈도상〉이 대상과 똑같은 기능을 수행할 경우 유사성이 인정되기도 한다.

이제 일정한 기본적 특성들의 현존이나 〈동일한〉 기능의 현존은, 도상성의 인상의 결과가 아니라 **구성적 작업**이 된다는 것을 증명하는 일이 문제이다. 곰브리치는 빗자루의 손잡이로 이루어진 목마(*hobby horse*)에 대한 논문(1951)에서, 추정되는 도상성의 관계는 형식의 유사성에 의해 주어지지 않는다고 증명한다. 빗자루의 손잡이가 말에서 확인될 수도 있는 직선의 차원을 갖는다는 의미에서가 아니라면 말이다. 실제로 막대기가 말과 공통으로 갖는 유일한 측면은 올라탈 수 있다는 것이다. 그래서 어린아이는 진짜 말들이 허용하는 기능들 중의 하나를 막대기에서 적절한 것으로 만든다.

어린아이가 막대기를 말의 **대용품** *Ersatz*으로 선택하는 것은 말과 〈유사〉하기 때문이 아니라, **똑같은 방법으로 사용될 수 있기** 때문이다.

곰브리치의 예는 계시적이다. 사실 필요한 경우 막대기는 말, 홀(笏), 칼의 도상이 될 수 있다. 그 모든 대상들에 공통적인 요소는 수직적이든 수평적이든 선형성(線形性)의 특성이다. 하지만 막대기가 칼의 수직성을 〈모방〉한다고 말하기는 어렵다. 다만 두 대상이 모두 선형이고 기다랗다는 범위 안에서는 **똑같은** 수직성이다. 그러므로 〈내재적으로 코드화된 행위들 *intrinsically coded acts*〉 또는 〈인접 기호들〉이라 일컫는 기호들, 그 안에서 기호가 언급할 **수 있는** 지시물의 일부가 기표로 사용되는 기호들의 범주와 마주하게 된다.

운동학의 최근 연구들에 의하면, 완전히 자의적이지 않으며 재현되는 대상과의 일정한 유사성에 기초하고, 그리하여

〈운동학적인 도상적 기호들〉을 형성하는 기호들의 존재가 증명된다. 한 예로 어린아이는 검지를 마치 권총의 총신인 것처럼 겨누고 엄지를 공이치기인 것처럼 보이게 한다. 하지만 직접적으로 도상적이지 않은 다른 기호들, 내재적인 기호들도 있다. 실제로 어린아이는 권총을 모방하면서, 상상의 방아쇠를 잡아당기는 것처럼 엄지를 움직이고 주먹으로 상상의 손잡이를 움켜잡을 수도 있다. 이 경우 권총의 모방은 없지만, 기표(손)는 추정되는 지시물의 일부(권총을 움켜쥐는 손)이다. 그러므로 지시물의 일부가 기표로 사용된다. 말하자면 대상의 일부가 **몸짓의 제유**(提喩)처럼 전체를 위해 사용되는 것이다(에크만과 프리젠, 1969; 베론, 1970; 파라시노 Farassino, 1973; 에코, 1973 참조. 그런 몸짓들에 대한 또 다른 이론화는 3·6·3에 제안되어 있다).

이런 식으로 소위 많은 도상적 기호들이 **인접 기호들**로 분류될 수 있다. 빨간 깃발의 그림 위에 나타나는 빨강은 현실적 깃발의 빨강과 비슷하지 않다. 바로 **똑같은** 빨강이다. 이런 의미에서 모리스와 퍼스가 옳다고 말하고 싶다. 왜냐하면 도상적 기호는 고유 외시물의 일부 속성들을 정말로 갖고 있으며, 〈자기 고유의 성격들 덕택에 …… 대상을 지시〉하기 때문이다. 그렇지만 빨간 깃발을 그리기 위해서는 빨간색의 얼룩으로 충분하지 않다. 변들이 굽이치는 사각형 또는 직사각형도 필요하다. 그리고 그런 기하학적 특성은 현실적 깃발에 속하는 것이 아니다. 마찬가지로 색깔도 현실적 깃발에 속하지 않는다. 그림의 사각형은 단지 깃발이 만들어진 천 조각과 〈비슷하다〉(빨강은 비슷한 것이 아니라, **복제**라는 것을 주목하기 바란다. 반면에 두 개의 사각형은 기껏해야 변형에 기초하는 기하학적 닮은꼴의 전형적 관계를 갖는다).

그러므로 도상적 기호를 정의하기 어려운 것은, 단지 우리가 확인하는 관계들의 다양성뿐만 아니라, 그런 관계들이 **모두 똑같은 범주에 속하지 않는다**는 사실에서 비롯된다. 예를 들어 앞에서 말했듯이 기다랗다는 속성은 어린아이의 막대기와 말에서 **똑같은 것**이다. 그렇다면 무엇 때문에 사각형의 성격(사각형이라는 속성)은 깃발과 그 깃발의 그림에서 **똑같은 것**이 아닌가? 사실 우리는 두 가지 상이한 수준의 추상화와 마주하게 된다. 선형성은 **공간적 차원**이며 공간을 지각하는 방법을 나타낸다. 반면에 사각형 또는 직사각형은 이미 **공간 속에서 구성된 형상들**이다. 여기서 칸트가 『순수 이성 비판』에서 전개했던 표준적인 논의에 대한 언급이 우리에게 도움을 줄 것이다. 공간은 (시간과 마찬가지로) 순수한 직관, 즉 우리가 경험의 자료들을 지각하고 범주들 안에 배치하는 기본적인 형식이다. 그러므로 〈수직성〉 또는 〈수평성〉 같은 개념들은 지성적인 추상화가 아니라 지각의 직관적 형틀이다. 수직성과 수평성은 **초월적 미학**에 의해 연구된다. 하지만 기하학적 형상들은 **초월적 논리학**, 좀 더 정확히 말하자면 **순수 지성 원리들의 분석학**(이것은 **직관의 공리들**을 토대로 한다)에 의해 연구되며, 따라서 감각 자료들에 범주들의 적용을 가능하게 해주는 **선험적** 구성물들이다. 카시러(1906)의 지적에 의하면, 시간과 공간은 범주들이 그런 것보다 더 경험적 물질에 가깝다. 이것은 무엇 때문에 수직성 같은 공간적 결정성들이 인접 기호들(말하자면 기호로 사용될 수 있는 일종의 구체적인 경험)을 발생시키고, 반면에 사각형의 개념, 지성적 구성물은 기표로 사용되는 지시물을 구성할 수 없고 변형의 과정을 발생시키는가를 설명해 줄 것이다. 그렇다면 분명히 단지 언어학적 이유들로 인하여 우리는 〔수직이라는 속성〕과 〔사각형이라는 속성〕이 똑같은 수준의 추상화들이라고 생각하게 되는 것이다. 공간의 차원들은 지성적 구성물이 아니라 가능한 대상의 **구성 조건들**이며, 조건들로서 모든 상황에서 자기 자신과 똑같이 재생산된다. 하지만 사각형의 관념은 그런 조건들의 구도 안에서 **구성된 대상**이며, 자기 자신과 똑같이 재생산될 수 없고, 단지 똑같은 종류의 이전 구성들과 〈비슷한〉 추상화로서 재생산될 수 있다.

그것은 막대기가 말을 대신하고, 사각형이나 직사각형이 깃발을 대신하는 것을 방해하지 않는다. 최초의 기호학적 수준에서는 둘 다 기호이기 때문이다. 다만 첫 번째 예는 도상성의 문제를 제기하지 않지만, 두 번째 예는 제기할 뿐이다. 그러므로 또다시 두 경우 모두에서 도상성에 대해 말하기 때문에, 〈도상〉의 개념은 아주 이질적이고 분석되지 않는 현상들을 뒤덮는 흥미로운 개념이다.

막대기의 차원은 구성물이 아니라 구성 조건이라는 것은 다른 사실에 의해서도 증명된다. 말-막대기의 대체 가능성을 허용하는 것은, 단지 기다란 대상의 현존뿐만 아니라 **말에게 몸의 현존**이다. 또한 칼-막대기의 대체 가능성을 허용하는 것은 **움켜잡는 손의 현존**이다. 그러므로 몸을 비틀거리며, 마치 칼의 손잡이를 움켜잡듯이 손을 쥐고 허공에서 움직이기만 해도, 어린아이는 원하는 허구를 얻기에 충분하다. 기다랗다는 것(암시되는)과 몸짓(몸짓의 모방이 아니라, 현실적 대상이 있을 경우 행하게 될 진정한 고유의 몸짓)의 현존은 한 개별적 대상의 모방이 아니라 **행동 전체에 대한** 모방이다. 인접 기호들로 구성된 그 모든 과정에서 고전적 의미에서의 도상성은 **절대로** 나타나지 않으며, 혹시 도상적 유사성의 과정들이 있는 것처럼 보인다면 그것은 순수한 〈시각적 착각〉일 뿐이다. 막대기 목마 위에서 비틀거리는 어린아이의 몸짓에서 도상적으로 보이는 무엇인가가 있다면, 그것은 다음과 같은 이유 때문이다. (가) 선형의 차원이, 비록 아주 조잡하지만 말을 특징짓는 선형성의 차원을 운반하기 위한 표현적 특성으로 사용되었다. (나) 전체 행동 과정의 일부가 인접 기호로 작용함으로써, 막대기가 바로 말이라는 관념을 운반하기 위한 표현 장치로 사용되었다. 하지만 여기에서 표현의 특성들과 내용의 특성들을 잘 구별해야 한다. 만약 똑같은 특성이 운반하는 것과 운반되는 것으로 나타난다면, 어떻게 기호를 분석할 것인가? 하지만 막대기 목마가 기호라는 것을 부정하기 어려울 것이므로, 최상의 해결책은 **모방하는 것**과 **모방되는 것**, 즉 다른 무엇을 대신하는 것과 다른 무엇에 의해 대신되는 것을 잘 구별하는 것이다.

유사성의 관념과 연결된 마지막 모호함은 ─ 높은/낮은, 오른쪽/왼쪽, 또는 기다란/짧은과 같은 매우 기본적인 현상들의 수준에서 ─ **모든 것이 다른 모든 것과 비슷하다**는 사실에 있다. 말하자면 일부 형식적 특징들은 너무나도 일반적이어서 거의 모든 현상들에 속하고, 또한 다른 모든 현상의 도상들로 간주될 수도 있다.

예를 들어 야콥슨은 [예]와 [아니요]의 몸짓들에 대해 상이한 문화적 관습들이 존재한다고 지적한다. 때로는 [예]가 머리를 아래로의 움직임으로 표현되고, [아니요]는 왼쪽에서 오른쪽으로 또는 반대로의 움직임으로 표현된다. 또한 때로는 [예]가 아래로의 움직임으로 표현되고, [아니요]는 위로의 움직임으로 표현된다. 또는 심지어 [예]가 측면으로의 움직임으로 표현되고, [아니요]가 위로의 움직임으로 표현되기도 한다. 그런 기호들은 자의적이라고 결론을 내리도록 유도될 것이다. 하지만 야콥슨은 그 몸짓들 중 일부에 대해 몇몇 도상적인 동기화를 발견한다. 예를 들어 머리를 숙임으로써 표현되는 [예]는 복종을 표현하고, 머리를 측면으로 움직임으로써 표현되는 〔아니요〕는 대화 상대방부터 귀를 돌린다는 사실을 명백히 보여 주며, 또한 머리를 들면서 표현되는 〔아니요〕는 머리가 대화 상대방부터의 거리감을 드러낸다는 것이다……. 하지만 이것은 무엇 때문에 누구는 머리를 들어 올리면서 〔아니요〕라고 말하고 또한 머리를 옆으로 흔들면서 〔예〕라고 말하는지를 설명하지 못한다. 도상적 설명이 없는 상태에서 야콥슨은 체계적인 설명에 의존한다. 그리고 두 형식들 중 하나의 도상성이 주어지면, 다른 하나는 순수한 형식적 대립을 통해 탄생한다고 지적한다. 그렇지만 옆으로의 움직임으로 표현되는 〔예〕도 도상적으로 설명될 수 있을 것이다. 그것은 대화 상대에게 반복적으로 귀 기울이고 싶은 욕망을 드러낸다고 말이다. 사실은 위에서 아래로의 움직임 또는 오른쪽에서 왼쪽으로의 움직임은 너무나도 보편적인 특성들이어서 모든 것과 아무것도 아닌 것의 도상이 될 수도 있다. 따라서 도상성이 있다고 믿었던 곳에서 자의성을 발견할 수 있으며 또한 그 반대도 가능하다.

3·5·9 도상의 분절

앞에서 도상적 구성의 결과로 혼동되는 도상성의 구성 조건들의 경우를 살펴보았다. 3·5·6에서는 겉보기에는 분명히 도상적이지만 관습의 요소들을 감추고 있는 현상들을 살펴보았다. 그렇다면 도상성의 옹호자들과 마찬가지로 독단적인 결론에 도달하여, 도상 기호들은 **완전하게** 관습적이며, 따라서 언어 기호처럼 **복합적 분절**과 **완벽한 디지털화**가 가능하다고 말할 수 있을 것이다.

그리하여 〈도상적 = 아날로그 = 동기화된 = 자연적〉의 일반적인 등식에 대하여 정반대의 등식을 제안함으로써 도상적인 것을 자의적, 문화적, 디지털과 동일시할 수 있을 것이다. 하지만 두 개의 잘못이 하나의 옳은 것을 만들지는 못한다. 어쨌든 최근 연구들은 시각 기호들에서 분절의 일부 요소들을 발견하도록 유도하였으며, 따라서 문제를 처음부터 다시 다루는 것도 무익하지는 않을 것이다.

문제를 가장 순진하게 공식화하는 방법은 이런 것이리라 (때로는 실제로 그렇게 이루어지기도 했다). 도상적 〈음소들〉과 도상적 〈문장들〉이 있는가? 물론 이런 공식화는 언어 중심주의 냄새가 나지만, 과장적으로 조잡한 형식 속에 적지 않게 중요한 몇몇 문제들을 감추고 있다. 모두들 인정하듯이 이미지들은 일정한 내용을 운반한다. 만약 그 내용을 언어화하려고 노력한다면, 확인 가능한 의미적 단위들이 발견된다 (예를 들면, 숲 속의 풀밭 위에서 옷을 입은 두 명의 청년과 벌거벗은 한 아가씨가 점심을 들고 있다……). 그 이미지 안에는 그런 내용의 단위들에 상응하는 표현 단위들이 있는가?

만약 그렇다고 대답한다면 이어지는 질문은 이런 것이리라. 그 단위들은 코드화되었는가? 그리고 만약 그렇지 않다면 어떻게 알아볼 수 있는가? 만약 그런 단위들이 확인될 수 있다면, 그것들은 의미가 결여된 더 작은 단위들로의 분석적인 하위 구별을 허용하고, 제한된 수의 그 단위들을 조합하면 다른 무한한 의미적 단위들을 생산할 수 있는가?

그런데 앞에서 보았듯이 지각의 도상적 등가들을 실현하기 위해서는, 묘사되는 대상의 일부 적절한 특성들만이 선택된다. 네 살 이하의 어린아이들은 사람의 흉부(胸部)를 적절화하지 못하고 단지 머리, 팔, 다리만 있는 사람의 그림을 그린다. 그러므로 거시적 단위들의 층위에서 적절한 단위들을 확인하는 것도 가능하다. 하지만 그것들의 미시적 성분들의 층위에서는 문제가 훨씬 더 혼란스럽다. 말 언어에서 불연속적 단위들의 현존은 모든 층위에서 드러난다. 때문에 변별적 특성들에서 음소들로, 음소들에서 형태소들로, 형태소들에서 텍스트 연쇄들에 이르기까지 모든 층위가 분석될 수 있는 것처럼 보인다. 하지만 추정상의 도상 코드들의 층위에서는 훨씬 더 모호한 파노라마 앞에 직면하게 된다. 시각적 커뮤니케이션의 경험은 이런 사실을 우리에게 상기시키는 듯하다. 우리는 **강한** 코드들(말 언어), 그리고 때로는 아주 강한 코드들(모스 부호)을 통해 커뮤니케이션을 하지만, 종종 매우 **약하고** 불분명하며, 변화무쌍하고 거의 정의되지 않은 코드들을 통해서도 커뮤니케이션을 하는데, 그런 코드들에서 허용되는 변수들은 적절한 특징들보다 훨씬 더 우세하다.

말 언어에서는 한 음소 또는 단어를 발음하는 방법들이 많고, 억양과 악센트도 엄청나게 다양하지만, 그럼에도 불구하고 〈에틱적〉 발화는 언제나 〈에믹적으로〉 알아볼 수 있다. [dz]와 [tz] 사이의 경계선들은 강하게 코드화되어 있다.

하지만 시각적 재현의 세계에서는 사람의 모습을 그릴 수 있는 방법이 무한하다. 가령 밝음과 어둠의 대비들을 통해 환기시킬 수도 있고, 몇 번의 붓질로 암시할 수도 있으며, 세밀하고 극단적인 사실성으로 그릴 수도 있다. 또 앉은 모습, 서 있는 모습, 웅크린 모습으로, 미디엄 숏으로, 옆모습으로, 술 마시는 모습이나 춤추는 모습 등으로 그릴 수도 있다. 물론 말로 /사람/을 수백 가지의 사투리와 언어들로 말할 수도 있지만, 비록 수십만 가지가 된다 하더라도, 그것들은 모두 적당하게 코드화되어 있다. 반면에 사람의 모습을 그리는 수천, 수만 가지의 방법들은 예상할 수 없다. 또한 말로 [사람]을 표현하는 다양한 방식들은 단지 주어진 언어를 아는 사람만 이해할 수 있지만, 사람을 그리는 수천 가지 방법들은 원칙상 특별히 훈련받지 않은 많은 사람들이 이해할 수 있다(비록 일부 재현 방법들은 거기에 익숙하지 않은 사람이 이해할 수 없다고 정당하게 주장할지라도 그렇다).

그러므로 이미지에 대해서는, 그 분절적 요소들이 구별될 수 없는 거시적 덩어리들, **텍스트들**과 관련된다.

물론 어느 정도까지 주어진 형상을 알아볼 수 있는지, 그리고 그 의미를 바꾸려면 어떤 특성들을 변화시켜야 하는지 증명하기 위해 변환의 실험을 할 수 있다. 그러나 그런 작업은 재현 과정의 지극히 작은 일부만을 코드화하도록 허용할 것이다.

바꾸어 말해 모든 사람들이 그 **이유**를 설명할 수 없으면서도 어떤 방식으로든 **이해하는** 텍스트들의 현상과 마주하게 된다. 도상적 재현에서 맥락의 관계들은 너무 복잡하여 적절한 단위들을 자유로운 변수들과 구별하는 것이 불가능해 보일 정도이다. 불연속적인 적절한 단위들을 구별할 수도 있겠지만, 그것들은 확인되자마자 용해되어 새로운 맥락 안에서 작용할 수 없는 것처럼 보인다. 때로는 방대한 형상화들이 있고, 때로는 선들, 점들, 어두운 부분들의 작은 구분들이 있다 (가령 얼굴의 도식적인 그림에서 동그라미 안에 찍힌 두 점은 눈을 나타낼 수 있고, 조그마한 반원은 입을 나타낼 수도 있다. 하지만 맥락이나 그런 요소들 사이의 단순한 순서 관계들을 바꾸기만 해도, 동그라미는 충분히 접시를 나타내고, 조그마한 반원은 바나나, 그리고 두 개의 점은 두 개의 호두를 나타낼 수도 있다). 그러므로 도상적 형상들은 존재하는 것처럼 보이는 경우에도 음소들에 상응하지 않는다. 체계 내부에서 **어떤 고정된 대립적 가치를 갖지 않기** 때문이다. 그것들의 대립적 가치는 체계에 의존하지 않고 **기껏해야 맥락**에 의존한다. 따라서 우리는 〈개인어들〉의 무리와 마주하게 되는데, 그것들 중 일부는 모두가 알아볼 수 있고, 또 일부는 소수만이 알아볼 수 있다. 즉 자유로운 변수들이 적절한 특성들보다 우세하다. 아니면 좀 더 정확히 말해 변수들이 맥락이나 상황에 따라 적절한 특성들이 되고, 또한 그 역도 가능하다. 그러므로 도상 기호들은 존재하는 경우에도 하루아침의 순간 동안만 지속된다.[29]

결과적으로 여기에서 우리는 소위 〈도상 기호들〉이란 (가) **시각적 텍스트들**이며, (나) 기호로나 형상으로도 **더 이상 분석될 수 없다**고 간주하지 않을 수 없다.

소위 도상 기호가 하나의 텍스트라는 것은, 그것의 언어적 등가가 하나의 단어가 아니라 최상의 경우에 하나의 기술, 발화체, 때로는 하나의 담론 전체, 지시 행위, 언표적 행위가 된다는 사실에 의해서도 증명된다. 어느 말〔馬〕의 그림이 용어 /말/에 상응하는 경우는 없다. 그것은 가령 /달리는 검은 말/, /이 말은 달리고 있다/, /보아라 얼마나 멋진 말인가!/, 또는 심지어 /모든 말들은 다음과 같은 속성을 갖고 있다/ 같은 과학적 발화체를 통해 언어로 해석될 수 있다. 맥락을 떠난 도상적 단위들은 고유의 신분을 갖지 못한다. 따라서 코드에 속하지 않는다. 맥락을 떠난 〈도상 기호들〉은 전혀 기호가 아니다. 그것들은 코드화되지도 않고, 또한 앞에서 보았

---

[29] 이것은 무엇 때문에 말을 할 줄 아는 사람은 많은 호기심을 자극하지 않고 특별한 능력이 없는 것처럼 보이는 반면 그림을 그릴 줄 아는 사람은 〈다르게〉 보이는가에 대해서도 설명해 준다. 그림을 그리는 사람은 미지의 법칙들에 따라 집단이 모르는 코드의 요소들을 분절할 줄 안다(메츠, 1964 : 84 이하도 참조). 그것은 다양한 작가들의 개인적 양식들 또는 심지어 작품들만큼 많은 〈도상 코드들〉이 존재한다고 주장하도록 유도할 것이다. 하지만 다른 한편 최대한으로 표준화된 많은 커뮤니케이션 과정(대중 커뮤니케이션, 상징들 등)에서는 코드들이 축소되고 시각적 작품들의 전체 그룹들을 지배하는데, 때로는 한 시기의 전체 기호 생산을 지배하기도 한다.

듯이 어떤 것과도 유사하지 않기 때문에, 무엇 때문에 특정한 무언가를 의미하는지를 이해하기 어렵다. 그런데도 의미한다. 그러므로 **도상 텍스트**는 코드에 의존하는 무엇이 아니라, **코드를 설립하는** 무엇이라고 생각해야 할 것이다. 그것은 다음 항에서 살펴볼 것이다.

3·5·10 〈도상 기호들〉 없애기

도상 기호들은 관습에 의해 동기화되고 유지된다. 때로는 미리 정해진 규칙들에 의존하지만, 종종 그 자체들이 규칙들을 세우는 것처럼 보인다. 일부 텍스트들에 대해서는 기껏해야 신중한 **하위 코드화**가 가능하다. 다른 경우들에는 유사성의 성립이 관습화된 작업들에 의해 지배되더라도, 문화적 습관보다 지각의 메커니즘들에 더 의존하는 것처럼 보인다. 일부 도상적 현상들은 도상적이지 않은 것으로 드러난다. 극단적으로는 어떤 규칙을 따르는 것보다 **하나의 규칙을 약속하는** 것처럼 보이는 텍스트들도 있다.

그렇다면 그처럼 실망스러운 결과들 앞에서 단 하나의 결정만이 가능해 보인다. 즉 **도상성의 범주는 아무 소용이 없으며**, 단 하나의 현상도 정의하지 않고 기호학적 현상들을 정의하지도 않기 때문에 관념들을 혼동시킨다고 말이다. 도상성은, 비록 우연한 것은 아니지만 최소한 아주 방대한 관념에 따라 함께 모아 놓은 현상들의 수집이다. 아마도 중세에는 /페스트/라는 단어가 아주 상이한 일련의 질병들을 포괄했던 것과 마찬가지이다.

하지만 좀 더 깊이 들어가 보면 발견할 수 있듯이, 단지 도상 기호만 위기에 처하는 것이 아니다. 결과적으로는 〈기호〉**라는 개념 자체를 사용할 수 없으며**, 여기서 불거지는 도상성의 위기는 더 급진적인 와해의 결과들 중 하나일 뿐이다.

〈기호〉의 개념은 기호 〈단위〉 및 〈고정된〉 상호 관계의 개념과 동일시될 때 아무런 소용이 없다. 만약 아직도 기호에 대해 말하고자 한다면, 아주 불분명한 **표현 조직**과 아주 방대하고 분석할 수 없는 **내용의 부분** 사이의 상호 관계에 의해 나타나는 기호들을 발견할 것이다. 그리고 맥락에 따라 상이한 내용들을 운반하는 표현 장치들을 발견할 것이며, 마지막으로 2·1에서 이미 주장하였듯이, 기호 기능은 종종 상황적이고 과정적인 약정들의 잠정적 결과임을 확인하게 될 것이다.

단지 도상 기호들만 상황에 민감한 것은 아니다. 그것들은 단일 범주로 분류될 수 없다. 왜냐하면 소위 도상 기호들을 통제하는 과정들 중 일부는 다른 유형의 기호들을 한정할 수도 있으며, 반면에 다른 유형의 기호들을 통제하는 다양한 과정들은 소위 도상 기호들의 상당수를 구성하기 때문이다.

그러므로 도상성에 대한 이 오랜 비판 과정에서 확인한 것은, 기호의 유형들이 아니라 바로 **기호 기능의 생산 방법들**이다. 기호들의 유형론을 세우려는 계획은 언제나 근본적으로 잘못된 것이기 때문에 수많은 모순들을 유발하였다. 뒤이어 살펴보겠지만, 기호 기능들을 생산하는 방법들의 유형론을 세우는 계획으로 대체한다면, 그 새로운 분류의 범위 안에다 독립적인 기호 기능들뿐만 아니라 거시적이고 미달 코드화된 기호 기능들의 역할을 수행하는 총체적인 텍스트 단위들까지 포함할 수 있을 것이다. 그런 텍스트적 거시 단위들은 분명히 의미화의 기능을 갖고 있지만, 그 안에서 〈문법적〉 단위들을 확인하는 것은 불가능하다.[30]

---

30 잘 알려져 있듯이 퍼스는 기호들의 유형론을 세우려는 계획을 준비했는데(거기에서 단지 일부분, 즉 계획된 66개 유형들 중에서 단지 11개 유형만 실현하였다), 그 안에서 각각의 기호는 상이한 기호 범주들의 〈다발〉로서 나타난다. 그러므로 퍼스에게도 그 자체로 도상적인 기호는 절대로 없다. 다

물론 여기서 그런 거시 단위들에 대해서도 여전히 코드를 말할 수 있는지, 아니면 코드화되지 않고 의미하는 거시 단위들이 존재하는지(이것은 아날로그 기호들과 자의적 기호들 사이의 대립을 다시 가져올 것이다)에 대한 문제가 나타난다.

그런 모든 문제들은 **의미하는 방법들**modi significandi의 유형이 아니라 **기호를 만드는 방법들**modi faciendi signa의 유형을 분류하는 다음 장에서 논의될 것이다.

3·6 기호 생산 방법들의 유형

3·6·1 4차원적 분류

도표 39에서 제시되는 기호의 생산 및 해석 방법들의 분류는 네 가지 매개 변수들을 고려한다.

(1) 표현을 생산하는 데 필요한 물리적 작업(기존의 대상들이나 사건들의 단순한 알아봄에서 코드화되지 않은 최초

만 기껏해야 동시에 평언Rheme 기호이자 성질Qaulisign 기호가 되는 도상적 개별 기호Iconic Sinsign, 또는 도상적이고 평언적인 법칙 기호Iconic Rhematic Legisign가 있을 뿐이다(CP. 2·254). 어쨌든 퍼스에게 기호들의 분류는 아직 가능한 것이었다. 왜냐하면 그의 삼분법들은 다양한 관점에서 기호들을 분류하였으며, 또한 무엇보다도 기호들이 단지 문법적 단위들일 뿐만 아니라 하나의 문장, 텍스트 전체, 심지어 한 권의 책도 될 수 있다는 관념을 받아들였기 때문이다. 그러므로 퍼스의 계획에서 부분적인 성공은(거의 완벽한 실패와 함께) 우리에게 다음과 같은 사항, 말하자면 만약 기호들의 유형론을 세우고자 한다면, 무엇보다 먼저 기호와 문법적 단위 사이의 동일화를 거부해야 하고, 반대로 기호의 정의를, 그 크기나 분석 가능성과는 상관없이 두 기능소 사이의 관계를 설정하는 모든 유형의 상호 관계로 확장해야 한다는 사실을 경고해 준다.

표현들의 창안에 이르기까지).

(2) 유형-사례 관계(**쉬운 비율** 또는 **어려운 비율**).

(3) **형성해야 할 연속체**. 이것은 **같은 질료** 또는 **다른 질료**가 될 수 있는데, 표현이 가능한 지시물과 똑같은 질료로 형성될 때 그 연속체는 같은 질료이고, 다른 모든 경우에는 다른 질료이다(여기에서는 만약 가능한 지시물과의 인과적 연결에 의해 동기화되지 않는다면, 연속체는 자의적으로 선택될 수 있다).

(4) **분절의 방법과 복잡성**. 이것은 분명한 조합적 단위들(코드화되었거나 과잉 코드화된)을 규정하는 체계들에서, 분석되지 않은 텍스트들을 제시하는 체계들까지 이른다.

이 도표는 표현들이 **물리적으로 생산되는** 방법을 기록하고 있으며, 내용과 상호 관계되는 방법은 기록하지 않는다. 하지만 이 방법은 표현의 생산 이전 또는 이후에 취해지는 두 가지 결정에 의하여 함의된다. 예를 들어 **증상들**의 알아봄에는 분명히 미리 정해진 동기화가 있는데, 그것은 어떤 동인(動因)과 결과 사이에 물리적 관계의 존재를 증명한 이전의 경험에서 기인한다. 하지만 그 결과가, 비록 동인의 현존에 대한 확신이 없을 경우에도, **모든 상황에서** 바로 **그** 동인의 개념과 상호 관계되어야 한다는 것은 **관습을 통해 결정된** 것이다. 단어들(**조합적 단위들**로 분류될 수 있는)의 경우 그 상호 관계는 물리적 단위의 생산 이후에 설정되며, 어떠한 경우든 그것의 조직과는 상관없다(이런 가정은 비록 우연하게도 말 언어의 〈도상적〉 기원의 가설이 검증된다 하더라도 타당하다).

그런 이유로 증상과 단어처럼 동질하지 않은 두 개의 대상이 **쉬운 비율**에 의한 상호 관계들에 상응하는 수평의 똑같은 열에 배치되어 있는데, 그 대상들이 주어진 내용의 표현으로

표현의 생산에 요구되는 물리적 작업	알아봄	실물 제시	모사	창안
유형-사례 관계: 어려운 비율 → 쉬운 비율	자극들 / 증상들 / 단서들	예들 / 견본들 / 가치 견본들	벡터들 / 양식 회들 / 조합적 단위들 / 사이비 조합적 단위들 / 계획된 자극들	합동들 / 투영들 / 도형들 변형
형성해야 할 연속체	다른 질료의 동기 있는	같은 질료의	다른 질료의 자의적인	재인되고 미달 코드화된 텍스트들
본질 방법	다양한 적절화 방식들과 함께 문법화되고, 미리 정해지고, 코드화되고, 과잉 코드화된 단위들			

도표 39 기호 생산 방법들의 유형

3 기호 생산 이론

선택되는 이유들과는 상관없다. 두 가지 유형의 대상은 모두 단지 표현들만 〈아는〉 기계에 의해 생산될 수 있으며, 반면에 다른 기계는 그 표현들에 내용을 부여할 수도 있다. 바꾸어 말하자면 그 두 가지 표현은 상이하게 동기화되었지만, 관습화된 상호 관계의 기능소로 개입될 때에는 똑같은 방식으로 작용한다.

다른 한편으로 그 내용의 의미적 조직에 의해 동기화되는 **어려운 비율**에 의해 지배되는 대상들이 있다(3·4·9 참조). 따라서 그것들이 이전의 경험들을 토대로 상호 관계되었는지(내용의 의미적 분석이 표현에 앞서는 자국의 경우처럼), 또는 내용이 표현의 창안에서 나오는 것인지(많은 그림들의 경우처럼)는 중요하지 않다.

그러므로 선택되는 동기화된 방법은, 그것들이 어려운 비율에 따라 생산된다는 사실과 상관없다. 그것들은 상응하는 의미소의 일정한 측면들과 상호 관계되고, 표현들이 되는데, 그 표현의 특성들은 동시에 의미적 특성들, 말하자면 통사적 층위에 투영되고 변형되는 의미적 표지들이다.[31] **그런 대상들을 생산하도록 지침을 받은 기계는 의미적 지침들도 받았어야 한다.**[32]

31 이 모든 것은 다시 한 번 언어 중심주의의 오류를 피할 것을 요구한다. 주어진 표현의 의미적 재현은 가령 방향, 공간적 배치, 순서 관계 등 비언어적 표지들과 관련될 수 있고 또 관련되어야 한다. /개/의 내용은 자신의 표지들 사이에 개들의 이미지들을 갖고 있어야 하며, 마찬가지로 어느 개의 이미지 내용은 자신의 지표들 사이에 〔개〕의 관념 및 그에 상응하는 동일한 단어를 갖고 있어야 한다. 2·11·3에서 이미 공준된 그런 의미적 백과사전은 물론 총체적인 개별적 지식의 문제라기보다 하나의 규제적 가설이다. 가상적인 사회적 재현으로 그것을 공준함으로써 코드화의 가능성들과 커뮤니케이션 행위들을 설명할 수 있다.

32 하지만 그것은 디지털 기계와 아날로그 기계 사이의 차이를 구성하지 않는다. 왜냐하면 아날로그 기계도 쉬운 비율에 의존하는 사례들을 생산할 수 있기 때문이다(텔레비전 신호의 전달과 분석을 보기 바란다).

〈유형-사례 관계〉의 매개 변수에 상응하는 칸들 안에 등록된 대상들은 (전통적 분류들에서 널리 퍼진 습관에 따라) 〈기호들〉처럼 보인다. **하지만 그것들은 기호가 아니다.** 오히려 편리한 약자(略字)들을 나타내며, 예를 들어 /자국들/의 자리에 /자국들을 생산하기/ 같은 표현을 배치하거나, /벡터들/의 자리에 /벡터의 움직임을 부여하기/ 같은 표현을 배치함으로써 다시 표현될 수 있다.

자국들이나 예들은 기껏해야, 일정한 고유의 형식적 특징들 때문에 기호적 상호 관계 안에 들어가서 기능소들이 되는 **물리적 대상들**이라고 말할 수 있다. 좀 더 정확히 말하자면 기호학의 관점에서 그것들은 특성들의 총체이며, 그것들이 포함되는 체계에 따라 내용을 운반할 수 있거나 또는 운반할 수 없다. 그리하여 때로는 **스스로** 기호(말하자면 기표)로 작용하고, 때로는 그렇지 않다.

그렇다면 분명히 도표 39의 도표 전체에 열거된 물리적 실체들과 과정들은 기호 기능을 하도록 **명령받을 수** 있지만, 기호 기능이 설립되지 않을 경우에도 존속할 수 있다.

다른 한편으로 분명히 그것들은 **의미하기 위해** 생산되며, 그 생산되는 방법에 의해 구체적인 내용들을 의미하는 데 적합하도록 만들어진다. 예를 들어 /매스 미디어/ 같은 언어 표현은 도표 39에 열거된 과정들 중 두 가지의 결과인데, 그 각각의 과정은 이중적인 유형-사례 관계에 의존한다. 그것은 **벡터**의 연속으로 조직되는 **조합적 단위들**로 구성되며, 반면에 가리킨 손가락은 벡터인 동시에 **조합적 단위**이다. 그러므로 **벡터와 투영** 같은 실체들은 〈지표〉나 〈도상〉과 같은 **기호들의 유형이 아니다.** 실제로 **투영들**이나 **자국들**은 도상처럼 보일 수 있지만, 투영들은 자의적으로 선택된 연속체를 함의하고, 자국들은 동기 있는 연속체를 함의한다. 반면에 둘 다 (**어려운 비**

율에 의해 지배되며) 내용의 유형에 의해 동기화된다. 어쨌든 자국들은 〈인식되고〉, 투영들은 〈창안된다〉. **자국**들과 **벡터**들은 둘 다 〈지표들〉과 비슷해 보이지만, 두 가지 상이한 유형-사례 관계에 의존한다.

또한 **거짓 견본**들 같은 일부 범주들은 함축되는 작업과 관련하여 두 가지 항목 안에 들어가며, **실물 제시**나 **모사**의 결과이다.

이런 모든 문제들과 구별들은 겉보기에 복잡해 보이지만 다음 항들에서 명백하게 밝혀질 것이다. 여기에선 단지 도표 39에는 **기호의 유형들**이 분류된 것이 아니라, 단지 상호 작용을 통해 다양한 기호 기능들(그것들이 코드화된 단위로 나타나든, 코드화하는 텍스트로 나타나든)을 발생시킬 수 있는 **기호 생산 활동의 유형들**이 분류되어 있다는 점을 강조하는 것이 중요할 뿐이다.

3·6·2 알아봄

알아봄 *recognition*이 나타나는 것은, 자연 또는 인간 행위에 의해 생산되고(의도적으로나 비의도적으로) 또한 사실들의 세계 안에서 사실로 존재하는 어느 주어진 대상이나 사건이 이전에 코드화된 상호 관계 때문이든, 수신자가 직접 부여하는 가능한 상호 관계 때문이든, 수신자에 의해 어느 주어진 내용의 표현으로 이해될 때이다.

기호 기능의 기능소로 간주되려면, 그 대상은 **마치** 실물 제시, 모사 또는 창안을 통해 생산되고 주어진 유형의 **비율**에 의해 상호 관계되는 것처럼 여겨야 한다. 그러므로 알아봄의 행위는 **자국, 증상** 또는 **단서** 같은 대상을 재구성한다. 알아본 대상을 해석한다는 것은, 그것을 그 내용으로 작용하는 어느 가능한 물리적 원인과 상호 관계시킨다는 것을 의미한다. 물리적 원인이 기호의 비의도적 생산자로 활동한다는 것은 관습적으로 인정되기 때문이다.

자국들의 알아봄에서 표현은 미리 형성되어 있다. 그것의 내용은 가능한 각인체*imprinter*들의 부류이다. 그 **관계는 어렵다**. 표현의 형식은 추정되는 내용의 형식에 의해 동기화되고, 상응하는 의미소와 똑같은 시각적이고 촉각적인 표지들을 갖는다. 비록 자국이 언제나 똑같은 방법으로 의미소의 표지들을 재현하지 않을지라도 그렇다.

예를 들어 각인체의 크기는 자국의 크기를 결정하거나 동기화하지만, 닮은꼴의 법칙에 의하면 자국의 크기는 각인체보다 더 크다(비록 아주 미세할지라도). 각인체의 무게는 자국의 깊이를 동기화하지만, 그 과정은 비례의 규칙(말하자면 3·5·4에서 설명한 유형의 아날로지)에 의해 지배된다.

예를 들어 지문(指紋)의 경우 그 크기는 적절한 매개 변수가 아니다. 그것은 아주 엄청나게 확대되더라도(재판 도중 전문가의 진술 과정에서 일어날 수 있듯이) 고유의 내용을 의미한다. 자국은 동시에 환유와 은유로 작용한다. 은유로서의 자국은 각인체와 비슷하고 각인체를 대표하며, 환유로서는 각인체와 **과거의 인접성**에 대한 증거로 채택된다. 이런 지적은 자국들을 단서 및 증상들과 구별하는 데 유용하다. 추정되는 〈각인체와의 인접성〉은 경험적 검증의 문제가 아니라, 오히려 지시를 목적으로 이루어지는 전제적 작업의 효과라는 사실을 고려할 때 그렇다.

이 모든 것은 자국들을 알아보는(또는 위조하는) 방법을 **배워야** 한다는 것을 의미한다. 자국들은 코드화되어 있다. 사냥꾼은 산토끼의 자국과 집토끼의 자국을 구별하는 법을 습득해야 한다.

또 전혀 본 적이 없는 동물의 자국들도 알아보아야 한다면, 다른 사냥꾼에게서 배워야 한다. 자국들은 코드화되어 있기 때문에 적절한 특성들이 개입되는 대립들의 체계를 토대로 한다. 지금까지 기호학이 그런 체계들에 대한 엄격한 연구를 수행하였다고 말할 수는 없다. 아마도 원시인이 기호학자들보다 더 많이 알 것이다. 어쨌든 분명히 자국들은 **기호들이 아니라, 기호 기능 속에 포함될 수 있는 대상들**이다. 우리가 어느 동물의 흔적이라 부르는 것(그리고 의미하는 기능을 갖고 있는 것)은 도표 39에 분류된 자국 이상의 무엇이다. 동물의 흔적은 단지 촉각적 또는 공간적 매개 변수들뿐만 아니라 벡터의 지적들까지 함의한다(3·6·5 참조). 실제로 흔적은 그것의 방향이라는 의미에서도 해석되며, 방향은 위조될 수 있는 또 다른 특성이다. 가령 말들을 역방향으로 끌고 감으로써 자신의 방향에 대해 추격자들을 속일 수도 있다.

흔적은 자국과 벡터로 해석될 때 내용 단위에 대한 단순한 의미화(고양이 한 마리, 적의 병사 한 명, 말 한 마리)를 발생시키지 않고, 진정한 고유의 담론을 발생시킨다([말 한 마리가 3일 전에 이곳으로 지나갔는데, 저쪽 방향으로 갔다]). 그러므로 흔적은 대개 하나의 텍스트이다.[33]

자국들의 상호 관계적 역동성은 소위 **투영**이라는 변형들을 말하면서(3·6·9 참조) 좀 더 분명히 밝혀질 것이다. 실제로 자국들은 **마치** 의도적으로 투영된 것처럼 인식된다. 투영처럼 자국들도 동시에 여러 각인체들의 결과로 복잡한 텍스트처럼 보일 수 있다. 그런 경우 코드화된 단위로 알아보기는

---

33 로빈슨 크루소가 바닷가에서 프라이데이의 흔적을 발견하였을 때, 그 흔적은 관습적으로 [사람]을 외시하지만, 또한 [맨발]도 함축한다. 모래 위에 방향의 특성과 함께 찍혔기 때문에, //자국 + 위치 + 방향//의 맥락은 [어떤 사람이 이곳으로 지나갔다]를 의미하는 텍스트를 형성한다.

힘들 것이다.

하지만 여기서는 마찬가지로 코드화된 내용에 상응하는 코드화된 자국들, 그러니까 좀 더 분석적인 단위들로 분석할 수 있는 **거시 단위들**에 대해서만 말하고자 한다.

어쨌든 자국들은 그 내용의 조직 혹은 원인과의 추정상 관계에 의해 **이중적으로 동기화**되어 있다. 그러므로 자국은 **다른 질료의** 대상이다(진흙에 찍힌 고양이 발자국은 고양이와 아무런 상관이 없는 질료로 형성되어 있다). 하지만 고유의 원인에 의해 엄격하게 **동기화**되어 있다.

자국들은 관습적으로 코드화되어 있지만, **그 관습은 이전의 경험에서 나온다.** 말하자면 **그** 표현을 **그** 내용과 상호 관계시키는 결정은 아직 코드화되지 않은 상황들을 토대로 하는 일련의 추론과 지시들에 의해 암시되며, 서서히 **메타기호학적 단언들**을 발생시킨다.[34] 서서히 일정한 사건에 대한 경험이 어느 찍힌 형상과 결합됨에 따라, 처음에는 추론의 결과로 **귀납**되는 상호 관계가 나중에는 규칙으로 **제시**되게 된다.

증상들의 알아봄에서 표현은 미리 형성되어 있다. 그 내용은 모든 가능한 원인들(유기적 또는 기능적 변화들)의 부류이다. 그 **비율은 쉽다**(얼굴 위의 붉은 반점들은 [홍역]의 의미적 표지들을 변화시키지 않는다). 그러나 상응하는 의미소의 재현에서는 증상들도 의미 표지들 사이에 등록되어야 한다(얼굴에 붉은 반점을 유발하는 것은 홍역의 의미적 특징이다).

---

34 로빈슨은 자신이 그 섬에 사는 유일한 존재라고 믿었다. 그러므로 원래의 텍스트는 추론들과 전제들의 작업을 발생시키고, 그것이 [나는 이곳에서 유일한 인간이 아니다] 또는 [섬에 다른 인간이 있다]라는 결론으로 인도한다. 이는 그 섬의 성격에 대한 일련의 메타기호학적 단언들을 수반한다.

여기에서 어떻게 증상이 고유 원인의 개념과 상호 관계되는지를 알 수 있다. 증상의 개념은 원인의 의미소의 표지이며, 따라서 기능소들 사이에 환유의 상호 관계를 형성할 수 있다(**전체에 대한 부분**의 과정을 통해). 하지만 **표지 대 표지**의 환유 과정은 증상의 기호적 작용에 **필수 조건**이 아니다. 실제로 널리 알려져 있듯이 증상들은 위조될 수 있다.

그 **비율**은 **쉽기** 때문에, 증상들의 〈도상성〉에 대해 말하는 것은 옳지 않을 것이다. 증상들은 그 내용과 전혀 비슷하지 않다.

증상들이 미리 코드화되어 있을 때, 그것들에 대한 해석은 추론의 문제이며 **코드의 설립**을 낳는다.

증상들은 지시 행위로 사용될 수 있다. 연기는 [그 아래에 불이 있다]를 의미할 수 있으며, 그럴 경우 지시는 증명되고 코드화된 인과성(〈원인에 대한 결과〉와 같은 인접성)에서 원인이 되는 동인의 **연역**으로 나아간다.

단서들의 알아봄에서는 결과의 장소에 원인이 되는 동인에 의해 남겨진 일정한 대상들(또는 자국이 아닌 다른 유형의 흔적들)이 확인된다. 그러므로 단서들의 **현재적** 현존에서 동인의 **과거의** 현존을 추론할 수 있다. 분명히 지시 행위로 사용될 경우 **단서들은 증상들과 정확하게 정반대로 작용한다.** 즉 증명되고 코드화된 인접성(〈소유하는 것에 대한 소유되는 것〉과 같은)에서 원인이 되는 동인의 가능한 현존이 **추정**된다.

추정법을 실현하기 위해 그 대상은 **관습적으로** 동인들의 정확한 부류에 속하는 것으로 인정되어야 한다. 그러므로 가령 어느 범죄 현장에서 틀니를 발견한다면, 그곳에 이가 빠진 누군가가 지나갔다고 추론할 수 있다.

만약 어느 정당의 본부가 도난을 당했는데 그곳에서 적대적인 정당의 배지를 발견한다면, 도난을 저지른 자들은 희생 정당의 반대자들이라고 추론할 수 있다(물론 그런 단서들은 **위조 가능성이 매우 높으며**, 그런 경우 거의 언제나 위조된다).

실제로 배지처럼 아주 명백한 경우들을 제외하면 단서들은 **거의 코드화되어 있지 않으며**, 그것들에 대한 해석은 종종 기호 기능들에 대한 해독보다 추론의 문제가 된다. 때문에 추리 소설들은 일반적인 의학적 진단보다 더욱 열광적인 것이 된다. 만약 에드거 앨런 포가 자신의 성공적인 소설에서 모르그 거리의 주민들이 오랑우탄에 의해 살해되지 않고 오히려 홍역으로 죽었다면 큰 성공을 거두지 못했을 것이다.

자국들과 단서들은 비록 코드화되어 있을지라도 어느 개별적 동인을 지시하기 때문에 〈고유 이름들〉이라고 말할 수 있을 것이다. 그렇다고 그것들을 고유 내용의 운반체로 간주하는 것을 막을 수는 없다. 왜냐하면 내용 단위가 **구성원이 단 하나인 부류**가 되는 것을 가로막는 것은 아무것도 없기 때문이다(2·9·2 참조). 하지만 현실적으로 자국들이나 단서들이 구체적인 개별 동인을 지시하는 것으로 해석되는 경우는 드물다. 로빈슨은 프라이데이의 발자국을 발견했을 때, 누가 그것을 남겼는지 전혀 모른다. 그 흔적은 단지 〔인간 존재〕를 **그에게 의미한다.** 프라이데이를 만난 후에야 로빈슨은 〔이 사람은 아마도 바닷가에 발자국을 남긴 사람이다〕라는 명제를 표현할 수 있을 것이다. 하지만 그 섬에는 유일하게 (자기) 한 사람만 있다고 믿었던 그는 그 발자국을 어느 구체적인 개인과 연관시킬 수 없었다. 그 표현의 일차적인 외시는 〔사람 + 발〕이고, 나머지는 순수한 추론의 문제이다. **내용의 중재 없이 지시물을 가리키는 자국을 상상하기는 매우 어렵다.**[35] 유일한 경우는 각인체가 자국을 남기는 행위를 직접 보는 경우일 것이다. 하지만 그럴 경우 자국은 기호의 요소를 구성하지 못할 것이다. 왜냐하면 각인체의 **부재**를 대신하는 것이 아니라 **그의 현존**을 나타내기 때문이다(3·5·5에서 설명한 거울들의 경우를 보기 바란다).

단서들도 마찬가지이다. 비록 살해당한 자의 주변에 어느 구체적인 개인이 틀니를 하고 있다는 것을 알고 있을지라도, 발견된 틀니는 먼저 〔이빨 없는 개인〕을 외시하며, 나머지는 또다시 추론의 대상이 된다.

그러므로 심지어 과잉 코드화된 단서들도 있다. 만약 똑같은 범죄의 장소에서 담배 파이프를 발견한다면, 물질적으로 그곳에 어느 남자가 지나갔다고 확신할 수 있다. 사회적 규

---

35 흔적이 이전에 코드화되지 않았을 때에는 흔적 위의 모든 지점이 각인체 표면 위의 한 지점에 상응한다고 생각한다. 그럴 경우 자국은 퍼스의 의미에서 **지표**처럼 보일 것이다. 실제로 그런 경우 자국은 기호라기보다 **지시 행위**이다. 그리고 지시로 검증되어야 한다. 하지만 지시를 검증한다는 것은(3·3·5 참조) 기표의 속성들을 지시된 대상에서 인정되는 속성들과 비교한다는 것을 의미한다. 그렇다면 어느 탐험가가 전혀 본 적이 없는 동물의 흔적을 발견한다고 가정해 보자. 그가 그 흔적을 뒤로 **투영함으로써** 각인체 동물의 성격을 재구성할 수 있을 것이라고 생각해 볼 수 있다. 하지만 자국의 원인으로 그 동물을 추정하기 위해서는 이미 내용에 대한 어떤 도식을 가져야만 한다. 따라서 탐험가는 그 흔적이 **이미 알려진** 여러 종류의 동물들에 의해 남겨진 것처럼 해석하기 시작해야 하며, 그런 다음 **미지의 동물의 발 모양**을 추정해야 한다. 그러므로 그는 질료적 흔적에서 각인체의 표면 위에 나타난 질료적 지점들까지 일종의 이상적인 선을 그리고 있는 것이 절대로 아니다. 그는 모든 일련의 내용들을 **매개의 흔적들**로 사용하고 있을 뿐이다. 바꾸어 말하자면 그는 이미 알려진 코드들의 파편들을 사용하여 미지의 코드를 추정한다. 다른 한편으로 **어떤 완전한 미지**의 자국들은 단지 공상 과학 이야기들에서나 나타난다. 그리고 그런 경우 각인체의 성격으로 거슬러 올라가기는 너무 힘들기 때문에, 그것을 그냥 /사물/이라 부르며 문제를 해결하려고 한다.

칙에 의하면 남자들은 파이프 담배를 피우고 여자들은 (습관적으로) 그렇지 않기 때문이다. 만약 빨간색 루주를 발견한다면 정반대가 될 것이다. 또한 만약 그 두 개의 단서들이 성적으로 이례적인 범인에 의해 남겨졌다면 탐정으로선 더욱 힘들 것이다. 성적 습관에서 이례적인 것도 사회적으로 인정되는 코드를 위반한 경우를 나타내며, 누군가가 코드를 위반하면서 〈말하는〉 것은 바로 기호 생산 이론이 예상해야 하는 우발적인 경우이다.[36]

3·6·3 실물 제시

실물 제시ostension가 나타나는 것은, 자연이나 인간의 행위에 의해 생산되고(의도적으로나 비의도적으로) 또한 사실들의 세계 안에 사실로서 존재하는 어느 주어진 대상이나 사건이 누군가에 의해 〈선택〉되고, 그것이 속하는 대상들 부류의 표현으로 〈보일〉 때이다.

---

36 가령 보도 위에서 거대한 발자국을 발견한다고 가정해 보자. 첫 번째의 순진한 추론은 〔이곳으로 어떤 거인이 지나갔다〕는 것이리라. 하지만 〔거인〕이라는 표지는 〔전설적〕이다. 그러므로 존재하지 않는 무엇인가를 언급하는 기호로 드러난다. 따라서 그 표현은 거짓말이다. 만약 거짓말이 언어로 이루어졌다면, 더 이상 우스꽝스러운 것이 없을 것이다. 그것은 농담이기 때문이다(그런 자국들이 환한 대낮에 밀라노의 보도 위에서 발견된다면, 우리는 그것이 할 일 없는 사람이 그런 것인지, 아니면 광고 때문인지 모른다. 사실 처음에는 놀라고, 다음에는 즐거워한다). 무엇 때문에 거짓 이미지는 웃게 만드는데, 거짓 문장은 그렇지 않은 것인가? 단어들을 생산하는 것은 쉽지만, 자국들을 생산하는 것은 쉽지 않고, 대부분 의도적인 각인의 결과이기 때문이다. 그리고 이미지의 완벽함은 문장의 정확함보다 더 많은 재능을 요구하기 때문이다. 따라서 거짓은 두 가지 이유에서 즐겁게 만든다. (가) 예술적 재능의 기본적인 경우이다. (나) 대개 위조할 수 없다고 생각하는 무엇, 말하자면 비의도적인 동인의 생산물을 위조한다. 사람들은 거짓말을 하는 것으로 추정되지만, 사물들은 그렇지 않다. 그러므로 **사물이 거짓말을 하도록 만드는 것은 괴상하게 보인다. 그래서 웃는다.**

실물 제시는 **능동적 의미화**의 일차적 층위를 나타내며, 똑같은 언어를 모르는 두 사람이 맨 처음 사용하는 장치이다.

때로 그 대상은 몸짓 지표와 연결되고, 때로는 실질적으로 〈들어서〉 보인다. 어떤 경우든 그것은 사례나 지시물로 간주되지 않고, **좀 더 일반적인 내용의 표현**으로 사용된다.

〈실물 제시를 통한 의미화〉에 대해 많은 이야기들이 있었다[예를 들어 비트겐슈타인(1945 : 29~30)을 보기 바란다]. 그리고 순수한 실물 제시 언어는 스위프트Swift에 의해 묘사되었는데, 바로 라푸타 섬의 현자들은 말해야 할 모든 대상들을 자루 안에 넣어서 들고 다닌다는 것이다.

실물 제시를 통해 표현하기 위해서는 일종의 암묵적이거나 명시적인 적절성의 약정이 요구된다는 점을 주목해야 한다. 예를 들어 내가 쇼핑하러 나가는 친구에게 **나치오날리 필터** 담배 한 갑을 들어 보인다면, 그 실물 제시는 [담배를 구입해라] 또는 [**나치오날리 필터**_Filtro_를 구입해라]를 모두 의미할 수 있다. 아마 후자의 경우 나는 담뱃갑의 상표가 있는 부분을 손가락으로 두드리는 등의 지표적인 장치들을 덧붙일 것이다. 다른 경우들로는 가령 내가 담뱃갑을 보이면서 [담배] 또는 [담배의 갑]을 표현하려고 하는지 결정하기 위해 다양한 구체화들이 필요하다. 때로는 실물 제시가 어떤 담론 전체를 운반하기도 한다. 만약 내가 명령적으로 누군가에게 내 구두를 보여 준다면, [내 구두를 닦아야 한다] 또는 [내 구두를 닦아라]를 의미할 수 있다. 후자의 경우 대상은 기표이면서 동시에 지시 행위의 지시물이 된다. 바꾸어 말해 마치 [구두(실물 제시) + 이(지시 행위로 기능하는 검지) + 구두(지시물)]를 운반하는 것과 같다.

실물 제시 이론은 3·5·8에서 말했던 〈내재적으로 코드화된 행위들〉 또는 **인접 기호들**의 문제를 결정적으로 해결하는데, 지시물의 일부가 기표의 일부를 구성한다고 인정할 필요도 없다. 순수한 표현으로 보이는 대상은 그것의 가능한 지시물과 **똑같은 질료**로 만들어졌다. 때문에 모든 실물 제시 기호들은 **같은 질료**이다.

원칙상 실물 제시들의 생산은 **어려운 비율**에 의존하는 것처럼 보인다. 왜냐하면 표현의 조직이 내용의 조직에 의해 결정되기 때문이다. 그렇지만 실물 제시들은 이미 형성된 표현들이며, 따라서 **쉬운 비율**에 의해 지배되는 것으로 간주되어야 한다. 그런 이유로 도표 39에서 두 가지 **비율** 사이의 중간쯤에 분류되었다. 대상들이 이미 생산되었기 때문에 그 **비율**의 문제는 제기되지 않으며, 기호 기능으로서 두 **비율** 모두에 속한다.

실물 제시의 또 다른 특징은 그것이 두 가지 방법으로 기능할 수 있다는 점이다. 말하자면 〈이름〉(문화적 **단위**의 관습적인 표현. 담배는 〔담배〕를 의미한다)으로, 또는 운반되는 의미소의 속성들에 대한 **내포적 기술들**로서 기능한다. 실제로 담배 한 개비를 보이면서 〔담배는 이런 크기의 원형 물체로 투명한 종이에 둘러싸인 담배를 담고 있다 등〕을 표현하고자 할 수도 있다.

실물 제시는 복제물이 기호로 사용될 수 있는 유일한 경우이다. 이때 유형-사례 관계는 유형-유형 관계가 되며, 이것은 무엇 때문에 실물 제시에서 **쉬운 비율**과 **어려운 비율**이 일치하는지를 설명해 준다.

이는 실물 제시들에서 표현과 지시물을 구별하려고 노력하는 것이 오히려 불필요하다고 말하도록 유도할 수 있겠지만, 그것은 전혀 사실이 아니다. 가령 한 무리의 사람들이 각자 빵 조각(형태나 무게에서 서로 다른 조각)을 보여 주면서 /더 많이!/ 하고 외친다고 가정해 보자. 이때 지시물과 표현 사이의 동일성은 곧바로 사라지는데, 그것은 표현으로서의 빵은 적절성의 약정을 통해 단지 일부 특징적인 특성들만이 명백히 드러날 경우에만 작용하기 때문이다. 군중은 구체적인 크기의 빵 조각이 아니라 빵을 요구하고 있다. 따라서 고유의 개별적인 특징들 대부분이 결여된 개개의 빵들이 기호로서 작용한다.

하지만 실물 제시의 다양한 방식들이 있다. 가장 전형적인 방식은 자신이 속해 있는 부류를 표현하기 위해 어떤 대상이 선택되고, 그 선택이 하나의 **예**를 설정할 때 나타난다. 선택을 지배하는 메커니즘은 제유(⟨부류에 대한 구성원⟩처럼)이다. 하지만 때로는 단지 대상의 일부만이 전체 대상을(그리고 그 부류를) 표현하기 위해 선택된다. 견본의 예들은 바로 천의 ⟨견본들⟩(천 전체에 대한 천의 일부), 또는 음악의 인용들이다(휘파람으로 부는 서두가 베토벤의 「교향곡 제5번」을 의미할 수 있다). ⟨환유적⟩ 견본의 예는 [외과 의사]를 대신하는 메스가 될 수 있다.

굿맨(1968)은 견본이 **견본들의 견본**으로 보일 수 있다고 지적한다. 다음절 단어가 모든 다음절 단어들의 예로 채택될 수 있는 것과 마찬가지이다. 두 경우 모두에서 복제물이 나타나는데, 그것은 다른 개체들의 물리적 속성들을 예시하기 위해서가 아니라, 상응하는 의미소의 메타언어적 속성들을 예시하기 위해 선택되거나 생산되기 때문에 적절성의 수준을 약정하기 위한 이전의 담론이 요구된다. 그런 이전의 관습이 없다면

/다음절/이라는 단어의 실물 제시는, 가령 /단음절/이라는 단어도 포함되는 각각의 다음절 어휘소가 아니라, 똑같은 어휘 유형의 모든 단어들의 속성들에 대한 기술로 이해될 것이다.

도표 39의 도표를 살펴보면 실물 제시 항목이나 모사 항목 양쪽에 등록되어 있는 견본들의 범주가 하나 있는데, 바로 **거짓 견본**들이다. 바로 에크만과 프리젠(1969)이 〈내재적으로 코드화된 행위들〉로 분류한 과정들이다(3·5·8 참조).

만약 내가 누군가를 주먹으로 때리는 척하면서 행위가 완수되기 전에 주먹을 멈춘다면, 〔나는 너를 한 대 때린다〕는 의미를 표현하며(〔농담〕 또는 〔장난〕의 함축과 함께), 나는 일반적인 실물 제시를 실현하고 있다고 말할 수 있을 것이다. 하지만 실제로 나는 미리 형성된 몸짓을 선택한 것이 아니라 그것을 다시 실현하였으며, 또한 다시 실현하면서 질료적으로 그것의 일정한 통사적 표지들을 제거하였다(예를 들어 주먹의 궤도는 불완전하고 단지 〈지적〉되었을 뿐이다). 따라서 그 몸짓의 일부를 몸짓 전체의 견본으로 **모사**하였다(실물로 제시한 것이 아니다). 그렇기 때문에 그런 **인접 기호**들은 실물 제시이면서 동시에 모사이다. 모방이 이런 범주에 속하고, 완전한 의성어들(말하자면 주어진 소리에 대한 현실적 모방으로서, 가령 단어 /속삭임/처럼 〈양식화된〉 의성어와는 다르다)도 마찬가지이다.[37] 거짓 견본들도 같은 질료이

---

37 서부 영화에서 인디언들이 코요테의 소리를 지를 때, 그런 〈완전한 의성어〉는 이중적 역할을 한다. 인디언들에게 그것은 코드화된 정보들을 전달하는 데 사용되는 자의적인 장치이다. 백인들에게는 〔코요테〕를 의미하기 위한 거짓 견본이며 〔여기에 코요테가 있다〕고 전달하려는 지시 행위이지만, 그것은 인디언들의 현존을 지시한다. 따라서 그것은 거짓말의 경우이다.

다. 왜냐하면 부분적으로 생산된 모델과 똑같은 질료를 사용하여 모사가 이루어지기 때문이다. 그러므로 이미지들과 마찬가지로 완전한 의성어들도 〈도상적〉이라 부르는 것은 그것을 부적절하게 범주화한다는 것을 의미한다. 왜냐하면 투영들로 분류될 수 있는 이미지들(3·6·7 참조)은 다른 질료이며, 반면 완전한 의성어들은 같은 질료이기 때문이다.

같은 질료의 모사들로서 완전한 의성어들은 **쉬운 비율**에 의해 지배된다. 반대로 다른 질료의 투영으로서 이미지들은 변형의 규칙들에 의해 가능해지고 **어려운 비율**에 의해 지배된다.

또한 인접 기호들이 관습, 말하자면 코드화의 문제라는 것은, 그것들이 기능소로 사용되기 위해 이전의 약정을 요구한다는 사실에 의해서도 증명된다.[38]

3·6·4 조합적 단위들의 모사

이 생산 방식은 가장 널리 알려진 표현 장치들, 일부에게는 진정하고 고유한 〈기호〉의 유일한 예로 보이는 장치들을 지배한다. 가장 많이 수행되는 모사가 말 언어의 소리들인데, 그 표현 단위들은 **쉬운 비율**을 통해 생산되고, 그 가능한 지시물의 연속체와는 완전히 이질적인 연속체를 형성하며, 하나 또는 그 이상의 내용과 자의적으로 상호 관계된다. 하지만 그런 단위 대 단위의 상호 관계는 단지 모사에만 전형적으로 나타나는 것이 아니다. 알아봄과 실물 제시들도 단위들을 확인하고, 많은 증상들, 단서들, 자국들, 예들과 견본들도 단위 대 단위에 의한 상호 관계의 경우들이다. 그러므로

---

38 농담으로 하는 위협 기호들은 만약 미리 코드화되어 있지 않다면 진지하게 받아들여진다. 말하자면 거짓 견본이 아니라 **증상**으로 간주된다. 만약 어느 순진한 관찰자가 마임의 관습을 하나도 모른 채 마르셀 마르소Marcel Marceau의 공연을 바라본다면 아마 미쳤다고 생각할 것이다.

모사, 실물 제시 또는 알아봄에 의존하는 모든 기호 기능이 텍스트들을 구성할 수 있도록 단위들의 분절을 허용한다. 그렇지만 조합 가능한 단위들의 가장 명백한 경우들도 모사들 사이에 분류될 수 있는 것처럼 보이며, 단지 언어의 소리들뿐만 아니라 표의(表意) 문자들, 표장(標章)들(가령 깃발 같은), 음악의 음계들, 도로 표지판들, 수학 또는 형식 논리학의 상징들, 근접적 특성들 등도 마찬가지이다.

사실 단어들은 더 작은 적절한 단위들로 분석될 수 있지만, 표의 문자나 표장에서는 그것이 언제나 가능하지 않다. 하지만 그런 사실은 단지 **표현들의 모사 가능성은 적절성의 다양한 층위들에서 실현되며, 하나 또는 그 이상의 분절을 허용할 수 있다**는 것을 의미할 뿐이다. 1960년대 기호학은 위험한 언어 중심적 경향에 지배되었으며, 따라서 단지 **이중 분절**의 특징을 보이는(또는 보이는 것처럼 여기는) 체계들에만 언어의 권위를 부여하였다〔현대와 고전의 그림과 음악에 대한 레비스트로스의 논의들. 레비스트로스(1961, 1962) 및 에코(1962)에 실린 비판 참조〕.

그러나 다양한 연구들이 증명하는 바에 의하면, 두 가지 분절이 가능한 체계, 단 하나의 분절이 가능한 체계, 어떤 분절도 없는 체계, 심지어는 세 가지 분절이 가능한 체계들이 존재한다.[39] 그러므로 조합적 단위라는 개념은 언어 중심적

---

[39] 프리에토(1966)는 앞에 인용된 텍스트에서 다양하게 분절되는 체계들의 다양한 유형들이 존재한다는 것을 증명한다. 그는 이렇게 구별한다 (가) 분절이 없는 코드들(그중에는 장님의 지팡이가 〈현존 대 부재〉의 대립 덕택에 의미하는 것처럼, 단일한 의소의 체계도 있다)과 제로 기표의 코드들(가령 제독의 승선 깃발에서 깃발의 현존은 제독이 배에 타고 있다는 것을 외시하고, 부재는 그 반대를 외시한다). (나) 단지 이차적 분절만 가능한 코드들. 말하자면 여기에서는 의미가 결여된 단위들만 발견되는데, 그것들이 다른 방식으로는 조합될 수 없는, 의미가 부여된 단위들을 형성한다(가령 두 자리 숫

오류가 원하는 것보다 훨씬 더 유연한 것이 되어야 한다.[40]
그러므로 다양한 체계들의 분절 층위들을 추상적으로 확

자의 시내버스 번호들에서, 그 번호는 노선을 의미하지만, 분리된 상태의 숫자들은 의미가 없다). (다) **단지 일차적 분절만 가능한 코드들**. 여기에서는 의미가 부여되어 있지만 달리 분석될 수 없는 단위들이 조합되어 좀 더 방대한 통합체들을 형성한다(가령 호텔 객실들의 번호 부여에서, 첫 번째 숫자는 층을 가리키고 두 번째 숫자는 객실의 위치를 가리킨다). (라) **두 가지 분절이 가능한 코드들**. 여기에서는 의미가 결여된 형상들이 의미가 부여된 단위들로 구성되고, 그 단위들이 나름대로 통합체들을 구성한다(말 언어의 경우처럼). 에코(1968 B부)에 실린, 세 가지 분절이 가능한 코드의 제안으로 영화 코드를 보기 바란다.

40 실제로 유동적인 분절들이 가능한 다른 코드들을 생각해 볼 수 있다. 프리에토의 분류들을 보완하는 전형적인 예는 게임 카드들인데, 그것들은 게임(그러니까 코드로서 기능하는)에 따라 또는 게임 자체의 내부에서 분절의 가치를 바꾼다. 게임 카드들의 모태는 다음과 같은 것들을 고려한다. (가) **숫자 가치의 변별적 요소들**: 1에서 10까지(킹, 퀸, 잭의 이미지들은 순수한 알아봄의 장치들이다. 실제로 그것들은 더 높은 숫자의 가치들이다). (나) **문양(文樣)적 가치의 변별적 요소들**: 하트, 스페이드, 다이아몬드, 클로버. (다) **(가)와 (나)의 조합들**: 스페이드 7. (라) **여러 장 카드의 가능한 조합들**: 예를 들어 에이스 세 장. 포커에서 (가)-(나)의 요소들은 의미(형상들)가 결여된 2차 분절의 요소들로서 1차 분절의 (다) 요소들을 형성하며(가능한 의미적 가치와 함께. 만약 내가 에이스 한 장을 손에 들고 있다면, 그것이 매우 흥미로운 조합들을 허용한다는 것을 안다), 그것들이 조합되어 가령 에이스 트리플, 로열 스트레이트 플러시 등 충분한 의미를 갖는 (라) 유형의 통합체들을 형성한다. 그렇지만 게임의 상황에 따라 (가) 또는 (나)의 요소들은 다소 변별적인 가치를 갖게 된다. **등급**에서는 (나)의 요소들이 아무런 가치도 갖지 않으며(만약 내가 5를 가져야 한다면, 그것이 하트이건 스페이드이건 상관없다), 반면에 **색깔**에서는 (가)의 요소들이 아무런 가치를 갖지 않고 (나)의 요소들이 차별적 가치를 가지며, **로열 등급**에서는 두 가지 모두 가치를 갖게 된다. 그런데 만약 내가 스코파*Scopa* 게임을 한다면 특히 (가)의 요소들이 의미 있는 가치를 갖는데, 3과 5를 더하여 8을 만들 수 있기 때문이다. 오미노 네로*Omino Nero* 게임에서는 단지 (다)의 요소만이 함께 결합할 수 없는 다른 모든 요소들에 대해 대립적 가치를 얻게 되고, 마지막에 그것(대개 그것은 스페이드 잭이다)을 손에 다시 쥐게 되는 사람이 패하도록 만든다.

정하는 것은 무모하다. 어떤 경우에는 한 관점에서 보면 일차 분절의 요소처럼 보이는 것이 다른 관점에서 보면 이차 분절의 요소가 되기도 한다. 또한 기술적 필요성으로 인해, 주어진 체계에서 더 이상 분석할 수 없는 요소들에서, 작업상 분석적 개입(하지만 체계 자체의 기호학적 특성들을 건드리지 않는)의 목적에 적절하게 되는 거대 구조의 분절들을 확인하기도 한다.

좀 더 거시적인 예는 서사 기호학의 목적에 적절한 요소들의 체계에 대한 언어학적 분석에서 찾아볼 수 있다. 만약 어느 이야기에 〔영웅의 승리〕 기능이 개입한다면, 그 기능은 다양한 언어적 장치들을 통해 표현될 수 있지만, 그것들을 기호소 *moneme*들과 음소들로 분절하는 것은 서사 체계의 관점에서 볼 때 중요하지 않다(사실 그 기능은 다른 실질로, 그러니까 예를 들어 단어들이 아니라 영화의 이미지들로 표현되더라도 변하지 않는다).

좀 더 섬세한 예는 사진 광학적 또는 전자적 장치들에서 찾아볼 수 있다. 그것들을 통해 이미지는 〈망판(網版)의 단위〉로 분해되어 신문에 인쇄되거나 또는 컴퓨터에 의해 분석되거나 재생산될 수 있다. 그런 경우 「모나리자」도 회화적 의미가 결여된 일련의 단위들(진정한 고유의 **형상들**)로 분석될 수 있는데, 그것들의 이후 분절이 알아볼 수 있는 이미지를 발생시킨다. 예를 들어 허프Huff(1967)는 다음과 같이 분해될 수 있는 이미지들을 분석하고 생산하였다. (1) 크기가 서로 다르고, 다섯 가지 조합 가능성을 제공할 수 있는 두 개의 점들에 의해 제공되는 기본 요소들. (2) 연속적인 단계화를 허용하는, 크기가 서로 다른 일련의 무한한 점들. (3) 크기가 변할 수 있고, 네 가지 상이한 연쇄로 조합될 수 있는 세 점들의 집합들에 의해 형성되는 기본 단위들(큰 점은 없고 작은 점 세 개, 작은 점 두 개와 큰 점 하나, 작은 점 하나와 큰 점 두 개, 작은 점은 없고 큰 점 세 개). (4) 두 가지 크기의 점들의 연쇄 등이다. 이런 최소 단위들은 진정하고 고유한 **구별적 특성들**의 종류들, 말하자면 색깔, 밀도, 형태, 위치 등을 함의할 것이다. 그런 코드는 이진법 성격을 갖고, 불연속적 형상들을 분절하고(비록 n번째 항의 단계화를 통해 얻을지라도), 알고리듬을 통한 번역을 완전히 허용한다. 이와 비슷한 다른 경험들은 몰레(1968), 솔리스Soulis와 엘리스Ellis(1967), 크랄Cralle과 마이클Michael(1967)에 의해 암시되었는데, 거기에는 아날로그 컴퓨터에 의해 제공되는 대안들도 있다. 이 모든 것을 종합하면 최소한 언뜻 보기에는, 많은 도상 기호들(이것들은 여기에서 〈창안들〉, 그러니까 〈변형들〉로 분류될 것이다)이 실제로는 조합적 단위들로 이해될 수 있다고 말할 수 있다. 하지만 불행히도 그것은 사실이 아니다. 왜냐하면 지금까지 말한 분석 과정은 그림 현상들의 기호학적 성격을 조금도 건드리지 않기 때문이다. 즉 유형-사례 관계를 바꾸지 않으며, 기호 기능으로서의 시각적 현상을 정의하지 않는다.

그런 실험들은 오히려 **신호의 물리적 성격** 및 정보의 전달을 규정하는 기술적 코드들과 관련된다. 그것들은 1·4·4에서 말했던 커뮤니케이션 공학의 현상들로 분류되어야 한다. **연속체의 변화를 통한 표현에서 표현으로의 변형**이 문제인데, 거기서는 똑같은 표현 형식을 상이한 실질로 실현하기 위해 원래의 실질에 대한 미시적 분석으로 나아가며, 또한 실질이 변하기 때문에 다른 수단들로 똑같은 지각 효과를 얻으려고 노력한다.

하지만 그런 실험들에 의하면 〈밀집한〉 신호와 소위 〈아날로그〉 신호들의 경우에도 분석과 재생산의 기술적 가능성들이 존재한다. 그런 증명들은 분석 가능한 현상들과, 성급하게도 분석할 수 없는 것으로, 따라서 〈말할 수 없는 것〉으로 (미학적 관점에서나 기호학적 관점에서) 지적되는 현상들 사이의 차이를 줄일 수 있다.

마지막으로 언어 기호들 — 조합적 단위들의 가장 만족스러운 예들 중의 하나가 되는 — 의 분절 문제와 관련해서는 그 주제에 관한 구체적인 방대한 참고 문헌들을 참조하는 수밖에 없다.[41]

3·6·5 양식화들과 벡터들의 모사

다음과 같은 것들을 모사할 수 있다. (가) **똑같은 체계**의 다른 요소들과 조합되어 명백하게 알아볼 수 있는 기능소들을 형성할 수 있는 요소들. (나) 약하게 구조화되어 있고, 지각의 메커니즘들을 토대로 알아볼 수 있으며, 방대한 규모의 과잉 코드화 작업에 의해 고유의 내용과 상호 관계되고, 또한 필히 똑같은 체계의 다른 요소들과 조합되지 않을 수도 있는 목록들의 요소들. 이것은 **양식화들**의 경우이다. (다) 명백하게 알아볼 수 있는 기능소를 구성하기 위한 하나 또는 그 이상의 **상이한** 체계들의 요소. 이것은 **벡터들**의 경우이다.

양식화는 겉보기에는 〈도상적〉으로 보이는 일부 표현들을 가리키는데, 그것들은 엄격하게 규정적이지 않아서 많은 자유로운 변수들을 허용하는 표현 유형과의 일치 덕택에 그것들을 알아볼 가능성을 약정하는 관습의 결과이다.

양식화의 전형적인 예는 게임 카드의 형상들이다. 다이아몬드 킹 앞에서 우리는 필히 〔남자 + 킹〕을 알아보는 것이 아

---

41 여러 언어들에서의 분절에 관한 참고 문헌으로는 프리에토(1966), 마르티네(1960) 이외에도 에코(1968)의 논의를 참조하기 바란다.

니라, 적절한 일부 요소들이 존중될 경우 곧바로 〔다이아몬드 킹〕이라는 외시를 포착한다. 체스의 형상들도 마찬가지이다. 체스에서 적절한 특성들은 훨씬 더 줄어들어, 단지 크기면에서만 차별화된 형상들을 갖고 게임을 하는 것도 가능하다. 거의 〈문장(紋章)적〉 유형의 이미지들, 가령 **성모 마리아, 성심(聖心), 승리의 여신, 악마**처럼 코드화된 모든 도상 그림들도 양식화이다. 그런 경우 즉각적인 외시(그것들이 〔여자〕, 〔남자〕 또는 다른 것을 운반한다는 사실)는 **어려운 비율**에 지배되는 **창안**의 문제이지만, 그것들을 도상과 관련하여 알아볼 수 있는 것은 **쉬운 비율**에 의해 지배되며, 관습적으로 알아볼 수 있고 모사할 수 있는 특성들의 현존에 기인한다. 그러므로 **마귀**의 그림 이미지는 과잉 코드화된 단위의 **모사**인 동시에 **투영**(창안)이 되는 시각적 발화체이다.

실제로 다이아몬드 킹 또는 성심의 이미지를 볼 때, 우리는 그 이미지가 사람의 형상을 재현하는지 묻지 않으며, 일종의 〈뒤로의 투영〉을 통해 아직 종잡기 어려운 내용 유형의 조직을 포착하기 위한 모험적이고 시도적인 해석에 연루된다(관습적이지 않은 태도의 어느 남자나 여자를 재현하는 그림 앞에서도 마찬가지일 것이다). 우리는 커다란 규모의 형상화를 마치 기본적이고 분석할 수 없는 특성인 것처럼 알아본다. 만약 일부 일반적인 속성들이 존중된다면, 표현과 그것의 관습적인 내용 사이의 관계는 즉각적이다. 내용은 미리 존재하기 때문에 그 주어진 시각적 표지들에 의존할 필요도 없이 충분히 운반될 수 있을 정도이다. 실제로 그 위에 /하트 킹/, /다이아몬드 7/ 등이 쓰인 카드들을 갖고 게임을 할 수도 있다. 도상 그림은 하나의 〈상표〉이다.

양식화들의 목록은 관습화된 표현들의 다양한 목록들을 포함할 것이며, 그것들 각각은 다음과 같은 하위 코드에 의존한다.

(1) 귀족이나 주교의 문장(紋章)들과 같은 문장학적 문양들.

(2) /한숨짓다/ 또는 /짖다/ 같은 도식적 의성어들. 이것들은 원래 거짓 견본들(3·6·3 참조)로 생산되었고, 이제는 자의적으로 내용과 상호 관계된 표현으로 받아들여지는, 변질된 완전한 의성어들일 뿐이다.

(3) 가령 (건축학적 유형에서) 집, 병원, 교회, 도로, 광장처럼 코드화된 거대 환경적 특성들.

(4) 광고에서 사용되는 자동차의 이미지들처럼 복잡한 대상들의 표준화된 이미지들.

(5) 음악 종류들(행진곡, **오싹한**_thrilling_ 음악 등).

(6) 문학과 예술의 장르들(동화, 서부극, 희극, 목가적 풍경 등).

(7) 3·5에서 검토한 〈알아봄 코드〉들의 모든 요소들. 여기에서 표범은 얼룩점을 특징으로 하며, 호랑이는 줄무늬를 특징으로 한다((고양잇과]라는 일반적 표지가 변형 과정들 덕택에 일단 표현될 경우).

(8) 도상학에서 연구되는 도상 그림들(**크리스마스, 최후의 심판, 유디트와 홀로페르네스** 등).

(9) 그리스 신전의 이미지와 연결된 [고전적 아름다움]에 대한 키치 예술의 암시처럼, 도상학적 장치들에 의해 운반되고 미리 정해진 평가적 함축들.

(10) 가령 어느 주어진 향수는 즉각적으로 [유혹] 또는 [호색]을 함축하고, 반면에 다른 향수는 [깨끗함] 또는 [순수]를 함축하며, 분향(焚香)은 [종교성]을 함축하는 것과 같은 다른 특성화들.

일부 한계들을 넘어서면 양식화와 창안을 구별하기 매우 힘들며, 많은 그림들은 양식화와 창안이 구분할 수 없게 짜인 텍스트이다. 15세기나 16세기의 **수태 고지**(受胎告知)를 생각해 보기 바란다. 거기에서 인물들의 표준적 자세들과 모습들은 양식화의 문제이지만, 그림의 내용은 미가엘 대천사의 마리아 방문이 재현되었다는 사실의 커뮤니케이션만으로 완전히 끝나지 않는다. 그런 그림을 양식화나 창안으로 해석하는 것은 대개 수신자이다. 백과사전을 위한 컬러 재생 그림들의 기록 보관원은 안젤리코 Angelico 수사에서 로렌초 로토 Lorenzo Lotto에 이르기까지의 다양한 작품들을 보관하면서, 서로 구별되는 내용들을 고려하지 않고 그냥 〔수태 고지〕로 보관할 것이다. 하지만 볼륨이나 색깔 처리에 관심 있는 예술사 학자는 운반된 내용과 양식화들을 구별하여, 다양한 그림들의 창안 요소들에 의해 운반되는 내용을 조사할 것이다.

많은 음악 작품들에서도 똑같은 일이 일어난다. 각자의 삶에서 다양한 순간에 덜 관습적인 속성들에 대한 열광적이고 모험적인 해석을 요구하는 음악 작품들을 복잡한 텍스트로 접하게 된다. 그런데 어느 순간 이제 귀가 〈익숙해졌을〉 때, 커다란 규모로 과잉 코드화된 단위로 단순하게 받아들여지고 〔교향곡 제5번〕, 〔브람스의 교향곡 2번〕, 또는 심지어 〔낭만주의 음악〕으로 분류되게 된다. 그런 양식화는 **이전 창안들의 남용,** 즉 복잡한 담론을 운반하였거나 운반할 수 있었을 것이며 이제는 〈고유 이름〉의 기능으로 채택되는 텍스트들이다.

비록 부정확하더라도 그것들의 모사는 언제나 만족스러운 사례로 받아들여지고, 그것은 바로 과정과 적용에 끊임없이 노출됨으로써 **어려운 비율**이 **쉬운 비율**을 생성한다는 증거이다.

양식화들은 (다른 한편으로 벡터들과 마찬가지로) 다른 장치들과 조합되어 기호들과 담론들을 형성한다. 시각적 조합 단위들에 양식화들이 합쳐 가령 〔이 길은 무거운 차들은 금지되어 있다〕, 〔추월 금지〕, 또는 〔근처에 병원이 있으니 소음을 내지 말기 바랍니다) 같은 도로 표지판들을 생성한다.

이제 다른 체계의 요소들과 조합될 수 있는 다른 유형의 장치들, 즉 **벡터들**에 대해 살펴보자.

고전적인 예는(2·11·4, 2·11·5, 3·5·7에서 이미 제시된) 가리킨 손가락이다. 그것은 모사 가능한 조합 단위들인 //길이//와 //말단// 같은 차원적 특성들을 실현하지만, 무엇인가를 향해 **움직이며**, 그런 //방향성//의 특성은 〈왼쪽 대 오른쪽〉 또는 〈앞으로 대 뒤로〉 같은 매개 변수들, 또는 좀 더 정확히 말해 〈왼쪽에서 오른쪽으로〉 또는 〈오른쪽에서 왼쪽으로〉 같은 매개 변수들에 따라 수신자의 관심을 이끈다. 수신자가 가리킨 방향을 물리적으로 따라가야 하는 것은 아니다(또한 그 방향에 무엇인가가 반드시 있어야 하는 것도 아니다. 2·11·5 참조). 왜냐하면 실제로 두 개의 방향이 있기 때문인데, 하나는 손가락의 **통사적 표지**로서 물리적으로 지각할 수 있는 것이고, 다른 하나는 **의미적 표지**로서 의미되는 것이다. 방향의 특성은 **어려운 비율**에 따라 생산된다. 생산된 방향은 바로 말하는 그 방향이기 때문이다.

하지만 방향의 개념에서 그것의 공간적 지표들이 제거되어 〈진행〉으로 이해되어야 하는 다른 유형의 벡터들도 있다. 부차 언어학적 특성들에서 소리 높이의 올라감 또는 내려감도 역시 벡터의 장치이다. 물음표는 〈말하거나〉 또는 〈조율되는〉 것으로서 벡터화의 사실이다. 멜로디의 성격도 단지 거기에 연루된 조합적 단위들 덕택에 포착되지 않고, 그것들의 이어짐 덕택에 포착되기도 한다(//도-솔-미-도//와 //도-미-솔-도//는 똑같은 조합 단위들의 사용에도 불구하고 벡터의 요소 덕택에 서로 다른 두 개의 멜로디가 된다).

3 ___ 기호 생산 이론

그러므로 〈문장의 지적체들〉(또는 〈통합체적 지적체들〉), 말하자면 통합체 안에서 단어들의 이어짐도 벡터의 현상들이다.[42] 가령 /*Giovanni batte Giuseppe*(조반니가 주세페를

---

[42] 모든 생성 의미론은(비록 고려하고 있지 않을지라도) 〈심층〉 의미적 재현에서 나타나는 벡터와 관련된다. 〈지배 *government*〉, 〈통어(統御, *command*)〉, 〈사이에 끼우기 *embedding*〉의 개념들은 벡터적 개념들이며, 계층적 배치들, 〈위와 아래〉, 〈이전과 이후〉의 관계들과 관련된다. 그런 의미에서 벡터화는 맥락적 특성으로 간주되어야 하며, 그럼으로써 2·9·3에서 주장했던 것, 말하자면 의미소의 재현은 맥락적 조합의 규칙까지 포함해야 한다는 주장을 부정하게 된다. 원칙상 벡터는 공간적 또는 시간적 (또는 논리적) 연쇄 안의 위치이기 때문에, 여러 논항의 술어로서 의미소의 재현이 일단 인정되면, 모든 의미적 재현은 가령 다음과 같이 주어진 맥락에서 논항의 역할을 설정하는 맥락적 선택도 예상해야 한다고 가정할 수 있다.

$$/x/ \begin{cases} (cont_v(x, y) - d_{동인}) \\ (cont_v(y, x) - d_{대상}) \end{cases}$$

하지만 이런 해결은 더 많은 문제를 제기한다. 즉 재현해야 할 벡터의 위치는 표면 구조에서 실현되는 것인가, 아니면 심층 구조에서 실현되는 것인가? 레이코프(1971a)의 암시에 의하면, 가령 /*Sam claimed that John had dated few girls*(샘은 존이 소수의 아가씨들과 데이트를 했다고 주장하였다)/ 같은 표현은 /*Sam claimed that the girls who John had dated were few*(샘은 존이 데이트를 한 아가씨들은 소수였다고 주장하였다)/나 /*The girls who Sam claimed that John had dated were few*(존이 데이트를 하였다고 샘이 주장하는 아가씨들은 소수였다)/로 해석될 수 있다. 물론 표면 구조의 벡터화는 모호함을 허용하며, 단지 심층 재현에서 양화사(量化詞, *quantifier*)의 올바른 벡터화만이 그 점을 밝히는 데 도움을 준다. 하지만 기호 생산 작업(특히 코드에의 적용)은 바로 심층의 의미 재현을, 일련의 〈제약들 *constraints*〉을 통해 표면의 의미 재현으로 투영하는 것으로 구성된다. 제약들은 바로 어떻게 벡터들이 표면에서 실현되어야 하는가를 설정하는 규칙들이다. 하지만 여기에서 심층의 의미 재현은 (생성 이론이 이해하듯이), 기호 생산의 기저 작업에 대한 메타언어적 설명으로 작용하는 해석소의 기능으로서 벡터들의 계층으로 나타난다. 그러므로 의미 이론의 메타언어적

때린다)/에서 문장의 방향(글로 된 문장에서는 공간적 방향이며 발음된 문장에서는 시간적 방향)은 그 내용을 이해할 수 있도록 만들어 준다. 그러므로 벡터화는 〈기호〉가 아니라 (모리스가 〈형성체〉 기호들에 대해 생각한 것처럼), 내용의 일부를 운반하는 통사적 요소, 하나의 **특성**이다(벡터들은 **어려운 비율**로 형성된다).[43] 단지 매우 제한된 경우들에서만 벡터가 혼자 기호 기능을 발생시킬 수 있는데, 가령 의문문이나 긍정문에서 웅얼거림의 경우가 그렇다(하지만 이것들은

재현에서나, 주어진 의미소의 조합 가능성들의 의미적 재현에서나, 텍스트 해석을 주재하는 전제와 추론의 작업 자체에서도 벡터화들이 작용한다. 이런 모든 문제들은 변형 문법들, 해석 의미론들, 생성 의미론들에 의해 아직 결정적으로 해결되지 않았기 때문에, 언어적 벡터들의 성격은 아직도 매우 복잡하며 다른 검증들을 요구한다. 하지만 최소한 흥미롭게도, 조합적 단위들, 디지털화, 관습이 있다고 가정되는 곳에서 너무나도 격렬하게 그 배경에 어딘가 〈도상적인〉 것, 말하자면 은유가 아니라 벡터들의 문제가 나타난다. 그 이상의 검증은 아직도 필요하지만, 언어학적 문제들도 바로 언어 세계의 안이든 밖이든 상관없이 작용하는 기호 생산 방법들에 대한 기호학적 연구에 의해 밝혀져야 한다.

43 많은 언어의 경우에 표면 구조에서 어휘소의 위치가 정확한 명료화를 허용하는 벡터의 특성을 나타내지 않는다. 예를 들어 /*Giovanni ama Maria*(조반니는 마리아를 사랑한다)/라고 말할 수 있지만 /*ama Maria Giovanni*(마리아를 사랑한다 조반니는)/라고 말할 수도 있다(비록 시적인 뉘앙스가 있지만). 후자의 경우 위치는 행위자를 확인하도록 허용하지 않는다. 반면에 그것을 허용하는 심층 재현에서의 위치는 존재한다. 하지만 그런 경우 공간적 또는 시간적 벡터는 부차 언어적 벡터, 말하자면 휴지(休止)들과 억양들의 총체에 의해 대체된다고 말해야 한다. 그러니까 /*ama Maria, **Giovanni**!*/라고 말한다(보다시피 글자로 옮겨 쓰기에서 그런 억양은 쉼표와 느낌표에 의해 대체된다). 샌더스Sanders(1974)는 스페인어에서 /*Manuel me presentó a ti*(마누엘은 나를 너에게 소개했다)/(여기에서 위치들은 순서를 지적한다) 또는 /*Manuel te me presentó*/로 말할 수 있다고 지적한다. 하지만 후자의 경우 관용적 문장과 관련된다는 의미에서 전형적인 과잉 코드화처럼 보인다.

오히려 양식화들처럼 보인다. 원래 **어려운 비율**에 지배되는 벡터들인데, 남용화 과정을 거쳐 **쉬운 비율**로 이해될 수 있고 재생산될 수 있다).

3·6·6 계획된 자극들과 사이비 조합적 단위들

모사들과 창안들의 중간에 아직까지 기호학이 충분히 정의하지 않은 두 가지 유형의 장치들이 있다.

첫 번째 장치는 **수신자에게 반영된 반응을 부추기려고 하는 기호적이지 않은 요소들**의 배치로 이루어진다. 연극 공연 중에 나타나는 빛의 섬광, 음악을 연주하는 동안에 들리는 견딜 수 없는 소리, 잠재의식적인 흥분 등 오히려 자극들로 분류되는 그런 모든 장치들은 발신자에게 **정해진 효과의 자극체들**로 알려져 있을 수도 있다. 그러므로 발신자는 거기에 대한 기호학적 지식을 갖고 있다. 그에게 어느 주어진 자극에는 주어진 효과가 수반되지 않을 수 없기 때문이다. 바꾸어 말해 자극이 표현의 단면을 나타내고 **예상된 효과**가 내용의 단면을 나타낼 때 기호 기능이 발생한다.

그러나 그 효과는 매우 복잡한 맥락 속에 개입될 때 전혀 예상하지 못할 수도 있다. 가령 화자가 사법적 수사학의 법칙에 따라 설득적인 연설을 하고 있는데 연민과 이해의 효과를 부추기려고 노력한다고 가정해 보자. 그는 섬세한 떨림과 흐느끼는 듯한 목소리로 자신의 문장을 발음할 수 있고, 그것이 자신의 울고 싶은 심정을 암시할 **수 있을** 것이다. 그러한 초분절적 장치들은 부차 언어적 장치들로, 또는 자신의 정서 상태를 드러내는 순수한 증상들로 작용할 수 있다. 하지만 청자들에게 동일시의 느낌을 유발하고 그들을 어느 주어진 정서 상태로 이끌기 위해 그가 **의식적으로** 연설 속에 도입하는 자극들일 수도 있다. 그런 경우 그는 그런 장치들을 계획된 자극들로 사용하고 있다. 비록 그것들이 유발할 효과에 대해 확신하지 못하더라도 말이다. 그러므로 화자는 주어진 자극 규칙의 수행과, 기호적 장치들로 인정될 수도 있는 (또는 그렇지 않을 수도 있는), 관습화되지 않은 새로운 요소들의 제안 사이의 어중간한 위치에 있다. 때로 화자는 주어진 자극과 주어진 효과 사이의 필연적 관계에 대해 확신하지 못하며, 따라서 어떤 코드를 수행하는 것이 아니라 실제로는 새로운 코드를 실험하고 또 설립하려고 노력하기도 한다.

때문에 그런 장치들은 모사와 창안 사이에 있고, 기호학적 장치가 될 수 있거나 또는 될 수 없으며, 따라서 일종의 **모호한 문턱**을 이룬다. 그러므로 비록 계획된 자극들의 표현 연쇄들은 불연속적 단위들로 분석될 수 있고, 상응하는 내용은 **담론적 성운**으로 남게 된다. 따라서 모사 가능하고 분석될 수 있는 단위들로 만들어지고 **쉬운 관계**에 의해 지배되는 표현이 내용의 단면에서 매우 모호한 담론을 생성할 수도 있다.

다음과 같은 것들을 계획된 자극들로 분류할 수 있을 것이다. (1) 시, 음악, 그림 등에서 확인할 수 있는 모든 **공감각들**. (2) 칸딘스키 같은 예술가들에 의해 이론화된 모든 소위 〈**표현적**〉 기호들. 말하자면 공감의 이론가들이 연구한 것들을 포함하여, 주어진 감정들을 운반한다고 관습적으로 **추정되는** 시각적 형상화들. 하지만 그런 장치들은 심리적 힘들과 동기화의 관계를 맺고, 내적인 역학을 재생산하는 것처럼 보이기 때문에, 그것들은 투영에 대해 말하면서도 고려되어야 할 것이다. (3) 3·5·8에서 설명한 **대체적 자극들**의 모든 생산. 마지막으로 (4) 3·6·7에서 다룰 대부분의 **투영들**. 그렇지만 계획된 자극들과, 가령 몸의 움직임, 몸짓학과 부차 언어학에 의해 등록된 얼굴 표현들처럼 정서들을 표현하는 데 적합하고 좀 더 명백하게 코드화된 장치들 사이를 구별해야 한다.

다른 유형의 불순한 기호학적 작업들은 **사이비 조합적 단위들**인데, 가장 전형적인 예는 추상적인 그림이나 무조(無調) 음악 작품에서 찾아볼 수 있다. 분명히 몬드리안의 그림이나 쇤베르크의 음악 작품은 완벽하게 모사될 수 있으며 조합적 단위들로 구성되어 있는데, 그 조합적 단위들은 의미를 갖고 있지 않지만 정확한 조합의 규칙들을 따른다. 그런 경우 완벽하게 분절된 표현의 단면이 있지만, **불분명하게 남는 것은 내용의 단면이며** 그 내용은 어떠한 해석에도 열려 있음을 누구도 부정할 수 없다. 그런 경우 그것들은 기호 기능이라기보다 수신자에게 내용을 부여하라고 권유하며 해석의 도전으로 이끄는 **열린 신호**들이라고 말하고 싶다(에코, 1962). 단지 어떤 내용과 상호 관계되기를 기다리고, 또한 상이한 상호 관계들에도 열려 있는 **명제적(시각적 또는 음악적) 기능들**이라고 부를 수도 있다.

따라서 후기 베베른Webern 스타일의 음악 〈그룹들〉의 음악을 들으면 모사될 수 있고 조합될 수 있는 음악적 단위들이 확인되며, 때로는 그 조합의 규칙까지 확인된다. **앵포르멜** *informel* 그림이나 〈네오다다 *neo-dada*〉와 〈우연성 *aleatory*〉 음악의 실험들 앞에서 해석은 더욱 복잡해진다. 거기에서는 모든 예상 가능한 규칙들이 결여된 **텍스트적 은하계들**이 확인되고, 따라서 사이비 조합에 대해 말하는 것이 아직 불가능해 보인다. 결과적으로 그것은 레비스트로스(1964)가 언어적 성격과 분절적 능력을 거부하였던 그런 유형의 예술 현상들이다.

그런 경우 전체의 질료적 짜임새가, 그 규칙들의 부재 상태에서, 이전의 예술을 지배하던 규칙들의 체계에 대립하고, 그리하여 소음의 발현들이 질서의 발현들과 대립하는 일종의 거시 체계를 창조한다고 대답할 수 있다. 그런 해결책은 형식적으로 우아하다는 장점을 갖고 앵포르멜 예술의 다양한 현상들을 설명하겠지만, 모든 기호학적 특징의 부재가 **바로 기호학적 현상들의 부재를 부각시키기 위해** 증명되고, 결과적으로 어떤 [부정]의 의미화를 얻는 그런 현상들을 기호학적인 것으로 인정하도록 유도한다. 그런 현상은 **커뮤니케이션의 거부를 커뮤니케이션하기 위해** 과시하는 침묵의 현상과 마찬가지일 것이다(바츨라비크Watzlawick, 1967 참조).

하지만 그런 예술 유형들이 사이비 조합의 대열에 오르고자 바라는 또 다른 이유도 있다. 그 열쇠는 예술가들 자신에 의해 주어지는데, 그들이 자신들이 사용하는 질료의 법칙들, 나무의 결들, 색깔의 응어리들, 쇠의 녹, 소리 **덩어리들**clusters의 떨림 등을 탐색하고자 했다고 주장하고, 그 안에서 형식들, 관계들, 새로운 시각적이거나 청각적인 형상화들을 찾으려고 할 때 그렇다. 예술가는 표현 연속체의 층위에서, 이전의 표현 조직들이 전혀 적절화하지 않았던 새로운 분절의 가능성들을 발견한다. 그런 새로운 형식적 특성들은 너무나도 명백하게 알아볼 수 있어서, 평범하게 훈련된 눈도 폴록Pollock과 뒤뷔페Dubuffet의 그림, 베리오Berio와 불레즈Boulez의 음악을 구별하는 데 아무런 어려움이 없을 것이다. **이것은 새로운 조합적 단위들의 조직(개인적인 조직)이 있다는 증거이다.** 다만 그런 조직이 어떤 코드를 따르는 것이 아니라 코드를 **설립하며,** 따라서 작품은 메타언어적 가치도 띤다.

그런 경우 세 가지 계열의 문제들과 관련된다. (1) 표현 연속체를 더 많이 나누기. 이것은 3·7에서 보겠지만 미학적 기능의 텍스트들을 특성화하는 데에서 매우 중요해진다. (2)

다양한 층위에서 벌어지는 나누기의 복잡성. 이로 인해 분석의 일부 층위에서는 표현을 모사하기 어렵게 만듦으로써 여전히 해당 단위들을 확인하기 불가능하다(이것은 무엇 때문에 **새로운 음악**Neue Musik에서 연주들을 모사하기 힘든지를 설명해 주며, 따라서 정해진 연주 행동들을 규정하는 종합적 악보가 있을 때에도 악기나 가수의 창의적 참여에 많은 공간이 주어진다). (3) 표현의 새로운 층위에서 나타나는 **창안**.

그렇지만 도표 39에서 보듯 사이비 조합들은 **쉬운 비율**에 의해 지배되는 생산 방법들 사이에 등록되어 있는데, 이는 모사 가능한 것으로서 그것들은 비록 기호 기능과 열린 신호 사이의 중간에 있을지라도 표현 유형을 재생산할 뿐이기 때문이다. 그 단위들을 확인할 수 없다면 모사할 수도 없으며, 따라서 연속체의 새로운 물리적 조작 가능성의 제안과 기호 기능 사이의 불분명한 구역에 남아 있게 된다. 반대로 계획된 자극은 예들이나 견본들과 마찬가지로 **쉬운 비율**과 **어려운 비율** 사이의 중간에 분류되었는데, 이는 공감의 이론가들이 잘 알고 있듯이, 물리적 형식과 일정한 감정 사이에 언제나 동기화된 연결이 있으며, 따라서 계획된 자극들은 양식화의 경우들과 창의적 투영의 경우들 사이에 위치하기 때문이다.

3·6·7 창안

창안이란 기호 기능의 생산자가 목적에 알맞게 아직 분할되지 않은 새로운 물질적 연속체를 선택하고, 거기에 형식을 부여할 새로운 방식을 제안하여 그 안에다 내용의 유형에 적절한 요소들을 **변형**하고자 하는 생산 방법이라고 정의하자.

창안은 다른 질료의 표현으로 실현된 **어려운 비율**의 가장 예시적인 경우이다. 또한 표현과 내용을 상호 관계시키는 방법에 대해 이전의 사례들이 존재하지 않기 때문에, 어떤 방식으로든 상호 관계를 **설립**하고 그것을 받아들일 만한 것으로 만들어야 한다.

분명히 알아봄을 통해 생산된 표현을 이해할 수 있는 것은, 내용의 단위를 표현의 단위와 연결시킨 이전의 경험 때문이다.

분명히 실물 제시를 통해 생산된 표현을 알아볼 수 있는 것은, 어느 주어진 실체를 그것이 속한 부류의 대표자로 만듦으로써 추상화의 기본적 메커니즘에 의존하기 때문이다.

분명히 모사를 통해 생산된 표현을 알아볼 수 있는 것은, 어느 주어진 내용과 관습적으로 상호 관계된 표현 유형의 특성들을 확인할 수 있기 때문이다.

그 모든 경우에서 **쉬운 비율**과 관련되든 또는 **어려운 비율**과 관련되든, 문화적 생산물로서의 유형(비록 그것이 내용의 유형이더라도)이 이전에 존재하기 때문에 유형과 사례 사이의 상응을 알아볼 수 있다.

유형은 표현의 유형이든 내용의 유형이든 그것의 표지들로 분석되고 사례로 **변형**된다.

그 과정은 도표 40으로 재현될 수 있는데, 여기에서 x들은 유형의 적절한 속성들이고 y들은 변화 가능한 요소들이다.[44]

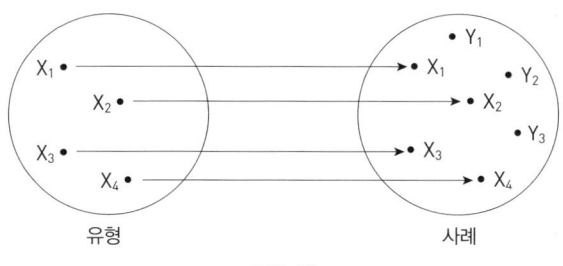

도표 40

쉬운 비율의 경우 유형에서 사례로의 이행은 커다란 문제들을 제기하지 않는다. 단순히 유형의 속성들을 그 유형이 규정하는 질료로 재생산하기만 하면 된다. 음소의 경우 유형은 예를 들어 〈순음(脣音) + 유성음〉을 규정하고(인간의 발성 기관을 수단으로 한다고 함의하면서), 그리하여 [b]를 어떻게 발음하는가를 설정한다.

어려운 비율의 경우 상황은 더욱 힘들어진다. 이 경우 앞에서 말했듯이 유형은 하나의 내용 단위, 하나의 의미소이며, 그것의 속성들은 의미적 표지들이며 원칙상 어떤 질료적 연속체와도 연결되어 있지 않다.

그렇다면 포도주 잔의 적절한 속성들을 변형하여 식탁 위에 포도주 잔의 젖은 자국을 생산하게(또는 해석하게) 한다는 것은 무엇을 의미하는가 질문할 수 있을 것이다. 하지만 그런 질문은 지시적 편견에서 출발하기 때문에 잘못 제기되었다. 사실 포도주 잔의 자국은 대상 〈포도주 잔〉의 속성들을 가져야 하는 것이 아니라, 문화적 단위 [포도주 잔의 자국]의 속성들을 가져야 한다. 그리고 잘 살펴본다면 이 경우 그런 실체의 의미적 재현은 단지 네 가지 표지들, 말하자면 [원], [직경 x], [붉은], [젖은]의 표지들만 갖고 있다. 그런 표지들을 다른 질료로 변형한다는 것은 단지 위에서 말한 의소들의

---

44 다음의 글은 나중에 기호학 잡지 『베르수스*VS*』의 일부 호들을 탄생시킨 일련의 논의들에서 나온 것이다. 그중에서 볼리(1972), 크람펜(1973)의 공헌과, 베테티니, 파라시노, 카세티Casetti, 메츠, 베론, 오스몬드스미스 등의 발표들을 기억하고 싶다. 이 글은 그 다양한 논문들에 흩어져 있는 많은 관찰들의 결과를 자유롭게 활용하고 있다. 또한 토머스 말도나도Thomas Maldonado, 세보크, 야콥슨과의 토론에서 직접적이거나 간접적인 암시들을 받기도 하였다.

화학적이고 기하학적 해석소들을 실현한다는 것을 의미한다. 일단 그것이 이루어지면 사례는 실현되고, 알아볼 수 있고, 유형에 부합된다. 따라서 마찬가지로 산토끼의 발자국은 산토끼의 이미지에 대해 〈도상적〉이라고 말할 수 없다. 전자의 경우에는 유형이 미리 존재하고 고도로 문화화되어 있지만, 후자의 경우에는 고도의 양식화 경우들을 제외하면 유형이 존재하지도, 문화화되어 있지도 않다.

여기에서 나타날 수 있는 문제는 기껏해야 이런 것이다. 어떤 의미에서 식탁 위에 젖은 물질로 구체화된, 주어진 직경의 원이 〔원〕과 〔직경 x〕라는 의미적 표지를 재생산하는가? 하지만 문제는 음소를 알아볼 가능성과 관련되는 문제와 다르지 않다. 어떤 의미에서 유성음의 순음은 바로 유성음의 순음으로 알아볼 수 있는가? 그 대답은 이미 3·4·7과 3·4·8에서 제시되었다. 알아봄을 허용하는 청각적 매개 변수들이 있으며, 그런 알아볼 가능성은 정상적인 지각의 메커니즘들을 토대로 하며 기호학의 공리가 아니라 **공준**을 이룬다. 그런데(3·4·2 참조) 상이한 표현들이 상이한 매개 변수들에 따라 실현되기 때문에, 원을 알아보는 것과 순음을 알아보는 것을 구별하는 것은 단지 공간적 매개 변수와 청각적 매개 변수 사이의 차이일 뿐이다.

그러나 (어쨌든 차이는 존재하기 때문에) 음소의 재생산 가능성을 지배하는 청각적 특성들은 내용의 표지들이 아니지만, 자국의 재생산 가능성을 지배하는 공간적 특성들은 내용의 표지들이다. 그것이 **쉬운 비율**과 **어려운 비율** 사이의 차이이다. 하지만 그것은 구체화된 특성을 알아볼 가능성의 원칙을 문제 삼지 않는다.

그런데 도표 39를 고려해 보면 알 수 있듯이, **어려운 비율**의 모든 경우들에서 우리는 내용의 유형들과 관련되며, 거기에서 표지들의 일부, 가장 중요한 표지들은 **장소 민감적**이며, 따라서 공간적 형상화 또는 **벡터들**이 된다. 이것은 우리를 2·7·2에서 다루었던 문제로 다시 인도한다. 즉 모든 의미적 표지들이 언어로 표현될 수 있는 것은 아니다. 언어로 표현할 수 있는 경우 최대한의 추상화를 실현하게 된다. 그리고 원칙상 (컴퓨터를 통한 복잡한 시각적 형상화들의 재생산 가능성이 증명하듯이) 아주 복잡한 장소 민감적 표지들도 일련의 알고리듬으로 해결될 수 있다. 그렇지만 좌표들을 통해 표지를 드러내는 수학적 표현들에도 벡터의 지적들이 존속한다. 그리고 어떤 경우든 일반적인 경험에서 삼각 함수적인 관계로의 기술 가능성에서 도움을 받지 않고 언어로 표현하기 어려움과 직접 부딪치기도 한다. 따라서 산토끼 발자국 요소들의 공간적 배치는 메타언어적으로 기술될 수 없다. 그러나 자국이 〈문화적 존재〉를 갖고 있지 않고 또한 〈생각될〉 수 없다고 결론을 내리는 것은 무모할 것이다. 따라서 〈생각될〉 수 있고 또한 〈시각적 생각〉이 존재한다고 말하는 것은 기호학 외적인 단언이 될 것이다. 하지만 그것이 **해석**될 수 있으며, 알고리듬으로의 변형은 비록 드물게 실현되지만 바로 해석의 가능한 방법이라고 말하는 것은 기호학적 단언이다. 그리고 알고리듬에서 얻은 그림이 실제적인 자국보다 더 도식적이라는 사실은 단지 우리의 주장, 말하자면 자국의 문화적 개념(상응하는 의미소)은 지각적 모델이나 상응하는 대상과 일치하지 않는다는 주장을 확인해 줄 뿐이다.

    지각적 모델에서 의미적 모델로, 그리고 의미적 모델에서 **어려운 비율**에 지배되는 표현적 모델로 넘어가는 과정은 도표 41에 나타나는 것처럼 도식화될 수 있다.

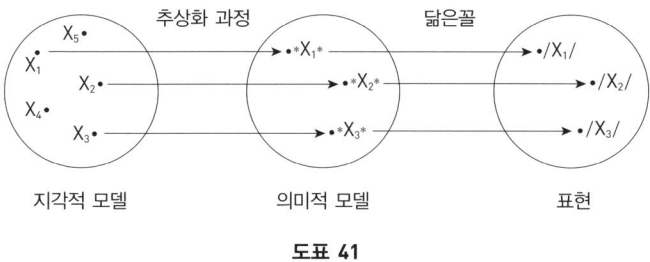

도표 41

바꾸어 말하자면 **지각적** 모델이 어느 주어진 표현의 〈밀집한〉 재현으로서 지각된 대상 x에 속성들 x_1, x_2, x_3…… x_n을 부여하자마자 문화적 경험이 실현되며, 지각적 모델은 단지 밀집한 재현의 일부 속성들만 간직하는 **의미적** 모델을 발생시킨다. 간직되는 모든 속성들이 필히 언어로 표현될 수 있는 것은 아니며, 그들 중 일부는 장소 민감적일 수도 있다.

여기에서 의미적 모델을 **표현적** 장치들을 통해 표현하는 일이 가능해진다. 만약 표지들이 장소 민감적이지 않다면, 자의적으로 부여된 상호 관계로 충분할 것이다. 장소 민감의 경우 상호 관계는 **동기화**된 것이기 때문에, **변형**의 규칙들을 따라야 할 것이다.

도표 41로 돌아가면 첫 번째 유형의 변형은 기호학의 용어로 설명되어야 하는 것이 아니다. 왜냐하면 모든 추상화 과정을 지배하는 규칙들을 따르기 때문이다(비록 지각과 지성의 메커니즘들 자체에 대한 기호학적 연구의 가능성이 이미 암시되었을지라도 그렇다). 그러므로 우리는 서론에서 말했던 〈정량적〉 한계들 중 하나의 문턱에 놓이게 된다.

하지만 두 번째 유형의 변형은 두 삼각형 사이의 닮은꼴을 지배하는 것과 비슷하며 우리가 기호학적 의미에서 정의했던 메커니즘이다. 〈공간 안에서 점들의 모든 일대일 상응은 변형이다. 우리의 관심을 끄는 것은, 적용되는 기하학적 실체들에서 나오는 일부 속성들을 변화되지 않은 상태로 남겨 두는 변형들의 존재이다.〉[45]

이러한 변형의 개념은 사례에서 사례로 관계의 경우들이나, 사례에서 유형으로 관계의 경우들(이를 토대로 기호학의 공준이 세워진다)에 모두 적용된다. 하지만 그것은 자국들의 생산(때로는 가상적인) 경우들도 설명하며, 그렇기 때문에 3·6·2에서 자국들은 변형의 특수한 경우, 말하자면 **투영**으로 정의되었다. 다만 이 마지막 유형의 변형은 여느 유형들과는 달리 표현의 유형과 표현의 사례 사이에서 일어나지 않고, 내용의 유형과 표현의 사례 사이에서 일어난다. 또다시 우리는 **어려운 비율**과 마주하게 되며, 따라서 **쉬운 비율**로 자국을 남기는 변형들이나 **어려운 비율**로 자국을 남기는 변형들이 모두 존재한다. 이 후자의 변형들이 우리의 논의 대상이 되는데, 이는 다음과 같은 문제들을 제기한다.

(1) 어떻게 물리적이지 않은 현실에서 물리적 연속체로 변형되는가?

(2) 내용의 유형에 의해 이루어지는 관습성의 정도 및 그것의 장소 민감적 복잡성을 고려하면 그런 유형의 변형들은 어떻게 분류될 수 있는가?

도표 39에서 자국들(비록 확인되기보다 우연히 모사되었을지라도)이 순수한 변형들로 분류되지 않은 데에는(그러니까 창안들의 항목에 분류된 데에는) 나름대로의 이유가 있다. 자국의 경우 **문화적 모델이 미리 존재하기** 때문이다. 자국

---

45 볼리(1972: 25)는 클라인Klein이 자신의 **에를랑겐 계획**Erlangen Program(1872)에서 표현했던 기하학적 개념에 대해 언급하면서 말한다. 〈기하학은 변형들의 정해진 집단과의 관계에서 변화되지 않고 남아 있는 속성들에 대한 연구이다.〉

은 **이미 알고 있는** 무엇인가에서 변형한다. 그리고 의미소의 장소 민감적 속성들을 어떻게 질료적 연속체로 구체화할 것인가를 설정하는 닮은꼴의 규칙들이 있다. 바로 그러한 이유 때문에 도표 41에서 재현된 변형 과정은 도표 40에서 재현된 과정(**쉬운 비율**과 관련된)과 그다지 달라 보이지 않는다. 도표 41에서는 추정되는 대상의 의미소적 재현에 의해 **동기화된** 변형들과 관련되지만, 관습들 또는 **변형의 규칙들**이 존재한다.

그러나 해결해야 할 문제가 나타나는 것은, 고유의 문화적 특이성이나 구조적 복잡성으로 인해 **아직 문화적으로 알려지지 않은** 무엇의 속성들을 어떻게 표현 연속체로 변형할 것인가를 결정해야 할 때이다.

다시 한 번 이것은 〔황금의 산〕이나 〔다리가 일곱 개이고 눈이 열 개 달린 사람〕 같은 개념들을 표현하는 경우가 아니라는 점을 기억해야 한다. 왜냐하면 그런 경우 이미 알려진 요소들을 덧붙임으로써 알려지지 않은 요소들의 성격을 추론하기만 하면 되기 때문이다. 여기서의 문제는 전혀 다른 것이다. 바로 어떻게 돌로 된 산과 눈 두 개에 다리가 두 개인 사람을 시각적으로 재현할 수 있는가를(또 알아볼 수 있는가를) 이해하는 것이 문제이다.

어느 젊은 금발 여인이 실처럼 가느다란 나무들이 솟아 있는 산과 호수를 배경으로 앉아 있는데, 손에는 책을 한 권 들고 벌거벗은 두 아기를 데리고 있으며, 아기들 중 하나는 동물의 가죽으로 된 옷을 입고 있고, 두 아기가 함께 조그마한 새를 갖고 놀고 있는 모습을 재현하는 일이 어떻게 가능할까? 하지만 라파엘로는 「검은 방울새의 성모 Madonna del cardellino」에서 이 장면을 훌륭하게 재현하고 있다.

그림 특성들의 그런 총체는 복잡한 담론을 운반하는 텍스트이며, 또한 그 내용은 수신자에게 미리 알려져 있지 않고 따라서 수신자는 표현의 흔적들을 통하여 그 문화적 유형이 미리 존재하지 않는 무엇인가를 포착하는 것인데, 어떻게 **그런 현상을 기호학적으로 정의할 수 있을까?**

유일한 해결책은 이렇게 주장하는 것이리라. 그림은 미리 정해진 표현이나 내용에 의존하지 않기 때문에 **기호학적 현상이 아니며**, 따라서 그림에는 의미화의 과정을 허용하는 기능소들 사이의 상호 관계가 없고, 결과적으로 그림은 기능소들에 의해 **부여되는** 대신 고유의 기능소들을 **부여하는** 신비로운 현상이라고 말이다.

그러나 그런 현상이 기호 기능의 상호 관계적 정의의 그물에서는 벗어나는 것처럼 보이지만, 그것이 **다른 무엇을 대신하는 무엇으로서의 기호 정의에서 벗어나지는 못한다**. 라파엘로의 그림은 바로 그것, 그러니까 부재하는 무엇인가를 운반하는 물리적으로 현존하는 무엇(화폭 위의 안료들)이며, 이 경우에는 전혀 검증되지 않은 사건 또는 세상의 상태를 지시하는 **척하는** 무엇이기 때문이다(예수와 세례 요한이 함께 놀면서 어린 시절을 보냈다고 확고하게 믿는 사람도, 마리아가 **포켓판** 크기의 인쇄된 책을 갖고 있지는 않았을 것이라는 사실을 잘 알기 때문이다).

3·6·8 코드의 설립으로서의 창안

이런 예와 함께 우리는 기호 생산 방법들의 분류에서 핵심적인 지점에 도달하였다. 바로 **아직 정의되지 않은 다른 무엇으로부터 무엇인가가 변형되는** 생산 방법을 정의하는 문제이다. 우리는 두 기능소가 모두 **창안**되는 바로 그 순간에 **부여되는** 의미화 관습의 경우와 마주하게 된다.

하지만 이런 정의는 이상하게도 기호학자에게 친숙하게 들린다. 실제로 그것은 **언어의 기원** 및 기호학적 관습들의 탄생에 관한 논의(지난 세 세대의 언어학자들에 의해 아주 격렬하게 거부되었던 논의)를 상기시킨다.

그런데 코드 이론을 고고학적 관점과 통시적 오염들에서 해방시키는 것이 문제일 경우에는 그런 문제를 현명하게 회피할 수 있지만, 기호 생산 방법들에 대해 말하고 그 현상학을 시도하는 경우에는 무시될 수 없다.

그렇다면 창안으로 분류되고 **어려운 비율**에 의해 지배되는 (장소 민감적 내용 모델들에 의존하는) 그런 변형들의 문제는 **코드의 설립** 활동에 관한 문제를 예시적으로 제기한다고 가정해 보자(도표 31과 3·1·2 참조).

그렇다면 도표 41에서 검토된 변형 과정을 재검토하여 도표 42에 나타나는 것처럼 수정해 볼 수 있다.

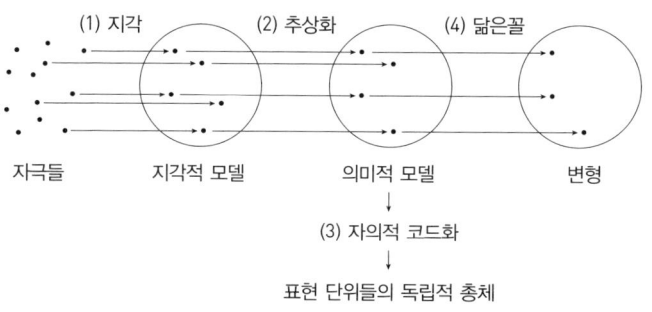

도표 42

여기에서 (1) 중요한 요소들은 아직 조직되지 않은 지각 영역에 의해 선택되고 지각물로 구조화된다. (2) 양식화의 경우들(3·6·5 참조)을 지배하는 과정과 다르지 않은 추상적 과정들은 지각물을 의미적 재현으로 변형하고, 이 의미적 재현은 지각물의 단순화가 된다. (3) 의미적 재현은 모사들 또는 조합 단위들의 분절 경우에서 그렇듯이 표현 장치들의 연쇄들과 자의적으로 결합된다. 아니면 (4) 닮은꼴의 법칙들에 따라 변형된다. 하지만 이런 과정들은 도표 39에 열거된 **모든** 기호 생산 유형을 설명하는데, 여기에서도 **창안들은 예외이다.**

창안을 갖기 위해서는 두 가지 유형의 과정이 필요한데, 그 중 하나는 **온건한** 과정으로, 다른 하나는 **급진적** 과정으로 정의될 것이다. **온건한 창안**이 나타나는 것은, 지각적 재현에서 표현 연속체로 직접 투영됨으로써, 동등한 내용 단위의 생산 규칙들을 규정하는 표현 형식을 실현할 때이다(도표 43).

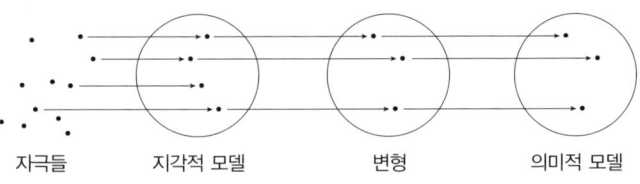

도표 43

이것은 예를 들어 라파엘로 그림의 경우와 일반적으로 〈고전적〉 유형의 이미지들의 경우이며, 자국의 **최초** 재생산 또는 알아봄의 경우이다.

발신자의 관점에서 볼 때 지각적 구조는 코드화된 의미적 모델로 간주되며(비록 아직은 아무도 그런 식으로 이해할 수 없을지라도), 그 지각적 표지들은 좀 더 쉽게 받아들여지는 닮은꼴의 규칙들을 토대로 하여 아직은 무형의 연속체로 변형된다. 그러므로 발신자는 내용의 기능소가 존재하지 않는 곳에서도 상호 관계의 규칙들을 전제한다. 하지만 **수신자**의 관점에서 볼 때 그 결과는 아직 단순한 표현 장치로 보일 것이다. 그러므로 그는 **예를 들어 라파엘로의 그림을 자국으로 사용하여 뒤로 나아가서** 함의된 닮은꼴의 규칙들을 추론하고 추정하여 원래의 지각물을 재구성해야 한다. 하지만 때로 수신자는 **협력하기를 거부하고** 그러면 관습은 설정되지 않는다. 그렇게 되면 수신자는 발신자의 도움을 받아야 하고, 따라서 그림은 완전히 순수하고 단순한 창안의 결과가 될 수 없지만, 가령 양식화, 코드화된 조합적 단위들, 거짓 견본, 계획된 자극 같은 다른 열쇠들을 제공해야 한다.[46]

단지 이런 요소들이 조합된 작용 덕택에, 그리고 조정들의 상호 작용에서 관습이 설정된다.

그 과정이 성공적일 경우 내용의 새로운 단면이 (이제는 단지 발신자의 기억인 지각물과, 물리적으로 검증 가능한 표현 사이에서) 형상화된다.

그것은 새로운 단위라기보다 오히려 하나의 **담론**이다. 화가에 의해 지각적으로 조직된 생경한 연속체였던 것이 서서히 세상의 문화적 조직으로 바뀐다. 기호 기능은 코드 설립을 시도하는 탐색 작업에서 나타나고, 그 정착 과정에서 습관들, 기대들의 체계, 매너리즘들을 생성한다. 일부 시각적 표현 단위들은 이후의 조합들에 활용될 수 있도록 정착된다. 그리고 양식화들이 나타난다.

---

46 예를 들어 라파엘로의 그림에서 나무들은 고도로 양식화되어 있으며, 후광(後光)도 충분히 그렇고, 마리아의 의상도 대부분 양식화이다(3·6·10에서 보겠지만 의상들은 그 자체로서 양식화의 예들이 된다). 또한 하늘과 땅은 계획된 자극들을 활용한다. 이것은 단순한 지적이다. 왜냐하면 기호 생산 방법들의 유형의 관점에서 볼 때 그림 작품들에 대한 분석은 완전히 새롭게 시도되어야 할 것이기 때문이다.

그리하여 그림은 조작 가능한 단위들을 제공하고, 그것들은 기호 생산의 이후 작업에서 사용될 수 있다. 세미오시스의 소용돌이는 새로운 기호 기능들과 새로운 해석소들에 의해 풍부해지고 무한하게 진행할 준비가 된다.

반면에 **급진적 창안들**의 경우는 상당히 다르다. 왜냐하면 여기에서 발신자는 실질적으로 지각적 모델을 〈뛰어넘고〉, 무형의 연속체 속으로 직접 〈파고들어〉, 지각물을 표현으로 변형하는 바로 그 순간에 형상화하기 때문이다(도표 44).

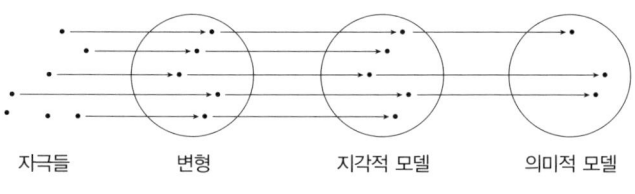

도표 44

이 경우 변형, 즉 실현된 표현은 마치 〈속기(速記)적〉 장치처럼 보이며, 이를 통해 발신자는 자기 지각 작업의 결과들을 고정한다. **그리고 단지 물리적 표현을 실현한 다음에야 지각 역시 하나의 형식을 띠게 되고 지각적 모델에서 의미적 재현으로 이행할 수 있다.**

예를 들어 그림의 역사에서 모든 위대한 혁신들을 가능하게 한 원칙이 그렇다. 인상주의자들의 경우를 보기 바란다. 수신자들은 재현된 주제들을 〈알아보기〉를 절대적으로 거부하였으며, 그림을 〈이해하지 못한다고〉 또는 그림이 〈아무것도 의미하지 않는다〉고 주장하였다. 그런 거부는 도표 43의 경우처럼 미리 존재하는 의미적 모델의 결여뿐만 아니라 적합한 지각적 모델들의 결여에서도 기인하는데, 누구도 아직 **그런 방식으로** 지각하지 않았으며, 따라서 누구도 아직 **그 사물들**을 지각하지 않았기 때문이다.

이 경우 격렬한 **코드의 설립**, 새로운 관습의 급진적 제안이 나타난다. 기호 기능은 아직 존재하지 않으며 부여할 수도 없다. 실제로 발신자는 세미오시스의 가능성에 대해 내기를 하는데 대개는 **진다.** 때로는 내기에서 이기는 데 몇 세기가 걸리기도 하며, 그리하여 관습이 설정된다.

그런 현상들은 창안의 전형적 경우인 미학적 텍스트들에 대한 항에서 좀 더 잘 이론화될 것이다.

여기에서 역사적 환기를 피할 수 없다. 지금까지 말한 것은 비코Vico의 언어에 대한 이론 및 관습적 언어들의 기원으로서 〈최초 비유들〉의 시적 창안에 대한 이론을 머릿속에 상기시킨다. 그럴 경우 분명히 창안 과정들의 현상학에 의하면, 만약 언어적 관습들의 기원에 대한 연구가 있어야 한다면, 그것은 아마 비코의 가설들 대부분을 검증해야 한다고 말할 수 있다.[47]

하지만 그런 가설들을 통째로 받아들이는 것은 크로체 Croce의 언어학에서 통탄해야 할 이론적 결과들에 이르게 할 뿐이다. 거기에서 최초의 창조성에 대한 가정은 모든 언어 행위 안에 내재하는 총체적 창조성에 대한 진술로 변형되

---

47 언어의 기원을 연구하는 가설들의 재탄생에 대해서는 두 가지 텍스트를 인용하고자 하는데, 문화적 구도에서는 서로 다르지만 둘 다 많은 관심을 끈다. 조르조 파노Giorgio Fano, 『언어의 기원에 대하여 Saggio sulle origini del linguaggio』(토리노: 에이나우디Einaudi, 1962), 고든 휴즈Gordon Hewes, 「인간의 기호 행동을 위한 언어 기원의 몸짓 모델의 함의들 Implications of the Gestural Model of Language Origin for Human Semiotic Behavior」(〈국제 기호학 학회〉 제1차 학술 대회의 발표문, 1974년 6월).

3 ___ 기호 생산 이론   393

고, 따라서 기호들의 사회적 과학으로서 기호학은 다른 어떤 만족스러운 설명으로 대체되지도 않은 채 모든 존재 이유를 상실하게 된다. 사실 **비코에서 크로체로의 이행에서 통시적 가설은 결정적으로 공시적인 것에 대한 형이상학으로 변형된다.**

하지만 우리가 지금까지 말한 것은, **순수한 급진적 창안의 경우들은 절대 없다**고, 아마 순수하게 온건한 창안의 경우마저 없다고 믿도록 만든다. 왜냐하면 (앞에서 이미 지적하였듯이) 관습이 탄생하기 위해서는 **아직 말하지 않은 것**의 창안이 **이미 말한 것**으로 포함되어야 할 필요가 있기 때문이다. 그리고 〈창안적〉 텍스트들은 그 안에서 창안과 함께 모사들, 양식화들, 실물 제시들 등이 서로 뒤엉키는 미로 같은 구조이다. 세미오시스는 절대로 **새롭게** *ex novo* 또한 **무에서** *ex nihilo* 나타나지 않는다. 이는 모든 새로운 문화적 제안은 언제나 이미 조직된 문화를 배경으로 이루어진다고 말하는 것과 같다. 2·1과 2·4에서 이미 말했듯이, 그 자체로서의 기호들은 절대로 없으며, 소위 기호들의 상당수는 텍스트들이다. 그리고 기호들과 텍스트들은 다양한 생산 방법들이 협력하는 상호 관계들의 결과이다. 만약 창안이 기호들 유형의 범주라면, 아마 절대적이고 급진적인 창안들이 되는 기호들, 그리고 위대한 발견이자 관념론적 언어학의 막다른 길이 되는 언어 탄생의 그 〈황금의〉 순간들에 대한 구체적인 예를 형성할 기호들을 확인하는 일이 가능할 것이다. 하지만 만약 창안이, 우리가 제안한 것처럼 많은 기호 생산 방법들 중 하나이며, 다른 기호들과 협력하여 기능소들을 형성하고 기호 기능의 상호 관계를 형성한다면 관념론적 오류는 추방되게 된다.

사람들은 오로지 이전의 코드들이 존재하기 때문에 계속해서 코드를 설립하고 재조직한다. 기호의 세계에는 영웅도 없고 예언자도 없다. 예언자들도 진실을 말하기 위해서는 사회적으로 받아들여져야 한다. 그렇지 않으면 거짓 예언자가 된다.

3·6·9 변형들의 연속체

기호학적 창안의 생산물은 복잡한 기호 기능처럼 보일 때에도 언제나 〈불분명한〉 기호이다. 창안들은 뚜렷한 대립들의 체계로 배치되지 않고, 진정한 고유의 코드화보다 미달 코드화에 더 지배되는 점진적 연속체를 따라 배치된다.

그림이 시처럼 알아볼 수 있는 기호들의 복합체라고 말한다면 무모할 것이다.[48] 하지만 그림이 기호학적 현상이 아니라고 말하는 것 역시 무모할 것이다. 오히려 그림은 기호학적 현상이 **탄생하는** 순간, 말하자면 이전 코드들의 조각들을 활용하여 하나의 코드를 제안하는 순간을 나타낸다.

그렇다면 **변형의 다양한 층위들**이 있으며, 그중 일부는 지각적이거나 실용적 목적에서 복제물들의 생산 작업에 더 가깝고, 또 일부는 전형적으로 기호학적인 과정들에 더 가깝다고 지적할 필요가 있다.

먼저 **합동들** 또는 **주형**(鑄型)**들**이 있다.[49] 여기서 표현의 물

---

48 이것은 **창안**에 대한 우리의 이론이 〈여명 순간〉의 이론과 어떤 의미에서 구별되는가를 밝혀 준다. 앞에서 보았듯이 이전의 문화를 토대로 마련되지 않은 여명의 순간은 없기 때문일 뿐만 아니라, 창안의 개념이 〈시적〉(또는 〈서정적〉) 언어와 일상적 언어 사이를 구별하지 않기 때문이기도 하다. 그것은 단지 다양한 기호 생산 방법들 사이를 구별할 뿐이다. 창안은 〈미학적 창조성〉과 동의어가 아니다. 비록 다음 장에서 보듯 미학적 텍스트에는 창안의 제안들이 넘치더라도 그렇다. 사실 기호학의 관점에서 보면, 『약혼자I promessi sposi』보다 어린아이의 그림에 더 많은 창안이 있을 수 있다. 이런 지적만으로도 /창안/이라는 용어에서 미학적인 의미를 떨쳐 버리기에 충분하다. 당연히 그 용어는 수사학의 〈발상inventio〉과도 아무런 상관이 없다. 오히려 원한다면 〈과학적 발명〉과 더 많은 의미의 유사성을 발견할 수 있을 것이다.

리적 공간에서의 점들은 현실적 대상의 물리적 공간에서의 각 지점에 상응한다. 전형적인 예는 데스마스크이다. 하지만 데스마스크는 비록 그것을 동기화한 현실적 대상을 모르는 경우에도 〈이해〉될 수 있다(실제로 데스마스크는 종종 죽은 사람의 모습을, 살았을 때 그를 본 적이 전혀 없는 사람에게 알려 주기 위해 생산된다). 그러므로 그것은 용어의 기하학적 의미에서 보면 절대적인 합동이 아니다. 왜냐하면 피부의 결에서 색깔에 이르기까지 많은 특성들을 중요하지 않은 것으로 누락시키며, 실제로 모델보다 더 크거나 작은 크기로 재생산되면서도 재현적 속성들을 상실하지 않을 수도 있기 때문이다. 그런 의미에서 데스마스크는 닮은꼴의 법칙들에 의해 지배되며, 그것을 바라볼 때는 **뒤로의 변형**이 이루어진다.

데스마스크가 기호라는 것은, 그 과정이 끝난 뒤에 수신자에게 현실적 대상이 아니라 순수한 내용이 제공된다는 사실에서 확인된다. 무엇보다도 데스마스크들은 **위조**될 수 있으며, 따라서 어떻게 바라보든 대상과 그 주형의 비율에도 불구하고 기호들이다. 또한 다른 질료의 합동들이기 때문이기도 하다. 오로지 같은 질료의 합동들만이 기호가 아니다. 사실 완전히 똑같은 질료의 합동은 **복제**이다.

49 〈먼저 합동들, 말하자면 각 선분을 동일한 길이의 선분에 상응시키는 변형들에 대해 고려해 보자. 합동들은 기하학적 실체의 길이 속성들을 그대로 놔두며, 유사하고 투영적이며 위상적인 속성들에 대해서도 마찬가지이다. 바로 우리가 기하학적 형상들의 《동일함》이라 부르는 것이다. 비록 서로 다른 실질로 만들어졌더라도 《똑같은 형식의》 두 대상은 위에서 언급한 근사성(近似性)의 한계들 안에서, 분명히 하나가 다른 하나의 가장 단순한 도상적 기호가 된다. 그것들의 도상적 관계는 각각의 표현 형식들 사이의 합동과 관련하여 엄격하게 정의될 수 있다. 거울의 반영들도 합동들이라는 점을 주목해야 한다〉(볼리, 1972: 25).

그리고 투영들이 있다.[50] 여기에서는 표현 사례의 공간 속의 점들이 **장소 민감적인** 의미 모델의 공간 속에서 **선택된** 점들에 상응한다. 그 안에서는 강한 닮은꼴 법칙들이 작용하며, 실제로 투영들을 알아보는 방법을 〈배워야〉 한다. 투영에는 다양한 양식들이 있고 모든 투영은 위조될 수 있다. 순진한 해석자는 모든 투영을 자국으로, 말하자면 현실적 사물의 속성들에서 직접 변형된 것으로 읽는다. 하지만 투영은 언제나 변형적 관습들의 결과이며, 그 관습들로 인해 어느 표면 위의 정해진 흔적들은 바로 자극들이며, 그 자극들이 **뒤로의 변형**을 부추기고, 실제로는 유일한 표현 사례가 있는 곳에서도 내용의 유형을 공준하도록 부추긴다. 그러므로 **무에서** 또는 지시물이 상응하지 않는 내용에서 투영하는 것도 가능하다(가령 그림에서 허구의 인물을 묘사하는 것처럼).

투영들에서 사회적 관습들의 존재는(따라서 지각적 또는 의미적 모델에서의 투영이 가능하다) 역방향의 진행, 말하자면 **표현에서 그 존재가 단지 가정되는 투영된 실체로의 투영**을 가능하게 해준다. 이것은 앞에서 순진한 도상론에 대한 우리의

---

50 **상사**(相似, homothety) 또는 투영적 변형들로 분류되는 모든 현상들을 투영으로 분류하기로 하자. 〈변형의 또 다른 흥미로운 유형은 상사에 의해 주어지는데, 그것은 초보적인 기하학에서 닮은꼴이라 불리고, 형상들의 모든 길이 특성들을 간직하지 않지만, 유사하고 투영적이며 위상적인 속성들은 그대로 간직한다. 어느 건물의 플라스틱 모형은 상사에 토대를 둔 도상 기호의 전형적인 예이다. 이때 여기에서 나타나는 투영적 변형들은 무엇보다도 전망의 상응들을 발생시키고, 또한 위상적 속성들과 함께 가령《직선이다》,《2도 곡선이다》, 직선상의 네 지점들 사이의 양방 관계 등처럼 모든 투영적 속성들을 바꾸지 않고 그대로 유지하는 변형들이다. 사진들과 모든 도형적 재생산물들은 대상의 표현 형식의 투영적 변형들에 토대를 둔 도상 기호들의 예들이다. 하지만 이런 유형의 기호들에서 근사성의 지각 원리들이나, 그 도상 기호의 표현 형식이 대상의 표현 형식의 단지 일부만의 변형이라는 사실은 중요한 기능을 수행한다〉(볼리, 1972: 25).

비판을 강화시켜 준다. 즉 〈거짓〉 도상 기호들을 생산하는 것이 가능하기 때문에 도상성은 고도로 세련된 기호학적 관습의 생산물에 불과하다.[51]

지시들로 사용되는 경우, 투영들은 대개 거짓이다. 그것들은 표현 사례와 비슷해야 하는 무엇인가의 존재를 진술하는데, 그 무엇이 **존재하지 않는** 경우에도 그렇다. 그리하여 율리우스 카이사르의 이미지나 『데카메론』에 나오는 칼란드리노 Calandrino의 이미지를, 마치 두 실체들 사이의 존재론적 신분에 차이가 없는 것처럼 제시할 수 있다.

그리고 투영들의 경우에 소위 〈도상성의 단계들〉이 교육적 목적에서 성공적으로 사용되고 받아들여질 수 있다.

마지막으로 **도형들** 또는 **위상적 변형들**이 있다.[52] 여기에서

---

51 지표들, 말하자면 자국들로 작용하는 것처럼 보이는 투영들도 지각적 모델의 소수 적절한 특성들에 의해 고도로 단순화된 변형들의 결과이다. 깁슨(1966: 25)은 어느 주어진 관점에서 어느 방의 시각적 재현의 예들을 제공한다. 가장 평범한 투영 방법은 단지 대상들의 테두리들과 모서리들을 고려하는 것으로 이루어진다. 반면 표면 부분에 의한 빛살들의 반사에 대한 과학적 재현은 (비록 추상적이지만) 공간의 사방에서 반사된 빛들, 또한 **정상적**으로 알아볼 수 있는 대상들의 모든 이미지가 단지 표면들이나 대상들의 작은 **면들**facets이 아니라 큰 **면들**faces에서 나오는 빛들만을 투영하는 모든 사방에서 나오는 빛들의 밀집한 그물을 제공해야 할 것이다. 각각의 큰 면은 테두리와 모서리에 의해 정의되므로 전망의 투영에 상응한다. 무엇보다도 한 쪽 눈의monocular 관점에 의해 투영된다. 또한 수신자는 빈 공간을 채우고 소위 도상적 투영에서 추정상의 대상으로 **뒤로** 투영해야 한다. 그런 이유 때문에 알려지지 않은 대상들을 단지 투영을 통해서만 재현하기는 어렵고, 계획된 자극들과 양식화들의 도움이 필요하다.

52 〈마지막으로 위상적 변형들이 있는데, 그것들은 단지 선들의 연속성처럼 매우 기본적인 일부 속성들과 잠재적 체계들의 그물의 구조만을 간직한다. 위상적 변형에서 나오는 도상 기호들의 가장 전형적인 예는 도해(圖解)들이다. 지하철이나 철도 연결점의 도해, 또는 전기나 전자 설비의 구조 도해는 그것들이 지시하는 대상과 단지 일부만 공통적인 구조의 기본적 속

는 표현의 공간 속의 점들이 **장소 민감적이지 않은** 관계들의 모델 안의 점들에 상응한다. 그것은 퍼스가 말하는 〈실존적 도형들〉(3·5·3 참조)의 경우인데, 거기에서 공간적 표현은 **공간적인 것이 아니라,** 가령 경제적 관계들과 관련되는 상호 관계들에 대한 정보를 제공한다. 예를 들어 도표 45에서 〔모든 하층 **노동자**는 **프롤레타리아트**의 억압되고 소외된 계층에 속한다〕 같은 명제를 표현하기 위해 도형이 사용되는 경우가 그렇다.

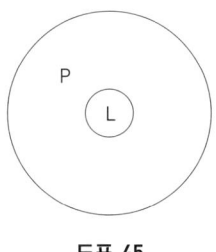

도표 45

합동들에서 도형들에 이르기까지 이 모든 창안적 재현들은 어떤 경우든 개별 기호들이 아니라 **텍스트들**을 생산한다. 그리고 그 텍스트들이 형상화될 때 적절한 특성들과, 중요하지 않고 자유로운 특성들을 구별하기가 어렵다. 단지 해독의 경우에만 적절한 특성들이 나타나고 기호들의 설립 가능성이 펼쳐진다(거기에 수반되는 모든 매너리즘과 함께).

그것들이 **어려운 비율**을 통해 지시하는 내용 유형을 확인하

성들만을 간직하지만, 그럼에도 불구하고 정보의 풍부함, 명료성, 설명 능력의 커다란 자질을 간직한다. 위상적 변형들은 예를 들어 일방통행 길들을 재생산하는 도시의 지도에서처럼 방향성도 고려할 수 있다〉(볼리, 1972: 26~27).

기 어렵기 때문에 그런 텍스트들은 모사되기가 어렵다. 어떤 그림을 성공적으로 베끼기 어려운 까닭에 렘브란트를 위조하는 데 성공할 경우 그것은 이미 예술적 재능이라고 말할 수 있다. 왜냐하면 표현 사례의 의미화 능력을 토대로 하는 적절한 특성들을 확인하기 어렵기 때문이다.

세상에서 단 한 사람만이 창안의 방법을 위조할 수 있을 경우(말하자면 기존의 그림을 베끼는 것이 아니라, 기존 화가의 것으로 돌릴 수 있는 완전히 새로운 그림을 생산할 수 있을 경우), 그 그림에 의해 제안되는 코드는 아직 문화에 의해 받아들여진 것이 아니다. 하지만 **모든 사람들**이 〈~의 방식으로〉 그릴 수 있게 된다면, 창안은 기호학적인 성공을 거둔 것이며 새로운 관습을 생성하는 것이 된다.

하지만 분명히 현재 우리의 논의는 코드의 설립 및 언어의 미학적 사용의 문제에서 계속 벗어나고 있다. 창안에 대한 모든 논의는 언제나, 비록 당연한 것은 아니지만, 코드의 모호하고 자기 반영적이며 개인어적인 사용의 문제를 펼치게 되고, 그 결과 우리의 관심을 미학적 텍스트에 대한 기호학적 이론으로 돌리게 만든다.

3·6·10 생산적 특성들, 기호들, 텍스트들

기호 생산 방법들의 유형은, 습관적으로 〈기호들〉이라 일컫는 것들이 실제로는 다양한 생산 방법의 결과라는 사실을 분명히 밝혀 주었다.

교회 안에서 지각되는 **분향의 향기**는 단지 **알아봄**의 경우, 말하자면 지금 전례 의식이 거행되고 있다는 것을 이해하는 **증상**의 경우이다. 하지만 그 향이 생산될 때는 **모사**인 동시에 **양식화, 계획된 자극**이 된다. 연극 공연 동안에 전례의 상황을 암시하기 위해 사용될 경우에는 **계획된 자극**이며 동시에 **거짓 견본**(전체의식에 대한 향)이 된다.

미소는 **증상**이나 **모사**, 또는 **양식화**가 될 수 있으며, 때로는 **벡터**가 된다.

그 멜로디가 유래하는 전체 작품을 환기시키기 위해 일부 인용되는 **음악 멜로디**는 하나의 **견본**이지만, **조합적 단위들**로 구성된 텍스트의 **모사**가 될 수도 있으며, 때로는 **사이비 조합적 단위들**과 뒤섞인 **계획된 자극**이 될 수도 있다. 그리고 대부분의 경우 그 모든 것이 함께 뒤섞여 있다.

지도는 **변형**(**투영**과 **도형**의 중간에 있는)의 결과이면서 **양식화**가 되고, 따라서 **모사**가 가능하다.

의상들은 일반적으로 **사이비 조합적 단위들**과 **계획된 자극들**이 뒤섞인 **양식화들**이다.

좀 더 정의하기 어려운 것은 **유화**(油畵)이다. 그것은 〈기호〉가 아닌 하나의 텍스트이지만, 한 인물의 초상화는 필연적으로 물리적 지시물과 관련되는 〈고유 이름〉의 경우를 재현한다고 말할 수 있다(반면 언어적 고유 이름들은 2·9·2에서 보았듯이, 내용의 단위와 관련된다). 또한 초상화는 지시 행위이며(/이 사람은 다음과 같은 속성들을 갖고 있다/) 동시에 하나의 기술이다. 굿맨(1968, 1·5)은 〈어느 사람의 그림 *picture of a man*〉과 〈사람 그림 *man-picture*〉 사이에는, 말하자면 나폴레옹과 미스터 피크위크 Mr. Pickwick의 초상화 사이에는 차이가 있다고 지적한다.

실제로 초상화는 생산 활동의 다양한 유형들을 포괄하며, 실제적으로 도표 31과 39에 기술된 기호 작업들의 전체 범위를 예시한다.

초상화는 **계획된 자극들**을 통해 어느 지각물의 대용물을 제안하고, 도형적 장치들을 통해 상응하는 의미소의 일부 표지들을 그 지각물에 부여하기 때문에 하나의 **언급**이다. 또한 지각적 모델이 미리 존재하지 않기 때문에 하나의 **창안**이며, **사실적 판단**이자(/이러이러한 사람이 존재한다/) 하나의 기술이다(/이러이러한 사람/). 완전하게 코드화되지 않았기 때문에 이미 코드화된 많은 특성들에 의존하며, 창안은 코드화된 **자국들, 양식화들, 예들, 사이비 조합적 단위들, 벡터들** 등의 존재에 의해 받아들여질 수 있다. 초상화는 복잡한 텍스트로 그 내용은 코드화되고 확인 가능한 단위(/아무개 씨/)에서 실질적으로 무한한 담론들, 즉 **내용의 성운들**에까지 이른다. 하지만 문화에 의해 인정되고 받아들여지면서 고유의 〈유형〉을 창조하고(보편적 속성들의 재현으로서의 문학 유형이라는 의미에서. 루카치의 그런 개념은 결과적으로 기호학적 개념과 크게 다르지 않다), 그리하여 **영웅, 신사, 요부**femme fatale 등이 탄생한다. 여기에서 **창안**은 더 나아가 **양식화**의 모델이 된다. 그리고 어느 주어진 시기에 창안으로 보이는 것이 나중에는 양식화가 될 것이다.

건축 기호들에서도 마찬가지이다. 비록 많은 연구들이 건축에서 최소 기호 단위들의 존재를 밝혔을지라도, 건축 구성물은 텍스트라고 주장하는 것이 좀 더 합리적이다. 아주 간단한 구성물과 관련되더라도 그렇다. 가령 **계단**을 생각해 보자. 계단은 분명히 주어진 기능들을 의미하는 기호학적 장치이다(에코, 1968).[53] 하지만 그 장치를 구성하기 위해서는 많은

---

53 건축 장치가 어떤 기능을 외시하고 또한 다른 사회적 가치들을 함축하는 방법에 대해서는 에코, 1968 및 1971에서 연구되었다. 그 두 저술에서 밝혔듯이, 어떤 기능은 실제로 수행되지 않을지라도 외시되고, 심지어는 표현이 눈속임*trompe-l'oeil*의 효과인 경우, 말하자면 그 기능이 수행될 수 없는 데도 외시되는 경우에도 마찬가지이다. 그렇지만 그 두 텍스트는 이 책에서 비판한 기호 개념과 여전히 연결되어 있었다. 그렇지만, 만약 건축 기호의 개념 대신에 건축 텍스트로 대체하고, 에코, 1968, C분과 4장에서 생산 방식들

특성들을 가동시키는 생산 작업이 필요하다. 가령 **사이비 조합적 단위들**의 분절, **벡터화**(계단은 방향을 가리키고 따라서 **장소 민감적** 내용의 모델에 의존한다), **계획된 자극들**(계단은 나에게 상승하는 방향으로 발을 옮기도록 이끈다), **양식화**(계단은 어떤 정확한 유형에 상응한다) 등이 그렇다.

이 모든 것은, 텍스트가 복잡할수록 표현과 내용 사이의 관계가 더욱 복잡하게 보인다는 사실을 상기시켜 준다. **내용의 성운들**을 운반하는 단순한 표현 **단위들**이 있을 수 있고(계획된 자극의 많은 경우들처럼), 구체적인 **내용의 단위들**을 운반하는 **표현의 은하계들**도 있고(개선문은 아주 정교한 건축 텍스트이지만, 예를 들어 [승리]처럼 관습화된 추상화를 운반한다), 또한 가령 /나는 너를 사랑한다/라는 문장처럼 어떤 상황에서는 극적인 **내용의 성운들**을 운반하는, **조합적 단위들**로 구성된 정확한 **문법적 표현들**도 있다.

그렇다고 초보적인 기호 기능들(소위 〈기호들〉)을 찾아볼 수 있는 곳에서도 확인하는 것을 거부하지 않아야 한다. 오히려 세미오시스 과정들은 종종 미달 코드화되거나 과잉 코드화된 텍스트들과 관련된다는 사실을 기억해야 한다. 분석적 단위들을 확인할 수 없을 경우 기호학적 상호 관계를 거부해서는 안 된다. 문화적 관습의 현존은 단순히 초보적인 〈기호들〉의 발현에 의해 증명되는 것이 아니다. 그것은 무엇보다도 이 장에서 설명하였듯이 단위 대 단위의 상호 관계가 없을 때에도 기호 기능이 어떻게 설정될 수 있는가를 증명하는 기호 생산 방법들(알아봄, 실물 제시, 모사, 창안 등)의 확인 가능한 존재에 의해 증명된다.

의 목록으로 제시하였던 기본적 기호들의 목록을 고려한다면, 당시에 도달한 결론은 여전히 타당하다.

3·7 창안의 예로서 미학적 텍스트

3·7·1 미학적 텍스트의 기호학적 특성

언어의 미학적 사용은 여러 가지 이유로 관심을 끈다. (1) 미학적 텍스트는 특별한 작업, 말하자면 **표현의 조작**을 함의한다(3·7·2 참조). (2) 그런 조작은 **내용의 재정비**를 유발한다(또한 그것에 의해 유발된다)(3·7·3 참조). (3) 그러한 이중적 작업은 고도로 특이하고 **독창적인** 기호 기능의 종류를 생산함으로써(3·7·4 참조), 미학적 작업에 토대가 되는 코드들에 일정한 방식으로 반영되며, **코드의 변화** 과정을 유발한다(3·7·5 참조). (4) 그 전체 작업은 비록 코드들의 성격을 겨냥하더라도 종종 새로운 유형의 **세계관**을 생산한다(3·7·6 참조). (5) 수신자에게 복잡한 해석 작업을 자극하는 것을 목적으로 하기 때문에, 미학적 텍스트의 발신자는 수신자의 가능한 반응들에 자신의 관심을 집중하고, 따라서 그런 텍스트는 독창적인 반응들을 부추길 목적으로 복잡한 **언표 행위들** 또는 **커뮤니케이션 행위들**이 된다(3·7·7 참조).

이런 모든 의미에서 미학적 텍스트는 기호 기능의 모든 양상들에 대한 일종의 〈실험실〉 모델이 된다. 즉 그 안에서는 다양한 기호 생산 방법들은 물론 다양한 판단 유형들이 나타나고, 결과적으로 그것은 자신이 토대로 하는 코드들의 미래 성격에 대한 **메타기호학적 단언**으로 제시된다.

그러므로 도표 31의 도표는 미학적 텍스트가 생산되고 해석될 때 일어나는 일에 대한 도식화된 재현으로 다시 읽어 볼 수 있을 것이다.

여기서 미학적 경험은 어떤 의미에서 기호학자와 밀접하게 관련되는지 알 수 있다. 하지만 미학적 경험에 대한 기호학적 관심이 전통적인 철학적 미학의 많은 입장들을 보완하거나 수정할 수 있는 또 다른 이유가 있다. 그런 입장들 중에는 우선 오랜 세월 예술 작품 및 거기에서 수반되는 특수한 정서에 대한 정의를 이끌었던 〈말할 수 없음*ineffability*〉의 전제, 말하자면 가령 〈예술은 예술이다〉, 〈예술은 미학적 정서를 유발하는 것이다〉, 〈예술은 미학적 가치를 실현하는 것이다〉, 〈예술은 시다〉, 〈시는 서정적 직관이다〉 등처럼 진부한 표현들의 단순한 총합으로 미학의 수많은 정의들을 축소시켰던 전제가 있다.[54]

3·7·2 모호함과 자기 반영성

미학적 텍스트에 대해 공식화된 가장 유용한 **작업적** 정의는 야콥슨이 제공하였는데, 바로 언어의 기능들에 대한 그 유명한 구분[55]을 토대로 시적 기능의 메시지를 **모호**하고 **자기 반영적인** 것으로 정의하였을 때이다.

---

54 직관의 미학은 예술의 우주성에 대한 크로체의 이론에서 절정에 이른다. 〈모든 순수한 예술적 재현은 그 자체로서 우주, 바로 그 개별적 형식 안에서의 우주, 우주로서의 그 개별적 형식이다. 시인의 모든 암시 안에, 그의 상상력의 모든 창조물 안에, 모든 인간의 운명이 들어 있고, 인간의 모든 희망, 모든 환상, 고통들, 기쁨들, 위대함과 비참함이 들어 있다. 그 현실적인 것의 모든 드라마는 그 자체 위에서 영원히 발전되고 성장하며, 고통받고 즐거워한다〉(『미학 개요*Breviario di estetica*』, 바리Bari, 라테르차Laterza, 1913, 제9판, 1947: 134~135). 그런 정의는 우리의 본 기호학적 접근과는 아주 멀리 떨어져 있는 것처럼 보인다. 하지만 적지 않은 사람들이 예술 작품 앞에서 느꼈던 느낌을 반영한다. 이번 장의 목적은 기호학적 범주들과 관련하여 그런 느낌의 이유들을 정의하려는 것이다.

55 그 기능들은 지시적 기능, 정서적 기능, 명령적 기능, 교감(交感)적 또는 접촉 기능, 메타언어적 기능, 시적 기능이다. 우리의 맥락에서는 비언어적인 미학적 텍스트들과도 관련되므로 /시적/을 /미학적/으로 옮기고자 한다. 야콥슨은 메시지에서 그런 기능들 중 단 하나만 발현된다고 말하지 않으며, 많든 적든 모든 기능이 동시에 나타나고, 다만 그것들 중에서 하나가 다른 기능보다 우세하다는 사실을 기억할 필요가 있다.

기호학적 관점에서 볼 때 모호함은 **코드 규칙들의 위반**으로 정의될 수 있다. 그런 의미에서 음운론적 규칙들이나 어휘적 규칙들을 위반하는 완전히 모호한 텍스트들(가령 /*wxdsrtb mu*/ 같은)이 있고, 통사적 관점에서 모호한 메시지들(/조반니는 언제이다/)과 의미론적 관점에서 모호한 메시지들(/호두까기가 춤추기 시작했다/)도 있다. 하지만 분명히 모든 유형의 모호함은 미학적 효과를 생산하는 것이 아니며, 분명히 어휘적으로는 〈모호〉하지만 /*wxdsrtb mu*/보다는 덜 모호한 수많은 중간적 상태들도 있다〔예를 들어 조이스가 「안나 리비아 플루라벨 *Anna Livia Plurabelle*」의 첫 이탈리아어 번역본에서 사용하였던 단어 /*baleneone*(*balena*: 고래, *eone*: 지상 존재)/ 또는 /*lontanlanterna*(*lontano*: 먼, *lanterna*: 등불)/처럼〕.

또 다른 형식의 모호함이 있는데, 문체적 유형의 모호함이다. 코세리우-Coseriu(1952)가 **체계**와 **규범**을 구별하면서 암시하는 바에 의하면, 언어는 똑같이 문법적인 다양한 실행들을 허용하는데, 다만 일부는 〈정상적인〉 모습을 띠고 또한 다른 것들은 문체적인 특이함을 함축한다(문학성, 저속성, 속물근성 등). 라틴어는 /*Petrus amat Paulum*(페트루스는 파울루스를 사랑한다)/이나 /*Petrus Paulum amat*/, /*Paulum Petrus amat*/를 모두 허용하지만, 세 번째 표현은 앞의 두 표현보다 덜 〈정상적〉으로 보이며 지나친 우아함의 함축을 조장한다. 물론 규범들은 통사적 덩어리들(관용구 문장들)에 개별적 함축들을 부여하고 **과잉 코드화**(2·14·3 참조)의 전형적인 예가 되는 **문체적 하위 코드들**에 의존한다. 따라서 가령 내가 /*Paulum Petrus amat*/라는 표현을 들을 경우, 나는 그 두 사람 사이의 애정 관계보다 메시지가 암시하는 〈시적〉 뉘앙스(또는 심지어 키치)에 더 관심을 기울이게 된다.

널리 알려져 있듯이 문체적 접근의 문학 비평(슈피처 Spitzer, 1931)은 바로 **규범 이탈**로서의 미학 현상에 대해 말한다. 그것은 완전히 만족스럽게 보이지 않는다. 미학적이지 않은 이탈들도 있기 때문이다. /*Amat Paulum Petrus*/는 의미적으로 이해 가능하고 문체적으로 이탈하고 있지만, 어떤 특별한 만족감을 유발하지 않는다. 또한 미학적 이탈이 일상적 사용 규범들과 관련해서나, 문체적 규범으로 이미 코드화된 이탈들의 체계와 관련하여 수행되어야 하는 것은 아니다. 그리고 실제로 두 가지 유형 모두의 이탈들이 있을 수 있다.

다른 한편으로 모호함은 매우 중요한 장치이다. 미학적 경험에 대한 일종의 출입구 역할을 하기 때문이다. 그것이 순수한 무질서를 생산하는 것이 아니라, 수신자의 관심을 끌면서 그를 〈해석적 오르가슴〉의 상황에 들어가게 할 때, 수신자는 자신이 기준으로 삼는 코드와 관련하여 해석하는 텍스트의 유연성과 잠재성에 대해 질문하도록 자극된다.

우선 미학적 모호함이 나타나는 것은 **표현 단면의 이탈에 내용 단면에서의 어떤 변화가 상응할** 때라고 말할 수 있을 것이다. 위에서 열거한 〈이탈하는〉 라틴어 문장들은 그것들이 운반하는 내용을 전혀 건드리지 않는다. /녹색의 색깔 없는 관념들이 광포하게 잠자고 있다/ 같은 이탈적 문장은 이미 미학적 효과에 더 가깝다. 왜냐하면 수신자로 하여금 내용의 전체 조직을 재고하도록 부추기기 때문이다.[56] 표현에 대해

---

56 여기에서 말한 것은 러시아 형식주의자들이 이론화한 미학적 커뮤니케이션의 특징을 떠올리게 하는데, 그것은 바로 언어를 **탈자동화**하는 **낯설게 하기**의 **효과**이다. 예술가는 우리가 아마 언제나 보고 또 알고 있는 무엇인가를 묘사하기 위해 단어들을 다른 방식으로 사용하고, 우리의 첫 번째 반응은 **낯선 풍경**의 느낌, 거의 대상을 알아볼 수 없음(코드에 대한 메시지의 모호한 조직에서 기인하는)으로 나타나는데, 그것은 재현되는 사물을 다른 방식으로 바라보도록 유도하지만, 동시에 자연스러운 현상으로 그 재현의 수단들,

서나 내용에 대해 작용하는 규범의 위반은 그 상호 관계의 규칙을 고려하도록 강요한다. 바로 그런 방식으로 텍스트는 무엇보다도 자신의 기호 조직에 대하여 관심을 기울이도록 유도하기 때문에 자기 반영적인 것이 된다.[57]

3·7·3 연속체의 조작

모호함과 자기 반영성은 단지 표현과 내용의 두 단면에만

그것들이 의존하는 코드도 다시 바라보도록 유도한다. 예술은 〈지각의 어려움과 지속〉을 증대시키며, 대상을 〈마치 맨 처음 보는 것처럼〉 묘사하고, 〈이미지의 목적은 그것이 운반하는 의미화를 우리가 쉽게 이해하도록 만드는 것이 아니라, 대상에 대한 특별한 지각을 창조하는 것이다〉. 이것은 옛날 문체들의 시적 사용, 아직 훈련되지 않은 청중에 맨 처음 제시되는 예술적 창조들의 모호함과 어려움, 예술이 자신의 황금 규칙들을 선택하는 것처럼 보이는 바로 그 순간에 작동시키는 리듬상의 위반들 등을 설명해 준다. 〈예술에는 《질서》가 있다. 하지만 그것을 정확하게 뒤따르는 그리스 신전의 유일한 기둥은 없으며, 미학적 리듬은 위반된 산문적 리듬으로 구성된다. 그것은 복잡한 리듬이 아니라 리듬의 위반인데, 예상할 수 없는 위반이다. 만약 그런 위반이 규칙이 된다면, 그것은 작업적 장애물로서 가졌던 힘을 상실하게 된다〉(시클롭스키 Shklovskiy, 1917).

57 정치적 슬로건 /I like Ike/에 대한 야콥슨의 검토는 탁월하다. 그가 지적하듯이 그것은 〈간결한 구조 안에서 단음절의 세 단어로 되어 있고 세 개의 이중 모음 /ay/를 갖고 있는데, 그것들 각각에는 균형 있게 자음 음소 /······l······k······k/가 뒤따른다. 그 세 단어의 배치는 변화를 보이는데, 첫째 단어에는 자음 음소가 없고, 둘째 단어에는 이중 모음 주위에 두 개의 자음 음소가 있고, 셋째 단어에는 마지막 하나의 자음이 있다. 3음절 형식의 두 개의 콜론 I like/ Ike는 서로 각운(脚韻)을 맞추고 있으며, 각운을 맞추는 두 단어 중 두 번째 단어는 첫 번째 단어 안에 완전히 포함되어서(메아리 각운), /layk/-/ayk/가 되고, 대상을 완전히 감싸는 듯한 느낌의 유음법(類音法, paronomasia) 같은 이미지가 된다. 두 개의 콜론은 서로 두운(頭韻)을 맞추며, 두운을 맞춘 두 단어 중 첫 번째 단어는 두 번째 단어 안에 포함되어 /ay/ - /ayk/가 되고, 사랑받는 대상 안에 감싸인 사랑하는 주체에 대한 유음법 같은 이미지가 된다. 이 선거 구호의 2차적인 시적 기능은 그 표현성과 효율성을 강화시킨다〉(야콥슨, 1960).

집중되지 않는다. 미학적 작업은 표현 단면의 **내적 층위들**에 대해서도 수행된다. 시에서 미학적 작업은 일상적 커뮤니케이션에서 미리 정해진 것으로 받아들이는 순수한 음성적 가치에 대해서도 수행되며, 건축 작품(돌로 되었든 또는 벽돌로 되었든)에서는 기하학적 형식들뿐만 아니라 사용되는 재료의 견고함이나 짜임새도 중요하고, 마냐스코Magnasco의 그림의 컬러 재생산은 아무리 완벽하다 해도 그 그림에서 외부의 빛이 하루의 상이한 시간들과 상이한 상황에서 서로 다르게 작용하도록 만드는 색깔의 주조와 응고, 끈적이고 엉겨붙는 붓질에 의해 두드러지게 남겨진 흔적이 갖는 중요한 역할을 고려하지 못한다. 주어진 재료의 현존은 그 대상을 검토하는 데 사용되는 **현실적 시간**과 상호 작용한다(최소한 3차원적 구체성을 갖는 작품들에서는 그렇다). 바꾸어 말하면 모든 유형의 예술 작품에서, 심지어 서사적 리듬이 휴지(休止)들과 흘깃 훑어보기를 강요하거나 암시하는 소설에서도 (짤막한 대화들로 이루어진 한 페이지는 빽빽하게 기술된 한 페이지와는 다른 속도로 읽게 된다) 다양한 유형들의 **미시 구조들**이 작용하는데,[58] 그것들에 대해 코드는 나누기와 적절화

---

58 미학적 메시지 안에서는 다음과 같은 정보의 층위들을 확인할 수 있다. (가) 물리적 뒷받침들의 층위. 그런 뒷받침들은 말 언어에서 어조, 억양, 음소의 발화들이고, 시각적 언어들에서는 색깔들, 재료적 현상들이며, 음악 언어에서는 음색, 음높이, 지속 시간 등이다. (나) 표현 단면상에서 변별적인 요소들의 층위. 음소들, 동일함과 상이함, 리듬들, 길이들, 위치 관계들, 위상적 언어로 접근 가능한 형식들 등. (다) **통합체적 관계들의 층위**. 문법들, 비례 관계들, 전망들, 음계들과 음정들 등. (라) **의미들의 층위**(코드들과 구체적인 어휘들). (마) **함축된 의미들의 층위**. 수사학적 체계들, 문체적 어휘들, 도상학적 목록들, 커다란 통합체적 덩어리들 등. (바) **과잉 코드화된 통합체들**. 체계들. 수사학적 비유들, 도상적 그림들 등. 하지만 벤스Bense(1965)는 총체적인 〈미학적 정보〉에 대해 말하는데, 그것은 그런 층위들 중 특별히 어떤 층위에서 실현되지 않고, 상호 관계되는 모든 층위들이 외시하는, 그가 〈공동

작업에서 추상적 유형들의 구체적인 사례들을 고려하지 않고 **선택적 변수들**과 개별적인 물리적 속성들로 간주하기도 한다.

그런데 다양한 유형의 실험적이고 수학적인 미학에 의해 이루어지는 **미시 구조들의 분석**은 기호학적 연구를 향한 그 이상의 이론적 움직임을 암시해야 한다. 그러니까 미학적 텍스트에서는 표현 **연속체의 적절화** 과정을 따라 좀 더 〈심층의〉 표현 형식에 도달하게 된다.

제2장에서 설명한 코드 이론은 표현의 층위를 질료적 연속체의 형식적 조직으로 제시하였다. 그런 조직은 유형 단위들을 발생시키고, 그것들은 내용 단위들과 상호 관계된다. 그 유형 단위는 구체적인 사례들을 생성하지만, 그 사례들에서 물리적 신호의 성격은 명백하게 고려되지 않고, 그것들의 조합적 성격, 말하자면 소위 통사적 표지들에 최대한의 관심을 기울인다. 앞에서 말했듯이 신호의 물리적 성격과 그것의 생산 및 전달 가능성은 커뮤니케이션 공학의 문제이다. 신호의 그런 물리적 측면을 **기표의 질료**라 부르기로 하자.

그런 질료는 미학적 즐김에서 중요한 기능을 하는데, 그것은 미학적 텍스트의 기호학적 속성들 너머에서 이루어지는 것이 아니다. 바로 질료가 **기호학적으로 중요해졌기** 때문이다.

미학적 텍스트에서 신호의 질료는 **더 이상 나누기**의 장소가 된다.

미학적 작업에서는 선택적 변수들이 없다. 모든 차이가

현실Mitrealität〉이라 부르는 것의 층위에서 실현된다. 벤스에게 〈공동 현실〉은, 작품이 기저 코드들 및 그 코드들이 중첩되는 동일 확률의 상황에 대해 제시하는 사실 같지 않음의 일반적인 맥락적 선택으로 나타난다. 그때 〈공동 현실〉은 어떤 〈본질〉 — 그것은 **아름다움**일 뿐이다 — 을 외시하는데, 그 본질은 메시지 안에서 실현되지만 개념적 도구들로는 결정할 수 없다. 그러한 가능성은 일관성 있는 기호학의 전망 안에서 미학적 개인어라 부를 수 있는 것의 공준을 통해 제거되어야 한다.

〈형식적〉 가치를 띤다(여기에서 /형식적/이라는 용어는 코드 이론에서 제안된 기술적 의미로 이해되어야 한다). 이것은 정상적인 기호학적 담론이 고려하지 않는 구체적인 사례들의 개별적 특성들도 여기에서는 기호학적 중요성을 갖는다는 것을 의미한다. 의미하는 **실질**의 **질료**는 표현 **형식**의 한 측면이 된다.

정치 집회에서 빨간 깃발은 다양한 재료로 만들어질 수 있으며, 그래도 〈정치적〉 의미는 변하지 않는다. 천을 착색하는 빨간색의 정도도 특별히 중요하지 않다. 하지만 정치 집회를 표현하는 그림 속에 들어가는 빨간 깃발은 그 색조 성질의 힘에서도 상이한 맥락적 중요성을 띤다(말하자면 그림의 전체적 의미들을 변화시킨다). 십자가를 만들기 위해서는 두 개의 막대기를 교차시키는 것으로 충분하지만, 야만적인 유골 상자를 위한 십자가를 만들기 위해서는 금과 보석들이 필요하며, 각각의 보석은 그 무게, 형태, 투명도, 순도 등의 기능에서 대상의 전체적 의미에 기여한다. 또한 금과 보석들이 조작되는 방법이 **중요하다.** 질료는 제작자가 십자가를 작업하기 **이전**에도 문화적 함축 의미들로 채워지는데, 그가 금 대신 청동을 선택한다면 달라진다. 하지만 일단 선택한 다음에는 금속의 질료적 〈알맹이〉가 처리되고, 드러나고, 감추는 방법이 중요해진다.

물론 어느 주어진 표현의 은하계가 수신자에게 불러일으키는 반응들이 더 이상 확인될 수 없는 경험적 한계가 있다. 그 한계 너머에는 여전히 자극은 있지만 의미화는 없다. 모든 기호학적 분석에서 벗어나는, 질료들의 불투명한 그런 〈현존〉은 예술 작품의 비기호성, 정확히 말해 기호의 〈현존〉

또는 〈때마침 거기 있음*astanza*〉에 대해 말하도록 허용하였다(브란디Brandi, 1968). 반면에 다른 학자들은 의미적 정보와 〈미학적 정보〉를 구별하기도 하였다(몰레, 1958).[59]

만약 그런 미시 구조들이 분석에서 벗어난다면, 〈내가 무엇인지 모르는 것〉의 존재를 인정할 수 있는데, 그것은 예술에 대한 정의를 3·7·1에서 열거한 동어 반복들로 다시 인도한다.

그런데 다행히도 앞에서 말했듯이 다소 명백하게 기호학적 입장의 많은 학문들이 그 미시 구조들을 측정하는 방법들을 제공하였는데, 질서와 복잡성 사이의 관계를 측정하기 위한 버코프Birkhoff의 공식에서 벤스의 미시 구조 연구들까지 다양하다. 그 결과 이미지를 분석할 수 있는 전자두뇌는 미시 구조의 관계들을 어느 정도까지 알고리듬으로 변형할 수 있는지를 증명하였다. 또한 전자 오실로그래프들은 스펙트럼 형성소들을 고려하는 공식들을 토대로 소리들(때로는 인간의 귀에는 알려지지 않은 소리들)을 분석하고 재생하고 과학적으로 생산하였다. 어조의 뉘앙스, 색깔들의 강도, 재료들의 견고함과 희박함, 촉각적 느낌들, 공감각적 연상들, 언어 표현에서도 작용하는 소위 〈초분절적〉 및 〈음악적〉 특성들, 커뮤니케이션의 모든 하위 층위들 등은 오늘날 연구와 정의의 대상이 되었다. 다른 한편으로 옐름슬레우는 문법적 요소들과 문법 외적인 요소들을 지나치게 독단적으로 구별하는 것은 위험하다고 경고하였으며, 오늘날에는 언어의 지성적 또는 지시적 사용과 정서적 사용 사이의 경계선이 해체되고 있다. 예전에는 〈강조적〉 또는 〈표현적〉으로 정의되었

---

[59] 하지만 여기에서는 **계획된 자극들**의 경우가 종종 검증된다. 작가는 일정한 미시 구조적 은하계들이 무엇을 생산할지 정확하게 **모르지만**, 그것을 예상하고, 따라서 마치 기호적 상호 관계가 존재하는 것처럼 작업한다.

던 음운론적 특성들(트루베츠코이Trubetskoi, 1939, VI·4)은 나중에 기술 가능한 대립들의 체계로 조직되었다.

3·7·4 미학적 과잉 코드화: 표현

지금까지 미학적 텍스트에서 신호의 질료적 일관성의 문제에서 출발하여 앞에서 코드 이론의 지류들로 서서히 살펴보았던, 직접적으로 미학적 현상들을 연구하지 않은 학문들에 대해 말하게 되었는데, 그 이유는 어느 주어진 미학적 기표의 구체적인 사례를 변별하는 것과 기호 체계의 전체 표현 단면을 나누는 것 사이에는 밀접한 관계가 있기 때문이다.

바꾸어 말해 미학적 경험은, 활용하는 질료 안에 하위 형식들과 하위 체계들을 구별할 공간이 있다는 것을 드러내면서, **출발점이 되는 코드들이 그 이상 나뉠 수 있다는 것을 암시한다.**

의미하는 사례의 질료의 적절화는 당시까지 〈**기호 아래의 질료**〉로 간주되었던 표현 연속체의 그 모든 양상들의 적절화를 요구한다.

따라서 미학적 경험은 흩어진 연속체의 소위 시민권을 위해 싸우며, 예술 작품은 플로티노스Plotinos의 신(神)이 자신의 모든 분출적 힘으로도 결코 수행할 수 없었던 무기력한 질료의 기호학적 회복에 성공한다.

미학적 기표로 얻은 질료의 새로운 적절화를 실험한 다음 실제로 전체 표현 체계를 다시 고려하여, 그것이 총체적으로 더 이상의 형식화를 허용하는지를 보아야 한다.

그러므로 2·2에서 옐름슬레우의 방식으로 설명한 도형은 다음과 같이 수정되어야 할 것이다.

옐름슬레우는 **질료는 언제나 새로운 형식을 위한 실질로 남아 있다**고 주장하면서, 다만 그 이상의 나누기는 언어학이 아닌 학문(예를 들어 물리학 같은 학문)의 임무가 되어야 할 것이라고 지적하였다. 하지만 우리는 이제 **그 이상의 나누기는 여전히 기호학에 속한다**는 것을 볼 수 있다.

기호학이 점차 발전하면서 연속체는 더욱더 나뉘게 되고 미학적 경험은 그러한 미시 질료적 조직에 대한 〈이해〉 과정에 특별히 귀중한 기회를 제공한다.

내용	연속체			
	단위			
	체계			
표현	체계			
	단위			
	연속체	체계		
		연속체	체계	
			연속체	등등

도표 46

그런 작업 결과들 중 첫 번째는 질료의 계속적인 문화화, 즉 기호 생산 과정의 계속적인 관습화이며, 그런 식으로 계속적인 과잉 코드화 작업에 이르게 된다.

미학과 예술 비평에서 즉각적인 결과들 중 하나로 많은 현상들이 〈창조성〉과 〈영감〉의 현상들 대열에 합류하게 되고 사회적 관습의 영역으로 들어가게 된다.

하지만 그런 것에 대한 연구는 역방향의 과정에도 역시 중요하다. 단지 관습의 현상들이 관습으로 인정되는 범위 안에서만 창조성, 혁신, 창안이 제재로 검증되는 곳에서 확인하기가 쉬워질 것이기 때문이다.[60]

3·7·5 미학적 과잉 코드화: 내용

표현 단면의 미시 구조적 조직에 대한 깊은 연구는 불가피하게 내용 단면의 조직에 대한 깊은 연구를 수반한다. 특히 **의미적 연속체가 인식적으로 수정되게 된다.** 실제로 수신자는 예술 작품을 바라보면서 이중적인 인상의 충동 아래 텍스트를 문제 삼게 된다. 즉 그는 **표현의 잉여**(아직은 완벽하게 분석할 수 없는)를 깨닫는 동안, 모호하게 **내용의 잉여**도 포착하게 된다. 이 두 번째 느낌은 표현적 잉여의 충격에서 탄생하는 것처럼 보이지만, 표현적 잉여가 의식의 층위들에 도달하지 않을 때에 비로소 나타난다.

에코(1968)는 거트루드 스타인Gertrude Stein의 유명한 시구에 대한 분석을 제안하였다.

A rose is a rose is a rose is a rose(장미는 장미다 장미다 장미다).

이것은 언뜻 보기에 잉여성과 일상성의 과잉 이외에는 아무것도 제공하지 않는 것처럼 보인다. 언어 코드의 규칙들이 존중되었을 뿐만 아니라, 마치 메시지가 동어 반복적인 평탄함 속에서 충분히 명료하지 않을까 염려하는 것처럼 반복되고 있다.

하지만 바로 그러한 잉여성의 과잉이 **규범에서 이탈하며,** 메시지가 겉으로 보이는 것보다 훨씬 더 모호하다는 의혹을 불

---

60 창안적 차이들뿐만 아니라 과정들과 제도화에 대한 연구 가운데 프라하학파에서 시학이라 부르는 것이다. 〈시학의 기본 임무는 이런 질문에 대답하는 것이다. 언어적 메시지를 예술 작품으로 만드는 것은 무엇인가? 시학은 언어 구조의 문제들을 다룬다. 바로 그림의 분석이 그림의 구조를 다루는 것과 같다. 간단히 말해 시학의 많은 특성들은 단지 언어학에만 속하지 않고, 기호들 전체에 대한 이론, 말하자면 일반 기호학에도 속한다〉(로만 야콥슨,「언어학과 시학」,『일반 언어학의 제 문제』, 181~182면).

러일으킨다. 단어가 각 사례마다 언제나 다른 무엇을 의미하는 것 같다는 느낌이 메시지를 텍스트로 변형시킨다. 왜냐하면 여기에서는 식물학적 코드에서 상징적이고 우의적인 코드에 이르기까지 다양한 하위 코드들에서 이탈하고 있으며, 그것들의 정의 규범들 중 어느 것에도 상응하지 않는 공식을 제공하고 있기 때문이다. 여기에서 잉여성의 과잉은 내용의 층위에서도 설정되며, 그 두 가지 과잉이 결합되어 **정보성의 증가**를 생산한다. 어쨌든 메시지가 의미적으로 **모호하게** 제시되면서 해석적 관심을 부여하고, 그것이 메시지를 **자기 반영적인** 것으로 만든다.

여기에서부터 해석자의 추정법적 오르가슴이 분출될 수 있다. 우의적이고 도상론적 환기들이 서로 겹쳐서 그 단언의 분명한 불투명성 위에서 평탄해지며, 시적 전통 전체가 의문시된다.

이 시구는 **열린 작품**이 된다(에코, 1962 참조).

그것은 너무나도 적은 것을 전달한다. 또한 그것은 기호학적 분석에 침투될 수 없는 것처럼 보이지만, 어쨌든 바로 기호학적 메커니즘들의 자유로운 분출을 토대로 다중의 의미들을 생성한다.

3·7·6 미학적 개인어

다른 한편으로 침투 불가능성의 인상은 그 시구의 **내적인 메커니즘들** 중 하나가 아니라 단지 **효과들** 중 하나이다. 무엇보다도 텍스트는 **변환 시험들**에 열려 있다. 즉 단어 하나를 바꾸면 다른 모든 단어들이 고유의 맥락적 기능을 상실할 것이다. 마치 체스 판 위에서 비숍이 세 번째 캐슬에 의해 잡히는 것과 같다. 하지만 **맥락적 결속**이 있다면 **체계적 규칙**도 있어야 한다.

그것은 미학적 텍스트가 축소된 모델로서 언어와 똑같은 특징들을 가져야 한다는 것을 의미한다. 텍스트 자체 안에 상호 관계들의 체계가 있어야 하고, 따라서 역설적으로 무(無)세미오시스의 인상을 제공하도록 허용하는 기호학적 계획이 있어야 한다.

미학적 텍스트는, 많은 팀들이 동시에 경기를 하면서 각 팀이 서로 다른 스포츠 규칙들을 따르는 스포츠 시합과 같다. 그럴 경우 축구 경기를 하는 선수는 농구 경기를 하는 선수에게 공을 패스하고, 두 선수 모두 각자 **고유의** 게임 규칙들을 위반하면서 경기하는 일이 벌어질 수 있다. 문제는 축구 선수가 축구 규칙들을 위반하는 방법이, 농구 선수가 농구 규칙들을 위반하는 방법과 어떤 관계가 있는가 하는 것이다. 그리고 축구 선수가 범한 반칙이 농구 선수가 범한 반칙을 함의할 뿐만 아니라 암시함으로써, 어쨌든 농구 선수를 새로운 전략적 전망 속에 위치시키고, 그렇게 두 선수 모두 서로를 정당화하지 않는가 하는 것이다. 실제로 미학적 텍스트는 다음과 같은 방식으로 상이한 메시지들을 상호 연결시키는 것처럼 보인다. (1) 담론의 상이한 층위들에서 **많은** 메시지들이 **모호하게** 조직된다. (2) 그런 모호함은 우연히 검증되는 것이 아니라 확인 가능한 **계획**에 따라 검증된다. (3) 주어진 메시지의 정상적이거나 이탈적인 장치들은 다른 메시지들의 장치들에 **맥락적 압력**을 행사한다. (4) 주어진 체계의 규범들이 어느 주어진 메시지에 의해 위반되는 방법은, 다른 체계들의 규범들이 다른 메시지들에 의해 위반되는 방법과 **똑같다**. 3·7·3과 3·7·4에서 말한 것과 함께 이 모든 것을 고려하면, 체계의 개념은 이제 질료적 미시 구조들과도 관련된다.

모든 층위에서, 또한 모든 메시지에서 해결책들은 상동적 체계에 따라 실현되며, 모든 이탈은 **이탈의 모태**에서 탄생한다.

따라서 마치 모든 층위에서 똑같은 구조적 모델이 작용하는 것처럼, 똑같은 텍스트 안에서 구조적 상동성들의 **초월 체계**super-system가 설정되기 때문에 미학적 텍스트는 상호 관계들을 상호 관계시키는 **기호적 초(超)기능**의 신분을 얻게 된다.

물론 이것은 자기 반영성의 특징을 최대한 허용한다. **그러한 구조적 재정비는 텍스트가 운반하는 내용들 중의 하나, 아마도 가장 중요한 내용을 이루기** 때문이다.

다른 한편으로 설정되는 새로운 이탈의 모태는 그 텍스트 밖에서도 코드의 변화들을 부과하거나, 최소한 변화 자체의 가능성을 증명한다. 그러한 잠재적인 〈새로운 코드〉는 단 하나의 텍스트를 생성하고, 단지 한 사람의 발신자에 의해 〈말해지고〉, 그럼으로써 문화적 맥락에서 일종의 혁신적인 **집단 구역**enclave을 나타내기 때문에, 이를 가리켜 **미학적 개인어**라고 말했다(에코, 1968 참조). 그것은 텍스트의 모든 이탈들을 지배하는 규칙, 그 이탈들을 모두 상호 기능적으로 만드는 독특한 도식을 가리킨다.

미학적 개인어는 새로운 규범들을 생산하면서 사회에 대하여 작용하기 때문에 **코드의 변화**를 유발하는 **메타기호학적 판단**으로 기능할 수 있다.[61]

작품, 전집corpus, 사조, 시대의 개인어는 아래에 있는 **역량들의 계층**과 상이한 〈핵심적〉 층위들에서 확인 가능한 실행

---

61 미학적 개인어는 단 하나의 메시지를 지배하는 코드가 아니라 단 하나의 텍스트, 그러니까 상이한 체계들에 속하는 많은 메시지들을 지배하는 코드이다. 그러므로 예술 작품은, 러시아 형식주의자들과 거기에서 유래한 사조들의 정의에 의하면, **체계들의 체계**이다(야콥슨과 티냐노프Tynianov, 1927; 웰렉Wellek과 워런Warren, 1942 참조).

들의 계층을 형성한다(개별 작품을 역량의 수행으로 볼 수 있다는 의미에서 그렇다. 하지만 한 시대의 예술 전체 파노라마에 대해서도 마찬가지인데, 가령 한 문명에 대해 〈특이한〉 역량의 복잡한 실행으로 말할 수 있다). 말하자면 미학적 개인어는 과잉 코드화 규칙들의 〈겹치기〉를 생산한다(일정한 유형의 **말장난**calembour은 오늘날 영어에서 더 이상 이탈로 간주되지 않고 순수한 〈피네건식Finneganian〉으로 간주된다).

미학적 개인어에 대한 비판적인 확인은 그 이론적 공준처럼 그다지 쉽지 않다. 실제로 그것은 응용 기호학 연구들의 현재 상태에서 충분히 실현될 수 있는 것처럼 보이는데, 바로 규칙이 모든 층위에서 지극히 단순하고 분명한 용어들로 표현되는 고도로 표준화된 예술 작품과 관련될 경우 그렇다.[62]

하지만 비평가가 고도로 복잡한 텍스트에서 개인어를 분리해 내는 데 성공할 경우에도, 그가 작품의 〈생성 규칙〉, 말

---

62 그렇기 때문에 코르티Corti와 세그레 편, 『이탈리아 현대 비평의 방법들*I metodi attuali della critica in Italia*』(토리노: E. R. I., 1970)에 실린 필자의 논문 「기호학적 비평La critica semiologica」에서, 단지 고도로 표준화된 작품들에 대해서만 기호학적 비평이 가능하다고 논쟁적으로 제안하였던 것이다. 물론 그것은 지극히 복잡하고 예술적 가치가 높은 텍스트들을 성공적으로 분석한 여러 기호학자들에 의해 제공된 증거들과 대립된다. 하지만 그 당시에는 (지금도 쉽게 동조하고 싶지는 않지만) 단지 예술 비평에 대한 기호학적 방법들의 적용만 생각했던 것이 아니라, 미학적 개인어의 내부 구조에 대한 진정한 고유의 기호학적 연구까지 생각하였다. 그런 목적은 완전히 습득할 수 있는 현실보다 오히려 비평적이고 기호학적인 모든 연구의 **종착점**terminus ad quem처럼 보인다. 그것은 아마도 미학적 개인어를 완벽하게 확인한다는 것은(비록 개인어는 예술 작품이 기능한다는 사실을 이해하기 위해 공준되어야 할지라도) 마치 **총체적 의미 공간**을 확인하고 기술하는 것과 같기 때문이다. 그런 임무는 성공을 거둔다 하더라도 세미오시스의 삶 자체를 봉쇄할 것이다. 그러므로 기호학은 규제적 가설들을 공준하면서도, 그 가설들에 결정적으로 만족스러운 기술이 상응하는 것을 요구하지 않을 수 있다.

하자면 똑같은 유형의(또는 훨씬 더 어려운 일이지만, 똑같은 미학적 효과의) 다른 작품들을 생산하기 위한 공식을 갖게 된다고 생각하는 것은 순진한 생각이다.

기껏해야 알고리듬처럼 정확하게 개인어가 확인될 경우(단지 기호 생산의 일정한 유형들에 대해서만) 그것은 고유의 모델에 절대적으로 동일한 텍스트의 형성을 허용할 것이다. 그리고 전집이나 시대의 개인어들이란 새로운 실질들 안에 통합되기를 요구하는 매우 일반적인 도식들에 지나지 않다. 그런 도식과 구체적인 작품 사이의 차이는 코드와 그것의 가능한 메시지들 사이에 존재하는 차이와 동일하다. 따라서 전집의 개인어는 가령 〈만약 특이한 것으로 정의될 수 있는 작품을 만들고자 한다면 이러이러한 장치들에 의존해야 한다〉 하는 식의 일종의 처방이다. 결과적으로 작품의 개인어가 최대한 확인될 경우에도, 표현 연속체의 하위 층위들의 적절화 층위에는 무한한 뉘앙스들이 남아 있고, 그것들은 절대로 완벽하게 해결될 수 없을 것이다. 종종 작가 자신도 그것을 의식하지 않기 때문이다. 그렇다고 그것들이 분석될 수 없다는 의미가 아니라, 분명히 그것들의 분석은 읽을 때마다 깊이 심화되어야 하고, 따라서 해석 과정은 **무한한 접근**의 양상을 띤다는 것을 의미한다.

개인어에 대한 인식이 만족스러운 창조를 허용하는 경우들은 거의 없으며, 그것은 모방자가 개인어를 포착하여 강조하고 **혼성 모방**pastiche이나 패러디를 생산할 때 나타난다. 드물지 않게 훌륭한 혼성 모방은(프루스트를 보기 바란다) 최고의 문체 비평이 되기도 한다. 왜냐하면 어느 텍스트의 핵심적인 점들을 명백히 보여 주고 주변적인 점들을 풍자함으로써 그 규제적 장치들을 포착하는 데 도움을 주기 때문이다.

종종 미학적 텍스트의 해석은 끊임없는 〈잃어버린 개인어

찾기〉이며, 그 과정에서 추정법들, 대비들, 감행되었다가 포기한 상호 관계들, 유사성과 이질성에 대한 판단들 등이 중첩된다. 그런 과정은 3·7·1에 열거된 결과들 중 세 가지로 나타난다. 말하자면 기존의 코드들이 수정되고, 내용 체계와 세상의 상태들 사이의 관계가 문제시되고, 발신자와 수신자 사이에 대화적 상호 작용의 새로운 유형이 설정된다.

3·7·7 미학적 경험과 코드의 변화

퍼스는 추정법적 긴장의 순간들 중 하나와 음악 구절의 해석을 동일시하지 않을 수 없었다(2·14·2에서 보았듯이). 미학적 텍스트에 의해 요구되는 그런 지속적인 추정법적 긴장은, 바로 미학 학자들이 여러 방식으로 명명하였지만(즐거움, 향유, 〈성취 fulfillment〉, 우주성의 느낌, 말할 수 없는 것의 직관, 충만함 등등) 거의 언제나 〈직관〉의 형식으로 정의하였던, 그런 불분명한 느낌과 혼동될 수 있다. 그러나 충분한 접근으로 기술되기 위해 아주 심오한 분석을 요구하는 모든 것을 〈직관〉으로 이름 붙이는 것은 일종의 철학적 게으름이다. 그럼으로써 단순하게 **분명히 분석에 저항하지만 분석에서 피하지 못하는** 구조적 복잡함과 마주하는 경우에도 **전체**와 거래한다고 상상한다. 만약 개인어가 아무런 잔재 없이 메타언어적으로 명백히 드러난다면, 미학적 텍스트의 해석은 정확한 해독의 작업과 다르지 않을 것이다. 하지만 미로 같은 연결들로 인해 다층적인 구조에서는 외시들이 함축들로 전환되며, 모든 요소가 자신의 즉각적인 해석소에서 멈추지 않고, 〈세미오시스적 도주〉를 일으킨다〔텍스트의 조직적 힘은 나중에 그 〈기호학적 원자로(原子爐)〉 안에서 검증되는, 다른 방식으로는 통제할 수 없는 연쇄 반응을 통제하기 위하여 〈제어봉(制御棒)들〉을 도입해야 한다〕.

이런 과정에서 미학적 텍스트는 단지 〈직관들〉을 불러일으키는 것이 아니라 **개념적 인식의 증가를** 제공한다.

미학적 텍스트는 코드들과 코드의 가능성들을 다시 고려하도록 부추기면서, 토대가 되는 언어 전체에 대한 재고찰을 강요한다. 그것은 세미오시스를 〈훈련〉시킨다. 그 과정에서 기존의 내용 조직에 도전하고, 따라서 주어진 문화가 세상을 〈바라보는〉 방법을 변화시키는 데 기여한다.

따라서 종종 말하듯이 〈불신의 중단〉을 요구하는 그런 유형의 텍스트는, 우리가 익숙해진 세상의 조직이 결정적이지 않으리라는 의혹을 자극한다.

그것은 예술 작품이 〈**진리를 말한다**〉고 말하는 것과 똑같지 않다. 예술 작품은 단순히 습득된 진리들을 문제 삼으며, 내용들에 대한 새로운 분석을 권유한다.

그러므로 미학적 텍스트들이 우리의 세계관을 바꿀 수 있다면, 명제들과 세상의 상태들 사이의 적용에 대해 연구하는 기호 생산 이론의 한 분야에서 고려해 보는 것이 적지 않게 흥미로울 것이다.

3·7·8 커뮤니케이션 행위로서의 미학적 텍스트

마지막으로 미학적 텍스트는 〈화용론적〉 관계의 모델로 제시된다. 미학적 텍스트를 읽는다는 것은 동시에 다음과 같은 것을 한다는 것을 의미한다. (1) **귀납**한다. 말하자면 개별적인 경우들에서 일반적 규칙을 추론한다. (2) **연역**한다. 말하자면 일정한 층위에서 가정된 것이 그 이후의 층위들을 결정하는가를 검증한다. (3) **추정**한다. 말하자면 해석적 가설들을 통해 새로운 코드들을 증명한다. 그러므로 그 안에서는 추론의 모든 방법들이 작용한다.

텍스트의 이해는 **발신자 코드들의 수용과 거부**, 그리고 **수신자 코드들의 제안과 확인** 사이의 변증법을 토대로 한다. 만약 추정법의 가장 일반적인 형식이 충분히 코드화되지 않은 상황을 명료하게 밝히기 위해 가설적 코드들을 제안하는 것으로 이루어진다면, 미학적 추정법은 텍스트를 이해할 수 있는 것으로 만들어 줄 코드들의 제안을 나타낼 것이다. 수신자는 발신자의 규칙이 무엇인지 모르며, 따라서 자신이 체험하고 있는 미학적 경험의 흩어진 자료들에서 그 규칙을 추론하려고 시도한다. 그는 작가가 말하고자 했던 것을 올바르게 해석한다고 믿을 수도 있고, 또는 과학적으로 새로운 해석적 가능성을 도입하기로 결정할 수도 있다. 하지만 그렇게 하면서도 작가의 의도를 절대 완벽하게 배반하지 않고, **충실함과 자유** 사이의 변증법을 세운다. 한편으로는 텍스트의 모호함에 의해 도전을 받고, 다른 한편으로는 그 맥락적 조직에 의해 조절되기도 한다. 그런 움직임 속에서 수신자는 두 가지 유형의 인식을 형성하고 강화시키는데, 하나는 관련되는 코드들의 조합 가능성에 관한 인식이고, 다른 하나는 모르고 있던 예술적 시기의 코드들과 상황들에 대한 인식이다. 따라서 예술 작품에 대한 기호학적 정의는 무엇 때문에 미학적 커뮤니케이션의 과정에서 완전히 결정되거나 예상될 수도 없었던 경험이 나타나는가를 설명하고, 무엇 때문에 그런 〈열린〉 경험이 그 층위들 각각에서 구조화되어야 하는 것에 의해 가능해지는가를 설명한다.

그러므로 미학적 텍스트에 대한 기호학적 정의는 **커뮤니케이션 상호 작용의 구조화되지 않은 과정의 구조적 모델**을 마련해 준다.

수신자에게는 책임 있는 협력이 요구된다. 수신자는 의미적 빈 공간들을 채우고, 의미들의 다양함을 줄이고, 고유의 읽기 경로들을 선택하고, 여러 가지 경로들을 동시에 고려하고 — 비록 서로 양립할 수 없더라도 — 똑같은 텍스트를 여러 번 다시 읽으면서 매번 모순적인 전제들을 확인해야 한다.

그리하여 미학적 텍스트는 예상할 수 없는 커뮤니케이션 행위의 원천이 되는데, 그 현실적 작가는 불확정 상태로 남아 있으면서, 때로는 발신자가 되고, 또 때로는 자신의 세미오시스적 확장에 협력하는 수신자가 되기도 한다.[63]

3·8 수사학적 작업

3·8·1 수사학의 유산

기호 생산 이론은 과잉 코드화와 코드 전환의 작업도 고려해야 한다. 3·1·1과 도표 31에서 말했듯이 그런 작업은 지금까지 수사학에서 특별히 고려되었다. 여기에서는 다음 사항

---

63 그러므로 미학적 상호 작용과 관련하여 〈화행〉 이론의 모든 결과들을 다시 옮겨 보는 것이 유용할 것이다. 예를 들어 한편으로 설(1969)과 다른 한편으로 해석 미학들이[루이지 파레이손Luigi Pareyson, 『미학: 형성성(形成性)의 이론 Estetica: Teoria della formatività』, 제1판, 에디치오니 디 필로소피아Edizioni di Filosofia, 1954. 특히 해석에 대한 장 참조] 그 결과들을 〈텍스트성〉의 현대 미학들과 연관시켰다. 그런데 텍스트성의 미학은 근본적으로 바르트(1963c)의 『텔켈Tel Quel』지와의 인터뷰에서 시작되었는데, 그에 의하면 예술 작품은 역사가 고유의 시간을 보내면서 채우는 형식이다. 우리는 이 정의를 다음과 같이 수정하고자 한다. 예술 작품은 상이한 역사적 및 심리적 상황들에서 다양한 유형의 커뮤니케이션 행위들을 충족시키도록 고유의 수신자들에 의해 적용되면서도, 그것을 지배하는 개인어적 규칙을 시선에서 놓치지 말아야 하는 텍스트라고 말이다. 그것은 아직 기호학 이전의 형식이지만, 『열린 작품』(에코, 1962)에서 이미 설명되었던 주장이기도 하다.

들을 밝힐 것이다. (1) 어떻게 수사학적 범주들은 기호학 이론에 포함될 수 있는가. (2) 어떻게 과잉 코드화 및 코드 전환과 연결된 문제들의 상당수가 통상적인 수사학의 범위를 넘어서고, 기호학적 방향의 새로운 수사학의 공식화를 요구하는가. (3) 어떻게 〈이데올로기들〉의 성격에 대한 논의는 기호학적 방향의 수사학에 의해 통제되는가(주네트, 1966; 토도로프, 1967; 그룹 뮤Groupe μ, 1970; 바르트, 1970 참조).

위에서 말한 것들을 증명한 뒤에, 고전 수사학의 대상들을 요약하고 도식화해 보려고 시도하면서, 거기에서 고려되지 않았지만 현대 수사학이 실제로 고려하거나 또는 고려해야 할 일부 〈항목들〉을 덧붙일 것이다.

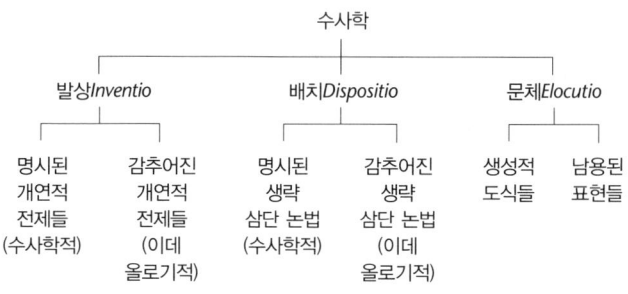

도표 47

고전 수사학은 **설득**의 기술로(그리고 학문으로) 간주되었다. 설득은 음험한 장치로 간주되지 않았고 사회적으로 방향이 설정되어 있었다. 즉 논박의 여지가 없는 **일차적 원리들**(가령 동일성, 비모순, 제3자 배제의 논리적 원리들)에서 출발하였고, 따라서 **자명한 삼단 논법들**을 사용하지 않았다. 다른 한편으로 변증법과 마찬가지로 고전 수사학은 논의와 반박의 여지가 있는 **개연적인 전제들**과 관련되었다. 다만 변증법은 그런 전제들에서 합리적으로 받아들일 수 있는 결론을 이끌어 내야 했지만, 수사학은 수신자에게 화용론적으로나 정서적으로 영향을 주기 위하여 고유의 삼단 논법들 또는 **생략 삼단 논법들**을 만들어 냈다.

지난 몇십 년 동안 소위 〈새로운 수사학〉(페렐만Perelman, 1958)은 자명한 담론들을 결정적으로 명백한 체계들로 환원시켰으며, 철학적 담론에서 정치적 담론에 이르기까지 다른 모든 유형의 담론을 〈수사학〉의 항목 아래 다시 배치하였다. 따라서 사실들, 결정들, 믿음들, 견해들, 가치들 등에 관한 인간의 모든 논의들은 이제 더 이상 **절대적 이성**의 논리에 복종하는 것으로 간주되지 않고, 정서적 요소들, 역사적 평가들, 실천적 동기들과 실질적으로 연결되어 있는 것으로 간주되었다. 그러한 전망에서 설득적 담론은 심지어 고전 수사학의 황금시대에도 그 주위에 맴돌던 기만성의 분위기를 결정적으로 떨쳐 버리고(소위 〈착한〉 소크라테스와 〈나쁜〉 소피스트들 사이의 규범적 대립을 생각해 보라), **〈합리적인〉 담론적 상호 작용의 기술,** 모든 일련의 논리 외적인 조건들에 의해 통제되고, 의혹과 수정을 받는 기술이 되었다.

만약 수사학이 그렇게 간주된다면 그것은 아주 복잡한 기호 생산 형식으로서 개연적 전제들의 선택, 수사학적 삼단 논법들의(또는 여러 가치 논리들의 다른 추론적 성격들의) 배치, 〈수사학적 형상*figure*들〉의 이름하에 분류되는 표현의 그 모든 필수적인 외부적 〈치장들〉을 포함한다. 그러므로 수사학은 그런 형식에서 **대화적 상호 작용에 대한 기호학**의 대상이 된다. 그런 유형의 상호 작용에서 주요 요건은 대화의 규칙들이 **전제들의 편파성과 그 전제들의 상황에 대한 반응들로 인정된다**는 것이다.

하지만 규제되는 상호 작용의 동일한 유형에서 〈일탈하는〉 실행들도 있으며(하지만 그런 경우들이 드물지 않다), 그것들은 소위 〈이데올로기적〉 담론들, 말하자면 감추어진 선전과 대중 설득의 모든 형식들을 발생시키며, 또한 주어진 의미 영역의 단지 일부분만을 정의하는 개연적 전제들에서 진실로 받아들여야 할 결론들에 도달한다고 주장하고, 그럼으로써 **총체적 의미 영역**의 모순적 성격을 감추고 자신의 관점을 받아들일 만한 유일한 관점이라고 제시하는 다소 〈철학적인〉 단언들의 모든 형식을 발생시킨다. 그런 경우 기술되는 태도는 수신자를 기만하기 위해 발신자가 **고의로** 또 냉소적으로 받아들이거나, 또는 무의식적인 편파성이나 **자기기만**의 경우가 된다고 하더라도 중요하지 않다.

수사학의 이데올로기적 사용의 문제는 3·9에서 다루어질 것이다. 다음 항들에서는 **발상, 배치, 문체**의 수사학적 층위들을 검토할 것이다.

3·8·2 과잉 코드화로서의 문체

청자의 관심을 자극하고 설득하여 제안되거나 추정되는 전제들에서 함의되는 결론을 이끌어 내기 위해서는, 고유의 담론을 새로운 방식으로 제시하면서 아름다운 치장들과 〈놀라운 것들〉을 집어넣음으로써, 최소한 표현의 단면에서 일정한 양의 신선한 정보를 제공하도록 해야 한다. 그런 목적으로 배열되는 장치들은 고전 수사학에서 **형상들**(비유들, 담론의 형상들과 생각의 형상들)이었다.

지난 몇 세기 동안 수사학에 대한 평판이 아주 낮은 곳으로 추락한 것은, 그런 형상들이 두 가지 방식으로 이해될 수 있었다는 사실에서 기인한다. 즉 어느 주어진 단어를(그리고 상응하는 개념을) 다른 단어들이나 다른 개념들로 대체하기 위한 규칙들을 제공하는 〈예상하지 못한 것의 도식들〉, 말하자면 **생성적 도식들**로 이해되었거나, 아니면 미리 정해진 요소들, 말하자면 **이미 생성된 표현들**, 부정적인 의미에서의 〈수사학적〉 도식들, 〈아름다운 글쓰기〉 또는 〈잘 말하기〉의 모델로 제시되고 이미 목록화된 문장들로 이해되었다. 그런 목록은 이미 실험되고 〈예술성〉의 과잉 코드화가 부여된 문체적 장치들,[64] 논증적 장점이 풍부하며 이미 수용되고 평가된 공식들, 고정된 정서적 가치와 함께 미리 정해진 함축들을 포함한다(가령 /우리 아버지들의 땅/, /명예의 수호/, 강렬한 〈순수함〉의 정서를 암시하는, 아기에게 몸을 숙이는 어머니의 시각적 이미지 같은 형상들이 그렇다).

후자의 의미에서 수사학은 방대하게 고유의 남용들을 생산한, 천여 년에 걸친 과잉 코드화의 결과이다. 그런 표현들은, 가령 /병(甁)의 목/처럼 숙어가 되어 버린 경우에서 그렇듯이, 대체되는 기표를 완전히 상실할 정도로 제도화의 층위에 도달하기도 하였다.

수사학의 그러한 퇴락 현상은 기호 생산 이론에 어떤 중요성도 없다. 반면 코드 이론에서는 최대한의 중요성을 갖는다. 코드 이론은 과잉 코드화의 경우들도 등록하고, 가령 준(準)어휘소들[/*fico d'India*(부채선인장)]이나 /안녕하세요/, /가족에게 안부 전해 주세요/처럼 관습적인 표현들에 대해 그러하듯이, 더 이상 분석될 수 없는 의미화 단위들로 굳어 버린 표현들을 고려하기 때문이다. 마찬가지로 /*peace with honor*/ 같은 표현은 수사학적 관습을 통해 [나는 어떤 합의에도 도달하고 싶지 않다]를 의미하며, 과잉 코드화된 기표

---

[64] 이것이 바로 키치의 역학이며, 이에 대해서는 『나쁜 취향의 구조』(에코, 1964)에서 처음으로 시도한 기호학적 설명을 참조하기 바란다.

목록의 요소로 닉슨 대통령의 연설에서 사용되었다.

생성적 도식들로서 수사학적 형상들의 경우는 이와 다른데, 이에 대해서는 다음 항에서 살펴보자.

3·8·3 은유와 환유

수사학적 형상들이 〈창조적〉으로 사용될 때는 단지 이미 주어진 내용을 〈치장〉하는 데에만 활용되지 않고 **상이한 내용을 묘사하는 데 기여한다.**

수사학적 형상들에 대한 만족스러운 이론을 세우기 위해서는 MSR(2·11 참조)의 의미소적 재현과 Q 모델(2·12 참조)로 돌아가야 한다.

여기에서는 단지 두 가지 형상들(고전 수사학에서는 오히려 〈비유들〉로 분류되었던), 즉 은유와 환유의 기능만 고려할 것이다. 다른 한편으로 야콥슨(1956)에 의하면 그 두 가지는 다른 모든 수사학 작업의 뼈대를 구성하는데, 언어적 대체의 가능한 두 가지 유형을 나타내기 때문이다. 그중 하나는 **계열체**_paradigm_의 축에서 실현되고 다른 하나는 **통합체**_syntagm_의 축에서 실현되며, 하나는 〈유사성을 통한〉 대체를 이루고 다른 하나는 〈인접성을 통한〉 대체를 이룬다.

은유들과 관련하여 여기서는 3·5에서 이미 이루어진 〈유사성〉의 순수한 개념에 대한 비판을 다시 다루지 않겠다. 공통의 표지들을 갖는 의미소 두 개의 구조를 고려하기만 해도 어떤 식으로 수사학에서 〈유사성〉의 개념을 이해해야 하는지 알 수 있다.

의미소 〔개〕와 의미소 〔수도사〕는 둘 다 〔충실함〕의 표지(**주인**이나 **주님**의 성격과는 상관없이)도 갖고 〔보호〕의 표지(개들은 자기 주인을 보호하고, 수도사들은 종교의 원칙들을 보호한다)도 갖고 있기 때문에, 12세기에 성 도미니쿠스의

탁발 수도사들 수도회에 대해 /*domini canes*(하느님의 개들)/라는 은유를 만들었던 것을 쉽게 이해할 수 있다.[65]

이 경우 유사성의 개념은 기표와 의미되는 사물 사이의 관계와는 상관이 없으며, 마치 **의소적 동일성**처럼 보인다.

한편 **환유**는 상당히 명백한 과잉 코드화의 경우처럼 보인다. 즉 통합체적 인접성을 통한 대체는, 어느 경직된 표현이 주어지면 그 요소들 중 하나가 다른 요소를 대체할 수 있다는 사실을 토대로 한다. 그러므로 가령 〔미국의 대통령은 백악관에서 거주한다〕처럼 이미 습득된 기호학적 판단이 주어지면, 〔미국의 대통령〕을 가리키기 위해 /백악관/을 사용하기는 쉽다. 그렇지만 좀 더 신중하게 고려해 보면, 백악관에서 산다는 사실은 관습적으로 〔미국의 대통령〕이라는 문화적 단위의 의미적 속성으로 받아들여진다는 사실을 발견할 수 있다(의미 체계가 사전보다 백과사전 형식을 띤다는 것을 전제로 하면 그렇다). 그러므로 어느 경직된 표현이 그 구성 성분들 중에서 두 개의 상호 대체를 허용할 수 있으려면, **그 표현이 기호학적 단언으로 확인될 수 있어야 한다.** 기호학적 단언은 의미소에 그 표지들 중 일부를 부여하기 때문에, 환유는 (관용적 문장들의 유통 이상으로) 주어진 문화적 단위의 의미적 스펙트

---

65 이 예는 의미적 대체 이외에도 동음이의어의 장난도 있기 때문에 불완전하다. 바꾸어 말하면 이 은유는 말장난에 의해 강화되고, 내용 단면에서의 대체는 표현 단면에서의 공존에 의해 보상된다. 신소리*pun* 또는 말장난에 대한 분석으로는 에코(1971)에 실린 「은유의 의미론Semantica della metafora」을 참조하기 바란다. 언어가 그런 말장난을 실현할 때(그리고 그것은 중세에 특히 타당해 보였을 것이다), **이름들***nomina*을 마치 **사물들의 결과***consequentia rerum*처럼 생각한다. /*domini canes*/는 그 구조 덕택에 마치 〈기억술의 암호 표기법*cryptograph*〉의 전형적인 결과처럼 보인다는 사실을 덧붙여야 할 것이다〔이에 대한 연구로는 코스마이M. Cosmai 편, 『베르수스』 제7호(1974)에 실린 목록을 보기 바란다〕.

럼의 성격을 토대로 한다. 다만 은유처럼 의소적 동일성의 경우가 아니라, **의소적 상호 의존**의 경우가 된다.

의소적 상호 의존은 다음과 같은 두 가지 유형이 될 수 있다. (1) 하나의 표지가 자신이 속하는 의미소를 대신한다([콜럼버스의 배]에 대한 /콜럼버스의 돛/). (2) 의미소가 자기 표지들 중의 하나를 대신한다([조반니는 수영을 아주 잘한다]에 대한 /조반니는 정말로 물고기야/).

의소적 상호 의존의 개념은 고전적 전통에서 제시된 제유와 환유 사이의 차이를 고려하지 않는다. 제유는 〈개념적 내용의 한계 안에서의〉 대체를 함의하고, 환유는 〈어떤 사물이 함께 연결된 현실의 다른 측면들과의〉 대체를 함의하는데, 이런 구별은 〈*quis*(누가), *quid*(무엇을), *ubi*(어디에서), *quibus auxiliis*(무엇의 도움으로), *cur*(무엇 때문에), *quomodo*(어떻게), *quando*(언제)〉 등 **핵심 주제들***loci*에 대한 고전적 정의들에 의존한다.[66] 그런 구별은 내포적 관계와 외연적 관계 사이의 혼합을 토대로 하고, 백과사전으로서 의미소의 성격

---

[66] 하지만 언제나 그런 질문들이 의미소의 구조와 관련되는 것이 아니다. 맥락 또는 심지어 상황들, 그러니까 일련의 코드화되지 않은 전제들과 관련될 수도 있다. 그런 경우 의미적 인접성이 아니라 경험적 또는 역사적 인접성에 대해 말해야 할 것이다. 예를 들어 꿈속에서는 경험적 인접성으로 인해, 말하자면 나의 개인적 경험의 범위 안에서 서로 연결된 사실들 사이에 특이한 유형의 환유들이 설정되는데, 하지만 그 관계는 사회적으로 코드화되지 않은 것이다(그러나 은유들의 경우는 사회적 코드화가 가능한데, 가령 모리스(1938)가 이미 기호학적 관계에서 다루었듯이, 수직적 대상들과 음경 사이의 대체에서 그렇다]. 그러므로 꿈속에서 나타나는 인접성에 의한 모든 대체들을 환유라 부르는 것은 위험하다. 심리 분석은 대부분 아직 코드화되지 않은 텍스트들의 해석에서 출발하여, 나중에 과잉 코드화의 경우들을 생산하기에 이른다. 환자와 심리 분석가 사이의 담론은 무엇보다도 그 개인어를 확인해야 하는 미학적 텍스트의 특징들을 갖는다.

을 고려하지 않는다. 실제로 백과사전의 전망에서 [포도/송이]의 관계는 제유가 되고 [포도주/바쿠스]의 관계는 환유가 될 수 없다(라우스베르크Lausberg, 1949). 또한 포도주가 바쿠스와 연결된다는 사실도 어떤 식으로든 [포도주] 그리고 심지어는 [포도]의 의미소적 재현 안에 등록되어 있어야 한다.

그렇지만 여기서 제안된 구분은 고전적 분류보다 훨씬 더 빈약하다고 반박할 수 있다. 고전적 분류에서는 제유에 대해 가령 **전체에 대한 부분, 부분에 대한 전체, 종(種)에 대한 유(類), 유에 대한 종** 등과 같은 구별들을 고려한다. 그리고 환유에 대해서는 **결과에 대한 원인, 원인에 대한 결과, 포함되는 것에 대한 포함하는 것** 등과 같은 구별들을 고려한다. 수사학적 형상을 이해하는 일반적인 방법은 그런 차이들을 크게 고려하지 않으며, 오히려 우리가 열거한 것들과 같은 구별들을 상호 의존의 관계로 포착한다고 대답할 수 있을 것이다. 하지만 고전적 구별이 잘 조직되어 있는 의미적 재현들을 다루는 코드 이론에는 유용한 성찰들을 암시할 수 있다는 것도 마찬가지로 사실이다.

실제로 만약 의미소의 재현이 표지들의 **계층적이지 않은** 집합으로 간주된다면, 의미소 [남자]는 외시적 표지 [사람]을 가질 수 있고, 의미소 [사람]은 함축적 표지 [남자]를 포함할 수 있는 것도 사실이며, 따라서 종(種)과 유(類) 또는 그 반대처럼 아주 자세한 계층화는 쓸모없는 것이 될 수 있다. 하지만 앞에서 말했듯이(2·11·1) 재현은 **기호학적 포함들**(또는 의미적 전제들)의 체계에 의해 강하게 계층화되어 있다. 따라서 표지들은 그것들이 포함되는 부류의 암시적 등록으로, 또는 그것들이 포함하는 표지들의 참조로 기능한다. 바꾸어 말하자면 의미소는 자신이 종이 되는 유를 **상위 이름**hyperonymy으로 외시하고([주홍]은 [빨강]을 외시한다), 또한 자신이 유가 되는 종을 **하위 이름**hyponymy으로 함축한다([빨강]은 [주홍]을 함축한다). 그리고 그런 의미에서 고전 수사학 구별들의 대부분, 아마 제유의 정의와 연결된 모든 구별들을 이해할 수 있다. 다른 구별들, 특히 환유의 정의와 연결된 구별들에 대해서는, 의미소 재현 안에 여러 논항의 술어, 즉 논항들이 **역할** 또는 〈격(格)〉들로 옮아가는 술어(2·11·1 참조)를 집어 넣음으로써 만족스러운 해결에 도달할 수 있다. 실제로 원인과 결과, 작가와 작품, 포함하는 것과 포함되는 것 사이의 관계들은 그런 식으로 등록될 것이다.

예를 하나 들어 보자. 바로『아이네이스Aeneis』의 제10권 140행이다.

vulnera dirigere et calamos armare veneno.

여기에서 /vulnera dirigere(상처들을 쏜다)/는 고전 논평들에서 결과가 원인을 대신하는 환유의 훌륭한 예로 간주되었다. 이 구절은〔가령 /독이 묻은 화살들로 상처들을 입힌다/(비발디Vivaldi의 번역) 또는 심지어 /화살들을 독으로 묻혀 쏜다/(체트랑골로Cetrangolo의 번역)로 자유롭게 번역될 수 있다〕 /vulnera dirigere/가 /dirigere tela(화살들을 쏜다)/, /dirigere ictus(타격들을 가한다)/, /dirigere plagas(부상들을 쏜다)/, 또는 심지어 /vulnerare(상처를 입히다)/를 대신한다는 사실을 활용한다.

/vulnera dirigere/가 /dirigere tela/를 대신한다고 가정해 보자. /dirigere ictus vel plagas(타격들이나 부상들을 가한다)/의 경우에도 그 결과는 달라지지 않을 것이기 때문에, /telum(화살, 창)/에 대한 개략적인 재현을 제안해 보자. 다른 맥락적 선택들은 고려하지 않고, 또한 표준 라틴어를 상상하면서 말이다(하지만 가령 베르길리우스의 라틴어, 호라티우스의 라틴어, 플라우투스의 라틴어에 대해 분석해 보는 것은 더욱 흥미로울 것이다).

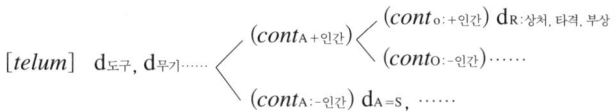

여기에서 R은 행위의 **결과**를 대신한다. 따라서 /*vulnera dirigere*/는 유형 (1)의 환유, 말하자면 의미소를 대신하는 표지로서의 환유처럼 보이며, 결과에 대해 도구적 원인을 대체하는 경우를 나타낸다.

하지만 만약 문제의 표현이 /*vulnerare*/를 대신한다고 받아들여도 그 메커니즘은 바뀌지 않는다. 다만 약간 더 복잡해질 뿐이다.

[*vulnerare*] d_{행위}, d_{상처를 입히다}; d_{A:+인간}, d_{O:+인간}, d_{P: 상처}, d_{S: 화살}······ c: 방향
     사실   때리다
     움직임 타격을 가하다

실제로 [*vulnerare*]를 대신하는 [*vulnus*(상처)]는 결과로 원인을 대체하는 것이지만, 상처를 입히는 **방향적** 행위 대신에 [방향]의 함축에 대한 부분적인 대체도 있다. 이것은 논란의 여지가 많은 제유인데, 실제로는 오로지 훨씬 더 강한 환유에 의존함으로써 성공적으로 작용한다.

위의 관찰들에 비추어 볼 때 **은유와 환유를 구별하는 것이 언제나 쉽지는 않다**는 것을 알 수 있다. 실제로 가령 KF 모델에서 제안하는 의미소 [*bachelor*]의 재현을 훌륭한 것이라고 가정해 보자. 그리고 어느 재치 있는 플레이보이가 독신남 친구를 가리키기 위해 /*that unlucky seal*(저 불행한 물개)!/라고 말한다고 가정해 보자(그리고 영어를 말하는 그 플레이보이들의 환경에서 의미적 역량은 해석적 의미론의 환경에

서 통용되는 역량과 똑같다고 가정해 보자). 독신남으로서의 〔*bachelor*〕와 짝짓기를 하지 못한 물개로서의 〔*bachelor*〕는 모두 똑같은 의미소의 두 가지 의미이기 때문에, 유형 (1)의 환유, 말하자면 의미소를 대신하는 표지의 대체라고 말해야 할 것이다. 하지만 그러한 대체는 **의소적 동일성**을 토대로 한다. 왜냐하면 두 의미 경로의 내부에서 〔*unmated*(짝이 없는)〕라는 — 간단히 말해 〔*never married*(절대 결혼하지 않은)〕보다 훨씬 더 일반적인 — 똑같은 표지가 나타나기 때문이다. 여기에서는 단지 두 가지 해결책이 가능하다. 즉 두 /*bachelor*/는 단순히 동음이어 표현에 의해 운반되는 자율적인 두 개의 의미소이거나, 아니면 **똑같은 의미소의 두 가지 의미 경로 사이의 동일한 의소들의 대체에 대해서도 은유라고 말해야 한다.**

하지만 여기서 문제는 용어상의 순수한 고고학으로 바뀐다. 이제 은유와 환유는 〈유사성〉이나 〈인접성〉에 토대를 두기보다 의미소 **상호 간의** 또는 **내적인** 연결의 두 가지 경우로 나타나기 때문이다. 두 가지 상이한 의미소들(또는 똑같은 의미소의 두 가지 의미들)의 내부에 존속하는 두 가지 똑같은 의소들 사이의 연결은, 한 의미소를 다른 의미소로 대체하는 것을 허용하며(**은유**), 반면에 의미소를 의소로 바꾸거나 의소를 의미소로 바꾸는 것은 **환유**가 된다.

이러한 전망에서 똑같은 의소적 동일성은 〈신비로운 유사성〉을 토대로 하는 것이 아니라 **의미 체계의 구조**를 토대로 하며, 따라서 〈유사성〉의 경우들에서도 일종의 **구조적 인접성**이 언제나 수사학적 교환들의 복잡한 게임을 지배한다고 말할 수 있다. 은유와 환유는 Q 모델에 의해 전제되는 **총체적 의미 우주**의 성격에 의해 가능해진다.[67]

3·8·4 코드의 수사학적 변화

여기에서 〈좋은〉 은유 또는 환유와 〈나쁜〉 것을 구별할 수 있게 허용해 주는 기준을 정할 필요가 있다. 〈좋은〉 은유는 동일성을 통해 혼합되는 표지들이 상대적으로 〈주변적〉이면서 그렇지만 동시에 〈특징적〉인 것이 되는 은유이다.

예를 들어 만약 내가 한 무리의 전사들을 부르기 위해 가령 /남자들!/ 하고 말한다면, 모든 전사들은 남자이기 때문에 그것은 환유를 사용하는 것이 된다. 하지만 [남자]는 전사를 특징짓기에는 너무 많은 의미소들에 의해 공유되는 표지이다.

하지만 만약 내가 2천 명의 전사들을 갖고 있다는 것을 말하기 위해 /나는 내가 활용할 수 있는 2천 개의 검(劍)을 갖고 있다/고 말한다면, 그것은 아주 효과적인 환유이다. 검을 갖고 다니는 것은 전사의 두드러진 특징이기 때문이다. 좀

---

67 은유들과 환유들의 작용은 모든 다른 비유, 말하자면 대체나 교환 *immutatio*을 통해 이루어지는 형상들의 메커니즘을 설명해 준다. 예를 들어 **완곡법**(婉曲法, *periphrasis*)은 한 어휘소를 거기에 상응하는 의미소의 표지들 전체(또는 대부분)로 대체하는 것이다. **환칭**(換稱, *antonomasia*)은 제유-(개별에 대한 종) 또는 완곡법의 한 경우이다. 의미소의 재현에서는 반대말의 부정이 함축되기 때문에, **곡언법**(曲言法, *litotes*)은 의미소에 대한 표지의 대체에서 정상적인 경우이며, **아이러니**는 그 반대말의 직접적 사용이다(비록 대부분 담론의 형상들이기 때문에 좀 더 복잡한 층위에서 맥락적 대체들을 함의할지라도). **강조법***emphases*은 제유의 한 유형이며, 반면 **과장법***hyperbole*은 은유의 한 유형으로 볼 수 있다. 생각의 형상들과 담론의 형상들에 대해서는 또 다른 논의가 필요하다. 그것들은 첨가*adjectio*, 제거*detractio*, 변환*transmutatio*을 통해 이루어진다. 『일반 수사학*Rhétorique générale*』에서 그룹 뮈가 구별한 것(그에 의하면 표현의 형상들로는 철자 바꾸기*metaplasm*와 구문 바꾸기 *metataxes*가 있고, 내용의 형상들로는 의미소 바꾸기*metasememe*와 논리 바꾸기*metalogism*가 있다)에 의존하면, 우리의 관찰은 단지 **의미소 바꾸기**에 대한 연구에만 해당한다.

더 훌륭한 예로 로마 사람들은 검투사들을 /*morituri*(곧 죽을 자들)/로 불렀다[*Ave Caesar, morituri te salutant!*(황제 만세, 곧 죽을 자들이 당신께 인사드립니다!)]. 그것이 눈부신 환유라고 말할 수는 없지만, 어쨌든 검투사가 무엇인지에 대한 우리의 의식을 증가시킨다. 주변적인 표지를 특징적인 표지로 분명하게 제시하기 때문이다.

이제 〔전사〕를 〔검투사〕로 대체하고 〔검투사〕를 〔곧 죽을 자〕로 대체한다고 가정해 보자. 〔전사〕에서 〔검투사〕로 은유적인 이행이 있고, 〔검투사〕에서 〔곧 죽을 자〕로 환유적인 이행이 있다. 그런 경우 전사들은 단지 이례적으로 간주될 뿐만 아니라, 주변적 표지(그들의 죽을 운명)에 의해 특징짓는 것처럼 보이고, 그것은 곧바로 그들을 〔전사〕에서 멀리 떨어져 있는 것처럼 보이는 다른 의미소들과 연결시킨다.

예를 들어 여기에서 은유적으로(표지 〔곧 죽을 자〕의 동일성을 통해) 〔전사〕를 〔속죄양〕과 결합시킬 수 있으며, 따라서 전사들의 부대는 /왕의 야망의 속죄양들/로 정의될 수 있다. 하지만 〔속죄양〕은 〔죄 없음〕의 표지를 갖기 때문에, 다른 좀 더 대담한 대체들이 허용된다. 즉 병사들은 /2천 개의 죄 없는 검들/(또는 더 나아가서 8백만의 죄 없는 총검들)로 보이며, 그런 대체들의 도주에서 극단적인 지점에 이르면, 전통적으로 전사들을 바라보던 방식은 거의 바뀌게 된다. 〔잔인함〕, 〔용기〕, 〔자부심〕, 〔승리〕의 함축들은 완전히 사라지지 않지만, 가령 〔두려움〕, 〔고통〕, 〔부끄러움〕, 〔패배〕 같은 반대말의 함축들과 혼동되게 된다.

수사학적 유희는 예상할 수 없는(또는 거의 예상되지 않고 활용되지 않는) 연결들을 따라 풍요로운 모순들을 드러낸다. 그것은 의미소의 가지들 사이에서 이루어지기 때문에, 그리고 그 가지들의 모든 매듭은 자기 나름대로 새로운 의미소의 출발점이 되기 때문에(Q 모델이 증명하였듯이), 수사학적 대체는 새로운 연결들을 설정하고 **총체적 의미 영역**의 전체를 관통하도록 허용하면서 그 〈위상적〉 구조를 적나라하게 노출시킨다. 그런 활동에서 맥락적 및 상황적 선택들은 종종 서로 중첩되고, 하나가 다른 것으로 바뀌고, 온갖 종류의 단락(短絡)들이 예상하지 못한 접촉들을 창출한다. 그런 과정이 재빨리 나타나고 서로 멀리 떨어진 점들을 연결할 때, 〈도약〉이라는 심리적 인상이 나타나고, 수신자는 그 정당성을 혼란스럽게 깨달으면서도, 의소적 연쇄들의 내부에서 분명히 서로 분리된 점들을 연결하는 모든 이행들을 분명하게 확인할 수 없게 된다. 그 결과 수신자는 수사학적 창안이 설명할 수 없고 〈눈부신〉 직관의 결과이며, 하나의 계시, 하나의 계몽(〈**시적 진리**가 거주하는 **언어**〉)이라고 믿는다. 하지만 사실 **발신자는 단지 의미 조직이 통과하도록 허용하는 상호 연결들의 회로를 지극히 신속하게 포착한 것이다.** 발신자에게는 체계의 가능성에 대한 〈전체적인 시야〉로 제시되는 것이, 수신자에게는 모호하고 불분명한 것이 되고, 따라서 수신자는 발신자의 뛰어난 직관 능력을 인정한다. 물론 의미 영역의 기저 구조에 대한 신속하고 분명한 견해를 /직관/으로 정의한다면 그것은 분명히 사실이다(아마 그것은 평균보다 뛰어난 속도로 체계의 〈점들〉 사이를 연결하는 고유의 능력을 **표피적 층위에서** 작동시키는 능력일 것이다). 하지만 만약 수신자가 완성된 경로를 고려할 수 있게 된다면, 두 사람 모두 의미적 단위들을 서로 연결시키는 새로운 방법을 실현하는 것이 되며, 수사학적 과정(어떤 경우에는 미학적 과정과 비슷한 과정)은 **정당한 인식의 형식, 또는 최소한 습득된 인식을 위태롭게 만드는 방법**이 된다.[68]

적절한 예를 만들기 위해 2·9·6의 도표 15를 수정하여, 가령 두 개의 의미적 단위 u_1과 u_2를 포함하는 하나의 축이 있다고 가정해 보자. 여기에서 u_1과 u_2는 그 일차적인 외시적 표지들이 α_1 대 α_2의 대립적 축에서 나오기 때문에, 일반적으로 상호 양립할 수 없는 것으로 간주된다고 가정하자. 하지만 α_1을 통해 그것들은 함축 γ_1을 공통적으로 갖는다고 가정해 보자.

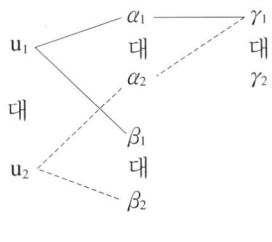

도표 48

이제 일련의 수사학적 대체들을 통해 한 의미소가 명명될 수 있다고(그러니까 수사학적으로 등가인 ⟨≡⟩이 된다고) 가정해 보자. 그리고 이것은 그 표지들 중의 하나를 통해서나 (환유적 대체의 경우로 *mtn*에 의해 표시되고, 필요한 곳에서는 연결이 이루어지는 표지가 뒤따른다), 함께 똑같은 표지

---

68 카츠(1972, 8·4)는 문법적 성분들의 변형 이론에 문장의 표면적 지적체들의 해석으로 간주되는 수사학적 재현도 덧붙일 것을 제안한다. 그런 의미에서 수사학적 조작은 심층 구조, 말하자면 발화체의 의미적 성격을 전혀 건드리지 않으면서 표면 구조상에서 실현될 것이다. 분명히 우리의 논의에서는 **정확하게 정반대의 결과가 나와야 한다**. 수사학적 조작이 내용의 이해에 **별로 영향을 주지 않는 경우들이** 있을 수 있더라도, 여전히 그것은 **의미적 변화**이며, 따라서 수사학과 의미론은 생성 이론에서 똑같은 문제에 대한 두 가지 측면으로 간주되어야 한다.

를 공유하는 다른 의미소를 통해(은유적 대체의 경우로 *mtf*로 표시되고, 대체의 토대가 되는 표지가 뒤따른다) 가능하다고 가정해 보자.

$$((u_1(mtn\ \alpha_1) \equiv \gamma_1) \cdot (\gamma_1(mtn\ \alpha_2) \equiv u_2)) \rightarrow (u_1(mtf\ \alpha_2) \equiv u_2)$$

도표 49

지금은 분명히 형식 논리학이 아니라 수사학적 규칙들을 검토하고 있기 때문에, u_1은 (u_2와의 등가로 인해) 이전에는 **반대말로서 양립할 수 없는** 것으로 간주되었던 표지 α_1과 α_2를 모두 얻는다.

도표 50

때로는 양립 불가능성에 대한 도전이 가령 괴상한 장치들에서(또는 /강렬한 약함/ 같은 모순 어법에서) 그렇듯이, 일종의 **재치**를 드러내기도 한다. 때로는 대립적 축이 실질적으로 뒤집어져서 곧바로 그것을 재조직해야 할 필요성을 느끼기도 한다. 또 다른 경우에는 비록 그런 수사학적 형상이 계속 통용되고 있을지라도 양립 불가능성이 코드에 의해 거부되어, 형식 논리학에서 **일상적 언어는 논리가 없다**고 주장할 정도로 불균형의 느낌을 주기도 한다.

실제로 **일상적 언어는 아마 논리가 없을 수도 있지만 바로 수사학을 갖고 있으며**, 그것은 바로 **퍼지 개념의 논리**가 된다.

3·8·5 코드의 수사학적 전환

수사학적 유희가 고립된 단어들과 담론의 형상들을 포함할 때 위에서 말한 모순들은 대부분 관찰되지 않는데, 그 이유는 그런 형상이 신속하게 남용되기 때문이다. 하지만 **복잡한 논증들**이 개입할 때에는 달라진다.

수사학(가장 고상한 의미에서 이해되는 수사학)의 담론적 형상들 중 하나는, 비록 논증이 개연적인 전제들에서 진행되더라도, 그런 전제들의 확률이 **명시화되는** 경우이다. 단지 그런 조건에서만 설득적 담론은 기만과 구별된다. 〈공개적인〉 설득과 기만 사이를 실천적으로 구별할 수 없었기 때문에, 고대에는 수사학의 실천이 복합적인 퇴락으로 이어졌으며, 소피스트들에 대한 소크라테스의 공격이 대부분 정당화되었다(소크라테스 역시 소피스트였으며, 오히려 〈합리적이고〉 또한 〈공개적인〉 설득의 기술자들 중에서 최고였는데도 그렇다).

진지한 설득과 기만 사이의 경계선은 바로 전제들의 편파성이 인정되는(또는 무시되는) 곳에 자리 잡고 있다. 편파성이 감추어져 있을 때, 기만이나 약점 때문에 **이데올로기적 입장**이 나타나게 된다.

뒤에서 살펴보겠지만, 에코(1970)에서 **코드 전환**의 메커니즘에 기초하는 이데올로기적 설득의 예를 하나 제시하였다. 바로 1969년에 일어났던 일로, 미국의 모든 다이어트 광고가 몰락한 사건이다. 그것은 설탕이 비만을 유발하고 따라서 심근 경색을 일으킬 수 있다는 이유로 사이클러메이트 *cyclamate*가 설탕을 대신하였는데, 바로 그 사이클러메이트가 발암 물질로 밝혀졌던 것이었다. 그 일이 있은 뒤 광고는 몇 주 동안 쉰 다음 역설적으로 수정되었는데, /사이클러메이트 없음, 설탕 첨가/라는 문구 덕택에 다이어트 식품들이 아무런 해가 없는 것으로 제시되었다.

그와 함께 날씬해지는 다이어트의 가장 큰 적, 말하자면 설탕을 함유한 모든 식품이 다이어트에 효과가 있는 것으로 광고되었다. 실제로 모두들 눈치 챘겠지만, 비만의 두려움을 완화시켜 주어야 하는 식품들은 더 이상 팔리지 않았고, 암에 대한 두려움을 안심시켜 주는 식품들이 팔렸다. 다만 다이어트에 대한 호소는 계속 그 배경에서 작용하였는데, 만약 그렇지 않았다면 차라리 일반 식품들, 무엇보다도 값이 싼 일반 식품들을 구입하는 것이 더 편했을 것이다. 우리가 세운 가설은 1969년에 미국 사회가 공유하던 의미 영역 안에서 재구조화가 이루어졌다는 것이다. 첫째 단계에서 일련의 대립들이 나타났는데, 그것이 일련의 함축들의 대비를 생성하였다.

$$
\begin{array}{ccccc}
설탕 & = 비만 & = +심근 경색 & = 죽음 & = (-) \\
대 & 대 & 대 & 대 & 대 \\
사이클러메이트 & = 날씬함 & = -심근 경색 & = 삶 & = (+)
\end{array}
$$

도표 51

이러한 이중적인 함축들의 연쇄를 토대로 다양한 **기호학적 판단들**이 형성되었고, 그것들이 바로 광고 선전을 허용하였던 것이다. 그런데 갑자기 과학적 경험을 토대로 사실적 판단이 튀어나왔으며([사이클러메이트는 암을 유발한다]), 그것이 메타기호학적 판단을 생성하고 둘째 단계를 유발하여, 일련의 함축들과 대립들이 다음과 같이 재구조화되었다.

```
   설탕      = −암 =  삶  = (−)
    대        대    대    대
사이클러메이트 = +암 = 죽음 = (+)
```

도표 52

  설탕이 살찌게 한다는 사실은 배경으로 물러나게 되었다. 또한 실제로 신문들에 실린 소비자들과의 인터뷰는 그런 현상을 반영하였는데, 확실한 암보다는 심근 경색의 위험이 더 낫다는 것이다.

  그런데 잘 살펴보면 설탕의 의미소적 스펙트럼은 첫째 단계와 둘째 단계 사이에서 **전혀 바뀌지 않았다**. 즉 설탕은 계속해서 살찌게 하는 것으로, 또한 잉여성의 규칙에 따라 혈액 순환에 위험한 것으로 함축되고 있었다. 새롭게 일어난 것은 사이클러메이트의 의미소적 스펙트럼의 변화였는데, 사이클러메이트는 〔날씬하게 만든다〕는 표지를 상실하고 〔암을 유발한다〕는 표지를 얻게 되었다. 하지만 실제로는 앞에서 가정하였듯이 대립들의 연쇄가 뒤집혔다.

  그런 일이 일어난 것은 그 뒤집어짐의 밑바탕에 **두 가지 수사학적 전제들 사이의 대체**가 있었기 때문이다. 첫 번째 전제는 1968년까지 유포되어 있던 것으로 날씬함이 건강과 장수의 주요 요건들 중 하나라는 것이었다. 두 번째 전제는 1969년 후반에 나타났는데, 가령 어느 지각 있는 의사가 〔그러니까 간단히 말해 암에 걸릴 과학적 확실함을 갖는 것보다 몇 킬로 더 살이 쪄서 상당히 불확실한 심근 경색의 위험을 갖는 것이 더 낫습니다〕 하고 말하는 담론과 동일시될 수 있을 것이다. 상황적인 통제를 받고 반박에 대해 열려 있는 그런 논증을 의사는 여론으로 제시할 것이다.

그런데 위에서 말한 광고를 〈이데올로기적〉으로 만든 것은 사이클러메이트와 비교할 때, 설탕의 긍정적 측면이 [**죽는 방법들**]의 축에 의해 규제되는 대립과 관련되는데, 바로 의미 영역이 조정되는 둘째 단계에서 그 대립이 마치 [**날씬해지는 방법들**]의 축에 의존하는 것처럼 조작되었다는 사실이다. 바꾸어 말해 의미소 [설탕]은 무엇보다도 두 개의 상황적(또는 맥락적) 표지를 갖고 있는데, 하나는 [*circ* 다이어트]의 경우에서 고유의 함축들을 예상하고 다른 하나는 [*circ* 질병 유발]의 경우에서 고유의 함축들을 예상한다. 전자의 경우 함축은 부정적이고, 후자의 경우에는 전형적인 **퍼지 개념**으로, 그 안에서 설탕의 긍정적 또는 부정적인 측면은 다른 물질들과 비교되어야 한다[설탕은 비소(砒素)보다 훨씬 덜 질병을 유발하고, 사카린보다 더 많이 질병을 유발한다].

이 경우 코드의 전환이 일어나는 것은 상황적 선택 α에 의해 생성되는 함축이 마치 상황적 선택 β에 의해 생성되는 것처럼 처리하게 될 때이다. 그런 식으로 설탕은 긍정적인 다이어트 효과를 갖고 있는 것처럼 제시되었는데, 실제로는 단지 **다이어트 능력과는 상관없는 상황에서** 사이클러메이트에 비해 긍정적인 것으로 함축되었을 뿐이다. 이러한 유희 안에서 일종의 착시를 통해 〈겉보기에는〉 다이어트에 관한 담론의 내부에서 긍정적인 요소로 제시됨으로써, 설탕은 실질적으로는 전혀 갖고 있지 않은 [날씬하게 만들기]의 표지를 얻었던 것이다.[69]

이것은 바로 의미 영역에서 고려되지 않는 허구의 함축들을 생성하는 **급격한 코드 전환**의 전형적인 작업이다.

---

69 설탕은 맥락적 선택(*cont* 대 사이클러메이트)에서 긍정적인 함축을 갖고 있으며, 코드 전환의 작업에서 그 함축이 〈모든 맥락에 해당하는〉 것으로 제시되었다고 말할 수도 있다.

이 예는〔MSR와 비교될 수 있었기 때문에 에코(1971)보다 더 깊이 있게 다루었다〕, (1) 코드가 궤변적으로 **전환**될 수 있는 방법, (2) 의미 체계들이 **맥락적** 또는 **상황적 선택**에 따라 주어진 신분을 얻게 되고, 그 신분은 그런 선택들의 변화에도 그대로 남아 있다는 사실을 보여 준다. 사이클러메이트에 대한 광고는 주어진 의미적 하위 체계의 구조가 **모든 상황에서** 똑같이 남아 있다고 주장하였기 때문에 〈이데올로기적〉이다. 그러니까 **개연적 전제들의 편파성**이 은폐되었다.

하지만 수사학적 메커니즘들에 의존하는 코드 전환의 문제는, 실제로 이론적이고 정치적인 의미에서 〈이데올로기〉를 말할 때 훨씬 더 복잡해진다. 코드 전환의 그런 측면을 밝히기 위해서는 새로운 실험실 모델을 세워야 할 것이다.

3·9 이데올로기와 코드의 전환

3·9·1 기호학적 범주로서의 이데올로기

2·14·1에서 /그는 마르크스를 따른다/의 예를 다루면서, 그 표현은 비록 코드 이론의 범위 안에 등록될 수 있는 어떤 코드화에도 의존하지 않는 것처럼 보이지만, 문장에 대한 최종적인 명료화를 결정할 수 있는 〈이데올로기적〉 함축의 층위도 포함한다고 말했다(마르크스를 따르는 것은 좋은가, 아니면 나쁜가?). 그런 의미에서 지시적이고 화용론적인 전제들의 모든 유희에서 매우 중요한, 수신자의 이데올로기적 배경은 완전히 코드화되어 있지 않고 텍스트 해석, 추론, 언급, 전제들의 과정적 유희에서 나오는 세계관으로 구성되는 것처럼 보인다. 그러므로 이데올로기는 세미오시스를 결정할 수 있고 추정법적 과정에서 촉매로 작용하지만, **코드화에는**

이질적인 기호 외적인 잔재처럼 보일 것이다[그리고 에코 (1968)에서는 그렇게 제시되었다].

그러나 코드가 등록하지 않지만 전제**되어야** 하는 것은, 바로 발신자가 어느 주어진 이데올로기를 따른다는 사실이다. 그런데 전제의 대상이 되는 이데올로기 자체는 기호학적으로 분석될 수 있는 조직된 세계관이다. 바꾸어 말하자면(2·11·1과 제2장의 각주 21을 참조하기 바란다), 발신자가 무엇인가를 생각하거나 생각하지 않는다는 사실에 대한 **화용론적** 전제는 **코드화되어 있지 않지만**(따라서 그런 사실은 추론의 문제가 된다), **생각되는**, 그러니까 **생각할 수 있는 무엇**은 예상될 수 있는 내용이며, 따라서 **코드화** 또는 **과잉 코드화**의 문제가 된다. 때문에 기본적으로 의미적인 것으로(즉 전형적인 기호학적 포함으로) 드러나는 소위 화용론적 전제는 코드들에 뿌리내린 것으로 남아 있다.

의미 체계는 세상에 형식을 부여하는 방법을 형성한다. 그러므로 세상 자체(내용의 연속체로서)에 대한 **편파적 해석**이 되고, 새로운 사실적 판단들이 개입하여 그것을 위태롭게 만들면 언제나 곧바로 다시 구조화될 수 있다. /화성인들은 아기들을 먹는다/고 단언하는 메시지는 단지 의미소〔화성인〕에게〔식인 풍습〕의 함축을 부여할 뿐만 아니라, 부정적인 가치 부여로 요약될 수 있는 복잡한 일련의 함축들을 운반한다. 하지만 만약 누군가가 화성인들은 물론 〈아기들〉을 먹지만, 다른 동물들의 〈아기들〉을 먹는다고(우리가 양의 새끼들, 새의 새끼들, 물고기 새끼들에게 그러하듯이) 설명한다면 상황이 바뀐다. 그런데 그런 함축적 연쇄들을 비판하고 다시 구조화하려는 일련의 메타기호학적 단언들을 생산하는 것은 학문의 임무들 중 하나이다.

하지만 일반적으로 평범한 수신자는 발화체들을 그렇게

확인하지 않고 자신의 좀 더 친숙한 하위 코드들을 거기에 적용하며, 그리하여 〈편파적인〉 견해에 뿌리내린 채 남아 있게 되고 고유 관점의 상대성을 절대적인 것으로 생각한다.

그런 편파적인 세계관을 정의하기 위해서는 이데올로기를 〈그릇된 의식〉으로 보는 마르크스의 개념에 의존할 수 있다. 물론 마르크스의 관점에서 볼 때 그런 그릇된 의식은 **삶의 구체적인 물질적 관계들의 이론적인 은폐(과학적 객관성의 주장과 함께)**로서 탄생한다. 하지만 여기에서는 이데올로기의 **동기화** 메커니즘을 연구하는 것보다 그 **조직의 메커니즘**을 연구하는 데 관심을 기울이고, 이데올로기의 **발생**이 아니라 그 **구조**를 연구하고자 한다.

3·9·2 하나의 모델[70]

조그마한 구멍이 하나 뚫려 있는 칸막이에 의해 두 부분(알파-베타)으로 나뉜 그릇을 상상해 보자. 두 부분 모두에서 가스 분자들이 서로 다른 속도로 움직이고 있다. 구멍을 지키기 위해 가스의 역학 이론에서 **맥스웰Maxwell의 악마**라 부르는 것이 있다. 악마는 지적인 존재로(그것의 존재는 열역학 제2원칙에 의해 반박된다), 베타에서 알파로는 단지 느린 분자들만 통과하고, 반면 알파에서 베타로는 단지 빠른 분자들만 통과하도록 한다. 그리하여 악마는 베타 안에서 온도의 증가를 허용한다. 또한 맥스웰의 악마보다 더 영리한 우리의 악마는 알파에서 베타로 건너가는 모든 분자에 표준 속도를 부여한다고 상상해 보자. 분자들의 수와 그 속도를

---

[70] 이와 똑같은 모델은 『내용의 형식들』(에코, 1971)에 실린 「이데올로기의 기호학Semiotica delle ideologie」에서 이미 제시되었다. 하지만 여기에서는 MSR 및 코드 전환의 개념과 함께 좀 더 일관적인 분석을 할 것이며, 따라서 이 글은 이전의 글을 심화시킨 것으로 간주되어야 한다.

동시에 알면 우리는 단일한 측정 단위 덕택에 압력과 열을 모두 확인할 수 있다.

또한 악마는 베타로 건너가는 n개 분자들 각각에 대해 신호를 발신한다고 상상해 보자. 그리고 신호의 각 단위는 단지 우리의 목적(예를 들어 어느 주어진 상황에서 견딜 수 있는 열과 압력에 대한 일정한 계산)에 **적절한** 것으로 판단되는 양의 분자들만을 알려 준다. 우리의 계획은 바로 **적절성의 기준**을 결정하는 것이다.

만약 발신자로서 악마가 〈예-아니요〉 식의 아주 단순한 코드를 갖고 있다면, 하나의 전자 신호(그것을 Z라 부르자)만으로 측정 단위를 가리키기에 충분하다. 똑같은 신호의 간헐적인 반복은 측정 단위들의 총합을 가리킨다. 그럴 경우 가령 /Z/는 열과 압력의 〔최소〕를 외시하고, /ZZZZ/는 〔최대〕를 외시한다고 가정해 보자.

만약 수신자가 기계라면 그런 수치들을 기록하고 받은 지침에 따라 반응한다. 이 경우 신호는 인공 지능학적 의미에서 정보의 한 비트*bit*이다. 기계는 자극-반응의 행동을 토대로 하고, 기호적 행동을 하지는 못한다. 하지만 반대로 수신자가 사람이라면, 그의 반응은 신호를 기호로 전환시킨다. 하지만 동시에 인간 수신자는 외시적 의미에다 하나 또는 그 이상의 **함축적 의미**를 덧붙일 것이다.

예를 들어 표현 /ZZZZ/는 열의 계산과 관련될 때 긍정적 가치를 함축한다. 반면에 〈압력의 계산〉과 관련될 때는 정반대가 된다. 그리고 만약 환경을 편안하게 만들기 위해 어느 주어진 양의 열이 요구된다면, 그 함축들은 생산 작업과 관련하여 그것을 고려하는 경우와는 달라질 것이다. 〔최소〕의 경우에도 마찬가지이다. 그리고 이런 관찰은 최소 지점과 최대 지점에 상응하는 두 가지 표현의 의미소적 재현에 의해 더욱 명백해질 것이다.

$$/Z/ = [최소] - d_{낮은} \begin{cases} [circ_{열}] — c_{결핍} \begin{cases} [circ_{난방}] — c_{불편함} — c_{나쁜} \\ [circ_{생산성}] — c_{-에너지} — c_{나쁜} \end{cases} \\ [circ_{압력}] — c_{결핍} \longrightarrow c_{안정} \longrightarrow c_{좋은} \end{cases}$$

$$/ZZZZ/ = [최대] - d_{높은} \begin{cases} [circ_{열}] — c_{풍부} \begin{cases} [circ_{난방}] — c_{편안함} — c_{좋은} \\ [circ_{생산성}] — c_{+에너지} — c_{좋은} \end{cases} \\ [circ_{압력}] — c_{과잉} \longrightarrow c_{위험} \longrightarrow c_{나쁜} \end{cases}$$

도표 53

물론 두 가지 의미소적 재현은 모두 문화가 의미 공간을 일련의 대립적 하위 체계들로 나눌 것을 요구한다. 그리고 그중 일부가 다른 것들을 제외하고 의미소의 다양한 의미들에 의해 고려된다.

(1) 압력	(2) 난방	(3) 압력
최소 대 최대	최소 대 최대	최소 대 최대
낮은 대 높은	낮은 대 높은	낮은 대 높은
결핍 대 과잉	결핍 대 풍부	결핍 대 과잉
안전 대 위험	불편함 대 편안함	-에너지 대 +에너지
좋은 대 나쁜	나쁜 대 좋은	나쁜 대 좋은

도표 54

만약 주어진 의미소의 구성을 상이한 의미 축들의 상이한 위치들에서의 〈낚시〉로 재현한다면(2·9·6 참조), 의미소 [최대]는 최소한 두 가지 **양립할 수 없는** 읽기 의미를 제시한다(각각 실선과 점선으로 재현되어 있다).

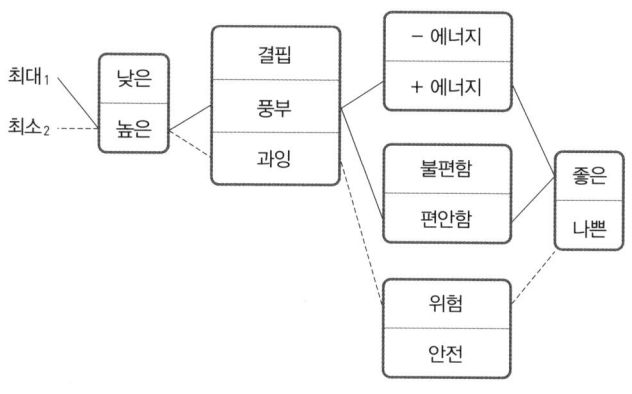

도표 55

3·9·3 이데올로기적 조작

이제 분명히 명시되었든 또는 아니든 이전의 관점들을 토대로 하는, 말하자면 의미소에 주어진 속성을 부여하면서, 의미 공간의 선적이지 않고 모순적인 성격 때문에, 그 의미소에 대해 동등하게 서술될 수 있는 다른 모순적 속성들을 무시하거나 감추는 상황적 선택들을 토대로 하는 일련의 기호학적 단언들을 이데올로기적 **발상**inventio으로 정의하자. 그러니까 **오로지** 실선에만 기초하거나 또는 **오로지** 점선에만 기초하는 모든 기호학적 단언들은 이데올로기적인 것으로 간주되어야 한다.

반면에 이데올로기적이지 않은 단언은 관련되는 고유 의미 공간의 모순적 성격을 보여 주는 메타기호학적 단언이다. 그런 유형의 메타기호학적 판단은 도표 56에 재현되어 있다.

의미소의 가능한 상황적 선택들 중 하나를 명시적으로 전제로 선택하는 반면, 다른 모순적 전제들, 또는 모순적 결론으로 이끄는 명백하게 보완적인 전제들이 존재한다는 사실

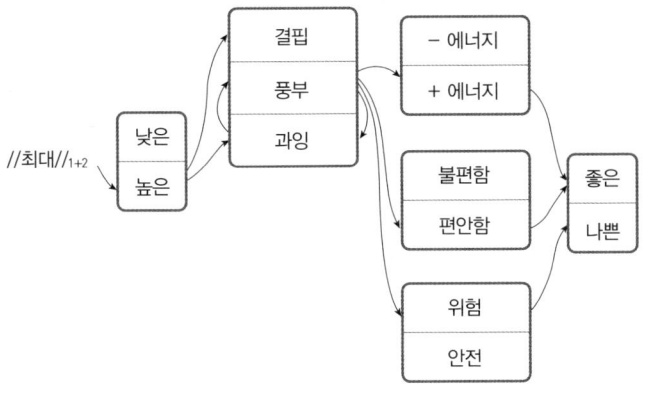

도표 56

을 분명히 밝히지 않고, 따라서 의미 공간의 모순성을 감추는 논증을 이데올로기적 **배치**dispositio라고 정의하자.

또한 이데올로기적 배치란, 두 개의 상이한 전제들을 비교할 때 모순적인 표지들을 갖지 않는 전제를 선택하고, 따라서 의식적이든 무의식적이든 논증의 선형성을 위태롭게 할 수도 있는 전제를 감추는 논증이라 정의하기로 하자.

실제로 누군가가 알파-베타 체계 안에서 최대의 열은 최적의 난방과 동시에 최적의 생산 조건을 허용하는 것으로 믿는다고(또는 그렇게 믿도록 만들고 싶어 한다고) 가정해 보자. 그는 그 두 가지 요구가 상호 **양립할 수** 있으며 그것들이 결합되어 바람직한 상황([복지]라고 부를 수 있는 상황)을 생산한다는 것을 보여 주도록 자신의 논증을 조직할 수 있다. 그런 논증은 두 가지 상황적 선택이 일련의 대칭적인 함축들과 대립들을 생산하도록 두 개의 하위 체계들을 조직할 수 있다.

3 ___ 기호 생산 이론

난방 ≡ 생산성 (난방 = ⟨abcd⟩, 생산 = ⟨abef⟩)

이 생략 삼단 논법 모델은 난방의 추구와 최적 생산성의 추구 사이에 모순이 없다고 증명한다. 사각형 ⟨abcd⟩의 대립들과 함축들은([높은 열은 좋은 난방에 상응한다]는 전제를 나타낸다) 사각형 ⟨abef⟩의 대립들과 함축들은([높은 열은 훌륭한 생산성에 상응한다]는 전제를 나타낸다)에 대해 보완적이다. 실제로 양옆의 삼각형 ⟨ace⟩와 ⟨bdf⟩를 고려해 보면 [불편함]은 [-에너지]에 대한 환유로 간주될 수 있고, [편안함]은 [+에너지]에 대한 환유로 간주될 수 있다.

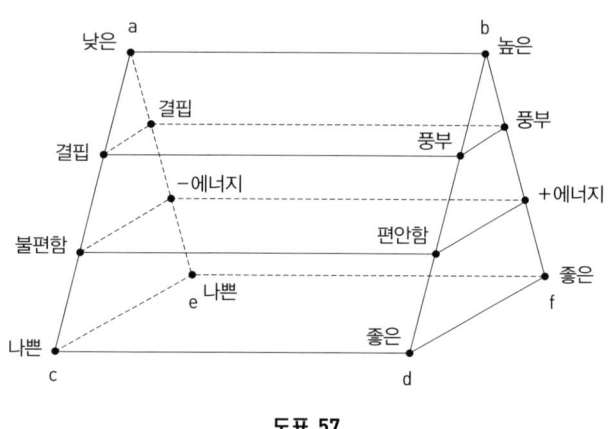

도표 57

3·8·3에서 설명한 수사학적 규칙들에 따라 그런 대체들은 실제로 도표 53의 의미소적 재현에 의해 허용된다.

에너지의 상실은 덜 편안한 난방을 유발할 것이 분명하다(반면 에너지의 증가는 아늑함과 편안함을 허용한다). 원인에 대해 결과를 대체하고, 결과에 대해 원인을 대체하는 것은 실제로 탁월한 환유의 예를 제공한다.

3·9·4 이데올로기적 담론에 대한 기호학적 비판

방금 논의한 **배치**의 예는 이데올로기적 담론의 탁월한 예를 나타낸다. 왜냐하면 한편으로는 〈생산과 압력〉 사이, 다른 한편으로는 〈난방과 압력〉 사이의 **잠재적인 모순**을 감추기 때문이다.

도표 58에서 두 하위 체계들 사이에서 나타나는 대칭적인 상응 관계를 검토해 보고, 거기에서 나오는 모순을 증명해 보자.

압력 대 **난방** (압력 = 〈abcd〉, 난방 = 〈abef〉)

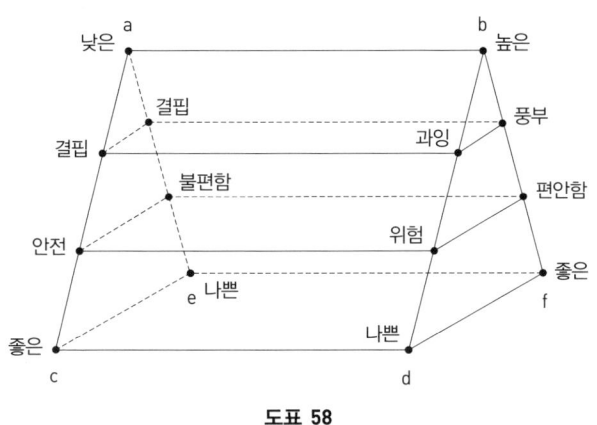

도표 58

곧바로 알 수 있듯이 양옆의 삼각형들은 반대말 표지들의 쌍들을 제시한다. 그리고 〔과잉 대 풍부〕, 〔안전 대 불편함〕, 〔위험 대 편안함〕은 **서로의 해석소들이 아니며,** 서로 대체될 수도 없다(아이러니한 모순 어법의 경우들을 제외하면 그렇다).

이 프리즘 같은 구조의 두 번째 층위는 두 가지 관점이 비교될 때 나타나는 양립 불가능성을 보여 준다. 프리즘의 바닥은 양립 불가능성의 전체 연결을 도형으로 보여 준다. 모든 연결은 〔좋은 대 나쁜〕의 대립을 생산하기 때문이다. 물론 압력과 생산성을 비교할 때에도 똑같은 일이 일어나며, 도표 59는 또 다른 해명을 요구한다.

압력 대 **생산** (압력 = 〈abcd〉, 생산 = 〈abef〉)

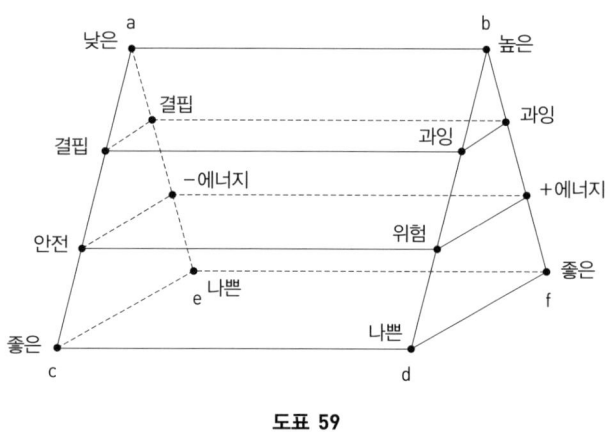

도표 59

도표 57, 58, 59에서 제시되는 연결들이 간과될 때 바로 **이데올로기적 담론**이 확인된다(또는 즉각적으로 확인될 수 있다). 난방과 생산은 일반적인 행복의 목적을 위해 어떻게든 추구해야 할 일차적인 가치들이라고 주장하는 사람은, 그것들이 (위험을 생산하기 때문에) 일반적인 안전과 양립될 수 없다는 사실을 은폐함으로써 동시에 이데올로기적 담론을 형성하게 된다. 모두를 위한 안전이 사회 집단의 모든 구성원들을 위한

일차적인 가치라고 주장하는 사람은, 그런 안전이 완전하게 실현될 때에는 생산성과 복지의 모든 증대를 없앨 것이라는 사실을 은폐함으로써 이데올로기적 담론을 형성하게 된다.

분명히 여기서는 그런 입장들 중 어느 것이 더 낫다고 주장하려는 것이 아니다. 단지 사회 집단의 목적에 대한 **이데올로기적이지 않은** 설득적 담론은 그러한 모든 목적들을 고려해야 한다는 것을 증명하려는 것이다. 하지만 동시에 어떠한 토대 위에서(말하자면 어떤 전제들을 토대로) 어느 한 가치가 다른 가치보다 **선호**되어야 하는가, 그리고 어느 정도까지 가치들이 상호 배제적인가를 결정해야 한다.

실제로 그런 가치들에 대한 비판적인 조사는 그 가치들이 **단지 절대적인 것으로 채택되는 경우에만**(말하자면 논리적으로 형식화된 실체로 채택될 경우에만) 상호 배제적이라는 것을 보여 줄 것이다.

사실 그것은 〈퍼지〉 개념들이다. 그런 개념의 의미적 구성에 대한 비판적인 조사는 그것들이 **단계화**에 민감하다는 것을 보여 줄 것이다. 즉 에너지의 결핍과 과잉 사이, 절대적인 안전과 위험 사이에는 일련의 중간 단계들이 있다(실제로 위험은 안전의 낮은 수준일 뿐이다). 그렇다면 안전의 연속체에서 중간 부분과 일치하는 일종의 **에너지 연속체의 중간 부분**을 분리해 내는 것이 가능할 것이다(그렇게 얻은 〈단계〉의 **계단**들을 역으로 비례하는 것으로 간주한다면 말이다).

도표 60

하지만 이런 계산을 하는 과정에서 이미 이데올로기의 문턱을 넘어서게 되었다. 이미 비판적인 설득적 담론의 범위 안으로 들어간 것이다. 그런 담론은 우선권의 급진적 단계를 받아들이므로, 가령 〔안전한 것보다 부유해지는 것이 더 좋다〕(또는 〔부유해지는 것보다 안전한 것이 더 좋다〕)고 생각하는 대화 상대자에 의해 충분히 거부될 수 있다.[71] 이데올로기적 담론에 대한 비판적인 분석은 대화 상대자의 물질적이고 실제적인 동기화들을 없애지 않으며, 따라서 세상을 바꾸지 않는다(삶의 물질적 토대들을 바꾸지 않는다).

다만 그런 물질적 토대들을 명백히 밝히는 데 기여할 수 있다.[72] 그러나 이데올로기적 담론은 그런 다양한 선택들을

[71] 예를 들어 〈우리의 사회는 생산을 증가시켜야 한다. 우리의 목적을 이루기 위해 공동체의 모든 구성원에게 많은 희생이 요구될 것이다. 개개인은 집단의 복지와 관련하여 이차적인 단계로 물러날 것이다〉. 똑같은 유형의 코드화는 가령 이런 발화체에 의해 암시적으로 설정될 수 있다. 〈생산성은 돈을 벌게 하고, 돈은 복지를 생산한다. 생존의 이러한 투쟁과 이러한 자유경쟁 안에서 누군가는 억압되지만, 그것은 팽창하는 경제를 위해 치러야 할 대가이다.〉 이것들은 모두 가치들의 연결에 의한 의미적 규칙들을 제시하는 암시적인 메타기호학적 판단들이다. 다른 한편으로 정반대의 전제들이 설정될 수도 있다. 〈복지의 노예가 되는 것보다 가난한 것이 더 낫다〉, 〈다른 사람의 부를 생산하기 위해 누군가 죽는 사회는 병든 사회이다〉, 〈석유를 태우느니 마리화나를 태워라〉, 〈노동의 안전은 정부가 가장 먼저 염려해야 하는 것이다〉 등이 그렇다. 이러한 모든 발화체들은 앞의 발화체들과 마찬가지로 수사학적이고 설득적인 노력의 예들이며, 동시에 낡은 의미적 단위들에 새로운 함축들을 메타기호학적으로 부여하려는 시도가 된다.

[72] 이데올로기에서 이데올로기로의 변형에서 객관적인 규칙들은 없다. 의미 공간의 단절은 단지 어떻게 상이한 관점들이 상이한 의미적 조직들을 생산하는가를 증명할 수 있도록 허용한다. 타당성을 검증할 수 있고, 보다 나은 개선을 허용하는 이데올로기들에 대한 기호학 이론은 존재하지 않는다. 단지 다른 정반대의 이데올로기와 비교하여 어떤 이데올로기의 상대성을 증명함으로써 그것을 위기에 처하게 만들도록 허용하는 기호학적 분석의 기법만 있을 뿐이다. 관점의 선택은 기호학과 아무런 관련이 없다. 기호학은 다

은폐하며, 은폐에 성공하기 위해 논박할 수 없는 과잉 코드화와 코드 전환의 치밀한 게임에 몰두한다. 따라서 생산성과 난방 사이의 대칭적이고 조화로운 상응 관계(도표 58)를 받아들이는 사람은 자기 관점의 토대가 되는 의미적 단위 〔최대〕가 단지 열과 에너지의 최대를 나타낼 뿐만 아니라, **압력의 최대**까지 나타낸다는 사실을 잊거나 또는 무시하려고 할 것이다. 따라서 오로지 편파적으로 미리 선택된 단위와 연결된 함축들만이 〔풍부함〕, 〔편안함〕, 〔에너지〕의 함축들로 남게 되고, 그것들은 이내 대체적 **이름들**로 바뀔 것이다.[73] 그리하여 누군가가 〔최대 열〕은 〔위험〕도 의미한다고 주장하면, 그 단언이 의미적으로 비정상이라고 하여(하지만 이데올로기들의 왕국에서는 〈이론적으로 어긋나는〉 또는 〈이단적인〉 것이라고 말하기를 선호한다) 거부할 것이며, 또한 **외연적으로 거짓**이라고 믿을 것이다. 그렇게 방해하는 단언은 이데올로기적으로는 **그릇된 의식 속에서 사는** 자의 의미 우주(모순들이 없는)를 지배하는 〈법과 질서〉를 위협하려는 사악한 노력으로 해석될 것이다.

/최대 열/은 단지 〔부유함〕과 〔편안함〕을 암시하는 표현일 뿐 아니라, 원래 세상의 상태를 지시하기 위해 생산되는 기호가 되기도 한다는 사실을 상기하는 것, 그리고 그런 세상의 상태는 압력의 증가도 수반한다는 사실을 깨닫는 것은,

양한 선택들을 분석하는 데 도움을 주지만, 선택하는 데에는 도움을 주지 않는다.
73 바르트(1964b)는 이미 수사학과 이데올로기 사이의 밀접한 관계를 상기시킨 바 있다. 특정한 수사학적 공식들은 어느 주어진 이데올로기적 입장과 밀접하게 연결되어 있으며, 민족 해방 전선의 어떤 전사도 자기 민족의 독립을 위한 투쟁을 /자유세계의 수호/로 정의하지 않을 것이다. 왜냐하면 그런 공식은 바로 식민지주의 강대국들이 다른 나라들을 식민지화하는 자신들의 권리를 옹호하기 위해 널리 사용하였기 때문이다.

모두 **자신의 머리로 걸어가고 있던 철학을 다시 자신의 다리로 걷도록 만드는 것**을 의미할 것이다.

하지만 이데올로기는 **편파적이고 단절된** 세계관이다. 그것은 의미 우주의 다양한 상호 연결들을 무시함으로써, 일정한 기호들이 고유의 해석소들과 함께 생산되도록 만든 **실천적 이유들**까지 은폐한다. 그리하여 망각은 그릇된 의식을 생산한다.[74]

코드 이론은(그것은 세상의 상태들을 언제나 오로지 기호들을 통해서만 명명할 정도로 세상의 상태들과는 전혀 상관없는 것처럼 보인다) 여기에서 실천적으로 교육적인 고유의

---

74 지금까지의 모든 논의는 근본적으로 〈이데올로기〉에 대한 아주 고전적인 정의들을 검증한다. 18세기 프랑스의 〈이데올로그들*idéologues*〉이 그 용어에 부여한 의미는 이데올로기들에 대한 발생론적 비판으로서 우리의 기호학적 개념의 의미와 비슷하다. 코드의 의식적인 전환으로서의 이데올로기는 바로 엥겔스가 말했던 것이다. 즉 〈소위 사상가가 의식적으로, 하지만 그릇된 의식과 함께 수행하는 과정이다. 그를 결정하는 현실적 힘들은 알려지지 않은 채 남아 있다(만약 그렇지 않다면 이데올로기적 과정은 나타나지 않을 것이다)〉(메링Mehring에게 보낸 편지). 코드의 무의식적인 전환으로서의 이데올로기는 야스퍼스에 의해 기술되었듯이 〈생각하는 주체에게 절대적 진리로 나타나는 재현들과 사상들의 복합체이며…… 자기기만, 은폐, 도주를 생산한다〉(『시대의 정신적 상황*Die geistliche Situation der Zeit*』). 다른 한편으로 마르크스주의가 〈이데올로기〉에 대하여 세상의 변화를 위한 사회적 실천에 봉사하는 지적인 무기로서 부여한 〈긍정적인〉 의미는 이전의 부정적인 정의들과 모순되지 않는다. 그런 의미에서 이데올로기는 그 편파성을 부정하지 않고, 또한 그것이 거부하는 것을 감추지 않고 채택된다. 다만 이전에 명백하게 제시된 전제들의 체계는 우선권의 순서들을 명백히 밝혔다. 1848년의 『공산당 선언』은 이데올로기의 최고 예로서, 바로 이데올로기로 제시되고, 고유의 전제들을 명백히 밝히고, 상대방 이데올로기를 고려하고, 또한 기본적인 전제가 밝혀져야 하는 지점까지 고려한다는 것을 보여준다. 즉 공산주의는 부르주아 소유를 없애고자 하는데, 역사의 주체는 바로 소외된 프롤레타리아 대중이기 때문이다. 일단 그런 우선권의 순서를 명백히 밝힌 다음 논의는 소위 〈과학적인〉 방법으로 진행될 수 있고 대안적 선택들을 감추려고 하지 않는다. 하지만 그것은 더 이상 우리의 관심을 끌지 않는다.

힘을 증명한다. 코드 이론은 주어진 문화 체계의 비밀스럽고 감추어진 연결들을 보여 주면서 기호 생산 작업이 그런 의미 그물의 복잡성을 존중하거나 또는 배반할 수 있는 방법들을 드러내고, **세상의 상태들을 변형하는 인간의 작업**에 그 의미 그물을 적용시킨다(또는 거기에서 분리해 낸다).[75]

3·9·5 기호학의 마지막 문턱

그러한 변형은 세상의 상태들을 의미 체계로 조직하지 않

---

75 이데올로기적 작업은 좀 더 복잡한 형식들을 띨 수도 있다. 은유적 대체들을 통해 (에너지)와 (편안함)을 (위험)과 대립시킴으로써 동일시할 수도 있다. 그리고 (위험)을 (덜 안전함)으로 바꾸고, 만약 더 높은 에너지가 덜 안전함을 함의한다면 그것은 받아들일 만한 대가라고 증명할 수도 있다. 퍼지 개념들을 궤변적으로 도입하면서 그 단계화를 설정하지 않을 수도 있다. 가령 생산성의 어느 이론가가, (모두를 위한 모든 편안함)은 (모두를 위한 모든 안전)과 양립할 수 없다는 명백한 전제를 일단 주장한 다음, 다음과 같은 사이비 논리적 사각형을 제안한다고 가정해 보자.

모두를 위한 모든 편안함 대 모두를 위한 모든 안전
누군가를 위한 일부 안전 대 누군가를 위한 일부 편안함

여기에서 분명히 첫 번째 항은 두 개의 대립적 반대말을 대립시키고, 두 번째 항은 **역방향**의 반대말을 대립시킨다(일부 안전을 **함의하는** 모두를 위한 편안함은 만족스러운 해결처럼 보인다). 사실 (모두)와 (일부)를 퍼지 양화사(量化詞)로 인정하면, 그것들의 성격은 관점에 따라 충분히 바뀌고, 사각형의 주장되는 논리적 정확함은 위기에 처하게 된다. 또한 (모두를 위한 **모든** 안전)은 (각자에게 똑같이 분배되는 것)(사회주의)을 의미하고, (각자가 잠재적으로 활용할 수 있는 것)(자유 경쟁)을 의미하지 않는 것이 사실인가? 첫 번째 (일부)는 **얼마만큼의** (안전)을 수량화하는가? 그리고 두 번째 (누군가)는 **얼마나 많은 사람들**을 수량화하는가? 이런 유희는 오랫동안 지속될 수 있을 것이다. 단지 모든 용어가 코드 안에서 자신의 위치로 되돌아가고 의미적으로 분석될 때에만, 이데올로기적 작업은 은폐되지 않고 선호의 논리를 토대로 하는 설득적 작업으로 바뀌게 된다.

3___기호 생산 이론

고는 수행될 수 없다. 세상의 상태들은 변형되기 위해 **명명되고 또한 구조적으로 조직되어야** 한다. 하지만 명명되는 순간 곧바로 소위 〈문화〉라는 기호 체계들의 체계(**그것은 물질적 힘들이 생각되고 논의되는 방법들까지 조직한다**)는, 코드 이론이 그 모든 자율성에서 존중하고 또한 분석해야 하는 지시 외적인 독립성을 어느 정도 띨 수 있다.

단지 그런 조건하에서만 (기호들과 사물들 사이의 관계를 **진실**과 **거짓**과 관련하여 다룰 때에도) **순수하게 기호학적인** 관점을 활용하지 않을 수 없는 기호 생산 이론을 형성할 수 있다.

알파-베타 체계가 이데올로기적 불균형을 일으킬 때, 그리고 의미적 하위 체계들이 〈다리로〉 서지 않고 〈머리로〉 서기 시작할 때, 그런 퇴락의 과정을 멈추기 위해서는 단지 두 가지 방법이 있다. (1) 알파-베타 그릇을 **폭발**시켜 압력의 존재가 분명해지고 그릇된 의식의 착각들을 실제로 파괴하도록 하는 것이다. 그런 행위는 정치학에서 〈혁명〉이라 부르는데, 바로 이 책에서 검토한 기호학적 **문턱**들의 또 다른 문턱을 나타낸다. 문턱이라 부르는 이유는 이런 행위가 기호학적 연구와 무엇인가 다른 것 사이의 경계선을 형성하기 때문인데, 그릇이 폭발한 다음에는 의미 실체들의 조직된 체계 전체가 함께 폭발하고 훨씬 나중에야 재구성될 수 있을 것이다. 비록 그 시점에는 새로운 사건을 기록할 기호학자들이 더 이상 없을지라도 말이다. (2) 이데올로기들이 믿게 만들려고 하는 것보다 의미 우주는 얼마나 더 복잡한가를 증명하는 것이다(의미 우주의 가지들을 따라 가능한 곳까지 거슬러 올라가고, 다양한 기호 기능들의 잠정적이거나 지속적인 집합들과 전환의 매듭들을 거쳐 가면서, 그 의미 우주의 모순적 성격에 대한 연구를 통해).

(1)과 (2)의 해결책이 상호 양립될 수 있다고 가정하는 것

은 단지 무모할 뿐 **불합리한 것은 아니기** 때문에, 기호학자는 아마 그런 주제에 대하여 **말할 것**은 많지 않겠지만, 분명히 **해야 할 무엇인가**는 있다.

 기호 생산 작업은 사회적 힘들을 분출시킨다. 아니, 그 자체로서 사회적 힘을 나타낸다. 그것은 이데올로기를 생산하고 이데올로기들에 대한 비판을 생산할 수 있다. 그러므로 기호학은 (코드 이론과 기호 생산 이론으로서) **사회적 비판**의 형식이 되기도 하며, 따라서 실천 형식들 중 하나가 된다.

4 기호학의 주체

기호 생산 작업은 사회적 비판의 형식(결과적으로 실천 형식들 중 하나)이 된다고 주장하는 순간, 앞의 모든 논의 과정에서 희미하게 언뜻 보여 주었을 뿐 계속 회피되었던 유령이 결정적으로 무대에 나타나게 된다.

바로 세미오시스 실천의 〈행위자〉로서 **인간 주체**이다. 지금까지 설명한 이론의 범위 안에서 그가 차지하는 위치는 무엇인가?

만약 기호 생산 이론의 논제들 중 하나가 커뮤니케이션 행위들의 성격에 관한 모든 연구의 토대를 이루는, 발신자와 수신자 사이의 화용론적 관계라면, 앞의 장들에서는 그런 과정들의 주인공이 마치 〈초월적인〉 실체 또는 경험적 현존재로 이해되는 것처럼, 그에 대하여 거의 관심을 기울이지 않았다고 이 자리에서 정당하게 반박할 수 있을 것이다.

사실 발신자-수신자 관계의 이론은 예를 들어 정신 분석학이나 인간에 대한 다른 학문들에서 연구하듯이, 단지 방법론적 허구로서뿐만 아니라, 특히 역사적·생물학적·심리적 조건들의 체계에 뿌리내린 **구체적 주체**로서의 커뮤니케이션 주체의 역할을 고려해야 할 것이다.

그러나 이 책에서 뒤따른 방법론을 충분히 이해하고 정당화하기 위해서는 다음과 같은 두 가지 입장(전제)을 분명히 밝힐 필요가 있다.

(1) 표현 행위의 주체는(그는 발화체의 〈문법적〉 주체와 동일시되지 않아야 한다. **발화 행위의 주체**와 **발화체의 주체**[1] 사이에는 차이가 있기 때문이다) 무엇보다도 **메시지 또는 텍스트의 가능한 지시물들 가운데 하나**로 간주되어야 한다. 그는 메시지에 의해 가능한 지시 대상물들 가운데 하나를 이루며, 또한 그렇기 때문에 언어학자들이 말하는 다양한 물리적 및 심리적 대상물들을 다루는 학문들에 의해 연구되어야 한다.

(2) 발화 행위의 주체는, 자신의 모든 특성 및 성향들과 함께 발화체에 의해 **전제**되기 때문에, 그는 **운반된 내용의 요소들 중 하나**로서 〈읽히거나〉 해석되어야 한다. 기호학적 논의에 발화의 주체를 도입하려는 다른 모든 시도는 기호학을 그 〈자연적〉 경계선들 가운데 하나를 넘어가도록 만들 것이다.

사실 많은 기호학적 연구들이 이러한 문턱을 넘어서고 있으며, 기호학을 **세미오시스의 창조** 활동에 대한 연구로 간주하고 있다. 여기에서 주체는 현상학적 유형의 초월적 **자아**

---

1 〈발화 대 발화체〉의 대립에 대해서는 지난 10여 년 동안 프랑스에서 있었던 논쟁을 참조하기 바란다(방브니스트Benveniste, 1966; 라캉, 1966; 토도로프, 1970; 크리스테바, 1968; 뒤크로, 1972; 샤브롤Chabrol, 1973 등). 사실 한편으로 이것은 철학적 의미론과 언어 분석에서도 널리 알려져 있고, 또한 〈화행〉(오스틴, 설 등 참조)의 이론가들이 다시 다루었던 〈발화utterance〉 대 〈진술statement〉 사이의 대립에 관한 문제이다. 하지만 프랑스의 논의에서 이 계열은 심리 분석의 계열과 교차되어 있다. 따라서 발화의 주체는 전제의 대상이자 동시에 활동의 주체로 간주되며, 그의 활동은 〈직시적〉 활동으로(행위자 주체는 자신의 언표적 행위의 결과로 되돌아간다), 또는 〈대용적〉 활동으로(행위자 주체는 자신의 행위를 촉발하고 구성한 심오한 충동들로 되돌아간다) 이해될 수 있다.

*Ego*로서가 아니라, 〈심오한〉 주체(변형 및 생성 문법의 심오함이 아니라 프로이트 계열의 심오함이 되는 주체)로 이해된다.[2]

의심할 바 없이 기호학은 아마 자신의 고유한 자연적 경계선들까지 위반하면서 (코드 이론과 기호 생산 이론 이외에) **의미화하려는 충동의 개인적이고 심오한 발생 기원들의 이론**이 될 운명이라는 것을 인정해야 한다. 이러한 전망에서 기호 생산 이론의 몇몇 주제들(예를 들어 코드의 설립과 변화의 경우들)은 **텍스트성** 또는 텍스트 창조성 이론의 대상이 될 수 있을 것이다.

하지만 이 책의 관점에서 볼 때, 이러한 창조적 활동의 유일한 보장은 여전히 코드 이론에 의해 제시된 것이라는 사실을 무시할 수 없다. 왜냐하면 모든 세미오시스 활동의 주체는, **총체적 의미 공간**의 본질에 관한 연구가 명백히 제시하는

---

2 크리스테바는 『타임스 문학 부록 *Times Literary Supplement*』에 실린 글(1973)에서, 현재 우리는 기호학의 한 단계, 즉 의미화 실천의 사회적 구도들을 체계적으로 기술한 기호학의 종말을 목격하고 있다고 주장하였다. 현상학적으로 세워진 그 체계들의 기호학은 이제 〈말하는 주체의 기호학〉으로 대체되어야 한다는 것이다. 하지만 이 주체는 자기 고유의 육체와 무의식, 자신의 역사와는 단절되고 분리된 〈초월적 자아〉가 되어서는 안 된다. 반대로 그는 자기 고유의 충동들과 고유의 사회적 억압들에 의해 구성된 〈분열된 주체〉이다. 그렇다면 기호학적 연구의 경계선들을 확대하라는, 아니 그 의미를 전복시키자는 이러한 권유 앞에서, 우리는 이 책에서 말했던 것을 또다시 강조하는 수밖에 없다. 즉 분열된 주체는 커뮤니케이션의 내용이거나, 아니면 커뮤니케이션의 양태들 그 자체 안에서 드러난다는 사실이다. 다른 〈입장〉의 형식들은 당연히 기호학 이론의 내부에는 없다. 이러한 측면들까지 포함할 수 있는 이론을 생각하면서, 크리스테바가 기호학과는 다른 용어, 즉 〈의소 분석학 *sémanalyse*〉을 사용하는 것이 더 유익하다고 생각한 것(크리스테바, 1969)은 우연이 아니다. 하지만 이것은 유심론보다 오히려 유물론에 토대를 둔 해석학의 좀 더 발전된 (그리고 기술적으로 조절된) 형식을 이루지 않는가 자문해 볼 필요가 있다.

우주의 사회적이고 역사적인 나누기의 결과에 지나지 않기 때문이다. 이 **주체**는 코드 이론에서 **세계를 보는 방식**으로 제시된다. 그 주체를 인식하기 위해서는 우주의 분할 방식과, 표현 단위를 내용 단위에 결합시키는 방식으로 보는 수밖에 없다. 바로 그러한 작업 속에서 역사적이고 체계적인 구체화 작업은 끊임없이 형성되고 또한 와해되고 있다.

기호학은 단 하나의 의무를 갖고 있는데, 오로지 기호학적인 범주들을 통해서만 세미오시스의 주체를 정의하는 것이다. 또한 그렇게 **할 수** 있는 것은, 세미오시스의 주체가 **서로가 서로를 반영하는 의미화 체계들의 체계**, 지속적이고 끊임없이 미완성된 체계로서 발현되기 때문이다.

물론 그러한 주장에서 모든 관념론적 흔적을 없앨 필요가 있다. 지금 개별적이고 물질적인 주체들, 즉 커뮤니케이션 과정에서 의미화의 체계들에 복종하면서 동시에 그 체계들을 풍부하게 만들고, 비판하고, 변화시키는 경험적 주체들의 존재와 중요성을 부정하려는 것이 아니다. 단지 기호학은 이 주체들을 고유의 범주적 틀 안에서 정의하는 수밖에 없다고 가정하고 있을 뿐이다. 이것은 내용으로서의 지시물들에 대해 말할 때, 세계의 현실적 상태나 개별적 사물들의 존재를 부정하는 것이 아니라, 그것들의 검증(그리고 그 구체적 속성들, 변화들, 진리성과 오류성의 관점에서 그것들의 분석)을 다른 유형의 연구들에 맡기는 것과 같다.

이 책에서 기호학은 고유의 주체(〈주제〉와 〈주인공〉이라는 이중적 의미에서)를 **가졌다.** 세미오시스란 경험적 개인들이 커뮤니케이션을 하고, 또한 커뮤니케이션 과정이 의미화 체계들에 의해 가능해지는 과정이다. 경험적 주체들은, 기호학적 관점에서 볼 때, 오로지 세미오시스의 이러한 이중적(체계적이고 과정적인) 측면의 발현으로만 확인될 수 있다. **이것**

은 형이상학적 단언이 아니라 방법론적 가정이다. 물리학은 카이사르와 브루투스를 기본적인 분자들의 상호 관계에 의해 정의되는 시간적이고 공간적인 사건으로 인식할 뿐 그들 행위의 동기나 행위의 결과에 대한 윤리적 평가는 아무런 상관이 없다. 마찬가지로 기호학은 세미오시스 행위의 주체들과 관련되며, 이 주체들은 기호학적 구조들과 관련하여 정의되거나, 아니면 전혀 정의될 수 없다.

퍼스가 말했듯이 〈인간은 언어나 다른 외부적 상징들을 통해서만 생각하기 때문에, 그것들은 인간에게 이렇게 말할 수도 있다.《너는 우리가 너에게 가르쳐 준 것 이외에는 아무것도 의미할 수 없다. 그것도 오로지 네가 네 생각의 해석소로서 단어들에 의존하는 범위 안에서만 그렇다.》그러므로 실제로 인간과 언어는 서로가 서로를 가르친다. 인간 정보의 모든 증가는 그에 상응하는 언어 정보의 증가를 수반하고, 또한 그에 의해 수반된다…… 바로 인간이 사용하는 기호나 언어는 바로 그 인간 자체**이다**. 모든 생각이 하나의 기호라는 사실은, 삶이란 생각들의 연쇄라는 사실과 함께 인간이 바로 기호라는 것을 증명하며, 또한 모든 생각이 하나의 **외부적** 기호라는 사실은, 인간이 하나의 외부적 기호라는 것을 증명한다. 그것은 *homo*라는 단어와 *man*이라는 단어는 동일하다는 것과 같은 의미에서, 인간과 외부적 기호는 동일하다고 말하는 것과 같다. 따라서 나의 언어는 나 자신의 전반적인 총체이다. 바로 인간은 생각이기 때문이다〉(CP, 5·313~314).

분명 경험적 주체들이 의미화 체계의 이데올로기적 기반을 비판할 수 있을 때, 구체적인 사회적 실천의 경우들이 검증된다. 그러나 이러한 행위는 코드가 **총체적 의미 공간**의 모순적 성격으로 인해(2·13 참조) 자기 자신을 비판할 수 있다는 사실에 의해 가능해진다. 메타언어는 존재하지 않는다고 주장하면, 코드 이론과 기호 생산 이론에 오류가 발생한다. 즉 경험적 주체들은 코드들을 메타언어적으로 **사용**할 수 있는데, 그것은 바로 **메타언어가 없기 때문이며, 자기모순적 체계 안에서는 모든 것이 메타언어이기 때문이다.** 만약 **총체적 의미 공간의 크기**가 Q 모델(2·12 참조)에 의해 그려진 것이라면, **모든 구체적인 세미오시스 실천의 심오한 주체는 자기모순적인 그 자체의 크기가 된다.**

기호 생산이 있는 것은 물리적으로 표현들을 생산하고, 표현 내용과 상호 연결시키고, 그 내용을 분절하는 등의 작업을 수행하는 경험적 주체들이 있기 때문이다. 하지만 기호학은 이 주체들을 **단지 기호 기능들을 생산하고, 비판하고, 재구성하면서, 그것들을 통해 발현되는 주체들로만** 인식할 권리가 있다.

이런 고유의 방법론적 한계를 비판적으로 수용할 경우에만 기호학은 관념론의 위험에서 벗어날 수 있다. 아니, **그런 위험을 전복시킨다.** 즉 고유 담론의 검증 가능한 유일한 주체로서, **물질적 표현**이라는(마지막으로 다시 한 번 이 점을 강조할 필요가 있다) 해석소들의 물리적 검증 가능성에 의해 제시되는 그대로의 의미화 우주의 사회적 존재를 인식한다.

이 〈주체〉의 뒤에, 앞에, 나중에, 그 너머에 또는 이쪽 편에 무엇이 있는가 하는 것은 분명히 **엄청나게 중요한 문제이다.** 그러나 이 문제의 해결은(최소한 현재로서는, 그리고 이 책에서 시도한 이론의 범위 안에서는) 기호학의 문턱 너머에 있다.

참고 문헌

공저
1929 *Thèses presentées au Premier Congrès des philologues slaves* (Travaux du Cercle Linguistique de Prague 1) (in Vachek, 1964) (tr. it., *Il circolo linguistico di Praga,* Milano: Silva, 1966).
1961 *Poetics* (Polska Akademia Nauk, Proceedings of the International Conference of Work-in-progress, Warsaw, August 1960) (The Hague: Mouton).
1966 "Problèmes du Langage", *Diogène* 51 (Paris: Gallimard) (tr. it., *I problemi attuali della linguistica,* Milano: Bompiani, 1968).
1970 *I linguaggi nella società e nella tecnica* (Convegno promosso dalla Ing. C. Olivetti & C., Milano, ottobre 1968) (Milano: Comunità).
1970 *Sign-Language-Culture* (The Hague: Mouton).
1973 *Recherches sur les systèmes signifiants* (Symposium de Varsovie, 1968) (The Hauge: Mouton).

ALEXANDER, CHRISTOPHER
1964 *Notes on the Synthesis of Form* (Cambridge: Harvard College) (tr. it., *Note sulla sintesi della forma,* Milano: Il Saggiatore, 1967).

ALLARD, M. & ELIZIÈRE, M. & GARDIN, J. C. & HOURS, F.
1963 *Analyse conceptuelle du Coran sur cartes perforées* (The Hague: Mouton).

AMBROGIO, IGNAZIO
1968 *Formalismo e avanguardia in Russia* (Roma: Editori Riuniti).

1971 *Ideologie e tecniche letterarie* (Roma: Editori Riuniti).

ANTAL, LÁSZLÓ
1964 *Content, Meaning and Understanding* (The Hague: Mouton).
1967 *Problemi di significato* (Milano: Silva).

APOSTEL, LEO
1960 "Matérialisme dialectique et méthode scientifique", *Le Socialisme* 7-4 (tr. it., *Materialismo dialettico e metodo scientifico*, Torino: Einaudi, 1968).

APRESJAN, J.
1962 "Analyse distributionnelle des significations et champs sémantiques structurés", *Langages* 1, *1966* (cf. Leksikografischeskij sbornik 5).

ARCAINI, ENRICO
1967 *Principi di linguistica applicata* (Bologna: Il Mulino).

ARGYLE, MICHAEL
1972 "Non-Verbal Communication in Human Social Interaction", in Hinde, R. A., *Non-Verbal Communication* (Cambridge: University Press).

ARGYLE, M. & DEAN, J.
1965 "Eye-contact, distance and affiliation", *Sociometry* 28.

ARGYLE, M. & INGHAM, R.
1972 "Gaze, Mutual Gaze and Proximity", *Secmiotica* VI/2.

ARNHEIM, RUDOLF
1969 *Visual Thinking* (Los Angeles: University of California Press).

ASHBY, ROSS
1960 *Design for a Brain*, 2^d ed. (London: Chapman & Hall) (tr. it., *Progetto per un cervello*, Milano: Bompiani, 1970).

ATTNEAVE, FRED
1959 "Stochastic Compositive Processes", *Journal of Aesthetics and Art Criticism* XVII, 4 (tr. it., in Eco, 1972a).

AUSTIN, J. L.
1961 "The Meaning of a Word", *Philosophical Papers* (Oxford: Clarendon Press).
1962 *How to Do Things with Words* (Oxford: Oxford University. Press).

AVALLE D'ARCO, SILVIO
1965a   *"Gli orecchini" di Montale* (Milano: Il Saggiatore).
1965b   Intervento in *Strutturalismo e critica* (in Segre ed., 1965).
1970   *Tre saggi su Montale* (Torino: Einaudi).
1972   *Corso di semiologia dei testi letterari* (Torino: Giappichelli).

BACH, EMMON
1966   "Linguistique structurale et philosophie des sciences", *Problèmes du Langage* (Paris: Gallimard).

BACH, EMMON & HARMS, ROBERT T. (eds.)
1968   *Universals in Linguistic Theory* (New York: Holt).

BALDINGER, KURT
1966   "Sémantique et structure conceptuelle", *Cahiers de Lexicologie* VIII, 1.

BALLY, CHARLES
1932   *Linguistique générale et linguistique française* (Bern: Franke) (tr. it., *Linguistica generale,* Milano: Il Saggiatore).

BARBUT, MARC
1966   "Le sens du mot 'structure' en mathématique", *Les Temps Modernes* 264.

BARISON, F.
1961a   "Considerazioni sul 'Praecoxgefühl'", *Rivista Neurologica* 31-305.
1961b   "Art et schizophrénie", *Evolution Psychiatrique* I, 69.

BARTHES, ROLAND
1953   *Le degré zéro de l'écriture* (Paris: Seuil) (tr. it., Il *grado zero della scrittura,* Milano: Lerici, 1960).
1957   *Mythologies* (Paris: Seuil) (tr. it., Miti d'oggi, Milano: Lerici, 1961).
1963a   *Sur Racine* (Paris: Seuil).
1963b   "L'activité structuraliste", *Lettres Nouvelles* (in Barthes, 1964c).
1963c   "Litterature et signification", *Tel Quel* (in Barthes, 1964c).
1964a   "Eléments de sémiologie", *Communications* 4 (tr. it., *Elementi di semiologia,* Torino: Einaudi, 1966).
1964b   "Rhétorique de l'image", *Communications* 4.

1964c   *Essais critique* (Paris: Seuil) (tr. it., *Saggi critici*, Torino: Einaudi, 1966 - contiene anche parte di *Sur Racine*).

1966a   "Introduction à l'analyse structurale des récits", *Communications* 8 (tr. it. in *L'analisi del racconto*, Milano: Bompiani, 1969).

1966b   *Critique et Verité* (Paris: Seuil) (tr. it., *Critica e verità*, Torino: Einaudi, 1969).

1967a   *Système de la Mode* (Paris: Seuil) (tr. it., *Sistema della Moda*, Torino: Einaudi, 1970).

1967b   "L'arbre cu crime", *Tel Quel* 28.

1968   "L'effet de réel", *Communications* 11.

1970a   *S/Z* (Paris: Seuil) (tr. it., *S/Z*, Torino, Einaudi, 1972).

1970b   "L'ancienne rhétorique", *Communications* 16 (tr. it., *La retorica antica*, Milano: Bompiani, 1973).

1972   *Sade, Loyola, Fourier* (Paris: Seuil).

1973   *Le plaisir du texte* (Paris: Seuil).

BASTIDE, ROGER, ed.

1962   *Sens et usages du terme 'structure'* (The Hague: Mouton). (tr. it., *Usi e significati del termine struttura*, Milano: Bompiani, 1965).

BAUDRILARD, JEAN

1968   *Système des objets* (Paris: Gallimard) (tr. it., *Il sistema deglioggetti*, Milano: Bompiani, 1972).

BEAUJOUR, MICHEL

1968   "The Game of Poetics", *Yale French Studies* 41.

BENSE, MAX

1965   *Aesthetica* (Baden-Baden: Agis) (tr. it., *Estetica*, Milano: Bompiani, 1974).

BENSE, M. & WALTHER, E.

1973   *Wörterbuch der Semiotik* (Köln: Kiepenheuer & Witsch).

BENVENISTE, EMILE

1966   *Problèmes de linguistique générale* (Paris: Gallimard) (tr. it., *Problemi di linguistica generale*, Milano: Il Saggiatore, 1971).

1969   "Sémiologie de la langue (1)", *Semiotica* I, 1.
        "Sémiologie de la langue (2)", *Semiotica* I, 2.

BERTIN, JACQUES
1967   *Sémiologie graphique* (Paris: Mouton & Gauthier Villars).
1970   "La graphique", *Communications* 15.

BETTETINI, GIANFRANCO
1968   *Cinema: lingua e scrittura* (Milano: Bompiani).
1971   *L'indice del realismo* (Milano: Bompiani).
1973   The Language and Technique of the Film (The Hague: Mouton).

BIERWISCH, MANFRED
1970   "Semantics", in Lyons J., ed., *New Horizons in Linguistics* (London: Penguin).
1971   "On Classifying Semantic Features", in Steinberg, D, D. & Jakobovits, L. A., eds.

BIRDWHISTELL, RAY L.
1952   *Introduction to Kinesics* (Washington D.C.: Dpt. of State, Foreign Service Institute).
1960   "Kinesics and Communication", *Explorations in Communications*, ed. by E. Carpenter & M. McLuhan (Boston: Beacon Press) (tr. it., *La comunicazione di massa,* Firenze: La Nuova Italia, 1966).
1963   "Some Relations Between American Kinesics and Spoken American English", American Association for the Advancement of Science (in Smith, A.G., 1966).
1965   "Communication as a Multichannel System", *International Encyclopedia of Social Sciences* (New York).
1970   *Kinesics and Context* (Philadelphia: Univ. of Pennsylvania).

BLOOMFIELD, LEONARD
1933   *Language* (New York: Holt).

BOLINGER, DWIGHT L.
1961   *Generality, Gradience and the All-None* (The Hague: Mouton).

BONOMI, A. & USBERTI, G.
1971   *Sintassi e semantica nella grammatica trasformazionale* (Milano: Il Saggiatore).

BONSIEPE, GUY
1965   "Visual/Verbal Rhetoric", *Ulm* 14~16 (tr. it., "Retorica visivo-verbale", in *Marcatre* 19~22).

1968 "Semantische Analyse - Semantic Analysis", *Ulm* 21.

BOSCO, NYNFA
1959 *La filosofia pragmatica di C. S. Peirce* (Torino: Ed. di "Filosofia").

BOUDON, RAYMOND
1968 *A quoi sert la notion de "structure"?* (Paris: Gallimard).

BOULEZ, PIERRE
1966 *Relevés d'apprenti* (Paris: Seuil).

BRANDI, CESARE
1966 *Le due vie* (Bari: Laterza).

1968 *Struttura e architettura* (Torino: Einaudi).

BREMOND, CLAUDE
1964 "Le message narratif", *Communications* 4.

1966a "L'analyse conceptuelle du Coran", *Communications* 7.

1966b "La logique des possibles narratifs", *Communications* 8.

1968a "Postérité américaine de Propp", *Communications* 11.

1968b "Pour un gestuaire des bandes dessinées", *Langages* 10.

1973 *Logique du récit* (Paris: Seuil).

BURKE, KENNETH
1931 *Counter-Statements* (Chicago: University. of Chicago Press).

BURSILL-HALL, G. L.
1971 *Speculative Grammars of the Middle Ages* (The Hague: Mouton).

BUYSSENS, ERIC
1943 *Les langages et le discours* (Bruxelles: Office de Publicité).

1967 *La communication et l'articulation linguistique* (Paris-Bruxelles: P.U.F.).

CARNAP, RUDOLF
1942 *Introduction to Semantics* (Cambridge: Harvard University Press).

1947 *Meaning and Necessity* (Chicago: University of Chicago Press) (enlarged 5th edition, Phoenix Books, 1967).

1955 "Meaning and Synonimy in Natural Languages", *Phil. Studies* 7.

1971 *Analiticità, Significanza, Induzione* (Bologna: Il Mulino).

CARPENTER, E. & McLUHAN, M., eds.
1960 *Explorations in Communications* (Boston: Beacon Press) (tr. it.,

Le comunicazioni di massa, Firenze: La Nuova Italia, 1966).

CASSIRER, ERNST
1906 *Das Erkenntnisproblem in der Philosophie und Wissenschaf der neuren Zeit* (Berlin: Bruno Cassirer) (tr. it., *Storia della filosofia moderna,* Torino: Einaudi, 1958).
1923 *Philosophie der simbolischen Formen - I. Die Sprache* (Leipzig). (tr. it., *Filosofia delle forme simboliche - I. Il linguaggio,* Firenze: La Nuova Italia, 1961).
1945 "Structuralism in Modern Linguistics", *Word* 1, 2 (tr. it., *Lo strutturalismo nella linguistica moderna,* Napoli: Guida, 1970).

CHABROL, CLAUDE
1973 "De quelques problèmes de grammaire narrative et textuelle", in Chabrol, C., ed. *Sémiotique narrative et textuelle* (Paris: Larousse).

CHARBONNIER, GEORGES
1961 *Entretiens avec C. Lévi-Strauss* (Paris: Plon-Juilliard) (tr. it., *Colloqui,* Milano: Silva, 1966).

CHATMAN, SEYMOUR
1966 "On the Theory of Literary Style", *Linguistics* 27.
1974 "Rhetoric and Semiotics", report to the First Congress of the IASS (mimeographed).

CHERRY, COLIN
1961 *On Human Communication* (New York: Wiley).

CHOMSKY, NOAM
1957 *Syntactic Structures* (The Hague: Mouton) (tr. it., *Le structture della sintassi,* Bari: Laterza, 1970).
1962 *Current Issues in Linguistic Theory* (Ninth International Congress of Linguistics) (Cambridge) (in Katz J. J. & Fodor J. A., eds., 1964).
1965a *Aspects of the Theory of Syntax* (Cambridge: M.I.T.). (tr. it. in *Saggi linguistici* 2, Torino: Boringhieri, 1970).
1965b "De quelques constantes de la theorie linguistique", *Diogène* 51 (in *I problemi attuali della linguistica,* Milano: Bompiani, 1968).
1966 *Cartesian Linguistics* (New York: Harper & Row) (tr. it. in *Saggi linguistici 3- Filosofia del linguaggio,* Torino: Boringhieri, 1969).

1967 "The Formal Nature of Language", in *Biological Foundations of Language*, in Lenneberg, 1967.

1968 *Language and Mind* (New York: Harcourt Brace) (tr. it. in *Saggi linguistici 2-Filosofa del linguaggio*, Torino: Boringhieri, 1969).

1969 "Deep Structure, Surface Structure and Semantic Interpretation", in *Semantics*, ed. by Steinberg D.D. & Jakobovits L. A. eds. (London: Cambridge Un. Press, 1971).

CHURCH, ALONZO

1943 "Carnap's Introduction to Semantics", *Philosphical Review* 52.

1951 "The Need for Abstract Entities in Semantic Analysis", in *Proceedings of the American Academy of Arts and Sciences* 80, 1.

CICOUREL, AARON V.

1973 *Cognitive Sociology* (London: Penguin).

CIV'JAN T. V. & NIKOLAEVA T. M. & SEGAL D. M. & VOLOCKAJA Z. M.

1962 "Žestovaja, kommunicacija i ee mesto sredi drugich sistem čelovečeskogo obščenija", *Simpozium po strukturnomu izučeniju znakovich sistem* (Moskva) (in Faccani & Eco, 1969: "La comunicaz. gestuale e il suo posto fra gli altri sistemi della com. umana").

COHEN, JONATHAN

1963 *The Diversity of Meaning* (London: Methuen).

1973 "Spoken and Unspoken Meanings", *TLS*, October 5.

CONKLIN, H. C.

1955 "Hanunóo Color Categories", *Southwestern Journal of Anthropology* 11 (in Hymes, 1964).

COONS E. & KRAEHENBUEHL D.

1958 "Informations as Measure of Structure in Music", *Journal of Music Theory* II, 2 (tr. it. in Eco, 1972a).

CORTI, MARIA

1965 Intervento in *Strutturalismo e critica* (in Segre ed., 1965).

1968 "Il codice bucolico e la 'Arcadia' di Sannazzaro", *Strumenti Critici* 6.

1969 *Metodi e Fantasmi* (Milano: Feltrinelli).

CORTI, M. & SEGRE, C. (a cura di)
1970   I *metodi attuali della critica in Italia* (Torino: E.R.I.).

COSERIU, EUGENIO
1952   "Sistema, norma y habla", in *Revista de la Facultad de Humanidades y Ciencias* 9 (ora in *Teoria del languaje y linguistica generál*, Madrid, 1962) (trad. it., *Teoria del linguaggio e linguistica generale*, Bari: Laterza, eds., 1971).

CRALLE R. K. & MICHAEL G. A.
1967   "A Survey of Graphic Data Processing Equipment for Computers" (in Krampen & Seitz, 1967).

CRESSWELL, R.
1968   "Le geste manuel associé au langage", *Langages* 10.

CRESTI, EMANUELA
1972   "Oppositions iconiques dans une image de bande dessinée reproduite par Lichtenstein", *VS* 2.

DAMISCH, HUBERT
1972   *Théorie du nuage* (Paris: Seuil).

DE CAMPOS, HAROLDO
1967   *Metalinguagem* (Petropolis: Vozes).
1969   *A arte no horizonte do provável* (São Paulo: Perspectiva).
1971   "Umbral para Max Bense", prefazione a: M. Bense, *Pequena Estética* (São Paulo: Perspectiva).
1973   *Morfologia do Macunaima* (São Paulo: Perspectiva).

DE FUSCO, RENATO
1967   *L'arte come mass-medium* (Bari: Dedalo).
1973   *Segni, storia e progetto dell'architettura* (Bari: Laterza).

DE JORIO, A.
1832   *La mimica degli antichi investigata nel gestire* (Napoli).

DELEUZE, GILLES
1968   *Différence et répétition* (Paris: P.U.F.).

DE LILLO, ANTONIO (a cura di)
1971   *L'analisi del contenuto* (Bologna: Il Mulino).

DELLA VOLPE, GALVANO
1960   *Critica del gusto* (Milano: Feltrinelli).

DE MAURO, TULLIO
1965 *Introduzione alla semantica* (Bari: Laterza).
1966 "Modelli semiologici, L'arbitrarietà semantica", *Lingua e Stile* 1.
1970 "Proposte per una teoria formalizzata del noema lessicale e della storicità e socialità dei fenomeni linguistici", *Linguaggi nella società e nella tecnica* (Milano: Comunità).
1971 *Senso e significato* (Bari: Adriatica).

DERRIDA, JACQUES
1967a *L'écriture et la différence* (Paris: Seuil) (tr. it., *La scrittura e la differenza*, Torino: Einaudi, 1971).
1967b *De la Grammatologie* (Paris: Minuit) (tr. it., *Della Grammatologia*, Milano: Jaca Books).

DINNEEN, FRANCIS P.
1967 *An Introduction to General Linguistics* (New York: Holt) (tr. it., *Introduzione alla linguistica generale*, Bologna: Il Mulino, 1970).

DOBERTI, ROBERTO
1969 *Sistema de figuras* (pubblicazione ciclostilata inedita della Catedra de Semiología Arquitectónica, Universidad de Buenos Aires).
1971 "Sistema de figuras", *Summa* 38.

DOLEZEL, LUBOMIR
1966 "Vers la stylistique structurale", *Travaux Linguistiques de Prague* I.

DORFLES, GILLO
1959 *Il divenire delle arti* (Torino: Einaudi).
1962 *Simbolo, comunicazione, consumo* (Torino: Einaudi).
1966 *Nuovi riti, Nuovi miti* (Torino: Einaudi).
1968 *Artificio e natura* (Torino: Einaudi).
1974 *Tra il significato e le scelte* (Torino: Einaudi).

DUCROT, OSWALD
1972 *Dire et ne pas dire* (Paris: Hermann).

DUNDES, ALAN
1958 *The Morphology of North-American Indian Folktales* (The Hague: Mouton).

1962 "From Etic to Emic Units in the Structural Study of Folktales", *Journal of American Folklore* 75 (296).

1964 "On Game Morphology: A Study of the Structure of Non-Verbal Folklore", *New York Folklore Quarterly* 20 (4).

DUNDES, A. & LEACH, E. R. & MARANDA, P. & MAYBURY-LEWIS, D.

1966 "An Experiment in Structural Analysis" (in Maranda P. & Maranda Köngäs, E., eds., 1971).

ECO, UMBERTO

1956 *Il problema estetico in Tommaso d'Aquino*, 2d ed. (Milano: Bompiani, 1970).

1962 *Opera aperta* (Milano: Bompiani).

1963 "The Analysis of Structure", *The Critical Moment*, edited by TLS (London: Faber) (tr. it., Eco, 1968a).

1966 "James Bond: une combinatoire narrative", *Communications* 8.

1967 "Rhétorique et idéologie dans 'Les Mystères de Paris' d'E. Sue", *Revue Int. de Sciences Sociales* XIX, 4. (ora in: AA. VV., *Sociologia della letteratura*, Roma: Newton Compton, 1974).

1968a *La definizione dell'arte* (Milano: Mursia).

1968b "Lignes d'une recherche sémiologique sur le message télévisuel", in *Recherches sur les systèmes signifiants* (The Hague: Mouton, 1973).

1968c *La struttura assente* (Milano: Bompiani).

1969a "Le strutture narrative in Fleming", *L'analisi del racconto* (Milano: Bompiani).

1969b "Lezioni e contraddizioni della semiotica sovietica", *I sistemi di segni e lo strutturalismo sovietico*, a cura di Faccani R. & Eco U. (Milano: Bompiani).

1970a "La critica semiologica", in Corti & Segre, 1970.

1970b (con U. Volli) Introd. a *Paralinguistica e cinesica* (cf. Sebeok, Hayes, Bateson, 1964).

1971 *Le forme del contenuto* (Milano: Bompiani).

1972a Introduzione a (a cura di U. E.) *Estetica a teoria dell'informazione* (Milano: Bompiani).

1972b "A Semiotic Approach to Semantics", *VS* 1.

1972c "Introduction to a Semiotics of Iconic Signs", *VS* 2.

1973a "Social Life as a Sign-System", in Robey, D. (ed.) *Structuralism* (Oxford: Clarendon Press).

1973b "Looking for a Logic of Culture", *TLS*, October 5.

1973c *Il Segno* (Milano: ISEDI).

EFRON, DAVID

1941 *Gesture and Environment* (New York: King's Crown Press) (tr. it., *Razza, gesto a cultura*, Milano: Bompiani, 1974).

EGOROV, B. F.

1965 "Prostejšie semiotičeskie sistemy i tipologija siužetov", *Trudy po znakovim sistemam*, II (Tartu) (in Faccani & Eco, 1969: "I sistemi semiotici più semplici e la tipologia degli intrecci").

EKMAN, PAUL & FRIESEN, WALTHER

1969 "The Repertoire of Non-Verbal Behavior Categories, Origins, Usage and Coding", *Semiotica* I, 1.

EKMAN, P. & FRIESEN, W. & TOMKINS, S.

1971 "Facial Affect Scoring Technique: A First Validity Study", *Semiotica* III, 1.

ERLICH, VICTOR

1954 *Russian Formalism* (The Hague: Mouton) (tr. it., *Il formalismo russo*, Milano: Bompiani, 1966).

FABBRI, PAOLO

1968 "Considerations sur la proxémique", *Langages* 10.

1973 "Le comunicazioni di massa in Italia: sguardo semiotico e malocchio della sociologia", *VS* 5.

FACCANI, REMO & ECO, UMBERTO, eds.

1969 *I sistemi di segni e lo strutturalismo sovietico* (Milano: Bompiani).

FAGÉS, J.-B.

1967 *Comprendre le structuralisme* (Toulouse: Privat).

FANO, GIORGIO

1962 *Saggio sulle origini del linguaggio* (Torino: Einaudi).

FARASSINO, ALBERTO

1969 "Ipotesi per una retorica della comunicazione fotografica",

Annali della Scuola Superiore di Comunicazioni di Massa 4.
1972 "Richiamo al significante", *VS* 3.

FAYE, JEAN-PIERRE
1967 *Le récit hunique* (Paris: Seuil).
1969 "Le cercle de Prague", *Change* 3.
1972 *Langages totalitaires* (Paris: Hermann).

FILLMORE, CHARLES
1968 "The Case for Case", in Bach, E. & Harms, R. T., eds., 1968.
1971a "Types of Lexical Information", in Steinberg, D. D. & Jakobovits, L. A., eds., 1971.
1971b "Verbs of Judging: An Exercise in Semantic Description", in Fillmore, C. J. & Langendoen, T. D., eds., *Studies in Linguistic Semantics* (New York: Holt).

FILLMORE, C. J. & LANGENDOEN T. D., eds.
1971 *Studies in Linguistic Semantics* (New York: Holt).

FONAGY, IVAN
1964 "L'information du style verbal", *Linguistics* 4.
1971 "Le signe conventionnel motivé", *La linguistique* 7.
1972 "Motivation et remotivation", *Poétique* 11.

FONTANIER, PIERRE
1827 *Traité général des figures du discours autres que les tropes* (in Fontanier, 1968).
1830 *Manuel classique pour l'étude des tropes* (in Fontanier, 1968).
1968 *Les figures du discours* (Paris: Flammarion).

FORMIGARI, LIA
1970 *Linguistica ed empirismo nel 600 inglese* (Bari: Laterza).

FOUCAULT, MICHEL
1966 *Les mots et les choses* (Paris: Gallimard) (tr. it., *Le parole e le cose*, Milano: Rizzoli, 1968).

FRANK, LAWRENCE K.
1957 "Tactile Communication", *Genetic Psychology Monographs* 56 (in Smith, A. G. ed., 1966).

FREGE, GOTTLOB
1892 "Über Sinn und Bedeutung", *Zeitschrift für Philosophie und*

philosophische Kritik 100 (tr. it. in, *Logica e aritmetica*, Torino: Boringhieri, 1965).

FRESNAULT-DERUELLE, PIERRE
1970 "Le verbal dans les bandes dessinées", *Communications* 15.

FREUDENTHAL, HANS
1960 *Lincos: Design for a Language for a Cosmic Intercourse* (Amsterdam).

GALLIOT, M.
1955 *Essai sur la langue de la réclame contemporaine* (Toulouse: Privat).

GAMBERINI, ITALO
1953 *Per una analisi degli elementi dell'architettura* (Firenze: Casa Ed. Univers.).
1959 *Gli elementi dell'architettura come parole del linguaggio architettonico* (Firenze: Coppini).
1961 *Analisi degli elementi costitutivi dell'architettura* (Firenze: Coppini).

GARAVELLI MORTARA, BICE
1974 *Aspetti e problemi della linguistica testuale* (Torino: Giappichelli).

GARRONI, EMILIO
1964a "Estetica antispeculativa ed estetica semantica", *Nuova Corrente*, 34.
1964b *La crisi semantica delle arti* (Roma: Officina).
1968 *Semiotica ed estetica* (Bari: Laterza).
1973 *Progetto di semiotica* (Bari: Laterza).

GELB, I. J.
1962 *A Study of Writing* (Chicago: University. of Chicago Press).

GENETTE, GÉRARD
1964 "Frontières du récit", *Communications* 8 (in Genette, 1969).
1966 *Figures* (Paris: Seuil) (tr. it., *Figure*, Torino: Einaudi).
1968 "Vraisemblable et motivation", *Communications* 11.
1969 *Figures II* (Paris: Seuil).
1972 *Figures III* (Paris: Seuil).

GIBSON, JAMES J.
1966   *The Senses Considered as Perceptual Systems* (London: Allen & Unwin).

GODELIER, MAURICE
1966   "Système, structure et contradiction dans 'Le Capital'", *Les Temps Modernes* 55 (tr. it. in Godelier & Sève, 1970).

GODELIER, M. & SÈVE, L.
1970   *Marxismo e strutturalismo* (Torino: Einaudi).

GOFFMAN, ERVING
1959   *The Presentation of Self in Everyday Life* (New York: Doubleday).
1963   *Behavior in Public Places* (Glencoe: Free Press).
1967   *Interactional Ritual* (New York: Doubleday).
1969   *Strategic Interaction* (Philadelphia: University of Pennsylvania).
1971   *Relations in Public* (New York: Basic Books).

GOMBRICH, ERNEST
1951   "Meditations on a Hobby Horse", in Whyte, L. L., ed, *Aspects of Form* (London) (in *Meditations on a Hobby Horse and Other Essays on the Theory of Art,* London: Phaidon, 1963) (tr. it., *A cavallo di un manico di scopa,* Torino: Einaudi , 1972).
1956   *Art and Illusion* (The A. W. Mellon Lectures in the Fine Arts) (New York: Bollingen series, 1961) (tr. it., *Arte e illusione,* Torino: Einaudi, 1965).

GOODENOUGH, W.
1956   "Componential Analysis and the Study of Language", *Language 32.*
1957   "Cultural Anthropology and Linguistics" (in Hymes, 1964).

GOODMAN, NELSON
1947   "The Problem of Contrafactual Conditional", *Journal of Philosophy* XLIV (tr. it. cf. Linsky, 1952).
1949   "On Likeness of Meaning", *Analysis* 10 (tr. it. in Linsky, 1962).
1968   *Languages of Art* (New York: Bobbs-Merrill.

GRASSI, LETIZIA
1972   "Il codice linguistico e altri codici: il codice genetico", *VS* 3.

GREENBERG, JOSEPH H., ed.
1963   *Universals of Language* (Cambridge: MIT Press).

GREIMAS, ALGIRDAS JULIEN
1966a   *Sémantique structurale* (Paris: Larousse) (tr. it., *Semantica Strutturale,* Milano: Rizzoli, 1969).
1966b   "Eléménts pour une théorie de l'interprétation du récit mythique", *Communications* 8 (in Greimas, 1970) (tr. it. in *L'analisi del racconto,* Milano: Bompiani, 1969).
1967   *Modelli semiologici* (Urbino: Argalia).
1968   "Conditions d'une sémiotique du monde naturel", *Langages* 10 (in Greimas, 1970).
1970   *Du Sens* (Paris: Seuil) (tr. it., *Sul senso,* Milano: Bompiani, 1974).

GREIMAS, A.-J., ed.
1968   "Pratique et langages gestuels", *Langage* 10.

GREIMAS, A.-J. & RASTIER, F.
1968   "The Interaction of Semiotic Constraints", *Yale French Studies* 41 (in Greimas, 1970).

GRICE, H. P.
1957   "Meaning", *Philosophical Review* 66.
1968   "Utterer's Meaning, Sentence-Meaning and Word-Meaning", in *Foundations of Language* 4.

GRITTI, JULES
1966   "Un récit de presse", *Communications* 8.
1968   "Deux arts du vraisemblable: la casuistique, le courrier du cœur", *Communications* 11.

GROSS, M. & LENTIN, A.
1967   *Notions sur les grammaires formelles* (Paris: Gauthier-Villars).

GROUPE μ
1970   *Rhétorique générale* (paris: Larousse).

GUILBAUD, G.-T.
1954   *La cybernetique* (Paris: P.U.F.).

GUILHOT, JEAN
1962   *La dynamique de l'expression et de la communication* (The Hague: Mouton).

GUIRAUD, PIERRE
1955 *La sémantique* (Paris: P.U.F.) (tr. it., *La semantica*, Milano: Bompiani, 1968).

GUMPERZ, J. J. & HYMES, D., eds.
1972 *Directions in Sociolinguistics* (New York: Holt).

HALL, EDWARD T.
1959 *The Silent Language* (New York: Doubleday) (tr. it., *Il linguaggio silenzioso*, Milano: Bompiani, 1969).
1963 "A System for the Notaion of Proxemic Behavior", *American Anthropologist* 65 (tr. it, *Versus* 2).
1966 *The Hidden Dimension* (New York: Doubleday) (tr. it., *La dimensione nascosta*, Milano: Bompiani, 1969).
1968 "Proxemics" (with commenti by R. Birdwhistell, R. Diebold, Dell Hymes, Weston La Barre, G. L. Trager and others, *Current Anthropology* 9:2/3 (tr. it., *Versus* 2).

HARTLEY, R. V. L.
1928 "Transmission of Information", *Bell System Techn. J.* 7.

HAYES, ALFRED S.
1964 "Paralinguistics and Kinesics: Pedagogical Perspectives" (in Sebeok, Hayes, Bateson, eds., 1964).

HAYES, F.
1957 "Gesture: A Working Bibliography", *Southern Folklore Quarterley* 21.

HEGER, KLAUS
1965 "Les bases méthodologiques de l'onomasiologie et du classement par concepts", *Travaux de Linguistique et de Littérature* III, 1 (Strasbourg-Paris: Klincksieck).

HINDE, R. H. ed.
1972 *Non-verbal Communication*, (Cambridge: University Press) (tr. it., *La comunicazione non verbale*, Bari: Laterza).

HIZ, HENRY
1969 "Referenticals", *Semiotica* I, 2.

HJELMSLEV, LOUIS
1928 *Principes de grammaire générale* (Copenhagen).

1943 *Prolegomena to a Theory of Language* (University of Wisconsin, 1961) (tr. it., *I fondamenti della teoria del linguaggio*, Torino: Einaudi, 1968).

1957 "Pour une sémantique structurale" (in Hjelmslev, 1959).

1959 *Essais linguistiques* (Travaux du Cercle Linguistique de Copenhagen) (Copenhagen: Nordisk Sprog-og Kulturforlag).

1963 *Sproget* (Charlottenlund: The Nature Method Center) (tr. it., *Il linguaggio*, Torino: Einaudi, 1970).

HOCKETT, C. F.

1967 *Language, Mathematics and Linguistics* (The Hague: Mouton).

1968 *The State of the Art* (The Hague: Mouton) (tr. it., *La linguistica americana contemporanea*, Bari: Laterza, 1970).

HUFF, WILLIAM S.

1967 "The Computer an Programmed Design: A Potential Tool for Teaching" (in Krampen & Seitz, 1967).

HUSSERL, EDMUND

1922 *Logische Untersuchungen* (Halle: Niemayer) (tr. it., *Ricerche Logiche*, Milano: Il Saggiatore, 1968, 2 voll.).

HUTT, CLELIA

1968 "Dictionnaire du langage gestuel chez les trappistes", *Langages* 10.

HYMES, DELL, ed.

1964 *Language in Culture and Society* (New York: Harper).

ITTEN, JOHANNES

1961 *Kunst der Farbe* (Ravensburg: Otto Mair) (tr. it., *Arte del colore*, Milano: Il Saggiatore, 1965).

IVANOV, V. V.

1965 "Rol' semiotiki v kibernetičeskom issledovani čeloveka i kollektiva", *Logičeskaja struktura naučnogo znanija* (Moskva) (in Faccani & Eco, 1969: "Ruolo della semiotica").

IVANOV, V. V. & TOPOROV, V. N. & ZALIZNIAK, A.

1962 "O vozmožnosti strukturno-tipologičeskogo izučenija nekotorych modelirujuščich semiotičeskich sistem", *Strukturno tipologičeskie issledovanija* (Moskva) (in Faccani & Eco, 1967:

"Possibilità di studio tipologico-strutturale di alcuni sistemi semiotici modellizzanti").

1965 *Slavianskie jazykovye modelirujuščie semiotičeskie sistemy* (Moskva) (in Todorov, 1966a).

JAKOBSON, ROMAN

1956 "Deux aspects du langage et deux types d'aphasie" (in Jakobson & Halle, 1956) (in Jakobson, 1963a).

1958 "Les études typologiques et leur contribution à la linguistique historique comparée" (Rapport au VIIIme Congrès International des Linguistes à Oslo, 1957) (in Jakobson, 1963a).

1959 "Boas' View of Grammatical Meaning", *The Anthropology of Franz Boas*, ed. by W. Goldschmidt, *American Anthropologist* 61, 5, 2. (in Jakobson, 1963a).

1960 "Closing Statements: Linguistics and Poetics", *Style in Language*, ed. by T. A. Sebeok (cfr. Sebeok, ed., 1960) (in Jakobson, 1963a).

1961a "Linguistique et théorie de la communication", *Proceedings of Symposia in Applied Mathematics* XII (American Math. Society) (in Jakobson, 1963a).

1961b "The Phonemic Concept of Distinctive Features", *Proceedings of the Fourth International Congress of Phonetic Sciences*, Helsinki (The Hague: Mouton, 1962).

1963a *Essais de linguistique générale* (Paris: Minuit) (tr. it., *Saggi di linguistica generale*, Milano: Feltrinelli, 1966).

1963b "Implications of Language Universals for Linguistics", *Universals of Language*, ed. by J. H. Greenberg (cfr. Greenberg, 1963).

1964 "On visual and Auditory Signs", *Phonetica* II.

1966 "A la recherche de l'essence du langage", *Problèmes du langage* (Paris: Gallimard) (tr. it. in *I problemi attuali della linguistica*, Milano: Bompiani, 1968).

1967 "About the Relation Between Visual and Auditory Signs", *Models for the Perception of Speech and Visual Form* (Cambridge: MIT Press).

1970 *Linguistica. Poética. Cinema* (São Paulo: Perspectiva).

1971 "Gesti motorî per il 'sì' e il 'no'", *VS* 1.

1973 *Questions de poétique* (Paris: Seuil).

JAKOBSON, R. & LÉVI-STRAUSS, C.
1962 "Les Chats de Charles Baudelaire", *L'Homme*-janvier.

JAKOBSON, R & HALLE, M.
1956 *Fundamentals of Language* (The Hague: Mouton).

JAKOBSON, R & TYNJANOV, J.
1927 "Voprorsy izučenija literatury i jazyka" (tr. it. in Todorov, 1965).

KALKOFEN, HERMANN
1972 *'Pictorial' Stimuli Considered as 'Iconic' Signs* (Ulm: mimeographed).

KARPINSKAJA, O.G. & REVZIN, I. I.
1966 "Semiotičeskij analiz rannich p'es Ionesko", *Tezisy dokladov vo vtoroi letnej škole po vtoričnym modelirujuščim sistemam* (Tartu) (in Faccani & Eco, 1969: "Analisi semiotica delle prime commedie di Ionesco").

KATZ, JERROLD J.
1972 *Semantic Theory* (New York: Harper & Row).

KATZ, JERROLD J. & FODOR, JERRY A.
1964 "The Structure of a Semantic Theory", *Language* 39 (in Katz & Fodor, 1964).

KATZ, J. J. & FODOR, J. A., eds.
1964 *The Structure of Language* (Englewood Cliffs: Prentice-Hall).

KATZ, J. J. & POSTAL, P. M.
1964 *An Integrated Theory of Linguistic Descriptions* (Research Monograph 26) (Cambridge: MIT Press).

KLEINPAUL, RUDOLF
1898 *Sprache ohne Worte* (Leipzig: Friedrich) (The Hague: Mouton, 1972).

KLAUS, GEORG
1973 *Semiotik und Erkenntnistheorie* (München-Salzburg: VEB).

KOCH, WALTHER A.
1969 *Vom Morphem zum Textem — From Morpheme to Texteme* (Hildesheim: Olms).

KOECHLIN, B.
1968 "Techniques corporelles et leur notation symbolique", *Langages* 10.

KOENIG, GIOVANNI KLAUS
1964 *Analisi del linguaggio architettonico* (Firenze: Fiorentina).
1970 *Architettura e comunicazione* (Firenze: Fiorentina).

KOLMOGOROV, A. N. & KONDRATOV, A. A.
1962 "Ritmika poèm Mayakovskogo", *Voprosy Jazykoznanija* 3 (in Faccani & Eco, 1969: "Ritmica dei poemetti di M.").

KRAMPEN, MARTIN
1973 "Iconic Signs, Supersigns and Models", *VS* 4.

KRAMPEN, MARTIN & SEITZ, PETER, eds.
1967 *Design and Planning 2- Computers in Design and Communication* (New York: Hasting House).

KREUZER, H. & GUZENHÄUSER, R.
1965 *Mathematik und Dichtung* (München: Nymphenburger).

KRISTEVA, JULIA
1967A "L'expansion de la sémiotique", *Informations sur les sciences sociales* VI, 5 (in Kristeva, 1969).
1967b "Bakhtine, le mot, le dialogue et le roman", *Critique,* avril.
1967c "Pour une sémiologie des paragrammes", *Tel Quel* 29 (in Kristeva, 1969).
1968a "Distance et anti-réprésentation", *Tel Quel* 32.
1968b "La productivité dite texte", *Communications* 11 (in Kristeva, 1969).
1968c "Le geste: pratique ou communication?", *Languages* 10 (in Kristeva, 1969).
1968d "La sémiologie aujourd'hui en URSS", *Tel Quel* 35.
1969 Shmeiwtikh *Recherches pour une sémanalyse* (Paris: Seuil).
1970 *Le texte du roman* (The Hague: Mouton).
1973 "The System and the Speaking Subject", *TLS*, October 12.
1974 *La révolution du langage poétique* (Paris: Seuil).

KRISTEVA, J. & REY-DEBOVE, J. & UMIKER, D. J., eds.
1971 *Essays in Semiotics - Essai de Sémiotique* (The Hague: Mouton).

KRZYZANOWSKI, JULIAN
1961 "La poétique de l'énigme", *Poetics* (The Hague: Mouton).

LA BARRE, WESTON
1964 "Paralinguistics, Kinesics and Cultural Anthropology", *Approaches to Semiotics,* ed. by Sebeok, Hayes, Bateson (The Hague: Mouton) (tr. it. cfr. Sebeok, 1964).

LACAN, JACQUES
1966 *Ecrits* (Paris: Seuil) (tr. it., *Scritti,* Torino: Einaudi, 1974).

LAKOFF, GEORGE
1969 "On Generative Semantics", in *Semantics,* ed. by D.D. Steinberg, L.A. Jakobovits (London: Cambridge Un. Press, 1971).
1971 "Presupposition and Relative Well-formedness", in Steinberg D. D. & Jakobovits, L. A., 1971.
1972 *Hedges: A Study in Meaning Criteria and the Logic of Fuzzy Concepts* (ciclostilato).

LAMB, SYDNEY M.
1964 "The Sememic Approach to General Semantics", *Transcultural Studies in Cognition,* ed. by Romney, A. K. & D'Andrade, R. G., (*American Anthropologist,* 66:3/2).

LANGENDOEN, TERENCE D.
1971 "The Projection Problem for Presuppositions", in Fillmore, C. J. & Langendoen, T. D., 1971.

LANGER, SUZANNE K.
1953 *Feeling and Form* (New York, London: Scribner's Sons) (tr. it., *Sentimento e forma,* Milano: Feltrinelli, 1965).

LANGLEBEN, M. M.
1965 "K opisaniju sistemy notnoj zapisi" *Trudy po znakovym sistemam* II (Tartu) (in Faccani & Eco, 1969: "La musica e il ling. naturale").

LANHAM, RICHARD A.
1968 A *Handlist of Rethorical Terms* (Un. of California Press).

LAUSBERG, H.
1949 *Elemente der literarischen Rhetorik* (München: Hueber) (tr. it., *Elementi di retorica,* Bologna: Il Mulino, 1969).
1960 *Handbuch der literarischen Rhetorik* (München: Hueber).

LEECH, GEOFFREY
1969   *Towards a Semantic Description of English* (Bloomington: Indiana University Press).

LEKOMCEVA, M. I. & USPENSKIJ, B. A.
1962   "Gadanie na ingral'nych kartach kak semiotičeskaja sistema", *Simposium po strukturnomu izučeniju znakovych system* (Moskva) (in Faccani & Eco, 1969: "La cartomanzia come sist. semiotico").

LENNEBERG, ERIC H.
1967   *Biological Foundation of Language* (New York: Wiley) (tr. it., *Fondamenti biologici del linguaggio*, Torino: Boringhieri, 1971).

LEPSCHY, GIULIO C.
1966   *La linguistica strutturale* (Torino: Einaudi).

LEVIN, SAMUEL
1962   *Linguistic Structures in Poetry* (The Hague: Mouton).

LÉVI-STRAUSS, CLAUDE
1947   *Les structures éleméntaires de la parenté* (Paris: P.U.F.). (tr. it., *Le strutture elementari della parentela*, Milano: Feltrinelli, 1969).

1950   *Introduction* à M. Mauss, *Sociologie et Anthropologie* (Paris: P.U.F.).

1958a   "Le geste d'Asdiwal", *Annuaire de l'EPHE V* (*Les Temps Modernes* 179, 1961).

1958b   *Anthropologie structurale* (Paris: Plon) (tr. it., *Antropologia strutturale*, Milano: Saggiatore, 1966).

1960a   "L'analyse morphologique des contes russes", *International Journal of Slavic Linguistics and Poetics* III.

1960b   Discours au Collège de France 5.1.1960 (*Aut-Aut* 88) (tr. it. in Lévi-Strauss, 1967).

1961   *Entretiens* (in Charbonnier, 1961).

1962   *La pensée sauvage* (Paris: Plon) (tr. it., *Il pensiero selvaggio*, Milano: Il Saggiatore, 1964).

1964   *Le cru et le cuit* (Paris: Plon) (tr. it., *Il crudo e il cotto*, Milano: Il Saggiatore, 1966).

1965 Intervento in *Strutturalismo e critica* (in Segre, ed., 1965).
1966 *Du miel aux cendres* (Paris: : Plon) (tr. it., *Dal miele alle ceneri*, Milano: Il Saggiatore, 1970).
1967 *Razza e storia* (Torino: Einaudi).
1968 *L'origine des manières de table* (Paris: : Plon).

LEWIS, DAVID K.
1969 *Convention-A Philosophical Study* (Cambridge: Harvard University Press) (tr. it., *La convenzione*, Milano: Bompiani, 1974).

LINDEKENS, RENÉ
1968 "Essai de théorie pour une sémiolinguistique de l'image photographique" (Communication au Symposium International de Sémiotique, Varsovie, 1968).
1971 *Eléments pour une sémiotique de la photographie* (Paris: Didier, Bruxelles: AIMAV.

LINSKY, LEONARD, ed.
1952 *Semantics and the Philosophy of Language* (University of Illinois) (tr. it., *Semantica e filosofia del linguaggio*, Milano: Il Saggiatore, 1969).

LOTMAN, JU. M.
1964 "Sur la délimitation linguistique et littéraire de la notion de structure", *Linguistics* 6.
1967a "K probleme tipologii kul'tury", *Trudy po znakovym sistemam* III (Tartu) (in Faccani & Eco, 1969: Il problema di una tipologia della cultura").
1967b "Metodi esatti nella scienza letteraria sovietica", *Strumenti Critici* 2.
1969 "O metajazyke tipologičeskich opisanij kul'tury", *Trudy po znakovym sistemam* IV.
1971 "Problema 'obučenija kul'ture' kak ee tipologičeskaia charakteristika", *Trudy* ecc. V.

LOTMAN JU. M. & USPENSKIJ B.A.
1971 "O semiotičeskom mechanizm kul'tury", *Trudy* ecc. V.

LOUNSBURY, F. G.
1964 "The Structural Analysis of Kinship Semantics", *Proceedings of the 9th Int. Congress of Linguists* (The Hague: Mouton).

LYONS, JOHN
1963 *Structural Semantics - An Analysis of Part of the Vocabulary of Plato* (Oxford: Blackwell).
1968 *Introduction to Theoretical Linguistics* (Cambridge: Un. Press) (tr. it., *Introduzione alla linguistica teorica*, Bari: Laterza, 1971).

MACCAGNANI, G., ed.
1966 *Psicopatologia dell'espressione* (Imola: Galeati).

MAHL, GEORGE & SCHULZE, GENE
1964 "Psychological Research in the Extralinguistic Area" (in Sebeok, Hayes, Bateson, 1964).

MALDONÁDO, TOMAS
1954 *Problemas actuales de la comunicacción* (Buenos Aires: Nueva Visión).
1959 "Kommunikation und Semiotik - Communication and Semiotics", *Ulm* 5.
1961 *Beitrag zur Terminologie der Semiotik* (Ulm: Korrelat).
1970 *La speranza progettuale* (Torino: Einaudi).

MÄLL, LINNART
1968 "Un approche poissible du Sunyavada", *Tel Quel* 32.

MALLERY, GARRICK
1881 Sign Language among North American Indians (Smithsonian Institution), (The Hague, Mouton, 1972).

MALTESE, CORRADO
1970 *Semiologia del messaggio oggettuale* (Milano: Mursia).

MARANDA, ELLI-KAIJA KÖNGAS & PIERRE
1962 "Structural Models in Folklore", *Midwest Folklore* 12-13.
1971 *Structural Models in Folklore and Transformational Essays* (The Hague: Mouton).

MARANDA, PIERRE
1968 "Recherches structurales sur la mythologie aux Etats Unis", *Informations sur le sciences sociales* VI-5.

MARIN, LOUIS
1969 "Notes sur une médaille et une gravure", *Revue d'esthétique* 2.
1970 "La description de l'image", *Communications* 15.

MARTINET, ANDRÉ
1960 *Eléments de linguistique générale* (Paris: Colin) (tr. it., *Elementi di linguistica generale*, Bari: Laterza, 1966).
1962 *A Functional View of Language* (Oxford: Clarendon Press) (tr. it., *La considerazione funzionale del linguaggio*, Bologna: Il Mulino, 1965).

MAUSS, MARCEL
1950 *Sociologie et anthropologie* (Paris: P.U.F.) (tr. it., *Teoria generale della magia*, Torino: Einaudi, 1965).

MAYENOWA, M. RENATA
1965 *Poetijka i matematica* (Warszawa).

McCAWLEY, JAMES
1971 "Where do noun phrases come from?", in Steinberg & Jakobovits, eds., 1971.

McLUHAN, MARSHALL
1962 *The Gutenberg Galaxy* (Toronto: University of Toronto. Press).
1964 *Understanding Media* (New York: McGraw-Hill) (tr. it., *Gli strumenti del comunicare*, Milano: Il Saggiatore, 1967).

MELANDRI, ENZO
1968 *La linea e il circolo* (Bologna: Il Mulino).

MERLEAU-PONTY, MAURICE
1960 *Signes* (Paris: Gallimard).

METZ, CHRISTIAN
1964 "Le cinéma: langue ou langage?", *Communications* 4 (in Metz, 1968a).
1966a "La grande syntagmatique du film narratif", *Communications* 8 (in Metz, 1968a).
1966b "Les sémiotiques ou sémies", *Communications* 7.
1968a *Essais sur la signification au cinéma* (Paris: Klincksieck).
1968b "Le dire et le dit au cinéma", *Communications* 11.
1969 "Specificité des codes et specificité des langages", *Semiotica* I, 4.

1970a "Au delà de l'analogie, l'image", *Communications* 15.
1970b "Image et pédagogie", *Communications* 15.
1970c *Langage et cinéma* (Paris: Larousse).
1974 *Film Language* (New York: Oxford University Press).

MEYER, LEONARD
1967 *Music, the Arts and Ideas* (Chicago: Un. of Chicago Press).

MILLER, GEORGE
1951 *Language and Communication* (New York: MacGraw Hill).
1967 *Psychology and Communication* (New York: Basic Books) (tr. it., *Psicologia della Comunicazione*, Milano: Bompiani, 1971).

MINSKY, MARVIN
1968 *Semantic Information Processing* (Cambridge: MIT Press).

MINSKY, MARVIN, ed.
1970 "The Limitation of Using Languages for Descriptions", *Linguaggi nella società e nella tecnica* (Milano: Comunità).

MOLES, ABRAHAM A.
1958 *Théorie de l'information et perception esthétique* (Paris: Flammarion).
1967 *Sociodinamyque de la culture* (The Hague: Mouton) (tr. it., *Sociodinamica della cultura*, Firenze: Guaraldi, 1971).
1971 *Art et ordinateur* (Tournai: Casterman).
1972 "Teoria informazionale dello schema", *VS* 2.

MONOD, JACQUES
1970 *Le hasard et la nécessité* (Paris: Gallimard) (tr. it., *Il caso e la necessità*, Milano: Mondadori, 1970).

MORIN, VIOLETTE
1966 "L'histoire drôle", *Communications* 8.
1968 "Du larcin au hold-up", *Communications* 11.
1970 "Les dessin humoristique", *Communications* 15.

MORRIS, CHARLES
1938 *Foundations of the Theory of Signs* (*International Encyclopaedia of Unified Science*, I, 2) (Chicago: Un. of Chicago Press, 1959).
1946 *Signs, Language and Behavior* (New York: Prentice Hall) (tr. it., *Segni, linguaggio e comportamento*, Milano: Longanesi, 1949).

1971   *Writings on the General Theory of Signs* (The Hague: Mouton).

MOUNIN, GEORGES
1964   *La Machine à traduire* (The Hague: Mouton).
1970   *Introduction à la sémiologie* (Paris: Minuit).

MUKAŘOVSKÝ, JAN
1934   "L'art comme fait sémiologique", *Actes du 8me Congrès Int. de phil.* Prague, 1936) (in Mukarovsky, 1973).
1936   *Estetica funkce, norma a hodnota jako socialni facty* (Praha) (in Mukarovsky, 1971).
1966   *Studie z estetiky* (Praha) (in Mukarovsky, 1971).
1971   *La funzione, la norma e il valore estetico come fatti sociali* (Torino: Einaudi).
1973   *Il significato dell'estetica* (Torino: Einaudi).

NATTIEZ, JEAN JACQUES
1971   "Situation de la sémiologie musicale", *Musique en jeu* 5.
1972   "Is a Descriptive Semiotics of Music Possible?", *Language Sciences* 23.
1973   "Trois modèles linguistiques pour l'analyse musicale", *Musique en jeu* 10.

NAUTA, DOEDE Jr.
1972   *The Meaning of Information* (The Hague: Mouton).

OGDEN C. K. & RICHARDS, I. A.
1923   (cfr. Richards & Ogden, 1923).

OSGOOD, CHARLES
1963   "Language Universals and Psycholinguistics" (in Greenberg, 1963).

OSGOOD, CH. & SEBEOK, T.A.
1965   (cfr. Sebeok, 1965).

OSGOOD, CH. & SUCI, G. J. & TANNENBAUM, P. H.
1957   *The Measurement of Meaning* (Urbana: Un. of Illinois Press).

OSMOND SMITH, DAVID
1972   "The Iconic Process in Musical Communications", in *VS* 3.
1973   "Formal Iconism in Music", in *VS* 5.

OSOLSOBĚ, IVO
1967 "Ostenze jako mezní případ lidského sdělováni", *Estetika* 4.

OSTWALD, PETER F.
1964 "How the Patient Communicates about Diseases with the Doctor", in Sebeok, Bateson, Hayes, eds., 1964.

PAGNINI, MARCELLO
1967 *Struttura letteraria e metodo critico* (Messina: D'Anna).
1970 *Critica della funzionalità* (Torino: Einaudi).

PANOFSKY, ERWIN
1920 "Der Begriff des Kunstwollens", *Zeitschrift für Aesthetik und allgemeine Kunstwissenschaft* XIV.
1921 "Die Entwicklung der Proportionslehre als Abbild der Stilentwicklung", *Monashefte für Kunstwissenschaft* XIV.
1924 "Die Perspektive als 'Simbolische Form'", *Vorträge der Bibliothek Warburg* (Leipzig-Berlin: Teubner, 1927).
1932 "Zum Problem der Beschreibung und Inhaltsdeutung von Werken der bildenden Kunst", *Logos* XXI.
1955 *Meaning in the Visual Arts* (New York: Doubleday) (tr. it.; *Il significato nelle arti visive*, Torino: Einaudi 1962).
1961 *La prospettiva come forma simbolica* (Milano: Feltrinelli).

PASQUINELLI, ALBERTO
1961 *Linguaggio, scienza e filosofia* (Bologna: Mulino).

PAVEL, TOMA
1962 "Notes pour une description structurale de la métaphore poétique", *Cahiers de linguistique théorique et appliquée* I (Bucarest).

PEIRCE, CHARLES SANDERS
1931~1935 *Collected Papers* (Cambridge: Harvard Un. Press).

PELC, JERZY
1969 "Meaning as an Instrument", *Semiotica* I, 1.
1974 "Semiotics and Logic", Report to the First Congress of the IASS (mimeographed).

PERELMAN, CHAIM & OLBRECHTS-TYTECA, LUCIE
1958 *Traité de l'argumentation - La nouvelle rhétorique* (Paris:

P.U.F.) (tr. it., *Trattato dell'argomentazione*, Torino: Einaudi, 1966).

PETÖFI, JANOS S.
1969 "Notes on the Semantic Interpretation of Linguistic Works of Art", Symposium on Semiotics, Warsaw, 1968 (in *Recherches sur les systèmes signifiants*, The Hague: Mouton, 1973).
1972 "The Syntacito-Semantic Organization of Text-Structures", *Poetics* 3.

PIAGET, JEAN
1955 Rapport, *La perception* (Paris: P.U.F.).
1968 *Le structuralisme* (Paris: P.U.F.) (tr. it., *Lo strutturalismo*, Milano: Il Saggiatore, 1969).

PIGNATARI, DECIO
1968 *Informação, Linguagem. Comunicação* (São Paulo: Perspectiva).

PIGNATARI, D & DE CAMPOS, A. & H.
1965 *Teoria da poesia concreta* (São Paulo).

PIGNOTTI, LAMBERTO
1965 "Linguaggio poetico e linguaggi tecnologici", *La Battana* 5 (in Pignotti, 1968).
1968 *Istruzioni per l'uso degli ultimi modelli di poesia* (Roma: Lerici).

PIKE, KENNETH
1954 *Language in Relation to a Unified Theory of the Structure of Human Behavior* (The Hague: Mouton, 1966).

PIRO, SERGIO
1967 *Il linguaggio schizofrenico* (Milano: Feltrinelli).

PITTENGER, R. E. & SMITH, H. L. JR.
1957 "A Basis for Some Contribution of Linguistics to Psychiatry", *Psychiatry* 20(in Smith A.G., 1966).

POP, MILHAI
1970 "La poétique du conte populaire", *Semiotica* II, 2.

POTTIER, BERNARD
1965 "La définition sémantique dans les dictionnaires", *Travaux de Linguistique et de Littérature* III, 1.

1967 "Au delà du structuralisme en linguistique", *Critique - février*.

POULET, GEORGES, ed.
1968 *Les chemins actuels de la critique* (Paris: Plon).

POUSSEUR, HENRI
1970 *Fragments théoriques I sur la musique experimentale* (Bruxelles: Institut de Sociologie).
1972 *Musique, sémantique, société* (Paris: Casterman) (tr. it., *Musica, semantica, società*, Milano: Bompiani, 1974).

PRIETO, LUIS
1964 *Principes de noologie* (The Hague: Mouton) (tr. it., *Principi di noologia*, Roma: Ubaldini, 1967).
1966 *Messages et signaux* (Paris: P.U.F.) (tr. it., *Elementi di semiologia - Messaggi e segnali*, Bari: Laterza, 1971).
1969 "Lengua y connotación" (in Verón, 1969).

PROPP, VLADIMIR JA.
1928 *Morfologija skazki* (Leningrad).
1958 *Morphology of the Folktale* (The Hague: Mouton).
1966 *Morfologia della fiaba* (introduzione di C. Lévi-Strauss e risposta di V. J. Propp) (Torino: Einaudi).

QUILLIAN, ROSS M.
1968 "Semantic Memory" (in Mainsky ed., 1968) (tr. it. in *Versus* 1, sett. 1971).

QUINE, WILLARD VAN ORMAN
1953 *From a Logical Point of View* (Cambridge: Harvard Un. Press) (tr. it., *Il problema del significato*, Roma: Ubaldini, 1966).
1960 *Word and Object* (Cambridge: MIT Press) (tr. it., *Parola e oggetto*, Milano: Il Saggiatore, 1970).

RAIMONDI, EZIO
1967 *Tecniche della critica letteraria* (Torino: Einaudi).
1970 *Metafora e storia* (Torino: Einaudi).

RAPHAEL, BERTRAM
1968 "SIR: A Computer Program for Semantic Information Retrieval" (in Minsky ed., 1968).

RAPOPORT, ANATOL
1953 "What is Information?", *Etc.* 10.

RASTIER, FRANÇOIS
1968 "Comportement et signification", *Langages* 10.

REZNIKOV, L. O.
1967 *Semiotica e marxismo* (Milano: Bompiani).

RICHARDS, I. A.
1923 *The Meaning of Meaning* (with C. K. Ogden) (London: Routledge & Kegan Paul) (tr. it., *Il significato del significato*, Milano: Il Saggiatore, 1966).

1924 *Principles of Literary Criticism* (London: Routledge & Kegan Paul) (tr. it., *I fondamenti della critica letteraria*, Torino: Einaudi, 1961).

1936 *The Philosophy of Rhetoric* (New York: Oxford Un. Press) (tr. it., *La filosofia della retorica*, Milano: Feltrinelli, 1967).

ROBINS, ROBERT H.
1971 *Storia della linguistica* (Bologna: Il Mulino).

ROSIELLO, LUIGI
1965a Intervento in *Strutturalismo e critica* (in Segre ed., 1965).

1965b *Struttura, uso e funzioni della lingua* (Firenze: Vallecchi).

1967 *Linguistica illuminista* (Bologna: Il Mulino).

ROSSI, ALDO
1966 "Semiologia a Kazimierz sulla Vistola", *Paragone* 202.

1967 "Le nuove frontiere della semiologia", *Paragone* 212.

ROSSI, PAOLO
1960 *Clavis Universalis - Arti mnemoniche e logica combinatoria da Lullo a Leibniz* (Milano: Ricciardi).

ROSSI - LANDI, FERRUCCIO
1953 *Charles Morris* (Milano: Bocca).

1961 *Significato, comunicazione e parlare comune* (Padova: Marsilio).

1968 *Il linguaggio come lavoro e come mercato* (Milano: Bompiani).

1973 *Semiotica e ideologia* (Milano: Bompiani).

RUSSELL, BERTRAND
1905 "On Denoting", *Mind* 14 (tr. it. in *Linguaggio e realtà*, Bari:

Laterza, 1970).

RUWET, NICOLAS
1959 "Contraddizioni del linguaggio seriale", *Incontri Musicali* III.
1963a "L'analyse structurale de la poésie", *Linguistics* 2.
1963b "Linguistique et sciences de l'homme", *Esprit,* novembre.
1966 *Introduction* (numero spéciale su *La grammaire générative*), *Langages* 4.
1967a *Introduction à la grammaire générative* (Paris: Plon).
1967b "Musicology and Linguistics". *Int. Social Science Journal* 19.
1972 *Langage, musique, poésie* (Paris: Seuil).

SALANITRO, NICCOLÒ
1969 *Peirce e i problemi dell'interpretazione* (Roma: Silva).

SANDERS, G. A.
1974 "Precedence Relations in Language", *Foundations of Language* 11, 3.

SANDRI, GIORGIO
1967 "Note sui concetti di 'struttura' e 'funzione' in linguistica", *Rendiconti* 15-I.

SAPIR, EDWARD
1921 *Language* (New York: Harcourt Brace) (tr. it., *Il linguaggio*, Torino: Einaudi, 1969).

ŠAUMJAN, SEBASTIAN K.
1966 "La cybernétique et la langue", *Problèmes du langage* (Paris: Gallimard) (tr. it. in *I problemi della linguistica moderna,* Milano: Bompiani, 1968).

SAUSSURE, FERDINAND DE
1961 *Cours de linguistique générale* (Paris: Payot) (tr. it., *Corso di linguistica generale,* Bari: Laterza, 1967).

SCALVINI, MARIA LUISA
1972 *Para una teoria de la arquitectura* (Barcelona: Colegio Oficial de Arquitectos).
1975 *Architettura come semiotica connotativa* (Milano: Bompiani).

ŠČEGLOV, JU.
1962a "K postroeniju strukturnoj modeli novel o Šerloke Cholmse"

        Simpozium po Strukturnomu izučeniju znakovych sistem (Moskva) (in Faccani & Eco, 1969: "Per la costruzione di un modello strutturale delle novelle di Sherlock Holmes").

1962b   "Nekotorye čerty struktury 'Metamorfoz' Ovidja", *Strukturno-tipologičeskie issledovanija* (Moskva) (in Faccani & Eco, 1969: "Alcuni tratti strutturali delle Metamorfosi").

SCHAEFFER, PIERRE

1966   *Traité des objets musicaux* (Paris: Seuil).

SCHAFF, ADAM

1962   *Introduction to Semantics* (London: Pergamon Press) (tr. it., *Introduzione alla semantica*, Roma: Editori Riuniti, 1967).

SCHANE, SANFORD A., ed.

1967   "La phonologie générative", *Langages* 8.

SCHAPIRO, MEYER

1969   "On Some Problems of the Semiotics of Visual Arts: Field and Vehicle Image-Signs", *Semiotica* I, 3.

SCHEFER, JEAN-LOUIS

1968   *Scénographie d'un tableau* (Paris: Seuil).

1970   "L'image: le sens 'investi'", *Communications* 15.

SCHLICK, MORITZ

1936   "Meaning and Verification", *The Philosophical Review* 45.

SCHNEIDER, DAVID M.

1968   *American Kinship: A Cultural Account* (New York: Prentice Hall).

SEARLE, J. R.

1969   *Speech Acts* (London - New York: Cambridge University Press).

SEBEOK, THOMAS A.

1962   "Coding in Evolution of Signalling Behavior", *Behavioral Sciences* 7, 4.

1967a   "La communication chez les animaux", *Revue Internationale. des Sciences Sociales* 19.

1967b   "On Chemical Signs", *To Honor Roman Jakobson* (The Hague: Mouton).

1967c   "Linguistics Here and Now", *A.C.L.S. Newsletter* 18 (1).

1968	"Is a Comparative Semiotics Possible?" (Communication at 2d International Congress of Semantics, Warsaw, august 1968).
1969	"Semiotics and Ethology" (in Sebeok & Ramsay, 1969).
1972a	*Perspectives in Zoosemiotics* (The Hague: Mouton).
1972b	"Problems in the Classifications of Signs", *Studies for Einar Haugen*, ed. by E. Scherabon Firchow et al. (The Hague: Mouton).

SEBEOK, THOMAS A., ed.
1960 *Style in Language* (Cambridge: MIT Press).
1968 *Animal Communication* (Bloimington: Indiana Un. Press) (tr. it., *Zoosemiotica*, Milano: Bompiani, 1972).

SEBEOK, T. A. & HAYES, A. S. & BATESON, M. C., eds.
1964 *Approaches to Semiotics* (The Hague: Mouton) (tr. it., *Paralinguistica e cinesica*, Milano: Bompiani, 1971).

SEBEOK T. A. & OSGOOD, CH., eds.
1965 *Psycholinguistic* (Bloomington: Indiana Un. Press).

SEBEOK, T. A. & RAMSAY, A., eds.
1969 *Approaches to Animal Communication* (The Hague: Mouton).

SEGRE, CESARE
1965 *Strutturalismo e critica* (Milano: Il Saggiatore).

SEGRE, CESARE, ed.
1963 Introduzione a *Linguistica Generale* di Ch. Bally (Milano: Il Siggiatore).
1967 "La synthèse stylistique", *Informations sur les Sc. Sociales* VI, 5.
1970a *I segni e la critica* (Torino: Einaudi).
1970b "La critica strutturalistica", in Corti & Segre (a cura di), 1970.

SEILER, HANSJAKOB
1970 "Semantic Information in Grammar: The Problem of Syntactic Relations", *Semiotica* II, 4.

SÈVE, LUCIEN
1967 "Méthode structurale et méthode dialectique", *La pensée* 1 (tr. it. in Godelier-Sève, 1970).

SHANDS, HARLEY C.
1970 *Semiotic Approaches to Psychiatry* (The Hague: Mouton).

SHANNON, C. E. & WEAVER, W.
1949 *The Mathematical Theory of Communication* (Urbana: Un. of Illinois Press).

SHERZER, JOEL
1973 "The Pointed Lip Gesture Among the San Blas Cuna", *Language in Society* 2 (tr. it. in *VS* 7).

ŠKLOVSKIJ, VICTOR
1917 "Iskusstvo kak priëm", *Poetika* 1913 (in Todorov, ed., 1965).
1925 *O teorii prozy* (Moskva) (tr. it., *Una teoria della prosa,* Bari: De Donato, 1966).

SLAMA-CAZACU, TATIANA
1966 "Essay on Psycholinguistic Methodology and Some of its Applications", *Linguistics* 24.

SMITH, ALFRED G., ed.
1966 *Communication and Culture* (New York: Holt).

SØRENSEN, H. C.
1967 "Fondements épistémologiques de la glossématique", *Langage* 6.

SOULIS, GEORGE N. & ELLIS, JACK
1967 "The Potential of Computers in Design Practice" (in Krampen & Seitz, 1967).

SPITZER, LEO
1931 *Romanische Stil-und Literaturstudien* (Marburg: Elwert) (tr. it. in *Critica stilistica e semantica storica,* Bari: Laterza, 1966).

STANKLEWICZ, EDWARD
1960 "Linguistics and the Study of Poetic Language", *Style in Language* (Cambridge: MIT Press).
1961 "Poetic and Non-Poetic Language in Their Interrelations", *Poetics* (The Hague: Mouton).
1964 "Problems of Emotive Language", *Approaches to Semiotics* (The Hague: Mouton) (tr. it. in Sebeok, 1964).

STAROBINSKI, JEAN
1957 *J. J. Rousseau, la transparence et l'obstacle* (Paris: Plon).
1965 Intervento in *Strutturalismo e critica* (Milano: Saggiatore) (in Segre ed., 1965).

STEFANI, GINO
1973 "Sémiotique en musicologie", *VS* 5.

STEINBERG, D. D. & JAKOBOVITS, L. A. eds.
1971 *Semantics* (Cambridge: Cambridge University Press).

STEVENSON, CHARLES L.
1944 *Ethics and Language* (New Haven: Yale Un. Press) (tr. it., *Etica e linguaggio*, Milano: Longanesi).

STRAWSON, P. F.
1950 "On Referring", *Mind* LIX (in Bonomi, A. ed., *La struttura logica del linguaggio*, Milano: Bompiani, 1973).

SZASZ, THOMAS S.
1961 *The Myth of Mental Illness* (New York: Harper & Row) (tr. it., *Il mito della malattia mentale*, Milano: Saggiatore, 1965).

TODOROV, TZVETAN
1966a Review of *Slavianskie jazykvye modelirujuščie semiotičeskie sistemy* di Ivanov & Toporov & Zalizniak, *L'homme* - avril-juin.
1966b "Les catégories du récit littéraire", *Communications* 8 (tr. it. in *L'analisi del racconto*, Milano: Bompiani, 1969).
1966c "Perspectives sémiologiques", *Communications* 7.
1966d "Les anomalies sémantiques", *Langages* 1.
1967 *Littérature et signification* (Paris: Larousse).
1968a "L'analyse du récit à Urbino", *Communications* 11.
1968b "Du vraisemblable qu'on ne saurait éviter", *Communications* 11.
1969 *Grammaire du Décaméron* (The Hague: Mouton).
1971 *Poétique de la prose* (Paris: Seuil).

TODOROV, TZVETAN, ed.
1965 *Théorie de la littérature - Textes des formalistes russes* (Paris: Seuil).

TOPOROV, V. N.
1965 "K opisaniju nekotorych struktur, charakterizujuščich preimuščestvenno nizšie urovini, v neskol'kich poetičeskich tekstach", *Trudy po znakovym sistemam* II (Tartu) (in Faccani & Eco, 1969: "Lestrutture dei livelli inferiori in poesia").

TRAGER, GEORGE L.
1964 "Paralanguage: a First Approximation", in Hymes, D., ed., *Language in Culture and Society* (New York: Harper and Row).

TRIER, J.
1931 *Der deutsche Wortschatz im Sinnbezirk des Verstandes* (Heidelberg).

TRUBECKOJ, N. S.
1939 *Grundzüge der Phonologie* (TCLP VII) (*Principes de phonologie*, Paris: Klincksieck, 1940) (tr. it., *Principi di fonologia*, Torino: Einaudi, 1971).

TYNJANOV, JURY
1924 *Problema stichotvornogo jazyka* (Leningrad) (tr. it., *Il problema del linguaggio poetico*, Milano: Saggiatore, 1968).
1929 *Archaisty i novatory* (Leningrad: Priboj) (tr. it., *Avanguardia e Tradizione*, Milano: Dedalo, 1968).

ULLMANN, STEPHEN
1951 *The Principles of Semantics*, 2d ed. (Oxford: Blackwell) (tr. it., *Semantica*, Bologna: Mulino, 1966).
1962 *Semantics: An Introduction to the Science of Meaning* (Oxford: Blackwell).
1964 *Language and Style* (Oxford: Blackwell) (tr. it., *Stile e linguaggio*, Firenze: Vallecchi, 1968).

VACHEK, JOSEPH, ed.
1964 *A Prague School Reader in Linguistics* (Bloomington: Indiana Un. Press).

VAILATI, GIOVANNI
1908 "La grammatica dell'algebra", *Rivista di Psicologia Applicata*.
1911 *Scritti* (Firenze-Leipzig: Seeber-Barth).
1967 "La grammatica dell'algebra", *Nuova Corrente*, 38.

VALESIO, PAOLO
1967a "Icone e schemi nella struttura della lingua", *Lingua e stile* 3.
1967b *Strutture dell'allitterazione* (Bologna: Zanichelli).
1971 "Toward a Study of the Nature of Signs", *Semiotica* III, 2.

VAN DIJK, TEUN A.
1972   *Some Aspects of Text Grammars* (The Hauge: Mouton).

VAN LAERE, FRANÇOIS
1970   "The Problem of Literary Structuralism", *20th Century Studies* 3.

VAN ONCK, ANDRIES
1965   "Metadesign", *Edilizia Moderna* 85.

VERÓN ELISEO,
1968   *Conducta, estructura y comunicación* (Buenos Aires: Jorge Alvarez).
1969   "Ideología y comunicación de masas: la semantización de la violencia politica" (in Verón, ed., 1969).
1970   "L'analogique et le contigu", *Communications* 15.
1971   "Ideology and Social Sciences", *Semiotica* III, 1.
1973a   "Pour une sémiologie des operations translinguistiques", *VS* 4.
1973b   "Vers une 'logique naturelle des mondes sociaux'", *Communications* 20.

VERÓN, ELISEO, ed.
1969   *Lenguaje y comunicación social* (Buenos Aires: Nueva Visión).

VOLLI, UGO
1972a   "È possibile una semiotica dell'arte?", in *La scienza e l'arte,* a cura di U. Volli (Milano: Mazzotta).
1972b   "Some Possible Developments of the Concept of Iconism", *VS* 3.
1973   "Referential Semantics and Pragmatics of Natural Languages", *VS* 4.

VYGOTSKY, L. S.
1934   *Thought and Language* (Cambridge: MIT Press, 1962).

WALLIS, MIECZYSLAW
1966   "La notion de champ sémantique et son application à la théorie de l'art", *Sciences de l'art* 1.
1968   "On Iconic Signs" (Communication at the 2d International Symposium of Semiotics, Warsaw, august 1968).

WALTHER, ELISABETH
1974   *Allgemeine Zeichenlehre* (Struttgart: DVA).

WATSON, O. MICHAEL
1970   *Proxemic Behavior* (The Hague: Mouton) (tr. it., *Il comportamento prossemico*, Milano: Bompiani, 1971).

WATZLAVICK, P. & BEAVIN, J. H. & JACKSON, D. D.
1967   *Pragmatic of Human Communication* (New York: Norton) (tr. it., *Pragmatica della comunicazione umana*, Roma: Ubaldini, 1971).

WEAWER, WARREN
1949   "The Mathematics of Communication", *Scientific American* 181.

WEINREICH, URIEL
1965   "Explorations in Semantic Theory", *Current Trends in Linguistics*, ed. by T. A. Sebeok (The Hague: Mouton).

WELLEK, RENÉ & WARREN, AUSTIN
1949   *Theory of Literature* (New York: Harcourt Brace) (tr. it., *Teoria della letteratura*, Bologna: Il Mulino).

WHITE, MORTON
1950   "The Analytic and the Synthetic: An Untenable Dualism", in *John Dewey*, ed. by S. Hook (New York: Dial Press) (in Linsky ed., 1952).

WHORF, BENJAMIN LEE
1956   *Language, Thought and Reality*, ed by J. B. Carrol (Cambridge: MIT Press) (tr. it., *Linguaggio, pensiero e realtà*, Torino: Boringhieri, 1970).

WIENER, NORBERT
1948   *Cybernetics or Control and Communication in the Animal and the Machine* (Cambridge: MIT Press; Paris: Hermann) (tr. it., *Cibernetica*, Milano: Bompiani, 1953).
1950   *The Human Use of Human Beings* (Boston: Houghton Mifflin) (tr. it., *Introduzione alla cibernetica*, Torino: Einaudi, 1958).

WILSON, N. L.
1967   "Linguistic Butter and Philosophical Parsnips", *The Journal of Philosophy* 64.

WIMSATT, W. R.
1954   *The Verbal Icon* (Lexington: University of Kentucky Press).

WINTER, MIKE
1973 "Semiotics and the Philosophy of Language", *VS* 6.

WITTGENSTEIN, LUDWIG
1922 *Tractatus Logico-Philosophicus* (London: Kegan Paul, Trech, Trubnerand) (tr. it., Torino: Einaudi, 1964).
1953 *Philosophische Untersuchungen* (Oxford: Blackwell) (tr. it., *Ricerche filosofiche,* Torino: Einaudi, 1967).

WOLLEN, PETER
1969 *Signs and Meaning in the Cinema* (Bloomington: Indiana Un. Press).

WORTH, SOL
1969 "The Development of a Semiotic of Film", *Semiotica* I, 3.

WYKOFF, WILLIAM
1974 "Semiosis and Infinite Regressus", *Semiotica* II, 1.

ZARECKIJ, A.
1963 "Obraz kak informacija", *Voprosy Literatury 2* (in Eco, 1971).

ZEVI, BRUNO
1967 "Alla ricerca di un codice per l'architettura", *L'Architettura* 145.

ZOLKIEWSKY, STEFAN
1968 "Sociologie de la culture et sémiotique", *Informations sur les Sciences Sociales* VII, 1.
1969 *Semiotika a kultúra* (Bratislava Nakaladelstvo Epocha).

ŽOLKOWSKIJ, ALEKSANDR K.
1962 "Ob usilenii", *Strukturno-tipologičeskie issledovanija* (Moskva) (in Faccani & Eco, 1969: "Dell'amplificazione").
1967 "Deus ex machina" *Trudy po znakovym sistemam* III (Tartu) (in Faccani & Eco, 1969).
1970 Review of *La struttura assente* di U. Eco, *Voprosy Filosofii* 2.

ZUMTHOR, PAUL
1972 *Essai de poétique médiévale* (Paris: Seuil).

찾아보기

ㄱ

가너 Garner, R. 181
가로니 Garroni, E. 30, 280
가뱅 Garvin, Paul 259
겔브 Gelb, I. J. 29
고들리에 Godelier, M. 258
고프먼 Goffman, E. 40, 228
곰브리치 Gombrich, Ernst 329~331, 335
구드노프 Goodenough, W. 124, 266
굼페르츠 Gumperz, J. J. 228, 249
굿맨 Goodman, Nelson 101, 289, 294, 362, 401
그라시 Grassi, L. 73
그라이스 Grice. H. Paul 229
그레마스 Greimas, Algirdas Julien 17, 29~30, 75, 110, 120, 124, 137, 156~159, 179, 204, 238
그로스 Gross, M. 29
그리티 Gritti, J. 30
기로 Guiraud, P. 124, 519, 522, 523, 532
기오 Guihot, J. 29
길보 Guilbaud, G. T. 75
깁슨 Gibson, J. 322, 325, 398

ㄴ

나티에 Nattiez, J. J. 30
뉴턴 Newton, Isaac 252

ㄷ

단테 Dante, Alighieri 283, 284, 531
데 마우로 De Mauro, Tullio 58, 82, 154
데 요리오 De Jorio, A. 29
데 푸스코 De Fusco, R. 30
데리다 Derrida, Jacques 29
데이크 Van Dyck, Anthony 31, 75
데카르트 Descartes, René 97, 252
도미니쿠스 Dominicus 429
뒤러 Dürer, Albrecht 330, 331
뒤뷔페 Dubuffet, Jean 379
뒤크로 Ducrot, Oswald 31, 150, 151, 228, 230, 464

듀이 Dewey, John 329

라 바레 La Barre, W. 28, 29
라우스베르크 Lausberg, H. 31, 432
라캉 Lacan, Jacques 28, 464
라파엘로 Raffaello Sanzio 289, 294, 387, 388, 390, 391
라포르그 Laforgue, Jules 245
랑겐도엔 Langendoen, T. D. 31, 181
랭어 Langer, Suzanne 329
러셀 Russell, Bertrand 101, 198, 261
레빈 Lewin, Kurt 329
레이코프 Lakoff, George 28, 135, 166, 167, 181, 197, 222, 374
렌틴 Lentin, A. 29
로시 Rossi, P. 29, 142, 143, 524
로시란디 Rossi-Landi, F. 17, 49, 242
로예브 Loew, Rabbi 293
로크 Locke, John 265, 267, 268
로토 Lotto, Lorenzo 372
로트만 Lotman, Jury 31, 230, 231, 258, 278
루웨 Ruwet, N. 30
루이스 Lewis, D. K. 37, 101
리처즈 Richards, Ivor Armstrong 98

마냐스코 Magnasco, Alessandro 409
마네 Manet, Édouard 283, 284
마란다 Maranda, P. 30
마르크스 Marx, Karl 49, 51, 216, 217, 224, 233, 445, 447, 458
마우스 Mauss, M. 29, 529
마이클 Michael, G. A. 368
마카냐니 Maccagnani, G. 28
마투라나 Maturana, Humberto 259
말도나도 Maldonado, Thomas 382
말테제 Maltese, C. 291, 296, 314
매콜리 McCawley, James D. 153
매클루언 Mcluhan, Marshall 29, 526
맬러리 Mallery, G. 29
메츠 Metz, C. 17, 30, 95, 96, 225, 344, 382
멜 Mläl, L. 29, 525
멜란드리 Melandri, Enzo 324
멜빌 Melville, Herman 189~191
모랭 Morin, Edgar 30, 259
모르타라 Mortara, Garavelli 180
모리스 Morris, C. Charles 17, 28, 30, 35, 36, 65, 101, 197~199, 256, 303, 312, 313, 336, 375, 431
모아실 Moisil, G. C. 166
몬드리안 Mondriaan, Pieter Cornelis 281, 378
몰레 Moles, A. A. 31, 296, 368, 412
무솔리니 Mussolini, Benito 253~254
미켈란젤로 Michelangelo 289, 290
밀 Mill, John Stuart 101, 518, 521~525, 530, 532, 533
밀러 Miller, G. 75

바르뷔 Barbut, M. 29

바르트 Barthes, Roland 30, 31, 49, 279, 424, 425, 457

바인라이히 Weinreich, Harald 161

바일라티 Vailati, G. 29

바츨라비크 Watzlawick, P. 28, 379

발라 Valla, Lorenzo 108

배리슨 Barison, F. 28

버드휘스텔 Birdwhistell, R. 29, 280

버코프 Birkhoff, George David 412

버클리 Berkeley, George 166, 268

버틴 Bertin, J. 29, 30

베론 Verón, E. 30, 225, 228, 336, 382

베르길리우스 Vergilius Maro, Publius 131, 433

베르탈란피 Bertalanffy, Ludwig von 259

베리오 Berio, Angelo Luciano 379

베베른 Webern, Anton Friedrich Wilhelm von 378

베이트슨 Bateson M. C. 123

베테티니 Bettetini, G. F. 30, 382

베토벤 Beethoven, Ludwig van 283, 284, 362

벤베니스트 Benveniste, E. 464

벤스 Bense, M. 409, 410, 412

보들레르 Baudelaire, Charles Pierre 27

볼리 Volli, Ugo 14, 30, 382, 386, 396, 397, 399

볼프 Wolff, Christian von Freiherr 37

불레즈 Boulez, Pierre 379

뷔상스 Buyssens, Eric 35, 82, 302

브란디 Brandi, C. 412

브르몽 Bremond, Claude 30, 75

비어비슈 Bierwisch, Manfred 179, 192

비코 Vico, Giambattista 393, 394

비트겐슈타인 Wittgenstein, Ludwig Josef 208, 279, 360

빌라르 드 온쿠르 Villard de Honnecourt 330

사빈 Savin, H. 181

사피어 Sapir, Edward 130

샌더스 Sanders, G. A. 375

샤브롤 Chabrol, C. 464

섀넌 Shannon, Claude Elwood 74, 76

설 Searle, John R. 249

세그레 Segre, Cesare 35, 419

세보크 Sebeok, T. A. 27, 123, 283, 286, 382

세브 Sève, L. 258

셔저 Sherzer, J. 203

슈체글로프 Ščeglov, Ju. 30

소쉬르 Saussure, Ferdinand de 17, 32, 33, 35, 82, 90, 99, 124, 126, 519

솔리스 Soulis, G. 368

쇤베르크 Schönberg, Arnold 378

슈피처 Spitzer, Leo 407

슐츠 Schulze, S. 28

스위프트 Swift, J. 360

스자스 Szas, T. S. 28

스콧 Scott, Walter 100, 278

스타인 Stein, Gertrude 415

스타인버그 Steinberg, D. D. 161

스테파니 Stefani, G. 30

스트로슨 Strawson, Peter Frederick 261, 262, 275
스피나 Spina, Alessandro della   260
스피노자 Spinoza   281
시비앙 Civ'jan, T. V.   29
시쿠렐 Cicourel, A.   228, 229, 249
시클로프스키 Shklovski, Viktor Borisovich   408

ㅇ

아르질 Argyle, M.   29
아른하임 Arnheim, Rudolf   329
아리스토텔레스 Aristoteles   261, 320
아발레 Avalle, D. S.   299
아울루스 겔리우스 Aulus Gellius   131, 132
아포스텔 Apostel, L.   258
아프레지앙 Apresjian, J.   124
안젤리코 Angelico, Fra Giovanni de Fiesole   372
야스퍼스 Jaspers, Karl   458
야코보비츠 Jakobovits, C. A.   161
야콥슨 Jakobson, Roman   30, 138, 340, 382, 405, 408, 415, 418, 429
에크만 Ekman, P.   29, 336, 363
에프론 Efron, D.   27, 29, 38, 280
엘리스 Ellis, J.   368
옐름슬레우 Hjelmslev, Louis   17, 78, 82, 86~91, 120, 121, 125, 146, 147, 155, 162, 212, 412, 413
오그던 Ogden, Charles Kay   98
오스먼드스미스 Osmond-Smith, D.   11, 30, 382
오스트발트 Ostwald, P. F.   28
오스틴 Austin, J. L.   228, 249, 464
오컴 Ockham, William of   12, 13, 267
울만 Ullmann, S.   124
워런 Warren, A.   418
워프 Whorf, Benjamin Lee   130
웰렉 Wellek, R.   418
위버 Weaver, W.   74
윈터 Winter, M.   118
윌슨 Wilson, N. L.   164~166
이바노프 Ivanov, V. V.   31
이텐 Itten, J.   30

ㅈ

자데 Zadeh, L.   166
조이스 Joyce, James   245, 406, 523, 528
졸콥스키 Zolkovskij, A. K.   30
주네트 Genette, Gérard   30, 425

ㅊ

채트먼 Chatman, S.   31
촘스키 Chomsky, Noam   75, 155, 156

ㅋ

카르납 Carnap, Rudolf   101, 108, 117, 118
카르핀스카야레빈 Karpinskaja-Revin   30
카세티 Casetti, Francesco   382
카시러 Cassirer, Ernst   252, 329, 337
카츠 Katz, Jerrold   119, 125, 133, 160~167, 171~175, 180, 184, 185, 203,

216, 229, 439

칸딘스키 Kandinsky, Wassily　328, 377
칸트 Kant, Immanuel　252, 253, 337, 528, 533
칼코펜 Kalkofen, H.　314
컨스터블 Constable, John　329, 330
코르티 Corti, Maria　419
코스마이 Cosmai, M.　430
코엔 Cohen, Jean　256
콩클린 Conklin, H. C.　124
콰인 Quine, Willard Van Orman　109
쾨니히 Koenig, G. K.　30
퀼리언 Quillian, M. Ross　205, 207, 209
크랄 Cralle, R. K.　368
크람펜 Krampen, M.　30, 382
크로체 Croce, Benedetto　393, 394, 405
크리스테바 Kristeva, Julia　31, 225, 464, 465
클라인폴 Kleinpaul, R.　29
키넌 Keenan, E. L.　181

탈리아부에 Tagliabue, Guido Morpurgo　268, 269
토도로프 Todorov, Tzvetan　30, 31, 124, 425, 464
토르발센 Thorvaldsen, Bertel　146
토포로프 Toporov, V. N.　31
트래거 Trager, G. L.　28, 29, 123
트루베츠코이 Trubeckoij, N.　413
트리어 Trier, J.　124
티냐노프 Tynianov, Ju.　418

파노 Fano, Giorgio　393
파라시노 Farassino, A.　336, 382
파레이손 Pareyson, Luigi　424
파스크 Pask, Gordon　259
퍼스 Peirce, Charles Sanders　13, 17, 20, 28, 30, 32, 34~37, 48, 98, 99, 101, 112~116, 118, 168, 193, 218~222, 225, 256, 265~267, 288, 290, 295, 316, 318~321, 336, 346, 347, 358, 399, 421, 467
페렐만 Perelman, C.　426
페르메이르 Vermeer, Jan　289
페퇴피 Petöfi, Sádor　31, 75
펠크 Pelc, J.　256
포나기 Fonagy, I.　28
포더 Fodor, J. A.　119, 160, 163, 184, 185, 203, 216
포르미가리 Formigari, L.　268
포스탈 Postal, P. M.　161, 162
포티에 Pottier, B.　156, 204
폴록 Pollock, Jackson　379
푀르스터 Foerster, Heinz von　259
푸쇠르 Pousseur, Henri　30
프란체스카 Francesca, Piero della　305, 306
프랭크 Frank, L.　27
프레게 Frege, Gottlob　99, 180
프로프 Propp, V. Ja.　224
프루스트 Proust, Marcel　280, 281, 420
프리에토 Prieto, Luis　29, 30, 82, 365, 366, 369
프리젠 Friesen, W.　29, 336, 363

플로티노스 Plotinos 413
피로 Piro, S. 28
피아제 Piaget, Jean 46, 258, 265
필모어 Fillmore, Charles 31, 149, 179, 181, 229

하예스 Hayes, A. S. 123

하임스 Hymes, D. 228, 249
할레 Halle, M. 138
허프 Huff, W. S. 367
홉스 Hobbes, Thomas 37, 267
후설 Husserl, Edmund 269, 270
휴즈 Hewes, Gordon 393
히즈 Hiz, H. 180
힌데 Hinde, R. H. 27, 29

기호학 관련 용어표

한국어	영어	프랑스어	이탈리아어
가추법, 추정법	abduction	abduction	abduzione
가족 유사성	family similarity	la similarité de famille	similarità di famiglia
개별 기호	sinsign		
계열체	paradigm	paradigme	paradigm
골격체	armature	armature	armatura
공감각	synaesthesia	synesthésie	sinestesi
공범주적 술어체	co-categorial predicate	prédicat co-catégoriel	predicato co-categorico
공시적(共時的)	synchronic	synchronique	sincronico
공지시	co-reference	co-référence	co-referenza
공(共)텍스트	co-text	co-texte	co-testo
구조 의미론	structural semantics	sémantique structurale	semantica strutturale
군대 기호	military signals	signaux militaires	segnale militare
기의, 시니피에	signified	signifié	significato
기표, 시니피앙	signifer	signifiant	significante
난해한 비례 관계, 어려운 관계	ratio difficilis		

한국어	영어	프랑스어	이탈리아어
논증	argument	argument	argomento
논증 기호	argument sign	signe d'argument	segno d'argomento
단일면 체계	monoplanar system	système monoplane	sistema monoplanare
단자적 서술어	monadic predicate	prédicat monadique	predicato monodico
담론, 담화	discourse	discours	discorso
대화의 준칙, 대화 규칙들	conversational maxims	maximes conversationnelles	regole conversazionali
도상	icon	icône	icona
동위소	isotopy	isotopie	isotopia
동일성	identity	identité	identità
등치성	aequalitus numerosa		
랑그(언어 체계)	langue		
맥락적 코드	contextual code	code contextuel	codice contestuale
발화 행위/화행	speech-act	acte de parole	atto linguistico
발화 기호, 진술 기호	dicisign	decisigne	dicisign
법칙 기호	legisign	légisigne	legisign
변별적 자질	distinctive feature	traits distinctifs	tratto distintivo
부류소, 유소(類素)	classeme	classème	classema
분절	articulation	articulation	articolazione
분할	segmentation	ségmentation	segmentazione
비언어적	non-verbal	non-verbale	non-verbale
사회 법칙	nomos		
상호 주관성	intersubjectivity	intersubjectivité	intersoggettività
상호 코드	intercode	intercode	intercodice
서술어	predicate	prédicat	predicato
선험성	a priori		

한국어	영어	프랑스어	이탈리아어
성질의 준칙, 질의 원칙	maxime of quality	maxime de qualité	massima di qualità
세메이온	sēmeîon		
세미오시스	semiosis		
쉬운 관계	ratio facilis		
스키마, 도식	schema	schéma	schema
시그눔	signum		
실질	substance	substance	sostanza
실현체, 사례	token	occurrence	occorrenza
양태성	modality	modalité	modalità
어휘소	lexeme	lexème	lessema
언어적 상호 작용	verbal interaction	interaction verbale	interazione verbale
언어 철학	language philosophy	philosophie du langage	filosofia di linguaggio
엠블럼 코드	emblem-code	emblème-code	codice di emblema
연접(連接)	conjunction	conjonction	congiunzione
외시	denotation	dénotation	denotazione
외시 의미론	denotative semantic	sémantique dénotative	semantica denotativa
외연	extension	extension	estensione
유의미성	significance	signfiance	significanza
유표	markedness	marqué	marca
음소	phoneme	phonème	fonema
응축	condensation	condensation	condensazione
의미론적 보편소	semantic universal	universaux sémantique	universale semantico
의미소	sememe	sémème	semema
의소	seme	sème	sema
이접(離接)	disjunction	disjonction	disgiunzione
잉여성	redundance	redondance	ridondanza

한국어	영어	프랑스어	이탈리아어
자의성	arbitrariness	arbitrarité	arbitrarietà
성질 기호, 자질 기호	qualisign	qualisigne	qualisign
조응 현상, 전방 조응, 대용어	anaphora		
지시	reference	référence	referenza
컨텍스트, 문맥	context	contexte	contesto
코드	code	code	codice
코드화	coding	codage	codifica
통시적	diachronic	diachronique	diacronico
통합체	syntagma	syntagme	syntagma
파롤	parole		
표상	representation	représentation	rappresentazione
표상체, 재현체		representamen	
표시소, 표지	marker	marqueur	marca
표징	emblem	emblème	emblema
프레임, 틀	frame	cadre	frame
피시스(자연)	physis		
함의	implicature	implicature	implicatura
함축, 공시, 내포, 함축 의미	connotation	connotation	connotazione
해석소, 해석체, 행위소	interpretant	interprétant	interpretante
행위사	actant	actant	attante
형태소	morphem	morphème	morfema
화용론	pragmatics	pragmatique	pragmatica

옮긴이의 말

현대 기호학이 체계적으로 연구되기 시작한 지 거의 두 세대가 지났다. 하지만 비교적 새로운 학문으로서 기호학은 아직도 고유의 연구 대상과 방법론에서 끊임없이 새로운 길을 모색하고 있으며, 따라서 여전히 〈진행 중인〉 학문이라 말할 수 있다. 유럽에서 기호학이 본격적으로 학자들의 관심을 끌던 1975년에 출간된 움베르토 에코의 『일반 기호학 이론 *Trattato di semiotica generale*』(Milano: Bompiani)는 기호학 연구에서 중요한 주춧돌 역할을 하였다. 기호학에 관심 있는 사람이라면 대부분 한 번쯤 읽어 보았을 책이다.

「서문」에서 밝히고 있듯이 이 책은 원래 영어로 집필되었고 나중에 이탈리아어로 번역되었다. 하지만 자세히 읽어 보면 마치 영어판이 이탈리아어판을 토대로 번역되었다는 느낌이 든다. 그리고 편집이나 출판 과정의 차이 때문이겠지만, 이탈리아어판이 1975년에 먼저 나왔고 영어판은 1976년에 출판되었다. 어쨌든 두 판본 사이에 실질적인 차이는 거의 없으나 문체나 표현, 편집 방식에서 상당히 다른 부분들이 눈에 띈다.

영어판 *A Theory of Semiotics*(Indiana University Press,

1976)는 우리나라에서 『기호학 이론』(이론과실천, 1985)으로 이미 번역되었다. 이 번역본에서 일부 문제점들이 지적되기도 하지만, 그 당시 우리나라에서 기호학이 거의 생소한 분야였다는 사실을 고려하면 어느 정도 이해할 만하다(1987년에야 이화여자대학교의 〈기호학 연구소〉가 문을 열었고 1994년에 〈한국 기호 학회〉가 설립되었다). 특히 기본적인 개념들이 분명하게 정립되지 않은 상태에서 낯설게 느껴지는 일부 번역 용어들은 혼란스럽게 보일 수밖에 없었다. 물론 그것은 기호학의 본질적 토대, 소위 〈학제적(學際的, *interdisciplinary*) 성격에서 비롯된 혼란이기도 하다. 언어학을 비롯하여 철학, 논리학, 수학, 문학, 심리학, 정보 공학, 인공 지능 연구에 이르기까지 다양한 학문 분야가 기호학과 관련되며, 그 다양한 학문의 용어와 개념들이 그대로 차용되는 경우가 많기 때문이다. 용어들의 혼란은 지금도 기호학 연구에 커다란 걸림돌이 되고 있으며, 제대로 자리를 잡으려면 상당한 시간과 노력이 필요할 것이다.

〈일반 기호학〉이라는 용어에서 알 수 있듯이 이 책은 모든 세부적이고 구체적인 기호학 연구들을 위한 이론적 토대를 제공하고자 한다. 그런데 에코의 지적처럼 모든 문화 현상이 기호학의 대상이 될 수 있다면, 그 모든 것을 통일적으로 연구하기 위한 이론이나 모델은 다분히 추상적이고 관념적으로 흐를 위험이 있다. 물론 그것은 일반적인 성격의 모든 이론이 부딪히는 한계이기도 하다. 그렇기 때문에 일반 기호학 이론은 소위 〈응용 기호학〉이나 〈특수 기호학〉의 구체적인 연구들에 의해 검증되거나 비판되어야 한다. 다양한 기호학 연구들 사이의 긴밀한 상호 작용이 필요한 것이다. 그에 따른 이론과 실천(또는 현실) 사이의 변증법적 긴장 관계는 기호학 발전에 필수적인 요소가 된다.

소쉬르의 정의에 의하면, 기호학은 사람들의 〈사회생활 속에서 기호들의 삶을 연구하는 과학〉이다. 실제로 기호들의 울타리를 벗어난 인간의 삶은 상상하기 어렵고, 또한 인간의 삶에서 나타나는 거의 모든 현상이 기호로 간주될 수 있다. 그렇게 기호학은 제국주의적으로 보일 만큼 광범위한 대상을 다루어야 하기 때문에 하나의 총체적 이론이나 획일적인 방법론으로 정립되기 어려운 학문이다. 이런 맥락에서 『일반 기호학 이론』은 모든 기호 현상들을 통일적인 관점에서 연구하기 위한 하나의 시도일 뿐이다. 이 책이 출판된 지 한 세대가 지난 만큼 그 한계와 문제점들이 지적되기도 한다. 하지만 당시의 기호학 연구들에 대한 잠정적인 종합이자 새로운 발전을 위한 출발점으로서 여전히 다시 읽어 볼 필요가 있는 책이다.

번역 과정에서 아예 역주들을 넣지 않았다. 어설픈 군말로 원본이 갖는 함축성과 암시적인 지적들을 훼손할까 두려웠기 때문이다. 하지만 어쨌든 일부 용어와 개념들에 대해서는 해당 분야의 전문 용어들을 참조할 필요가 있을 것이다. 또 다른 한편으로 그동안 거의 한 세대에 걸쳐 현대 기호학이 발전하고 정교해진 만큼 에코의 일부 주장에 대한 비판적 검토들도 필요할 것이다. 번역상의 미흡한 점들이 많이 있겠지만, 오히려 이를 계기로 기호학의 발전에 밑거름이 되었으면 한다.

하양 금락골에서
김운찬

움베르토 에코 연보

1932년 출생 1월 5일 이탈리아 피에몬테 주의 소도시 알레산드리아에서 태어남. 에코라는 성은 〈*ex caelis oblatus*(천국으로부터의 선물이라는 뜻의 라틴어)〉의 각 단어 머리글자를 딴 것으로 알려져 있는데, 한 시청 직원이 버려진 아이였던 그의 할아버지에게 붙여 줬다고 함. 아버지 줄리오 에코Giulio Eco는 세 차례의 전쟁에 징집당하기 전 회계사로 일했음. 어린 에코와 그의 어머니 조반나Giovanna는 제2차 세계 대전 동안 피에몬테에 있는 작은 마을로 피신함. 거기에서 움베르토 에코는 파시스트와 빨치산 간의 총격전을 목격했는데, 그 사건은 후에 두 번째 소설 『푸코의 진자』를 쓰는 데 많은 영향을 미침. 에코는 살레지오 수도회의 교육을 받았는데, 이후 저서와 인터뷰에서 그 수도회의 질서와 창립자를 언급하곤 함.

1954년 22세 아버지는 에코가 법학을 공부하길 원했지만 에코는 중세 철학과 문학을 공부하기 위해 토리노 대학교에 입학함. 토리노 대학교에서 루이지 파레이손 교수의 지도하에 1954년 철학 학위를 취득함. 졸업 논문은 「토마스 아퀴나스의 미학 문제Il problema estetico in San Tommaso」. 이 시기에 에코는 신앙의 위기를 겪은 후 로마 가톨릭 교회를 포기함.

1955년 23세 1959년까지 밀라노에 있는 라디오-텔레비전 방송국인 RAI의 문화 프로그램 편집위원으로 일하면서 저널리즘 세계에 입문함.

RAI에서의 경험은 미디어의 눈을 통해 근대 문화를 검토해 보는 기회가 되었음. RAI에서 친해진 아방가르드 화가와 음악가, 작가들(63 그룹)이 에코의 이후 집필에 중요한 기반이 됨. 특히 학위 논문을 발전시킨 첫 번째 저서인 『토마스 아퀴나스의 미학 문제』를 출판한 1956년 이후부터 영향을 미침. 또 이 만남은 모교에서 강의를 시작한 계기가 되기도 함.

1956년 24세 『토마스 아퀴나스의 미학 문제』 출간. 1964년까지 토리노 대학교에서 강사를 맡음.

1959년 27세 『중세 미학의 발전 Sviluppo dell'estetica medievale』 출간(후에 『중세의 미학 Arte e bellezza nell'estetica medievale』으로 개정판 출간). 이를 계기로 영향력 있는 중세 연구가로 인정받음. 밀라노의 봄피아니 출판사에서 1975년까지 논픽션 부분 수석 편집위원으로 일하면서 철학, 사회학, 기호학 총서들을 맡음. 아방가르드의 이념과 언어학적 실험에 전념하는 『일 베리 Il Verri』지에 〈작은 일기 Diario minimo〉라는 제목으로 칼럼 연재. 이 기간에 〈열린〉 텍스트와 기호학에 대한 생각을 진지하게 전개해 나가기 시작하여 나중에 이 주제에 관한 많은 에세이들을 집필함.

1961년 29세 이탈리아 토리노 대학교 문학 및 철학 학부에서 강의하고, 밀라노의 폴리테크니코 대학교 건축학부에서 미학 강사직을 맡음. 잡지 『마르카트레』 공동 창간.

1962년 30세 토리노 대학교와 밀라노 대학교에서 미학 강의를 시작함. 최초의 주저 『열린 작품 Opera aperta』을 출간함. **9월** 독일인 미술 교사인 레나테 람게 Renate Ramge와 결혼해서 1남 1녀를 둠. 밀라노의 아파트와 리미니 근처에 있는 별장을 오가며 생활함. 밀라노의 아파트에는 3만 권의 장서가, 별장에는 2만 권의 장서가 있었다고 함. 「일 조르노 Il Giorno」, 「라 스탐파 La Stampa」, 「코리에레 델라 세라 Corriere della Sera」, 「라 레푸블리카 La Repubblica」 등의 신문과 잡지 『레스프레소 L'Espresso』 등에 다양한 형태의 글을 발표함.

1963년 31세 『애석하지만 출판할 수 없습니다 Diario minimo』 출간함. 주간 서평지 『타임스 리터러리 서플리먼트 Times Literary Supplement』

에 기고를 시작함.

1964년 ³²세 『매스컴과 미학 *Apocalittici e integrati*』 출간함.

1965년 ³³세 『열린 작품』의 논문 한 편을 떼어서 『조이스의 시학 *Le poetiche di Joyce*』으로 출간함. 제임스 조이스 학회의 명예 이사가 됨. 아메리카 대륙을 여행함.

1966년 ³⁴세 브라질 상파울루 대학교에서 강의함. 1969년까지 피렌체 대학교 건축학과에서 시각 커뮤니케이션 부교수로 일함. 어린이를 위한 책 『폭탄과 장군 *La bomba e il generale*』과 『세 우주 비행사 *I tre cosmonauti*』를 출간함.

1967년 ³⁵세 『시각 커뮤니케이션 기호학을 위한 노트 *Appunti per una semiologia delle comunicazioni visive*』를 출간함. 잡지 『퀸디치 *Quindici*』를 공동 창간함.

1968년 ³⁶세 『시각 커뮤니케이션 기호학을 위한 노트』를 개정하여 『구조의 부재 *La struttura assente*』를 출간함. 이 책을 계기로 중세 미학에 대한 관심이 문화적 가치와 문학에 대한 보다 일반적인 관심으로 변화된 후에 자신의 연구 방향을 위한 기조를 설정함. 『예술의 정의 *La definizione dell'arte*』를 출간함.

1969년 ³⁷세 뉴욕 대학교에서 초빙 교수 자격으로 강의함. 밀라노 폴리테크니코 대학교 건축학부의 기호학 부교수로 취임함.

1970년 ³⁸세 아르헨티나의 여러 대학에서 강의 시작함.

1971년 ³⁹세 『내용의 형식들 *Le forme del contenuto*』과 『기호: 개념과 역사 *Il segno*』를 출간함. 데달루스 Dedalus(그리스 신화에 나오는 아테나이의 명장)라는 필명으로 이탈리아 공산당 지도자들이 창간한 잡지 『일 마니페스토 *Il Manifesto*』에 기고함. 최초의 국제 기호학 학회지 『베르수스 *VS*』의 편집자가 됨. 볼로냐 대학교 문학 및 철학 학부 기호학 부교수로 임명됨. 이때부터 그의 이론들이 본격적으로 제자리를 잡기 시작함.

1972년 40세　미국 시카고 노스웨스턴 대학교에서 방문 교수로 강의함. 파리에서 창설된 국제기호학회 IASS/AIS 사무총장을 맡아 1979년까지 일을 함.

1973년 41세　『집안의 풍습*Il costume di casa*』(1977년에 출간한『제국의 변방에서*Dalla periferia dell'impero*』의 일부로 수록됨) 출간함. 후에 『욕망의 7년*Sette anni di desiderio*』과 묶어 『가짜 전쟁*Semiologia quotidiana*』으로 재출간함. 『리에바나의 베아토*Beato di Liébana*』 한정판을 출간하여 250달러에 판매함.

1974년 42세　밀라노에서 제1회 국제기호학회를 조직함.

1975년 43세　볼로냐 대학교 기호학 정교수로 승진함(2007년까지 재직함). 미국 UC 샌디에이고 방문 교수를 지냄. 『일반 기호학 이론*Trattato di semiotica generale*』을 출간함. 『애석하지만 출판할 수 없습니다』 개정판 출간함.

1976년 44세　『대중문화의 이데올로기*Il superuomo di massa*』 출간함. 『일반 기호학 이론*A Theory of Semiotics*』을 미국 인디애나 대학교 출판부와 영국 맥밀란 출판사에서 동시 출간함. 미국 뉴욕 대학교 방문 교수를 지냄. 이탈리아 볼로냐 대학교 커뮤니케이션학 및 공연 연구소 소장으로 임명되어 1977년까지 역임함(1980~1983년 다시 소장직 역임). 63 그룹과 신아방가르드에 관한 연구 결과로 루티G. Luti, 로시P. Rossi 등과 함께 『아이디어와 편지*Le idee e le lettere*』를 출간함.

1977년 45세　『논문 잘 쓰는 방법*Come si fa una tesi di laurea*』과 『제국의 변방에서』 출간함. 미국 예일 대학교 방문 교수를 지냄. 『매스컴과 미학』 개정판 출간함.

1978년 46세　미국 컬럼비아 대학교 방문 교수를 지냄.

1979년 47세　『이야기 속의 독자*Lector in fabula*』 출간함. 『독자의 역할*The Role of the Reader*』을 미국 인디애나 대학교 출판부와 영국 맥밀란 출판사에서 동시 출간함. 문학 월간지『알파베타』를 공동 창간함. 국제기호학회 부회장을 역임함.

1980년 48세 소설 『장미의 이름 *Il nome della rosa*』을 출간함. 〈나는 1978년 3월 독창성이 풍부한 아이디어에 자극받아 글쓰기를 시작했다. 나는 한 수도사를 망치고 싶었다〉는 말로 창작 배경을 설명함. 이 소설의 첫 번째 제목안은 〈수도원 살인 사건〉이었으나 소설의 미스터리 측면에 과도하게 초점이 맞춰졌다고 판단, 데이비드 코퍼필드의 제목에서 영감을 받아 〈멜크의 아드소〉를 두 번째 제목안으로 잡았다가 결국 좀 더 시적인 〈장미의 이름〉이라는 제목을 선택함. 에코는 이 책이 열린 — 수수께끼 같고, 복잡하며 많은 해석의 층으로 열려 있는 — 텍스트로 읽히기를 원함. 이탈리아에서만 1년 동안 50만 부가 판매됨. 독일어판과 영어판은 각각 1백만 부, 2백만 부 이상이 판매되었으며, 세계 40개국 언어로 번역되어 2천만 부 이상이 판매됨. 에코의 이름이 전 세계에 알려지는 결정적 계기가 됨. 1987년에는 장 자크 아노 감독, 숀 코너리 주연으로 영화화됨. 미국 예일 대학교 방문 교수를 지냄.

1981년 49세 『장미의 이름』으로 스트레가상 Premio Strega, 앙기아리상 Premio Anghiari, 올해의 책상 Premio Il Libro dell'anno 수상. 비매품으로 밀라노 공공 도서관의 『도서관에 대해 *De Bibliotheca*』를 출간함. 몬테체리뇨네 Monte Cerignone (이탈리아 중동부 해안과 산마리노 공화국에서 가까운 작은 소읍의 이름인데, 에코의 별장이 있는 곳)의 명예시민이 됨.

1982년 50세 『장미의 이름』으로 프랑스 메디치상(외국 작품 부문) 수상.

1983년 51세 『알파베타』에 발표했던「장미의 이름 작가 노트 Postille al nome della rosa」를 『장미의 이름』 이탈리아어 포켓판에 첨부함. 『욕망의 7년: 1977~1983년의 연대기』를 포켓판으로 출간함. 볼로냐 대학교 커뮤니케이션학 연구소 소장 역임. 피렌체 로터리 클럽에서 주는 콜럼버스상 Columbus Award을 수상함.

1984년 52세 『기호학과 언어 철학 *Semiotica e filosofia del linguaggio*』 출간함. 상파울루에서 『텍스트의 개념 *Conceito de texto*』 출간함. 미국 컬럼비아 대학교 방문 교수를 지냄.

1985년 53세 『예술과 광고 *Sugli specchi e altri saggi*』를 출간함. 유네스

코 캐나다 앤드 텔레클로브로부터 마셜 매클루언상Marshall McLuhan Award을 수상함. 벨기에 루뱅 가톨릭 대학교에서 명예박사 학위를 받음. 프랑스 정부로부터 예술 및 문학 훈장을 받음.

1986년 <u>54세</u> 볼로냐 대학교 기호학 박사 과정 주임 교수가 됨. 덴마크 오덴세 대학교에서 명예박사 학위를 받음.

1987년 <u>55세</u> 독일 콘스탄츠 대학교 출판부에서 『해석 논쟁 Streit der Interpretationen』을 출간함. 『수용 기호학에 관한 노트 Notes sur la sémiotique de la réception』를 출간함. 그동안 영어와 프랑스어로 썼던 다양한 글을 모아 중국에서 『구조주의와 기호학〔結構主義和符號學〕』출간함. 미국 시카고 로욜라 대학교와 뉴욕 시립 대학교, 영국 런던 왕립 미술 학교에서 명예박사 학위를 받음.

1988년 <u>56세</u> 두 번째 소설 『푸코의 진자 Il pendolo di Foucault』를 출간함. 즉각적인 성공을 거두어 세계에서 가장 중요한 소설가의 반열에 올라섬. 미국 브라운 대학교에서 명예박사 학위를 받음.

1989년 <u>57세</u> 그동안 썼던 에세이를 모아 독일 라이프치히에서 『이성의 미로에서: 예술과 기호에 관한 텍스트 Im Labyrinth der Vernunft: Texte über Kunst und Zeichen』를 출간함. 『1609년 하나우 거리의 이상한 사건 Lo strano caso della Hanau 1609』 출간함. 산마리노 대학교의 국제 기호학 및 인지학 연구 센터 소장을 맡음. 1995년까지 같은 대학교의 학술 집행 위원회도 맡음. 파리 3대학교(소르본 누벨)와 리에주 대학교에서 명예박사 학위를 받음. 방카렐라상 Premio Bancarella을 수상함.

1990년 <u>58세</u> 『해석의 한계 I limiti dell'interpretazione』 출간함. 그동안 쓴 글을 모아 독일에서 『새로운 중세를 향해 가는 길 Auf dem Wege zu einem Neuen Mittelalter』을 출간함. 영국 케임브리지 대학교에서 열리는 태너 강연회 Tanner Lectures on Human Values를 함. 불가리아 소피아 대학교, 영국 글래스고 대학교, 스페인 마드리드 콤플루텐스 대학교에서 명예박사 학위를 받음. 코스탄티노 마르모 Costantino Marmo가 『장미의 이름』에 주석을 달아 책을 냄.

1991년 <u>59세</u> 『별들과 작은 별들 Stelle e stellette』과 『목소리: 행복한 해

결 *Vocali: Soluzioni felici*』 출간함. 옥스퍼드 튤리 하우스 1(지금의 켈로그 대학)의 명예 회원이 됨. 「전쟁에 대한 한 생각Pensare la guerra」을 『도서 리뷰*La Rivista dei Libri*』에 발표함.

1992년 60세 『세상의 바보들에게 웃으면서 화내는 방법*Il secondo diario minimo*』을 비롯해『작가와 텍스트 사이*Interpretation and Overinterpretation*』, 『메모리는 공장이다*La memoria vegetale*』를 출간함. 파리의 프랑스 칼리지 방문 교수, 미국 하버드 대학교 노튼 강사를 지냈고, 유네스코 국제 포럼과 파리 문화 학술 대학교의 회원이 됨. 미국 캔터베리의 켄트 대학교에서 명예박사 학위를 받음. 어린이를 위한 책『뉴 행성의 난쟁이들*Gli gnomi di Gnu*』을 집필함.

1993년 61세 『유럽 문화에서 완벽한 언어의 탐색*La ricerca della lingua perfetta nella cultura europea*』을 출간함. 1998년까지 볼로냐 대학교 커뮤니케이션학 학과의 주임 교수를 지냄. 인디애나 대학교에서 명예박사 학위를 받음. 프랑스의 레지옹 도뇌르Légion d'Honneur 훈장(5등) 수훈함.

1994년 62세 『하버드에서 한 문학 강의*Six Walks in the Fictional Woods*』와 세 번째 소설『전날의 섬*L'isola del giorno prima*』 출간함. 룸리R. Lumley가『매스컴과 미학』의 일부 내용을 엮어 인디애나 대학교 출판부에서 영어판『연기된 묵시파*Apocalypse Postponed*』출간함. 국제기호학회의 명예 회장이 됨. 볼로냐 학술 아카데미 회원이 됨. 이스라엘의 텔아비브 대학교, 아르헨티나의 부에노스아이레스 대학교에서 명예박사 학위를 받음.

1995년 63세 그리스의 아테네 대학교, 캐나다 온타리오 지방 서드베리에 있는 로렌시안 대학교에서 명예박사 학위를 받음.「영원한 파시즘Il fascimo eterno」을 컬럼비아 대학교의 한 심포지엄에서 발표함.

1996년 64세 추기경 카를로 마리아 마르티니Carlo Maria Martini와 함께『세상 사람들에게 보내는 편지*In cosa crede chi non crede?*』출간함. 파리 에콜 노르말 쉬페르외르 외래 교수를 역임함. 뉴욕 컬럼비아 대학교 이탈리아 아카데미 고급 과정 특별 회원을 지내고, 폴란드의 바르샤

바 미술 아카데미, 루마니아 콘스탄타의 오비두스 대학교, 미국 캘리포니아 산타클라라 대학교, 에스토니아의 타르투 대학교에서 명예박사 학위를 받음. 이탈리아에서 수여하는 〈명예를 드높인 대십자가 기사 Cavaliere di Gran Croce al Merito della Repubblica Italiana〉를 받음.

1997년 65세 『신문이 살아남는 방법Cinque scritti morali』, 『칸트와 오리너구리Kant e l'ornitorinco』를 출간함. 4월 예루살렘에서 개최된 〈세 개의 일신교에서의 천국 개념〉 세미나에 참석함. 프랑스 그르노블 대학교와 스페인의 카스틸라라만차 대학교에서 명예박사 학위를 받음.

1998년 66세 리베라토 산토로Liberato Santoro와 함께 『조이스에 대하여Talking of Joyce』 출간함. 뉴욕 컬럼비아 대학교 출판부와 런던에서 『언어와 광기Serendipities: Language and Lunacy』 출간함. 『거짓말의 전략Tra menzogna e ironia』 출간함. 캐나다 토론토 대학교에서 〈고조Goggio 강연〉을 함. 모스크바의 로모노소프 대학교와 베를린 자유 대학교에서 명예박사 학위를 받음. 미국 예술 문예 아카데미 명예회원이 됨.

1999년 67세 볼로냐 대학교 인문학 고등 종합 학교의 학장으로 취임함. 독일 정부로부터 〈학문 및 예술에 대한 공적을 기리는 훈장〉을 수훈함. 다보스 세계 경제 포럼에서 크리스털상을 받음.

2000년 68세 에코는 평소에 미네르바라는 브랜드의 성냥갑에 해둔 메모를 정리해서 잡지 칼럼에 연재하곤 했는데, 이 칼럼을 모아 〈미네르바의 성냥갑La Bustina di Minerva〉이라는 제목으로 출간함(한국어판은 『책으로 천년을 사는 방법』과 『민주주의가 어떻게 민주주의를 해치는가』로 분권). 실제 에코는 하루에 여러 갑의 담배를 피우고 밤늦게까지 일하며 손님들을 재미있게 해주고 무엇이든지 탐구하며 녹음기 틀기를 즐겨하는 성격의 소유자. 네 번째 소설 『바우돌리노Baudolino』 출간함. 토론토 대학교 출판부에서 『번역의 경험Experiences in Translation』을 출간함. 몬트리올의 퀘벡 대학교에서 명예박사 학위를 받음. 에스파냐의 오스투리아스 왕자상Premio Principe de Asturias 수상함. 다그마와 바츨라프 하벨 비전 97 재단상Dagmar and Vaclav Havel Vision 97 Foundation Award 수상함.

2001년 69세 『서적 수집에 대한 회상*Riflessioni sulla bibliofilia*』 출간함. 개방 대학교에서 명예박사 학위 받음.

2002년 70세 『나는 독자를 위해 글을 쓴다*Sulla letteratura*』 출간함. 옥스퍼드 대학교 비덴펠트 강의 교수직과 이탈리아 인문학 연구소 학술자문위원장을 맡음. 옥스퍼드의 세인트 앤 칼리지 명예회원이 됨. 미국 뉴저지의 러트거스 대학교, 이스라엘의 예루살렘 대학교, 시에나 대학교에서 명예박사 학위를 받음. 유럽 문학을 대상으로 하는 오스트리아 상 수상. 프랑스의 외국인 지중해상 수상.

2003년 71세 『번역한다는 것*Dire quasi la stessa cosa*』과 『마우스 혹은 쥐?: 협상으로서의 번역*Mouse or Rat? Translation as Negotiation*』을 출간함. 알렉산드리아 도서관 자문위원회 위원을 맡음. 프랑스 레지옹 도뇌르 훈장(4등) 수훈함.

2004년 72세 비매품 『남반구 땅의 언어*Il linguaggio della terra australe*』 출간함. 다섯 번째 소설 『로아나 여왕의 신비한 불꽃*La misteriosa fiamma della regina Loana*』, 『미의 역사*Storia della bellezza*』 출간함. 프랑스 브장송의 프랑셰 콩테 대학교에서 명예박사 학위를 받음.

2005년 73세 이탈리아 남부 레조 칼라브리아의 메디테라네아 대학교에서 명예박사 학위를 받음. UCLA 메달을 받음.

2006년 74세 『가재걸음*A passo di gambero*』을 출간함. 이탈리아 인문학 연구소의 소장직을 맡음.

2007년 75세 『추의 역사*Storia della bruttezza*』 출간함. 슬로베니아 류블랴나 대학교에서 명예박사 학위를 받음.

2008년 76세 스웨덴의 웁살라 대학교에서 명예박사 학위를 받음.

2009년 77세 프랑스 문학 비평가 장 클로드 카리에르와 책의 미래에 관해서 나눈 대화를 엮은 책, 『책의 우주*Non sperate di liberarvi dei libri*』를 출간함. 세르비아의 베오그라드 대학교에서 명예박사 학위를 받음.

2010년 78세 『프라하의 묘지*Il cimitero di Praga*』 출간함. 스페인의 세비야 대학교, 프랑스의 파리 2대학교에서 명예박사 학위를 받음.

2011년 79세 『적을 만들다*Costruire il nemico e altri scritti occasionali*』 출간함. 체사레 파베세상 수상.

2012년 80세 네이메헌 조약 메달 수상. 이스라엘의 텔아비브 미술관으로부터 올해의 인물로 선정됨.

2013년 81세 『전설의 땅 이야기*Storia delle terre e dei luoghi leggendari*』 출간함. 스페인의 부르고스 대학교에서 명예박사 학위를 받음.

2014년 82세 브라질 남부의 히우그란지두술 대학교에서 명예박사 학위를 받음. 구텐베르크상 수상.

2015년 83세 여섯 번째이자 마지막 소설『창간 준비호*Numero zero*』 출간. 토리노 대학교에서 행한 연설에서, 인터넷상에 갈수록 증가하는 거짓과 음모 이론을 비판하며 웹은 바보와 노벨상 수상자의 구분이 없는 곳이라고 함. 11월 21일 마지막 트윗을 남김. 〈멀티미디어 도구들은 역사적인 기억을 보존하는 것을 넘어서서 우리의 기억 능력 자체를 강화시키는 도구가 될 수 있을 것이다.〉〈신문은 적어도 내게 허락된 수명이 다하는 날까지는 사라지지 않을 것이다.〉

2016년 84세 2월 19일 2년간의 투병 끝에 췌장암으로 밀라노 자택에서 별세. 유언으로, 향후 10년 동안 그를 주제로 한 어떤 학술 대회나 세미나도 추진하거나 허락하지 말 것을 당부. 대통령, 총리, 문화부 장관이 애도 성명 발표. 〈이탈리아 문화를 세계에 퍼트린 거인이 떠났다.〉2월 23일 밀라노 스포르체스코 성(현재는 박물관)에서 마랭 마레와 코렐리의 곡이 연주되는 가운데 장례식 거행. 수천 명의 군중이 모여 그의 죽음을 애도함. 2월 27일 에세이집『미친 세상을 이해하는 척하는 방법 *Pape Satàn Aleppe*』출간됨.

움베르토 에코 마니아 컬렉션 7

일반 기호학 이론

옮긴이 김운찬은 1957년생으로 한국외국어대학교 이탈리아어과와 동 대학원을 졸업하였고, 이탈리아 볼로냐 대학교에서 움베르토 에코의 지도하에 화두(話頭)에 대한 기호학적 분석으로 박사 학위를 취득하였으며, 현재 대구가톨릭대학교 문과대학 이탈리아어과 교수로 재직 중이다. 저서로 「현대 기호학과 문화 분석」, 「신곡—저승에서 이승을 바라보다」가 있으며, 옮긴 책으로 단테의 「신곡」, 에코의 「거짓말의 전략」, 「나는 독자를 위해 글을 쓴다」, 「논문 잘 쓰는 방법」, 「이야기 속의 독자」, 「대중문화의 이데올로기」, 「신문이 살아남는 방법」, 칼비노의 「우주 만화」, 「마르코발도」, 모라비아의 「로마 여행」, 파베세의 「피곤한 노동」, 과레스키의 「신부님 우리 신부님」 등이 있다.

지은이 움베르토 에코 **옮긴이** 김운찬 **발행인** 홍예빈 · 홍유진 **발행처** 주식회사 열린책들 **주소** 경기도 파주시 문발로 253 파주출판도시 **대표전화** 031-955-4000 **팩스** 031-955-4004 Copyright (C) 주식회사 열린책들, 2009, *Printed in Korea*. ISBN 978-89-329-0900-4 94100 978-89-329-0875-5(세트) **발행일** 2009년 10월 30일 마니아판 1쇄 2022년 7월 20일 마니아판 5쇄